LES LIVRES A CLEF

PAR

FERNAND DRUJON

Cet ouvrage forme deux volumes de 35o et 368 pages in-8 raisin, imprimés à deux colonnes.

TIRAGE UNIQUE A 650 EXEMPLAIRES NUMÉROTÉS

(Cet ouvrage ne sera pas réimprimé)

TIRAGE SUR PAPIER DU JAPON

Dix exemplaires inscrits de A à J............ **150** fr.

TIRAGE SUR PAPIER DE CHINE

Dix exemplaires inscrits de K à T.......... **150** fr.

TIRAGE SUR PAPIER WHATMAN

Trente exemplaires numérotés de I à XXX........ **90** fr.

TIRAGE SUR PAPIER VERGÉ DE HOLLANDE

Six cents exemplaires numérotés de 1 à 6oo...... **40** fr.

Imp. D. Dumoulin et Co, à Paris.

LES LIVRES A CLEF

TIRAGE UNIQUE A 65o EXEMPLAIRES

Dix exemplaires sur papier du Japon, [inscrits de A à J.]

Dix exemplaires sur papier de Chine, [inscrits de K à T.]

*3o exemplaires sur papier Whatmann [num*tés *de I à XXX.]*

*6oo exemplaires imprimés sur Vergé [num*tés *de 1 à 6oo.]*

~~~~~~~~~

Exemplaire N° 464

LES
Livres à Clef

ÉTUDE DE BIBLIOGRAPHIE

CRITIQUE ET ANALYTIQUE

POUR SERVIR A L'HISTÓIRE LITTÉRAIRE

PAR

FERNAND DRUJON

TOME PREMIER

PARIS

ÉDOUARD ROUVEYRE, ÉDITEUR

45, RUE JACOB, 45

1888

PRÉFACE

« Ce n'est pas que les *clefs* des auteurs
satiriques ne soient un peu partout; mais
on ne les trouve réunies nulle part. »

Ch. Nodier.

Tout livre contenant des faits réels ou des allusions à des faits réels dissimulés sous des voiles énigmatiques plus ou moins transparents, — tout livre mettant en scène des personnages réels ou faisant allusion à des personnages réels sous des noms supposés ou altérés, — est un *livre à clef.*

Suivant la définition de Littré, d'accord avec celle de l'Académie, la *Clef* d'un livre de cette nature n'est autre chose que l'explication des *caractères énigmatiques* ou des *noms supposés* qu'il renferme.

Il y a beaucoup à dire, comme on pense, sur les variétés infinies d'ouvrages rentrant dans la catégorie des livres à clef, — sur les mobiles divers qui ont inspiré leurs auteurs, — sur les artifices plus ou moins ingénieux qu'ils ont employés pour déguiser des idées généreuses ou critiquables, des pensées salutaires ou malicieuses. — Mais, que les lecteurs bienveillants qui, par grand hasard, ouvriront ce volume se rassurent. Je n'ai pas la prétention de faire, en cette courte préface, un Traité du Livre à clef. Les bibliophiles érudits ou curieux auxquels s'adresse spécialement ma modeste Etude en savent, à coup sûr, autant ou plus que moi sur ce sujet; il convient donc que je me borne à résumer brièvement ici quelques particularités essentielles, bonnes à apprendre ou à se rappeler : *Indocti discant et ament meminisse periti.*

Je ne prétends pas davantage faire l'histoire complète du Livre à

I.   *a* clef et remonter à ses origines, à grand renfort de doctes citations et de conjectures hasardées, selon la mode pédantesque d'autrefois. Cette sorte d'érudition, qui plut beaucoup jadis, ne serait guère de mise aujourd'hui, et, fût-elle agréable encore à un petit nombre, que je m'abstiendrais quand même, sans autre motif que le sentiment de mon insuffisance.

Comment remonter sûrement, d'ailleurs, aux origines des productions à clef, ou, pour mieux dire, d'un art vraisemblablement aussi vieux que l'art d'écrire? car s'il est vrai, suivant un mot célèbre attribué à un personnage de plus d'esprit que de moralité que « la parole a été donnée à l'homme pour dissimuler sa pensée », — il ne semble pas moins certain que, du jour même où l'homme a pu, par un procédé graphique quelconque, fixer cette même pensée d'une façon durable, il a dû chercher le moyen de la voiler, de la rendre mystérieuse sinon impénétrable pour le plus grand nombre : *Omnis homo mendax*.

Il est bien avéré, par exemple, que les sages de l'Inde antique et les prêtres vénérables de l'ancienne Égypte employèrent, dans leurs livres sacrés, un mystérieux langage et maintes formes allusives pour exprimer des idées accessibles aux seuls initiés, ou relater des faits qui devaient échapper à la connaissance du profane vulgaire.

Sans remonter si haut, ne trouvons-nous pas dans les productions littéraires de la Grèce et de Rome de nombreuses allusions, sous des noms imaginaires, à des faits et à des personnages réels?

Et le moyen âge? ne nous a-t-il pas légué maints récits, chants, poèmes mystiques, renfermant des allusions insoupçonnées ou inexpliquées encore aujourd'hui? Qui ignore les artifices des satiristes oubliés dont les romans populaires vengèrent souvent les petits et les faibles de l'injuste oppression des puissants et des grands?

Certes, il y aurait de belles et bonnes pages à écrire sur la littérature allusive de ces temps reculés; mais cette tâche, parfois abordée par de savants auteurs, n'est point à la portée de l'humble bibliographe qui a rassemblé les éléments de la présente compilation. Il n'a pas négligé cependant de mettre à profit les découvertes des érudits, en mentionnant, en leur lieu et place, diverses productions allusives antérieures à la découverte de l'imprimerie.

C'est donc simplement à la naissance du livre *imprimé* que remonte cet essai qui s'étend jusqu'à l'époque actuelle, embrassant ainsi les quatre siècles pendant lesquels l'esprit humain s'est manifesté le plus largement et sous les formes les plus diverses.

Si, au lieu de se présenter, sans apparence de lien commun, selon les exigences de l'ordre alphabétique nécessairement adopté pour la plus grande facilité des recherches, les articles réunis ici se trouvaient groupés chronologiquement par nature de sujets, ils constitueraient dans leur ensemble un des plus intéressants chapitres d'histoire littéraire qui aient été écrits. Ne serait-il pas, en effet, bien curieux de suivre l'évolution de l'esprit satirique et critique en ces temps où il était dangereux de trop penser, — où penser trop haut était un crime; — d'observer les auteurs rivalisant d'habileté et d'ingéniosité pour exprimer des idées hardies ou blâmables sans encourir d'iniques et disproportionnés châtiments; — de voir à chaque époque de compression ou de terreur correspondre un redoublement de prudence coïncidant avec une recrudescence de hardiesse ou de malignité?

Dans ce tableau d'ensemble, chaque siècle nous apparaîtrait avec sa note caractéristique : le seizième siècle, encore si rude de mœurs, avec son lourd bagage de libelles allusifs, où la polémique politique et religieuse tient la plus grande place; — le dix-septième, plus doux et plus poli, se plaisant à travestir son histoire sous le galimatias de ses interminables romans allégoriques en vingt parties; — le dix-huitième, plus adouci encore, plus adonné aux satires personnelles, déguisant avec grâce ses traits les plus piquants dans d'innombrables productions parfois plus fades que vraiment spirituelles; — notre siècle, enfin, résumant l'œuvre de ses devanciers, abordant tous les sujets sous toutes les formes, depuis le pamphlet révolutionnaire et la satire antireligieuse jusqu'aux parodies plus ou moins réussies de la vie publique et privée de notre temps.

Pamphlet politique, controverse religieuse, satire littéraire, tels sont, on le sait de reste, les types principaux du livre à clef; mais, à côté de ces genres caractéristiques, se groupent de nombreux sousgenres, qu'on ne saurait énumérer en détail et dont la variété égale celle des sentiments qui ont inspiré les auteurs. Il est bien évident que la crainte, — crainte d'une peine sévère, d'une défaveur, d'une inimitié, d'une disgrâce quelconque, — est le mobile général et puissant qui leur a suggéré l'idée de recourir à l'allusion et à la cryptonymie; quant aux sentiments qui les ont guidés, la diversité en est infinie. Tantôt un esprit supérieur s'est proposé d'envelopper de voiles peu commodes à pénétrer des vérités philosophiques prématurées, dès lors destinées seulement au petit nombre; tantôt un sujet loyal ou un véritable patriote ont voulu venger le droit opprimé ou formuler un grand principe; tantôt encore, un écrivain avisé a eu pour but de donner des leçons sages et utiles sous la forme d'une satire aimable ou d'une ingénieuse fiction. Près de ces intentions généreuses se glissent des préoccupations moins louables ou plus futiles : ici, un bel esprit cherche à railler agréablement un confrère ; là, c'est un subalterne qui tente de discréditer impunément son chef ; là, enfin, un amant respectueux ou timide célèbre à mots bien couverts l'objet de son culte. Puis vient toute la cohorte des bas sentiments : la haine, l'envie, la vengeance, la cupidité, l'obscénité même et cent autres infamies, y compris celle de l'impudent libelliste qui, suivant le cas, vend tour à tour ses calomnies ou son silence.

A des usages si multiples s'adaptent très aisément toutes les formes et tous les genres littéraires : les vers et la prose, le roman et le théâtre, le volume compact ou le livret de quelques pages leur conviennent également. La variété n'est pas moins grande dans les artifices employés par les auteurs pour voiler leurs pensées et surtout pour masquer leurs victimes.

Sans vouloir les énumérer tous, il me sera permis de rappeler ici les principaux stratagèmes cryptonymiques le plus fréquemment usités dans les livres à clef. Ce sont, par exemple : l'*adultérisme*, nom simplement altéré (*Des Roches* pour Desroches, *Dalembert* pour d'Alembert) ; — L'*anagramme*, lettres interverties (*Bimeaura*, Mirabeau ; — *Neglau*, langue) ; l'*apoconyme*, nom privé d'une ou plusieurs lettres initiales (*Angeval* pour Dangeval) ; — le *démonyme*, qualification populaire prise comme nom propre (*le danseur*, *le disciple*) ; — le *boustrophédonisme*, nom véritable écrit à rebours (*Drarig*, Girard ; *Essuis*, Suisse) ; — l'*hémiapocryphe*, nom à moitié véritable (*Chateauterne*, Chateaubriand) ; — le *pharmaconyme*, nom de substance pris pour nom propre (*le Chêne*, Charles Ier) ; le *phrénonyme*, qualité morale prise pour nom propre (*Integerrimus*, — Gay-Lussac) ; — la *pseudandrie*, nom d'homme attribué à une femme (*George Sand*, Mme Dudevant) ; — le *titlonyme*, titre ou qualité pris pour noms propres (le *sultan*, l'*empereur*, le *marquis*) ; — le *traductionyme*, traduction du nom véritable dans une langue étrangère (*Mégas*, Legrand), etc., etc. Il suffit de rappeler, pour mémoire, les formes cryptonymiques suivantes : l'*astérisme* (une ou plusieurs étoiles), — le *stigmonyme* (un ou plusieurs points), — le *sidéronyme* (nom astronomique, *Astrée*), — le *syncopisme* (nom privé de plusieurs lettres), — le *télonisme* (nom véritable composé seulement des lettres finales), l'*ironyme* (nom ironique, *Escobar Ier*), — le *géonyme* (nom de terre ou de lieu), jusqu'au *pseudonyme* (nom imaginaire) proprement dit, nom supposé, composé de toutes pièces et dont les formes varient à l'infini. Il convient de mentionner spécialement aussi les noms propres dans lesquels des voyelles ou des consonnes sont supprimées et remplacées par des tirets : (le duc de *Ch—rt—s*, Chartres, — *Gué—é—é*, Guéméné, — duc de *S—ss—x*, Sussex, — *the K—ng*, the King.) Cet artifice, assez rarement employé en France, fut très usité dans les productions anglaises; c'était une supercherie enfantine ayant pour but d'éluder certaines dispositions de l'ancienne *Law against Libels*, qui ne poursuivait les écrits diffamatoires ou injurieux qu'autant que les personnages visés y étaient nommés « en toutes lettres ».

Telles sont les observations et notions générales qu'il semblait utile de rappeler au début d'une étude bibliographique sur les livres à clef. Cette étude, la plus étendue qui ait paru sur ce sujet, a été précédée d'un certain nombre de notices partielles qui m'ont rendu de grands services; il est donc bien juste, en même temps qu'intéressant, d'en donner ici la courte description que voici :

1° Dans son excellent ouvrage intitulé : *Mélanges tirés d'une petite bibliothèque* (Paris, 1829. In-8°), Ch. Nodier a consacré deux articles fort curieux (Chap. IV et VIII) à des livres à clef;

2° C'est encore Ch. Nodier qui, dans la 1ʳᵉ série du *Bulletin du bibliophile et du bibliothécaire* (Paris, J.-Techener, octobre 1834), a publié deux articles aussi spirituels qu'ingénieux sur les ouvrages à clef, articles qui ont servi de point de départ et de guide aux bibliographes qui ont traité depuis le même sujet;

3° Ce serait manquer d'exactitude que de ne point citer ici le *Catalogue de la bibliothèque dramatique de M. de Soleinne* (Paris, 1843 à 1845. 11 parties in-8°), rédigé si consciencieusement par le regretté M. Paul Lacroix. Le tome II et surtout le tome III de ce précieux répertoire théâtral contiennent (notamment à la section « des pièces satiriques et libres ») une quantité de renseignements sur les ouvrages dramatiques à clef;

4° M. Gustave Brunet qui, à l'exemple de G. Peignot, semble n'avoir voulu demeurer étranger à aucune branche de la bibliographie, s'est occupé, à plusieurs reprises, des écrits allégoriques.

C'est d'abord dans le *Bulletin du Bibliophile* (année 1853), qu'il insère une notice « De quelques livres satiriques ou allégoriques et de leurs clefs ». Ce travail de neuf pages ne porte que sur une quarantaine d'ouvrages cités sans grands développements;

Puis dans le *Dictionnaire de bibliologie catholique* de la collection

Migne (Paris, 1860. Gr. in-8°, p. 1085), il donne d'utiles indications
sur les « Livres à clef »; mais on comprend que, dans un recueil de
cette nature, il ne pouvait s'étendre beaucoup, ni faire des révélations
bien piquantes;

Enfin, dans le *Bulletin du bibliophile* (décembre 1862, pp. 1393 à
1400), l'éminent *Philomneste Junior* fournit une trentaine de renseignements sur « quelques livres à clef ». — On va voir un peu plus
loin qu'il a traité de nouveau le sujet plus à fond;

5° Citons pour mémoire un court article du *bibliophile Job* (?) sur
les « Livres à clef », que l'on trouve dans les *Miscellanées bibliographiques* d'Octave Uzanne (Paris, Éd. Rouveyre, 1878, p. 83);

6° Voici maintenant le seul ouvrage de quelque importance publié,
jusqu'à ce jour, sur le sujet qui nous occupe; il est intitulé : *Œuvres
posthumes de J.-M. Quérard*, publiées par G. Brunet. — *Livres à
clef*, Bordeaux, Lefebvre, libraire-éditeur, 6, allées de Tourny, 1873;
— deux fascicules formant ensemble un volume de xi-224 pages,
tiré à 300 exemplaires sur papier vergé.

L'introduction de cette bibliographie, devenue rare, résume tout ce
qui a été dit par Ch. Nodier sur les livres à clef; ensuite viennent des
notices sur cent quarante et un ouvrages rangés par ordre alphabétique; le livre se termine par une *Lettre d'un bibliophile* (pages 181 à
222), qui donne des renseignements sur trente-six autres écrits allégoriques; en tout cent soixante-dix-sept ouvrages. Certes, cette publication est déjà d'un grand intérêt; elle est, toutefois, trop succincte et laisse à désirer, tant sous le rapport de la typographie, — les
noms supposés et même les mots étant parfois étrangement mutilés, —
qu'au point de vue purement bibliographique. Les ouvrages, en effet,
sont à peine décrits; bien des anonymes et pseudonymes faciles à connaître ne sont pas dévoilés; enfin, et c'est ce qu'on doit le plus regretter, l'éditeur des *Notes* laissées par Quérard, dans lesquelles il a,
d'ailleurs, inséré plusieurs de ses trouvailles personnelles, se contente trop souvent de ne donner les clefs que partiellement, d'indiquer que telle clef peut se trouver dans tel ouvrage, ou bien de dire
qu'elle ne mérite pas d'être recherchée ou reproduite.

Ces observations, je le sais, ne choqueront pas l'excellent Philomneste Junior, qui a bien voulu naguère me faire lui-même la critique
de son essai, en m'expliquant les causes de ses imperfections;

7° Enfin, quelque fâcheux qu'il soit de se mettre soi-même en
cause, il me faut bien citer aussi les sept articles relatifs à une cen-
taine de livres à clef, que j'ai publiés dans *le Livre* (année 1881. *Bi-*

bliographie rétrospective, pages 25, 176, 273, 344, 376, et année 1882, *id.*, pages 24 et 55).

Indépendamment des études spéciales ci-dessus énumérées, il convient de citer comme autant de mines à explorer pour la découverte des *clefs : la Biographie universelle, la France littéraire, la Bibliographie des ouvrages relatifs à l'amour, aux femmes et au mariage*, de J. Gay ; *le Bulletin du bibliophile et du bibliothécaire*, de J. Techener ; *les Supercheries littéraires, le Dictionnaire des anonymes et pseudonymes*, et en général tous les grands recueils bibliographiques, puisque, comme le disait si justement Ch. Nodier, il n'est pas douteux « que les clefs des auteurs satiriques ne soient un peu partout mais qu'on ne les trouve réunies nulle part ». Ces paroles que j'ai choisies pour épigraphe me semble bien expliquer le but du présent livre.

Un mot maintenant sur les travaux encore inédits relatifs aux livres à clef ; c'est à M. G. Brunet que j'emprunte les deux premières indications qui suivent :

1º *Née de la Rochelle*, bibliographe zélé, né en 1751, mort en 1838, avait laissé, parmi de nombreux manuscrits, des *Récréations bibliographiques*, où se trouvaient des recherches sur divers ouvrages à clef ; notamment sur le *Peruviana*, de Morisot, sur *Don Ranuccio d'Aletés*, du père Porée, sur *Tanastès*, de Mlle Bonafous, sur les *Mémoires de Mme de Barnevelt*, par d'Aubigny, sur *Tarsis et Zélie*, par Le Vayer de Boutigny, sur *l'École de l'homme*, par Gérard.

2º Un autre philologue, laborieux et instruit, *Éloi Johanneau*, né en 1770, mort en 1837, avait également dirigé sur les livres à clef son goût d'investigation ; on trouve dans le catalogue de la vente de sa bibliothèque quelques indications qui montrent qu'il avait donné une grande étendue à ses travaux en ce genre : *Clef de Voltaire*, 93 pages in-4º ; *clef historique de Télémaque*, environ 200 feuillets in-8º ; *clef de Rousseau* ou *Dictionnaire donnant l'origine, le sens caché et l'esprit des noms et qualifications pseudonymes qui se trouvent dans ses œuvres*, 50 pages in-4º.

3º Le plus intéressant des ouvrages inédits sur les clefs, c'est à coup sûr celui de *Gabriel Peignot*, décrit comme suit par P. Deschamps, dans son excellente *Notice* sur cet auteur (p. 59) :

« *Histoire littéraire des ouvrages à clef*, c'est-à-dire des ouvrages satiriques, moraux, politiques, etc., dans lesquels les noms des lieux, des personnages, sont déguisés, et les événements cachés sous le voile de l'allégorie ; avec la clef de chaque ouvrage rapportée en entier, expliquée et accompagnée de notes historiques ou littéraires selon la

nature du sujet. — Ce livre intéressant commence à la satire de Pétrone et analyse tous les ouvrages à clef parus jusqu'en 1829. Manuscrit pouvant former deux volumes in-8°. »

A la lecture de ce titre plein de promesses, j'ai dû, on le comprend,
me préoccuper de la destination qu'avait reçue ce précieux manuscrit;
voici ce que j'ai découvert à ce sujet : Dans une lettre adressée à
M. Auguste Aubry, directeur du *Bulletin du bouquiniste* (15 février 1869), M. Paul Lacroix, énumérant les manuscrits laissés par
Peignot, s'exprimait en ces termes : « ..... Je crois vous avoir fait part
du projet que j'avais de publier, de concert avec mon ami M. Gustave
Brunet, *l'Histoire littéraire des livres à clef*, dont le manuscrit doit
être entre ses mains. » M. G. Brunet paraît donc seul pouvoir dire ce
que le manuscrit en question est devenu depuis 1869.

J'ignore absolument ce que le savant bibliographe bordelais a pu
faire de ce trésor inédit. Ce que je tiens à faire savoir, c'est que, du
jour où M. Gustave Brunet a connu mon intention d'entreprendre
cette étude sur les livres à clef, il n'a cessé de me prodiguer les conseils utiles et les encouragements nécessaires pour affronter cette tâche
attrayante autant que difficile. Il a fait mieux encore et m'a transmis
une quantité de notes et *notules* qui m'ont fourni d'intéressantes indications et m'ont parfois mis sur la piste d'ouvrages auxquels je ne
songeais guère. Qu'il veuille bien agréer ici les expressions de ma
sincère gratitude pour le concours profitable qu'il m'a donné et pour
son extrême complaisance en maintes occasions.

Comme on le voit par l'énumération qui précède, les livres à clef
ont, depuis un demi-siècle, vivement sollicité l'attention des bibliographes les plus autorisés : Les Nodier et les Peignot, les P. Lacroix
et les G. Brunet ont tour à tour dirigé sur eux leur sagace esprit d'investigation; ils n'ont fait, par malheur, qu'effleurer le sujet, en dé-
blayant à peine un terrain si fertile en découvertes intéressantes et
curieuses. C'est ainsi, en effet, que leurs publications partielles, jointes
à leurs essais demeurés inédits, ne nous ont guère fait connaître que
trois cents à trois cent cinquante ouvrages. Or, la présente Bibliographie en contient près de quatre fois autant. A Dieu ne plaise que
je veuille tirer vanité de cette supériorité numérique sur les productions de ces devanciers qui sont mes maîtres! Je sais trop bien que si
l'un d'eux eût sérieusement abordé cette étude, il eût produit une
œuvre incomparablement meilleure que la mienne. Je connais si bien
d'ailleurs les imperfections de mon travail que je me permettrai de
les relever moi-même, non pour les atténuer et pour conjurer par

avance de légitimes critiques, mais pour bien établir que si j'ai persisté à publier, malgré leur insuffisance, ces fruits de mes longues recherches, c'est parce que j'avais la ferme conviction qu'ils pourraient, tels quels, rendre quelques services.

Le premier reproche qu'on ne manquera pas d'adresser à cette monographie, c'est d'être incomplète. Ma réponse est toute prête : *jamais* on n'est complet en matière bibliographique, et les travaux les plus justement célèbres présentent de nombreuses et importantes lacunes que comblent peu à peu d'heureuses trouvailles. Toutefois, il faut être modeste; aussi dois-je avouer que je ne suis pas bien persuadé que le nombre des ouvrages à clef que j'ignore ne soit aussi considérable peut-être que celui des productions que j'ai citées. Mais ces inconnus, échappés à plusieurs années de recherches, qui les soupçonne actuellement? Combien de temps faudra-t-il pour les découvrir? — Au cours même de l'impression de cet ouvrage, il m'en a été révélé un assez grand nombre pour nécessiter le « Supplément » qu'on trouvera à la fin du second volume, et il est fort vraisemblable que les érudits qui voudront bien parcourir attentivement cette étude seront à même de me signaler de nouvelles omissions.

Il est bien certain aussi que diverses « œuvres », auxquelles je n'ai pu consacrer que quelques lignes, rentrent dans la catégorie des ouvrages à clef; tels sont, par exemple, les ouvrages de *Swedenborg*, dont on a fait la « clef hiéroglyphique »; — la *Comédie humaine* de *Balzac*; — la plupart des ouvrages du marquis *de Sade*; — les Œuvres du poète *Spenser*, etc., etc. Mais chacune de ces clefs, si jamais elles peuvent être faites, exigera des années de travail et l'effort collectif de plusieurs érudits. Tels sont encore ces innombrables *ballets* allégoriques si fort en vogue au dix-septième siècle, qui inspirèrent à Perraut l'observation suivante : « Benserade fut le premier, dit-il, qui, dans ses ballets, tourna les vers de façon qu'ils s'entendent de l'un et de l'autre..., le coup porte sur le personnage et le contre-coup sur la personne, ce qui donne un double plaisir en donnant à entendre deux choses qui, belles séparément, deviennent encore plus belles étant jointes ensemble. » — « Malheureusement, remarque judicieusement M. Octave Uzanne dans sa jolie réimpression des « Poésies de Benserade » (Jouaust, 1875), l'on ne saurait apprécier aujourd'hui toutes les allusions vives et piquantes répandues dans ces Ballets. L'auteur y peignait les inclinations, les attachements et jusqu'aux aventures les plus secrètes des personnes de la cour. Toutes ces stances, si fort applaudies jadis, ne nous offrent plus qu'un intérêt littéraire

médiocre, et c'est tout au plus si quelques chercheurs pourraient
reconstruire, d'après ces données poétiques, les caractères et l'individualité de certains personnages marquants. » — Il n'est pas besoin
de rien ajouter à des réflexions si justes; on comprend assez à combien
de productions plus récentes elles sont applicables.

Une critique, plus fondée que celle relative aux lacunes de cette
monographie, me sera faite au sujet d'un certain nombre d'articles
que je me borne à signaler comme des productions à clef, sans donner
aucune explication des allusions ou des noms supposés qu'ils renferment. Je n'éprouve aucune difficulté à reconnaître qu'en certains
cas il m'a été impossible de donner ces interprétations si nécessaires.
La plupart des ouvrages allusifs, il ne faut pas l'oublier, n'ont pas de
clef imprimée, soit à la fin du livre, soit séparément. Le plus grand
nombre des clefs que l'on possède sont des clefs manuscrites, tracées
par quelque lecteur du temps, sur les gardes du volume, et c'est ainsi
que j'en ai pu transcrire plusieurs d'après les exemplaires que j'avais
sous les yeux. Mais il est arrivé que je n'ai pu me procurer l'exemplaire ainsi annoté d'une production signalée comme étant notoire-
ment un livre à clef. Devais-je donc alors m'abstenir de mentionner
l'ouvrage? Assurément non; j'ai préféré, au risque de paraître peu
sagace ou peu heureux dans mes recherches, me borner à reproduire
exactement les indications qui m'étaient fournies par mes devanciers
ou par quelque obligeant confrère en bibliographie. Enfin, et ceci
s'est produit principalement pour des romans contemporains, je n'ai
point donné la clef de certains ouvrages que l'on sait à merveille
contenir des allusions à des personnages vivants. Il serait superflu
d'insister sur les raisons de convenance qui ont motivé mon silence;
j'ajouterai, d'ailleurs, que rien n'est plus fallacieux que les attributions de faits ou de caractères, faites après coup par la malignité
publique, à des personnalités auxquelles les auteurs n'ont souvent
aucunement pensé. On ne saurait trop se tenir en garde contre les
fausses clefs.

On s'étonnera peut-être de ne pas voir figurer en cette étude certaines séries d'ouvrages qui rentrent par leur nature dans son cadre,
comme, par exemple, les *Livres hermétiques*, les *Recueils d'énigmes*,
les *Bibliothèques imaginaires*. J'avais, au début de mon travail, pensé
à les y comprendre. Mais, après mûres réflexions, je me suis déterminé à les en exclure.

Quel intérêt, en effet, offrirait aujourd'hui la clef, plus ou moins
sûre, des formules mystérieuses, des expressions symboliques ou

énigmatiques, que s'évertuaient à employer les vieux alchimistes, les adeptes du grand œuvre et tous ces rêveurs du temps passé, dont les obscures productions remplissent les pages du *Catalogue Ouvaroff* « Sciences secrètes », Moscou, 1870, in-4), du *Catalogus librorum philosophicorum hermeticorum*, de Pierre Borelle (1656), et de la *Bibliotheca magica et pneumatica* de Th. Graësse (1843)?

Toutes ces vieilleries, indignes des hommes de science, pourraient tout au plus séduire les rares partisans de l'*occultisme* moderne; mais elles n'ont rien à voir avec l'histoire littéraire proprement dite, et ne sauraient que former en cette monographie un hors-d'œuvre aussi encombrant qu'inutile.

Les *Recueils d'énigmes, logogriphes*, etc. (j'en connais plus de cinquante), la surchargeraient aussi sans profit aucun. Ces jeux d'esprit, dont on sait la valeur littéraire, sont tous accompagnés d'une clef imprimée; les amateurs de ces sortes de productions n'ont donc pas besoin de recourir à une bibliographie spéciale pour trouver les solutions qui leur échappent.

Quant aux *Bibliothèques imaginaires*, ce n'est pas sans regrets que j'ai dû les éliminer, car ces livrets satiriques rentrent bien, à tous les points de vue, dans la catégorie des productions allusives ou cryptonymiques. Mais il était bien difficile de les introduire ici sans grossir démesurément cet ouvrage. D'un côté, leur nombre est assez considérable, et, de l'autre, leur nature est telle, qu'il faudrait presque les reproduire intégralement, si l'on voulait donner une clef claire et intelligible des allusions malicieuses qu'elles renferment. On peut se faire une idée de la place qu'elles nécessitent en parcourant l'excellent essai, très abrégé cependant, que leur a consacré M. G. Brunet à la suite du *Catalogue de la Bibliothèque de l'Abbaye de Saint-Victor*, etc., de Paul Lacroix (pages 295 à 406). Les *Bibliothèques imaginaires* fourniraient à elles seules la matière d'un volume; je les ai donc momentanément sacrifiées en me promettant d'y revenir, avec toute l'étendue convenable, dans une prochaine publication.

Je n'avais pas les mêmes motifs de m'abstenir pour les livres où l'on ne rencontre parfois qu'un ou deux noms supposés; je veux parler de ces volumineux recueils de sonnets, stances et madrigaux, dans lesquels nos vieux poètes ont rivalisé de zèle et trop souvent de fadeur pour célébrer les objets de leurs amours plus ou moins platoniques; mais, pour la plus grande commodité des recherches, je les ai relégués à la fin de l'ouvrage, dans un chapitre à part, sous cette rubrique spéciale : *Les Maîtresses des poètes*.

Tout ceci dit, je n'ai plus qu'à appeler l'attention des lecteurs sur les deux *Index* très détaillés qui terminent cette étude, l'un contenant les noms *imaginaires*, l'autre les noms *véritables*; j'ai l'espoir qu'ils pourront rendre d'utiles services aux bibliophiles et aux érudits, en les mettant à même de découvrir rapidement si tel ou tel personnage, objet de leurs recherches, a été, et sous quelle forme, mis en scène dans une production allusive.

Qu'il me soit permis, en terminant, de m'excuser encore des erreurs matérielles, des répétitions fatigantes mais inévitables qui peuvent se rencontrer dans ce livre. Dépourvu de toute prétention et composé uniquement en vue d'être utile, ce n'est autre chose, je le répète, qu'une simple compilation, où je me suis efforcé de ne rien avancer qui ne me semblât certain; je me suis attaché à n'y paraître que le moins possible et j'ai toujours soigneusement cité les auteurs auxquels j'empruntais mon bien; c'est une œuvre de patience et de conscience, et je me considérerai comme bien payé de mes peines, si elle est accueillie avec autant de bienveillance qu'elle m'a procuré de plaisir à la faire.

Les Livres à Clef

ABBÉ (L') A SA TOILETTE, nouvelle galante. — Londres (Hollande, à la sphère). — 1707, pet. in-12, fig.

Ce petit ouvrage, que le « Dictionnaire des Anonymes » attribue à l'abbé *A. R. Macé*, serait, suivant la « Bibliograghie Gay, » une satire dirigée contre le cardinal de la Trémoille. — Il est analysé dans la « Bibliothèque universelle des Romans » (T. XIX).

ABDÉRITES (LES), HISTOIRE VRAISEMBLABLE, par *C.-M. Wieland*; traduits par *A.-G. Labaume*. — Paris, Dentu. — An X (1802), 3 vol. in-8.

« La première édition allemande de cet ouvrage parut en 1773 ; c'est un roman satirique et critique, peu intri-gué, mais fort original. Il est partagé en cinq livres, où figurent Démocrite, Hippocrate et Euripide. Il obtint un grand succès; on y trouve maintes allusions à des contemporains; elles donnèrent lieu à nombre de réclamations qui prêtèrent beaucoup à rire. Wieland, dans une édition nouvelle, annonça la *clef* de son livre, mais c'était une mystification de plus, car cette prétendue clef n'est qu'un nouvel article malicieux ajouté à l'ouvrage. Choisissant dans l'histoire de la Grèce, qu'il connaissait à fond, un petit peuple qui avait le privilège de passer pour le plus inepte qu'on pût imaginer, Wieland lui a prêté les idées les plus absurdes; les personnages véritables qu'il a mis en scène pour les ridiculiser ne seront vraisemblablement jamais connus ; le livre cependant n'a pas trop vieilli ; malgré l'abus d'érudition et les longueurs qu'il contient, on le lit encore avec plaisir. La

I

critique d'Abdère et des Abdéritains peut servir de leçon à bien des grandes villes, et des plus célèbres, même des temps modernes. — « La Bibliothèque des Romans » (septembre 1778, pp. 84-106), donne une bonne analyse de cette malicieuse production. »

ABDICATED PRINCE, or THE ADVENTURES OF FOUR YEARS. — Tragi-comedy, acted at *Alba-Regalis*, by several persons of great quality. — 1690, in-4.

« Cette pièce anonyme est entièrement politique et semble n'avoir point été faite pour être mise sur la scène; elle fait allusion, sous des noms supposés, aux événements qui se produisirent en Angleterre, notamment à la Cour, pendant le règne de Jacques II. Cette quasi-histoire est écrite avec une extrême partialité; le duc de Montmouth est représenté comme un héros et l'auteur arrive à cet excès d'extravagance d'accuser le roi de la mort de son frère Charles II. Il n'est guère besoin de clef pour cette tragi-comédie : *Alba Regalis*, signifie manifestement la Cour d'Angleterre; *Abdicated Prince*, c'est Jacques II; les noms véritables des autres personnages travestis sont si étroitement liés à l'histoire d'alors, qu'ils sautent, pour ainsi dire, aux yeux de quiconque connaît bien les événements de cette époque. » (*D. E. Baker.* — « Biographia dramatica », 1782. T. II, p. 1.)

ABDICATION (L') DU SECOND CLERC ou PROMENADE AU PALAIS. — Paris. — Mlle Leblanc, libraire, Palais de Justice, galerie des Prisonniers, n° 4. — 1824. — Imprimerie de Casimir, rue de la Vieille-Monnaie, 12. — Brochure in-8 de 20 p. — Prix : 1 fr.

Petit poème très lestement tourné; l'auteur, demeuré inconnu à Barbier, déclare qu'il abandonne la chicane et va se faire inscrire au tableau des avocats; il installe un ami à sa place de second clerc d'avoué et le met au courant des us et coutumes du palais: il lui dépeint successivement le fameux plaideur S.....; les audienciers V....., P....., L....., M....., le président rimeur, le vieux G....., l'aimable juge des référés, A....., et divers autres personnages, alors célèbres au Palais par leurs qualités ou leurs ridicules. Une bonne clef de ce petit poème *baɀochien* donnerait beaucoup d'intérêt à cette piquante peinture du monde judiciaire d'il y a bientôt soixante ans, qui rappelle de loin une autre facétie du XVIIe siècle, « Les Grands jours tenus à Paris, par M. Muet, lieutenant du petit criminel. »

ABDIR, drame en quatre actes et en vers, par *Louis-Edme Billardon de Sauvigny.* — Paris, 1785, in-8.

Le sujet de cette pièce est le même que celui de l'ouvrage de *Charles-Joseph Mayer*, intitulé : « *Asgill*, ou les *Désordres de la guerre civile*, anecdote anglaise. » (Paris, 1784, in-12). La pièce et le roman sont fondés sur un événement très véritable et fort dramatique, arrivé récemment, pendant la guerre de l'Indépendance, en Amérique. Sir Asgill, jeune officier anglais, âgé de 19 ans à peine, fait prisonnier par les troupes américaines, avait été condamné à mort, en représailles du meurtre du capitaine américain Huddy, pendu par ordre du capitaine anglais Lippincott, que l'armée royale refusait toujours de livrer, malgré l'ordre même de Georges III. Pendant une captivité de huit mois, Asgill fut trois fois conduit à la potence; mais Washington, à qui répugnait cette exécution, conforme cependant aux lois de la guerre, fit trois fois suspendre son supplice, espérant que l'armée royale finirait par livrer Lippincott, pour ne pas laisser périr un innocent. Malgré l'humanité de Washington, malgré l'intervention des Etats de Hollande qui avaient fait demander la grâce de l'infortuné jeune homme, sir Asgill était perdu, quand sa mère, ne sachant plus qui implorer, eut l'idée extraordinaire de s'adresser à une nation ennemie de la sienne, en envoyant à M. de Vergennes, ministre des affaires étrangères de France, une supplique qui est un chef-d'œuvre de désespoir et de sentiment. Louis XVI autorisa son ministre à intervenir près des États d'Amérique et Asgill fut sauvé.

Tel est l'événement bien dramatique que Mayer et Sauvigny ont raconté et mis au théâtre, tous deux avec un égal succès. Mais, par une singularité qu'on ne s'explique pas, tandis que Mayer avait pu raconter cette histoire en imprimant partout les noms véritables, des ordres supérieurs forcèrent Sauvigny à changer tous les noms de sa pièce; ainsi, *Abdir* (ou *Abjir*), représente Asgill; — Les *Nangès* sont les Anglais; — *Nouddy*, c'est Huddy; — *Wazirkan*, Washington; — *Timurkan*, Lippincott; — *Le monarque persan*, Louis XVI; — Enfin, le lieu de l'action, l'Amérique, devint la *Tartarie*.

Voir, pour plus amples détails, la « Correspondance de Grimm » (février 1786.)

. ABRÉGÉ DE L'HISTOIRE DE PSALTÉRION.

Voir : La chronique scandaleuse.

ABSALOM AND ACHITOPHEL.
— A Satire, 1681.

Le célèbre *John Dryden* est l'auteur de cette satire politique qui atteint la hauteur de l'épopée. Elle est dirigée contre le parti whig qui, repoussant Jacques II comme catholique, voulait placer sur le trône le duc de Monmouth, fils naturel de Charles II. L'auteur peint les meneurs du parti, le comte de Shaftesbury et le duc de Buckingham, sous les noms bibliques d'*Achitopel* et de *Zimri*. Leurs portraits sont des chefs-d'œuvre : le duc de Buckingham se serait si bien reconnu sous les traits de *Zimri*, qu'il aurait, dit-on, fait donner au poète des coups de bâton pour sa satire, et une bourse pleine d'or pour son esprit. En 1684, parut une seconde partie « d'Absalon et Achitopel, » par *Nahum Tate*; Dryden n'y contribua que pour deux cents vers contenant les portraits satiriques de deux poètes, ses rivaux, Settle et Shadwell, sous les noms de *Doeg* et *Og*. Dryden a composé encore une satire contre Shadwell; elle est intitulée *Mac Flocknoe* et parut en 1682. *Mac Flocknoe*, misérable charlatan, dont le nom était devenu proverbial, désigne Shadwell, « monarque absolu de l'ennui et de la sottise ». La « Dunciade » de Pope, est une imitation de ce poème: « Absalon et Achitopel » a été traduit deux fois en vers latins, par le Dr *Coward* et par *Fr. Atterbury*.

Tels sont les renseignements que donnent la « Biographie Michaud » et le « Dictionnaire de Vapereau » sur cette allégorie satirique. Il convient de les compléter par les indications suivantes: J'ai sous les yeux une édition de ce poème, dont voici la description.

Absalom and Achitophel. A Poem. « *Si propius stes, Te capiet magis...* » London, printed and sold by H. Hills, in Black-fryars, near the Water-side, For the benefit of the Poor. 1708, in-8 de 24 p. Dans cette édition fort compacte, on trouve, au bas de la page 3, la clef qui suit:

David, — King Charles II;

Absalom, — Duke Monmouth;

Annabel, — Dutchess of Monmouth;
Achitophel, — Earl of Shaftsbury;
Zimri, — L. Gray;
Balaam, — Sidney;
Caleb, — Armstrong;
Nadab, — Ferguson;
Shimei, — Sheriff Bethel;
Corah, — Stephen college;
Bethsheba, — D. Porthsmouth.

ABUS (LES) DE L'ANCIEN RÉGIME.
Voir : Charles et Caroline.

ACTRICE (L') NOUVELLE,
comédie en un acte (et en vers, par
Philippe Poisson). S. L. N. D. (Paris).
— In-8, 36 p.

« Cet édition fort rare, dit le catalogue Soleinne (n° 1745), fut imprimée
et vendue en cachette, le crédit de
Mlle *Lecouvreur*, qui se crut attaquée
dans cette pièce, en ayant fait défendre
la représentation et la publication.
Ph. Poisson prétendit n'avoir pas songé
à faire allusion à la célèbre comédienne; mais Quinault, ainé, en lisant
la pièce au comité des acteurs, avait
trop bien imité la voix et les airs de
sa camarade, pour qu'on pût hésiter
à la reconnaître dans ce portrait peu
flatté. »

ADÈLE DE COM*** (*Comminge*),
OU LETTRES D'UNE FILLE A SON PÈRE.
— Se trouve à Paris, chez Edme,
libraire, rue Saint-Jean-de-Beauvais,
près celle des Noyers. — 5 part.
in-12 de XIV, 346 p.
Il existe des exemplaires d'une
seconde édition intitulée : LETTRES
D'UNE FILLE A SON PÈRE. — Paris,
Edme Rapenot. 1772, 5 part. in-12,
par *Restif de la Bretonne*.

« Ce roman, dit M. P. Lacroix, est
un des plus rares de l'auteur; il parut
en mars 1772. *Adèle de Com**** écrit
à son père qui vient de partir pour la
campagne de 1757. Il serait trop long
de donner l'analyse de cet ouvrage qui
est l'histoire vraie de Mlle *de C****,
fille naturelle du dernier *prince de
C**** (Conti), faiblement déguisée. Les
trois premiers volumes et le commencement du quatrième contiennent
l'histoire d'Adèle et de sa mère; le
reste de l'ouvrage est rempli d'historiettes détachées, racontées par les personnages du roman, écrites chacune
dans leur manière. »
Dans l'avertissement de ce livre, son
septième roman, Restif affirme « que
« tous ses ouvrages sont fondés sur
« des aventures réelles arrivées sous
« ses yeux ; quant aux noms, on sent
« bien que les indications sont indé-
« cises, surtout lorsque l'histoire est
« récente ; ainsi, l'on peut achever
« comme l'on voudra les noms com-
« mencés que j'ai substitués aux véri-
« tables. » (Voir pour plus de détails
la « Bibliographie de Restif de la Bretonne, » pp. 110-113.)

ADOLPHE, anecdote trouvée
dans les papiers d'un inconnu. —
(Par *Benjamin de Constant de Re-
becque*). — Paris, 1816, in-12. —
Nombreuses réimpressions. — La
dernière édition, la meilleure et la
plus curieuse de toutes, est celle
donnée par M. A. Quantin. (Paris,
1878), avec préface de M. *J. Pons*.

Ce roman célèbre est, comme on
sait, la peinture à peine idéalisée de
la jeunesse de l'auteur, de ses erreurs,
des entraînements de son caractère et
de ses efforts pour y échapper. Dans
sa piquante, mais un peu indiscrète
introduction, intitulée « Les femmes
d'Adolphe, » M. J. Pons a enregistré,
avec une inexorable exactitude les fai-
blesses de l'héroïne du roman, *Eléonore*, autrement dit Mme de Staël; il

n'est plus possible d'ignorer maintenant qui précéda *Adolphe*, ou, si l'on aime mieux, Benjamin Constant et qui lui succéda. Ce livre est, du reste, fort bien analysé dans la « Revue des Romans » (T. I, pp. 144, 145.) En somme, on l'a considéré comme une sévère réplique à *Corinne* et à *Delphine*, ces deux romans célèbres, dans lesquels Mme de Staël passe pour s'être dépeinte elle-même, mais en s'*idéalisant* beaucoup, si l'on peut ainsi parler.

ADOLPHE ou LA PRÉDICTION ACCOMPLIE, roman devenu historique, par Mme *Grandmaison Van-Esbecq.* — Paris, A. Costes, 1814, 2 vol. in-12.

La première édition de ce roman (Paris, Lepetit, 3 vol. in-12) parut en 1797, sous le titre « d'*Adolphe ou la Famille malheureuse.* »

« Dans un cadre fabuleux et sous des noms supposés, dit Girault de Saint-Fargeau, l'auteur retraçait une partie des revers de la famille des Bourbons. Mme la duchesse d'Angoulême voulut bien accepter la dédicace de la nouvelle édition, où elle est représentée sous les noms de *Mathilde, princesse de Lombardie.* Mathilde éprouve de grands malheurs ; elle est en proie à une foule de vicissitudes, et son existence, un peu aventureuse, n'a pas un rapport très marqué avec les infortunes de la fille de Louis XVI ; mais en dépouillant cette princesse du rang suprême, et en la plaçant dans l'obscurité, l'auteur a soigneusement retracé les vertus, la pieuse résignation, le dévouement de la princesse à laquelle il est fait allusion. »

ADONIDE, nouvelle historique, par *Edme-Théodore Bourg*, plus connu sous le nom de *Saint-Edme.* — Paris. Tenon, Pigoreau, 1825, in-12, 3 fr. 50.

« C'est, dit Quérard, sous des noms supposés, l'histoire de l'empoisonnement de Mme la comtesse Cerzé-Lusignan, attribué au mari de cette dame et à Mme la duchesse de Bellune.» Rédigée sur les mémoires du jeune officier, époux de la victime, elle donne, sur les événements antérieurs, des détails qui éclaircissent plusieurs points de cette déplorable affaire. (Voir les journaux du temps et aussi la « Revue des Romans ». T. II, pp. 244-245.)

ADVANTURES (LES) D'IRCANDRE ET SOPHONIE, par *Humbert.*

Voir : Cléodonte et Hermelinde.

ADVANTURES (LES) DE LA COUR DE PERSE, divisées en sept journées, où, sous des noms estrangers, sont racontées plusieurs histoires d'amour et de guerre arrivées de nostre temps, par *J. D. B.* — Paris, chez Nicolas de la Vigne, près la Porte Saint-Marcel. 1629, in-4, et Paris, 1629 ; Pomeray, in-8.

Les initiales *J. D. B.*, désignent *Jean Baudouin*, qui a signé l'épître dédicatoire «à Monsieur Scarron, sieur de Vaure, » cousin-germain du célèbre et malheureux Paul Scarron ; mais Jean Baudouin n'a été que l'éditeur de ce livre, dont l'auteur véritable est Mlle de Guise (*Louise-Marguerite de Lorraine*), devenue plus tard *princesse de Conti.* C'est ce qui résulte d'un excellent travail de M. *Paulin Paris*, publié dans le « Bulletin du Bibliophile » (juin 1852, pp. 820-828). Dans cette étude, le savant et regretté littérateur a complètement analysé « les Advantures de la Cour de Perse », où figurent, sous des noms supposés, les plus grands personnages de la Cour de France, sous Henri III et sous Henri IV. La scène est placée en Ecosse, peu de temps après le retour de la belle reine Marie Stuart, veuve de notre roi François II. Ceci dit, tout lecteur attentif, un peu au courant des chroniques de l'époque, formera aisément la clef de cette prolixe narration: Ainsi, le roi *Artaxerxès*, c'est Henri III; *Ergaste*, Henri IV; la princesse d'*Alexandrie*, la duchesse de Guise, veuve du « Balafré », et mère d'*Alcidor*, le duc de Guise; *Floridan*, le prince de Joinville; *Florizel*, le chevalier de Guise; *Daphnide*, Louise-Marguerite de Guise, femme, puis veuve du prince de Conti, amante et secrète épouse de Bassompierre, auteur de ce récit; *Stéphanie*, Gabrielle d'Estrées; *Cloridan*, le duc de Bellegarde; *Olinde*, la comtesse de Guiche; le prince *Trophile*, le duc de Mayenne; le duc de *Lucée*, le prince de Conti; *Daphnis* ne peut être que Bassompierre. (Pour plus de détails, voir le travail précité de M. Paulin Paris et « l'Intermédiaire » du 10 mars 1876.)

ADVENTURES (LES) DE MÉLINDOR ET D'AMASIE. — Paris, 1634, in-8.

Réimprimé sous le titre : « LES INTRIGUES DE LA COUR. » — Paris, Soubron, 1636, in-8.

D'après la « Bibliographie Gay » (t. I, p. 36), ce roman, dont l'auteur n'est pas cité, serait un recueil de récits scandaleux, dans lesquels figurent, sous des noms supposés, des personnages de la Cour de Louis XIII.

ADVENTURES OF AN IRISH SMOCK, interspersed with anecdotes of a nankeen pair of breeches.

— London, Kandall (1785 ?) 2 vol. in-12.

Cet ouvrage contient le récit d'une grande variété de liaisons curieuses entre les filles les plus célèbres et les beaux garçons de Londres. Suivant l'usage anglais, un grand nombre de noms ne sont désignés que par leurs initiales. Ainsi, on y trouve les intrigues privées de *Lady W.....*, de *Mme N.....* etc., etc. Tout cela est loin d'être édifiant; on sait que *Smock* veut dire une chemise de femme et que des *breeches* signifient une paire de culottes. (Bibliographie Gay, t. I, p. 36).

ADVENTURES (THE) OF FOUR YEARS.
Voir : Abdicated Prince.

ADVENTURES OF PEREGRINE PICKLE : in which are included the memoirs of a lady of quality. — London, 1751, 4 vol. in-12 (par *Tobias Smollett*). Très souvent réimprimé et traduit en français par *Toussaint*. (Paris, 1753, 4 vol. in-12.)

« Dans cet ouvrage, dit la biographie Michaud, Smollett visant au succès le plus honteux n'a pas craint de flatter le goût d'une certaine classe de lecteurs pour les obscénités. On y lit, sous le titre de Mémoires d'une Dame de qualité, l'histoire de Lady Vane. Cette femme, connue alors pour sa beauté et ses intrigues galantes, non-seulement fournit au romancier des matériaux pour retracer sa propre turpitude, mais lui fit même un présent considérable en retour de sa complaisance. Le cri qu'éleva la saine partie du public contre cette production monstrueuse engagea l'auteur à donner une nouvelle édition, purgée des scènes qui avaient causé du scandale.

Les aventures de Lady Vane, nommée *Lady Frail,* dans le roman, forment le chapitre LXXXI de l'ouvrage. Lowndes, (Bibliographer's Manual, p. 2433), cite quatre des principaux écrits auxquels ce scandale a donné lieu.

Indépendamment de Lady Vane, Smollett a mis encore en scène d'autres personnages réels dans son « Peregrine Pickle ». Tels sont, notamment l'*inimitable Palette,* le pédant Docteur *Akenside,* les marins *Trunnion, Pipes* et *Hutchway,* le chevaleresque *Mac-Kercher,* etc., etc.

ADVENTURES OF RODERICK RANDOM (by *Tobias Smollett*). — London, 1748, 2 vol. in-12. Réimpressions innombrables depuis cette première édition.

Traduit en français par *Hernandez.* — Paris, 3 vol. in-12, 1760.

Cet ouvrage est le plus connu des romans de Smollett, et peut-être celui de tous les romans de cette époque qui eut le plus de vogue. On peut le considérer comme une imitation de Le Sage. « On imagina généralement que Smollett décrivait sous le voile de la fiction, les aventures de sa jeunesse; mais le public étendit les applications des caractères de ce roman beaucoup plus loin, peut-être, que l'auteur ne l'avait voulu : on retrouva, dans la partie occidentale de l'Ecosse, les originaux de *Gawkey, Crabbe* et *Polion*; Mistress Smollett fut reconnue sous les traits de *Narcissa,* et l'auteur sous ceux de *Roderick Random* (identité qui n'admet pas de doute.) Un relieur et un barbier, amis de Smollett pendant son enfance, se disputèrent l'honneur d'avoir fourni le modèle de ce *Strap* si dévoué, si bon et si généreux dans sa simplicité, et les deux capitaines de vaisseau, sous lesquels Smollett avait servi, furent désignés sous les noms déshonorants de *Oakum* et de *Whifle.* » (Girault de Saint-Fargeau. Revue des Romans, t. II, p. 305.)

ÆNECE SYLVII, POETÆ SENENSIS, DE DUOBUS AMANTIBUS EURIALO ET LUCRETIA OPUSCULUM. S.-L.-N.-D. (Cologne, Ulric Zell, vers 1470), in-4° de 36 f.

Telle est l'édition originale de ce célèbre petit ouvrage, si souvent réimprimé, avec des modifications de titre, et plusieurs fois traduit en français, notamment comme suit :

L'HISTOIRE DE EURIALUS ET LUCRESSE, VRAŸS AMOUREUX, selon *Pape Pie.* S.-L.-N.-D. (Paris, Vérard, 1493), in-folio goth. de 93 ff. Traduction en vers attribuée à Octavien de Saint-Gelais. (Voir pour les éditions et traductions le « Manuel du libraire. »)

Æneas Sylvius Piccolomini, depuis pape sous le nom de *Pie II,* est l'auteur de cette nouvelle, écrite en latin, avec pureté et élégance ; il l'écrivit à Vienne, en 1444, c'est-à-dire quatorze ans avant son avénement au pontificat. C'est le récit d'un événement arrivé à Sienne, dix années auparavant. *Euryale* et *Lucrèce* ne sont point des êtres imaginaires, non plus que le mari de cette dernière. *Menelai,* qui fut dupé et pendant longtemps, malgré sa jalousie. Pie II, arrivé à la tiare, ne désavoua jamais cette œuvre de sa jeunesse et se borna à déplorer l'abus de son talent en une espèce si étrange pour un futur pape. Les vieilles chroniques siennoises donneraient peut-être la clef de ce célèbre roman.

AGATHANDER PRO SEBASTA VINCENS.
Voir : Pomeris.

AGÉSILAS ET ISMÉNIE, nouvelle restée inédite ; il en existe une copie manuscrite à l'arsenal et une autre à la Bibliothèque nationale.

« Les prétendues amours dè Mme de Longueville et de Coligny et le duel malheureux de celui-ci avec le duc de Guise, qui occupèrent la cour et les salons à la fin de 1643, furent racontées sous le voile transparent d'une nouvelle que M. Cousin a découverte et analysée. (La jeunesse de Madame de Longueville, chap. III.) Le vrai y est mêlé au faux ; il est facile d'en avoir la clef :

Isménie, — Mme de Longueville ;
Agésilas, — Coligny ;
Amilcar, — le duc de Longueville ;
Roxane, — Mme de Montbazon ;
Antenor, — le prince de Condé ;
Simiane, — la princesse de Condé ;
Marcomir, — le duc d'Enghien ;
Florizel, — le duc de Guise ;
La reine Amalazonthe, — Anne d'Autriche ;
Théodate, — d'Estrades ;
La place des Nymphes, — la place Royale.
(Quérard. — Essai sur les livres à clef, p. 12.)
Il serait à désirer qu'on publiât ce joli récit et surtout qu'on en découvrît l'auteur. »

AGONIE DE MADAME DE P... Son acte de contrition et son rétablissement par le moyen du vinaigre des Quatre-Voleurs, distillé par G... Londres (Paris), 1789, in-8 de 8 p.

Ce pamphlet, dirigé contre Madame de Polignac, est de *Gosset,* suivant une note du catalogue de M. de T...cy (Paris, 1864, n° 601). Il est également cité dans le catalogue Leber (t. IV, p. 201), qui fait connaître encore plusieurs autres libelles contre cette malheureuse duchesse et notamment :

BOUDOIR DE MADAME LA DUCHESSE DE P***, in-8.

MALADIE DE LA DUCHESSE DE P*** *qui a infecté la Cour, Versailles et Paris (1789),* in-8.

LA DERNIÈRE RESSOURCE DE MADAME DE P***, in-8. (Voir pour ces écrits : *la Messaline française).*

AGONIE, MORT ET DESCENTE AUX ENFERS.
Voir : Ordonnance de police.

AGRÉABLES (LES) DIVERTISSEMENTS DE LA TABLE ou les réglements de l'illustre Société des frères et sœurs de l'ordre de *Méduse.* A Lyon, chez *André Laurens,* seul imprimeur ordinaire de la ville, rue *Raisin,* à l'ange *Gabriel,* MDCCXII, in-12 de 64 p., avec figures de *Bouchet,* surnommé l'*Africain Médusien.*

Le catalogue Leber (n° 2,629) cite une autre édition :

« LES DIVERTISSEMENTS DE LA TABLE ou réglemens de l'illustre société des frères et sœurs de l'ordre de Méduse. » Marseille, de l'imprimerie de l'ordre. S. D. (vers 1720), in-12, 64 p., fig.

« L'ordre de Méduse » était une société bachique, fondée à Toulon par M. de Vibray, vers 1683, et dont le poète Vergier fut un des membres les plus actifs. (Voir Arthur Dinaux, « Les Sociétés badines, bachiques, etc. » T. II, pp. 16-25.) Le livre ci-dessus décrit rentre dans le cadre de cette étude, parce qu'on y trouve, outre des chansons et des poésies diverses, des portraits en vers des *frères et sœurs*, lesquels sont désignés par des initiales ou des surnoms : Le *grand Guidon*, le marquis de S*** ; le *Protecteur*, le comte de G*** ; le frère *Judicieux*, Vergier ; le frère *Distingué*, le marquis de L*** ; on disait l'*huile*, la *lampe*, *lamper*, pour le vin, le verre, boire, etc., etc.

AH !. QUE L'ON VA RIRE ou LES VERTUS DES QUARANTE SANGSUES DES FINANCES. A l'hôtel des fermes, imprimerie de Lamesle (1790), in-8 de 20 p.

Ce pamphlet, en vers et en prose, est rempli de traits et d'allusions satiriques contre les derniers fermiers généraux.

AIGLE (L') QUI A FAICT LA POULE DEVANT LE COCQ A LANDRECI (1543). Imprimé à Lyon, chez le Prince, près Nostre-Dame de Confort, pet. in-8 de 16 ff. à 23 lignes par pages pleines, imprimé en italiques. (En vers).

Ce petit poème allégorico-satirique est de *Claude Chappuis*, qui l'a dédié à François Ier, son maître. Il a été réimprimé dans la « Bibliothèque elzévirienne. » (Anciennes poésies, t. IV, p. 47-70). Fort élogieux pour le roi de France, cet écrit n'est pas flatteur pour Charles-Quint. Voici la clef des principales allégories :

Le Cocq, — c'est François Ier ou la France ;

L'Aigle, — Charles-Quint ou la maison d'Autriche ;

Le Cerf, — le Pape ; .

Le Lion, — l'Espagne ;

Son filz premier, — c'est le Dauphin, plus tard Henri II ;

Et le second, — c'est le deuxième fils de François Ier, Charles, duc d'Angoulême, puis d'Orléans ;

Le Phénix, — c'est Eléonore d'Autriche, sœur de Charles-Quint, femme de François Ier.

AIHCRAPPIH, . histoire grecque... Voir : Hipparchia, histoire galante...

AITHÈS ou LE HÉROS CHÉRI DES DIEUX, une des plus anciennes histoires, imitée des Grecs, contenant les hauts faits d'un grand homme, son enfance, ses plaisirs, sa politique, son élévation et la récompense de ses vertus ; histoire allégorique, par *L.-N. Baudry-des-Lozières* (ou Lauzières ?) Paris, chez Lenormant (1804), 2 vol. in-12, 3 francs.

L'allégorie de cet ouvrage est facile à saisir ; c'est, sous des noms grecs, une histoire apologétique du premier consul Bonaparte, qui venait d'être proclamé empereur.

ALBION AND ALBANIUS. An opera, by *John Dryden*, acted at the Theatre Royal (1685), London, infolio. Set in music by Lewis Grabue, esq.

Allégorie politique qui roule sur les menées du fameux Antoine-Ashley Cooper, comte de Shaftesbury et de ses partisans, en faveur du duc de Montmouth. La première représentation de cet opéra, qui ne fut joué que six fois, eut lieu, au dire de Downes, le jour même où Montmouth débarqua à Lyme, sur la côte du Dorsetshire (11 juin 1685). — (« Biographia dramatica. » T. II, p. 6).

ALCIMADURE ou LE PREMIER MUSICIEN. Paris, Ouvrier (1802), in-8.

Ce roman bizarre n'est décrit dans aucune bibliographie ; l'auteur n'en est pas connu. Il est question, dans ce livre, des aventures de quatre nymphes: *Hyverine, Alcimadure* sa fille, *Albapurine* et sa sœur *Amaryllis*. D'après une note insérée dans « l'Intermédiaire » (t. XII, p. 391), ce roman est un livre à clef contenant d'obscures allusions à Napoléon et à d'autres grands personnages de l'époque ; l'auteur affirme que son récit ne contient que des « aventures véritables bien connues chez les *Arcadiens.* » (Lisez Français ou Parisiens).

ALERTE ou BRUIT DE RECENSEMENT DANS UNE PETITE VILLE, comédie en cinq actes et en vers par M. *Barthélemy Manein.* Dessins de M. *Gustave Dicat.* Toulouse, J.-B. Paya, 1842, in-8 de 120 p.

Suivant le catalogue Soleinne (n° 3,824), l'auteur de cette pièce satirique a mis en scène des personnes notables d'une ville du midi, sous les noms de *Delair, Coligny, Mimique, Sarre; La Harpe,* etc. Les dessins, assure-t-on, reproduisent très exactement la ressemblance caricaturale des personnages satirisés. Cette pièce a dû faire fureur dans son temps, surtout avec la clef des noms véritables.

ALEXANDRE-LE-GRAND, tragédie. Voir: Théâtre de Jean Racine.

ALI LE RENARD ou LA CONQUÊTE D'ALGER, roman historique, par *Eusèbes de Salles,* ancien élève à l'École Royale des langues orientales, officier supérieur, interprète au quartier général de l'armée d'Afrique, auteur du « Diorama de Londres, » traducteur de lord Byron, etc., etc. Paris, Ch. Gosselin, éditeur (1832), impr. de Crapelet, 2 vol. in-8, ornés de deux vignettes de Tony Johannot, gravées par Perret.

« Cet ouvrage, publié d'abord par fragments dans le journal *Le Voleur,* avec un grand succès, est une sorte de roman-panorama des premiers temps de la conquête de l'Algérie. Mêlés à des personnages imaginaires, les personnages réels échappent plus facilement au blâme et à la critique. Ils y échappent d'autant mieux que l'auteur, usant largement et jusqu'au bout de la liberté qu'il s'était donnée, les a tous débaptisés. Toutefois, un lecteur contemporain des faits reconnaîtra, sans trop de peine, sous le masque du pseudonyme, les généraux en chef Bourmont, Berthezène, etc., comme aussi les artistes et écrivains attachés à l'expédition: Merle, Isabey, Gudin et quelques autres. A la distance où nous sommes aujourd'hui des événements; le livre de M. E. de Salles a tout l'attrait d'une chronique romanisée et pittoresque. On y surprend à sa source et dans ses causes le périlleux antagonisme des administrations civile et militaire. » (Bibliographie romantique par Ch. Asselineau, 1874, pp. 181 et suivantes.)

Il faut avouer que les derniers événements d'Algérie sont bien de nature à remettre en vogue un tel ouvrage, si on venait à le réimprimer, surtout avec une clef bien exacte.

ALIDA ET DORVAL ou LA NYMPHE DE L'AMSTEL, députée aux États-

généraux, à la recherche de la Liberté. A Véropolis (Paris ou Amsterdam?) 1785, in-18.

Ce livre, non cité par Quérard, inconnu à Barbier, est attribué à *Alex. L. Bertrand Robineau*, dit *de Beaunoir*, auteur de nombreuses pièces de théâtre et de divers écrits. C'est un roman allégorique, dont la clef est à trouver et qui se rattache aux préludes de la révolution batave. (Cat. J. Techener, 1858, n° 11,849.)

ALITOPHILI VERITATIS LA-CHRYMÆ, sive EUPHORMIONIS LUSININI CONTINUATIO. Genevœ (1624), in-12. Autre édition (1626), in-8, sous le masque de *Gabriel de Stupen*. Réimprimé encore à la suite de l'*Euphormion* de Barclay, Rouen, 1628, et Lugd. Batav. 1667, in-8.

Cet ouvrage, comme le sous-titre a pu le faire croire, n'est point de Barclay, mais bien de *Claude-Barthélemy Morisot*, de Dijon, auteur du *Peruviana*, dont il est parlé plus loin. Excité par d'anciens ressentiments contre ses premiers maîtres et notamment contre le Père Monet, qui l'avait un peu maltraité dans ses classes, Morisot écrivit cette virulente satire contre les Jésuites, bien faciles à reconnaître sous les allusions dont ce petit livre abonde. Les Pères, auxquels l'auteur avait adressé sa dédicace : « *Patribus Jesuitis sanitatem,* » ne purent s'y méprendre et se donnèrent tant de mouvement que, par arrêt du Parlement de Dijon, en date du 4 juillet 1625, cette satire fût condamnée à être brûlée par la main du bourreau. Morisot n'en mit que plus d'ardeur à en donner une seconde édition. Les Jésuites ne lui pardonnèrent jamais ces attaques, et, par la main du P. Théophile Raynaud, lui

firent une belle épitaphe, se terminant par cette pointe assez mauvaise:
« *Vivere qui renuit sapiens, vult ille Mori sot.* »

ALIZON, comédie (en 5 actes et en vers, dédiée cy-devant aux jeunes veuves et aux vieilles filles, et à présent aux beurières de Paris, par *L.-C. Discret*. Seconde édition. Paris, Jean Guignard (1664), in-12 de 6 f. et 82 p.

Cette pièce fort rare, dit le catalogue de Soleinne (n° 1161), doit être accompagnée de deux jolies estampes qui représentent les principaux personnages de la comédie et dame Alizon, mais qui ne se trouvent que dans bien peu d'exemplaires. « Une dame de mes amis, dit l'auteur, m'ayant fait le récit des grotesques et véritables amours de la vefve d'un pauvre bourgeois de Paris, j'en ai traicté l'histoire en rime, sous le nom d'*Alizon fleurie*, avec des paroles les plus approchantes de la sorte de parler des personnages. »
On ne saura certainement jamais le nom véritable de *dame Alizon*, non plus que ceux des autres personnages de la pièce, qui doit être classée cependant parmi les ouvrages à clef.

ALLAINVALLIANA. Voir : ..... Ana.

ALLÉES (LES). Voir : La Promenade du sceptique.

ALMANAC (L') DES BELLES (pour l'année 1676), par *P. Corneille de Blessebois* (sic), en vers. 34 pages, y compris le titre et l'épître à Mesdemoiselles de Jearny, en 2 f. plus un f. blanc, petit in-12, front.

Ce petit ouvrage forme la première partie des « œuvres satiriques de P. Corneille de Blessebois. » Leyde, 1676. Divers personnages mis en scène sont affublés de noms d'animaux; ainsi : *La Corneille*, c'est C. Blessebois lui-même ; *Le Coucou*, M. de Verdun ; *le Serpent bleu qui se roule dans l'or*, c'est Colbert, intendant d'Alençon. (Allusion à la couleuvre, *coluber*, qui se trouve dans les armes de cette famille). Cette petite pièce est fort rare, comme le sont d'ailleurs la plupart des écrits de cet auteur. (Voir la notice de M. E. Cléder, sur la vie et les ouvrages de Corneille Blessebois). Elle est, du reste, assez insipide et ne vaut pas les hauts prix qu'y mettent certains amateurs. On l'a réimprimée à Bruxelles, en 1866, avec le *Rut* ou la pudeur éteinte.

ALMANACH DE L'ANNÉE 1721, in-4. Délicieux manuscrit sur vélin, exécuté pour la petite fille du grand Condé, la célèbre *Duchesse du Maine*, recouvert d'une riche reliure « à la Ruche (allusion à « l'ordre de la mouche à miel »), et qui figurait sous le n° 74, dans le catalogue de la troisième vente Ambroise-Firmin Didot (juin 1881).

Les sept feuillets de cet almanach poétique et satirique sont remplis d'allusions malicieuses et piquantes, dont la publication jetterait sans doute beaucoup de lumières sur certaines particularités de la petite cour de Sceaux. Ce curieux manuscrit n'a jamais été publié ; s'il l'est un jour, il aura besoin d'une bonne clef ; sans cela, bien des choses resteront inintelligibles. S'il n'est pas difficile, en effet, de reconnaître Louis XV dans le *roi*

des lis, et la duchesse du Maine elle-même, dans la *reine des Sébusiens*, il est moins commode de savoir ce que désignent les mots *Pinalogoïs* et *Lakanotrophos*, ou de retrouver les vrais noms de *Jacques très noir à la longue barbe*, de *la très grande et vertueuse dame* qui enseigne la langue latine en faisant savoir que *cornu* est indéclinable ; de la *gentille comtesse à conscience timorée*, et de résoudre enfin vingt autres énigmes satiriques qui visaient les plus hauts personnages de la galante société de Sceaux.

ALMANACH DE LA COUR POUR L'AN 1649, fait par maistre *François Le Vautier*, grand spéculateur des choses présentes. Paris, 1649, pet. in-4 de 6 p. — On connaît deux autres éditions, sous la même date, de 6 et 7 p., avec le nom de *Le Véritier*.

Cet almanach n'est autre chose qu'une mazarinade ; on a voulu sans doute ridiculiser François Vautier, médecin de Louis XIV. On y met allégoriquement en scène les principaux personnages du temps, ainsi :

Janvier est représenté par Mazarin ;

Février	—	—	Gaston d'Orléans ;
Mars	—	—	Condé ;
Avril	—	—	le prince de Conti ;
Mai	—	—	Longueville ;
Juin	—	—	les princes lorrains ;
Juillet	—	—	Chavigny ;
Août	—	—	La Meilleraye ;
Septembre	—	—	Grammont ;
Octobre	—	—	Villeroy ;
Novembre	—	—	Le Tellier ;
Décembre	—	—	La Rivière.

(Voir C. Moreau, « Bibliographie des Mazarinades, » t. I, p. 33.)

ALMANACH DU DIABLE, contenant des prédictions très curieuses et absolument infaillibles pour l'année 1737. Aux enfers (Hollande), in-18 de 60 p., très rare.

Nouvelle édition, augmentée de plusieurs fautes qui ne se trouvent pas dans les précédentes. Aux Enfers (1738), in-12.

On joint, mais bien difficilement, à ce petit écrit, les opuscules suivants :

EXTRAIT DE L'ALMANACH DU DIABLE (1737 ou 1736?) S. L., pet. in-12.

CLEF DES PRÉDICTIONS CARMINI-FIQUES DE L'ALMANACH DU DIABLE. De l'Enfer, par un courrier extraordinaire (1737), pet. in-12.

LA CRITIQUE ET CONTRE-CRITIQUE DE L'ALMANACH DU DIABLE, pour l'année 1737. Imprimé aux Enfers, pet. in-12.

LA CLEF DE L'ALMANACH DU DIABLE, pour l'année 1738. Aux Enfers, pet. in-12.

On n'est pas exactement fixé sur le véritable auteur de « l'Almanach du Diable. » Barbier et la « Biographie Michaud » se contredisent sur plusieurs points ; seul, Quérard, dans sa « France littéraire » se montre plus affirmatif que les autres bibliographes : « Cet ouvrage, dit-il, publié sous le pseudonyme de *M. de Castres du Carnay,* » est des frères *Quesnel* de Dieppe, écrivains satiriques, dont l'un, auteur de « l'Almanach du Diable, » mourut à la Bastille, vers 1739, l'autre, nommé l'abbé Pierre Quesnel et que Feller surnomme Bénard, mourut à La Haye en 1774. Les auteurs de la « Biographie universelle » ont fait de ces deux frères un seul et même personnage. » Quoi qu'il en soit, ce livret rempli de faits, d'anecdotes méchantes et de traits satiriques sur plusieurs personnages de la Cour, sur des prélats et de beaux esprits, fit beaucoup de

bruit ; la police le rechercha et fit détruire tous les exemplaires qu'elle put saisir, plusieurs libraires furent inquiétés ; deux ou trois auteurs suspects furent incarcérés. Ces poursuites firent qu'on recherche davantage ce libelle qui fut réimprimé ; les exemplaires de cette contrefaçon sont aujourd'hui moins estimés que ceux de l'édition originale ; aussi l'édition première atteint-elle des prix toujours assez élevés, surtout quand une clef, manuscrite ou imprimée, est jointe aux exemplaires.

Ajoutons qu'aux pièces énumérées plus haut et qui servent de complément à « l'Almanach du Diable, » on en peut joindre une autre fort rare, citée au catalogue Leber ; c'est « *l'Almanach de Dieu.* » Au ciel, 1738, petit in-12.

ALMANACH POUR L'AN DE GRACE 1798. Voir : Etrennes aux amis du 18.

ALOSIE OU LES AMOURS..... Voir : Lupanie, Histoire amoureuse.....

AMANTS (LES) DÉSESPÉRÉS ou LA COMTESSE D'OLINVAL, tragédie bourgeoise en 5 actes, en prose, par *Jean-François-Dieudonné Maucomble.* Amsterdam et Paris, Delalain, 1768, in-8.

L'auteur, dans sa préface, fait l'éloge de la tragédie bourgeoise qui était devenue à la mode, depuis les drames de Diderot. Il a retracé dans cette pièce, sous des noms supposés, l'histoire de l'infortunée Anne-Elisabeth de Rossan, marquise de Ganges, assassinée par ses beaux-frères, l'abbé et le chevalier de Ganges. Maucomble a rendu cette histoire, qui s'était tragiquement dénouée l'année précédente devant le Parlement de Toulouse, plus horrible et plus révoltante peut-être, en disposant les événements pour le théâtre. (Voir, pour les détails de cette épouvantable affaire, la « Biographie Michaud, » t. XVI, p. 420-422, et aussi t. XXVII, p. 492.)

AMARANTHE (L') de *Gombauld*, pastorale en 5 actes et un prologue, en vers. Paris, François Pomeray (1631), in-8 de 14 f. et 160 p., premier titre gravé, assez rare.

Le savant rédacteur du catalogue de Soleinne fait remarquer (n° 1,084) que l'auteur dédie à la reine cette pastorale, « qui n'est faite que pour elle, et que toutes sortes de considérations rendent sienne. » M. Lacroix en conclut qu'il est possible que Jean Ogier de Gombauld ait voulu faire allusion à l'amour d'Anne d'Autriche pour le duc de Buckingham, mis en scène sous les noms d'*Amaranthe* et d'*Alexis*, amour qui n'était alors un secret pour personne à la Cour, et qui survivait à ce seigneur anglais, mort assassiné en 1628. Après avoir lu l'analyse de la pièce donnée dans la « Bibliothèque du Théâtre français, » (t. II, p. 299), j'avoue être peu disposé à accueillir cette opinion. L'allégorie serait alors singulièrement entortillée et bien moins vraisemblable que l'allusion aux mêmes faits, contenue dans un roman du même Gombauld, l'*Endymion,* dont il est parlé plus loin.

AMBITIEUX (L') ET L'INDISCRÈTE. Voir : Le philosophe marié.

AMI (L') DE LA FORTUNE ou MÉMOIRES DU MARQUIS DE S. A***. Londres. Jean Nourse (Hollande), 1754, 2 part. en un vol. pet. in-12.

Les « Supercheries littéraires » t. III, col. 492) attribuent formellement cet ouvrage à *J.-Henri Maubert de Gouvest ;* l'abbé Sépher, dans ses notes manuscrites sur la « Bibliothèque des Romans » de l'abbé Lenglet-Dufresnoy, prétend que ce livre est rare, et qu'il renferme, sous des noms supposés, l'histoire particulière du cardinal de Fleury. Suivant M. P. Lacroix (Bulletin du Bibliophile), ces curieux mémoires que le marquis de Saint-A***, mort en 1745, d'une maladie de langueur, aurait écrits pendant les cinq mois que dura cette maladie, ne sont pas aussi romanesques qu'on pourrait le penser d'après le nom de l'éditeur Maubert de Gouvest. On y trouve des détails fort intéressants sur le ministère du cardinal de Fleury, mêlés à des anecdotes piquantes, telles que l'aventure du procureur fouetté par sa femme (2ᵉ partie, pp. 175 et suivantes). C'est là un petit livre qui mériterait de trouver place dans la « Bibliothèque historique de la France. » C'est encore un livre à clef, mais qui pourra en dévoiler les masques ?

AMILEC. S. l. n. d., in-12 de X. 126 p. fig. 2ᵉ édition : Somniopolis, chez Morphée, 1754, in-12. 3ᵉ édition : AMILEC OU LA GRAINE D'HOMMES QUI SERT A PEUPLER LES PLANÈTES. IIIᵉ édition, augmentée, et très considérablement. A Lunéville (capitale de la Lune), aux dépens de Ch. Heugène, à l'enseigne de Fontenelle. (Paris, Lambert). S. D. (1754), 3 part. pet. in-12.

Ce roman allégorico-satirique est de *Charles-François-Tiphaigne de La Roche.* Les deux dernières éditions sont augmentées de quelques chapitres supplémentaires, sous le titre de « Relation du voyage d'un sublunaire à la Lune. » C'est, sous la forme d'un songe, la critique des faiseurs de systèmes, si nombreux au xviiie siècle, et la satire de divers états. Cet écrit, trop oublié aujourd'hui, et relégué, en raison de son second titre, dans l'*enfer* des bibliothèques, mériterait maintenant encore une étude particulière, non-seulement à cause des allusions qu'il contient, mais aussi pour les idées qu'il renferme. Il présente, dans un cadre bizarre, mais ingénieux, une vive et piquante satire de la société, au commencement du xviiie siècle, et est d'ailleurs aussi sagement pensé que bien écrit. Il n'y a pas que Hughens et Fontenelle, tous deux auteurs de traités sur la pluralité des mondes, qui soient visés par Tiphaigne dans « Amilec. » Un lecteur attentif et un peu versé dans l'histoire de cette époque, peut aisément reconnaître les personnages et les objets satirisés par le savant docteur.

Tiphaigne de La Roche qui a publié plusieurs ouvrages, dont quelques-uns sont très sérieux, affectionnait le genre de l'allégorie, qui lui était commode pour formuler ses idées parfois singulières. Entre autres écrits composés de cette manière, il faut citer :

— GIPHANTIE. — La Haye (Paris), 1760, 2 part., pet. in-8.

— HISTOIRE DES GALLIGÈNES OU MÉMOIRES DE DUNCAN. — Amsterdam (Paris), 1765, 2 part. in-12.

— L'EMPIRE DES ZAZIRIS SUR LES HUMAINS OU LA ZAZIROCRATIE. — Pékin (Paris), chez Dsmgtlfpqxz (1761), in-12, ouvrage très bizarre, pastiche ou plutôt satire des écrits, dans le genre du « comte de Gabalis. »

— LA GIROUETTE OU SANS-FREIN, histoire dont le héros fut l'inconséquence même. Paris, Humaire, 1770, in-12.

Il faut consulter sur Tiphaigne et sur ses écrits l'excellente « étude bibliographique » publié par M. *Mancel.* (Caen, Hardel, 1845, in-8 de 38 p.)

AMITIÉ (L') DÉSUNIE PAR L'AMOUR OU LES DEUX-VEUVES INFORTUNÉES, manuscrit in-4, inédit.

D'après une note insérée dans le « Bibliophile belge, » ce roman a pour auteur le dernier prince de *Gavre,* décédé à La Haye, le 2 août 1832. Après la mort de l'auteur, le manuscrit devint la propriété du célèbre bibliophile T. de Jonghe, puis, à la mort de ce dernier, fut acheté pour la modeste somme de 21 francs (!), par la bibliothèque royale de Belgique. Au bas du titre, le prince de Gavre avait écrit cette note : « Cette histoire est exactement arrivée ; l'auteur a seulement changé les noms des personnes. » On a donc lieu de croire que ce sont des mémoires personnels déguisés ; mais qui pourra jamais en donner la clef ?

AMOUR (L') AMANT. Paris, Olivier de Varennes (1664), pet. in-12 de 77 p. ;

2e édition, Paris, même année ;

3e édition, Paris (1667), pet. in-12 de XII, 107 p. ;

4e édition avec des changements. Lyon (1696), André Molin, in-12 de XIV, 176 p.

M. P. Lacroix, dans le « Bulletin du Bibliophile » (septembre 1860, p. 1573), a consacré une notice très intéressante à ce curieux ouvrage : « Ce petit roman, dit-il, écrit dans le genre précieux et raffiné, est sans doute fort rare, bien qu'il ait eu au moins 4 éditions; on le cherche vainement dans la plupart des catalogues du dernier siècle. Il eut une certaine vogue à la Cour; on voulut, paraît-il, y découvrir des allusions à l'amour de Lauzun pour Mᴵˡᵉ de Montpensier, petite-fille de Henri IV. L'auteur de ce roman, mélangé de prose et de vers, devait être un protégé et peut-être un domestique de Mᴵˡᵉ de Montpensier, l'héroïne supposée du livre, sous le nom d'*Aspasie*. Malgré toutes ses recherches, le savant M. Lacroix n'a pu découvrir de quelle plume est sorti ce petit livre, dans lequel l'*Amour Amant* semble être la personnification allégorique du beau duc de Lauzun. »

AMOUR (L') D'UN MONSTRE,

scènes de la vie créole, par *Frédéric Bouyer*. Roman publié en 28 feuilletons, dans le journal parisien l'*Événement*, du 18 juillet au 14 août 1866.

« L'auteur, capitaine de frégate, qui a publié, en 1867, un ouvrage fort intéressant sur la Guyane française, a dédié son livre à M. Toussenel. Je trouve dans la « Bibliographie curieuse », laissée en manuscrit par le regretté M. E. Tricotel (t. IX, nᵒ 231), l'analyse suivante de « l'Amour d'un monstre. » La scène se passe dans la Guyane française; le lieutenant de vaisseau *Maurice* aime *Julienne*, une jeune créole; il est sur le point de l'épouser lorsqu'elle est enlevée et violée par le *Rongou D'Chimbo* qui l'emporte dans les bois (*Les Rongous* sont des émigrants africains qu'on emploie pour les travaux dans ce pays de feu; ils sont redoutables pour les Européens). On retrouve tardivement Julienne qui meurt de chagrin; désespoir de son amant; D'Chimbo est guillotiné le 8 janvier 1862. » 'Histoire *absolument vraie*, dit l'auteur, il n'a fait que changer les noms des principaux personnages.

AMOUR (L') DE L'ARGENT, par

Louis de Chercusac. Roman publié en feuilleton dans le journal *Le Gil Blas*, au commencement de l'année 1882.

On trouve dans ce roman de nombreuses allusions au monde de la finance et notamment à la catastrophe toute récente de la société l'*Union générale (l'Immense Union)*. M. *Partoux*, c'est M. Bontoux ; *M. Fedeorth*, M. Fœder, l'un fondateur, l'autre directeur de cette Société; *M. Hacht* est sans doute M. Hirsch, le banquier; *M. Charles de Savert* paraît personnifier M. Savary, directeur de la « Banque de Lyon et de la Loire. »

AMOUR (L') MÉDECIN, comédie. Voir : Œuvres de Molière.

AMOUR (L') TRIOMPHANT,

pastorale comique, où soubs les noms du berger *Pirandre* et de la belle *Oreade du Mont Olympe*, sont descrites les amoureuses advantures de quelques grands princes. Le tout enrichi de plusieurs belles remarques, inventions, histoires, arguments et discours, tirez de la philosophie tant morale que naturelle. Par *Troterel*, escuyer, sieur d'*Aves*. Paris. Samuel Thiboust, 1606, in-8.

Cette pièce en 5 actes, en prose et en vers, est dédiée à « Messire Pierre de Rouxel, capitaine et gouverneur des villes et chasteaux de Verneuil et Argenteu et l'un des lieutenants généraux de Normandie. » M. Edouard Frère, qui ne cite pas cette pièce dans son excellent « Manuel du Bibliographe normand, » dit que *Pierre Troterel*, sieur d'*Aves*, né près Falaise, mort vers 1620, est l'auteur de pastorales, tragédies et comédies, la plupart plus que facétieuses. « Ce sont, ajoute le catalogue Soleinne (n° 911), de longs dialogues, sans action, sur des sentiments de convention, exprimés quelquefois avec délicatesse, et presque toujours avec un amas d'images incohérentes. Le sieur d'Aves est plus retenu en prose qu'en vers, parcequ'alors il imite le genre de l'Astrée, mais il n'en est que plus ennuyeux. » Je n'ai trouvé nulle part la clef de cette pièce ; il serait intéressant cependant de connaître ces quelques *grands princes*, dont les aventures amoureuses sont mises en scène « soubs les noms du *berger Pirandre* et de la belle *Oreade*. »

AMOURS (LES) D'ÆSIONNE..., par *Béroalde*. Voir : Avantures de Floride...

AMOURS (LES) D'AMISIDORE ET DE CHRYSOLITHE. Voir : La Céfalie.

AMOURS (LES) D'ARISTANDRE ET DE CLÉONICE. Voir : Histoire tragi-comique de nostre temps, par d'Audiguier.

AMOURS (LES) D'EUMÈNE ET DE FLORA, ou HISTOIRE VÉRITABLE DES INTRIGUES AMOUREUSES D'UNE GRANDE PRINCESSE DE NOTRE SIÈCLE. Cologne, G. le Sincère (Hollande), 1705 et 1706, pet. in-12. (Anonyme inconnu à Barbier).

M. Quérard, sur la foi du titre sans doute, avait classé ce roman parmi les livres à clef. Le savant rédacteur du catalogue Pixérécourt n'a pas partagé cette manière de voir. Voici, en effet, la note qu'il a jointe (n° 1,318), à la description d'un exemplaire portant la signature du dramaturge Lachaussée, qui ne se vendit que 2 fr. : « Le

libraire dit, dans sa dédicace aux « dames : C'est une histoire véritable « et d'autant plus digne de vous, que « l'on y verra un récit exact et curieux « des intrigues amoureuses d'une « grande princesse de notre siècle « qui a fait les délices et l'ornement « d'une des plus belles et des plus « augustes cours de l'Europe. » Malgré cette protestation du libraire, nous pensons que ce roman est de pure imagination, et qu'on a voulu, par ce titre, faire croire qu'il s'agissait des amours de Lauzun avec Mademoiselle. »

En somme, est-ce ou n'est-ce point un livre à clef ? *Adhuc sub judice lis est.* Il convient cependant de remarquer que l'hypothèse d'une allusion à Lauzun et à Mlle de Montpensier, n'a rien d'invraisemblable ; le sujet a tenté, à cette époque, plus d'un faiseur de romans.

AMOURS (LES) DE ALCANDRE ET ROZORÉE, etc. Voir : Les Sacrifices amoureux.

AMOURS (LES) DE CHARLOT ET DE TOINETTE, pièce dérobée à V..... — Paris (Londres), 1779, in-8.

Odieux pamphlet contre la reine. *Charlot*, c'est le comte d'Artois (Charles X) ; *Toinette*, c'est Marie-Antoinette ; V......., désigne Versailles, où la Cour se tenait alors. Le catalogue Leber (n° 2281), donné les détails suivants sur cet écrit : « Pièce satirique en vers, dont on ne connaît, de cette édition originale, que quelques exemplaires échappés au pilon de la Bastille. Quoique ce libelle forme à peine 8 pages d'impression, l'édition en fut rachetée par ordre de la Cour, et payée par Goetzmann, au libraire Boissière, à Londres, l'énorme somme de 17,000 livres. Notre exemplaire est indubitablement de l'édition supprimée. On y a joint le dessin, attribué à *Desrais*, d'une « reine couchée sur un sopha », dessin qui avait été particulièrement dénoncé au lieutenant de police, et l'un de ceux qui étaient destinés à complèter l'œuvre du Libelliste. Ces dessins n'ont jamais paru. »

AMOURS (LES) DE CLIMANDRE ET D'ARISTÉE, où souz noms empruntez sont contenus les amours de quelques seigneurs et dames de la Cour, par le sieur de *Saincte-Suzanne*, Xaintongeois. Paris, 1636, in-8.

Ce récit romanesque est fort rare et ne peut être cité ici que pour mémoire. Les bibliographes n'en parlent pas et son auteur est inconnu à tous les biographes. Un exemplaire figurait, sous le n° 1230, dans le « catalogue raisonné de la bibliothèque d'un château de Lorraine » (Paris, A. Claudin, 1862). C'est une clef qu'on ne retrouvera sans doute jamais.

AMOURS (LES) DE LA BELLE DU LUC, où est démontrée la vengeance d'amour envers ceux qui médisent de l'honneur des Dames. Rouen, 1597, 1613; Paris, 1598; Lyon, 1598, 1606, 1625.

Ce roman, qui est l'œuvre de *J. Prévost, sieur de Gontier*, est aujourd'hui assez rare.

Le rédacteur du catalogue Chedeau (1865), n° 834 et la « Bibliographie Gay » (t. I, p. 176), s'accordent à considérer cet ouvrage comme un livre à clef. « C'est, disent ces auteurs, le récit intéressant d'un événement réel, qui se passa sous le règne de Henri III, et fit alors beaucoup de bruit. »

AMOURS (LES) DE M. D. M. T. P. Voir: Lupanie. Histoire amoureuse...

AMOURS (LES) DE MESSALINE, CY-DEVANT REINE DE L'ISLE D'ALBION, où sont découverts les secrets de l'imposture du prince de Galles, de la ligue avec la France et d'autres intrigues de la cour d'Angleterre, depuis ces quatre dernières années, par une personne de qualité, confidente de Messaline, traduit de l'anglais. Cologne, Pierre Marteau (Hollande), 1689, pet. in-12 de IV f. et 184 p., divisé en quatre parties. Traduit en allemand (Leyde, 1690).

Bien que ce libelle soit généralement attribué à *Gregorio Leti*, le rédacteur des « Supercheries » (t. III, col. 84-85), ne semble pas disposé à adopter cette opinion. « Peut-être, dit-il, l'assertion des catalographes qui ont nommé Gregorio Leti, serait-elle contestable. » La *Messaline* dont il s'agit ici, n'est autre que la princesse Eléonore d'Este, femme de Jacques II, roi d'Angleterre, alors réfugié à Saint-Germain. La troisième et la quatrième partie du roman sont consacrées aux amours supposés de cette princesse avec Louis XIV. « On ne doit pas s'imaginer, dit un avis de l'éditeur, que la fiction ait quelque part dans cette histoire. » Malgré cette affirmation, cet injurieux libelle n'est qu'un tissu de calomnies.

AMOURS (LES) DE SAINFROID, JÉSUITE ET D'EULALIE, FILLE DÉVOTE. Voir: Thérèse Philosophe.

AMOURS (LES) DE ZEOKINIZUL, ROI DES KOFIRANS. Ou-

vrage traduit de l'arabe du voïageur *Krinelbol*. Amsterdam, 1746,
pet. in-8, et: Amsterdam, aux dépens de Michel, 1747, in-16 de 306
(206) pages. Les 4 dernières pages
contiennent la clef.

Ouvrage satirique longtemps attribué à *Crébillon* fils, dont on retrouve
l'anagramme dans le nom du prétendu
voyageur; mais ce fut encore sous ce
nom, retourné en celui de *Bekrinoll*,
que *Laurent Angliviel de La Beaumelle*, véritable auteur du livre ci-
dessus, publia, en 1748, son «Asiatique
tolérant. » (Voir ce livre).

Les « Amours de Zeokinizul » ont
eu une dizaine d'éditions; la dernière
est de 1770.

« Cette relation des amours de
Louis XV, jusqu'à l'avénement de
Mᵐᵉ de Pompadour est conforme à ce
qu'apprend l'histoire; l'auteur y a mis
fort peu de son imagination et il a
déguisé les noms sous des travestissements anagrammatiques très faciles à
deviner. La conclusion de son récit
ne s'accorde pas avec la réalité des
faits qui devaient se succéder : il
dépeint le roi comme devant désor-
mais renoncer au commerce des
femmes et comme devant se consacrer
entièrement à son peuple! »

Voici la clef de ce curieux livret :

Alniob. . . . . l'Angleterre.
Alniobiens. . . . . . les Anglais.
Anserol (Kam d'). . le duc d'Or-
　　　　　　　　　　léans.
Bapafis. . . . . les Pays-Bas.
Bileb . . . . la Bible.
Dervis . . . . Prêtres ou Moi-
　　　　　　　　　　nes.
Duesois . . . . Suédois.
Faquirs . . . . Moines.
Ghinoer. . . . . Hongrie.
Ginarkan. . . . . . . Carignan.
Goilaus. . . . . Gaulois.
Goplone . . . . Pologne.

Guernonies. . . . . . Norvégiens.
Jeflur. . . . . Fleuri.
Jerebi. . . . . Iberie ou Es-
　　　　　　　　　　pagne.
Imans . . . . Prêtres.
Junes (Provinces). . les Provinces
　　　　　　　　　　Unies ou la
　　　　　　　　　　Hollande.
Kalontil . . . . Chatillon.
Kam . . . . Duc.
Katenos (Grand-
　Kam de) . . . . . Grand-Duc de
　　　　　　　　　　Toscane.
Kelirieu . . . . le duc de Ri-
　　　　　　　　　　chelieu.
Ketras (le Kam de). le duc de Char-
　　　　　　　　　　tres.
Kigenpi . . . . le duc de Pec-
　　　　　　　　　　quini.
Kismare . . . . Marquise.
Kofir . . . . Paris.
Kofirans . . . . François.
Kranfs. . . . . Francs.
Krinelbol. . . . . . . Crebillon.
Lenertoula. . . . . . la Tournelle.
Leosanil . . . . Noailles.
Leutinemil . . . . . . Ventimille.
Liamil . . . . Mailli.
Liegnelau . . . . . . l'Evangile.
Lundamberk (Kam
　de) . . . . le duc de Cum-
　　　　　　　　　　berland.
Manoris . . . . Romains.
Maregins . . . . . . Germains ou
　　　　　　　　　　Allemands.
Meani (Kam de). . . le Duc du
　　　　　　　　　　Maine.
Neitilane. . . . . . . Italienne.
Nhir . . . . le Rhin.
Nodais. . . . . Danois.
Omeriserufs . . . . . Sous-Fermiers.
Ourtavan. . . . . . . Vantadour.
Pemenralt . . . . . . Parlement.
Pepa . . . . Pape.
Reinarol . . . . Lorraine.
Sesems . . . . Mèsses.
Sicidem . . . . Medicis.
Sokans . . . . Saxons.
Suesi . . . . Jesus.
Tesoulou . . . . Toulouse.
Tueska. . . . . l'Escaut.

Vameric	Maurice comte de Saxe.
Visir (un)	M. de Maure-pas.
Vorompdap	Pompadour.
Vosaie	Savoie.
Zeokiniʒul.	Louis quinze.
Zeoteiriʒul	Louis treize.
Zokitaresoul	Louis quatorze.

AMOURS (LES) DU CHEVALIER DU TEL ET DE DONA CLEMEN-TINA, histoire nouvelle et véritable. S. L., 1716, pet. in-8 de 103 p., rare.

Ce roman allégorique, ou plutôt ce libelle satirique, dont l'auteur est inconnu, doit émaner d'une plume janséniste. Il n'est même pas cité par le P. Auguste Carayon, dans sa « Bibliographie historique de la Compagnie de Jésus. » Ce petit ouvrage contient de nombreuses allusions aux affaires religieuses d'alors. L'auteur a mis en scène deux personnages principaux : *Le Chevalier du Tel*, autrement dit le Père Le Tellier, ex-confesseur de Louis XIV et *Dona Clementina*, c'est-à-dire la fameuse constitution *unigenitus*, donné par le pape Clément XI.

AMOURS (LES) DU GRAND ALCANDRE, en laquelle sous des noms empruntez se lisent les advantures amoureuses d'un grand prince du dernier siècle. Paris, imprimerie de la veuve J. Guillemot, 1652, in-4.

Cet ouvrage est, comme on sait, de Mlle *de Guise*, *Louise-Marguerite de Lorraine*, *princesse de Conti*; cependant, M. *Paulin Paris* dans le Bulletin du Bibliophile (juin 1852, p. 115), a cru pouvoir l'attribuer à *Royer de Bellegarde*. Ce roman historique a été plusieurs fois réimprimé, soit isolément, soit avec d'autres pièces, avec quelques variantes dans le titre, notamment: « *Histoire des amours du grand Alcandre* » ou « *Histoire des amours de Henri IV.* » Le Manuel du Libraire, les Anonymes et Pseudonymes de Barbier et Quérard, donnent sur ses diverses éditions des indications très précises ; les éditions de Hollande contiennent des substitutions plus ou moins heureuses des noms propres aux noms supposés. Outre une première clef, publiée en 1652, une nouvelle clef des noms principaux a été imprimée, avec l'analyse de tout l'ouvrage, dans la Bibliothèque universelle des Romans (octobre 1787, t. II, p. 80 et suivantes).

Voici cette clef, pour la partie la plus importante du livre, telle que la donne l'essai sur les livres à clef de Quérard.

Alcandre, — Henri IV;

Alemine, — la comtesse de Moret;

Argie, — Léonora Galigaï, maréchale d'Ancre;

Armise, — Charlotte de Montmorency, duchesse d'Angoulême ;

Arnède, — Henri de Bourbon, évêque de Metz, fils naturel de Henri IV et de la marquise de Verneuil;

Cléandre, — le duc de Guise, assassiné en 1588;

Corisande, — Diane d'Andoins, veuve du comte de Grammont;

Crisante, — Gabrielle d'Estrées;

Dalinde, — la marquise de Villars ;

Damon, — le duc d'Epernon;

Didelée, — Mme de Simier ;

Dorinde, — Catherine de Clèves, duchesse de Guise;

Duc de Moravie, — le duc de Montmorency ;

Duchesse d'Achaïe, — la duchesse de Montmorency;

Etéocles, — le maréchal de Biron ;

Filiʒel, — Claude de Lorraine, duc de Chevreuse;

Florise, — Charlotte de Montmorency, princesse de Condé ;

Grassinde, — Catherine de Bourbon, sœur de Henri IV, et duchesse de de Bar ;

Ismène, — la marquise de Verneuil ;

• *Le roi des Asturiens*, — Philippe III, d'Espagne ;

Lindamare, — le duc de Longuéville ;

Lydie, — la marquise de Sourdis ;

Mélisse, — Marguerite de Valois ; .

Napoléon, — Charles d'Humières ;

Olimpe, — Marie de Médicis ; .

Palamède, — le comte de Soissons ;

Periandre, — Henri III ;

Pisandre, — Concini, maréchal d'Ancre ;

Polidor, — M. de Simier ;

Sertorius, — le duc de Mayenne ;

Scévole, — l'amiral de Villars.

Un autre système a présidé aux noms des localités ; ils sont tout simplement anagrammatisés : *Pédipe*, Dieppe ; *Riole*, Loire ; *Serquas*, Arques ; *Vigenne*, Guienne, etc.

AMOURS, GALANTERIES ET PASSE-TEMPS DES ACTRICES, ou

CONFESSIONS CURIEUSES ET GALANTES DE CES DAMES, rédigées par une bayadère de l'Opéra. A C.....opolis, 1700. (Paris, vers 1833), in-32 de 96 p.

Réimprimé en 70 p., à Genève, vers 1865.

« L'auteur suppose qu'à la suite de la représentation donnée au bénéfice de Lepeintre, aîné, cet artiste donna un dîner à tous ses camarades des théâtres de Paris qui lui avaient prêté leur concours ; au dessert, les hommes échauffés par la politique, sont délaissés par les femmes, qui se retirent au salon et racontent toutes les anecdotes scandaleuses du jour. Ces récits leur paraissent fadés et inférieurs à leurs propres exploits : la vanité l'emportant sur la prudence, les plus hardies commencent le défilé des confessions ; la célèbre Mlle Bourgoin débute par des aventures à la hauteur des histoires de l'Arétin ; le reste est à l'avenant, et écrit dans un style plus que médiocre. Néanmoins, ce livret serait assez curieux, si presque tous les noms propres n'étaient défigurés ou anagrammatisés. Il faudrait une clef pour rendre ces anecdotes intéressantes. » (Bibliophile fantaisiste, 1869, p. 332).

Ajoutons que cette brochure semble avoir été faite surtout pour servir de prétexte à un album de douze gravures, plus un frontispice libre assez bien exécutés.

AMSTERDAM HYDROPIQUE,

comédie burlesque de *M. P. V. C. H.* Paris. Claude Barbin, 1673, pet. in-12 de IV, 52 p., très rare.

Le savant rédacteur du catalogue Soleinne (n° 3750), attribue cette pièce facétieuse à un sieur *Calotin*, avocat, auteur d'autres opuscules burlesques. L'auteur a eu pour but de satiriser vivement la Hollande qui soutenait alors, avec ses alliés, une guerre terrible contre Louis XIV. Cette allégorie politique est fort gaie, mais souvent très libre et pas mal scatologique. Dans une scène du second acte, notamment, on voit *Amsterdam*, ex-comte de Hollande, assis sur la chaise percée entre ses domestiques *Wic* (Jean de Witt) et *Vambennin* (?), rendant péniblement ses provinces et ses villes que lui arrache une forte médecine. Il y a là une clef curieuse à reconstituer.

AMUSEMENTS DE MADAME DE S*** D'I***, COMTESSE DE C***.

Bordeaux, 1721, in-8.

Cet ouvrage, consistant en mélanges de vers et de prose, n'est cité ni dans les «Supercheries» ni dans le « Dictionnaire des Anonymes,» ni dans la Bibliographie Gay. Il m'est signalé, par M. G. Brunet, de Bordeaux, comme contenant un certain nombre de noms qui ne sont indiqués que par des initiales. C'est une clef à chercher, aussi bien pour le contenu du volume que pour le titre même.

AMUSEMENTS (LES) DES DAMES DE B*** (Bruxelles), histoire honnête et presque édifiante, composée par feu le chevalier de ***, et publiée par l'auteur du Colporteur. Première partie. Rouen. Pierre-le-Vrai. Cette présente année. — LES TROIS C. CONTE MÉTAPHYSIQUE, imité de l'Espagnol et ajusté sous des noms français pour la commodité de ceux qui n'entendent pas le flamand, par l'auteur du Colporteur. Seconde partie. A Nanci. H. Gouvest. Cette présente année. — JE M'Y ATTENDOIS BIEN, HISTOIRE BAVARDE, par l'auteur du Colporteur. Partout, chez Maculature, imprimeur ambulant des Bavards sédentaires. L'an des méchancetés. S. l. n. d. (La Haye, 1762), in-12 de 198 p. La pagination se suit jusqu'à la fin de la troisième partie.

Ce recueil d'anecdotes satiriques est de *François-Antoine Chevrier.*—M. *Gillet,* dans l'excellente notice qu'il a donnée sur cet auteur (Nancy, 1864, in-8, 182 p), déclare qu'il n'a jamais rencontré « les Amusements des Dames de Bruxelles », imprimés séparément, bien que la seconde et la troisième partie aient fait l'objet d'éditions spéciales. La « Bibliographie Gay » (t. I,

p. 221), indique une seconde édition sous la date de 1763 et sous la rubrique de Rouen (Hollande), chez Pierre-le-Vrai, place de la Pucelle d'Orléans, près le Mont-Orgueil, vis-à-vis la rue de l'Etiquette. M. Gillet cite encore deux autres éditions in-12, l'une de 152 p., l'autre en deux vol., sous ce titre : « *Amusements des Dames ou recueil d'histoires galantes tirées des meilleurs auteurs de ce siècle.* » La Haye, aux dépens de la Compagnie, 1762, mais j'ai tout lieu de penser qu'il n'y a pas identité entre cet ouvrage et celui de Chevrier.

Enfin, ce curieux petit ouvrage, dont les exemplaires devenaient assez rares, vient d'être fort joliment réimprimé, avec le titre suivant : « *Les Amusements des Dames de Bruxelles*, histoire honnête et presque édifiante, par le chevalier de Chevrier. » Nouvelle édition, augmentée d'un avant-propos et d'une clef des noms cités dans l'ouvrage. Bruxelles, chez Gay et Doucé, éditeurs ; cette présente année, 51ᵉ de l'Indépendance Belge (1881). Charmant petit in-18 de XVI, 171 p. imprimé en rouge et en noir, sur papier fin jonquille ; orné d'une jolie eau forte de Rops. Tirage à 500 exemplaires, prix : 5 francs.

« Le livre de Chevrier eut beaucoup de succès, lors de son apparition ; c'est un coin du tableau de Bruxelles à cette époque ; il est écrit dans un style mordant et satirique et renferme un grand nombre de portraits de personnages désignés seulement par des pseudonymes ; si parfois il y a beaucoup d'exagérations dans ces peintures, l'auteur y débite aussi bien des vérités. »

« *Les Trois C**** » qu'on pourrait croire renfermer une allusion indécente signifient simplement les trois Coquins et s'appliquent à trois ennemis de Chevrier qui les désigne par des pseudonymes commençant tous par un *C* : *Chanval, Cosmopole* et *Chat-Huant.*

Voici d'ailleurs la clef des « Amusements » et des deux autres pièces, telle qu'elle est donnée dans la réimpression de MM. Gay et Doucé.

Terbaum, — anagramme de Maubert (H. Maubert de Gouvest), homme de lettres, grand ennemi de Chevrier ;

Cosmopole, — autre surnom donné à Maubert ;

Germanicus, — le prince de Ligne ;

Alexandre, — le prince Charles-Alexandre de Lorraine ;

Sémiramis, — l'impératrice Marie-Thérèse ;

Burrus, — M. de Cobenzel, ministre ;

Pétronille et *Sylviane,* — ? ? ;

Waux-Hall, — Concert du parc de Bruxelles, existant encore de nos jours ;

La Belge, — la Belgique ; ·

L'Ile de Barataria, — la Hollande ;

Chanval, — Charles-Joseph-François d'Hennezel de Champigny ;

Chat-Huant, — E.-A. Des Essarts, lorrain, maître de mathématiques à l'Académie militaire de Bruxelles ;

Don Quichotte, gouverneur de l'île de Barataria, — le Stathouder de Hollande ;

Sancho-Pança, — le comte Guillaume de Bentines.

AN EPITAPH ON DON QUICK-SOT AND ON DON QUICKSILVER. By *a Quaker.* S. l. n. d. (Bath. 1693), 2 ff. in-8.

Ce petit écrit satirique est dirigé par *Thomas Guidot,* médecin, contre deux autres médecins de Bath, alors assez célèbres, le docteur Charles Conquest et le docteur William Gold ou Gould, désignés sous les noms de *Don Quicksot* et *Don Quicksilver.*

..... ANA, ou BIGARRURES CALOTINES. Paris, J.-B. Lamesle et A. de Heuqueville. Quatre parties in-12 portant les dates de MDCCXXX, MDCCXXXII et MDCCXXXIII.

Cet ouvrage, connu aussi sous le titre « D'ALLAINVALLIANA », est de l'abbé *L.-J.-C. Soulas d'Allainval.* C'est un des volumes les plus rares de la série des *Ana.* On trouve très difficilement les quatre parties réunies ; aussi, dans les ventes, ce recueil qui ne contient cependant rien de bien piquant ni de bien curieux, atteint-il des prix relativement élevés.

J'ai eu entre les mains un exemplaire, des parties I (44 p.), III (95 p.) et IV (84 p.). La première partie était chargée d'annotations manuscrites sur les marges, formant une sorte de clef que je transcris ici :

Pages.

12. — *Le Mousquetaire L.,* — Lorain ou Loraine ;

12. — *Le baron d'H.,* — Hogues ;

15. — *Un académicien qui passait pour un grand avare,* — le Président Rose ;

15. — *Thimon,* — le marquis de Choiseuil ;

17. — *Une Communauté...,* — Saint-Magloire ;

18. — *Le fameux comte de Gram,* — Grammont ;

18. — *Mademoiselle Ham,* — Hamilton ;

19. — *Un magistrat d'.....,* — de Chartres ;

19. — *Le marquis de...,* — La Salle ;

20. — *Un savant chanoine,* — Fleuri ;

20. — *Un confesseur d'une humeur gaie...,* — le P. du Trévoux, jésuite ;

20. — *Un grand prince,* — le Régent ;

20. — *Un Chancelier Janséniste,* — Théva ou Thira ;

20. — *Un seigneur de ses favoris,* — le comte de Nocé ;

21. — *Le P. D. T.,* — le Père du Trévoux ;

21. — *M.....*, *mort archevêque de Rouen*, — Colbert;

22. — *M. P., directeur général des Aydes*, — Paneau;

24. — *Une dame surprise lisant les contes de Lafontaine*, — Madame de Moncourt, veuve d'un conseiller;

24. — *M. de Cr.*, — Crébillon père;

28. — *M. D., de l'Académie française*, — Danchet;

28. — *L'Avocat A...*, — Andrieux;

28. — *Un homme qui avait épousé une vieille femme fort riche*, — le président La Balouère et la duchesse d'Atry (ou d'Arcq);

29. — *Damon*, — le duc de Brissac;

29. — *Me A.*, — l'avocat Andrieux.

Cette clef dévoile presque tous les initialismes de cette première partie de « l'Allainvalliana ». Les autres parties ne semblent point comporter de clef, il n'y a presque pas de noms déguisés ou initialisés.

ANANDRIA, ou CONFESSION DE Mlle SAPHO, élève de la Gourdan, sur sa réception dans la secte anandrine. En Grèce (1789), pet. in-8 de 140 p., fig. très rare. Plusieurs réimpressions, dont voici les principales :

— LA NOUVELLE SAPHO, ou histoire de la secte anandrine, publiée par la c. R..... (citoyenne Raucourt), 6 fig. Paris, 1791-1793-1794, in-18 de 164 p.

— LA NOUVELLE SAPHO, ou histoire de la secte anandrine, publiée par le c. N. Paris, 1791, in-18.

— LA JOLIE T...DE, ou les confessions d'une jeune fille, 1797, in-18 fig.

— ANANDRIA, ou confession de Mlle Sapho, avec la clef (très incomplète). Lesbos, 1866, in-32, front. libre de J. Rops, 12 fr. (Réimpression donnée à Bruxelles, par Poulet-Malassis, dans la « Petite Bibliothèque de la curiosité érotique et galante.) »

Ce livre, faussement attribué au comédien Mayeur de Saint-Paul et qui serait plutôt de *Pidansat de Mairobert*, est tout simplement la réimpression des lettres 9, 11 et 14 du tome X de « l'Espion anglais » (1785).

Le Bulletin du Bibliophile (1863, pp. 311-312), et la Bibliographie Gay (p. 234-234, tome I), contiennent d'intéressantes indications sur cet ouvrage, qui est à la fois une production fort érotique et un libelle diffamatoire.

En voici la clef dressée sur l'original même (tome X de l'Espion Anglais) :

Mme Gourdan, — c'est la proxénète bien connue;

Mlle Sapho, — héroïne de ce triste livre, personnage imaginaire;

Mme Furiel, — Mme de Fleury, femme de l'avocat-général;

Mme la duchesse de Urbsrex, — Villeroi;

Mme la marquise de Terracenés, — Senecterre;

Mme la marquise de Téchul, — Luchet;

La Melpomène moderne, — Mlle Clairon;

La Melpomène de la scène lyrique, — Mlle Arnould;

L'illustre étrangère, — Mlle Souck, allemande, entretenue par un frère du roi de Prusse;

La novice prématurée, — Mlle Julie...;

Un de nos agréables les plus vantés, — M. de Monville.

ANE (L') LITTÉRAIRE ou LES ANERIES DE MAITRE ALIBORON, DIT FR. Paris, 1761, in-12.

Cet écrit satirique est de *Ponce-Denis Escouchard Lebrun*. C'est une satire fort transparente contre Fréron, qui eût tant d'ennemis ou du moins de détracteurs. Le pauvre *Aliboron* est visé à chaque instant dans les ouvrages du XVIIIᵉ siècle. Nous le retrouverons plus loin. (Voir : *La Wasprie*).

ANECDOTE PERSANNE. « Sic vos non vobis, etc. » Récit inséré dans les « pièces intéressantes et peu connues » de *M. de La Place* (Bruxelles et Paris, 1785, t. II, p. 406-418).

L'auteur de cette anecdote raconte, sous des noms anagrammatisés, une mésaventure réelle arrivée à lui-même. Il fut chargé par le marquis de Marigny, frère de Mᵐᵉ de Pompadour, de traduire en français un libelle anglais dirigé contre la favorite et dont le marquis avait fait acheter l'édition entière, sauf deux ou trois exemplaires. De la Place, quoique malade, exécuta ce travail avec zèle ; mais, ni la marquise, ni son frère ne lui accordèrent la moindre récompense. Pour se venger, le pauvre traducteur raconta ce fait, d'ailleurs peu intéressant, dans « l'anecdote persanne. » Voici la clef des noms anagrammatisés pour la plupart :

Sha-Sephi, roi de Perse, — Louis XV;
Ispahan, — Paris; — le Sophi, — le roi;
Rimagny, — le marquis de Marigny;
Edallapce, — de La Place;
Fatmé, la favorite, — Mᵐᵉ de Pompadour;
La langue Japonnoise, — la langue anglaise;
Riffad, — d'Affri, ambassadeur en Hollande;
Rierper, — Perrier;
Saillesver, — Versailles.

ANECDOTES INÉDITES DE LA

FIN DU XVIIIᵉ SIÈCLE, pour servir de suite aux anecdotes françaises. Ouvrage où se trouvent la clef de plusieurs événements majeurs, des particularités inconnues sur la princesse de Lamballe, sur le directeur Carnot, sur le président actuel des États-Unis de l'Amérique, une conversation intéressante de Louis XVI avec Bailly, etc. « Hic præcedenti spectatur mantica tergo. » Pers., sat. IV. A Paris, chez Monory, imprimerie de Didot jeune. An IX, 1801, in-8 de VI, 274 p.

Réimprimé sous le titre suivant : « LA FIN DU DIX-HUITIÈME SIÈCLE, OU anecdotes curieuses et intéressantes, tirées de manuscrits originaux, de pièces officielles, etc. » Nouvelle édition très soignée. Paris, Monory, an XIV (1805), ou: Paris, Debraux, 1807, in-8 de XI, 274 p., 2 fr.

Cet ouvrage a été composé par *Antoine Sérieys*, en collaboration avec *J.-Fr. André*. Le titre reproduit ci-dessus *in-extenso* fait assez connaître la nature du livre, qui renferme un assez grand nombre d'initialismes qu'il serait piquant de compléter. Ainsi, p. 79, les lettres *R.....*, *D.....* et *B.....*, désignent certainement Roland, Danton et Barnave; page 256, Mᵐᵉ *R...*, signifie évidemment Mᵐᵉ Récamier; avec le temps et quelques recherches, on arriverait à composer une clef exacte de tous les noms, et notamment à découvrir les personnages cachés sous les initiales du *général N...*, grand pillard à l'armée d'Italie, de Mᵐᵉ *B... F...*, maîtresse de l'ambassadeur *Sw...*, du *baron d'H...*, illuminé, etc., etc.

ANECDOTES POLITIQUES ET GA-

LANTES DE SAMOS. Voir : Cléodamis et Lelex.

ANECDOTES POUR SERVIR A L'HISTOIRE SECRÈTE DES EBU-GORS. A Medoso 3333 (Hollande 1733), pet. in-8.

Ce volume, heureusement très rare, contient à la fin une clef complète, bien que la plupart des mots et des noms propres, simplement anagrammatisés, ne soient pas difficiles à comprendre. Le procédé employé pour déguiser les noms, ressemble donc singulièrement à celui dont a fait usage le chevalier de Mouhy, dans le recueil de récits obscènes, intitulé : « Les Mille et une faveurs. » Je n'ai vu citer nulle part le nom de l'auteur des « Anecdotes » ci-dessus. La coïncidence que je viens de signaler, m'a amené à penser que Mouhy pourrait bien être l'auteur de ce triste ouvrage ; cette supposition est sans doute téméraire, mais on avouera qu'il était bien capable de l'écrire. Le sujet de cette lourde et malpropre allégorie est le récit de la guerre entre les *Ebugors* (B.. g..s) et les Cythériennes, et l'investissement de Cythère terminé par un traité de paix. Voici tout ce qu'il est possible de citer dans la clef susdite.

Medoso, — Sodome ;
Emécodinnes, — Comédiennes ;
Quetokes, — Coquettes ;
Sethanes, — Athènes ;
Ascrote, — Socrate ;
Elitia, — Italie ;
Thirosiren, — Henri trois ;
Valgois, — Gaulois ;
Omines, — Moines ;
Cagniciens, — Ignaciens (jésuites) ;
Pacincus, — Capucins ;
Lidercores, — Cordeliers ;
Macres, — Carmes ;
Nicomidains, — Dominicains ;
Todèves, — Dévotes ;

Recumer, — Mercure ;
Spira, — Paris ;
Phosa, — Sapho.

« Quelques noms propres contemporains, dit encore Quérard, se rencontrent aussi dans cet ouvrage : Qui ne reconnaîtrait à l'instant dans *Calederia* et *Ripercager* La Cadière et le Père Girard, dont le procès occupa l'Europe entière ? Il ne faut pas se briser (sic) pour découvrir dans *Fourucbuda*, le fameux Duchauffour qui fut brûlé pour crime semblable à celui dont il est tant question dans ce livre. »

ANECDOTES SECRÈTES POUR SERVIR A L'HISTOIRE GALANTE DE LA COUR DE PÉKIN. A Pékin (Paris), 1746 et 1749, 2 part. in-12 de 194 et XCIII, 162 p.

Contrairement aux assertions de la plupart des Bibliographes, cet ouvrage satirique n'est pas le même que « les Mémoires secrets pour servir à l'histoire de Perse. » Le fond et l'objet du livre présentent, il est vrai, une grande similitude avec le précédent, et l'on y découvre sans peine de continuelles allusions aux intrigues dont la cour de France était alors le théâtre. Mais les noms des personnages sont entièrement différents et le plan même de l'ouvrage est changé. D'après la dernière édition du « Dictionnaire des Anonymes » (T. I, col. 187), l'auteur est non pas Pecquet ou Mᵐᵉ de Vieuxmaisons, comme on l'a témérairement avancé, mais bien le sieur *Latteignant*, conseiller au Parlement et neveu du célèbre abbé. C'est du moins ce qui résulte d'une note manuscrite de l'exempt de police d'Hemery. Ces « Anecdotes secrètes » sont écrites sous la forme d'un conte de fée, genre alors fort à la mode ; il y a des détails assez libres. Il faudrait bien du temps et de la patience pour reconnaître les vrais personnages cachés sous les noms de *Prétintaille, Morgane, Ponpon, Logistille, Zélindor, Zoéla, Fatime, Malek*, etc.

ANÉVRISME (L') OU LE DEVOIR,

suivi des « Bas-à-jour », nouvelle algérienne, par *Eusèbe de Salles*. Paris, Pagnerre, 1868, in-18, rare.

Cet ouvrage était annoncé, *dès 1833*, sur la couverture de « Sakountala à Paris », du même auteur. Voici ce que dit de ce livre M. Ch. Asselineau (« Bibliographie romantique », 1874, p. 183-184) : « Ce roman qui rentre dans la série de ceux qu'on pourrait appeler romans de la Révolution de juillet, s'engage à Hyères, s'achève à Paris et déroule les premiers événements du règne de Louis-Philippe, les premières émeutes, etc. Cette seconde partie présente plus d'un renseignement curieux qu'il faut déchiffrer sous la pseudonymie des personnages, entre autres, l'histoire des amours de *M. Th*... et de *Mme Tern*... (Thiers, Ternaux)... « L'Anévrisme » contient plusieurs autres allusions à dévoiler ; c'est une clef à compléter.

ANNALES D'UNE RÉVOLUTION D'OISEAUX ou LE DÉFENSEUR DU DROIT DE PROPRIÉTÉ, journal de luxe, dédié aux femmes, par *Séguy Lavaud*, in-8 (an III), Paris.

M. E. Hatin, en citant cet écrit dans son excellente « Bibliographie de la Presse » (p. 249), reproduit les lignes suivantes, extraites du premier numéro de cette feuille et qui expliquent suffisamment pourquoi ces « Annales » ont dû être rangées dans la catégorie des ouvrages à clef : « Ce journal, dit « le rédacteur, sera littéraire, utile et « récréatif. On y fera d'abord, sous « une allégorie agréable et touchante, « un précis historique des principaux « crimes de la Révolution française, « tels que les massacres des 2 et « 3 septembre, les assassinats juridiques, etc. A la suite de ce précis « historique, on recueillera sous la « même allégorie, les débats de la « Convention Nationale, c'est-à-dire « qu'on organisera une convention « d'oiseaux que l'on fera jaser d'une « manière piquante. » Cet étrange journal qui devait contenir pas mal de traits satiriques a été imité plus tard dans un écrit analogue dont on parlera plus loin. (Voir : *Manuscrit tombé de là lune*.)

ANNÉE (L') ANECDOTIQUE,

petits mémoires du temps, par *Félix Mornand*. Paris, Dentu, 1860, in-12, 3 fr.

La plupart, sinon la totalité des articles dont se compose ce livre avaient déjà paru en feuilletons. On y remarque beaucoup de noms en blanc et d'initialismes. Ainsi : p. 87, *la comtesse de C*...; p. 92, *Madame*...; p. 93, *M. A*...; p. 94, *F****, *Y*... Il serait bien difficile de compléter ces noms aujourd'hui, d'autant plus qu'il est possible qu'il se trouve là quelques initiales de fantaisie.

ANNÉE (L') DES DAMES NATIO-NALES, HISTOIRE JOUR PAR JOUR D'UNE FEMME DE FRANCE, par *N.-E. Restif-de-La-Bretonne*. Janvier, 40 femmes. Provinces à l'orient de Paris..... A Genève et se trouve à Paris chez les libraires indiqués à la tête de mon catalogue. 1791, in-12, I, 308 p., 2 estampes.

Cet ouvrage, en 12 volumes in-12 (chaque volume porte le nom d'un mois de l'année), a été publié de

1791 à 1793, la pagination se suit; il
y a en tout 3,825 p. Pour la description de ce recueil et des jolies gravures qu'il contient, nous ne pouvons
mieux faire que de renvoyer le lecteur
à la belle étude de M. P. Lacroix,
intitulée: « Bibliographie de Restif de
La Bretonne » (p. 344-358). C'est ce
que nous ferons d'ailleurs pour tous
les autres écrits du même auteur, dont
il est parlé dans le corps de cet ouvrage.

Bornons-nous à dire, avec M. Charles
Monselet, que ces 12 volumes renferment 610 nouvelles, collection peut-
être plus inouïe que les *contemporaines* par la variété et l'originalité
des sujets. Ajoutons que l'*Année des
Dames nationales*, a reçu, du moins
pour un certain nombre d'exemplaires,
vers 1796, un nouveau titre: « *Les
Provinciales* ou *histoires des filles et
des femmes des provinces de France*,
dont les aventures sont propres à
fournir des sujets dramatiques de tous
les genres. » Paris, S. D., 12 vol.
in-12.

Voici, extraite du livre de M. P. Lacroix, la clef bien longue et cependant
encore incomplète de ce curieux ouvrage:

« Il n'y a pas de livre pour lequel
une clef serait aussi nécessaire que
pour l'*Année des Dames nationales*,
car tous les faits qui s'y trouvent mis
en scène sont plus ou moins véritables: « Je ne rapporte rien que je
ne croie certain, dit Restif à la fin du
volume de juin. Je ne ressemble guère
à tant d'autres qui, non-seulement ne
recherchent pas la vérité, mais la
repoussent quand elle cadre mal avec
leurs préjugés. » Mais cette clef, dont
nous regrettons l'absence, à chaque
page d'un recueil formé par tant de
mains différentes, cette clef-là ne pouvait être faite que par Restif, qui, en
recevant de tous côtés les nouvelles
qu'il a utilisées dans son ouvrage,
recevait aussi de ses correspondants
les notes destinées à l'éclairer sur

l'authenticité des événements bizarres,
monstrueux, extraordinaires, qui faisaient le sujet de ces nouvelles. Faute
d'une clef complète et détaillée, nous
en avons fait une très sommaire et
très imparfaite, où l'on aura surtout
les explications qui se rapportent à la
vie personnelle de Restif, et que la
lecture de ses ouvrages nous a fournies, en cherchant à nous restreindre
plutôt qu'à nous étendre. On comprendra, du moins, que les écrits de
Restif s'expliquent et se complètent
l'un par l'autre, car c'est toujours *lui*
qu'il a pour objectif et qu'il offre sans
cesse à ses lecteurs, comme le modèle
accompli du cœur humain.

Tome Ier. — Page 59. *Un jeune
homme, nommé de Villeneuve*. C'est
celui qui, sous le nom de M. Du
Hameauneuf, est un des principaux
personnages des Nuits de Paris.

Page 64. *M. Nicolas*. — C'est Restif
lui-même.

Page 87. *M. R.* — Restif.

Page 164. *Ingénue de Bertro*. — C'est
Agnès, la fille aînée de Restif, qui
raconte encore une fois le mariage de
cette victime avec l'indigne Augé,
qu'il appelle Decoussif.

Page 186. *Les deux Astlei*. — Ce sont
sans doute deux clowns anglais en
représentation à Paris.

Page 230. *Dulis*. — C'est un des
pseudonymes que Restif prenait le
plus volontiers, pour se persuader à
lui-même qu'il descendait de la famille de Jeanne d'Arc.

Page 209. *Un particulier issu par les
femmes de la branche de Cortenai-Le-
loge*. — Restif lui-même. C'est un
arrangement de l'histoire d'Omphale
Cœurderoi, mère de Reine Septima-
nette, que Restif regardait comme sa
fille. Voy. les tomes VIII et IX de
Monsieur Nicolas (page 2417).

Tome II. Page 339. *M. de la Reine-
rie*. — De La Reynière fils.

Page 416. *Félicité Mûnager*. — C'est
Félicité Mesnager, que Restif appelait
Félicitette; il la place ici, par ressenti-

ment, sans trop se préoccuper de la vérité des faits.

Page 450. *Adèle Togemir.* — Mérigot.

Page 490. *La première Dame de l'Etat.* — La reine. — *Le cardinal de R***.* — De Rohan.

Page 523. *Agnès Roussi.* — C'est encore sa fille aînée Agnès, que Restif met en scène pour raconter les turpitudes du mari.

Page 525. *Guœ.* — Augé, mari d'Agnès.

Page 528. *Toute ***.* — Toute nature de femme.

Page 533. *M. Roussi.* — C'est le nom que se donne Restif.

Page 535. *Dulis.* — C'est Restif qui prend ce pseudonyme et qui se met en scène dans un roman, avec sa maîtresse Victoire Londo, qu'il avait déjà représentée comme une de ses muses dans Monsieur Nicolas.

Page 593. *Un homme de Lyon.* — M. Arthaud ?

Tome III. Page 643. *Virginie Francos.* — C'est la Virginie François, dont Restif fut épris en 1776. Voy. leurs amours, dans Monsieur Nicolas (t. X, page 2855 et suiv.)

Page 655. *Le libraire mourant.* — Meurant. — *Mme Quillée, l'imprimeuse,* —*M^mo Quillau.*

Page 656. *Edmond.* — Restif.

Page 661. *Agnès fut mariée à un scélérat.* — La fille aînée de Restif, mariée à Augé.

Page 652. *Marion Roussi.* — Marion, seconde fille de Restif. — *Sa mère, femme galante,* Agnès Lebègue, femme de Restif.

Page 692. *Philopœde,* — c'est-à-dire partisan de la sodomie.

Page 717. *Bultel de Fœbillot.* — C'est Butel Dumont, le philosophe économiste.

Page 718. *Mlle Eugénie de Saint-Rœi,* — Mlle de Saint-Leu, que Restif appelle Sanloci.

Page 726. *M^mo de Vermenton.* — Mme Parangon. — *M. de Sacy,* Restif.

Dans cette nouvelle, on a dénaturé les faits véritables qui sont racontés dans les tomes IV à VII de Monsieur Nicolas.

Page 727. *Le mari de mon amie.* — Parangon (Fournier), l'imprimeur d'Auxerre. Restif met en scène les personnages qu'il a connus, mais il les place dans d'autres situations et il mêle sans cesse le vrai aux caprices de son imagination.

Page 732. *Dramœus.* — C'est un surnom que prend Restif, pour raconter un dîner auquel il avait assisté chez Butel-Dumont.

Page 735. *Scaturige* ou *Scaturin.* — Nom déguisé de Fontanes.

Page 739. *La Débée, aventurière.* — C'est Mme Debée Leeman, mère de la Sara de Restif.

Page 742. *Stœfanète.* — C'est Sara Debée.

Page 799. *Toinette Dominé de Toury* est la femme de chambre de Mme Parangon, dans Monsieur Nicolas.

Page 809. *L'homme célèbre.* — C'est Restif lui-même.

Page 816. Dans cette 113e nationale, Restif raconte encore l'histoire de ses amours avec Mme Parangon, qui est la Colette, mariée à M. Ornifflessi (Fournier). *Xifflame* n'est autre que Restif. Mais les choses se passent autrement que dans Monsieur Nicolas.

Page 826. « *Saxiate séduite par un prêtre.* » C'est l'histoire de Geneviève, une des sœurs de Restif.

Page 836. *Un jeune homme de Sacy, nommé Nefflesse.* — Restif. Il raconte quelques épisodes de ses amours, à Auxerre, avec Edmée Servigné, Manon Prudhot, Emilie Laloge, la jeune Ferrand, Colombe, Aglaé Dhall, Rose Lambelin, Marianne Tangis.

Page 837. *L'Auxerroise qui trompe 12 hommes.* — C'est l'histoire d'Agnès Lebègue et de son mariage avec Restif. Variantes du récit de Monsieur Nicolas, tome IX.

Page 857. *Nefflesse marié avec Senga.* — C'est encore Restif marié à Agnès

Lebègue et amoureux de Colombe. Encore un épisode de Monsieur Nicolas, tome IX.

Page 881. Dans la 120ᵉ nationale à Courgis, Restif, sous le nom de Bertro, raconte ses amours avec Jeannette Rousseau. Autre variante du récit de Monsieur Nicolas.

Page 889. La 121ᵉ nationale est le développement d'une anecdote racontée dans Monsieur Nicolas, tome IX.

Page 895. Dans la 122ᵉ nationale, Restif raconte une aventure dont son ami Loiseau serait l'acteur principal et qui ne figure pas dans Monsieur Nicolas.

Page 898. 123ᵉ nationale; encore une épisode des amours de Restif, à Auxerre. Marie Blonde épouse un avocat, à Paris.

Page 903. L'histoire du drapier Filon et de sa femme Pulchérie est encore un épisode de Monsieur Nicolas, mais modifié comme tous les autres.

Page 909. La 124ᵉ nationale est aussi empruntée aux anecdotes de Monsieur Nicolas, mais avec des variantes.

Page 916. 125ᵉ nationale. Manon Teinturier est aussi une des héroïnes de la jeunesse de Restif, à Auxerre.

Tome IV. Page 961. 132ᵉ nationale. Emilie Laloge est aussi une des saintes du calendrier de Restif. Il l'avait aimée à Auxerre. Voy. Monsieur Nicolas.

Page 961. *De Roserriemélô.* — Morel de Rosière.

Page 978. *Félicité Toddi.* — Didot. — *Adèle Togemir.* — Mérigot.

Page 983. Dans la 133ᵉ nationale, comme dans la précédente, Restif ne fait que présenter sous un autre aspect un épisode de Monsieur Nicolas.

Page 983. Dans cette 135ᵉ nationale, M. Fistré ne peut être que Restif, qui a mêlé les tristes aventures de sa sœur Geneviève et de sa maîtresse Sara.

Page 992. Dans la 136ᵉ nationale,

Restif n'a fait que raconter son aventure, arrivée le 17 décembre 1772, aux Marionnettes de la Crèche, aventure qu'il avait mise en vers érotiques. Voy. le drame de la vie, tome V, page 1210.

Page 1010. Restif ne se lasse pas de mettre en scène sa Victoire Londo. Voy. Monsieur Nicolas, tome X.

Page 1017. Restif ose faire reparaître Mˡˡᵉ Mesnager sous le nom Wasthie Prodiguer, en affectant de la confondre avec Mˡˡᵉ de Saint-Léger. On peut supposer que cette 140ᵉ nationale n'est qu'un amas de médisances et de calomnies.

Page 1036. L'histoire amusante de Faënné et de sa nuit de noces, se trouve aussi dans Monsieur Nicolas.

Page 1145. C'est l'histoire des amours de Beaumarchais, sous le nom de Bellegarde, avec Mᵐᵉ de Villers.

Page 1051. Restif a l'audace de publier sa comédie du Libertin fixé en l'attribuant à M. Bellegarde, qu'il vient de dépeindre comme étant Beaumarchais.

Page 1165. *Cet infâme cardinal.* — Le cardinal de Rohan.

Page 1173. *Sursede.* — Desrues, l'épicier empoisonneur.

Page 1178. *Cette délicate Elise.* — Elisabeth Tulout, une des dernières maîtresses de Restif.

Page 1182. *A.-L.-F.-se-L.-R.* — Alphonse Leroy, savant professeur de pathologie.

Page 1191. Cette 152ᵉ nationale est l'histoire de Tonton Laclos, une des héroïnes amoureuses de Restif à Auxerre.

Page 1227. *Le billet du mousquetaire.* — C'est Restif qui, tous les soirs, faisait passer des billets galants aux jeunes modistes de la rue Grenelle-Saint-Honoré.

Page 1234. *Gronavet.* Nougaret, souffleur chez Nicolet.

Page 1236. Dans la 160ᵉ nationale, Restif remet en scène la Toinette de Mᵐᵉ Parangon, sous le nom de Tiennette et l'imprimeur Fournier, sous le nom de Seri. Il semble s'être fait un rôle, en se nommant Cusset.

Tome V. Page 1340. Dans la 180ᵉ nationale, Restif fait encore paraître Toinette, la femme de chambre de Mᵐᵉ Parangon, et il la montre violée par son maître, puis mariée à un avocat de Paris, nommé Dominé.

Page 1376. Dans la 187ᵉ nationale, Restif amalgame quelques souvenirs qui se rattachent à sa propre femme, sous le nom de Mᵐᵉ Agnès Beaudun, et à la mère de celle-ci. Restif se représente lui-même dans le personnage de M. de Pignans.

Page 1415. *Fister.* — Restif, en anagramme.

Tome VI. Page 1872. *Le Grand-homme*... M. R — Restif.

Page 1873. *L'auteur des L**** (Lettres d'une fille à son père), du P*** (Paysan, Paysanne pervertis); de la V*** P*** (Vie de mon père); *de la M*** (malédiction paternelle); *des C*** (contemporaines).

Page 1884. Dans la 264ᵉ nationale, Restif raconte l'histoire de sa fille Agnès (Senga), mise en pension chez une dame Germain, qui voulait la vendre. Voy. Ingénue Saxancour. Puis, l'éternelle histoire du mariage d'Augé (Agué), avec Ingénue.

Page 1898. C'est encore Nougaret qui est en scène sous le nom *de Nougaro* ou *de Bidanière*. Sa femme Angélique Tomin est nommée ici *Céleste Esprit*.

Tome VII. Page 1928. *Irène Huplessis.* — Lucile Duplessis. — *Les Snifl et les Senatnof*, les Flins et les Fontanes. — *Ællimac Sniluomsed*, Camille Desmoulins.

Page 1930. *Yruam.* — L'abbé Maury.

Page 1951. *Mᵐᵉ Linof.* — Folin.

Page 1963. *Ce Paris, si bien aperçu, si bien apprécié par un sage.* — Sébastien Mercier, auteur du Tableau de Paris.

Page 2014. *J.-J. R.* — Jean-Jacques Rousseau.

Tome VIII. Page 2279. *Silfide Blon-*

din. — C'est probablement Marie-Antoinette, que Restif a calomniée sous ce surnom, dans cette odieuse nationale, toute pleine du venin des calomnies républicaines. *Ondine Cherignan.* — Marie-Thérèse-Louise de Savoie Carignan, princesse de Lamballe.

Page 2280. *Indolente de Beaugency, belle-sœur d'Ondine Cherignan.* — La duchesse de Chartres, fille du duc de Penthièvre. — *La Brulard*, Mᵐᵉ de Genlis, mariée à Brulard de Sillery.

Page 2299. Cette nationale n'est autre que la seconde nouvelle des contemporaines, intitulée: *N'importe laquelle*, mais refaite et changée.

Page 2496. Restif, en rédigeant la 369ᵉ nationale sur des notes qu'on lui avait envoyées, n'a pu s'empêcher d'y donner des rôles à Mᵐᵉ Debée Leeman, à sa fille Sara et à son amant Florimont, qu'il se rappelait sans cesse. Voy. l'histoire de Sara, dans le tome XII de Monsieur Nicolas.

Tome X. Page 2866. *Mazet de Lamporecchio.* — C'est le personnage d'un conte de La Fontaine, dans lequel il cultive à la fois le jardin et les nonnes du couvent.

Page 2870. Dans cette nouvelle, Felis ressemble fort à Restif. Son ami défunt Renaud et l'ancien mousquetaire Leblanc sont aussi des réminiscences de Monsieur Nicolas.

Page 2887. Dans la 431ᵉ nationale, Restif a mis en scène, soit par ressentiment, soit par légèreté, Chéreau de Villefranche, l'imagier de la rue Saint-Jacques, qui avait été l'amant ou du moins l'amoureux de sa femme.

Page 2956. *Les petites ennemies de sœur Luce.* — Allusion à une pièce de vers érotiques de Piron, dans laquelle une religieuse, au dortoir, nommée Luce, fait la chasse aux puces.

Page 3089. Restif, en imprimant la 463ᵉ nationale, a donné satisfaction sans doute à des vengeances locales; car les femmes citées, comme peu difficiles, ont des noms déguisés par anagramme: *Sram*, Mars; *Sonced*, Desnons; *Ettenim*, Minette; *Togod*, Godot; *Terb*, Bret; *Tioneb*, Benoit; *Leble*, Elbel ou Belle; *Rehcir*, Richer.

Page 3157. *Tougnare*. — Encore Nougaret.

Page 3178. La 477ᵉ nationale est une réminiscence du Quadragénaire et de la Malédiction paternelle.

Page 3180. *Un bourguignon gourmet en beauté*. — Restif. Nous savons pourquoi il se donne le pseudonyme de *Tonnebĕr*, Rĕbenot.

Page 3189. *Un marchand d'estampes nommé Caraqua*. — Chéreau de Villefranche. Voy. ses relations avec Restif et sa femme, dans le tome X de Monsieur Nicolas.

Tome XI. Page 3297. Dans cette nationale, Restif raconte certainement un trait de la vie galante de l'économiste Butel-Dumont.

Page 3333. Cette nationale est une nouvelle incarnation du charmant épisode de Thérèse et Louise, dans le tome X de Monsieur Nicolas. *Simplicienne* n'est autre que Mˡˡᵉ Alan.

Page 3373. Il y a dans cette 510ᵉ nationale un affreux amalgame des souvenirs de Restif; on y retrouve son gendre Augé, sa fille Agnès, et la première femme d'Augé, qu'il avait, disait-on, fait mourir de chagrin.

Page 3386. *L'amateur de jolis pieds, Trifès*. — Restif, en anagramme.

Page 3394. *Le jeune Cud d'Emélougna*. — Duc d'Angoulême. — *Sertrach*. — De Chartres.

Page 3439. Dans cette 522ᵉ nationale, Restif a tellement amalgamé le vrai et le faux, qu'on aurait peine à les démêler. Il donne le nom de Félicité de Saint-Léger à Mˡˡᵉ Mesnager, qu'il appelait Félicitette. Les relations coupables du frère et de la sœur ne sont qu'indiquées dans Monsieur Nicolas (tome XI). Mˡˡᵉ *Agnès de Formigny*, c'est la fille aînée de Restif, mariée à Augé. Beaucoup de détails sont réels. Voy. le tome III d'Ingénue Saxancour.

Page 3457. Dans la 525ᵉ nationale, Restif fait reparaître sa femme sous le nom d'Exupère, et la met en scène avec Mᵐᵉ Chéreau de Villefranche, qu'il nomme Mᵐᵉ *Nerreau*.

Tome XII. Page 3535. *La pauvre Babet, maîtresse d'un tuteur et de trois frères*. — C'est l'histoire d'Élise et de son frère Nerville. Voy. Monsieur Nicolas, tome X, pages 2943 et suiv.

Page 3675. Le sujet de la 564ᵉ nationale n'est autre que la manière de vivre des pensionnaires de *Bonne Sellier*, et Restif s'est mis en scène sous le nom de *la Rocheguyon*. Voy. Monsieur Nicolas, tome XII, page 1985.

Page 3703. *Tougnare*. — Nougaret.

Page 3713. Le sujet de la 57ᵉ nationale est tiré de Monsieur Nicolas, où Restif raconte un fait presque analogue, arrivé en 1755. Voy. Monsieur Nicolas, tome VII, page 1854.

Page 3567. *Delaïda Tipet*. — Adélaïde Petit. — *Teteman*. — Manette.

Page 2573. Mᵐᵉ *Ogdot*. — Sans doute Godot. Il est possible que Restif ait voulu désigner Mˡˡᵉ de Saint-Leu, qu'il nomme Sanloci et qu'il avait connue maîtresse ou gouvernante de Butel-Dumont. C'est lui-même qu'il met en scène dans cette nationale.

Tome XII. Page 2578. La 380ᵉ nationale remet encore en scène le mariage de la fille aînée de Restif avec Augé et les fâcheuses suites de cette union. Les noms seuls sont changés. *Huguette Bauzon* n'est autre qu'Agnès Restif; sa tante, bijoutière quai Pelletier, Mᵐᵉ *Bizeau*, c'est Mᵐᵉ Bizet, sœur de Restif; *Pantalon fils*, c'est Augé fils. Mais, ici, on raconte le divorce d'Agnès et son second mariage avec un nommé Vignon.

Page 2649. *Leurs Gr-ns*. — Greluchons.

Page 2694. Dans la 403ᵉ nationale, Restif raconte encore l'histoire douloureuse de sa sœur Geneviève, violée par un moine de Sainte-Geneviève et mariée à un cocher de fiacre, nommé

Tillien. Voy. Monsieur Nicolas, t. VII, page 1897.

Page 2785. Blançay est un petit roman de Gorgy. Quant à Justine, c'est l'horrible roman du marquis de Sade, lequel venait de paraître en 1794. (« Bibliographie de Restif de la Bretonne », p. 355-361).

ANNÉE (L') GALANTE ou LES INTRIGUES SECRÈTES DU MARQUIS DE L***. Cologne. P. Marteau. S. d., petit in-12, et Londres (Paris), 1785, petit in-12. Diverses réimpressions.

L'auteur de cet ouvrage galant est le marquis de L'Etorière, qui en est en même temps le principal acteur. « Le héros de ces aventures où il y a du vrai (dit, en estropiant le nom, le catalogue Leber, n° 2,280), est le marquis de L'Etuvières, officier aux gardes, doué de qualités éminentes et qui passe, dans un certain monde, pour l'homme le plus capable de son temps. » — Le « Dictionnaire des anonymes » se contente de dire, avec plus de réserve, que le marquis de L'Etorières, homme fort à la mode vers 1760, est souvent cité dans l'ouvrage de Dugast de Bois-Saint-Just. « Paris, Versailles, et les Provinces au XVIIIe siècle. » — Enfin Eugène Sue, qui sous le titre « Le marquis de Létorières » a publié un charmant roman, met en scène ce même personnage avec beaucoup de convenance. — Il serait curieux de rechercher, dans une étude spéciale, si le triomphant marquis ne s'est pas trop vanté dans son « Année Galante. »

ANNÉE (L') MDCCLXXXIX ou LES TRIBUNS DU PEUPLE, pièce en trois actes et un prologue (en vers), par Nicolas de Bonneville. Paris. De l'imprimerie du cercle social. S. D. (23 juin 1790), in-8.

Nicolas de Bonneville, bien que petit neveu de Racine, a fait là une pièce non moins médiocre au point de vue du style que ridicule comme conception. « J'ai voulu peindre, dit-il, sous le nom de Tribuns, tous ceux qui, par leurs travaux, leurs veilles et leur génie, ont concouru à notre régénération : La majorité de l'Assemblée nationale, les électeurs de Paris, les Représentants de la Commune, les anciens Gardes-françaises, les indomptables écrivains qui ont servi de toutes leurs forces la cause commune. » La pièce est une imitation d'Esther appliquée aux événements politiques. Esther, c'est la reine des Francs; Assuérus, le roi des Francs, Louis XVI; Aman figure l'aristocratie. Quant aux tribuns, l'auteur a pris soin de les indiquer. C'est d'ailleurs le même plan, la même marche, le même dénoûment, et ce sont souvent les mêmes vers et les mêmes expressions que dans l'Esther de Racine.

ANN'QUIN BREDOUILLE ou LE PETIT COUSIN DE TRISTRAM-SHANDY, œuvre posthume de Jacqueline Lycurgues, actuellement fifre-major au greffe des menus Derviches, par l'auteur de Blançay. (Jean-Claude Gorgy). Paris, 1791-1792, 6 vol. in-18, figures.

Ouvrage très singulier et difficile à définir, dit avec raison la « Bibliographie Gay. » Par bonheur, tout le mystère de cette étrange production est dévoilé à merveille dans l'excellent article que M. Ch. Monselet a consacré à Gorgy (Oubliés et Dédaignés — T. II. p. 47 à 87). Ann'quin Bredouille est un type allusif comme le John Bull des Anglais, ou comme notre Jacques Bonhomme à nous. Il quitte son village pour se rendre à la grande ville de Néomanie (Paris), accompagné par un petit flagorneur nommé Adule et

par une vieille femme d'humeur difficile, mais sensée, Mme *Jer'nifle*. Les
trois personnages arrivés à *Néomanie*,
y font la connaissance d'individus
étranges et assistent à des événements
surprenants. Ces événements et ces
personnages, ce sont ceux de la Révolution pendant les années 1790 à 1792.
On voit dès lors que les allusions
abondent; elles sont d'ailleurs faciles
à saisir : qui ne reconnaîtrait Marat,
dans le « fébrifère *Tamar* » et la monarchie française tombant en ruine,
dans ce fameux *Châtaignier des Gaules*
que travaillent à abattre à coups de
cognée, ceux-là même qu'il abritait
et nourrissait jadis ? — Gorgy a fait
preuve de courage en écrivant alors
un pareil livre, dans lequel, malgré
la bonhomie du récit, on ne pouvait
méconnaître une sévère critique des
hommes et des choses du jour ; il est
vrai que quelques mois après l'auteur quittait la plume et se renfermait
dans un silence absolu auquel il dut
de ne pas mourir sur l'échafaud.

Ne quittons point Gorgy sans dire
un mot du plus célèbre de ses ouvrages, qui fut peut-être le roman le
plus recherché de l'époque; nous vou-
lons parler de « Blançay. » — Londres
et Paris, Guillot, 1788, 2 vol. in-18. Cet
écrit, fort simple d'invention, un peu
long dans l'intrigue, mais profondé-
ment honnête, contient des pages
vraiment attachantes et maints portraits attrayants et bien vivants. M.
Ch. Monselet se montre tout disposé
à croire que « Blançay » contient en
partie l'auto-biographie de son auteur et que « *le jeune écrivain* » n'est
autre que Gorgy lui-même; enfin
les autres personnages ne seraient pas
non plus purement imaginaires : qui
pourra donner une clef d'un roman si
dédaigné aujourd'hui?

Anti (L')-GOMOR, par *Dalibray*.
Voir: Histoire de Pierre de Montmaur.

ANTIMOINE (L') PURIFIÉ SUR
LA SELLETTE. Paris. Nicolas Pé-
pinglé, 1668, in-12 de III f. et 53 p.

Comédie en trois actes et en vers
dont l'auteur est inconnu ; elle est
très rare et contient maintes allusions
aux médecins d'alors divisés en deux
camps sur la grave question de l'émé-
tique. « Cette singulière pièce, dit le
catalogue Soleinne (n° 1421), chimique
et médicale, fut composée à l'occasion
de l'arrêt du Parlement qui autorisa l'é-
métique cette année-là; elle met en scène l'antimoine, espèce de plomb, fils de
Saturne, qui descend aux enfers pour
le réclamer. Mercure, *son petit-cousin*,
n'ayant pas réussi à le ramener sur
la terre, l'antimoine est accusé d'une
foule d'excès capitaux ; de là, procès
en présence de Galien et d'Hippocrate.
L'antimoine est mis hors de cause,
mais on condamne les médecins qui
l'emploient. Si cette pièce allégorique
était plus mordante et plus spirituelle,
on pourrait l'attribuer à Guy-Patin,
le grand ennemi de l'antimoine et
surtout des *Stibyoniens*. Elle a paru
sans privilège et probablement sous le
manteau. »

ANTIPAPISME (L') RÉVÉLÉ, ou
LES RÊVES DE L'ANTIPAPISTE. — A
Genève, chez Georges Lapret; à
l'enseigne de la Mitre (Hollande?)
MDCCLXVII, in-8 de XL — 128 p.,
rare.

Cet écrit, en quatorze chapitres, est
généralement attribué au fameux abbé
Henri-Joseph Dulaurens. C'est une allégorie philosophico-religieuse dans
laquelle on passe en revue les abus de
la cour de Rome et incidemment ceux
du clergé de France. Les allusions
sont très aisées à comprendre : Le
Grand Séraphin, c'est le pape; la *jeune
colombe*, c'est le Saint-Esprit ; — *Pétri-*

saint, n'est autre que saint Pierre, « le portier du ciel »; — La *fameuse présidente* qui vient d'être mitrée, c'est la Gourdan, célèbre entremetteuse ; *Le grand deux fois sept,* c'est le pape Benoit XIV ; — *Le grand Archibulaire* c'est encore le souverain pontife ; — page 8 : *il en est un surtout,* le père La Valette, jésuite ; — *Glisée,* l'église romaine ; — *Tremencleize,* le pape Clément XIII ; — *Les Renards en robe de pourpre,* le Sacré-Collège ; — *Cette superbe mosquée,* l'église Saint-Pierre de Rome ; — *Menclétreize,* encore Clément XIII ; — *Les sacrés Mouftis,* les papes ; — *Barjome,* saint Pierre. Tout cela est fort transparent. C'est en somme un mélange de sarcasmes, d'impiétés et d'obscénités; ce libelle est cependant curieux à lire, car on y trouve une espèce de prédiction de ce qui devait arriver à la religion romaine et au clergé de France après les événements de 1789. — « L'Antipapisme révélé » a été supprimé avec soin, aussi les exemplaires sont-ils peu communs.

ANTI-PHANTOME DU JANSÉNISME. Voir : Relation du pays de Jansénie.

ANTIQUORUM ET CELEBERRIMORUM INTERLOCUTIO POETARUM, eorumque mira præscientia, ad sempiternam palmæ victricis memoriam quam Ludovicus Magnus de Hollandis, Alemanis, et Hispanis reportavit. Hoc opus *Theodorus Desjardins,* eques sancti officii, et liberalium artium Doctor aggregatus in celeberrimâ Avenionensi academiâ elaboravit, et perpolivit anno ætatis suæ 25. — Avenione, ex typographiâ Petri Offray. MDCLXXX. Cum superiorum permissu, in-4 de X f. prélimin. 166 p. et III f. pour la table.

Cet ouvrage allégorique, chefd'œuvre de patience et d'adulation, est entièrement composé de centons tirés de presque tous les poètes latins anciens, parmi lesquels sont admis quelques modernes. Théodore Desjardins devait être un homme d'une mémoire prodigieuse : son poème, divisé en huit livres, contient environ six mille vers; dans la marge, en regard de chacun d'eux, sont indiqués l'auteur et l'ouvrage d'où ils ont été tirés. — Cette bizarre production serait d'ailleurs peu intelligible si l'auteur n'avait pris soin d'en dresser une clef complète, qui manque à la plupart des exemplaires. L'*Interlocutio Poetarum* de Th. Desjardins est devenue fort rare ; à peine l'ai-je vue citée dans trois ou quatre catalogues; un magnifique exemplaire de ce singulier ouvrage était coté 25 fr. par Techener, en 1851 ; il faut dire que ce superbe exemplaire, couvert en maroquin rouge, couvert de fleurs de lys sur les plats, et orné d'une large dentelle parsemée de dauphins, était vraisemblablement celui que Desjardins avait obtenu la faveur de présenter au grand dauphin.

Voici la clef telle que l'a dressée l'auteur lui-même ; toutefois, pour éviter la répétition du nom de Louis XIV, je dirai tout d'abord que le roi est désigné, dans les six mille vers de l'*Interlocutio,* sous les trente qualifications suivantes, qui, réunies suivant les règles de la prosodie, ont l'avantage de former les cinq vers hexamètres que voici :

« *Phœbus, Apollo, Tonans, Magnus, Mars, Stellifer,*
« *Atlas,*
« *Sol, Oculus Mundi, Rex, Jupiter, omnibus idem,*
« *Digne, Deus, Judex, Lux publica, Maxime, Titan,*
« *Rex, Mavors, Numen, Neptune, Salutifer, Argus,*
« *Borbonius, Victor, Lumen, Lux, Gloria, Major.* »

Si le roi-soleil n'a pas été satisfait

de toutes ces gentillesses, il faut convenir qu'il était bien difficile.

Voici maintenant l'explication des autres allusions :

Aquilæ, — les Espagnols et les Allemands ;

Ardelio, — le Prince d'Orange ;

Bellator, — Vivonne ;

Bellatrix, — Marie-Thérèse, femme de Louis XIV ;

Bellax, — le prince de Condé ;

Cælicola, — Turenne ;

Christicolæ, — les Jésuites ;

Dei Ministri exercituum, — les généraux de Louis XIV ;

Deorum Soboles, — le Dauphin ;

Deus Unigena, — Jésus-Christ ;

Doctus, — le duc d'Enghien ;

Dominus, — le duc d'Orléans ;

Dracones Concordi, — les Espagnols et les Allemands ;

Ductor, Dux, — encore le duc d'Orléans ;

Exleges, — les Hollandais ;

Fidelis secta Christi, — la Compagnie de Jésus ;

Gladiator, — encore le prince d'Orange ;

Infelix, Infidi, — encore les Hollandais ;

Jovis Columna, — encore Turenne :

Jovis conjux sponsa, — encore Marie-Thérèse ;

Jovis incrementum, — encore le Dauphin ;

Jovis solamen, — toujours Marie-Thérèse ;

Leones, Mancipium, — les Etats de Hollande ;

Martigena, — le Dauphin ;

Martis conjux, — la reine Marie-Thérèse ;

Maximus alter, — le Dauphin ;

Mercurius deus, — le duc de la Feuillade ;

Minos, — Montécuculi ;

Miseri, — les Hollandais ;

Missus à Jove, — Vivonne ;

Mundi decus, — encore la reine ;

Nepos, — De Lorge, neveu de Turenne ;

Neptunia proles, — le Dauphin ;

Oracula Phœbi, — les ministres du Roi ;

Pater Omnipotens, — Dieu le père ;

Patronus, — Ruyter ;

Phaëton, — encore le prince d'Orange ;

Phebeïus, — le Dauphin ;

Phœbigena, Phœbi progenies, — toujours le Dauphin ;

Phœbi sacerdos, — le Père de la Chaise ;

Pius, — le cardinal de Bouillon ;

Pueri Rebelles, — toujours les Hollandais ;

Rector, — encore Ruyter ;

Robore plena, — la Reine ;

Sacerdos divinus, — encore le jésuite de la Chaise ;

Sanctus, — encore le cardinal de Bouillon ;

Satellites, — les troupes de la maison du Roi ;

Soligena, — le Dauphin ;

Stellæ Jovis, — les armées de Louis XIV ;

Stellæ martis, id.

Studiosi belli, — Condé, Enghien, Turenne, Colbert, Louvois ;

Tantalus, — toujours Ruyter ;

Turrigerum caput, — Turenne ;

Vulcanus, — le maréchal de Luxembourg.

Toutes ces épithètes, du moins en ce qui concerne les personnages de France, n'ont rien, comme on voit que de très flatteur ; le bon Théodore Desjardins était vraiment ce qu'on appellerait aujourd'hui un *bénisseur.*

APHRODITES (LES) ou FRAGMENTS THALI-PRIAPIQUES POUR SERVIR A L'HISTOIRE DU PLAISIR. Lampsaque, 1793, 8 part. pet. in-8, une figure *libre* à chacune. Plusieurs réimpressions. Cet ouvrage est du fameux chevalier *Andréa de Nerciat.*

On peut consulter sur la bibliographie, les condamnations de ce curieux mais immonde ouvrage et sur la Société plus exécrable encore, dont il retrace les mœurs : 1° La « Bibliographie d'Andréa de Nerciat. » Londres, 1876 ; 2° le « Catalogue des ouvrages condamnés. » Paris, 1878 ; 3° la « Bibliographie Gay, » t. I, p. 277 ; 4° les « Sociétés badines et bachiques, » Paris, 1866, t. I, p. 39 ; 5° les « Galanteries du xviii° siècle, » par Ch. Monselet, Paris, 1862 ; — la « Femme au xviii° siècle, » par MM. de Goncourt, etc., etc.

Les « Aphrodites » étaient une association libertine de personnes des deux sexes, n'ayant d'autre but que le plaisir, ou pour mieux dire les plus basses voluptés ; le livre, en dialogues, publié par Nerciat, retrace la prodigieuse lubricité des séances de cette association qui a bien réellement existé. Les noms des personnages réels sont déguisés, mais ce sont bien ceux des membres de la Société, installée du côté de la vallée de Montmorency, sous la présidence du marquis de P... Les noms des hommes étaient empruntés au règne minéral et ceux des femmes au règne végétal. Il a dû certainement exister une clef de ce triste ouvrage.

APOLLONII VERIDICI CATALECTA PETRULLIANA. — Amstelodami, ex officinâ Menandri, 1710, in-8.

Ce petit écrit cité dans « l'Essai sur les livres à clef, » est une très vive satire dirigée contre le savant Pierre Burmann ; elle fut suivie de plusieurs autres écrits analogues que Floëgel n'a pas manqué de signaler dans son curieux livre: « Geschichte der Komischen Litteratur » (T. III, p. 485). — Ces petits pamphlets allusifs, très communs autrefois parmi les savants allemands qui s'y déchiraient à l'envi, sont généralement devenus rares et ne sont presque pas connus en France.

APOLOGIE DE LA FLATTERIE. Voir : Bien-né.

APOLOGUE NOUVEAU DU DÉBAT D'EOLE ET NEPTUNE, CONTENANT LES DANGERS DE LA COURT. — Paris, 1545, in-8 de 8 ff. de 29 lignes, très rare (en vers).

Cette allégorie politique, qui paraît être d'un certain *Gaspard de Lafite*, sur lequel on ne possède point de renseignements, a été réimprimée dans la bibliothèque elzévirienne (« Anciennes poésies. » — T. X, pp. 18-40). — Il s'agit, dans cette pièce de circonstance, de la rivalité de Philippe Chabot de Brion, comte de Busançais, amiral de France, et du connétable de Montmorency. Les allusions contenues dans l'Apologue étaient sans doute fort transparentes, surtout avec l'espèce de clef imprimée en tête de ce petit ouvrage, mais cette clef elle-même a besoin d'être expliquée :

« Ce qui est entendu par les noms de ce présent Apologue » :

La Mer, — c'est la Court ;

Les périlz d'icelle, — les dangiers de la Court ;

Eole, — l'Envieux (le connétable de Montmorency) ;

Les Vents, — Rapporteurs, calumniateurs et autres médisantz;

Neptune, — l'Envié (l'amiral Chabot);

Thétis, — l'amy principal de l'Envié;

Tritons, monstres et autres poissons { Les enfants, famille et bienveillantz de l'Envié;

Zéphire, — Soustenant vérité;

Le gouffre, — la bastonnade et déchassement de la Court;

Jupiter, — le Roy (François Ier);

Destinée, — la volonté de Dieu.

Ajoutons à ces indications que la *belle Lagie* qui fait rentrer l'Amiral en grâce, n'est autre que la duchesse d'Etampes et qu'on ne peut méconnaître le chancelier Poyet, dans *l'ami et instrument de l'Envieux.*

APOTHÉOSE DE MADAME LA DUCHESSE DE LONGUEVILLE,

princesse du sang. — S. l., 1651, 15 pages petit in-4.

Mazarinade anonyme qui ne peut être que de l'auteur du « Temple de la déesse Borbonie » (Voir ce titre). — « Cette pièce, dit M. C. Moreau (Bibliographie des Mazarinades, T. I, p. 64), est des plus curieuses par son extravagance, et aussi des plus rares. — L'auteur compare l'entreprise de la délivrance des princes, chefs de la Fronde, à l'expédition des Argonautes. Madame de Longueville est *Médée* ; Turenne, *Jason* ; Bouteville, *Thésée* ; Duras, *Pollux,* et le canon est le *roi amicque.* Le Hâvre s'appelle l'*Ile de Lymicaritos* ; etc., etc. » Toutes ces allégories, insupportables aujourd'hui, étaient fort goûtées alors et se vendaient très bien ; on s'arrachait certaines de ces pièces dans les rues de Paris, et ce n'étaient pas toujours les moins extravagantes.

APOTHÉOSE (L') MODERNE.

Conte poétique en quatre chants. — A Paris, de l'imprimerie de Monsieur, MDCCLXXXIV, pet. in-18 de VI-34 pages.

D'après une note signée *H. de l'Isle* et insérée dans « l'Intermédiaire » du 10 octobre 1879 (col. 583), les personnages de ce conte, qui pourrait bien être de Mme de *Montesson,* ne seraient autres que Louis XVI et Marie-Antoi-

nette, mis en scène sous les noms de *Delby* et *Florise.*

APRÈS-DINÉE (L') DES DAMES DE LA JUIFVERIE.

Conversation comique, par le sieur *de Nonnantès* *** (ou de Nonantois). — Nantes, Noël Verger, 1722, petit in-12 de 77 pages et 3 ff., rare.

« La devise du sexe étant *babil, sens, secret,* l'auteur de cet ouvrage a fait de ces trois mots trois noms, de ces trois noms trois femmes et de ces trois femmes trois héroïnes pour cette conversation. » — La préface ne se trouve pas dans tous les exemplaires. — Cette comédie, *composée sur une aventure locale,* devait être remplie d'allusions fort transparentes qui mirent en émoi toute la ville de Nantes. — Il en a été fait une critique sous le titre de : « Le Pédant devenu comique, » (Nantes) 1722, in-12 de 3 ff. 74 pp. sans nom d'auteur ni d'imprimeur ; cette dernière pièce est plus rare encore que la précédente. (Catalogue Soleinne, n°s 1723-1724).

ARABELLA,

drame en trois actes (en prose), par MM. *Félix Pyat* et *Théo (Théodore Burette).* Publié par l'« Europe Littéraire. » — Paris, Duvernois, 1834, in-8. (Décembre 1833, suivant Quérard.)

« Ce drame, aujourd'hui très rare, dit le catalogue Soleinne (n° 3823), représente, sous des noms espagnols, supposés de la mort du dernier duc de Bourbon, trouvé pendu dans sa chambre à coucher, au château de Saint-Leu : — *Arabella Manzoni, Comtesse Guzman d'Alvarez,* n'est autre, dit-on, que la fameuse baronne de Feuchères. »

ARASPE ET SIMANDRE, nouvelle. — Paris, Claude Barbin, 1672, 2 vol. petit in-8, rare, inconnu à Barbier.

Voici ce que dit M. Paul Lacroix, relativement à ce curieux ouvrage, dans son excellente « Bibliographie Moliéresque » (p. 233; n° 1106): « On ne trouve, dans les écrits contemporains, aucun détail sur les représentations du théâtre de Molière, si ce n'est dans un petit roman, dont l'auteur n'est pas connu, mais qui se recommande par des qualités littéraires de premier ordre: *Araspe et Simandre*. C'est une « *histoire véritable* écrite par une Dame de la Cour.* » Il y a dans cette nouvelle *des portraits tracés de main de maitre*, et bien des pages sont des chefs-d'œuvre de narration. — L'ouvrage est dédié au roi. Nous avons cité dans le « Bulletin du Bibliophile » (1851, pp. 406-407), un passage fort piquant extrait de cet ouvrage et relatif à Molière sur la scène du Palais-Royal. »

Qui nous donnera la clef des noms véritables d'*Araspe* et de *Simandre* ainsi que celle de ces *portraits* tracés de *main de maître* ?

ARBRES (LES) PARLANTS..... Voir : Dendrologia, by J. Howell.

ARCADIE (L') DE LA COMTESSE DE PEMBROKE.... Voir : The Countesse of Pembroke's Arcadia....

ARCADIE (L') FRANÇOISE DE LA NYMPHE AMARILLE, tirée des Bergeries de Julliette ; de l'invention d'*Olenix du Mont-Sacré*, où par plusieurs histoires et sous des noms de Bergers sont déduits les amours de plusieurs seigneurs et dames de la Cour. — Paris, 1625, in-8 de 686 pages, en cinq parties.

, *Nicolas de Montreux*, qui a signé la plupart de ses ouvrages de son nom anagrammatisé comme ci-dessus, n'est connu que par le peu de lignes que lui ont consacrées La Croix du Maine et le P. Niceron. Cet auteur a beaucoup produit et, tant dans son théâtre que dans ses compositions romanesques, il a usé et abusé des pastorales et bergeries. — « L'Arcadie française, » en prose mêlée de vers, est, comme le titre l'indique, l'abrégé des cinq énormes volumes des « Bergeries de Juliette, » formant ensemble plus de 2400 pages. L'abrégé n'est pas plus amusant que l'ouvrage complet; il n'offrirait encore quelque intérêt que si c'était réellement un livre à clef ; mais qui pourra découvrir jamais les noms véritables des « seigneurs et dames de la cour, » dont Montreux dit avoir conté les histoires amoureuses ?

ARÉTAPHILE OU LA RÉVOLUTION DE CYRÈNE, tragédie en 5 actes et en vers, par le citoyen *Ch.-P.-H. Ronsin*. — Paris, Guillaume Junior, 1793, in-8.

Cette pièce représentée, sans succès d'ailleurs, sur le théâtre Louvois, le 23 juin 1792, est une allusion continuelle aux événements de cette époque. Moins de deux ans après, le malheureux Ronsin, général et adjoint au Ministre de la guerre, mourut sur l'échafaud révolutionnaire.

ARGENIS (JO. BARCLAII). Editio novissima ; cum clave, hoc est nominum propriorum elucidatione hactenùs nondum editâ. — Lugduni Batavorum, ex officinâ Elzevirianâ, anno CIƆIƆCXXX, petit in-12 de 690-VI pages, front. gravé.

La première édition de ce roman politique est de 1622 (Paris, Buon, in-8). Il a été fort souvent réimprimé, notamment par les Elzévirs qui en ont donné plus de six éditions. Une édition annotée, que l'on annexe ordinairement à la collection *Variorum*, a été publiée sous ce titre : « Joannis Barclaii Argenis, nunc primum illustrata (A *Theandro Bugnotio*, cum secundâ et tertiâ parte). — Lugduni Batavorum, 1644-1669, 2 vol. in-8. — On trouve, dans le « Manuel de Brunet » (T. I col. 651-652), l'indication de la plupart des éditions latines. — Quant aux traductions françaises, elles sont au nombre de trois : celle de l'abbé. *Josse*, chanoine de Chartres. (Chartres, M. Besuard, 1732, 3 vol. in-12) ; celle de *de Longue*, (Paris, Pierre Prault, 1728, 2 vol. in-12) ; et celle de *Savin* (Paris, 1771-1776, 2 vol. in-12).

Le roman d'Argénis contient, comme on sait, sous des noms supposés, l'histoire des principaux événements des règnes de Henri III et Henri IV. — Le succès en fut immense et on le traduisit dans presque toutes les langues de l'Europe. Cette allégorie, qui fut plus goûtée encore que l'*Euphormion* du même auteur (voir ce titre), faisait, disait-on, les délices du cardinal de Richelieu, qui croyait y retrouver les principes de sa politique. Quoique l'ouvrage en général soit bien écrit, on y a critiqué des néologismes, des termes impropres, des locutions étrangères à la bonne latinité. Jean Barclay avait cherché à imiter le style de Pétrone ; mais sa prose est plus estimée que les vers dont il a entremêlé son ouvrage. Tour à tour loué jusqu'à l'hyperbole ou trop fortement déprécié, ce roman est aujourd'hui à peu près tombé dans l'oubli. Le jugement le plus exact porté sur ce livre paraît être celui formulé par *Hallam* en ces termes : « La fiction y est si bien mêlée avec l'histoire, qu'on ne peut songer à y chercher une narration suivie de faits réels. Discuter des questions politiques, tel paraît être le but de l'auteur. Il ne manque ni de bon sens, ni parfois de finesse, mais ses aperçus n'offrent point assez de nouveauté pour qu'on s'y arrête. »

En résumé, Barclay se proposait de retracer les malheurs que les discordes civiles avaient causés à la France ; il a d'ailleurs mêlé à ses récits de longues digressions, et parfois il a donné à ses personnages des traits qui ne s'accordent pas avec la physionomie véritable des individualités qu'il avait en vue. — Voici la clef de l'*Argénio* telle que la donne l'édition de 1630 (l'une des meilleures et des plus jolies) décrite en tête du présent article ; on remarquera que certains noms, même traduits, ne sont pas encore absolument clairs :

Acegoras, — Ginuillæ princeps (Joinville ?) ;

Anaximander, — Pontanus marchio, (Pons ou Pontis ?) ;

Aneorestus, — le pape Clément VIII ;

Antenorius, — Querengus (?) ;

Aquilius, — l'empereur des Romains ;

Archombrotus, — Princeps regi Franciæ subditus, virtutibus heroicis, summam facientibus spem, ornatus ; c'est Henri IV ;

Argenis, — Deficiens in Henrico III Valesiorum stirps ; vel etiam alter ab rege locus, eodem tempore à tribus æmulis, Navarro, Alenssonio, et Guisio, callidè petitus ;

Arsidas, — le duc de Bouillon ;

Arx non eversa, — Londres ;

Auxilia Meleandro lata, — Litteræ, quas anno 1559 ad Franciscum, Galliarum regem, Philippus, Hispaniarum rex, dedit ;

Britomandes pater, — Antoine de Bourbon père ;

Britomandes filius, — Antoine de Bourbon fils, père du roi Henri IV ;

Cleobulus, — Villeroy ;

Commindorix, — le duc de Savoie;

Dereficus, — Frédéric, comte palatin ;

Dunalbius, — Ubaldinus ;

Eristhenes, — Mainius Calignaci comes;

Eurymedes, — le maréchal de Biron ;

Gelanorus, — le marquis de Turenne;

Gens rudis, — les Suisses ;

Gobryas, — Harlay de Sancy;

Hiero-Leander, — Jérôme Aleander ;

Hippophilus, — le roi d'Espagne ;

Horti reginæ Mauritaniæ, — « Vigna di Madama in Roma ; »

Hyanisbe, — Elisabeth d'Angleterre;

Hyperephanii, — les Huguenots ;

Ibburranes, — Barberini, devenu le pape Urbain VIII ;

Liphippus, — (Philippus), le roi d'Espagne;

Lycogenes, — le duc de Guise;

Lydii conjuges, — Concini, maréchal d'Ancre, et Léonora Galigaï, sa femme;

Meleander, — Henri III ;

Menocritus, — le maréchal de Retz;

Mergania, — (Germania), l'Allemagne;

Nicopompus, — Barclay lui-même;

Oloodemus, — le duc d'Elbœuf ;

Peranhylœus, — Bethleem Gabor;

Poliarchus, — Persona eorum in quos Guisianorum ac Ligæ sacræ rabies desæviit: quales Henricus IV, rex Navarræ, et Esparnonii dux;

Praxetas, — la maison d'Aubigné ;

Procerum primus in aulâ Hippophili, — le duc de Lerme;

Phryges conjuges, — le comte et la comtesse de Somerset;

Purpurati sacerdotes, — Cardinales Lerma et Cleselius;

Radirobanes, — le roi d'Espagne ;

Regio ab adverso littore, Siciliæ æmula, — l'Angleterre ;

Selenissa, — la reine-mère, Marie de Médicis ;

Sicilia, — la France ;

Timandra, — Jeanne d'Albret, mère d'Henri IV ;

Timonides, — d'Aubigné ;

Usinulca, — (Calvinus), Calvin ;

Quoique la plus complète qui ait été publiée, cette clef offre encore bien des lacunes : quels personnages, par exemple, désignent : *Alcœa,* — *Anna,* sœur d'Hyanisbé, — *Astioristes,* fils de Timandra, — *Demades,* fils de Sélénisse (sans doute le jeune Louis XIII); — *Juba,* roi de Mauritanie, — *Phorbas,* — *Théocrine,* — *Timoclea,* etc., etc. ?

Ajoutons qu'une des plus intéressantes études à consulter sur ce fameux roman, est la thèse de M. *L. Boucher* « *De J. Barclœi Argenide.* » — Paris, 1874, in-8 de 103 pp.

ARIANE (L'), où se voient les aventures de Mélinte, de Palamède, Epicharis, Ætelphe, Domintas, Dericine et Episistrate, avec le retour de Sycile, par *Jean Desmaretz de Saint-Sorlin.* — Rouen, 1644, 2 t. en 1 vol. in-8. Nombreuses éditions : Paris, 1639, 1643, 1647, in-4, fig. de Bosse; 1666, 2 vol. in-12 ; 1644, Leyde, Elzévir, 2 vol. in-12; Paris, 1724, 3 vol. in-12, 16 fig.

Ce roman, assez estimé, est devenu rare malgré toutes ces réimpressions. — Les titres des différentes éditions contiennent diverses modifications. — Il s'y trouve « plusieurs particularités concernant le règne de Néron, » il y a lieu de penser que, suivant la coutume des romanciers d'alors, tous les personnages ne sont pas purement imaginaires et qu'ils masquent de leurs noms des individualités bien connues à cette époque.

ARISTANDRE OU HISTOIRE INTERROMPUE, par *Hédelin,* abbé d'Aubignac. — Paris, Dubreuil, 1664, in-12.

« Cet écrit ayant été accueilli avec une grande indifférence, le libraire s'avisa d'une supercherie dont les exemples sont nombreux ; on enleva l'épître dédicatoire et on ajouta, pour rendre ce livre méconnaissable : « *Histoire galante et enjouée, interrompue par des entretiens* de civilité, d'amitié et de passe-temps. » — Paris, J.-B. Loyson. — 1673 — in-12 de 516 pages. — (Supercheries. — T. II, col, 239, a.) — D'après une note d'un catalogue publiée chez J. Techener (Paris — 1864 — n° 551), l'auteur, dans cet ouvrage, s'est mis lui-même en scène sous le nom de *Edelian*. — D'autres personnages du roman représentent aussi quelques-uns de ses parents et de ses amis. — Il y a là une clef intéressante à chercher.

ARISTIPPE (L') MODERNE ou RÉFLEXIONS SUR LES MŒURS DU SIÈCLE.

—A Paris, et se vend à Liège chez J.-F. Bassompierre, MDCCLXIV, in-12 de XIV-216 pages, joli front. et vignette sur le titre, finement gravés, troisième édition. La première édition est datée de Paris, G.-A. Dupuis, 1738, in-12, et la seconde de Liège, 1757, petit in-8.

Cet ouvrage est de *Denesle*, écrivain français, mort le 2 novembre 1767, auteur d'une quinzaine de productions tant en vers qu'en prose.

« L'Aristippe Moderne » est fait à l'imitation des « Caractères » de Théophraste et surtout de ceux de La Bruyère ; il y a loin entre cet ouvrage et ses modèles ; cependant il peut encore se lire et fournit quelques indications intéressantes sur les mœurs du temps. Très probablement, Denesle n'a point imaginé tous ses caractères, souvent il a dû les tracer d'après nature : malheureusement il est bien difficile aujourd'hui de retrouver les originaux du faux savant *Chrysippe*, du magistrat *Ariste*, de l'homme d'épée *Clitandre*, du petit-maître *Damis*, de la coquette *Célimène*, de la difficile *Angélique*, etc., etc. C'est encore un de ces ouvrages dont on ne pourrait faire la clef que sur un exemplaire annoté par une main de l'époque.

ARMATA : a fragment. — London, John Murray, Albemarle Street, 1817, in-8 de 209 pages (printed by C. Roworth).

Ce roman politique, publié sous le voile de l'anonyme, est de Lord *Thomas Erskine*, (Lowdes, T. I, p. 752). La fiction sur laquelle il repose est fort simple : l'auteur fait naufrage, au mois de mars 1815, se sauve à la nage et aborde dans une grande île dont il ne peut déterminer la situation. Un habitant de l'île, *Morven*, le recueille, le soigne, le guide et lui raconte, sous des noms supposés, l'histoire du pays ; il lui retrace les événements de la guerre d'Amérique, de la Révolution française, bref, tout ce qui s'est passé dans les deux mondes pendant les 35 dernières années. Tous les faits sont naturellement présentés sous le jour le plus favorable à la nation anglaise ; en somme ce « fragment » (Erskine n'a pas terminé son ouvrage) n'est rien moins que récréatif, surtout pour les lecteurs d'aujourd'hui. Un exemplaire annoté au crayon, que j'ai sous les yeux, m'a mis à même de composer la clef que voici : *The powerful Island of Armata*, l'Angleterre ; — *One of those invaders once swayed by force and terror the sceptre of Armata* (p. 36), Guillaume le Conquérant ; — *A grand and glorious Struggle* (p. 41), la grande révolution d'Angleterre ; — *Their exiled monarch* (p. 44), Charles II ; — *A great and growing people* (p. 49), les Américains ; — *Hesperia* (p. 49), l'Amérique ; — *Capetia* (p. 69), la France ; — *This very voice which had breathed so happily the gentle accents*

of peace (p. 98), Burke; — *The immo-
lation of the unhappy Prince* (p. 101)
la mort de Louis XVI ; — *The extraordinary person at the head of the Ca-
petian Monarchy* (p. 108), Napoléon-
Bonaparte ; — *Patricia* (p. 111), l'Irlande, qui a produit : *the immortal
hero*, Wellington ; — *The City of
Swaloal*, Londres (?).

Les événements ne paraissent pas
être toujours présentés avec une parfaite exactitude ; ce livre a été écrit
peu après la chute de Napoléon Ier et
à un point de vue extrêmement....bri-
tannique.

ARSÈNE ou la vanité du monde,
dédié à Madame de Maintenon. —
Paris, Jean Guignard, 1690, in-12.

Ce roman pieux, dit M. P. Lacroix,
fait évidemment allusion à la disgrâce
de Fouquet. Aussi l'auteur inconnu,
qui signe *J. D. D. C.* son épître dédicatoire, commit-il une double mala-
dresse en offrant à la favorite, alors à
l'apogée de sa fortune, cette histoire
d'*Arsène*, «dans laquelle vous verrez,
lui dit-il, des événements qui font
connaître le peu de sûreté qu'il y a
dans les richesses, dans les honneurs
et dans les amitiez du monde.» Il
faudrait une clef à ce roman qui contient des allusions aujourd'hui bien
obscures.

ART (L') DE CONNOITRE LES
FEMMES, avec une dissertation sur
l'adultère, par le chevalier de *Plante-
Amour*. — La Haye, Jacques van
dem Kieeboom, 1729 et 1730, in-8.
Réimprimé en 1749, à Amsterdam,
en 1 vol. in-12 de 252 pages. Ce
petit ouvrage a été réimprimé encore en 1820, en 1821, in-12, puis
encore en 1860, sous ce titre : «L'art
de connaître les femmes en partie
simple, par le chevalier de Plante-
Amour, suivi de l'Art de connaître
les femmes en partie double (avec
balance) », par *L.-J. Larcher*. —
Paris, imprimerie Blot, 1860, in-8
de 48 pages à 2 col., fig.

L'auteur du livre décrit ci-dessus
n'est autre que *François Bruys*, réfugié
français, qui se destinait d'abord à
l'état monastique, et qui finit par se
marier après avoir abjuré tour à tour le
catholicisme et le protestantisme. M.
P. Lacroix lui a consacré une courte
notice dans le « Bulletin du Bibliophile » (1857, p. 214, n° 84). Suivant
l'éminent bibliographe, « l'Art de connaître les femmes, » malgré la déné-
gation du chevalier de Plante-Amour,
offre, sous des noms empruntés, bien
des histoires véritables, dont la clef
est aujourd'hui perdue.

ART (L') DE CONSPIRER. Voir : Bertrand et Raton.

ART (L') IATRIQUE, poème en
quatre chants. Ouvrage posthume
de *M. L. H. B. L. J.*, docteur, régent de la Faculté de médecine en
l'Université de Paris. Recueilli et
publié par M. de L***, membre de
plusieurs académies. « Cùm flueret
lutulentus, erat quod tollere velles.»
Horat. Satyr. 4, lib. I. — A Amiens,
et se trouve à Paris, aux Ecoles de
médecine, 1776, in-12 de 93 pages.
Précédé d'un Avertissement en prose
(à Amiens, le 30 août 1775) et d'une
« Épître à ma Tante » (en vers, p.
7 à 14).

Les initiales ci-dessus semblent désigner M. *L.-H. Bourdelin le jeune*,
comme auteur de cette ingénieuse

plaisanterie ; mais, suivant Quérard et Barbier, c'est une supercherie, l'auteur est M. *Philip*, Anglais ou Irlandais d'origine ; l'éditeur serait M. *de Lisle*. — On a vu passer en vente deux exemplaires de « l'Art iatrique, » accompagnés d'une clef manuscrite ; l'un figurait dans un des catalogues de J. Techener, l'autre est décrit au catalogue Duputel (Rouen) 1837 — p. 18.

Voici la clef que j'ai relevée sur les notes de l'exemplaire de M. Desbarreaux-Bernard ; je la crois aussi complète que possible :

PAGES

13 — B......-L......, — Bouvart-Lovry ;
20 — vers 6 — Deux médecins nommés La Rivière.
    «   7 — Desessarts ;
    «   8 — Pujon (ou Pajon) ;
    «   9 — Elie de la Poterie ;
    «   10 — Saint-Léger ;
    «   11 — Dupuy ;
    «   12 — Millin Gentil ;
    «   13 — de Brotorme ;
    «   14 — Mézence;
23   «   8 — La Chirurgie et la Pharmacie ;
    «   19 — La Pharmacie ;
    «   24 — La Chirurgie ;
24   «   3 — Louis ;
31   «   28 — Guilbert de Préval ;
35   «   16 — Colombier, Bourru, Guillebert ;
36   «   23 — Mittié ;
38   «   13 — Bouvart ;
40   «   5 — Lethieulier, six ans doyen ;
41   «   13 — Poissonnier, Petit, etc;
43   «   5 — M......, Marin ;
    «   15 — A......, d'Airolles ;
    «   20 — M......, Marin ;
44   «   8 — C......, Ciotat ;
45   «   9 — B......, Beaumarchais ;
    «   14 — Cours sur le mal vénérien ;
    «   19 — La Gazette de santé ;
    «   20 — Alphonse Le Roy ;
46   «   22 — Vallun ;
47   «   16 — Morand ;
48   «   10 — Louis ;

PAGES

49   vers 15 — de Villiers ;
«   «   28 — Guidaut (ou Guindant);
56   «   9 — Bouvart ;
57   «   17 — Bordeu ;
59   «   2 — Bouvart ;
«   «   13 — Bordeu ;
«   «   23 — ......, fripon ;
60   «   16 — Borie ;
63   «   11 — Nicolas d'Esson ;
64   «   14 — Préval ;
65   «   21 — César ;
66   «   2 — Préval ;
«   «   27 — Alleaume ;
68   «   1 — Borigny ;
«   «   19 — Thierry de Bussy ;
69   «   1 — Lethieulier ;
«   «   18 — Vallun ;
«   «   23 — Peraudeau ;
«   «   24 — Choulard (?);
75   «   16 — Lorry;
77   «   3 — Poissonnier ;
79   «   35 — Dumouret;
80   «   13 — Coste ;
81   «   10 — Bercher ;
«   «   19 — Gautier ;
83   «   13 — L'Epy ;
84   «   15 — Lamotte ;
85   «   19 — Missa ;
86   «   19 — Geoffroy ;
87   «   20 — Levacher ;
88   «   26 — Dionis ;
89   «   1 — Agivoux ;
90   «   22 — Antoine Petit ;
92   «   13 — du Chavoy.

Comme on le voit, presque tous les membres de la docte faculté d'alors ont été mis en cause dans ce poème satirique.

ARTAMÈNE OU LE GRAND CYRUS, par Mademoiselle *M. de Scudéry*. — Paris, 1650-1653 et années suivantes, 10 vol. petit in-8, ornés de figures de Fr. Chauveau.

La première édition de cet ouvrage porte, comme la *Clélie*, le nom de

M. de Scudéri, gourverneur de Notre-Dame de la Garde, mais on sait que le véritable auteur est bien sa sœur, la célèbre *Madeleine de Scudéry*. M. *Victor Cousin* s'est occupé avec ardeur de ce roman, oublié pendant près de deux siècles, et lui a consacré deux volumes fort intéressants : « La Société française au xviie siècle, d'après le « Grand Cyrus » de Mlle de Scudéry (Paris, Didier, 1858, deux vol. in-8 de xxiii-443 et 436 pp.). » — «Nous avons retrouvé, dit le célèbre académicien, presque tout le dix-septième siècle dans un livre d'apparence assez frivole ; nous en avons vu sortir un tableau assez fidèle de la société française dans la première et la plus illustre moitié de ce siècle, d'Henri IV à la fin de la Fronde. — Le *Grand Cyrus* est une histoire en portraits, écrite par la personne qui peut-être a le mieux connu toute la société de cette époque, grâce à une position particulière. Sous des noms grecs, persans, arméniens, sont représentés des personnages qui, sous Louis XIII et sous la régence d'Anne d'Autriche, occupaient la scène et faisaient l'entretien de la France. »

« Malgré ces dix gros volumes, dit encore M. de La Borde (« Le Palais Mazarin », notes, p. 308), ou peut-être à cause de cette étendue, ce roman eut un immense succès. Il offre une allusion permanente aux mœurs et aux habitudes de la société française et surtout de la société parisienne. Quoique transportés sur les bords de l'Euphrate, quoique affublés des noms les plus *persans* que Mlle de Scudéry ait pu inventer, les personnages qui se meuvent sur cette scène ne sont autres que ceux qui animaient la société de Paris ; le septième volume de cette longue histoire contient la description de l'hôtel de Rambouillet et de la société qui s'y réunissait encore en 1750.»

L'immense succès du *Cyrus* dans le temps où il parut, s'explique sans peine : c'était une galerie de portraits vrais et frappants, mais un peu embellis, où tout ce qu'il y avait de plus illustre en tout genre, princes, courtisans, militaires, beaux esprits et surtout jolies femmes allaient se chercher et se reconnaissaient avec un plaisir inexprimable. Et cependant ce roman serait absolument illisible aujourd'hui, s'il n'offrait l'intérêt d'une espèce de document historique. M. V. Cousin signale dans le tome premier de son bel ouvrage (p. p. 365 et suiv.), une clef inédite, relevée d'après un manuscrit de la Bibliothèque de l'Arsenal ; une autre clef, mais fort abrégée et avec des noms estropiés, se trouve à la Bibliothèque Mazarine. Le malheur est que toutes les attributions de ces clefs sembleraient n'être pas très exactement fondées ? Voici du moins les indications les plus sûres et qui ne laissent aucun doute sur les personnages mis en jeu.

Mandane, — la duchesse de Longueville ; cette attribution fut si bien acceptée alors, que le nom de *Mandane* resta à la belle duchesse parmi ses amis ; on la trouve désignée ainsi dans bien des lettres du temps;

Cyrus, — le prince de Condé ;

Le prince Artibie, — M. de Châtillon;

Crésus, roi de Lydie, — l'archiduc Léopold ;

Arisnape, — le général Beck ;

Anaxaris, — le comte de Brancas ;

Le roi de Phénicie, — Henri IV;

Cléomère, — la marquise de Rambouillet;

Mégabate, — le marquis de Montausier;

Philonide, — la marquise, sa femme;

Aristée, — Chapelain;

Théodamas, — Conrart;

Zénocrite, — Madame Cornuel ;

Sapho, — Mademoiselle de Scudéry, qui s'était mise elle-même en scène sous ce nom que lui conservèrent ses contemporains.

Enfin, *Le Siège de Cumes* est le siège de Dunkerque, par Condé; la bataille de *Thybarra* désigne la bataille de Lens, et la victoire remportée par

Cyrus sur les *Massagètes* est la glorieuse journée de Rocroy.

ASGILL OU LES DÉSORDRES DE LA GUERRE CIVILE. Voir : Abdir, drame en quatre actes....

ASIATIQUE (L') TOLÉRANT.

TRAITÉ A L'USAGE DE ZEOKINIZUL, ROI DES KOFIRANS, SURNOMMÉ LE CHÉRI. Ouvrage traduit de l'arabe du Voïageur *Bekrinoll*, par M. de *****. « J'excuse les erreurs et non les cruautés. » — A Paris, chez Durand, rue Saint-Jacques, à Saint-Landry et au Griffon, l'an XXIV du traducteur; — petit in-8 de XXVIII-145 pages, plus une clef de 7 pages qui n'est pas jointe à tous les exemplaires. La lettre-dédicace à Madame la comtesse de B**, est signée : *L. B. L. D. A.*, à Paris, ce 15 décembre 1748. — Autres éditions in-12 en 1755 et 1799. — L'indication : à Paris, chez Durand, cache les noms de « Amsterdam, chez M.-M. Rey. »

Cet ouvrage, souvent attribué à *Crébillon* fils, est en réalité de *Laurent Angliviel de La Beaumelle*, comme l'a fort bien établi M. *Michel Nicolas*, dans le « Bulletin du Bouquiniste » (15 octobre 1857, p. 475). « Ce livre, où des leçons philosophiques se mêlent à des récits déguisant l'histoire sous le voile d'une allégorie très diaphane, est aujourd'hui fort oublié. » Il mérite cependant encore d'être lu. La clef est fort aisée à trouver, presque tous les noms étant simplement anagrammatisés. La voici d'ailleurs bien complète, telle que je l'ai relevée dans un exemplaire de l'édition de 1748 :

Alloyo (D'), — de Loyola ;
Asepenk (L'), — l'Espagne ;
Bekrinoll, Bertkol, — Colbert ;
Boisdu (L'Ebba), — l'abbé Dubois ;
Bonne¬or, — Sorbonne ;
Borniale, — Albéroni ;
Brakami (Arkuéve de), — Archevêque de Cambrai ;
Dreslon, — Londres ;
Ebed, — Bede ;
El-er-mai (L'Ebba), — l'abbé le Maire ;
Eliab, — Baïle ;
Eliati (D'), — d'Italie ;
Emor, — Rome ;
Emorains, — Romains ;
Englând, — Angleterre ;
Essuis, — Suisse ;
Fadirs, — Moines ou Religieux ;
Frokirans, — François ;
Frokiranie, — France ;
Gadreoni¬ul, — Louis-le-Grand ;
Handello, — Hollande ;
Insociable Société, — Compagnie de Jésus ;
Ivetol (L'Ebba d'), — l'abbé d'Olivet ;
Kanivig, — Chavigni ;
Kanvil, — Calvin ;
Kanviliens, — les calvinistes ;
Karens (Le Kismare de), — le marquis d'Argens ;
Karmendek Roitelet, — roi de Danemark ;
Kierflé, — Fléchier ;
Kilerieu (Le Klarnadi de), — le cardinal de Richelieu ;
Kinera, — Racine ;
Kitesiconouem ;
Klanb (L'Ebba le), — l'abbé le Blanc ;
Klodu¬, — Du Clos ;
Kodkueland ;
Kofirans (Les), — les Français ;
Kofiranie, — la France;
Koirekre (Le Grand), — Grégoire-le-Grand ;
Kouketan¬, — concile de Constance ;
Kortenheri, — Henri III ;
Kraten-Hueri, — Henri IV ;
Kuèves (Les), — les évêques ;
Kuietur, — Turquie ;
Ladwenlo, — Lowendal ;
Lairvote, — Voltaire ;
Lar¬vil (l'Ebba de), — l'abbé de Villars ;

Legenu, — Genève (?);

Magernie, — Germanie ;

Nairam, — Mairan ;

Nannetoim (la Kismare de), — la marquise de Maintenon ;

Nardber, — Bernard ;

Nechila (Prince de), — prince de la Chine ;

Nélefon, — Fénelon ;

Noisda, — Danois ;

Pausrema, — Maurepas;

Rayercour, — Courrayer;

Rispa, — Paris ;

Ristkesusi, — Jésus-Christ ;

Ristkésusienne, — Jésus-Chrétienne;

Roisdi, — Isidor ;

Tellenephon, — Fontenelle ;

Tenkin, — Tencin ;

Terlientus, — Tertullien ;

Tillarete, — Le Tellier;

Tinrenflo (Le comte de), — comte de St-Florentin;

Tsandenidt, — Edit de Nantes;

Touderstha, — Stathouder;

Usbornak (D'), — d'Osnabruk;

Villeba, — Baville;

Vrelou, — Louvre;

Xeas (Kiraume de),—Maurice de Saxe;

Zanathae, — Anathase;

Zauviram, — Marivaux;

Zeahkernulf, — Charles IX;

Zeibern (L'Ebba de), — Bernis ?

Zeimn (Kuève de),—l'évêque de Nîmes;

Zeaukadȝeu ;

Zenatiskieoum, — Montesquieu ;

Zeokarotiȝul, — Louis XIV;

Zeokiniȝul, — Louis XV;

Zeoteiriȝul, — Louis XIII;

Zerpuȝ (Krefedir de), — Frédéric de Prusse ;

Zetkalet (La Kismare de), — la marquise du Châtelet;

Zetkreȝ, — Gresset;

Zinakustu (Le Kuève), — l'évêque Jeansénius ;

Zinaninites, — Jeansénistes ;

Ziȝour (L'Ebba de), — l'abbé de Sourci ;

Zobȝuet (Le Kuève),—l'évêque Bossuet;

Zoikul, — Louis;

Zuitȝermau, — Maupertuis.

ASPIRANTS (LES) DE MARINE, par Edouard Corbière. — Paris, Denain et Delamarre, 1834, 2 vol. in-8, 10 fr.

Ce ne sont point des aventures imaginaires que raconte, dans ce roman, M. Edouard Corbière, ancien officier de marine, poëte et romancier fécond. C'est un épisode de sa jeunesse, dans lequel il paraîtrait s'être mis lui-même en scène sous le nom de l'aspirant Mathias. Le sujet de son livre retrace, sous des noms supposés, un fait désastreux des guerres du premier empire. On trouve une analyse complète de ce roman très mouvementé dans la « Bibliothèque des Romans » (t. I, p. 146-147).

ASTRÉE (L') DE M. D'URFÉ. Pastorale allégorique, avec la clé, nouvelle édition, où, sans toucher ni au fond ni aux épisodes, on s'est contenté de corriger le langage et d'abréger les conversations. — A Paris, chez Pierre Witte, rue Saint-Jacques, proche de Saint-Yves, à l'Ange gardien, et chez Didot, quay des Augustins, près du pont Saint-Michel, à la Bible d'or, MDCCXXXIII. Avec approbation et privilège du Roy. 5 vol. en 10 parties, in-12, orné de 60 gravures de J. Rigaud.

« La première édition de ce roman célèbre, dit M. G. Brunet, est datée de 1610, mais il paraît qu'il en a existé une antérieure qu'on ne retrouve plus. On ne peut que renvoyer au « Manuel du Libraire » pour la description des nombreuses réimpressions, continuations et traductions de ce fameux ouvrage. » Il paraît certain que d'Urfé s'est proposé, dans l'Astrée, de raconter ses longues amours avec la belle Diane de Château-Morand; et quelques difficultés que depuis on ait voulu élever à cet égard, il ne semble pas y avoir de bonnes raisons pour révoquer en doute le récit du véridique Patru. Le célèbre avocat, en effet, a publié des « Eclaircissements sur l'histoire de l'Astrée, » qui composent une sorte de clef de ce roman. Ces notes, imprimées d'abord dans les œuvres de Patru (t. II, p. 497), ont été reproduites à la suite de l'édition ci-dessus décrite.

Elles ont servi à composer la clef suivante :

Adamas, le grand Druide, — c'est le lieutenant-général de Montbrison, de la famille des Papons;

Alcidon, — le duc de Bellegarde, grand écuyer de France;

Alcippe, — Jacques d'Urfé, mort maréchal de France;

Alcyre, — le comte de Sommerive, frère de la mère du duc du Maine;

Alexis, — sous ce nom, l'auteur peint l'amitié qu'Astrée lui portait comme à son beau-frère;

Amintor, — dans l'histoire de *Clarinde,* est le duc du Maine;

Astrée, — Diane de Château-Morand;

Céladon, — c'est d'Urfé lui-même;

Calidon, — M. le Prince;

Carnutes (Les) ou le *Pays Chartrain,* — l'île de Malte;

Célidée, — Madame la Princesse;

Clarinte, — la princesse de Conti;

Daphnide, — la duchesse de Beaufort, mère du duc de Vendôme;

Délie, — Diane d'Estrées, sœur de la duchesse de Beaufort;

Diane, — Mademoiselle de Château-Morand, pendant son premier mariage;

Dorinde, — Mademoiselle Pajot;

Euric, — dans l'histoire de *Daphnide,* c'est Henri IV;

Florice, — Madame de Beaumarchais, amante du duc du Maine;

Fontaine de la Vérité d'amour, — c'est le mariage qui est en effet la dernière épreuve de l'amour;

Galatée, — la reine Marguerite, sœur d'Henri III;

Hylas, — personnage représentant à la fois certains traits de Bassompierre, Créquy, Givry et du comte de Carminog; dans les histoires de *Florice* et de *Dorinde,* c'est le duc du Maine;

Licornes (Les), — c'est le symbole de la pureté;

Maure (Le) hideux qui tue *Philandre,* — c'est la voix terrible de sa conscience qui le contraignit de quitter la belle *Astrée;*

Périandre, — dans l'histoire de *Dorinde,* c'est encore le comte de Sommerive;

Philandre, — l'aîné d'Urfé, premier mari d'Astrée;

Silvandre, — c'est encore l'auteur lui-même;

Torismond, — Henri III.

Cette clef ne jette pas une bien grande lumière sur l'ensemble de ce roman si embrouillé; pour le comprendre, il est indispensable de se reporter aux travaux de littérateurs contemporains; citons notamment : M. V. Cousin, dans la « Revue des Deux-Mondes; » Aug. Bernard, « Bulletin du Bibliophile » (1859, p. 531-558); Feugère, « Les Femmes poètes du XVIe siècle » (p. 238-252); Saint-Marc Girardin, «Cours de littérature dramatique » (t. III, p. 62-101); M. de Loménie, « Revue des Deux-Mondes » (15 juillet 1858); «Dictionnaire de la Conversation », article de M. H. Martin; etc., etc.

ASTUCIEUSE (L') PYTHONISSE

OU LA FOURBE MAGICIENNE, petite comédie inferno-satanico-magique, par Robert Sorcellicot, membre de la Société des Arts mystérieux *(Jean-François-Gaspard Dutrésor).* — A Diabolicopolis, de l'imprimerie d'Albert Castigamus (Caen?), l'an 1182 de l'Hégyre (1804), petit in-8 de 50 pages et 1 f., très rare.

Cette petite pièce satirique en un acte, vers, prose et vaudevilles, a été imprimée à petit nombre. Elle fut composée à l'occasion d'un procès de prétendue sorcellerie jugé récemment à Bayeux. Sans doute les journaux du temps permettraient d'en faire la clef. (Voir : Catalogue Soleinne, n° 2577 et « Les Supercheries » (t. III, col. 711 et 712).

ATALANTIS (L') DE MADAME MANLEY, traduit de l'anglois. Contenant les intrigues politiques et amoureuses de la noblesse de cette île, et où l'on découvre le secret des Révolutions arrivées depuis l'an 1683 jusques à présent. — A La Haye, chez H. Scheurleer, MDCCXIII, 2 vol. petit in-8 de VI ff. 508 et XIII-432 pages, plus VIII pages pour la clef, ornés de deux frontispices gravés.

Seconde édition, avec la clef sur les marges : « Selon la copie imprimée à Londres, chez Jean Morphew (Amsterdam) », 1714-1716, 3 vol. petit in-8.

L'édition originale du texte anglais de ce roman satirique parut en 1705 ; Lowndes indique une septième édition sous ce titre : « SECRET MEMOIRS AND MANNERS OF SEVERAL PERSONS OF QUALITY OF BOTH SEXES FROM THE NEW ATALANTIS AN ISLAND IN THE MEDITERRANEAN. » — London, 1741, 4 vol. in-12.

Il est à noter que le titre courant de la traduction porte : « Mémoires secrets, concernant les mœurs et coutumes des personnes de qualité de la Nouvelle-Atlantis, » ce qui rend plus exactement la traduction du titre anglais.

Sous des noms supposés, ce livre contient la satire des personnages qui ont figuré dans la révolution de 1688. L'Atalantis, Atlantis ou Atlantide, est une île de la Méditerranée, autrement dit l'Angleterre. L'apparition de cet ouvrage fit sensation : l'imprimeur et l'éditeur furent aussitôt arrêtés en vertu d'un ordre du secrétaire d'Etat : heureusement pour eux, Mad. Manley montra du courage et se conduisit fort bien ; elle se présenta volontairement au tribunal du banc-du-roi (King's Bench), comme unique auteur de l'Atlantis, et fut traduite devant le ministre Sunderland ; elle assuma toutes les responsabilités de cette publication et fut, pour quelque temps, privée de sa liberté. On s'explique, en lisant ce livre, les poursuites dont il fut l'objet : La duchesse de Cleveland et diverses autres personnes de la cour de Charles II, Marlborough, sa femme, les individus les plus influents sous le règne de Guillaume III, y sont dépeints sous des traits fort peu flatteurs. Ajoutons qu'en 1711, Mad. Manley a publié une espèce de suite de ses « Secret Memoirs » sous ce titre : « Court intrigues, in a Collection of original letters, from the Island of New Atalantis, etc. By the Author of those Memoirs.» — London, 1711, petit in-8 (Intrigues de la Cour ou Recueil de lettres écrites de l'île de la Nouvelle-Atalantis). Enfin, en 1717, on vit paraître : « Memoirs of the Life of Mrs. Manley ; to which is added a complete key. » — London, 1717, in-8. — Il est à remarquer que, dans ces divers ouvrages, le même personnage est parfois désigné sous des noms différents ; il y a même des exemples de changement de sexe.

Voici la clef de l'Atlantis :

Adario (Le prince), — le duc d'Ormond ;

4

Agrippa, — le duc de Buckingham ;

Alaric (Le comte), — le cómte de Konigsmarck ;

Albinus, — lord Raby, comte Strafford ;

Alexis (Le prince), — Jacques Sobieski ;

Ancus Tullius, — le duc de Beaufort ;

Antioche (Milord d'), — l'archevêque de Cantorbéry ;

Armutius, — le prince de Conti ;

Atalantis ou Atlantis, — l'Angleterre ;

Bassianus, — Ireton, régicide ;

Beaumont, — le duc de Beaufort ;

Bedamore (Le comte de), — lord Scundamore ;

Bel-Air (Le chevalier), — le chevalier Richard Temple ;

Beraldus, — Auguste, roi de Pologne ;

Bérénice, — Mademoiselle Parry, actrice ;

Bérintha, — Madame Earnley ;

Birod (Le comte de), — lord Godolphin ;

Bracilla, — Mademoiselle Bracegirdle ;

Bulgarie (Le roi de), — Louis XIV ;

Cæsario, — le duc de Monmouth, fils naturel de Charles II ;

Caligula, — Cromwel ;

Carie (Le marquis de), — le duc de Marlborough ;

Catilina, — lord Warton ;

Caton, — le duc de Leeds ;

Celsus, — le docteur Jean Friend ;

Celtiberie, — Aragon (l') en Espagne ;

Cethegus, — lord Sunderland ;

Charlotte, — Madame Howard, dame d'honneur de la reine Anne ;

Christophore, — lord Clarendon ;

Ciceron, — lord Sommers ;

Clodomir, roi des Francs, — Louis XIV ;

Constantin V, Auguste, — la reine Anne ;

Constantinople, — Londres ;

Cornus (Le comte), — Cornelis d'Owerkerk ;

Curio, — lord Oxford ;

Dacie (Le prince de), — George Guillaume, duc de Zell ;

Damareta, — Madame Jennings, mère de la duchesse de Marlborough ;

Daphné, — Mademoiselle Grisfin ;

Délie, — Madame Manley, auteur de l'*Atlantis* ;

Diane, — Madame Cecil ;

Druide (Le grand), — Gladen, chapelain du roi ;

Euphalie, — Mademoiselle Proud ;

Fortunatus (Le comte de), — le duc de Marlborough ;

Général Persan, — lord Galloway ;

Genséric, — Pierre Ier, empereur de Russie ;

Germanicus, — milord Dover, amant de la duchesse de Cleveland ; il succédait au duc de Marlborough ;

Geronimo (Don), — Harley, grand trésorier ;

Giraldo, — lord Fitzharding ;

Gracchus, — le chevalier G. Withers, maire de Londres ;

Henriques (Le prince), — le prince d'Orange, depuis roi d'Angleterre sous le nom de Guillaume III ;

Hilarie, — Madame Masham ;

Honorius (Le grand prêtre), — le cardinal Radziouski, primat de Pologne ;

Horatio, — lord Peterborough ;

Illyrie (Le prince d'), — l'électeur de Bavière ;

Impératrice (L'), — la reine Anne ;

Inconstance (Duchesse de l'), — la duchesse de Cleveland, favorite de Charles II ;

Inverness (La princesse), — la princesse Anne de Danemark, depuis reine d'Angleterre ;

Irène, — la duchesse de Marlborough ;

Janetin (Mademoiselle), — Jeninngs, d'abord maîtresse du duc de Marlborough, puis son épouse. La même qu'*Irène* ;

Janthé, — Madame Anne Popham ;

Julius, — Saint-John (plus tard Bolingbroke) ;

Lælius, — lord Rivers ;

Léon IV, empereur, — Guillaume III, roi d'Angleterre ;

Léonidas, — Madame Masham ;

Lerme (La marquise de), — Madame Frechtville ;

Lindamire, — Mademoiselle Fafts ;

Lofti (*Le comte*), — le duc de Buckingham ;

Los-Minos (*Le marquis de*), — lord H. Scott ;

Louise, — Mademoiselle Cullen ;

Lucasie, — lady Hyde ;

Lucinelle, — sage-femme ;

Majorca (*Le prince de*), — le duc d'Ormond ;

Marovie, — Varsovie ;

Martel (*Le comte de*), — le marquis de Tallard ;

Mauritanie, — l'Irlande ;

Mécenas, — lord Halifax ;

Mérovius, — le cardinal de Polignac ;

Mezaray (*Le baron de*), — Sir William Baron ;

Monpellier, — le docteur Garth ;

Mosco, — Spencer Cowper ;

Nicephore, — lord Rochester ;

Noricum (*Le prince de*), — le prince Charles de Neubourg ;

Olimpie, — la princesse Anne ;

Orgueil (*Le comte d'*), — le duc de Buckingham ;

Ormie (*La princesse*), — le roi Jacques II ;

Page de Henriques (*Le*), — lord Portland, page de Guillaume III, puis son favori ; il devint duc et général d'armée ;

Pannonie, — Hongrie ;

Perses (*Les*), — les Français ;

Pharaon (*prétendu*), — le duc de Montague ;

Platon (*Le patriarche*), — le ministre Sacheverell ;

Polidore, — le fils de lord Haversham ;

Pomponius, — le sir J. Harcourt, depuis chancelier ;

Prado (*Le*), — grand parc près de Londres ;

Prince, le plus riche d'Atlantis (*Le très avare*), — le duc de Newcastle ;

Publicola, — lord Nottingham ;

Ramires, — Lee Warner, gentilhomme de Norfolk ;

Rinaldo, — le capitaine Laurence ;

Rodegonde, — la comtesse de Platen ;

Rodriguez (*Don Tomasio*), — lord Coningsby ;

Roscius, — Betterton, acteur ;

Saint-Amant, — Cook, gentilhomme de la province de Norfolk ;

Sandomire (*La marquise de*), — lady Sandwich ;

Sara, — Miss Sara Stout ;

Sarmatie, — Pologne ;

Sergius, — lord Halifax ;

Sigismond II, — Charles II, roi d'Angleterre ;

Sira (*Le prince de*), — le duc de Shrewsbury ;

Stauratius, — le duc de Marlborough ;

Tahis, — Blount ;

Tameran, — le duc d'York, depuis Jacques II ;

Théodecte, — Madame Masham ;

Théodoric, — Charles XII, roi de Suède ;

Timias, — le chevalier Digby ;

Triphonius, — lord Tirawley ;

Uranie, — la fille de lord Haversham ;

Venise (*La duchesse de*), — la princesse Marie, fille de Jacques II ;

Volpone l'ancien, — le chevalier Guillaume Cowper ;

Volpone Hernando, — le chancelier Cowper ;

Wilmot, — Sambrook, auteur d'un écrit en faveur de la polygamie.

ATALZAIDE, ouvrage allégorique. « Parve, nec invideo, sinè me, Liber, ibis in urbem. » Imprimé où l'on a pu. MDCCXXXXVII, deux parties en I vol. petit in-8, formant ensemble 120 pages. La pagination de la première partie se continue dans la seconde, bien que chacune d'elles ait un titre spécial. L'exemplaire que j'ai sous les yeux offre en outre cette particularité, que les dernières sont imprimées en caractères plus fins et plus compactes que le commencement. Sans doute, l'éditeur a voulu économiser le papier. La première édition est de 1736; la deuxième de 1745.

Cet ouvrage, qu'on a parfois attribué au *comte de Senecterre*, est plus probablement de *Claude-Prosper Jolyot de Crébillon*, fils de Crébillon le tragique; c'est du moins l'avis de Quérard et de Barbier.

Ce roman, rempli d'enchantements et de transformations merveilleuses, contient, suivant Quérard, (Livres à clef, p. 27), des allusions aux intrigues de la cour de Louis XV. La clef, toujours d'après l'éminent bibliographe, ne serait pas difficile à trouver. Je ne suis pas de cet avis; le livre est assez amusant, mais les allégories me paraissent assez obscures et les noms propres ne se prêtent point à l'anagramme. Faut-il voir Louis XV sous les traits du prince *Surab*, et Madame de Pompadour sous ceux de la princesse *Atalzaïde*? Je l'ignore et laisse à de plus habiles le soin de rechercher les noms des personnages que masquent la *Licorne-Wichnou*, *Erga-Zeb, Aliaber*, roi de Turquie, *Trag-Zeb, Togrul, Cornukan, Nour*, la princesse *Zeoure, Nayar, Zirzime, Zorag, Zarnerou, Abulcoucou, Auguskan, Millanire* et *Gourgandeir*.

Ce petit roman, où le merveilleux abonde, n'est pas ennuyeux; les situations risquées ne manquent pas, non plus que l'imagination. L'auteur l'a dédié au lecteur. « A vous-même», écrit-il, en laissant une demi-page de blanc, pour que chaque lecteur puisse y mettre son propre éloge. Enfin, ce qui me confirme dans l'idée que les allusions d'*Atalzaïde* ne doivent pas être très faciles à saisir (et peut-être n'y en a-t-il pas du tout?), c'est le passage suivant qui termine la préface : « Mon livre (dit l'auteur) a besoin d'une clef pour être compris, et je ne désespère pas que, dans quatorze ou quinze siècles, un homme de lettres, aussi bien instruit des anecdotes secrètes de mon temps que mal informé des principaux événements du sien, ne compose, dans un quatrième étage, un in-folio de notes et variantes qui mettront les lecteurs d'alors au fait de ce que n'entendront pas ceux d'aujourd'hui. » Voilà qui sent bien la mystification. Au reste, bien que je demeure au quatrième étage, je n'ai nulle envie d'être ce zélé commentateur.

ATHALIE, tragédie. Voir : Théâtre de Jean Racine.

ATHANASE ROBICHON, candidat perpétuel.... Voir : Jérôme Paturot à la recherche d'une position....

ATHÉNAIS OU LE CHATEAU DE COPPET EN 1807. Nouvelle historique, par Madame (Stéphanie-Félicité *Ducrest de Saint-Albin*, comtesse) *de Genlis*. — Paris, imprimerie de Didot aîné, 1832, in-18, 180 pages. Edition donnée par Ballanche et tirée à très petit nombre.

Suivant une note communiquée par M. *G. Brunet*, de Bordeaux, le nom de Madame Récamier est caché sous celui d'*Athénaïs*.

ATLANTIADE (L') OU LA THÉOGONIE NEWTONIENNE, poème en six chants, par *Népomucène-Louis Lemercier*, membre de l'Institut de France. — A Paris, Pichard, libraire, quai Voltaire, 21. De l'imprimerie de Didot jeune, 1812, in-8 de LXXXII-270 pages. Prix : 4 fr.

Ce poème est assurément une des plus surprenantes productions du fécond L.-N. Lemercier, sur le compte duquel la Biographie universelle des contemporains a pu porter ce jugement: « Les qualités qui caractérisent les ouvrages de M. Lemercier sont la hardiesse de pensées et d'expressions. Il est *éminemment doué du génie poétique*, mais on lui reproche d'abuser quelquefois du néologisme et de ne pas donner toujours à son style assez d'harmonie et de clarté.» — Au moins en ce qui concerne *l'Atlantiade*, je partage entièrement cette manière de voir et j'ajoute qu'il fallait vraiment avoir le *génie éminemment poétique* pour écrire un poème de plus de six mille vers, dans le goût des suivants que je prends au hasard et qui ne sont pas les plus extraordinaires de l'ouvrage :

«... Les hôtes ailés de ces nocturnes lieux
Escortent Syngénie au dehors de l'enceinte,
Dont la turquoise, l'or, l'opale et l'hyacinthe,
La nacre et l'améthyste, en cailloux cristallins,
Sèment tous les lambris, pavent tous les chemins.
Ces vaporeux démons des cavernes obscures,
Aux lampes où brûlaient la poix et les sulfures,
Allument le bismuth, dont l'éclat verdoyant
Se mêle au feu vermeil d'un carbure ondoyant.
. . . .
Là, les poisons du cuivre azurent les ruisseaux ;
Là, le nickel épand l'émeraude en leurs eaux :
Le liquide cobalt en un lit qu'il arrose
S'écoule nuancé des couleurs de la rose ;
Ailleurs, peint de safran, rayé du blanc des lis,
Un torrent qui serpente, entraînant dans ses plis
L'homicide arsenic, et l'ocre et le titane,
S'irise en s'alliant le platine et l'urane. »

On peut juger, d'après cette courte citation, des charmes que peut offrir, à qui ne sait ni le grec, ni la chimie, ni la cosmographie, ce poème théogonique que vient obscurcir encore la foule des noms étranges des personnages, noms forgés par l'auteur pour les besoins de son œuvre. L'excellent Lemercier l'a d'ailleurs si bien senti lui-même, qu'il a joint à son *Discours préparatoire* (80 pages !), la note et la clef suivantes que je reproduis textuellement :

« J'inscris une liste de personnages allégoriques, ainsi qu'on place en tête d'un drame théâtral les noms des acteurs qui doivent y figurer. Cette précaution me paraît indispensable pour éclaircir mieux encore ma nouvelle *Théogonie* :

NOMS ET ATTRIBUTS DES DIVINITÉS DE « L'ATLANTIADE » QUI REPRÉSENTENT LES ATTRIBUTIONS DES CHOSES ET LES PROPRIÉTÉS DE LA MATIÈRE.

Théose, — dieu suprême, principe de la création.
Nomogène, — qui engendre les lois.
Psycholie, — âme universelle, déesse de l'intelligence.
Syngénie, — puissance de l'affinité et de la cohésion entre les molécules des corps.
Bione, — la vie.
Barythée, — force centrale, fils et époux de Nomogène.
Proballène, — force centrifuge, frère de Barythée.
Curgyre, — mouvement curviligne, fils de Barythée et de Nomogène.
Hélion, — le soleil.
Ménie, — la lune.
Lampélie, — lumière du soleil.
Pyrophyse, — calorique, feu de la nature, sœur de Lampélie.
Pyrotonne, — feu fulminant, force des détonations.
Phoné, — le son, l'acoustique.
Electrone, — l'électricité.
Magnényme, — l'aimant.
Sider, le fer.
Sulphydre, — eau et soufre, nymphe.
Axigères (les), — demi-dieux des pôles.
Métrogée, — génie de l'analyse.
Nomes (les), — mouvements résultant des lois de l'équilibre. »

ATTAQUE (L') DU CAMP DE GRENELLE. Voir: Les Conspirateurs.

ATTICI SECUNDI G. ORBILIUS MUSCA, SIVE BELLUM PARASITICUM. Voir : Histoire de Pierre de Montmaur.

AUGUSTA. Tragédie en cinq actes et en vers, par *Ph.-Fr. Nazaire Fabre d'Églantine; représentée le lundi 8 octobre 1787, au Théâtre-Français.*

Cette pièce, aussi mal accueillie que possible par le public, paraît n'avoir pas été imprimée. La « Correspondance de Grimm » (mois de novembre 1787) en donne une analyse complète et en fait une juste critique : « Le choix d'*Augusta*, dit le rédacteur, nous a paru d'une hardiesse intéressante : c'est l'atrocité de la procédure intentée à Abbeville, en 1776, contre l'infortuné chevalier de La Barre, que l'auteur a eu le courage de présenter au théâtre, *sous des noms grecs et romains*, mais en se permettant cependant d'en adoucir la catastrophe, parce qu'il y a des choses qu'on supporte au Palais et qu'on ne supporterait pas sur la scène. Le malheureux La Barre y figure sous le nom d'*Agathocle*. On conviendra qu'il faut que nos mœurs et notre tolérance aient fait quelques progrès puisqu'après vingt ans, on a permis de présenter sur la scène, sous un voile si facile à percer, ce déplorable exemple des victimes immolées au fanatisme des lois et de la religion. »

AUTHOR (THE). A comedy of two acts, by *Samuel Foote*, esq. — Acted at Drury-Lane. — London (1757) in-8.

Dans cette petite pièce en deux actes, Foote semble avoir voulu surtout se donner les moyens d'exercer son remarquable talent d'imitation burlesque, aux dépens d'un digne gentleman, riche et de bonne famille, M. Aprice, qu'il mit en scène sous le nom ridicule de *Cadwalader*. La satire écrite par Foote était remplie de traits si bien pris sur le vif et fut si exactement rendue par l'acteur, que personne n'hésita à reconnaître le personnage ainsi ridiculisé. M. Aprice ne tarda pas à le savoir et à se rendre compte par lui-même des attaques dont il était l'objet ; il faut dire d'ailleurs que cette pièce, bien que très piquante dans les détails, n'attaquait en rien son honorabilité. Il poursuivit donc l'auteur en justice et obtint la suppression de la comédie. (Voir : « Biographia Dramatica » 1782, T. II, p. 25).

AUTRICHIENNE (L') EN GOGUETTE. Voir : La Messaline française.

AVANTURE HISTORIQUE, ÉCRITE PAR L'ORDRE DE MADAME de P***. A Paris, l'an 1679, *mense Augusti*. P. et in-12.

M. G. Brunet dit « qu'une clef de seize noms est au catalogue G. Peignot (n° 1761). » Malheureusement, vérification faite, ledit catalogue mentionne ceci : « avec une clef contenant seize noms. » Ce livre doit être bien rare ; Quérard et Barbier n'en parlent pas ; on ne le trouve pas dans les catalogues. Qu'est devenu l'exemplaire de la bibliothèque Peignot ? C'est une clef à rechercher.

AVANTURES DE FLORIDE (PREMIÈRE PARTIE DES…). En cette histoire françoise on peut voir les différents événements d'amour, de fortune et d'honneur, et combien sont enfin agréables les fruits de la Vertu. — Par *François Béroalde de Verville.* — Tours, Jamet Metayer (1594), in-12 de 197 ff.

SECONDE PARTIE… en laquelle, outre la suite de l'histoire, se rencontrent divers succès des Vertueux.

(Tours), Georges Drobet (1594), in-12 de 206 ff.

TROISIÈME PARTIE... en laquelle on reconnoît, par événemens, les punitions de ceux qui ont voulu contrevenir à l'honneur. — Rouen, Raphaël du Petit-Val (1601), in-12 de 572 p.

QUATRIÈME PARTIE... qui est l'Infante déterminée : où se voyent plusieurs trophées de la vertu triomphante du vice. — Rouen, Raphaël du Petit-Val, 1601, in-12 de 582 p.

LE CABINET DE MINERVE, qui est le cinquième des Avantures de Floride. Auquel sont plusieurs singularitez, figures, tableaux antiques, recherches saintes, remarques sérieuses, observations amoureuses, subtilités agréables, rencontres joyeuses et quelques histoires mêlées ès-avantures de la sage Fenisse, patron du Devoir. — Rouen, Raphaël du Petit-Val, 1601, in-12 de 289 p.

On sait qu'avant de composer son fameux « Moyen de Parvenir » (dont il est parlé plus bas), Béroalde de Verville, qui avait fait paraître déjà un certain nombre de poésies plus ou moins érotiques, obtint, au mois de novembre 1593, un canonicat dans le chapitre de Saint-Gatien de Tours. Sans renoncer aux travaux littéraires, le nouveau chanoine, pour un temps du moins, aborda un genre plus en rapport avec sa situation. Voici ce que dit à ce sujet M. Paul Lacroix, dans son excellente notice mise en tête de sa belle édition du « Moyen de Parvenir » : — Béroalde se mit à faire des romans suivant une méthode de composition très souvent employée à cette époque : ce sont des relations de faits véritables déguisés sous une forme romanesque ; ce sont des énigmes incompréhensibles si l'on n'en a pas la clef, comme dans l'Astrée d'Honoré d'Urfé ; mais Béroalde cacha pour ainsi dire cette clef dans le livre même, en anagrammatisant les noms des personnes et des lieux. C'est ainsi que dans les Avantures de Floride, Tristan l'Hermite est nommé Stratin et la ville de Sancerre est dite Rancrèse. « Dans ses romans, dit Charles Sorel, il introduisait des seigneurs et des dames qui couraient diverses fortunes ; mais leurs entretiens n'étaient pas très subtils, et ce qu'on doit estimer là-dedans, ce sont les sentiments d'honneur et de vertu qui sont les plus beaux du monde, avec quantité de secrets de la nature et de l'art, par le moyen desquels plusieurs choses extraordinaires se font, au lieu que les anciens romans rapportaient tout à la magie, faute d'invention et de doctrine. — Ces éloges d'un contemporain ont quelque chose d'étrange en présence des détails licencieux et des expressions grossières qui remplissent les romans de Béroalde, où les sentiments d'honneur et de vertu se montrent pourtant ailleurs que sur le titre. — La cinquième partie des Avantures de Floride, qui est en forme de dialogues, de même que le « Moyen de Parvenir » se distingue des autres par un surcroît d'érudition et d'érotisme. — Cet ouvrage est rare ; il serait pourtant intéressant d'en dresser la clef, chose assez facile à faire, on le voit, puisqu'il ne s'agit que de noms anagrammatisés.

Ne quittons point Béroalde de Verville sans citer au moins deux autres de ses essais historico-romanesques, où des personnages réels sont mis en scène sous des noms déguisés ; ce sont :

I. — Les Amours d'Æsionne, où se voyent les hasards des armes, les jalousies, désespoirs, espérances, changements et passions que le succès balance par la vertu.(Paris, Mathieu Guillemot, in-12, de 475 p.)

II. — *Le Voyage des Princes Fortunez,*œuvre stéganographique recueillie par *Béroalde.* (Paris, Guérin dit La Tour, 1610, in-8° de 793 p.). — Ce roman où l'on remarque l'épisode du roi *Eufransis* et de son favori *Spanios,* au milieu des allégories de la Science chimique, passe pour le chef-d'œuvre du genre ennuyeux, même auprès des amateurs, qui le recherchent comme une rareté et qui l'achètent à haut prix.

· Si, ce qui est peu probable, on réimprime jamais ces étranges productions, il sera indispensable d'y joindre des clefs.

AVANTURES (LES) DE POMPONIUS, CHEVALIER ROMAIN, ou l'HISTOIRE DE NOTRE TEMS. A Rome, chez les Héritiers de Ferrante Pallavicini (Hollande, à la Sphère), MDCCXXIV.—Autre édition: Rome, id., 1725. in-13. — Autre édition : augmentée d'un recueil de pièces concernant la minorité de Louis XV (en vers et en prose). — Rome, Mornini, 1728 (Hollande), 2. vol. in-12.

Cet ouvrage satirique attribué tour à tour à Dom *Lobineau,* au bénédictin Dom *Lefèvre,* à *Thémiseul de Saint-Hyacinthe,* à un sieur *D. F. D. P.* (?) est généralement considéré aujourd'hui comme étant l'œuvre de Dom *Labadie,* religieux convers de la Congrégation de Saint-Maur, aidé par l'abbé *Prévost* qui aurait revu et publié ce livre. Mais il est vraisemblable que ce dernier n'a fait que préparer et revoir l'édition de 1725. On dit que *Labadie,* repentant d'avoir écrit un tel ouvrage, mourut en enjoignant de brûler tous ses écrits. Ce qui est bien certain c'est que cette satire très vive, dirigée contre le Régent, avait été inspirée par une licence acrimonieuse bien déplacée sous la plume d'un religieux ; l'auteur avait manifestement obéi à un sentiment de haine personnelle.

Le *Ducatiana* (Amsterdam, 1738, pet. in-8°, p. 106-110), contient d'utiles indications sur ce libelle : on y lit qu'un libraire de Hollande, détenteur du manuscrit, fit proposer au cardinal Dubois de le céder moyennant finance, mais cette offre ne fut point accueillie ; on trouve dans le même ouvrage une clef qui réclame quelques modifications, mais qui complète les 24 pages de notes explicatives annexées à la deuxième édition de ce pamphlet. Bien des noms sont estropiés dans toutes ces clefs : certains noms sont simplement anagrammatisés, d'autres sont allégoriques, allusifs ou imaginaires.

Voici une clef formée à l'aide de toutes les indications que l'on a pu recueillir :

Acigniens (Les noirs), — Ignaciens, Jésuites ;

Agricola, — le roi Georges 1er ;

Albion (une dame d'), — la reine Anne d'Angleterre ;

Argentine (Le prince d'), — le cardinal de Rohan, évêque de Strasbourg (*Argentina*) ;

Aurélia (Le prince d'), — le duc d'Orléans, régent ;

Bédil (Les druides de), — le clergé anglican ;

Bertlam, — Lambert, président au parlement de Paris ;

Bonnets ronds (Les), — le Parlement de Paris ;

Caïus, — l'abbé Dubois ;

Curcaba (Le sire de), — le duc de Bourgogne (*Curcaba,* mot espagnol qui signifie bossu) ;

Cambrai (Le pontife de), — le cardinal Dubois ;

Cilopang, — le cardinal de Polignac ;

Cléotès, — Rousseau de la Rivière, évêque de Nîmes ;

Creuset (Le grand), — la banque de Law ;

Custantius, — Dom Coutant, bénédictin ;

Datiffé, — le marquis d'Effiat ;

Dicmar, — le port de Mardick ;

Dipsodes (Les), — les Allemands (les Altérés) ;

Druide (Le) épicurien, — le P. Le Tellier ;

Druide (Le) qui gouverna l'empire, — le cardinal Mazarin ;

Epicuriens (Les), — Jésuites et Molinistes ;

Fresne (La seigneurie du), — Maison de campagne du chancelier d'Aguesseau ;

Grimauld (Un), — Grimaldi ;

Gris (Les) qui vivent sur le commun, — les ordres mendiants ;

Ichthyophage (L') noir, — le P. Hardouin ;

Ichthyophage (L') brun, — le P. Sainte-Marthe ;

Ichthyophages (Les), — les moines en général ;

Ichthyophagie (La princesse d'), — l'abbesse de Chelles, fille du Régent ;

Jamun (Le prince de), — le duc du Maine ;

Jamun (Le frère du prince de), — le comte de Toulouse ;

Jerbie, — l'Ibérie, l'Espagne ;

Jerbie (Le ministre de), — le cardinal Albéroni ;

Jerdreb (la princesse de), — la duchesse de Berry ;

Jerdreb (le second mari de), — le marquis de Richelieu ;

Julie, — la duchesse de Berry ;

Jusdob (Le druide), — le cardinal Dubois ;

Lateres (Le château des), — les Tuileries ;

Lauges (Les), — les Gaules, la France ;

Lotu (Le temps de), — l'évêché de Toul, donné au cardinal de Bissy ;

Louisot, — Louis XV, encore enfant ;

Marbrun (Le druide de), — l'archevêque d'Embrun ;

Médor (Le druide de), — le cardinal de Rohan ;

Megas, — Louis XIV ;

Moal (Le druide de), — l'évêque de Saint-Malo ;

Moniales (Les), — les religieuses de Saint-Cyr ;

Montaver, — le président de Verthamont ;

Montblas, — le président Blasmont ;

Moula, — le P. Le Tellier, confesseur de Louis XIV ;

Muets (Les), — les évêques de cour ;

Nedoc (Le prince de), — le prince Louis-Henri de Condé ;

Nedoc (Le frère de), — le comte de Charolais ;

Orfarine, — le garde des sceaux d'Argenson ;

Pancarte (La dive), — la Constitution Unigenitus ;

Panurge, — le prince Eugène ;

Papefigues (L'Isle des), — la Hollande ;

Petracel, — la Trappe ;

Phocée, — la Provence ;

Pneuma, — Esprit Fléchier, évêque de Nîmes ;

Poète (Un), — Voltaire, dit la clef ; mais c'est plutôt Lagrange-Chancel, car il s'agit là (p. 187), des Philippiques ;

Poète (Un) qui ne fait pas de vers, — le duc de La Force ;

La Poupée (De) Jerbie, — l'Infante d'Espagne ;

Prince (Un) germain, — le comte de Horn ;

Relosan, — le duc d'Orléans, régent ;

Remonituen, — le P. Tournemine ;

Rétarson, — l'abbé Terrasson ;

Robillardus-Grosse-Tête, — le premier président du Parlement de Paris ;

Romé (*Le seigneur de*), — le duc de La Force ;

Sadick (Den), — Louis XIV ;

Sallira, — Villars ;

Sedan (Le druide de), — le cardinal de Bouillon :

Seilano, — le cardinal de Noailles ;

Silvo, — Louis XIII ;

Syndic (Le) du Sénat, — d'Aguesseau alors procureur général ;

Simes (Le temple de), — l'évêché de Nîmes ;

Sotermelec, — le Régent ;

Solipses (Les), — les Jésuites ;

Stoïciens (Les), — les Jansénistes ;

Sutor, — le P. Courayer ;

Taïlport, — le président Portail ;

Tetemuc, — l'abbaye de Chelles ;

Transfuge (Le) Calédonien, — Law ;

Véron (Le druide de), — de Tressan, archevêque de Rouen ;

Veoucrot (Le prince de), — le prince de Dombes et de Trévoux ;

Vieux (Le) de Lutèce, — le cardinal de Noailles, archevêque de Paris ;

Xeuma (Le temple de), — l'évêché de Meaux.

Ajoutons que la clef de *Pomponius* s'applique à un autre écrit satirique contre le Régent, qui n'a pas été imprimé. Les sommaires des vingt-neuf chapitres qui le composent ont été imprimés à la suite des *Avantures* (pages 209 à 214 de la 1re édition), sous le titre de : «*Chronique du chevalier Sotermelec.*»

Enfin, cette clef s'applique encore à une autre production satirique contre le Régent, ayant pour titre : « *Livre VII de la chronique de Don Philippe d'Aurélia et des prouesses des bonnets ronds en iceluy temps.* »

Comme le précédent opuscule, c'est encore une composition qui paraît s'être bornée à une table des chapitres ; les sommaires de ces chapitres, au nombre de dix-sept, ont été insérés dans le *Ducatiana*, pages 110 et suivantes.

AVANTURES (LES) SATYRIQUES DE FLORINDE HABITANT LA BASSE RÉGION DE LA LUNE. — Imprimé l'an 1625, in-8 de IV ff. et 212 p.

Ce roman en prose mêlée de vers est un ouvrage qui aurait besoin d'une clef pour être bien compris. Les aventures érotiques qui y sont racontées sont parfois écrites d'un style très libre, ce qui explique pourquoi le livre ne porte ni lieu d'impression, ni nom de libraire : les vers mêlés à la prose portent le même cachet. M. P. Lacroix, qui a publié sur cet ouvrage un curieux article dans le « Bulletin du Bibliophile » (janvier 1859, page 49, nº 1), le considère comme un livre de la plus grande rareté ; d'accord avec le catalogue de Pixérécourt, il l'attribue à *Charles Sorel*, «dont il retrouve le style et les descriptions licencieuses dans les « *Avantures de Floride.* » L'ensemble du roman rappelle, par son obscurité, l' « Isle des Hermaphrodites » de Thomas Artus, c'est une énigme qu'il serait intéressant d'étudier pour l'histoire des mœurs du temps ; mais on doit supposer que l'auteur a oublié cette énigme dans quelque mauvais lieu. »

AVANTURES (LES) D'ACHILLE, PRINCE DE NUMIDIE. Cologne, P. Marteau, 1682, in-12 d'environ 100 p.

Le héros de ce roman, peu connu et dont ne parle point le « Dictionnaire des Anonymes », est *Henri-François de Foix, comte de Candale*, seigneur fort à la mode à la cour de Louis XIV. Ce livre, analysé dans la «Bibliothèque des Romans » (mai 1778) n'est autre chose que le récit des nombreuses galanteries et bonnes fortunes du soi-disant *Achille*.

AVENTURES (LES) D'EUPHORMION. Voir : Euphormionis Lusinini partes quinque.

AVENTURES D'UN ATOME. Voir : History and Adventures of an Atom.

AVENTURES (LES) D'UNE GUINÉE. Voir : Chrysal.

AVENTURES DE GIL-BLAS DE SENTILLANE. Voir : Histoire de Gil-Blas...

AVENTURES (LES) DE JACQUES SADEUR dans la découverte et le voyage de la Terre Australe.—Paris, Barbin, 1692, et Paris, Cavelier, 1705, in-12. Plusieurs fois réimprimé en France et en Hollande.

C'est une nouvelle édition revue et corrigée ou plutôt remaniée par l'abbé Raguenet, de l'ouvrage de l'ex-cordelier *Gabriel de Foigny*, caché sous le nom de *Jacques Sadeur*, intitulé : « La Terre australe connue... » (Voir ce titre ; voir également : « Histoire des Sévarambes », et : « Mundus alter et idem sive Terra australis... »

AVENTURES DE LA MATRONE BOURSICO, marchande de riz et autres denrées à *Persipolis*, et de *Costococo*, chevalier d'industrie en ladite ville, par l'auteur de la complainte de Fualdès. — Paris, 1823, in-12.

Ce petit volume contient le récit d'une cause célèbre qui fit beaucoup de bruit en 1823 ; il s'agit d'un malheureux épicier, le sieur *Boursier*, que sa femme empoisonna de concert avec une espèce d'aventurier d'origine grecque. Suivant une note que m'a communiquée M. G. Brunet (qui l'a relevée dans un catalogue de Belgique), l'auteur de ce livret se nommerait *Catelan*.

AVENTURES DU GIL-BLAS DE LA LIBRAIRIE FRANÇAISE. Voir : Une journée de Pick de l'Isère.

AVENTURES GALANTES D'UN TÉNOR ITALIEN, par *Jules Lecomte*. — Paris, Souverain, 1842, 2 vol. in-8.

« On a prétendu, dit l'excellent et curieux catalogue de M. Ch. Monselet (p. 89, n° 110), que Jules Lecomte, dont l'existence fut si agitée, avait été pendant quelque temps ténor au-delà des monts, sous le nom de *Volberg*. De là, à supposer que ce sont ses propres aventures qu'il a racontées, il n'y a pas loin. Quoi qu'il en soit, la vie mondaine et artistique en Italie, — l'Italie d'il y a quarante ans, — est décrite avec vivacité dans ces deux volumes peu communs. » Si cette allégation est fondée, il y a lieu de penser que plusieurs des noms insérés dans ces mémoires, cachent des personnages réels. Ce serait donc encore une clef curieuse à rechercher.

AVENTURES (LES) PORTUGAISES, Bragance. — Paris, Duchesne, 1756, 2 part. en 1 vol. in-12.

Cet ouvrage anonyme est généralement attribué à *Claude-François Jore* (ou *Jorre*), imprimeur-libraire à Rouen. C'est, sous des noms supposés, l'histoire satirique des démêlés de Voltaire avec ce bibliopole. « Tout le monde sait, dit Grimm, que ce libraire qui se trouve encore aujourd'hui sur le pavé de Paris, est un misérable avec qui M. de Voltaire n'a aucun tort. Malgré cela, notre malignité trouve toujours son compte à répéter de pareilles platitudes. » — («Correspondance » septembre 1756).

AVENTURES SECRETTES ET PLAISANTES, RECUEILLIES PAR M. DE G***. — Brusselles, Georges de Backer, 1696, pet. in-12 de IV. ff. et 136 p., orné d'une fig. par Harrewyn ; réimprimé (même ville) en 1706, in-12.

Il existe une édition, sous la rubrique de Paris. — (Hollande, à la Sphère). 1676 ou 1696, in-16.

Ce petit ouvrage, qu'il ne faut pas confondre avec le livre publié, sous le même titre (Paris, 1698, in-12), par le chevalier de Mailly, a pour auteur *M. de Graaft*, dont ne parle pas la « France Littéraire. » Il est rare et cher et mériterait d'être réimprimé ; les divers chapitres sont intitulés : « L'abbé dans les Tuileries, l'Opéra, les Sifflets, la Foire de Besons, etc. » « L'auteur, dit M. P. Lacroix (catalogue Millot, n°613), se vante de n'avoir écrit que des anecdotes véritables ; il invite pourtant le lecteur à ne pas chercher à deviner les noms cachés sous des initiales. On trouve, dans ce petit roman, une foule de détails précieux pour l'histoire des mœurs; ainsi, à l'ouverture du volume, nous voyons indiqué un usage qui n'est peut-être pas cité ailleurs : « Il est défendu à qui que ce soit, surtout à de certaines gens habillées de noir (les abbés), de paraître sans bras dans une loge où il y a des femmes ; cela déplaît au parterre : il l'a jugé contre la bienséance. Lorsqu'un homme s'y expose, il encourt la peine des sifflets et on l'oblige de faire exhibition de ses bras ; autrement , il faut qu'il quitte. » Il est plus que vraisemblable que, malgré l'avis donné par l'auteur, il y a, dans ce livret, des noms réels à découvrir et qui ajouteraient bien du piquant à cette chronique indiscrète.

AVEUX (LES) D'UNE FEMME GALANTE OU LETTRE DE Mme LA MARQUISE DE *** A MILADI FANNY STAPLETON. — Londres et Paris, Ve Ballard, 1782, format in-12, et 1783, in-8° de 142 p. — Autres éditions. — Londres, 1786, 1796, in-12.

Suivant Barbier, l'auteur de ce livre, d'après une note manuscrite de M. Guidi, censeur royal, est Mme *Cornélie Wouters*, baronne de *Vasse*. M. P. Lacroix a publié, dans le «Bulletin du Bibliophile » (1863, p. 273), une note excellente sur ce « Roman où tous les personnages font l'amour à l'envi. L'auteur est une femme d'esprit qui s'est mise en scène sous le nom de son héroïne. Le récit renferme beaucoup d'épisodes *intimes*, qui pour être narrés ou plutôt indiqués avec une extrême réserve, n'en sont pas moins fort scabreux ; mais tout est si bien dit et si honnêtement qu'on n'a pas le droit de se scandaliser. » Qui découvrira jamais la clef de cette galante production ?

AVIS SALUTAIRE ADRESSÉ A LA GRANDE BRETAGNE. Voir : Le *Cave* sérieux et intéressant.

BACHELIER (LE), par *Jules Val-*
lès. — Paris, 1881, in-12.

Ce livre, qui fit un certain bruit au
moment de son apparition, paraît contenir divers épisodes de la vie même
de l'auteur. M. Vallès y aurait, en
outre, introduit des personnages réels,
sous des noms déguisés ; ainsi, suivant divers journaux, *Renoult,* c'est
M. Arthur Arnould ; —*Rock,* M. Ranc;
— *Muthousin,* M. Chassin, etc., etc.

BAJAZET, tragédie. Voir : Théâtre
de Jean Racine.

BALANCE (LA) D'ESTAT, tragi-comédie, contenant toute l'histoire de l'emprisonnement et de la
délivrance de MM. les Princes et de
l'éloignement du cardinal Mazarin,
dans une continuelle allégorie. Par
H. M. D. M. A. — (Paris, 1652), in-4
de IV. 230 p. et 3 ff. non chiffrés,
très rare.

Autre édition, rare aussi, sous ce
titre :

L'*Intrigue de l'emprisonnement et de*
l'élargissement de Messieurs les princes
où les curieux verront, dans une perpétuelle allégorie de noms et d'histoire, dont on peut voir la clef aux deux
derniers cahiers, les causes de cet emprisonnement et de cet élargissement
avec les souplesses qu'on a fait jouer
pour faire réussir l'un et l'autre : le
tout avec une méthode si agréable,
que la lecture n'en doit être que fort
charmante, à ceux qui voudront considérer toutes les postures théâtrales
du Mazarin, c'est-à-dire du Faquin
d'Etat, que je produis dans le théâtre sous le nom *Pamphage.* Dédiée à
M. le prince. — S. L. — 1652, in-4°.
Les deux éditions de cette pièce,

en cinq actes et en vers, offrent le
même texte, sauf une différence dans
l'épître dédicatoire de la première,
adressée à *Pantonice L'Invincible,* c'est-
à-dire à M. le Prince. On croit
généralement que l'auteur de cette
tragi-comédie est le fameux *Dubosc,*
dit *Dor Mont-André,* connu par
d'autres violents pamphlets contre
Mazarin.

« L'exécution de la *Balance d'Etat,*
dit M. Moreau (« Bibliographie des
Mazarinades, » t. II, p. 78), est aussi
pauvre que l'idée en est bizarre. On
n'y trouve ni caractère, ni poésie. Je
ne parle pas de l'action, il n'y en avait
pas de possible. » — La « Bibliothèque du Théâtre français » (t. III, p. p.
284-293), donne l'analyse de cette
pièce, avec la clef que l'on reproduit
ci-après intégralement :

La *Balance d'Etat,* — c'est-à-dire le
    rehaussement de M. le Prince et
    l'abaissement de Mazarin ;
Andrigène, — ou qui produit de
    grands hommes, — la France ;
Bazilon ou Roy, — le Roy mineur ;
Philarchie, ou qui aime et soutient
    la souveraineté, — la Reine ;
Protarque, ou le premier qui com-
    mande, — Son Altesse Royale ;
Pantonice, ou qui surmonte tout et
    partout, — Monsieur le Prince ;
Andrion, ou l'Enfant Adulte, — Mon-
    sieur le duc d'Enguyen ;
Philhimène, ou qui aime et défend son
    époux, — Madame la Princesse ;
Hérogène, ou la Mère des Héros, —
    Madame la princesse douairière ;
Tecnatine, ou Enfant de Minerve
    armé, — M. le prince de Conti ;
Proterme, ou premier arbitre de paix,
    — M. le duc de Longueville ;
Philidème, ou qui aime et est aimé
    du peuple, — M. le duc de Beaufort;
Mistarque, ou le Chef des Sacrés et
    des Oints, — M. le coadjuteur ;
Monophtalme, ou qui n'a qu'un œil,
    — M. de Serviens ;
Thrasibule, ou serviteur hardi et
    courageux, — M. de Guitaud ;

Thémide, ou la Justice, — le parlement de Paris ;

Megalople, ou grande ville, — Paris ;

Selinople, ou ville ou port de Lune, — Bordeaux ;

Démotrace, ou nation hardie, — la Guyenne;

Arctodème, ou peuple du septentrion, — la Normandie ;

Allomice, ou qui hait les étrangers, — le duché de Bourgogne ;

Euphilachie, ou belle garde, — M. de Bellegarde ;

Choratèle, ou province exempte du tribut, — La Franché-Comté ;

Architalassie, ou intendance des Mers, — l'Amirauté ;

Polemarchie, ou intendance des guerres, — la charge de connétable;

Philacariste, ou prison des nobles, — le Bois de Vincennes ;

Topodesmon, ou lieu de détention, — Marcoussi ;

Charlimin, ou port de grâce, — le Havre de Grâce;

Dysangel, ou porteur de mauvaises nouvelles, — un gentilhomme ;

Evangel, ou porteur de bonnes nouvelles, — un gentilhomme;

Albion, — l'Angleterre ;

Pamphage, ou qui mange tout, — Mazarin ;

Mégafronie, ou altière, — l'Espagne ;

Semnandre, ou personnage illustre, — M. de Turenne ;

Polemandre, ou personnage belliqueux, — le duc de Bouillon.

On remarquera que tous ces beaux noms, tirés du grec, sont horriblement mal orthographiés.

BANISH'D DUKE, or THE TRAGEDY OF INFORTUNATUS. Acted at the Theatre Royal, 1690, London, in-4. — (Le duc banni, ou la Tragédie d'Infortunatus.)

Dans cette pièce allégorico-politique, la scène se passe en Belgique. *Infor-*

tunatus, c'est le duc de Monmouth ; — *Romanus*, c'est le roi Jacques II, la reine sa femme figure dans le drame sous le nom de *Papissa*. On reconnaît tout de suite que cet ouvrage est sorti de la plume d'un écrivain anti-papiste. (Voir : « Biographia Dramatica, » 1782, t. II, p. 26.)

BARBON (LE), par *Balzac*. Voir : Histoire de Pierre de Montmaur.

BARDINADE (LA) OU LES NOCES DE LA STUPIDITÉ, Poème divisé en dix chants, nouvelle édition, à laquelle on a joint le Parallèle entre Descartes et Newton, par le même Auteur. — Prix, 1 livre, broché, 16 sols. A La Haye, et se trouve à Paris, chez Cuissard, libraire, quai de Gèvres, à l'Espérance. MDCCLXVIII. — in-8 de XXXII, 160 et 23 p. — La première édition est de 1765, in-8, s. l.

Cet ouvrage est de J.-B. *Isoard*, plus connu sous le nom de *Delisle de Sales*. Ce poème, dont le sujet roule sur le choix que la *stupidité* fait pour époux d'un sot auteur, *Bardus*, le plus sot de tous les écrivains, est absolument ennuyeux. Bien qu'il vise à l'esprit et à la satire, l'auteur n'est ni spirituel, ni mordant: quoiqu'il désavoue d'avance, dans sa préface, toutes les clefs qu'on pourrait donner à ses portraits, il ne paraît pas douteux qu'il ait eu en vue des personnages réels, en mettant en scène *Bardus*, *Dunskou*, *Crassus*, *Gildon*, etc. Il emploie, en outre, des initialismes : *F...*, pour Fréron qu'il maltraite fort; *Co...*, pour Colardeau ; *M...*, pour Mouhy ; — *B...*, pour Bernis ; etc., etc.

BARON (LE) D'ASNON, comédie

en un acte, en vers de quatre pieds, dédiée à M. le marquis de Montauban, 1860, s. l., in-16 de 3 ff. et 42 p., très rare.

Ce *baron d'Asnon*, qui se donnait pour noble, quoique fils de paysan, et qui voulait frayer avec les nobles, n'est pas un personnage imaginaire. « J'ay cru, dit l'auteur de la comédie, le sieur de Varennes, dans sa dédicace, que les plaisanteries du baron d'Asnon qui avoient quelquefois le bonheur de vous réjouir dans le particulier, pourroient bien vous divertir sur la scène, lorsqu'elles auroient plus de suite et de chaleur, et qu'elles seroient liées et relevées de quelques intrigues. » —Cette comédie satirique, dirigée contre un gentilhomme campagnard, est certainement le produit d'une imprimerie particulière, comme on peut s'en convaincre par l'examen de la composition typographique, dans laquelle il y a disette de *sortes* et inhabileté de composition. (Catalogue Soleinne, n° 1477).

BASILIQUE DE BERNAGASSE

(ou, suivant la « bibliothèque du Théâtre-françois » : DOM BASILISQUE DE BERNAGASSE), comédie divisée en deux parties, dont la première représente la prompte élévation de ceux que la fortune favorise, et la seconde, la chute précipitée de la plupart de ceux qu'elle élève. — Lille, Ignace Fiévet et L. Danel, 1708, pet. in-8 de 73 ff.

Ce n'est que le programme de cette pièce allusive en six actes et en prose. — Mêmes observations que pour « La Peau de Bœuf. » (Voir ce titre).

BATTLE OF THE POETS, or

THE CONTENTION FOR THE LAUREL. Acted at the little Theatre in the Haymarket, 1731, London, in-8 (La Bataille des Poètes, ou le combat pour la couronne de Laurier).

Ce n'est autre chose qu'une suite de scènes détachées destinées à être intercalées dans la tragédie de « Tom Thumb, » de Fielding. — L'auteur qui, d'après une annotation manuscrite sur un exemplaire de cette pièce se nommait *Thomas Cooke*, avait pour but de se moquer de Cibber (*Fopling Fribble* dans la pièce), qui fut poète lauréat à cette époque, et de ses compétiteurs à ce titre envié, Aaron Hill, Stephen Duck et autres, qui sont mis en scène sous les noms de *Sulky*, *Bathos, Flaile*, etc., etc. Il y a beaucoup de bouffonnerie dans cette petite pièce d'ailleurs peu spirituelle (Voir : « Biographia Dramatica, » 1782, t. II., p. 29).

BAVIAD (THE) AND MŒVIAD,

by *William Gifford*, sixth edition, London, 1800, in-12.

Ces deux spirituelles satires ont été publiées pour la première fois, l'une en 1791, l'autre en 1794, toutes deux dans le format in-4°. Dès 1797, elles furent réimprimées ensemble et ont eu depuis de nombreuses éditions ornées de gravures et de commentaires. L'auteur, Guillaume Gifford, né en 1757, mort en 1826, eut une enfance et une jeunesse fort malheureuses ; ce ne fut qu'à force de travail et de volonté qu'il parvint à faire ses études complètes ; il avait été simple apprenti cordonnier ; grâce à son opiniâtre labeur, il parvint à devenir l'un des meilleurs critiques de l'Angleterre et fut, pendant quinze ans, le plus fameux rédacteur de la célèbre « Quaterly Review. » Nourri de la lecture de Perse et de juvénal dont il a donné des traductions anglaises excellentes, il ne tarda pas, à peine sorti de l'Université d'Oxford, à mettre en œuvre ses dispositions et ses connaissances satiriques et à flageller, sinon les vices au moins le ridicule. « La Littérature anglaise, dit la « Biographie Michaud » (t. LXV, p. 325.), était alors en proie à une espèce de *gongorisme*. Cette école ou plutôt cette petite camaraderie, grâce à l'absence de toute grande littérature en Angleterre, à cette époque, et grâce à l'impudence des louanges mutuelles qu'on s'y prodiguait, avait usurpé une réputation de salon. Ses coryphées étaient de vingt à trente oisifs et bas-bleus revenus un beau matin de Florence, pleins d'un souverain mépris pour tout ce qui n'était pas phrase élégante, métaphore aristocratique, nuance brillantée, expression *della crusca*. Bientôt, ils tinrent bureau d'esprit, enchérissant à qui mieux mieux sur les exigences académiques ; cet hôtel de Rambouillet britannique excita la verve et la bile de Gifford : la *Baviade* parut et les *Honest-Yenda*, les *Anna Mathilda*, les *Laura-Maria*, les *Adelaïdes*, les *Carlos*, les *Orlando* si élégamment baptisés par eux-mêmes, et qui changeaient parfois de sexe en même temps que de nom, comme la *Mériadec* de Piron, rentrèrent dans l'ombre. En vain, quelques adeptes tentèrent la résistance ; le coup avait porté trop juste, et une deuxième satire, la *Méviade*, les acheva. Après cela, les *Della Crusca* furent morts et enterrés. » Une bonne clef rendrait encore fort intéressante aujourd'hui, pour le lecteur français, ces deux satires dirigées contre cette foule d'auteurs médiocres, d'illustres inconnus, qui faisaient alors quelque bruit. La *Baviade* est une imitation de Perse ; la *Méviade* semble plutôt inspirée par Horace. La huitième édition (1811, pet. in-8°) contient, outre la réimpression des deux satires, le procès de l'éditeur au sujet d'un libelle contre le fameux *Antony Pasquin* (John Williams).

BAZOCHE (LA), poème, par *un Bazochien*. — Avignon, 1758, in-8 de 36 p.

Curieux pamphlet sur le tribunal de la Bazoche. On a vu passer en vente un exemplaire sur lequel se trouvait une clef manuscrite des noms supposés.

BÉATITUDE (LA), ou LES INIMITABLES AMOURS DE THEOYS ET DE CARITE : distinguées en dix poèmes dragmatics de cinq actes, en chacun desquels se traite matière absolue et paraissent nouveaux effets ; dédiée au cardinal de Richelieu ; par *Nicolas de Grouchy*, advocat, sieur *de la Court*. — Paris, Pierre Lamy. 1632, in-8 de 16 ff. et 894 p. très rare ; il y a des exemplaires sans nom de libraire, « imprimés aux dépens de l'auteur » sous la même date.

Cet extravagant ouvrage dramatico-mystique a été, à juste titre, appelé le chef-d'œuvre de la déraison. La « Bibliothèque du Théâtre français » en donne une longue analyse et plusieurs extraits (t. II, pp. 331 — 356), et dit que « si l'on cherchait à donner un « exemple d'un style boursouflé et « ridicule, on le trouverait sans peine « dans cet ouvrage. » L'auteur dédie son livre au cardinal de Richelieu, « comme ceux qui, ne pouvant enguirlander le soleil, se contentent de respandre leurs fleurs au pied de sa statue pour luy faire monter l'odeur de leurs affections louables. » Puis confessant la « candeur » du premier ministre, il a peur que « sa perfection ne s'émaille de quelque noirceur d'envie. »

Toute la prose de Nicolas de Grouchy est dans ce goût, mais sa poésie est encore bien plus extravagante. Il semble qu'il ait pris à tâche de rassembler les mots les plus bizarres et les moins faits pour se trouver ensemble. Son poème est une allégorie perpétuelle d'une longueur insupportable (5o actes !). Le sujet roule sur les péripéties que traverse l'âme (ou la grâce) *Carite*, avant de s'unir au fils de Dieu, *Theoys*. C'est une sorte de « mystère » en retard de plus d'un siècle. Tous les personnages ont des noms allégoriques tirés du grec. Le premier chant est une espèce d'allusion à la chute du premier homme. *Gys* (la Terre) et *Udore* (la Mer) ont une fille nommée *Carite*, à qui elles donnent pour gouvernante *Erpetone* (le serpent) qui conduit son élève dans le jardin d'Eden, où se trouve un pommier du fruit duquel *Vasilie* (le roi ou Dieu) a défendu de manger sous peine de disgrâce. L'élève succombe à la tentation, grâce aux instigations d'*Erpetone*, qui est condamnée à mort. *Carite* se désole, *Theoys* est touché de ses larmes et lui envoie *Odyte* (messager, ou l'ange) qui lui annonce que *Theoys* veut mettre fin à ses peines et l'épouser. Nous ne suivrons pas, jusqu'au dénoûment du dixième chant, les péripéties de cet incroyable poème qui se termine, comme on l'a dit plus haut, par l'union de *Carite* et de *Theoys*, allusion à la rédemption du genre humain. Nous nous bornerons à citer les noms des principaux personnages allégoriques ou allusifs qui sont introduits dans ce mystère attardé ; ce sont : Le *Mophite* (grand prêtre), la reine *Acoye* (l'ouïe), *Parténope*, *Ligie*, *Leucosie* (sirènes, images des passions), *Théreyte* (le chasseur), *Myclir* (le nez), *Ophrisie* (l'odorat), le prince *Malacosse* (la mollesse), *Aromatie* (senteurs), *Anthologue* (bouquetière), autres emblèmes des plaisirs et des sens, *Tapinois* (l'humilité), *Ypomenon* (la patience), les trois sœurs *Pistie*, *Elpis*, *Agape* (la foi, l'espérance, la charité), vertus qui viennent au secours de Carite, ainsi que *Penie* (pauvreté), *Euphrosine* (chasteté), *Upacoye* (obéissance) ; enfin, on voit figurer successivement *Pantocrator* (Tout-Puissant, ou Dieu le Père), la Nymphe *Malthée* (personnification de l'Ordre de Malte), *Megaquirion* (le grand-maître dudit Ordre), *Ludovidique* (Louis XIII), dame *Eusébie* (la Religion) et *Plousiotope* (le cardinal de Richelieu).

BÉATRIX, OU LES AMOURS FORCÉS. Voir : Œuvres de Balzac.

BEAUX (LES) PROFITS DE LA VERTU. Voir : Eusèbe.

BEGGAR'S OPÉRA, by *John Gay*. — Acted at Lincoln's-Inn, Fields. — 1727, London, in-4, maintes fois réimprimé.

L' « Opéra du Gueux, » joué en novembre 1727, obtint, dès son apparition, le plus grand succès, et soixante-trois représentations consécutives (chose inouïe alors), satisfirent à peine la curiosité du public. Le but apparent de la pièce était de tourner en ridicule les opéras italiens que Cibber essayait de mettre à la mode ; mais sous ce prétexte, J. Gay, jacobite zélé, ne se priva pas d'allusions politiques et bientôt des clefs, plus ou moins vraisemblables, circulèrent à la cour et à la ville. On reconnut sans peine, sous les noms des personnages du « Gueux, » le roi Georges II, ses ministres, ses courtisans et ses maîtresses, notamment une courtisane très connue à cette époque, Lavinia Fenton, déguisée sous le nom de *Polly Peachum* : toute la pièce d'ailleurs n'est rien moins que morale.

Deux ans après, encouragé par son triomphe, Gay écrivit une suite à son opéra : *Polly*, où l'on retrouve en Amérique les principaux personnages de l' « Opéra du Gueux. » La pièce était en répétition au théâtre royal de Covent-Garden, quand elle fut formellement interdite par ordre du lord chambellan. Cette prohibition fut sans doute motivée par les ressentiments des gens de cour, maltraités dans le premier opéra ; cette mesure de rigueur tourna d'ailleurs au profit de John Gay qui fit imprimer son nouvel ouvrage. Tout le monde voulut l'avoir quoiqu'il ne valût pas le précédent (le fruit défendu a tant d'attrait !), et l'auteur y gagna plus de 1,200 livres sterling.

Ajoutons que, quelques années plus tard, sur le même théâtre de Lincoln, fut jouée « *The Beggar's Pantomime* » (London, 1736, in-12), petit intermède mêlé de chant, dont le sujet fut fourni par une querelle survenue entre deux actrices, Mmes Clive et Cibber, qui se disputaient le rôle de *Polly*.

BEGGAR'S (THE) PANTOMIME, or CONTENDING COLUMBINES. An Interlude, etc. acted at Lincoln's-Inn, Fields, 1736, London, in-8. Voir : Beggar's opera.

BELPHÉGOR DANS MARSEILLE comédie d'un acte, en prose, et un prologue en vers, ornée de chants et de danses, par un auteur anonyme. — Marseille, D. Sibié, 1736, in-8 de 1 f. et 37 p., rare.

Cette pièce satirique est de *J.-B. Pierre Bacon* (ou Baco ?). Bien que l'auteur déclare dans sa préface n'avoir personne en vue, il ne paraît pas douteux qu'elle offrait certainement des portraits faits d'après nature et fa-

ciles à reconnaître dans Marseille. (Catalogue Soleinne, n° 1786).

BÉRÉNICE, tragédie. Voir : Théâtre de Jean Racine.

BERTRAND ET RATON, ou L'ART DE CONSPIRER, comédie en 5 actes et en prose, par Eugène Scribe. — Paris, 1834, in-8, 3ᵉ édition ; nombreuses réimpressions.

« Si cette comédie, représentée le 14 novembre 1833, ne peint et ne prétend peindre en aucune manière le temps et le pays où est placée l'action, elle reflète fidèlement les idées du monde auquel s'adressait l'auteur et visait bien les *dupeurs* et les *dupés*. Le palais de Copenhague, Struensée, la reine-mère Julie-Marie et les événements du Danemarck en 1772, ne sont là que des prétextes pour développer une thèse manifestement à l'adresse de la France contemporaine. Tout le monde convint que M. de Talleyrand, ce roué émérite, devait être le type sur lequel était moulé *Bertrand de Rantzau* : or, M. de Talleyrand exerçait encore une grande influence en 1833. » Étant donné ce qui précède, on voit qu'il serait aisé de faire une clef très vraisemblable de cette fameuse comédie (Voir : Th. Muret. Histoire par le Théâtre, t. III, p. 227).

BESTE (LA) INSATIABLE, ou LE SERPENT CREVÉ. — Cologne, P. Marteau. —(Hollande, à la Sphère), 1684, pet. in-12 (Quelques exemplaires portent la date de 1683).

Satire violente, des moins communes, dirigée contre le grand Colbert, mort quelques mois auparavant : *le serpent* (Coluber), c'est Colbert, qui avait, comme on sait, une « couleuvre » dans ses armes. On peut consulter au sujet de ce très rare libelle l'intéressante « Histoire de Colbert, » par M. P. Clément (p. 410).

BIBLIOMANIA, or BOOK-MADNESS; a Bibliographical romance. Illustrated with cuts. By *Thomas Frognall Dibdin*, D. D. — New and improved edition, to which are added Preliminary observations, and a supplement including a key à to the assumed characters in the Drama. — London, Chatto and Windus. — Piccadilly, MDCCCLXXVI, gr. in-8. de XVIII — 64 et 618 — XXXIV p. Superbe édition, fort bien illustrée, la plus complète de toutes.

Th.-Fr. Dibdin, né en 1775, mort en 1847, fut le plus fervent des Bibliographes anglais : plus zélé que judicieux, il n'est pas toujours exact ; mais il avait de beaux livres et les aimait avec passion. La *Bibliomania* se compose de dialogues ou entretiens ; on y voit, sous des noms supposés, des amateurs et bibliophiles bien connus de l'auteur et du public d'alors, mais aujourd'hui moins aisés à reconnaître. Les nombreuses notes qui accompagnent la dernière édition sont plus curieuses et instructives que le livre lui-même qui offre cependant un grand intérêt. En voici la clef, tant d'après le « Bibliographer's Manual » de Lorwdes (t. I, p. 639), que d'après l'édition de 1876 :

Aurelius, — G. Chalmers, esq. ;
Atticus, — Richard Heber, esq. ;
Alfonso, — M. Morell ;
Bernardo, — J. Haslewood, esq. ;
Gonzalo, — J. Dent, esq. ; (Jessop, suivant l'éditeur de 1876) ;
Hortensius, — W. Bolland, esq. ;
Leontes, — J. Bindley, esq. ;
Lepidus, — Dr Gosset ;

Lysander où *Rosicrusius*, — l'auteur lui-même ;
Lorenzo, — Sir M. M. Sykès, esq. ;
Lavinia's husband, — J. Harrisson, esq. ;
Lisardo, — R. Heathcote, esq. ;
Marcellus, — Edmund Malone, esq. ;
Mustapha, — M. W. Gardiner ;
Menander, — Tom Warton ;
Menalcas, — Rev. H. Drury ;
Mercurii, — Foss, Triphook and Griffiths ;
Nicas, — G. Shepherd, esq. ; (M. Shacklewel, éd. de 1876) ;
Marcottus, — Rev. J. Jones (Wil. Templeman, esq., édition de 1876) ;
Orlando, — M. Wodhull, esq. ;
Pontevallo, — John Dent (édition de 1876) ;
Prospero, — F. Douce, esq. ;
Philemon, — J. Barwise, esq. ;
Phormio, — Rev. H. Vernon ;
Quisquilius, — G. Baker, esq. ;
Rinaldo, — M. Edward ;
Sir Tristram, — sir Walter Scott ;
Sycorax, — Joseph Ritson ;
Ulpian, — E.-V. Utterson, esq. ;
Je n'ai pu découvrir qui était *Malvolio*, — Dibdin, peut-être ?

BIBLIOTHÈQUES IMAGINAIRES. Voir : l'INTRODUCTION.

B...T (LE BIDET), HISTOIRE BAVARDE. — Londres (Paris), 1749, in-12, plusieurs fois réimprimé ; certains exemplaires portent : *Le***, ou simplement : *Histoire bavarde*.

Cet ouvrage, souvent attribué à Chevrier, qui était bien capable de l'écrire, est en réalité de *A. Bret*. On trouve l'analyse de cette histoire plus que badine dans la « Bibliographie Gay » t. II, p. 10). C'est un conte de fées, genre alors fort à la mode, méchante et très insipide copie du *Sopha*, de Crébillon fils. On y trouve les portraits de Mme du Châtelet, de Voltaire (*un homme d'une figure presque aérienne*) et de l'abbé Le Blanc (*je remarquai un homme assez laid*). Ces portraits sont peu flatteurs et l'abbé Le Blanc, à qui l'on fait jouer un singulier rôle dans cette allégorie ultra-galante, parvint, pour se venger, à prévenir le ministre contre l'auteur qui fut mis à la Bastille.

BIEN-AIMÉ, allégorie. Imprimé par la Fée de la Librairie, d'un coup de baguette, dans les espaces imaginaires. (Paris), 1744, in-12.

Réimprimé dans les « Nouveautés critiques, littéraires et poétiques. » — Liège, chez G. Barnabé. — 1745, in-12.

Ce petit ouvrage du fermier général Godart-d'Aucour, est une critique assez spirituelle des écrits, aussi nombreux que médiocres, que fit surgir la convalescence du roi, après la maladie qui l'atteignit à Metz. On sait que ce fut à cette occasion que Louis XV reçut le surnom de *Louis-le-Bien-Aimé*.

BIEN-NÉ, NOUVELLES ET ANECDOTES, APOLOGIE DE LA FLATTERIE. — Paris, 1788, in-8 de 39 p., brochure éditée par le libraire Dezauches qui fut, pour ce motif, arrêté avec quatre de ses confrères.

Pamphlet modéré, curieux par les détails qu'il donne sur l'éducation, les habitudes et la vie privée de la jeunesse de Louis XVI (*Bien-Né*); l'empereur Joseph II, d'Autriche, y est désigné sous le nom de *Tracassier*. S'il faut en croire la dernière édition de la « Correspondance Littéraire » de Grimm, qui donne une bonne analyse de cet écrit (t. XV, pp.

286-289), l'auteur ne serait autre que *Sélis*, professeur au Collège de France, connu surtout par sa traduction de Perse.

BIGARRURES CALOTINES. Voir : .... Ana.

BIJOUX (LES) INDISCRETS, (par *Denis Diderot*). — Pékin (Paris), 1748, in-12. — Plus de vingt fois réimprimé. La dernière édition a été donnée, en 1880, à Bruxelles, par Gay et Doucé, 2 vol. in-12, fig.

Ce roman érotique et satirique, inspiré par le fameux fabliau du « Chevalier qui faisait parler les... etc.,etc. » est assurément un livre à clef. La Harpe, M. Assézat et M. Brunet ont successivement exercé leur sagacité sur les mystères de ce livre si plein d'esprit et d'observation! D'après une note de M. Assézat, « les rapprochements qu'on peut tenter ont si peu de consistance, se trouvent tellement contredits par d'autres passages, qu'il est difficile de croire que Diderot ait eu l'intention de faire autre chose qu'une peinture volontairement vague et indécise : ainsi, Louis XIV, qui est d'abord *Erguebzed*, devient plus tard *Kanoglou* ; la majeure partie des noms que l'on reconnaît sont de la fin du règne de ce roi. On aurait donc tort de chercher un libelle là où il n'y a qu'une improvisation qui n'a pas même dû être relue par l'auteur. » Ceci dit, voici quelle est à peu près la vraie clef des « Bijoux » :

Erguebzed, puis *Kanoglou*, Louis XIV ; — *Mangogul*, Louis XV ; — *Mirzoza*, Mme de Pompadour ; — *Sélim*, le maréchal de Richelieu ; — *Le Congo*, la France ; — *Banza*, Paris ; — *Circino*, Newton ; — La secte des *Attractionnaires*, les partisans de Newton ; — *Olibri*, qui fonda la secte des *Vorticoses*, Descartes et son système des tourbillons ; — *La Manimonbanda*, c'est la reine Marie Leczinska ; — *La Monoemugi*, au nord-est du Congo, c'est l'Allemagne du Nord, ou l'Angleterre ; — *Utmiutsol*, Lulli ; — *Utremifasollasiututut*, Rameau ; — *Le marquis D****, auteur, d'Argens ; — au chapitre 38, *Polipile*, Philoctète, dans la tragédie de Sophocle, *Forfanty*, Ulysse, le jeune *Ibrahim*, Néoptolème ; Ch. 33, *Vous apprenez par cœur, tous les matins, trois pages de Brantôme et d'Ouville*, allusion aux rapports du lieutenant de police Berryer ; — *Sambuco*, le maréchal de Villars, ou de Villeroy ; — *Thélis*, serait Mᵐᵉ de Tencin ; — *Les Paradoxes littéraires* du P. H. Hardouin ; — *La Mathématique universelle d'un certain bramine*, le P. Castel ; — *Une vieille fée décrépite*, Mᵐᵉ de Maintenon ; — *Deux ministres vaillants*, Vendôme et Catinat ; — *Sulanek*, le cardinal Fleury ; — *Brrrouboubou*, Ch. Frey de Neuville, qui prononça, en 1743, l'oraison funèbre du cardinal ; — *Orcotome*, le Dʳ Ferrein, auteur d'un système sur le mécanisme de la voix ; La Mettrie, dans le « supplément à l'ouvrage de Pénélope », lui donne le même nom ; — *Ricaric* présente quelques traits de ressemblance avec La Motte, traducteur d'Homère ; — *Eurisopé*, Euripide ; — *Azophe*, Sophocle ; — *Hiragut*, le médecin Montagnat ; — enfin *le génie Cucufa* serait le repentir personnifié.

En résumé, toutes ces interprétations ne manquent pas de vraisemblance ; reste à savoir si Diderot a réellement songé à toutes ces belles choses ?

BIOGRAPHIE DE QUELQUES FUTURS GRANDS HOMMES, par *un petit homme passé (Charles-Louis Rey)*. Paris, Delaunay, et Ledoyen. — 1834, in-8 de 231 p., prix : 4 francs.

Cette biographie est assurément unique en son genre, elle ne contient pas un nom propre ; à chaque lettre de l'alphabet, l'auteur esquisse un caractère, raconte des anecdotes, retrace les particularités d'opinion ou de conduite d'une personnalité non dénommée. Il y a là certainement des allusions à des personnages contemporains pris dans le monde politique, littéraire, etc., etc. Il est vraisemblable que chaque portrait, ou chaque biographie, comme dit l'auteur, se compose de traits empruntés à diverses individualités. Il n'en serait pas moins curieux toutefois de connaître les noms réels des « futurs grands hommes » représentés seulement par les lettres A. D. M. Q. Z., etc., etc.

BLANÇAY. Voir : Ann'quin Bredouille.

BLOODY (THE) DUKE, or THE ADVENTURES FOR A CROWN, tragi-comedy. Acted at the Court of Alba Regalis, by several Persons of great quality, 1690, London, in-4. (Le duc sanguinaire, ou les entreprises pour une couronne).

C'est encore une pièce politique dont le principal sujet est la grande conspiration papiste. Elle est du même auteur que « The Abdicated prince » *The Bloody Duke*, c'est le duc de Montmouth ; — *Alba Regalis*, c'est la cour d'Angleterre, etc., etc. (Voir : Biographia Dramatica, t. II, p. 33).

BLUETTE DRAMATIQUE EN TROIS TABLEAUX, CHRONIQUE LOCALE. A propos des propos tenus ces jours-ci sur la politique réelle par certains factotums oubliés, qui

se proposaient de faire comme jadis la pluie et le beau temps dans notre bonne ville. Au Puy, chez F. M. Clet, 1840, in-8.

Qui pourra donner la clef de cette pièce satirique en vers ? Qui se souvient encore, au Puy, et des incidents qui en forment le fond, et des personnes qui y sont visées ? Voici, d'après le catalogue de Soleinne (n° 3827), les noms des personnages de la comédie : le baron *Dubruit, Georges Ballon* et *Luc Brulot*, médecins; — *Quintin Tire-Pied*, tabellion ; — *Jean Croc-en-jambes*, procureur ; — *Claude Lebattu*, avocat ; — *Pierre Refrogné*, dit Barbe-Bleue, conseiller ; — dame *Velaune*, sorcière. Que d'illustres inconnus à découvrir !

BOHÉMIENS (LES), Paris, rue des Poitevins, hôtel Bouthillier, 1790, in-2, 2 vol.

2ᵉ édition, Paris, Lavillette, 1790, 2 volumes, in-12.

Roman satirique aussi rare que curieux, composé, suivant toute probabilité, par Anne-Gédéon *La Fitte*, marquis de *Pellepore*. « Il offre le tableau d'une partie très peu recommandable de la société de Paris, vers la fin du règne de Louis XVI : gens de lettres sans sou ni maille, escrocs, débauchés, filous, misérables de toute sorte, tels sont les personnages que dépeint d'après nature un intrigant de bas étage très au fait de ce monde-là. Le marquis de Pellepore, qui déjà avait écrit « Le Diable dans un bénitier » et « Les Petits Soupers et les Nuits de l'hôtel de Bouillon » (Voir ces titres), a réuni dans « Les Bohémiens » la plupart de ces gens « bons à tout faire et à tout dire », au milieu de la Champagne pouilleuse. Le livre renferme des détails extrêmement

libres et est écrit avec le plus étrange mauvais goût. Les noms des personnages sont simplement anagrammatisés et très aisés à reconnaître. Voici les principaux d'entre eux : *Bissot*, c'est Brissot, dit de Warville, le Conventionnel : — *Tifarès*, son frère, c'est Brissot-Thivars ; — *Les Bruttiens* représentent les Prussiens ; — *Mordane*, c'est Morande, un vieil ennemi de Pellepore ; — *Les Galles* signifient les Français ; — *Le Vieux Féder...*, fils de William, c'est Frédéric de Prusse, enfin, *Lungiet* représente Linguet « personnage assez laid, qui ne vit que « de malices et qui est le véritable « chef de la secte si nombreuse des « *despotico-contradictorio-paradoxico-* « *clabaudeuristes*. » — « Les Bohémiens » mériteraient, sinon une réimpression complète, du moins une bonne étude analytique ; il y a quelques particularités à connaître dans ce roman-pamphlet qu'il est bien difficile de se procurer aujourd'hui. On peut consulter à son sujet les notes de M. Paul Lacroix, dans le « Bulletin du Bibliophile » (1851, p. 408) et de M. Ch. Monselet, dans les « Oubliés et les Dédaignés » (t. I, p. 2).

BON (LE) SOIR, ou LA CABALE EN DÉROUTE. S. l. n. d., in-8.

Cette brochure fort rare, de la seconde moitié du xviii° siècle, est une curieuse satire dirigée surtout contre la noblesse, le clergé, les financiers et les Parlements. Un bel exemplaire figurait à la vente de M. de T...cy (Tracy, 1864, Paris, n° 429.) Elle n'est point citée dans le « Dictionnaire des Anonymes. »

BONNE (LA) AVENTURE DE CASCARETTE. — Paris, 1606.

Ce petit écrit, aujourd'hui introuvable et que ne cite aucune bibliographie, ne nous est connu que par un passage du « Journal de l'Estoile » (décembre 1606). « En cest an, dit-il, fust publiée « La Bonne Aventure de Cascarette. » *Cascarette* est la jeune Baulieu, contre laquelle *Motin*, irrité, publia ceste bouffonesque mesdisance qui couroit à Paris. » Ce Motin n'est autre sans doute que le poète Pierre Motin que Boileau n'a pas trop bien traité. Il doit y avoir là quelque plaisante histoire à découvrir.

B....L (LE) ROYAL. Voir : La Messaline française.

BORLANDA (LA) IMPASTICCIATA, composta per estro, d'all' *Incognito d'eritrea Pedsol,* riconosciuta, festosamente raccolta et fatta dare in luce dall' *Abitatore Disabitato* academico Bontempista, ed accresciuta di opportune annotazzioni per opera di varj suoi coacademici amici. Milano, Agnelli, 1751. in-4.

« Cet opuscule curieux et agréable est l'œuvre du comte *Pietro Verri*; l'auteur le regardait comme un véritable péché de jeunesse, bien que ses contemporains l'eussent accueilli unanimement avec le plus grand plaisir. » Tel est le jugement rapporté, d'après Bianchi, dans le « Dictionnaire des anonymes et pseudonymes italiens » de G. Melzi (pages 324 à 326). Dans l'article qu'il a consacré à cet ouvrage, Melzi nous fait connaître qu'il fut dirigé contre un certain docteur Plodes (dont *Pedsol* est l'anagramme), que Verri voulut ridiculiser en collaboration avec plusieurs de ses amis. Voici telle qu'elle est donnée par Melzi, la clef des noms sous lesquels se cachèrent « Disabitato Abitatore e varj suoi coacademici amici, » pour composer les pièces de ce recueil satirique :

Abitatore Disabitato, — le comte P. Verri.

Chalco-cefalo chalcochitone, — l'abbé Villa.

Luca Lucano Lucchese, — le marquis Morigia.

Cocco Biricocco da Baricoccone, — le comte Imbonati.

Ino Rentino Fiorentino, — le marquis Morigia.

Castruccio castracane di Castres, — l'abbé Passeroni.

Messer Nomininfilzo de' Litaniosi, — D. Peppo Casati.

Frondaligero Terramovente, — l'abbé Villa.

Palicrondo cronista d'Elicona, — l'abbé Salandri.

Confusio de' Confusi, — D. Gaetano Caccia.

Paffo Segiuppe academico Lilliputese, — le marquis Foppa.

E Poeta attuale delle Mummie d'Egitto, — le marquis Foppa.

Calocero Cococero da Colofone, — le comte Giulini.

Mincio Mincioncinida Mincioncione, — l'abbé G.-J. Villa.

Vier Lascatielo passare, — le prieur Zane.

Deifolco Degli Dei Del Divano, — l'abbé A.-T. Villa.

Chrysoglotta da Figine, — le docteur Bicetti.

Chalcocefalo argyroglotto Pedante, — le comte Giulini.

Momolo dal Carbon Venezian, — le chanoine Agudi.

Nane Barcariol dal Buso Venezian, — le docteur Gandini.

Cencio Censiosi da Censiano Romanesco, — le docteur Gandini.

Masillo Lazarelli dalla Cerra Napoletano, — le docteur Gandini.

Demetrio De' Giurgenti Siciliano, — le chanoine Irico.

Meneghin di Meneghin de Meneghelta Milanes, — Balestrieri.

Galatin Tridura Parmsan, — le docteur Fogliazzi.

Pedrolin delle Vallade Bergamasche, — le docteur Cassio.

Anasse Glandi Raspolient d'an Zanevre

Monferrino, — le chanoine Irico.

Poeta Balin de Zena, — le chanoine Irico.

Franz Fren Freunddeswein di Schwitzerland, — le chanoine Irico.

Lamentanza d'un Lauzo, — le prieur Vaï.

Sandolio Protopapas de Drino albanese, — le chanoine Irico.

Bacciarone Dietajuti da Firenze, — le chanoine Guttierez.

Ruben Rabbino di Rabata, — Giuseppe Bassani.

Brachini Brachylogi e Gallia Braccata, — l'abbé A.-T. Villa.

Mossen Ghiglianfraugno Badoi, — l'abbé Ruggeri.

M. Moulin Moulinier de la Moulinière, — Brini.

D. Ramirez de Guadalupe, — (inconnu).

D. Sevastien dos Algarves Academico, — Gianorini.

Incognito di Eritrea Pedsol Riconosciuto, — P. Verri.

Polistone Poliistrichide di Pola d'Istria, — l'abbé A.-T. Villa.

J'ai dû retrancher de cette longue clef plusieurs indications d'un intérêt d'autant plus secondaire que, l'ouvrage étant aujourd'hui fort rare, peu de lecteurs auront à chercher le secret des pseudonymes ; j'ai d'ailleurs exactement reproduit tous les noms, dont la forme grotesque et parfois étrange montre suffisamment dans quel esprit de facétie a été composé le recueil dirigé contre le pauvre avocat *Plodes.*

BOUDOIR DE Mᵐᵉ **LA DUCHESSE DE P***.** Voir : La Messaline française.

BOULEDOGUE (LE) OU LE CONGÉ, comédie en deux actes, « destinée au Théâtre des Danseurs-de-corde, le sujet étant trop bas pour les Variétés. » Cette pièce occupe les pp.

279 à 311 du deuxième tome du « Thesmographe, » par *Restif de la Bretonne.* (Paris, 1789, in-8).

C'est une violente satire de l'auteur contre son gendre Augé, désigné sous le nom de *l'Échiné;* le *beau-père,* c'est Restif lui-même; *un homme de mérite,* c'est Toustain de Richebourg; etc. (Voir : « Bibliographie de Restif de la Bretonne », p. 320-332).

BOURGEOIS (LE) GENTILHOMME, comédie. Voir : Œuvres de Molière.

BRABANÇONNE (LA) GÉNÉREUSE, comédie nouvelle en un acte. Représentée à l'armée, depuis la prise du château d'Anvers. — Liège, 1746, in-12 de 60 p.

Cette pièce en prose est fort rare et ne figure pas même dans la « Bibliothèque du théâtre françois. » Sur le titre, est imprimée cette note: « Le fonds de cette petite pièce est *une histoire véritable,* dont les personnes au fait des intrigues de Bruxelles reconnaîtront les acteurs, quoique les noms soient déguisés. » (Catalogue Soleinne, n° 1869).

BRACELETS (LES), OU LE MARI, LA FEMME ET L'AMANT DUPES LES UNS DES AUTRES, comédie, par le ci-devant comte *de Barruel-Beauvert.* — Genève, 5 septembre 1805, in-8 fort rare.

« Cette pièce très plate, qu'on disait faire allusion à une aventure scandaleuse arrivée à Mᵐᵉ R.... de S.... — J.... d'A...., a été sévèrement poursuivie par la police impériale; trois exemplaires seulement auraient échappé à la destruction. » Si l'on accepte ces allégations, au moins contestables, produites par la « Bibliographie Gay » (t. IV, p. 57), il faut remarquer que l'auteur a dû faire sa pièce d'après une donnée analogue qui déjà avait fait anciennement le sujet d'un proverbe de Carmontelle. Ce qui est plus vraisemblable, c'est que le public, par de malicieuses applications, a composé une sorte de clef à laquelle Barruel-Beauvert n'avait assurément pas songé. On ne cite donc ici cette comédie qu'à titre de curiosité et pour avoir occasion de répéter que certains ouvrages ont souvent donné lieu, après coup, à des rapprochements et à des interprétations satiriques, qui n'avaient jamais existé dans l'esprit de leurs auteurs.

BRANLE (LE) TRAGI-COMIQUE DES TRAITANS AVEC LE CONCERT COMIQUE DES COQUETES ; dialogue entre Momus et l'Amour. Suite des maltotiers dans le bourbier. — Paris, Guillaume Valleyre, s. d., 1716, in-12 de 31 p.

Livret rare, inconnu à Barbier. C'est une satire contre les *partisans* ou traitants que la chambre de justice avait mis en jugement : *Demont-d'or, Phlegedore, Duratout, Théobude, Romanville, La Grue,* représentent Crozat, Samuel Bernard, Montargis, Tourton, Bourvallais, etc., qui ne furent condamnés qu'à des restitutions aux caisses de l'État (Catalogue Soleinne, n° 3,768).

BRASSEUR (LE) ROI, drame taillé par M. *J. Thomas,* dans le roman légitimiste publié, sous le même titre par le *vicomte d'Arlincourt.* (Paris, 1833-35, 2 vol., in-8).

« Artewed, le héros de la pièce, dit M. Th. Muret (Histoire par le théâtre, t. III, p. 216), Artewed, ce chef populaire des communes flamandes, dans leur lutte contre le despotisme d'un duc inféodé à l'étranger, *Artewed-le-brasseur,* devenait le Sosie, l'alter-ego de Louis-Philippe. » Ce pamphlet drame fut interdit. Dans l'esprit du premier auteur, cependant, le roman ne visait pas le roi des Français, mais les passions légitimistes donnèrent naissance au drame allusif et injurieux. »

D'autres ouvrages du vicomte d'Arlincourt, entre autres « *Les rebelles sous Charles V.* » (1832), « *Les Écorcheurs,* ou *l'Usurpation et la peste* » (1833), « *Le Double Règne* » (1836), donnèrent lieu à maints rapprochements malicieux auxquels le bon vicomte n'avait certainement pas dû songer. Alors comme maintenant, l'esprit de parti aidant, les faiseurs de clefs, *après-coup,* avaient beau jeu.

BRETTEUR (LE), comédie nouvelle et galante. Voir : Marthe Le Hayer.

BRITANNICUS, tragédie. Voir : Théâtre de Jean Racine.

BRUIT DE RECENSEMENT DANS UNE PETITE VILLE. Voir : Alerte.

BUREAU (LE) D'ESPRIT, comédie en cinq actes et en prose. *P. M. L. C. R. G. A.* Seconde édition, revue, corrigée et augmentée. Londres, 1777, in-8 de 151 p. titre gravé, rare.

Autre édition : Liège, Bourbers, 1777, in-8.

Cette comédie du Chevalier de *Rutlidge,* irlandais d'origine, officier au régiment de Fitz-James, fut d'abord attribuée à Linguet. Mais on connut bientôt le véritable auteur de cette plate et grossière imitation des « Philosophes. » C'est d'ailleurs une satire assez mordante dirigée contre Mme Geoffrin et contre les habitués de son salon. En voici la clef d'après la «Correspondance littéraire de Grimm et Diderot» (Edition Garnier, octobre 1776, t. XI, p. 362) :

Mme de Folincourt, — Mme Geoffrin;
Cocus, — Diderot;
Cucurbitin, — le baron d'Holbach;
Rectiligne, — d'Alembert;
Le marquis d'Orsimont, —Condorcet;
Calchas, — l'abbé Arnaud;
Thomassin, — Thomas;
Faribole, — Marmontel;
Du Luthe, — La Harpe.

On a encore attribué à Rutlidge, la pièce satirique intitulée: « Les comédiens »; cet ouvrage est de S. Mercier; il en est parlé plus loin.

BUVEUR (LE) DE SANG DÉMASQUÉ, dialogue entre un prêtre et un escamoteur. Paris, an V (1796), pet. in-8, très rare.

Pamphlet révolutionnaire très violent contre la religion et le clergé. Le *Buveur de sang*, c'est le prêtre célébrant la messe.

ÇA FAIT TOUJOURS PLAISIR, (journal), Paris, 1789, in-8.

« Feuille anti-révolutionnaire annoncée comme devant paraître tous les matins, mais, après un petit nombre de numéros, publiée sous un autre titre. Beaucoup d'initialismes. Exemple:

« .... Braves Parisiens, vous êtes heureux, libres et contents;.... voyez ce que vous étiez ci-devant et ce que vous êtes aujourd'hui, et ça vous fera plaisir.

Vous ne lisiez les nouvelles que dans les cafés et à la faveur de quelques gazettes censurées; aujourd'hui, vous avez votre ami *M...* (Marat), le révolutionnaire des *M.....* (Camille Desmoulins), le famélique *P....* (Prudhomme), le sublime *M....* (Mercier), qui, à deux sols par jour, déchirent à belles dents la noblesse, le clergé et les aristocrates ; *ça doit vous faire plaisir.* » (Voir: Bibliographie Hatin, p. 112).

CABALE (LA) EN DÉROUTE. Voir: Le Bon Soir.

CABINET (LE) DE LECTURE, par M. *Robert* (*P. L. Solvet*, ancien libraire à Paris). Paris, chez les marchands de nouveautés, 1808, in-18 de 72 p.

Cette comédie, en un acte et en prose, n'a été tirée qu'à 50 exemplaires non mis dans le commerce ; elle est fort rare. C'est une satire, sans doute personnelle, contre les propriétaires de cabinets de lecture, qui commençaient alors à s'établir et dont l'auteur, en sa qualité de libraire, n'avait probablement pas à se louer. (Voir catalogue de Soleinne, n° 2609).

CABINET (LE) DE MINERVE..., Voir: Avantures de Floride....

CACOMONADE (LA), HISTOIRE POLITIQUE ET MORALE TRADUITE DE L'ALLEMAND DU DOCTEUR PANGLOSS, par le docteur lui-même, depuis son retour de Constantinople (par *Simon-Henri-Nicolas Linguet*), Cologne, (Paris), 1766, in-12.

Plusieurs réimpressions. La dernière est datée de Cologne (Bruxelles), 1756, (1866), in-18.

C'est l'histoire de la syphilis, désignée sous le nom de *Cacomonade*, depuis son introduction d'Amérique en Europe jusqu'au XVIIIᵉ siècle. Ceci étant connu, le livre devient bien clair et il est aisé de comprendre que *le glorieux F..... P.....,* c'est le roi François Iᵉʳ ; que le *Dʳ A.....,* c'est J. Astruc, l'auteur du fameux traité « De morbis venereis. » La G....., c'est la gale; la Cacomonade « pullulait partout avec *les.....,* qui n'étaient cependant pas ses plus zélés missionnaires..... », il s'agit des Jésuites qui formaient partout des missions et des établissements.

Les Dames *** et ***, que l'on compare aux Corinnes, aux Lycoris, aux Lesbies de l'antiquité, qui leur étaient d'ailleurs bien inférieures; ce sont les grandes dames du XVIIIᵉ siècle adonnées aux passions anti-physiques. Si l'on s'en rapportait aux mémoires secrets du temps, on n'aurait que l'embarras du choix pour remplacer ces *étoiles* par des noms. — La *Cacomonade* est en somme un très mauvais livre dont la destruction a été ordonnée en 1822.

CADENUS AND VANESSA... s. l. — 1726, in-8., par *Jonathan Swift*; souvent réimprimé dans les œuvres de l'auteur.

Ce petit ouvrage a trait à la liaison, toute platonique d'ailleurs, du célèbre doyen de Saint-Patrick avec la belle Esther Vanhomright. *Cadenus*, (*Decanus*, le doyen), c'est Swift, *Vanessa* est son amante. On sait que la froideur du doyen conduisit au tombeau la pauvre Vanessa qui avait découvert le mariage secret de Swift avec Miss Esther Johnson, si connue sous le nom de *Stella*, que son mari lui donne dans ses ouvrages. Il faut lire pour connaître l'histoire de ces deux pauvres femmes, que Swift rendit si malheureuses par son amour et son étrange conduite, le charmant livre de M. *Léon*

de Wailly, intitulé *Stella et Vanessa*. (Paris, Hachette, 1855, in-16.)

CALLOPHILE, HISTOIRE TRADUITE DU SCYTHE EN LATIN, par un vieux philosophe visigoth. — Eutaxie, (Paris), 1759, in-12.

Traduction supposée; cet ouvrage a été composé en réalité par l'avocat *Barthez*, de Narbonne, frère du célèbre médecin. C'est un petit roman allégorique dont la clef est à trouver.

CAMPAGNES DE L'ABBÉ T***, OU LES LAURIERS ECCLÉSIASTIQUES ; s. l., 1747, in-12, réimprimé sous le titre de : LES LAURIERS ECCLÉSIASTIQUES, OU CAMPAGNES DE L'ABBÉ T***. Luxuropolis, de l'imprimerie ordinaire du Clergé, 1748, pet. in-12. Près de dix éditions sous ce titre, avec ou sans figures, imprimé encore avec ces modifications : MES ESPIÈGLERIES, OU CAMPAGNES DE L'ABBÉ DE T***, 1797, in-18 fig.

Cet ouvrage plus que libertin est du trop fameux Chevalier de La Morlière. D'après une note du marquis de Paulmy (nᵒ 6,138 de sa bibliothèque), confirmée par la « Biographie Gay », *l'abbé de T**** ne serait autre que l'abbé Terrai, alors très connu par ses fredaines de jeunesse, plus fâcheusement célèbre, dans la suite, par ses actes au ministère.

CANCANS (LES), par *P.-C. Bérard*, Paris, 1ᵉʳ Juillet 1831, à 1834. Environ 80 petits pamphlets de 8 p., in-8.

Tous les bibliophiles connaissent cette fameuse série de libelles à l'aide desquels *Pierre - Clément Bérard*, ancien officier, fit, pendant près de quatre années, une guerre acharnée à la monarchie de Juillet. Il est très difficile de réunir tous ces écrits, dont une vingtaine motivèrent de sévères condamnations ; on sait qu'à chaque numéro et pour éviter l'apparence d'une publication périodique, les sous-titres ou les qualifications du mot *cancans* étaient changés ou modifiés suivant les circonstances du jour, (*cancans, politiques, inflexibles, inexorables, flétrissants, en prison, mystifiants, en liberté*, etc., etc.). Ces écrits d'une violence extrême, dirigés contre le roi Louis-Philippe, contre sa famille, contre ses ministres et contre ses droits à la souveraineté de la France, valurent à leur auteur une douzaine d'années de prison et plus de dix mille francs d'amende. Bérard eut des imitateurs, notamment *Denis Capry*, qui publia à Marseille, sous divers titres, des *Cancans de Provence* ; un autre libelliste publia, à la même époque, à Rennes, les *cancans bretons* ; enfin Bérard lui-même donna, sous des titres variés, une suite à ses pamphlets, dans le même format et dans le même style que ses *Cancans ;* tels sont, par exemple : *Le Pèlerin, Mes Perruques, L'Espérance, Facéties du jour, La Foudre*, etc., etc. Tous ces pamphlets, non datés, sont devenus rares : M. La Bédoyère possédait, des uns et des autres, une collection de 97 numéros. Pour ma part, je n'en ai encore réuni que 108 et il doit y en avoir bien davantage. Il est peu facile de classer toutes ces feuilles à deux sous, aussi recherchées alors que tombées aujourd'hui dans l'oubli. Il serait intéressant cependant d'en faire la bibliographie complète et surtout de dresser la clef des noms déguisés, supposés, anagrammatisés et des allusions alors fort transparentes, mais maintenant beaucoup moins claires, qui remplissent ces minces factums. Il y a sur les hommes et les événe-

ments de cette époque maints détails précieux qui ne se trouvent que là et qui ne sont intelligibles que si l'on a la clef des noms que les auteurs, Bérard et Capry, déguisèrent par un excès de précaution qui ne leur servit pas beaucoup. Malheureusement, il faudrait pas mal de temps pour exécuter ce déchiffrement dont le résultat tiendrait beaucoup trop de place dans cette étude. Qu'il suffise donc de savoir que Louis-Philippe, constamment mis en scène, est successivement désigné sous les noms de : M. *Chose, Juste-Milieu, Harpagon*, M. *Trois-Étoiles, Gros-Gras-et-Bête*, M. *Du Fossé*, M. *Pincemailles*, rentier à Neuilly, M. *Gagne-Gros*, etc.; *Poulot Grand-Poulot*, c'est le prince royal; *Lolo*, ou *Canule*, le maréchal Lobau ; *Casipéri*, Casimir Périer ; Mme *de la Jenchère*, Mme *de F.....*, Mme de Feuchères; *Argousin, Criquet*, M. Gisquet; préfet de police ; M. *Déjacomique*, M. Zangiacomi, alors juge d'instruction à Paris, etc., etc.

On peut consulter sur cette curieuse série de libelles *Les Cancans* et autres pièces annexes : 1° l'excellent article publié par M. Apollin Briquet, dans le « Bulletin du Bibliophile » (août 1852, p. 955, 975); 2° « la Bibliographie de la Presse » de M. E. Hatin (p. 376, 377), et 3° « le Catalogue des livres condamnés » (p. 64-66).

CANDEUR (LA) BIBLIOGRAPHIQUE, OU LE LIBRAIRE HONNÊTE HOMME. Récit dédié à la Pucelle, belle-sœur d'Emmanuel, etc., etc. — A Bibliopolis, chez Thomas-le-Véridique, à l'enseigne de la Vérité, MDCCLXXVI. — Pet. in-8 de VI, 108 p.

Cet écrit que j'ai vu, mais sans preuve, attribuer au fameux abbé *J. H. Dulaurens*, n'est autre chose qu'une violente diatribe dirigée contre Emmanuel Flon, libraire de Bruxelles, dit *Le Libraire honnête homme*, que l'auteur représente comme le dernier des croquants. Cet écrit satirique aurait besoin d'une bonne clef, ainsi que le « Catalogue des livres (imaginaires) de MM. Emmanuel et Kirié,» par lequel il se termine et qui est un véritable recueil d'épigrammes bibliographiques. M. de Reiffemberg a publié une analyse de « La Candeur » dans le « Bibliophile belge » (1846, t. III, p. 258-260).

CANDIDAMENTOR, OU LE VOYAGEUR GREC; histoire contenant des événements singuliers et intéressants. — A Athènes (Paris), 1766, in-12.

Ce petit roman, précédé d'une « Epitre dédicatoire au Premier Eunuque de l'Empire des Indes » est de *Harny de Guerville*, auteur de quelques autres ouvrages, notamment de pièces de théâtre. « Candidamentor » contient des allusions satiriques à divers événements qui se passaient alors en France et des traits piquants contre divers personnages contemporains. L'allégorie est d'ailleurs assez obscure; une bonne clef la rendrait plus intéressante à lire aujourd'hui.

CARACTÈRES (LES), par Mᵐᵉ de Puisieux... Voir : Conseils à une amie...

CARACTÈRES (LES) DE LA BRUYÈRE. —Il ne saurait être question de citer ici même les plus importantes éditions de ce célèbre ouvrage, qui fera sans doute quelque jour l'objet d'une bibliographie spéciale. Bornons-nous à rappeler que les « Caractères ou les mœurs de ce siècle » parurent, pour la première fois, en 1688, à Paris, chez Estienne Michallet, in-12, à la suite de la traduction des « Caractères de Théophraste. »

On trouve sur divers exemplaires des anciennes éditions des clefs manuscrites; d'autres ont été insérées dans les réimpressions publiées à l'étranger, notamment dans celle de 1720, Amsterdam, 3 vol. in-12 ; ces clefs sont loin de s'accorder toujours entre elles. Les critiques modernes qui ont, avec raison, consacré aux « Caractères » les études les plus attentives, sont entrés à cet égard dans de longs détails ; les meilleures éditions à consulter sont celles données par *Walckenaer* (Paris, Didot, 1845, in-8), *Destailleurs* (Jeannet, Paris, 1854, 2 vol. in-16), et surtout celle revue par M. *Servois*, qui fait partie de l'importante collection des « grands Ecrivains de la France, » publiée par la maison Hachette.

Voici une clef, assez complète, qui peut servir de guide aux chercheurs et s'appliquer à la plupart des éditions des « Caractères de La Bruyère » :

CHAPITRE PREMIER

Un magistrat, — M. Poncet de la Rivière.

Certains poètes, — Corneille le jeune.

On se nourrit des anciens, — M. de Fontenelle.

Un auteur moderne, — M. Charles Perrault.

Quelques habiles, — Despréaux et Racine.

Bien des gens..., — l'abbé Dangeau.

Arsène, — le marquis de Tréville ou l'abbé de Choisi.

Théocrine, — l'abbé Dangeau, ou de Brie.

Il n'y a point d'ouvrage, — les cartes de l'abbé Dangeau.

Un auteur sérieux, — allusion aux différentes applications que l'on fait des caractères du présent livre.

Capys, — Boursault.

Damis, — Boileau Despréaux.

Le philosophe consume,—La Bruyère.

Deux écrivains, — le P. Malebranche et M. Nicole du Port Royal.

Le M** G**, — le Mercure galant.

D'Amphion, — Lully, ou Francine, son gendre.

Ils ont fait le théâtre, — M. Mansard, architecte.

Les connoisseurs, — M. Quinault.

L'on a cette incommodité, — les Jésuites et les Jansénistes.

L'on écrit, — le P. Bouhours et le P. Bourdaloue, tous deux jésuites.

Il y a des esprits, — M. Ménage.

Je conseille, — l'abbé de Villiers, qui a été autrefois jésuite.

Un homme né chrétien, — Lenoble.

Il faut éviter le style, — Varillas et Maimbourg.

CHAPITRE II.

Votre fils est bègue, — M. de Harlay, avocat général, fils de M. le premier président.

Xantus, — M. de Courtenvaux, fils de Louvois.

Crassus, — Louvois et ses enfants.

Il apparoît, — le cardinal de Richelieu.

V** C** l'auteur de Pyrame, — Pradon, Vignon, peintre; Colasse, musicien.

Quelques-uns..., — Feu M. de Harlay, archevêque de Paris.

Philemon, — M. le comte d'Aubigné, frère de Madame de Maintenon, ou mylord Strafort, anglais.

Ce n'est pas qu'il faut..., — M. de Mennevillete.

Un homme à la cour..., — l'abbé Boileau.

Une personne humble..., — le P. Mabillon, bénédictin.

On l'a regardé..., — M. de Turenne.

Fils, petit-fils..., — M. le duc de Chartres, ensuite duc d'Orléans, et régent du royaume.

Mopse, — l'abbé de S. Pierre.

Celse, — le baron de Breteuil.

De la brouillerie des deux frères, et de la rupture des deux ministres..., — qui arriva entre M. Pelletier et MM. Louvois et de Seignelay.

Mennique, — Le maréchal de Villeroi.

La fausse grandeur..., — le maréchal de Villeroi.

La véritable grandeur..., — M. de Turenne.

CHAPITRE III.

Lise, — la présidente d'Osambray, femme de M. de Bocquemart, président en la seconde chambre des enquêtes du Palais.

A juger de cette femme..., — Mlle de Luines.

Le rebut de la cour... — le baron d'Aubigné.

Est-ce en vue du secret..., — Mme de La Ferrière, femme du maître des requêtes.

Et Dorine..., — Mademoiselle Faucaut.

Lelie, — la fille du président Brisu.

Claudie, — la duchesse de Bouillon ou de La Ferté.

Messaline, — Madame d'Olonne.

Bathylle, — Précourt, danseur de l'opéra.

Cobus, — Lebasque, danseur de l'opéra, ou Beauchamp.

Dracon, — Philibert, joueur de flûte.

Césonie, — Mademoiselle de Briou.

Quelques femmes..., — la duchesse d'Aumont, fille de Madame la maréchale de La Mothe, et Madame la maréchale de La Ferté.

Qu'est-ce qu'une femme..., —Madame la duchesse.

Il n'y a rien..., — Le Noir, André, le vieux Doublet.

Oronte, — M. de la Ravoie, maître des comptes.

Le mariage..., — M. Doujat, H. de Grammont.

Epouser une veuve..., — le duc d'Atri, le comte de Marsan.

Cléarque, — M. du Buisson.

L'avare, — Morstein.

Triste condition..., — Banse le fils.

L'on ne reconnoît plus..., — M. de Courcillion de Dangeau, ou Morin.

Mille gens..., — le président des comptes, Robert.

Quelqu'un de ses pâtres..., — M. de Gourville, intendant de feu M. le Prince.

Ce palais..., — M. Bordier de Rainci.

Eumolphe..., — Feu M. de Seigne-lay.

Githon..., —Barbesieux.

CHAPITRE VII.

L'on s'attend au passage..., — Vincennes.

Dans ces lieux..., — les Tuileries.

A qui l'on conteste le premier..., — M. Robert, avocat.

Vous moquez-vous..., — M. de Saint-Pouanges, ou M. de la Briffe, procureur général.

Il y a un certain..., — M. de Mesmes, fils du président à mortier.

Un homme de robe...., — M. le premier président, ou M. Talon.

Les Crispins, — MM. Malo, ou M. Charpentier.

Les Sannions, — M. de Lesseville, mort fort riche, et qui a laissé deux enfants.

Un autre..., — le feu président Le Coigneux, ou Jacquier, sieur de Rieux Montirel.

Menalippe, — M. de Nouveau, surintendant des postes.

Quel est l'égarement..., — M. le président de Saint-Vallier.

Quelques-uns..., — M. Noblet, ou M. Peinville.

Narcisse, — M. Garnier, seigneur de Montereau, frère de Madame de Brancas.

Voilà un homme..., — Feu M. le prince de Mecklembourg.

Scapin, — M. d'Halogny, maréchal de Rochefort.

Théramène, — M. Terrat.

CHAPITRE VIII.

N**..., — M. d'Aubigné, frère de Madame de Maintenon.

Il y a dans les cours..., — le marquis de Caretti, médecin.

De courtisans..., — M. de Langlée.

Un homme de la cour...., — M. le duc de Bouillon.

Il doit tenir..., — M. de Tonnerre, évêque de Noyon.

On fait sa brigue..., — M. le marquis de Vardes.

D'Artemon, — M. le duc de Beauvilliers.

L'on remarque dans les cours..., — Feu M. de Villeroi, archevêque de Lyon.

Menophile, — le P. La Chaise, jésuite.

Voyez un heureux..., — M. le chancelier Boucherat.

Un homme qui vient..., — M. de la Rivière.

Il faut des frippons..., — Deschiens, Brunet, Monnerot, Salaberi.

Timante, —M. de Pomponne.

Tibur, —Meudon.

Plancus, — M. de Louvois.

Théodote, — l'abbé de Choisi.

Il y a un pays..., — la cour.

Xantippe, — M. Bontems.

L'on parle d'une région..., — la cour.

Les gens du pays le nomment**.., — Versailles.

Il y a des gens..., — le comte d'Aubigné.

Aristide, — M. le cardinal d'Estrées, ou M. de Pomponne.

Straton, — M. le duc de Lauzun.

La faveur..., — M. Pelletier, le ministre.

D'autres hommes..., — MM. de Pontchartrain, Chamillard et de Chanlais.

CHAPITRE IX.

Théagène, — M. le Grand-Prieur.

Il est vieux, — M. de Saint-Pouanges.

Ou des personnes illustres..., — M. de Louvois.

Qui leur succèdent..., — M. de Pontchartrain.

Théophile, — M. de Roquette, évêque d'Autun.

Un grand débarqué..., — Le roi Jacques II.

Avez-vous de l'esprit, — Le duc de la Feuillade.

C'est une pure hypocrisie..., — M. de Harlay, premier président.

Aristarque, — Le même.

Théognis, — M. de Harlay, archevêque de Paris.

Pamphile, — M. le marquis de Dangeau.

Et celui..., — M. de Chanlais.

La maison d'un ministre..., — Louvois.

CHAPITRE X.

Soyecourt, — Beau-frère de M. de Bois-Franc.

Démophile, — L'abbé de Sainte-Hélène, frondeur.

Le peuple paisible..., — Les nouvellistes.

Basilide, — Anti-frondeur, le sieur Moulinet.

De rencontrer une personne...., — Madame de Maintenon.

La modestie de son favori..., — La même.

Hommes en place, — Les cardinaux d'Amboise et de Richelieu.

Les dignités se perdent..., — Les héritiers des cardinaux de Richelieu et de Mazarin.

Cet homme..., — le cardinal George d'Amboise.

Cet autre dont vous voyez l'image..., —. le cardinal de Richelieu.

De nos meilleurs princes...,—Louis XIV.

Par leurs ministres..., — feu M. Colbert.

Pour le ministère..., — M. de Pomponne.

Que de dons du ciel..., — portrait de Louis XIV.

CHAPITRE XI

Menalque..., — feu M. de Brancas.

Votre Révérence..., — l'abbé de Mauroy.

Il y a d'étranges pères..., — M. le duc de Gesvres, ou Banse le père.

De même une bonne tête..., — M. de Louvois.

Il se trouve des hommes..., — M. de Lauzun.

Il y a des gens..., — M. de la Feuillade.

Quelques hommes..., — le cardinal de Bouillon.

L'on en sait d'autres..., — M. Boutillier de Rancé.

Il y a des ouvrages..., — le Dictionnaire de l'Académie.

N***..., — Lestrot, administrateur et proviseur des prisonniers.

Ce n'est pas le besoin..., — le marquis d'Orfort, ou M. de Marville.

Un vieillard qui a vécu à la cour, — M. de Villeroi.

Philippe, — feu M. le marquis de Mennevillette.

Gnathon, — l'abbé Danse.

Cliton, — le feu comte d'Olonne

Antagoras, — M. le comte de Mont-Luc.

Timon, — M. le duc de Villeroi.

Le Phénix, — Quinaut.

Bathylle, — le Basque ou Pécourt.

Mais une comédienne..., — la Dancourt.

Le comédien..., — Chanmelé ou Baron.

Berylle, — l'abbé de Rubec.

Un homme rouge, — M. le Normand ou M. d'Apoigny.

B**..., — Benoît qui a amassé du bien en montrant des figures de cire.

BB**..., — Barbereau qui a amassé du bien en vendant de l'eau de la rivière de Seine pour des eaux minérales.

Un autre charlatan..., — Caretti, qui a gagné du bien par quelques secrets qu'il vendait fort cher.

Si les ambassadeurs, — Ceux de Siam.

Ce prélat..., — M. de Noailles ou M. le Camus.

Un air réformé..., — M. de Harlay, premier président.

Qui est connu pour tel..., — M. Pellisson.

Un homme parait grossier..., — La Fontaine.

Un autre est simple..., — Corneille l'ainé.

Voulez-vous..., — Santeuil, religieux de Saint-Victor.

Tel connu..., — M. Pelletier de Sousy.

Tel autre..., — M. son frère, le ministre.

Tout le monde..., — l'Académie française.

Antistius..., — M. de la Bruyère.

Quel bonheur..., — M. Le Tellier, chancelier de France, ou M. de Louvois.

Le plus grand malheur..., — M. Penautier, receveur général du clergé de France.

Un jeune prince...., — Monseigneur le Dauphin.

Un seul toujours bon..., —Louis XIV.

Un prince délivroit l'Europe..., — L'empereur.

Détruit un grand empire..., — Le Turc.

Ceux qui sont nés..., — le pape Innocent XI.

Petits hommes..., — les Anglais.

Vous avez surtout un homme pâle..., — le prince d'Orange.

Une isle toute entière..., — l'Angleterre.

Il a mordu le sein de sa nourrice..., — le prince d'Orange devenu plus puissant par la couronne d'Angleterre, s'étoit rendu maître absolu en Hollande, et y faisoit ce qu'il lui plaisoit.

Et ceux qu'il a domptés..., — les Anglais.

César..., — l'empereur.

CHAPITRE XIII

Théotime..., — M. Sachot, curé de Saint-Gervais.

Le Fleuriste..., — M. Caboust, sieur des Costeaux.

Parlez à cet autre..., — le sieur Marlet, avocat.

Un troisième..., — le P. Menestrier, jésuite.

Démocède..., — M. de Garnières.

Mais quand il ajoute..., — M. Moret, conseiller.

Quelques-uns... — MM. Thevenot et la Croix.

Un bourgeois..., — M. Amelot.

L**G**..., — Lesdiguières.

Diphile, — Santeuil.

Un homme fat..., — M. de Bourbon.

Le courtisan autrefois..., — M. le duc de Beauvilliers.

Onuphre..., — M. de Mauroy, prêtre de Saint-Lazare.

Zélie..., — Madame de Pontchartrain.

CHAPITRE XIV

Certaines gens..., — M. de Dangeau, ou bien le Camus de Vienne, ou M. Langlois.

Dès que leur fortune .., — Laugeois, qui se fait appeler de Laugeois.

Celui-ci, par la suppression d'une syllabe..., — Deltrieux, qui se fait nommer de Rieux.

Plusieurs suppriment leurs noms..., — Langlois, fils de Langlois, receveur aux confiscations du Châtelet, qui se fait appeler d'Imbercourt.

Il s'en trouve enfin..., — Sonin, fils de M. Sonin, receveur de Paris, qui se fait appeler de Sonningen.

T. T..., — les Théatins.

Un pasteur frais..., — M. de Blampignon, curé de Saint-Médéric, ou feu M. Hameau, curé de Saint-Paul.

Tite, — Percéval, vicaire de Saint-Paul.

Pour la remplir..., — M. le Seur, qui n'étoit pas prêtre quand il fut fait curé de Saint-Paul.

La fille d'Aristippe..., — Mademoiselle Fodet, fille de M. 'Morel.

Faire une folie..., — M. le marquis de Richelieu.

C'est épouser Mélite..., — Mademoiselle Mazarin, fille du duc de ce nom.

Il étoit délicat..., — M. le prince de Montauban, M. de Pons, M. Belot, M. de la Salle.

Une femme avancée en âge... — Madame la présidente le Barois.

Vous avez une pièce d'argent... — Bourvalais.

Il déguise, on exagère... — M. Fautrier, avocat.

Un innocent condamné..., — M. le marquis de Langlade, innocent, condamné aux galères, où il est mort.

Combien d'hommes..., — feu M. le président de Mesmes.

Il est vrai... — feu l'abbé de la Rivière, évêque de Langres.

S'il n'y avoit..., — La princesse de Carignan, le président Larcher.

Titius...; — M. Hennequin, procureur général au grand Conseil.

La loi qui ôte..., — M. et Madame de Valentin.

Au fidéicommissaire...; — M. Hennequin.

Typhon..., — M. de Bercy.

Ragoûts, liqueurs..., — M. le duc de Duras.

Hermippe..., — M. de Renonville.

Carro-Carri... — Carretti, italien, qui a fait quelques cures qui l'ont mis en réputation.

Vos médecins..., — M. Fagon, premier médecin du roi, qui a succédé à M. Daquin.

CHAPITRE XV

Jusqu'à ce qu'il revienne..., — M. le Tourneux, grand prédicateur.

Les citations profanes..., — manière de prêcher de l'abbé Boileau.

C'est avoir de l'esprit..., — M. l'abbé Fléchier, depuis évêque de Nismes.

Un meilleur esprit..., — Le P. Soanen, grand prédicateur, prêtre de l'Oratoire, depuis évêque de Senez.

L'orateur.... — l'abbé Bouin, grand faiseur de portraits en chaire, habile prédicateur et grand joueur.

Un beau sermon..., — le P. Gonnelieu, jésuite.

Le solide et l'admirable..., — le P. Bourdaloue.

La morale douce..., — l'abbé Boileau et Fléchier.

Ils ont changé la parole sainte...; — l'abbé de Roquette, neveu de l'évêque d'Autun.

Théodule..., — M. l'abbé Fléchier, évêque de Nismes.

Dioscore..., — Gédéon Pontier, auteur du *Cabinet des Grands.*

L'évêque de Meaux..., — Bossuet.

Il me semble..., — le P. de la Rue.

CHAPITRE XVI

Un grand croit..., — feu M. de la Feuillade, ou de Louvois, ou de M. de Seignelay.

Ce morceau de terre..., — Chantilly.

Ajoutons que M. *Edouard Fournier*, dans son excellent ouvrage intitulé « La Comédie de La Bruyère » (Paris, Dentu, 1872, 2ᵉ édition), a fait connaître quelques nouveaux types ; parmi ces attributions, il en est qu'il faut regarder comme incontestables, par exemple celle qui désigne Adrien Baillet comme étant l'original du portrait dans lequel, jusqu'ici, la plupart des commentateurs voyaient Gilles Ménage, l'abbé Bordelon ou Du Ryer. En somme, une clef exacte et complète des « Caractères » est encore à faire : ce n'est point un travail facile et il faudra beaucoup de temps, de savoir et de sagacité pour le mener à bonne fin.

CARCEL DE AMOR, compuesto por *Diego Hernandez de San Pedro.* En Sevilla, 1492, in-4, gothique.

Plusieurs éditions et traductions en portugais, en italien et en français, notamment sous ce titre :

LA PRISON D'AMOUR, LAQUELLE TRAICTE DE L'AMOUR DE LERIANO ET DE LAUREOLE, translaté en tusquan et naguere en langage françois, ensemble plusieurs choses singulières à la louange des dames. — Paris, Galliot du Pré, 1526, goth., fig.

« Roman plein de galimathias métaphorique, dit la « Bibliographie Gay » (t. II, p. 123), mais fondé, dit-on, sur une anecdote véritable qui eut lieu à Naples, sous les règnes de Ferdinand et d'Isabelle. Le titre de « Prison d'Amour » signifie un esclavage moral ; cette nouvelle finit d'une manière tragique. » (Voir la « Bibliothèque des Romans », juillet 1779).

CARITÉE (LA), ROMAN CONTENANT SOUS DES TEMPS, DES PROVINCES ET DES NOMS SUPPOSEZ, PLUSIEURS RARES ET VÉRITABLES HISTOIRES DE NOSTRE TEMPS, par le sieur *de Gomberville.* — Paris, 1621 et 1622, in-8, assez rare.

Marin Le Roy, sieur de *Gomberville*, a composé et publié plusieurs volumineux romans, aujourd'hui parfaitement oubliés. Son « Polexandre » est peut-être l'ouvrage le plus intrigué de notre littérature romanesque, mais les cinq gros volumes dont il se compose sont bien faits pour décourager le lecteur. La Caritée ou « Caritie » n'offre pas le même inconvénient. Ce livre pourrait encore se lire avec intérêt, surtout si l'on en trouvait la clef ; il nous mettrait à même de mieux apprécier certaines personnalités de ce temps-là. L'auteur a composé encore un roman à clef, *La Cythérie*, dont il est parlé plus bas.

La « Bibliographie Gay » (t. II, p. 125) cite un roman imprimé sous le titre suivant : « *La Caritée* ou *La Cyprienne amoureuse*, divisée en trois parties marquées des noms des trois Grâces. » (Tolose, 1621, in-8, rare.) Mais elle ne sait si cet ouvrage doit être attribué à *Pierre de Caseneuve*, ou au sieur de *Gomberville*.

CARMEN HEROÍCUM DE REBUS A LUSITANIS AD TRIPOLIM GESTIS, Joanni sexto Portugalliæ principi D. O. C. J.-F. Cardoso regius latinæ linguæ professor Soteropoli Bahiensi. — C'est-à-dire : EXPÉDITION DES PORTUGAIS CONTRE TRIPOLI, poème héroïque dédié à Jean VI, roi de Portugal, par *Joseph-François Cardoso*, professeur royal de langue latine, à San-Salvador, province de Bahia.

Le titre du volume est :

GUERRE DE TRIPOLI, poème traduit pour la première fois du latin en français et précédé d'une notice sur la vie de l'auteur et sur le recueil intitulé : « Deliciæ poetarum Lusitanorum, » par *S. Delatour*, curé de Saint-Thomas d'Aquin, traducteur des Silves de Stace et des œuvres de Claudien. — Paris, Auguste Vaton, libraire, MDCCCLXLVII, in-8, de LXXVI, 93 pages sur beau papier vélin.

La première observation (p. LXXIV) contient une clef du poème ci-dessus décrit. Je la transcris textuellement :

I. — « L'auteur n'a indiqué les per-« sonnages qu'il a mis en scène que « par leur nom de baptême et les a « condamnés ainsi à perdre le fruit « et la gloire de leur courage. Pour « moi, à l'exemple de M. Barbosa du « Bocage, je leur ai rendu celui de « leur famille et je les ai mis à même « de jouir exclusivement de leurs ex-« ploits sans qu'un prétendant vienne, « sans titre, se les attribuer : ainsi : Vers 152. — *Donaldus*, c'est Campbell, le héros du Poème ;

» 288. — *Oliva*, — Michel-Joseph de Oliveira Pinto ;

» 313. — *Petrus*, — Da Silva ;

» 514. — *Ludovicus*, — De França ;

» 514. — *Joannes*, — Da Rocha ;

» 515. — *Homo...*, — De Magalhaës ;

» 728. — *Lima*, — Marquis de Niza.

CARNAVAL (LE) DES AU-TEURS, OU LES MASQUES RE-CONNUS ET PUNIS, par *N.-J.-Laurent Gilbert*. — Paris, 1773, in-8, réimprimé dans les diverses éditions des œuvres de l'auteur.

Ecrit satirique en prose dirigé contre divers littérateurs et surtout contre les Encyclopédistes. Beaucoup de méchancetés parfois imméritées. Les noms véritables sont faciles à reconnaître : *Anti-Chaleur*, c'est La Harpe ; — *Le Citoyen de Genève*, J.-J. Rousseau ; — *Rudosoi*, Durosoi ; — *Vol-à-Terre*, Voltaire ; — *L'abbé du Sabat*, Sabatier de Castres ; — *Faible-Sot*, Palissot ; — *La B...*, La Beaumelle ; — *L'Impuissant de Trop-Sot*, Sautreau de Marsy ; — *Froid-Lambert*, Saint-Lambert ; — *Le masque singulier enveloppé de bandeaux*, Marmontel ; — *Le Littérateur géomètre*, d'Alembert, etc., etc. — *Sans-Quartier* personnifie sans doute Fréron.

CARTE (LA) DE LA COUR, (par *Gabriel Guéret*, avocat). — Paris, J.-B. Loyson (ou Trabouillet), 1663 : pet. in-12. Autre édition, Paris, Osmont, 1674, in-12.

Cet ouvrage, aujourd'hui peu commun, est un petit roman satirique fort spirituel, composé à l'imitation de la « Carte de Tendre » de Mlle de Scudéry. On y voit figurer les principaux seigneurs et les principales dames de la cour de France, sous des noms supposés dont la clef est imprimée sur les marges du livre même. Guéret a laissé plusieurs ouvrages, dont quelques-uns ne sont point sans mérite, c'était un homme d'esprit, très apprécié dans la belle société d'alors.

CARTE DU PAYS DE BRAQUERIE. Voir : Carte géographique de la Cour.

CARTE GÉOGRAPHIQUE DE LA COUR ET AUTRES GALANTE-RIES, PAR M. DE RABUTIN. Cologne, Pierre Marteau (Hollande, à la sphère), 1668, pet. in-12 de 78 p., rare et très recherché. Autre édition : Cologne, p. Michel, s. d. in-12.

« La Carte » n'occupe que 20 pp. ; elle doit être attribuée au *prince de Conti*, ainsi que Bussy-Rabutin le dit lui-même fort expressément ; il est à croire d'ailleurs que le malicieux écrivain n'est point resté étranger à sa composition. L'auteur de ce véritable pamphlet transforme en noms de villes, de bourgs et de lieux de passage, les noms de toutes les dames de la Cour, et, grâce à ce procédé, il trouve, dans ses descriptions géographiques, le moyen de faire les allusions les plus scandaleuses à leurs amours et à leurs mœurs. Cette curieuse petite pièce a été réimprimée dans le tome IV des « Historiettes » de Tallemant des Réaux (édition donnée par M. Paulin Paris) et sous le titre de : « CARTE DU PAYS DE BRAQUERIE, » à la suite de l' « Histoire amoureuse des Gaules » comprise dans la « Bibliothèque elzévirienne » (Paris, 1856, annotée par M. Paul Boiteau). En résumé, il est établi maintenant que cet écrit satirique fut composé, dès 1654, à l'instigation et avec le concours du prince de Conti et qu'il circula manuscrit, comme bien d'autres productions analogues.

Voici la clef assez complète de cette très impertinente satire :

Les Braques, — dames galantes ;
Les Cornutes, — les maris ;
Les Ruffiens, — les galants ;
Les Garraubins, — les « garsentins » ;
La Prudomagne, — le pays de la Pruderie ;
La rivière de Carogne, — la galanterie éhontée ;
La Castille, — Jeannin de Castille ;
Le seigneur de Sourdis, — l'abbé Fouquet ;

Saint-Loup, — Mlle de la Roche-Posay, plus tard Mme de… ;
L'infanterie qui garde Saint-Loup, — Candale, colonel de l'infanterie ;
Pont-sur-Carogne, — Mlle de Pons ;
Les deux gouverneurs de Pont-sur-Carogne, — le duc de Guise et son écuyer Malicorne ;
Un homme de naissance pauvre, mais de grande réputation, — M. de Clérambault ;
Un prince ecclésiastique qui a fait un séjour à Pommereul, — Le cardinal de Retz ;
L'Eminence qui commande à Lesdiguières, — Retz ;
Un homme à qui Lesdiguières s'était rendu, — Roquelaure ;
Etampes ou Valençay, — Mme de Puisieux ;
Un vieux satrape, — Le garde des sceaux, Châteauneuf ;
Brion, — Mme de Biron ;
Un comte angevin, — M. du Lude ;
Un comte bourguignon, — Bussy-Rabutin lui-même ;
Chevreuse, — Marie de Rohan ;
Un gouverneur, commandant à Chevreuse qui n'est plus bon à rien, — Laigues ;
Champré, — Mlle Henry, femme du conseiller Ménardeau ;
Le gouverneur d'Arnault, — M. de Clérambault ;
Cominges, — Mlle S.-A. Emilie d'Amalby ;
Le Tillet, — Mlle Bailleul, devenue Mme N. Girard ;
Un vieux satrape de Ruffie, — le maréchal du Plessis ;
Un homme du pays des Cornutes, — M. de Saint-Germain-Beaupré ;
La Vergne, — Mme de Lafayette ;
L'archevêque qui a demeuré à La Vergne, — Retz ;
Donna-Anna, — la reine Anne d'Autriche ;
Fort-Louis, — Louis XIV ;
Un gouverneur de Guise, — Montrésor.

CASE (LA) DE L'ONCLE TOM.
Voir : Uncle Tom's Cabin...

CASSANDRE, roman héroïque par *Gauthier de Coste*, seigneur de *La Calprenède*. Paris, 1642, 10 vol. in-8. Réimprimé en 1731. Paris, 10 vol. in-12. Autre édition abrégée, donnée par le marquis de Surgères. Paris, 1752, 3 vol. in-12.

Les observations mentionnées à l'article *Cléopâtre*, sont applicables en grande partie à ce roman qui n'est pas le plus mauvais de l'auteur. (Voir : Cléopâtre.)

CATALOGUE D'UNE COLLECTION DE TABLEAUX de différents maîtres des Écoles flamandes, dont la vente se fera au premier jour, s. d. (vers 1792), in-8 de 8 p.

Voici une pièce aussi rare que curieuse et qui pourrait figurer à la rigueur dans la bibliographie des Bibliothèques imaginaires. C'est la description de tableaux purement imaginaires, qui n'ont jamais existé. Le ton et la manière de chaque grand maître y sont parodiés d'une façon maligne et appliquée aux événements de l'époque auxquels ces prétendus tableaux font à chaque instant allusion. Ce sont autant de traits satiriques et sanglants contre la royauté et les abus du pouvoir royal qui allait bientôt succomber dans une épouvantable catastrophe. Un bel exemplaire de cet opuscule rarissime figurait à la vente de M. Victor Luzarche (2ᵉ partie, 1869, nº 4, 370). Il serait à désirer qu'on le réimprimât, surtout en y joignant une bonne clef des allusions qu'il contient.

CATÉCHISME ET DÉCISIONS DES CAS DE CONSCIENCE A L'USAGE DES CACOUACS.
Voir : Mémoire sur les Cacouacs.

CATO, OU REPROCHE A POMPÉE, se rapportant aux troubles présents, avec une imprécation à Dieu vengeur, s. l. 1568, pet. in-8.

« Opuscule des plus rares en vers français. C'est une de ces malédictions rimées que l'on faisait courir parmi le peuple hostile aux Huguenots et qui savait découvrir sous toute espèce d'allégories et de satires ce qui pouvait s'appliquer aux protestants. On y trouve même des allusions personnelles à des chefs calvinistes. La diffusion de ces livrets en explique assez la rareté : on se les arrachait déjà dans les rues quelques années avant la Saint-Barthélemy.» Un charmant exemplaire de ce rarissime pamphlet figurait à la vente de M. Victor Luzarche (2ᵉ partie, 1869, nº 3,888).

CAVE (LE) SÉRIEUX ET INTÉRESSANT OU AVIS SALUTAIRE ADRESSÉ A LA GRANDE-BRETAGNE, OÙ LA MONARCHIE UNIVERSELLE ENVAHIE PAR LA FR**** SE VOIT TOUT A DÉCOUVERT. Gibraltar (Londres), 1738, pet. in-8.

D'après une note de M. G. Brunet, cet ouvrage très singulier serait de *Jean-Baptiste Denis*, originaire de Toul, d'abord prêtre catholique et secrétaire du cardinal de Bissy, puis, vers la fin de sa vie, ministre protestant. Denis avait déjà publié, en 1712, à Londres (Hollande), un volume petit in-8 intitulé « Mémoires anecdotes de la Cour et du Clergé de France. » Cette espèce de pamphlet, mortellement ennuyeux, fit cependant fortune par la fameuse anecdote qui y est rapportée d'un prétendu mariage du grand Bossuet avec Mlle *** (Desvieux de Mauléon). Le « Cave » Prends garde ! du verbe latin *Cavere*, n'est pas un livre plus réjouissant que le précédent, mais il est assurément plus obscur et plus fatigant à lire, parce qu'un grand nombre de noms ou de mots ne sont désignés que par des initiales : ainsi la Fr***, c'est constamment la France ; les B*****, ce sont les Bourbons. La page 48 notamment donne un échantillon complet de ce système de cryptonymie. L'auteur, parlant des commencements du règne de Louis XIV, dit « qu'il vint à la Fr*** (France) un D*** D*** (Dieu-Donné), selon les uns, et, selon les autres, un D**** de D** (Donné de Dieu) dans sa colère ; il regarde le C******* (cardinal), comme son P***(père) et celui-ci le considère comme son F*** (fils) ; le premier de ses beaux exploits fut l'*A dul*** (adultère) et la violation de la *f** conj***** (foi conjugale) à la plus vertueuse des r*** (reines), etc., etc. ». Barbier (Examen critique des Dictionnaires historiques, p. 244) a donné une notice sur *J.-B. Denis.*

CÉFALIE (LA), DE M. DU BAIL.
Paris, Besonge, 1637, pet. in-8.

Quoique ayant la forme d'un roman, cet ouvrage est en réalité un livre à clef ; il y est fait allusion à des événements et à des personnages du temps. D'après une note que je dois à M. G. Brunet, plusieurs exemplaires de la *Céfalie* sont accompagnés d'une feuille in-4, repliée dans le volume et donnant les noms véritables des héros du roman. Cette feuille manque à la plupart des exemplaires. Chose assez singulière, aucune biographie ne parle de l'auteur, M. *Du Bail,* qui est cependant connu par plusieurs ouvrages. Je me bornerai à citer :

« LES AMOURS D'AMISIDORE ET DE CHRYSOLYTHE », histoire véritable, où est décrite l'inconstance des amoureux de ce temps, par *Du Bail.*— Paris, Boutonné, 1623, in-8.

« LES GALANTERIES DE LA COUR, » par *Du Bail.* — Paris, Denain, 1644, 2 vol. in-8.

« FLORIDOR ET DORISE, » histoire véritable de ce temps, par *Du Bail.*— Paris, Rocolet, 1633, in-8.

« LES GÉNÉREUSES AMOURS DES COURTISANS DE LA COUR, SOUS LES NOMS D'ALCIMÈNE ET DAMEROSE, » par *Du Bail.* — Paris, Loyson, 1641, in-8.

« L'OLYMPE, OU LA PRINCESSE INCONNUE, » par *Du Bail.* — Paris, Rocolet, 1635, in-8.

« LA PRINCESSE AMOUREUSE, » *sous le nom de Palmélie*, par *Du Bail.* — Paris, 16.

Voilà une série de romans dont les titres sentent terriblement le livre à clef ! — Du Bail, qui écrivait de 1623 à 1644, devait avoir un autre nom que celui sous lequel il nous est connu. C'était fort la mode parmi les auteurs du commencement du xviie siècle, de ne signer leurs ouvrages que d'un nom d'emprunt, tiré d'une terre, d'un bénéfice, etc. — A quand une bonne étude bio-bibliographique sur le *sieur Du Bail*?

CÉLIBAT (LE) PHILOSOPHIQUE.
Voir : Les princesses Malabares.

CÉLIE, OU LA COMTESSE MÉLICERTE,
où se voyent les aventures d'Artaxandre, de Philadelphe et de Méliagre, de Célie, de Silezie et de Timante, dans les villes de Tulle et de Paphos. Paris, Barbin, 1663, in-8, et Paris, Loyson, 1664, in-8.

Cet ouvrage, que citent seulement Barbier et la « Bibliographie Gay » est de *J. Bridou,* auteur inconnu aux Biographes. Il serait curieux de connaître les vrais noms de ces trois couples amoureux, dont les aventures ont été jugées dignes d'être réimprimées dans le «Conservateur» de novembre et décembre 1760.

CÉLINTE, nouvelle première (par *Mademoiselle de Scudéry*). Paris, Augustin Courbé, 1661, in-8 de 2 f. et 394 p., front. gravé par Chauveau.

On trouve une analyse de cet ouvrage à clef dans la « Bibliothèque française, » de *Sorel,* édition de 1667, p. 180. Il est assez rare; le catalogue Techener, en 1858, en offrait un très bel exemplaire au prix de 34 fr.

Sous le titre de *Nouvelle,* ce volume renferme des dialogues sur les faits de l'époque et sur les personnages de la Cour, *le tout sous des noms supposés.* Ces personnages commencent leurs entretiens par une description très détaillée des particularités de « l'Entrée de la Reyne à Paris. » (Catalogue Bachelin-Deflorenne, 1873-74, n° 2556, coté 8 fr.

CENDRILLON, opéra-comique, en un acte, en vers, par *M. Anseaume,* (avec vaudeville et plusieurs airs de M. La Ruette). Paris, Duchesne, 1759, in-8.

Cette pièce, dit la « Bibliographie Gay, » est l'histoire d'un célèbre acteur de l'Opéra, nommé *Thévenard,* qu'une pantoufle placée à l'étalage d'un cordonnier, rendit, à l'âge de 60 ans, éperdûment amoureux d'une fille qu'il n'avait jamais vue, qu'il découvrit et de laquelle il fit sa femme.

CENT PIEDS DE NÉS, ou LE MARIAGE A CUL, comédie faite par M.D.D.D.R.D.M., 1641, *manuscrit* in-4 de 149 p., écriture du temps.

Cette comédie, en 5 actes et en prose, est suivie d'une farce. L'auteur, encore inconnu, qui signe seulement L. D. R. sa dédicace à son plus cher ami *Florimond,* dit avoir représenté sous de faux noms une aventure où il joua son rôle. C'est une amère satire qu'il a dirigée contre une femme, nommée *Martine* dans la pièce. (Catalogue Soleinne, n° 1484.)

CERCLE (LE) DES FEMMES SÇAVANTES, par *M.D.L.F.,* dédié à Madame la Comtesse de Fiesque. Paris, Trabouillet, 1663, in-12 de X. 15 p. et 7 f., rare.

Cette pièce, ou plutôt cette suite de dialogues à trois personnages (*Mécène, Virgile* et *Livie*), a pour auteur *Jean de La Forge.* Elle est fort intéressante pour la connaissance de la société française à cette époque. Les femmes savantes de France y sont passées en revue sous leurs noms de précieuses qu'une clef fait connaître. Cette clef, qui ne se trouve pas dans tous les exemplaires, complète celle du « Dictionnaire des Précieuses; » elle comprend 67 noms et a été reproduite dans le Tome II des « Recherches sur les Théâtres de France, » par de Beauchamps. — En voici les principaux articles :

Cléonice, — la duchesse de Retz ;
Méris, — la marquise de Villeroy ;
Roxane, — Marie de Romieu ;
Marianne, — Marie Stuart;
Hélène, — Hélène de Surgère, amie de Ronsard ;
Mélinde, — Anne Desmarquetz, religieuse ;

Marphise, — mademoiselle Morelle, parisienne ;

Amarante, — la reine Marguerite de Navarre ;

L'Autre, — la princesse de Conti, née de Guise ;

Nithetès, et sa fille, — Madame Neveu et Catherine Desroches ;

Talmasse, — La marquise de Sablé ;

Géménie, — mademoiselle de Gournay ;

Axiane, — la vicomtesse d'Auchy ;

Candace, — mademoiselle Cosnard ;

Parthénie, — mademoiselle Paulet ;

Pamphile, — la princesse Palatine ;

Madonte, — mademoiselle de Montpensier ;

Lygdamire, — madame de Longueville ;

Arténice, — la marquise de Rambouillet ;

Chriséide, — la marquise de Grignan ;

Clarice, — mademoiselle de Montausier ;

Céliothe, — mademoiselle Canu ;

Némésis, — mademoiselle de Nervèze ;

Polénie, — madame Paget ;

Chrysolis, — la marquise de Chavigny ;

Virginie, — la marquise de Vilaine ;

Bérénice, — madame de Bourneaus ;

Cléone, — mademoiselle Melson ;

Toxaris, — madame de Saint-Balmon ;

Gisade, — madame de Gastines ;

Amestris, — l'abbesse de Saint-Arnaud ;

Bélinde, — madame de Bregis ;

Dynamise, — mademoiselle Dupré ;

Hésione, — madame Des Houlières ;

Charite, — mademoiselle de Choisy ;

Praxille, — mademoiselle du Plessis-Personne ;

Mélistrate, — la comtesse de Maure ;

Christine, — la reine de Suède ;

Ursace, — Anne de Wischer ;

Statira, — mademoiselle de Schurmann ;

Sinise, — mademoiselle Sinière ;

Claudine, — madame Colletet ;

Amphale, madame Scarron ;

Félice, madame de La Fayette ;

Sapho, — mademoiselle Scudéri ;

Aréthuse, — mademoiselle Desjardins ;

Erixe, — la duchesse de Saint-Simon ;

Sophronie, — madame de Sévigné ;

Lacbie, — la marquise de Piennes ;

Valérie, — la duchesse de Ventadour ;

Axiamire, — la comtesse de Fiesque.

Il serait fort désirable que l'on fît pour le « Cercle des Femmes Sçavantes », le même travail historique que celui que M. Vitet a si heureusement accompli pour « Le Grand Dictionnaire des Précieuses. »

CERCLE (LE), OU LES ORIGINAUX, comédie en un acte (et en prose), par *Charles Palissot de Montenoy*. (Nancy, 1755, in-4 à la suite du divertissement exécuté le 26 novembre 1755). Réimprimé en 1763, in-12, et dans les diverses éditions des œuvres de l'auteur.

Cette pièce est le premier trait lancé par Palissot contre les Philosophes du XVIIIᵉ siècle ; il y critique en même temps les femmes savantes de l'époque, mais ses plus amères railleries sont surtout dirigées contre J.-J. Rousseau, appelé dans cette comédie *Le Philosophe*, et contre Poinsinet, désigné sous le nom du poète *Duvolcan*, contre lequel Palissot nourrissait une vive animosité.

CÉSAR AVEUGLE ET VOYAGEUR, (par *Jean-Antoine Guer*). Londres, 1740, in-12.

« C'est, dit la « Biographie Michaud » (T. LXVI, p. 212), l'histoire d'un mendiant nommé Pinolet, qui se tenait dans le passage des Feuillants et que tout Paris connaissait à cette époque. Cet ouvrage, oublié complètement aujourd'hui, eut sans doute quelque succès, puisque l'auteur le reproduisit très augmenté sous ce titre : Pinolet ou l'Aveugle parvenu, histoire véritable, composée sur les faits fournis par Pinolet lui-même, actuellement existant dans Paris. — Amsterdam, Marc-Michel Rey, MDCCLV. Se trouve aussi à Paris, chez Sébastien Jorry. 4 vol. in-12, formant ensemble près de 1,300 p. Curieux frontispice gravé. »

Il se trouve dans ces mémoires de César-Pinolet des allusions à des faits et à des personnages contemporains. C'est d'ailleurs, au jugement de Formey et de Fréron, « un ouvrage abominable, exécrable, ordurier au dernier point, sans esprit, sans bon sens, plein de platitudes... » Malgré cette sévère appréciation, ce livre peut se lire encore avec quelque utilité, à cause des renseignements qu'il contient sur la vie et les mœurs du peuple à cette époque.

CHANSON D'UN INCONNU, nouvellement découverte et mise au jour, avec des remarques critiques, etc., par le docteur Chr. Matanasius, sur « l'Air des Pendus », ou histoire véritable et remarquable, arrivée à l'endroit d'un R. P. de la Compagnie de Jésus. Turin (Rouen), Alétophile, 1732, in-12. Réimprimée en 1756, avec des augmentations, dans les « Mœurs des Jésuites, leur conduite sacrilège dans le Tribunal de la Pénitence, avec des remarques critiques, etc. » Turin (Rouen), Alétophile, in-12.

Cet ouvrage allégorique et satirique

est de Nicolas Jouin, banquier à Paris, né à Chartres en 1684, mort le 22 février 1757, auteur de nombreuses « Sarcelades » et autres poésies et écrits anti-jésuitiques. Le titre de ce petit ouvrage et le nom supposé de l'annotateur avaient manifestement pour but de le faire attribuer à Saint-Hyacinthe, qui avait, sous le même pseudonyme, publié son fameux « Chef-d'œuvre d'un inconnu. » Il y a beaucoup d'allusions malicieuses dans cet écrit ; le R. P. de la Compagnie de Jésus, dont on raconte l'histoire véritable, est le célèbre P. Couvrigny ; on trouve aussi, page 141, l'histoire singulière d'un polonais nommé de Chapsky. (Voir sur Nicolas Jouin, qui pendant trente années ne cessa de publier de malicieux écrits contre les Jésuites et leurs partisans, la « Biographie Michaud » T. LXVIII, p. 290-292).

CHANSONS DE P.-J. DE BÉRANGER.

Les éditions de ces célèbres chansons sont trop nombreuses pour qu'on les puisse indiquer ici ; ce travail a été fait d'ailleurs avec grand succès par M. Brivois, dans son excellente « Bibliographie de Béranger. »

On se bornera donc à rappeler que, dans plusieurs éditions antérieures à 1830, des noms propres ont été laissés en blanc. Voici, d'après une note de M. G. Brunet, quelques indications propres à combler les lacunes ou à faire connaître les noms de personnages déguisés :

La Bonne fille, — mademoiselle Bourgoin, actrice ;

Le Sacre de Charles-le-Simple, — Charles X ;

Le cardinal et le chansonnier, — le cardinal de Clermont-Tonnerre ;

Les Clefs du Paradis, — le cardinal de Bonald ;

Le Docteur et ses malades, — le docteur Antoine Dubois;

Les Trembleurs, —Dupont, de l'Eure;

Les Fous, — M. Enfantin, M. Fourrier;

La Bonne Vieille, — mademoiselle Judith Frère;

L'Ermite et ses saints, — dé Jouy;

Le Bon Vieillard, — Panard.

Il y aurait encore beaucoup à dire pour donner une clef complète de Béranger; les plus récentes éditions sont d'ailleurs pourvues de notes qui dissipent en grande partie l'obscurité de certaines allusions.

CHARLATANS (LES) DÉMASQUÉS, OU *Pluton vengeur de la Société de médecine.*

Voir : La Faculté vengée.

CHARLES II, ROI D'ANGLETERRE, EN CERTAIN LIEU, comédie très morale, en cinq actes très courts, dédiée aux jeunes princes, et qui sera représentée, dit-on, pour la récréation des Etats-Généraux. Par un disciple de Pythagore, Venise (Paris), 1789, in-8, rare.

Cette pièce en prose est de *Louis-Sébastien Mercier,* qui la composa à l'occasion d'une aventure assez scandaleuse arrivée au comte d'Artois, que la police arrêta dans une maison de débauche. Il est parlé de cette affaire dans les « Mémoires de Bachaumont. » (Catalogue Soleinne, n° 2145).

CHARLES ET CAROLINE, OU LES ABUS DE L'ANCIEN RÉGIME, comédie en cinq actes et en prose, par *G.-C.-A. Pigault-Lebrun.* Lille et Paris, Barba, 1793, 1794 et 1795, in-8.

Pièce réimprimée sous ce titre :

LES ABUS DE L'ANCIEN RÉGIME, OU CHARLES ET CAROLINE; comédie en cinq actes et en prose. Paris, Touquet; Brière, 1826, in-32, 75 cent.

Réduite à trois actes et réimprimée sous le titre :

LA LETTRE DE CACHET, OU LES ABUS DE L'ANCIEN RÉGIME, mélodrame en trois actes. Paris, Barba, 1831, in-8, 1 f. 50.

Cette pièce fut représentée, vers la fin de 1789, au Théâtre-Français et très bien accueillie. « L'auteur essaya d'y décocher quelques traits contre les abus du régime qui venait de s'écrouler. *Charles de Verneuil* n'était point un personnage imaginaire. Il avait existé; il existait encore, ainsi que la plupart des personnages. Epris des charmes d'une jeune fille, belle, pure, mais pauvre, dont il avait fait sa femme, il sollicitait en vain le consentement de son père, ou une loi qui légitimât cette union. D'une part, son père restait inflexible, et de l'autre, il se trouva un juge qui, pour mettre fin aux instances de Charles, n'imagina rien de plus ingénieux que de le déclarer mort. Charles appela de cette sentence au Parlement de Paris, qui mit l'appel à néant et le condamna lui-même aux frais. Arrêt signifié à Charles en personne, exploit d'huissier, acquittement des frais par Charles *défunt,* rien ne manqua à cette comédie. Tels sont les faits qui s'étaient passés dans une grande ville et dont le souvenir était encore récent. Un pareil sujet aurait eu besoin d'être traité par un esprit plus énergique que celui de Pigault-Lebrun. » Ainsi toute la donnée de « Charles et Caroline » repose sur des faits véritables : en compulsant les archives du Parlement de Paris, on pourrait former avec toute certitude la clef des noms de cette comédie. (Voir : E. Jauffret, Théâtre Révolutionnaire, p. 27.)

CHASSE (LA) A LA GRAND' BÊTE, OU MENUS-PLAISIRS DU ROI DES CNARFS, drame en un acte et en prose, vraiment tiré de la « République universelle » du bonhomme *Reinser* (*Guillaume Resnier*, général de brigade), 1790, imprimée à Mayence.

Pièce de théâtre révolutionnaire. « La scène se passe dans une partie du monde quelconque : l'empereur des *Sniamreg* (Germains), qui a eu des démêlés avec son clergé, dit au roi des *Cnarfs* (Francs), qu'il a cru devoir céder un instant à l'orage et laisser rasseoir les esprits mus par une séditieuse vermine sacerdotale qui les ronge. Le roi n'est qu'à demi content, connaissant la force de cette vermine et la rancune dont elle est possédée. —Votre majesté, répond-il, compte donc pour rien le magique pouvoir de fabriquer des dieux partout où il y a de la farine, et si appétissants que vous ne seriez pas le premier empereur qui en fût mort d'indigestion ? » La *Grand'bête*, c'est donc le clergé romain. Les noms anagrammatisés sont faciles à traduire, ils sont simplement écrits à rebours. (Voir : E. Jauffret, Théâtre Révolutionnaire, p. 63, et Catalogue Soleinne, n° 2481.)

CHASSE (LA) AUX BÊTES PUANTES ET FÉROCES qui, après avoir inondé les bois, les plaines, etc., se sont répandues à la Cour et à la Capitale ; suivie de la liste des *Proscrits* de la nation, et de la notice des peines qui leur sont infligées par contumace, en at-

tendant le succès des poursuites qui sont faites de leurs personnes, ou l'occasion. Par ordre exprès du *Co.... Per......* (Comité permanent), et en vertu d'une délibération unanime d'icelui, à laquelle ont assisté tous les citoyens de cette ville. — Paris, imprimerie de la Liberté, 1789, 2 part. in-8 de 32 p., très rare, la seconde partie surtout.

Pamphlet révolutionnaire très violent, dirigé contre les plus hauts personnages, les magistrats, les ministres, etc., affublés de noms d'animaux. Ce procédé a été souvent employé dans les libelles des commencements de la Révolution. Ainsi, *une panthère* échappée de la Cour d'Allemagne, c'est la Reine ; une *louve de Barbarie*, c'est Mme de Polignac, etc. La première personne qui figure sur la liste des Proscrits, *une dame de Versailles*, c'est encore Marie-Antoinette. M. Hatin, Bibliographie de la Presse, p. 113, a donné un fort bon article sur cet affreux libelle.

CHASSE (LA) AUX MONSTRES, MENUS-PLAISIRS DU PEUPLE FRANÇAIS, (drame en trois parties, en prose), par le citoyen *Guillaume Resnier*, général de brigade, s. l. (Valenciennes ?) III° année républicaïne (1795), in-8 de 101 p., chiffrées, plus 2 ff.

Rarissime production révolutionnaire. « L'auteur, qui dédie son incroyable pièce à *son souverain* le peuple français, met en scène *Raison*, *Sens* et *Mœurs*, chasseurs, députés du peuple, pour forcer la grosse bête de l'ancien régime, laquelle représente le Pape (*Probus-primo*) ou la Religion, la Royauté, la Noblesse, » etc., etc. Cette longue et insipide allégorie ne dégoûte pas moins le lecteur par la pauvreté du style, qu'elle ne le révolte par les pensées qu'elle contient. Il y a des allusions à des personnages du temps. (Voir : Catalogue Soleinne, n° 2, 480.)

CHASSE (LA) DU CERF DES CERFS. Poème composé par *Pierre Gringore*. Pièce in-8, gothique, de 8 ff. non chiffrés. — Réimprimé par les soins de M. Veinant, en 1829. (Paris, Pinard, 42 exemplaires). — Réimprimé encore dans le tome Ier des « Œuvres de Gringore » (p. 157-167). Paris, P. Jannet, 1858, (Bibliothèque elzévirienne).

Le titre de ce petit ouvrage politico-satirique est un jeu de mots sur la fameuse formule « SERVUS SERVORUM DEI » employée par les Papes depuis le VIe siècle. Les querelles de la Cour de France avec Rome inspirèrent à Gringore cette pièce et une autre encore, le « Jeu du Prince des Soltz » (voir ce titre), qui furent manifestement tracées avec l'approbation, sinon même à l'instigation du gouvernement français. Le *Cerf des Cerfs*, autrement dit le souverain-pontife, y est vivement attaqué et ridiculisé ; on trouve là un symptôme de cet essor d'indépendance auquel Luther allait donner une extension redoutable. (G. Brunet.)

CHATEAU (LE) DE COPPET EN 1807. Voir : Athénaïs.

CHEMIN (LE) LE PLUS COURT, par *J.-B.-Alphonse Karr*. — Paris, Gosselin et Werdet, 1836, 2 vol. in-8, avec une gravure et un fac

simile, prix : 15 fr. — 2e édition, Paris, Ollivier, 1837, 2 vol. in-8. Plusieurs fois réimprimé depuis.

Cet ouvrage, qu'on a très judicieusement appelé « le roman des illusions perdues », fit beaucoup de bruit lors de son apparition ; on se répétait partout qu'il renfermait des allusions continuelles à la propre histoire de l'auteur. « Ce livre, écrivait M. Jules Lecomte (« Lettres sur les écrivains français, » par Van Engelgom, Bruxelles, 1837, p. 32), ce livre auquel le procès en séparation de l'auteur avec sa femme donne un caractère fort piquant, est très critiqué ici (à Paris); on désapprouve formellement M. Karr d'avoir aussi scandaleusement fait passer dans le public les secrets de sa famille : mais le livre est amusant... »

CHEVAUX (LES) AU MANÈGE. Ouvrage trouvé dans le portefeuille de Mgr le prince de Lambesc, grand écuyer de France. Aux Tuileries (Louvre), 1789, trois livraisons de 8 p. in-8 chacune.

Ce pamphlet anonyme, dirigé contre les membres de l'Assemblée nationale, qui siégeait au Manège, est décrit dans la « Bibliographie de la presse périodique » de M. E. Hatin (p. 114). Chaque numéro, nous dit-il, a sa clef sur un feuillet séparé et sous le titre : « Noms des chevaux à dresser, avec leur caractère et leurs penchants. » On apprend ainsi que le *Pétulant*, c'est Mirabeau ; l'*Ombrageux*, c'est Clermont-Tonnerre ; le *Familier*, c'est l'évêque d'Autun (Talleyrand); la *Cabreuse*, c'est l'abbé Maury ; l'*Indocile*, c'est Target; le *Peureux*, c'est le duc d'Orléans ; l'*Intrépide*, c'est Grégoire ; la *Rusée*, l'abbé de Montesquiou ; le *Fou-*

droyant, Thouret; l'*Heureux*, Bailly; l'*Inconstant*, d'Antraigues; la *Noncha-lante*, l'archevêque d'Aix (de Boisge-lin); le *Terrible*, Châteauneuf-Ran-don, etc., etc.

Ce curieux et rare libelle n'est pas fort tendre à l'égard des personnages qu'il vise et au sujet desquels il s'ex-prime ainsi :

Leur orgueil foule aux pieds l'orgueil du diadème ;
Ils ont brisé le joug pour l'imposer eux-mêmes.
De notre liberté ces illustres vengeurs,
Armés pour la défendre, en sont les oppresseurs.
Sous les noms séduisants de patrons et de pères,
Ils affectent des rois les démarches altières.

CHIEN - CAILLOU. Fantaisies d'hiver, par *J.-F. Champfleury*. Paris, Martinon, 1847, in-12.

Tout le monde a lu ce charmant récit, cette histoire touchante, si sou-vent rééditée et que l'on réimprimera longtemps encore. Cette nouvelle, le meilleur morceau peut-être que l'on doive à la plume de M. Champfleury, n'est point une histoire imaginaire ; elle est fondée sur une personnalité très réelle et le héros du récit, le pau-vre et malheureux artiste *Chien-Cail-lou* vivrait encore.. M. Alex. Hepp, dans un article inséré dans le journal « Le Voltaire » (avril 1882), nous fait connaître que ce pauvre vieux, pres-que aveugle, abandonné et miséra-ble, n'est autre que le graveur Rodol-phe Bresdin, toujours ignoré et cepen-dant célèbre depuis plus de 35 ans, sous le nom que M. Champfleury lui a donné pour en faire un des héros du réalisme.

CHINKI, histoire cochinchinoise, qui peut servir a d'autres pays. Lon-dres, 1768, in-8, 96. p.

Réimprimé dans les œuvres de l'auteur, le fécond abbé *Gabriel-François Coyer*. Une édition séparée, qui porte comme sous-titre « Se-conde partie de l'Homme aux qua-rante écus », a souvent fait attri-buer cet écrit à Voltaire.

Ce livre est moins un livre à clef qu'une allégorie politico-économique. *La Cochinchine*, c'est la France, *Chinki*, c'est le paysan, le laboureur, l'homme de la terre, qui fait la for-tune du pays et que les impôts, les charges et les exactions de toute nature ruinent d'abord, désespèrent ensuite et finissent par conduire au vice ou au crime. Cette satire sévère des mœurs de la France d'alors a été analysée par Grimm (« Correspon-dance, » août 1878), qui ne traite pas très favorablement son auteur.

Il parut, quelques années plus tard, une espèce de parodie de ce petit ou-vrage; elle est intitulée : « *Naru*, fils de Chinki, histoire cochinchinoise, qui peut servir à d'autres pays, et de suite à celle de Chinki, son père. » Londres, 1776, in-8. Cet écrit, at-tribué tantôt à *L.-A du Wicquet d'Ordre*, tantôt à de *Maugée*, est très inférieur au précédent qui, lui-même, ne rappelle Zadig que de très loin.

CHRONIQUE ARÉTINE, ou re-cherches pour servir a l'histoire de la génération présente. Caprée, (Paris), 1789, in-8 de 104 p. Pre-mier et seul cahier paru.

Cet ouvrage satirique, assez amu-sant, est devenu rare : C'est une bio-graphie peu flatteuse d'actrices et de courtisanes alors fort connues à Paris. La clef est des plus simples, les noms étant indiqués par une portion des lettres qui les composent. Comme dans beaucoup de livres anglais de cette époque, ce sont principalement les voyelles que l'on a supprimées et remplacées par des tirets; ainsi :

B — d, — Mlle Bonard ;

Con — t, — Mlle Contat ;

Z — ch — e, — Mlle Zacharie;

L — b — de, — Mlle Laborde ;

Du — Fr — sne, — Mlle Dufresne ;

C — l — n, — Mlle Coulon ;

M — ll — d, — Maillard ;

D'H — v — x, — Mlle d'Hervieux ;

Ch — ch — u — Le — B — c, — Mlle Chouchou Le Blanc ;

M — t — n, dite *G — dm — s — n*, — Mlle Martin, dite Grandmaison, etc.

On annonçait, pour les livraisons suivantes, les biographies de soixante demoiselles ou dames et dans la liste, qui en est donnée, figurent les noms des fameuses actrices Raucourt, Dugazon, Guimard, Vestris, Sainval, etc. Dans le cours du récit, des noms propres nombreux sont soumis à un système de réticences qu'il ne serait pas difficile de dévoiler, en consultant les chroniques de l'époque : le duc de *Ch — s — l* (Choiseul), le duc de *B — w — k* (Berwick) et bien des noms plébéiens, moins aisés sans doute à compléter.

CHRONIQUE DU CHEVALIER DE SO-. TERMELEC.

Voir : Les Avantures de Pomponius.

CHRONIQUE (LA) INDISCRÈTE.

Boudoirs, coulisses, bruits de ville, variétés, écrits, gravures, musique, spectacles, etc. 2e édition, avec des augmentations. Paris, au Palais-Royal, Galeries de bois, chez Lelong et Delaunay, 1819, 2 vol. in-12 de 254 et 280 p. La 1re édition est de 1818.

Fort intéressant petit ouvrage de *A.-H. Ragueneau de La Chainaye ;* il est divisé en 12 parties correspondant aux 12 mois de l'année. C'est un recueil d'anecdotes de tout genre et qui toutes sont fort piquantes. Une clef bien complète rendrait encore aujourd'hui ce recueil très curieux. Voici celle que j'ai pu composer à l'aide d'annotations manuscrites de l'époque, mises en marge d'un exemplaire de la 2e édition que je possède :

TOME Ier

Pages

15 — *Mlle Len.*, — Lenormand ;

15 — *M. Spon*, — Spontini ;

17 — *Mad. Mo.*, — Madame Molé ;

17 — *Comtesse de Val.*, — Comtesse de Valivon ;

17 — *Mad. Aur. Bur.*, — Aurore Bursay ;

18 — *M. P.*, — Picard ;

18 — *Mad. de V.*, — de Valivon ;

22 — *MM. D. et G.*, — MM. Dieulafoy et Gentil ;

26 — *Le Chevalier de R.*, — Rougemont ;

45 — *Mlle P. de St. S.*, — Mlle Patrat de Sainte-Suzanne ;

48 — *M. P...*, — Panckoucke ;

51 — *L'éditeur de l'Anthologie*, — Fayolles ;

68 — *M. Roug.*, — de Rougemont ;

73 — *M. Pic.*, — Picard ;

73 — *M.**, — Selves ;

76 — *Mlle Lev.*, — Leverd ;

77 — *Mlle B.*, — Bourgoin ;

78 — *M. Ch.*, — Choron ;

78 — *M. P.*, — Persuis ;

78 — *Mme E. L.*, — Lesparat ;

80 — *M. Chaussardin*, — Chaussard ;

89 — *H. de St.-M.*, — Saint-Marcellin ;

101 — *Mme Dav.*, — Davilliers ;

111 — *M. B... Charp.*, — Beauvarlet-Charpentier.

113 — *M. R. S. C.* — Révérony Saint-Cyr ;

114 — *Mlle Gr.*, — Grassari ;

Telle qu'elle est, cette clef donne la traduction d'environ la moitié des astérismes et initialismes contenus dans l'ouvrage : beaucoup de noms propres d'ailleurs sont en toutes lettres. Plusieurs des anecdotes consignées dans ce spirituel recueil sont très galantes pour ne pas dire libres; mais elles donnent une bonne idée de l'esprit et de l'humour d'alors.

CHRONIQUE INDISCRÈTE DU DIX-NEUVIÈME SIÈCLE. Esquisses

contemporaines, extraites de la correspondance du prince de***. Paris,—Persan et Ponthieu,—1825, in-8 de VI, 416 p., peu commun.

Selon Barbier, qui l'a, d'ailleurs, assez mal traité, cet ouvrage est dû à la collaboration de *P. Lahalle, J.-B.-J.-J.-P. Regnault-Warin* et *J.-B.-B. de Roquefort*. — C'est une compilation d'anecdotes, de portraits et de faits historiques ; certains personnages y sont nommés en toutes lettres, notamment Barbier auquel on donne de justes éloges et qui déclara plus tard, avec assez peu de modestie, que l'article le concernant était le seul qui fût exact et bien fait. Un plus grand nombre de personnes, qui sont loin de jouer un beau rôle, ne sont désignées dans ce recueil que par des initialismes plus ou moins transparents. Il est à remarquer que les personnages ainsi ridiculisés ou critiqués appartenaient, pour la plupart, au monde officiel du premier empire. Les auteurs de la « Chronique indiscrète » ont jugé prudent sans doute de ne point rédiger leurs malicieux souvenirs aux dépens des personnages en place sous le gouvernement d'alors.

Voici d'ailleurs la clef des initialismes les plus importants de ce curieux recueil :

117 — *D.....;* — Desmarets ;

123 — *B.....,* — le Comte de Blacas ;

187 — *Alex Delab...,* — Delaborde ;

212 — *Mᵐᵉ R.***,* — Mᵐᵉ Regnault de Saint-Jean d'Angély ;

282 — *D. S. de S.,* — de Servan de Sugny ;

282 — *Q. de Q.,* — Quatremère de Quincy ;

291 — *l'illustre F.....,* — Fayolle ;

348 — *le cardinal de B...,* — Beausset ;

370 — *T.....,* — Le Prince de Talley-rand ;

370 — *C.....,* Georges Cuvier ;

371 — *V.....,* — Valençay, terre de M. de Talleyrand ;

371 — *F.....,* — Fontainebleau ;

372 — *le prince...,* — Louis XVIII ;

372 — *G.....,* — Gand ;

368 — *le libraire B...,* — Barba ;

368 — *So.... de la R...,* le vicomte Sosthènes de la Rochefoucauld ;

405 — *Mˡˡᵉ B...,* — Mˡˡᵉ Bourgoin, actrice ;

407 — *Mᵐᵉ d'H****,* Mᵐᵉ d'Houdetot ;

408 — *Et..,* — Encore M. Etienne, au-teur de « Conaxa ».

Il y a beaucoup d'autres initialis-mes à compléter dans ce livre, mais ils sont d'un intérêt secondaire et la liste en serait considérable.

CHRONIQUE (LA) SCANDA-LEUSE.

« Journal badin, mais ar-dent; bouffon, mais austère. » Pa-ris, 1791, in-8, 33 numéros. (Cet ouvrage n'a rien de commun que le titre, avec le suivant).

M. E. Hatin a donné d'intéressants renseignements, dans sa « Bibliogra-phie de la Presse » (p. 203), sur cette feuille qu'on avait si justement appe-lée une « boutique à scandale. » « Nous nous moquerons des « ridicules », disait le prospectus ; nous cacherons la moralité sous la plaisanterie ; nous démasquerons les vices ; nous insulte-rons à la politique du moment quand elle sera méprisable. Nous conspue-rons la démocratie ; l'aristocratie dé-pourvue de grâce et de raison sera bafouée. Tout sera appelé par son nom — *nous n'imprimerons que les trois premières lettres des noms pro-pres, mais les portraits seront affreux de ressemblance.* » La clef de ce jour-nal est des plus simples, comme on voit par ce qui précède ; les personna-ges mis en cause ne sont pas traités avec modération, tant s'en faut, ainsi : *Phi...* (Philippe-Egalité) est un pol-tron; — *Bar...* (Barnâve), un gredin ; — *Cha...* (Champcenetz), un drôle ; — *Tal...* (Talleyrand), un gueux ; — *Cha...* (Champfort), un plat-pied, etc., etc. — Suivant « la Chronique de Paris » du 29 janvier 1792, *Rivarol* faisait partie du triumgueusat, auteur de ce violent libelle.

CHRONIQUE (LA) SCANDA-LEUSE,

OU MÉMOIRES POUR SERVIR A L'HISTOIRE DE LA GÉNÉRATION PRÉ-SENTE, contenant les anecdotes et les pièces fugitives les plus piquan-tes que l'histoire secrète des Socié-tés a offertes pendant ces dernières années.

« *Ridebis et licet rideas.* »

A Paris, Dans un coin d'où l'on voit tout, (1783), in-12 ;

Nouvelle édition augmentée, Pa-ris, 1786, 2 vol. in-12 ;

Autre édition, 1785, 1787, en 5 vol. in-12 ;

Autre édition, 1788, 1791, en 5 vol. in-12 ;

Autre édition, 1791, désignée sur le titre comme quatrième édi-tion, également en 5 volumes in-12.

Enfin « LA CHRONIQUE SCANDA-

LEUSE », publiée par *Octave Uzanne,* avec préface, notes et index. Paris, A. Quantin, 1789, 1 vol. grand in-8 de XIV, 325 p. avec magnifique frontispice de Lalauze, vignettes, fleurons, etc. Tirage à petit nombre sur papier vergé. Prix : 20 fr.

Cette curieuse chronique est due, comme l'on sait, à la plume de *Guillaume Imbert* et à celles de quelques-uns de ses amis. Rien ne peut la faire mieux connaître et apprécier que la remarquable introduction mise par M. O. Uzanne en tête de sa réimpression, ou plutôt du choix judicieux des anecdotes les plus intéressantes qu'il a su faire dans ce recueil assez volumineux. Cet ouvrage est rempli d'initialismes assez faciles à compléter pour le lecteur versé dans l'histoire de l'époque ; il faudrait plusieurs colonnes de cette étude pour en donner la clef entière.

Je me bornerai donc à donner l'explication des noms supposés et des anagrammes de deux pièces curieuses insérées dans la Chronique scandaleuse.

La première est intitulée « *Ligurie, conte traduit du grec* ». C'est une anecdote galante dont les personnages sont : *Ligurie,* la demoiselle Forestier, jolie marchande de modes, de 14 à 15 ans, qui fit du chemin par la suite ; *Leucosie,* une de ses petites amies et sa confidente ; le duc D ...., le duc d'Aumont, son amant; enfin *Biblis,* la Dubuisson, entremetteuse, la plus habile élève de la fameuse Gourdan.

La seconde pièce, beaucoup plus étendue, a pour titre : « *Abrégé de l'Histoire de Psaltérion,* fameux critique arabe, traduit du turc, par *D. L. H.*» C'est une mordante satire contre La Harpe ; elle avait déjà paru dans la « Correspondance secrète » ;

en voici la clef, telle que je l'emprunte au bel ouvrage de M. Uzanne :
Psaltérion, — La Harpe ;
L'Arabie, — La France ;
Son collége, — Le Collége d'Harcourt ;
Norfer, — Fréron ;
Torad, — Dorat ;
Rompi, — Piron ;
Enicra, — Racine ;
Le Ramanan, — le jour de l'an ;
Eriatlov, — Voltaire ;
Reaussou, — Rousseau ;
Nocreille, — Corneille ;
Becrillon, Crébillon ;
Pognampi, — Lefranc de Pompignan;
Un avocat célèbre, — Linguet.

CHRONIQUES (LES) DE LA PERSE SOUS MANGOGUL, avec l'origine de la politique actuelle de cet empire,. 1776. Pamphlet anonyme formant les pages 284 à 305, du troisième volume des « Anecdotes échappées à l'Observateur Anglois et aux Mémoires secrets, etc. » Londres 1788 (réimpression de la « correspondance » de Métra).

Cet écrit, divisé en deux parties, a beaucoup d'analogie avec « Les Mannequins, » dont il est parlé plus loin; c'est le même style, le même procédé de composition. Cette satire des événements de la fin du règne de Louis XV circula d'abord clandestinement en manuscrit. Tous les noms sont déguisés ou plutôt tout simplement écrits à rebours. La clef est donc bien facile à faire :

Mangogul, — Louis XV;
Toleina, — M. Amelot;
La Perse, — la France;
Irnehertauq, — Henri IV;
Luesioch, — M. de Choiseul;
Yarret, — l'abbé Terrai;
Vopuam, — Maupeou;
Ispar, — Paris;

Irrabud, — madame Dubarry;

Setsimonoce, — les Económistes;

Sennegrev, — M. de Vergennes;

Drolthorn, — Lord North;

Lubertie, — M. de Breteuil;

Talreb, — d'Albert;

Nollugiad, — le duc d'Aiguillon;

Muarsepa, — M. de Maurepas;

Siumed, — M. de Muys, ministre de la guerre;

Le Sénat, — le Parlement;

Togur, — Turgot;

Niagerm-tains, -- M. de Saint-Germain;

Mardanneck, — le Danemarck;

Le nouveau Sophi, — Louis XVI;

Liregaed, — M. d'Aligre;

Le mage Reiuges, — Séguier;

Les Goïlans, — les Anglais;

Ennobran, — M. de Narbonne;

Teletchaud, — Du Châtelet;

Nurtaïdes, — ?

Ajoutons que la seconde partie a pour titre : « Les Chroniques sous le successeur de Mangogul. »

CHRYSAL, ORTHE ADVENTURES OF A GUINEA, by an *Adept*. A New Edition, to which is now prefixed A sketch of the Author's Life. Embellished with Plates. In Three volumes. London, Hector M'Lean, 1821, in-8. (Coloured illustrations by E. F. Burney.)

Telle est la meilleure, sinon la plus belle édition de ce curieux ouvrage qui parut pour la première fois à Londres, en 1760 (2 vol. in-12) et qui depuis cette époque compte plus de vingt réimpressions très augmentées. L'auteur est l'avocat *Charles Johnston*, qui a écrit plusieurs autres romans, aujourd'hui complètement oubliés. Ce roman satirique a été traduit en français sous ce titre : « *Chrysal, ou les aventures d'une guinée*, histoire angloise. (Traduite par *Jos.-P. Fré-*

nais.) Paris, Dufour, 1768 et 1769, 2 vol. in-12. Il avait été annoncé par les journaux comme « un récit détaillé et impartial de tous les événements remarquables du temps actuel dans toute l'Europe. » La publication suivit immédiatement cette annonce; et comme le roman, écrit d'un style nerveux, riche de couleurs et d'images, offrait au lecteur la chronique secrète de tous les principaux personnages vivants et d'un grand nombre de libertins titrés, il s'empara sur le champ de l'attention publique.

« Chrysal » est un ouvrage qui a une grande analogie avec le « Diable Boîteux » de Le Sage. Dans ces deux romans, les auteurs ont introduit un esprit doué de la faculté de lire les pensées et d'expliquer les aberrations de l'esprit humain; mais Le Sage a été infiniment plus heureux que Johnston dans la création du personnage intermédiaire. Les folies de l'auteur français font rire; l'auteur anglais peint des vices et des crimes qui font horreur; les caractères qu'il retrace sont d'une horrible vérité; il aurait pu rendre sa satire aussi piquante et tout aussi sévère en épargnant au lecteur la grossièreté de quelques-unes des scènes qu'il réprouve. Johnston a donné la clef des personnages qui figurent dans son ouvrage; elle a été publiée par *William Davis* dans son ouvrage intitulé : « Olio of bibliographical and Literary Anecdotes. (London, 1814, in-12, pp. 13-21). Le « Saturday Rewiew » a publié, il y a quatre ou cinq ans, une intéressante étude sur « Chrysal » et sur son auteur que Walter Scott a appelé *un Juvénal en prose.*

CHRYSOLITE (LA), OU LE SECRET DES ROMANS, par le sieur *Mareschal*. Paris, 1627 et 1634, in-8.

Suivant *M. G. Brunet*, un exemplaire de la deuxième édition, ayant une clef manuscrite, figurait au catalogue Cangé (p. 106). Cet écrit allégorique doit être fort rare ; on ne le voit cité dans aucune bibliographie. Vraisemblablement, l'auteur n'est autre que le sieur *Antoine Mareschal*, avocat au parlement de Paris, qui a composé neuf pièces de théâtre décrites et analysées dans la « Bibliothèque du Théâtre-François » (T. II, p. p. 64-77). Voir : « La Généreuse Allemande. »

CHUTE DE LA MÉDECINE ET DE LA CHIRURGIE, ou LE MONDE REVENU DANS SON PREMIER AGE ;

traduit du chinois par le bonze *Luc-Esiab*.

B   R
A Q N

A *Emeluogna*, la présente année 000 000 000. Petit in-8 de 8 p. Dans quelques exemplaires, au milieu des quatre lettres B R A N, la lettre Q est remplacée par celles-ci :

MON

E

Cette fantaisie malpropre, décrite à la page 5 de la « Bibliotheca Scatalogica, » est remplie de mots d'apparence hétérogène, mais dont la clef est bien facile à trouver : il suffit de lire ces mots à rebours, comme on lit l'hébreu ; exemple : *Sarg-Ydram*, — Mardy-Gras.

Toute cette facétie roule sur une recette pour faire vivre jusqu'à trois cents ans, laquelle a été découverte par le célèbre docteur *Reihc-à-Top*, médecin du grand *Luc-ecus*.

Voici cette précieuse formule :

Essius-ed-Norte, un gros.

Etomram-ed-Eriof, deux onces.

Neihc-ed-Edrem, quatre onces.

Mêlez le tout dans une pinte de *Ellieiv-ed-Tassip*, qu'on réduira à une chopine.

Suivent les attestations des docteurs *Eriofehcel*, *Narb-Eluogne*, *Essev-Emuh*, et des médecins *Lucneelffuos*, *Norte-Ebog*, *Tuòt-Zelava* : le tout contre-signé *Sarg-Ydram*.

Laissons aux amateurs... de ces grasses facéties le soin de traduire ces noms ; ajoutons seulement que cet opuscule fait partie des onze volumes petit in-8° publiés par *Caron* (Pierre-Siméon), de 1798 à 1806. On sait que cette collection n'a été tirée qu'à 56 exemplaires et, au dire du spirituel rédacteur de la « Bibliotheca Scatalogica, » ceux qui sont complets se vendent plus cher qu'un bel exemplaire de Bossuet, de Buffon ou de Voltaire. Séparément, toutefois, ces opuscules sembleraient avoir beaucoup moins de valeur, car celui dont il est ici question n'était coté que 1 fr. 50 en 1873, dans le 90° catalogue de la librairie Baillieu.

CICCEIDE (LA) LEGITTIMA,

in questa seconda impressione accresciuta della seconda parte. Parigi (Italia), 1692, in-12, front. gravé. (Petit volume fort rare, vendu jusqu'à 30 francs à la vente Randon de Boisset).

C'est un recueil de sonnets de *Giovanni-Francesco Lazzarelli*, de Gubbio, qui s'est amusé à railler et à ridiculiser cruellement son collègue au tribunal de Macerata : *Bonaventure Arrighini*, sous le nom de *Don Ciccio* (quelque chose comme *Monsieur Tumeur*). Lazzarelli fut aidé dans son entreprise satirique par *François Bagni*, gentilhomme de Fasso. La première édition, datée de Cosmopoli, a été faite, croit on, à Bâle ; on en connaît une troisième, sans lieu ni date,

augmentée de quelques sonnets, mal
à propos, paraît-il, attribués à l'auteur. (Voir : Melzi, Anonimi, T. I, p.
205.)

CINNAME, HISTOIRE GRECQUE.
Voir : Les Impostures innon-
centes.

CITOYEN (LE) DU MONDE.
Voir : Le Cosmopolite.

CLÉANDRE (LE) D'AMOUR ET
DE MARS, où soubz le nom d'un
prince de Loriane, sont desduictes
les adventures amoureuses d'un
prince françois. Par le sieur *De
Peberac de Montpezat*. Bourdeaux,
Millanges, 1620, in-12.

L'auteur de ce roman allusif n'est
cité dans aucune biographie. La famille de Montpezat avait encore des
représentants à l'époque de la Révolution. Qui pourra dire le vrai nom
de ce « prince françois » déguisé sous
le nom d'un « prince de Loriane ? »

CLÉLIE, HISTOIRE ROMAINE,
par Mademoiselle *de Scudéry*. Paris,
A. Courbé, 1654, 1661, 10 vol.,
pet. in-8. Autres éditions avec figures, Paris, 1656, 1660, 1666, 1731,
10 vol. in-8.

Ce fameux ouvrage a été analysé
dans la « Bibliothèque des Romans »
(octobre 1777). C'est dans le Tome Ier
de cet interminable roman que se
trouve la description du « Pays de
Tendre, » si spirituellement critiquée
par Boileau dans les « Héros de Roman. » Les afféteries de cet ouvrage
paraissent, aujourd'hui surtout, d'autant plus ridicules que la scène en est

chez les Romains du temps de Tarquin. Tallemant des Réaux (T. VII,
pp. 70-71) et « L'Usage des Romans »
(p. 61) font voir que, sous des noms
supposés, la plupart des personnages
notables du temps : Fouquet, Pellisson, la reine Christine, Mmes Scarron,
Pilou (*Arricidie*), de Montansier, (*Ar-
tenice*), de Longueville, etc., etc., y
sont portraiturés. Mais je ne sache
pas qu'on ait encore eu le courage de
dresser la clef de ce volumineux ouvrage, qui offre beaucoup moins d'intérêt qu'*Artamène*, et dont M. V. Cousin a dit avec raison : « Mettre sous
les noms de personnages que tout
lecteur instruit connaît parfaitement
(*Brutus, Tarquin, Horatius Coclès,
Lucrèce*, etc., etc.,) des seigneurs et des
dames du xviie siècle, avec leurs gants
et leurs mœurs, c'est une entreprise
radicalement extravagante, où le roman et l'histoire ne se rencontrent
que pour se combattre. » Il est à noter
cependant que la *Clélie*, si longtemps
oubliée et justement dédaignée, dut
peut-être à cette sévère critique un
regain de faveur qui la fit rechercher
à très haut prix par d'éminents bibliophiles.

CLÉODAMIS ET LELEX, ou
L'ILLUSTRE ESCLAVE. La Haye, (Paris), P. Paupie, 1746, 19 p.

Dans le « Bulletin du Bibliophile »
(avril 1857, p. 235), M. Paul Lacroix
a donné quelques indications intéressantes sur ce livre et sur son auteur,
N.-E. Menin, conseiller au Parlement
de Metz. « Cléodamis et Lelex », qu'il
ne faut pas confondre avec « L'Heureux Esclave » de Bremond (1692), est
un de ces petits romans de galanterie
qu'on imprimait alors en France,
avec *tolérance* et sans privilège, sous
la rubrique d'une ville de Hollande.
L'auteur était un grave magistrat, fort
apprécié dans la société des beaux es-

prits et des belles dames. Il va sans dire que ce livre est une sorte d'autobiographie partielle et que N.-E. Menin s'est mis en scène sous le nom de l'*Illustre Esclave*. Il aimait fort à composer de petits ouvrages allusifs; tel est par exemple son joli roman de *Turlubleu* (voir ce titre); telles sont aussi ses « *Anecdotes politiques et galantes de Samos et de Lacédémone.* » La Haye (Paris), 1744, 2 part. in-12; tel devait être un autre roman allégorique « *La Grèce galante*», qui devait faire suite aux « Anecdotes » et qui n'a jamais paru. Enfin, Menin est encore l'auteur d'un écrit galant intitulé: « Les trois Voluptés. » S. L. (Paris), 1746, in-12 de 120 pp. Titre, front. gravé. La dernière des trois Voluptés, que l'auteur présente comme la meilleure, ressemble fort à un mariage bien assorti. « Ce livre, au dire de M. P. Lacroix, est une histoire *personnelle* écrite en forme de lettre pour quelques amis, avec toute la liberté du langage des petits-soupers. »

CLÉODONTE ET HERMELINDE,

ou HISTOIRE DE LA COUR, par le sieur Antoine Humbert. Paris, Du Bray, 1629, in-8.

Antoine-Humbert de Quéyras, romancier fort oublié aujourd'hui et que ne cite même pas la « Biographie Michaud, » a retracé, dans ce récit, sous des noms supposés, divers événements du règne de Louis XIII. Il a laissé quelques autres romans qui figurent au Catalogue La Vallière-Nyon, et qui sont également le tableau des mœurs de l'époque, où les personnages du temps sont mis en scène et déguisés sous des pseudonymes. On citera notamment:

LES TRIOMPHES DE LA GUERRE ET DE L'AMOUR, par *le sieur Humbert*. Paris, 1631, in-8.

LES FORTUNES DIVERSES DE CHRYSO-

MIRE ET DE KALINDE, où par plusieurs événements d'amour et de guerre sont représentées les intrigues de la Cour, par *Cléodonte*. (Ici l'auteur a emprunté son pseudonyme à son premier ouvrage). Paris, Alozet, 1636, in-8.

LES ADVENTURES D'IRCANDRE ET SOPHONIE, par *Humbert*. — Paris, Quinet, 1636, in-8.

Voilà des ouvrages dont la clef ne sera sans doute jamais faite. Heureux les amateurs qui en trouveront un exemplaire annoté par quelque curieux de cette époque.

CLÉON RHÉTEUR, CYRÉNÉEN,

ou APOLOGIE D'UNE PARTIE DE L'HISTOIRE NATURELLE. Traduit de l'italien. Amsterdam (Paris), 1750, 1759, 1770, pet. in-12. — Réimprimé aussi, sans doute afin d'en faciliter la vente sous le titre de : « *Cléon, ou le petit-maître esprit fort* ». Genève (ou La Haye), 1757, in-12. — Inséré encore dans le « Choix littéraire de Genève, » et les « Contes *moraux!* » de Madame de Uncy.

Cet ouvrage n'est point traduit de l'italien; il a été en réalité composé par *Claude-Florent Thorel de Campigneulles*, à l'imitation de l'école italienne dite *Bernesque*. C'est un roman allégorique dont le sujet roule tout entier sur une équivoque obscène. Il s'y trouve un certain nombre de mots simplement anagrammatisés et très aisés à comprendre; ainsi, étant donné que *Nasiralo* signifie : la raison, on n'aura pas de peine à trouver le sens de *Cléon*, sujet principal du livre. C'est un ouvrage très libre, bien digne d'un ancien garde-du-corps, mais dont le style est fort ennuyeux. Viollet-le-Duc, dans son catalogue de 1847, le qualifie « d'écrit peu piquant et fort prétentieux, » et M. Ch. Monselet, dans ses « Galanteries du dix-huitième siècle, » dit « qu'il est impossible d'aller plus loin en fait de mauvais goût. »

CLÉOPATRE, Roman, par *Gauthier de Coste*, seigneur *de la Calprenède*. Paris, 1648, 12 tomes en 23 volumes in-8. Autre édition : Leyde, 1657, in-8; trois autres éditions abrégées en 3 vol. in-12. Paris, 1668, 1769, par Lebret, et 1789, par Benoît. Traduit en italien par Majólino Bisaccioni. Venise, 1697, 6 vol. in-12.

« Malgré son énorme longueur, ses conversations éternelles, ses interminables descriptions, malgré la complication de vingt différentes intrigues, malgré tous ses défauts, en un mot, La Calprenède a de l'imagination : ses héros ont le front élevé; il offre des caractères fièrement dessinés, et celui d'*Artaban* a fait une espèce de fortune, car il a passé en proverbe; il est vrai que ce proverbe même prouve le ridicule des exagérations de l'auteur.... Les romans de ce temps-là étaient écrits pour les gens du plus grand monde et du plus bel esprit; tous les personnages qui y figuraient déguisaient, sous des noms et des conditions allégoriques, les principales illustrations de l'époque. Les interminables conversations représentent tous les merveilleux et galants seigneurs du temps sous les pseudonymes de *Cléomédon*, *Alcimédon*, *Tyridate*, le fier *Artaban*, etc.; toutes les belles dames, coquettes, spirituelles du XVIIe siècle, sous les antiques noms de *Candace*, *Cynthie*, *Marianne* ou *Arsinoé*. Ces personnages, amplement qualifiés des titres pompeux de *princes de Moritanie*,

d'*Ethiopie* et d'*Arménie*, de *princesses des Parthes*, de *la Thrace* et de *la Chersonèse*, se tiennent des discours saupoudrés d'un sel tout parisien, se font mille petites perfidies, s'adressent de charmants madrigaux et s'écrivent des lettres dans le goût de Voiture et de Madame de Sévigné. » (Voir : Revue des Romans, par Eusèbe G ***** (P.-A.-P. Girault, de Saint-Fargeau, t. II, p. 1 et 2.)

Il y a là une clef bien curieuse à faire et bien propre à exercer la patience et la sagacité des chercheurs. Toutes les judicieuses réflexions qui précèdent, s'appliquent au moins en partie aux autres romans de La Calprenède et surtout à sa *Cassandre*; (voir ce titre.)

CLÉOPHON, TRAGÉDIE CONFORME ET SEMBLABLE A CELLES QUE LA FRANCE A VEUES DURANT LES GUERRES CIVILES, par *J. D. F.* Paris, François Jacquin, 1600, pet. in-4 de 2 ff. et 46 p., orné d'une figure qui manque à presque tous les exemplaires. Très rare.

Cette pièce qui retrace, sous des noms supposés, les principaux événements de la Ligue, n'est point analysée, ni même citée, dans la « Bibliothèque du Théâtre-François. » L'auteur, suivant M. P. Lacroix, serait *Jacques de Fonteny*. Le meurtrier de Henri III, Jacques Clément, est mis en scène sous le nom de *Palamnaise*, et représenté comme l'instrument fanatique des *rebelles* (les Ligueurs), dont le chef se nomme *Teraptan*. (Catalogue de Soleinne, nº 885).

CLITIE (LA), OU LE ROMAN DE LA COUR.

Voir : Le Roman de la Cour de Bruxelles.

CLOACINA. A Tragi-Comedy, 1775, London, in-4, (anonymous).

Cette pièce, qui n'a point été faite pour être représentée, contient des traits satiriques fort plaisants contre les caprices des directeurs de théâtre, et contre les modernes auteurs de tragédies, qui se faisaient alors remarquer par leur mauvais goût. L'auteur ridiculise çà et là divers personnages, et notamment le genre d'éloquence d'un célèbre orateur du temps, *The Specious B — Ke*, qui n'est autre qu'Edmond Burke. (« Biographia Dramatica », t. II, p. 58.)

COCARDE (LA) TRICOLORE, épisode de la guerre d'Alger, vaudeville en trois actes, par MM. *Hippolyte et Théodore Cogniard*. Paris, Bezou, 1831, in-8 de 64 p. Plusieurs fois réimprimée, cette pièce a été jouée aux « Folies-Dramatiques. »

Dans cette pièce est personnifié, sous le nom de M. *Qu'as-tu*, un don Quichotte de l'absolutisme monarchique, M. Cottu, conseiller à la Cour royale de Paris, et déjà ridiculisé, sous le nom de M. *Pattu*, dans « Le Voyage de la Liberté » (voir cet article). Un autre personnage de la « Cocarde », M. *Prends-donc*, signifierait M. Dudon, ex-député de la droite, contre lequel l'opposition avait lancé certaines imputations fort graves. Ces noms déguisés, aujourd'hui si insignifiants, constituaient alors des allusions fort claires que le public accueillait avec transports. (Th. Muret, « Histoire par le Théâtre », T. III, p. 144).

CODE (LE) LYRIQUE, ou RÈGLEMENT POUR L'OPÉRA DE PARIS, avec des éclaircissements historiques. A. Utopie, chez Thomas Morus, à l'Enseigne des terres australes, MDCCXLIII. Avec permission. (Paris), in-18 de 95 p. Réimprimé, la même année, sous le titre de : « Règlement pour l'Opéra de Paris, » etc. etc., in-12, 68 p., titre grav. Deux autres éditions également en 1743.

Ce petit écrit facétieux est de *Gabriel Meusnier de Querlon*. On y trouve (p. 1 - 40) « Le Point de vue de l'Opéra », fragment attribué au futur cardinal *de Bernis*. Le chapitre le plus curieux est le « Règlement pour l'Opéra », en 50 articles, (p. 41 - 81), où l'on suppose que Momus rend un arrêt pour réglementer la forme et le prix de la galanterie des filles d'Opéra ; cette petite pièce, plus que badine et fort satirique, est suivie « d'Éclaircissements historiques », qui ne font qu'ajouter à la malignité des allusions. Il y a là une clef à faire : divers personnages, et notamment des acteurs et actrices, ne sont désignés que par des initiales ; ainsi (p. 68, 69), la « Chambre Souveraine » qui juge les différentes causes de *ces demoiselles* est composée de MM. *le P. L....*, Président ; *le C. de N.*, assesseur ; *le Sr Dam....*, greffier ; *le Sr Dal....*, huissier ; *le Sr Hay....*, messager de la Cour ; *le P. de S. L....*, Procureur général ; *le Sr La Ch...*, substitut, etc., etc. Ce qu'il y a de curieux, c'est que Rétif de la Bretonne a repris au sérieux, dans son mimographe, la plupart des inventions bouffonnes de Meusnier de Querlon.

COLA'S FURY, or LIRENDA'S MISERIE. A Tragedy, by Henry Burkhead, 1646, Kilken, in-4. (Cola,

ou Nicolas (?) en fureur, ou la mi-
sère d'Irlande).

Cette pièce a trait à l'insurrection
irlandaise de 1641. Les personnages
principaux qui prirent part à cette
affaire, sont mis en scène sous des
noms déguisés ; ainsi *Osiris*, c'est le
duc d'Ormond ; *Berosus*, c'est sir John
Borlace, etc., etc. *Lirenda* n'est autre chose que l'annagramme d'Ireland.
Cette tragédie, qui n'a jamais été
jouée, est prônée d'une manière extravagante dans les deux pièces de
vers qui la précèdent. (Voir : « Biographie Dramatica », 1782, T. II, p. 60.)

COLLÉGE (LE) DE ***, Sou-
VENIRS DE LA SUISSE, EN 1794 ;
comédie-vaudeville, par MM. *V. de
Villeneuve*, *Masson*, et *A. de Leu-
ven*. Paris, Barba, 1850, in-8.

Dans cette pièce de circonstance, ***
désigne la ville de Reichenau, où le
duc de Chartres s'était retiré, sous le
nom de *Corby*, après la bataille de
Nerwinde et la défection de Dumouriez. Cette comédie est remplie d'allusions flatteuses pour le nouveau
roi des Français, Louis-Philippe Ier,
qui y est désigné sous le nom de
M. Philippe, professeur. On sait qu'en
effet, Louis-Philippe professa les langues et les mathématiques au collége de Reichenau. (Voir : Th. Muret, l'histoire par le Théâtre ; T. III,
p. 107).

COMÉDIE (LA) DE BRETAGNE.
Voir : Le couronnement d'un
Roi.

COMÉDIE GALANTE DE M. DE
B. Paris. (Hollande), 1667, pet.
in-12, front. gravé, très rare.

Pièce en vers, en quatre actes

très courts, plus connue sous le titre de LA COMTESSE d'OLONNE.

Telle est l'édition originale de cette
pièce satirique et très libre qu'on a
successivement attribuée — d'abord à
Bussy-Rabutin, parce qu'elle est fondée sur le chapitre des « Amours des
Gaules » relatif aux débordements de
la comtesse d'Olonne ; — puis à *Corneille Blessebois*, parce que, dans le
« Cabinet d'Amour et de Vénus », elle
a été imprimée à la suite de « Marthe
Le Hayer », comédie de cet auteur ; —
enfin, à *Grandval*, le père, qui n'a fait
que l'abréger et la réduire en un acte.
Cette pièce licencieuse a été bien souvent réimprimée, soit séparément, soit
dans des recueils de pièces libres et
satiriques. Il serait beaucoup trop
long et assurément inutile de faire
ici la bibliographie de cette production lubrique : on se contentera de
renvoyer les lecteurs, tant pour ces
diverses éditions que pour les fréquentes modifications qu'elle a su-
bies : au Manuel du libraire, au Catalogue de Soleinne (nos 3,832 à 3,834),
à la « Bibliographie Gay » (T. II
p. 281 et 298), et surtout à la curieuse notice de M. E. Cléder, sur la
vie et les ouvrages de Corneille Blessebois (p. LXIX, LV). On se bornera
à citer, comme rentrant dans l'objet
de cette étude, l'extrait suivant du
Catalogue de Soleinne (no 3,833) :

Dans la « F.... Manie », poème lubrique, par *Mercier de Compiègne*,
suivie de plusieurs autres pièces du
même genre. (Londres, aux dépens
des amateurs, 1780, in-18 de 106 p.),
on trouve « La Comtesse d'Olonne »,
comédie en un acte, en vers, de Bussy-
Rabutin, avec quelques changements
et sous des noms travestis, ce qui
prouverait que la pièce a été imprimée ici sur un manuscrit du temps ;
ainsi :

Argénie, — c'est la comtesse d'O-
lonne ;

Bigdore, — le comte de Guiche ;
Gélonide, — la comtesse de Fiesque ;
L'abbé, — l'abbé de Roye ;
Marcelin, — le prince de Marsillac ;
Castellor, — le duc de Castres ;
Manicamp, — le giton du comte de Guiche ;
Gandalin, — le duc de Candale ».

COMÉDIENS (LES), ou LE FOYER,

Comédie en un acte et en prose,
par M. ***.

« Quid facient Domini, audient cùm
[talia fures ? »

A Londres, MDCCLXXVII,
in-8 de 32 p.

Autre édition :

LES COMÉDIENS, OU LE FOYER,
comédie en un acte et en prose,
attribuée à l'auteur du « Bureau
d'esprit », représentée par les comédiens de la ville de Paris, au
théâtre du Temple, le 5 Janvier
2,440. Paris, de l'imprimerie des
successeurs de la veuve Duchesne,
M. M. CCCC. XL. (1777), in-8.

Cette pièce est certainement de
Louis-Sébastien Mercier. Voici une
note de Joseph Pain, à ce sujet, insérée dans le Catalogue Soleinne
(nº 2,131) : « Mercier m'a déclaré que
cet ouvrage est sorti de sa plume à
l'époque de son fameux procès avec
les comédiens, quoique l'avertissement l'attribue au chevalier Rutlidge, qui, lui-même, dans la préface
du « Train de Paris », l'avoue. Mercier a même travaillé au « Bureau
d'Esprit », qui a paru sous le nom de
Rutlidge ; cet irlandais ne possédait
pas encore assez la langue française ».

Voici la clef des « Comédiens »,

relevée sur un exemplaire que j'ai eu
sous les yeux :

MM. *Gengiskan*, — le Kain ;
    Crispin, — Préville ;
    Alceste, — Bellecour ;
    Lusignan, — Brizard ;
    Hippolyte, — Molé ;
    Harpagon, — Desessarts ;
    Monvilain, — Monvel ;
    Crispinet, — Dugazon ;
    Nigaudin, — Bouret ;
    Posezéro, — Dauberval ;
Mmes *Alceste*, — Bellecour ;
    Aménaïde, — Vestris ;
    Minaudier, — Faussier ;
    Bertinet, — Hus ;
    Crispin, — Préville ;
    D......?, — Doligni.

COMMIRII (J.), SOCIETATIS

JESU, CARMINA. Nova edition. Parisiis, Barbou, 1753.

On sait que le père Jean Commire
est un des écrivains modernes qui ont
cultivé avec le plus de succès la poésie latine. L'édition ci-dessus, la meilleure de toutes, contient, outre ses
Imitations des Psaumes, ses Pièces
héroïques, ses Odes, ses Idylles, ses
Épigrammes, etc., un recueil de *Fables*, qui permettent de comprendre
leur auteur dans cette étude. S'il faut
en croire, en effet, *Chrétien Gryphius*
(« Essai sur les historiens du XVIIe
siècle », p. 277), les fables du P. Commire ont une clef. Voici d'ailleurs
comment s'exprime Gryphius à ce
sujet :

« .... Mais le P. Commire s'est surtout montré admirable dans ses *Fables*, où, sous des emblèmes ésopi-
ques et dans un style digne de Phèdre, il a retracé d'une manière charmante les plus graves événements de
l'Europe. Aussi crois-je rendre un
véritable service à mes lecteurs en
leur offrant ici la clef des principales
énigmes qui y sont contenues. Ainsi,

dans la première fable, le *Soleil* désigne le roi de France; les *Grenouilles* ne sont autre chose que les Hollandais; l'*Aigle*, c'est l'empereur; l'*Epervier*, c'est Montecuculli; les *Pigeons*, ce sont les magistrats de Cologne et de Munster; enfin le *Rossignol* ne peut désigner que Fürstemberg, évêque de Paderborn, poète et littérateur excellent. — Dans la fable ixᵉ peut-on voir autre chose dans *La Conjuration des Étoiles contre le Soleil*, que l'alliance conclue contre la France, en 1689, par les princes chrétiens, et ne reconnaît-on pas bien les Hollandais sous le nom emblématique de *Poissons?* — Dans la fable xviiᵉ, l'*Aigle* et le *Roitelet* signifient manifestement l'empereur et le Hanovre. — Enfin, dans la fable xixᵉ, on ne saurait voir, dans le *Traité des Chiens avec les Loups,* qu'une allusion à l'alliance des Anglais avec la Hollande... »

Il est regrettable que Chr. Gryphius n'ait pas plus étendu ses conjectures qui ont au moins le mérite de paraître assez ingénieuses.

COMMISSARY (THE). A Comedy, by *Samuel Foote*. Acted at the Hay-Market, 1765, London, in-8.

Pièce représentée avec succès; elle contient des allusions satiriques contre divers personnages de l'époque; le fameux docteur Arne y est particulièrement tourné en ridicule. (Voir : « Biographia Dramatica », T. II, p. 61.)

COMMITTEE (THE) MAN CURRIED. Comedy in two parto, by *Samuel Sheppard*, 1647, s. l., in-4.

Cette comédie politique fait plus d'honneur aux sentiments de fidélité royaliste qu'au talent dramatique de son auteur. Le sous-titre du « Com-missaire flagellé » indique mieux que toute analyse les allusions et les personnalités, peu reconnaissables aujourd'hui, qui y sont mises en jeu; le voici : « Pièce où l'on dévoile la corruption des commissaires et des gens de l'accise; les injustes souffrances du parti royaliste; la diabolique hypocrisie des Têtes-rondes; l'amour du lucre de certains ministres; le tout représenté avec beaucoup de gaîté et d'agréable variété. » Ajoutons que le bon Sheppard a plagié la plupart de ses plaisanteries et de ses traits satiriques dans divers auteurs de son temps et même dans les satires de Juvénal. (Voir : Biographia Dramatica, 1782, T. II, p. 62.)

COMMITTEE (THE), (or THE FAITHFUL IRISHMAN). A Comedy, by sir *Robert Howard*, 1665, in-folio.

Pièce écrite peu de temps après la restauration royaliste et composée dans le but de peindre sous les couleurs les plus odieuses les actes et les hommes du parti des « Têtes-rondes ». Il s'y trouve beaucoup de portraits; le rôle de *Teague*, pris sur nature probablement, est un mélange de fanatisme absurde et de ridicule vanité. (Voir : « Biographia Dramatica », 1782, T. II, p. 61).

COMODITY (THE) EXCIS'D, or THE WOMEN IN AN UPROAR. A new ballad Opera; as it will be privately acted in the secret apartments of Vintners and Tobacconists. By *Timothy Smoke*, 1733 (London), in-8, grav.

Cette pièce, dont le titre paraît contenir une allusion obscène (La *Denrée* taxée, ou les femmes en sédition), et qui devait se jouer « dans les chambres secrètes des cabaretiers et marchands de tabac », est une satire des mesures fiscales et du système de corruption pratiqués alors sous les inspirations du ministre Robert Walpole. L'auteur jugea prudent de ne pas se faire connaître, car *Timothy Smoke* (*fumée*) n'est qu'un pseudonyme. Le but politique de cet ouvrage est encore indiqué par le frontispice représentant Robert Walpole voituré dans un tonneau traîné par le lion d'Angleterre et le cheval de Hanovre, avec d'autres détails trop libres pour être rapportés. C'est une production très faible, mais singulièrement licencieuse ; la dernière scène principalement, est, au dire de Baker, d'une obscénité inouïe qui dépasse celle de la « Meretriciad » et de « Courts of Cupid. » (Voir : « Biographia Dramatica, 1782, T. II, p. 62).

COMPONIMENTI VARJ PER LA MORTE DI D. DOMENICO JANNACONE, carnefice della gran Corte della Vicaria, raccolti e dati in luce da *Giannantonio Sergio*. Anno 1749, in-4. Plusieurs fois réimprimé, notamment en 1825. Napoli, in-8.

Ce petit ouvrage est une mordante satire composée par l'abbé *Ferdinand Galiani* et par son ami *Pasquale Carcani*. La « Biographie Michaud » (T. XVI, p. 301) rapporte dans quelles circonstances Galiani, humilié par une Académie napolitaine, saisit l'occasion de la mort du bourreau de Naples pour composer, en son honneur, des poésies élogieuses attribuées à chacun des académiciens dont il avait imité le style à s'y méprendre. L'ouvrage fut présenté sous le nom du président de ladite Académie, G. Sergio, qui prit très mal la plaisanterie et fit rechercher les auteurs de cette malicieuse production. Par bonheur, Galiani et Carcani en furent quittes pour la peur et pour une censure assez douce. Un exemplaire de ce recueil satirique, qui figurait à la vente Libri (1859), était accompagné d'une clef manuscrite donnant les noms véritables des académiciens mis en cause et si spirituellement mystifiés.

COMTADIN (LE) PROVENÇAL, s. l., 1622, pet. in-8.

C'est une satire personnelle dirigée contre le connétable de Luynes. Très rare.

COMTE (LE) D'A ***, ou les AVENTURES D'UN JEUNE VOYAGEUR SORTI DE LA COUR DE FRANCE EN 1789; ouvrage publié d'après le manuscrit original. Paris, Monory, an VIII (1800), 2 vol. in-12, fig. 3 fr.

Cet ouvrage composé par *Antoine Sérieys*, en collaboration avec *J.-Fr. André*, contient, sous des noms déguisés, plusieurs particularités qui se sont produites dans les premières années de la Révolution. On y trouve notamment une anecdote relative à Lalande et à Delille. Dans une note de ses « Anecdotes inédites », Sérieys parle des « Aventures du *Comte d'A*** » qui, suivant Quérard, ne serait autre que le comte d'Artois. On n'a pas besoin de démontrer le peu d'authenticité de ce récit, supposé et arrangé comme beaucoup d'autres ouvrages des mêmes auteurs.

COMTE (LE) DE MONTE-CHRISTO, par *Alexandre Dumas*. Paris, Petion, 1844-1845, 12 vol. in-8, (90 fr). Publié d'abord, en 1841, dans le feuilleton du « *Jour-*

nal des Débats », cet ouvrage célèbre du plus fécond de nos romanciers a été souvent réimprimé.

« Le Comte de Monte-Christo » doit
figurer au moins pour mémoire dans
cette étude. Bien que n'ayant pas eu
en vue des personnages ou des faits
contemporains, l'auteur y a raconté,
sous des noms nouveaux, des événements véritables, qu'il avait empruntés en bonne partie aux « Mémoires
tirés des Archives de la Police », publiés, en 1837, comme un ouvrage
posthume de *Jacques Peuchet*, ancien
archiviste de la Préfecture de Police.
(Paris. 6 vol. in-8.)

« L'Intermédiaire », dans ses numéros des 25 juillet et 10 août 1876,
contient à ce sujet de curieux renseignements. On y constate notamment
l'identité d'*Edmond Dantès* et de François Picaud, d'*Héloïse de Villefort* et
de la Brinvilliers. Naturellement la
fertile imagination du grand romancier a donné une physionomie toute
nouvelle à ces adaptations.

COMTE (LE) DE TILIEDATE, par
Madame la Marquise *de P* *****. Paris, Pierre Gissey, 1703, in-12 de
VIII, 254 p., rare, 28 fr., Techener,
1857.

C'est une histoire véritable sous
des noms imaginaires. «Cette histoire
« est si récente, dit l'auteur à la fin
« de son livre, que je n'en puis don-
« ner, pour le présent, davantage au
« public. » Cet ouvrage, attribué
d'abord à la marquise de *Princé*, passe
généralement aujourd'hui pour être
de la marquise *de Perne*. (« Bulletin
du Bibliophile, » 1857, p. 217, n° 91.)

COMTESSE (LA) D'OLONNE.

Voir : Comédie Galante de
M. de B.

COMTESSE (LA) DE COCAGNE, roman.
Voir : Le Zombi du Grand-
Pérou.

**CONFÉRENCE D'ANTITUS, PA-
NURGE ET GUÉRIDON**, s. l. n. d,
pet. in-8.

**LES GRANS IOURS D'ANTI-
TUS, PANURGE, GUÉRIDON ET
AUTRES**, s. l. n. d., pet. in-8 de
48 p.

**CONTINUATION DES GRANS
IOURS INTERROMPUS D'ANTI-
TUS, PANURGE ET GUÉRIDON**,
s. l. n. d., pet. in-8 de 78 p.

Ces trois livrets forment une sorte
de trilogie politico-satirique sur les
querelles religieuses et les malheurs
de la guerre civile; ils sont vraisemblablement sortis d'une plume et
peut-être d'une presse languedocien-
nes, du moins à en juger par le patois
que parlent quelques-uns des interlocuteurs. Ce sont trois pièces fort
curieuses et de la plus grande rareté;
on ne les trouve point dans Le Long
qui ne les aurait pas négligées s'il
les eût connues. Le catalogue Leber
(n° 1292) leur attribue la date de
1624 ou 1625; mais suivant M. E. Fournier, qui a réimprimé la «Conférence»
dans ses « Variétés historiques et littéraires »(T. VIII, pp. 279 — 301),elles
seraient d'une dizaine d'années plus anciennes. Quoiqu'il en soit, ces facéties,
dont l'auteur est demeuré inconnu,
rentrent essentiellement dans la catégorie des ouvrages allégoriques, et
c'est ce que les catalogographes et
annotateurs ont toujours omis de
faire remarquer. La clef, bien simple
d'ailleurs, donne beaucoup de piquant
au langage des interlocuteurs, dès
qu'on connaît leur condition : *Messire
Lubin* personnifie le Clergé; — *Antitus*, la noblesse ; — *Bien-Aisé*, mar-

chand, le Tiers-Etat ; — *Panurge*, entremetteur (sic), l'homme à tout faire, doit cacher quelque politicien d'alors ; — *Gueridon* et *Arnauton*, paysans, qui parlent le patois de Languedoc, représentent assurément ce bon peuple des campagnes sur lequel tout le monde vivait... à cette époque ; — le capitaine *Guiraud* est le type de ces braves gascons toujours à la piste d'une belle aventure ou d'une bonne affaire ; — le capitaine *Diego*, c'est l'espagnol, et le capitaine *Stephanello*, c'est l'italien, emblèmes de ces étrangers accourus dans notre pays pour se mêler à toutes les intrigues, prendre part à tous les troubles et dont le petit peuple et les bourgeois commençaient à se montrer si las. Il est moins facile de déterminer le rôle de *Vitruve*, architecte, personnage épisodique et qui ne parle que rarement.

CONFÉRENCE (LA) DES ANIMAUX.
Voir : Dendrologia, by J. Howell.

CONFESSION (LA) D'UNE FEMME QUI S'AIME UNIQUEMENT, s. l. 1717, pet. in-8, rare.

Je n'ai vu citer ce petit ouvrage que dans trois catalogues. Suivant le savant M. Claudin, « c'est une allégorie très singulière de quelque dame connue de l'époque ». Il y a là une clef à trouver.

CONFESSION (LA) DU COMTE GRIFOLIN, facétie en dialogue, par M. *de Maribarou* (Michel de *Cubières-Palmezeaux*), s. l. Paris, 1788, pet. in-12.

Ce petit écrit assez malicieux a été réimprimé dans le tome V des Œu-

vres complètes de Rivarol, qui n'est autre que le *comte Grifolin*. (Quérard-Supercheries, t. II, col. 1054.)

CONFESSION ET REPENTIR DE MADAME DE P.......
Voir : La Messaline française.

CONFESSIONS (LES) DE JEAN-JACQUES BOUCHARD.
Voir : Journal ou Mémoires d'un Voyage de Paris à Rome...

CONFIDENCES (LES) D'UNE JOLIE FEMME. Amsterdam et Paris. Veuve Duchesne, 1775, et Francfort ou Neuchâtel, 1776, 4 tomes in-12 qui peuvent se réunir en un volume.

Cet ouvrage assez médiocre, ayant pour but de montrer les maux qu'entraîne une éducation négligée, est de Mlle *d'Albert*, sur laquelle la « Correspondance littéraire » de Grimm et Diderot (janvier 1875) donne d'intéressants renseignements. « Mlle d'Albert, née en Languedoc, d'une famille honnête et très mal partagée de la fortune, fut recueillie par une parente éloignée, abbesse de Panthemont. Distinguée par son esprit, elle fut choisie pour tenir compagnie à la jeune demoiselle de Rohan, plus tard comtesse de Brionne. Rien de ce qu'elle voyait et entendait à Panthemont ne lui échappait ; elle y prit une connaissance assez vraie de la ville et de la Cour, devinant ce qu'elle ignorait par ce qu'elle connaissait. Il y avait un an qu'elle accompagnait Mlle de Rohan, lorsqu'il lui passa par la tête de faire *un roman fort gai et fort amusant*, qu'elle fit imprimer sans nom d'auteur ; on y reconnut plusieurs personnages importants, plu-

sieurs faits assez récents, mal déguisés et tournés en ridicule. Des confi-
dentes, jalouses de sa place, nommè-
rent Mlle d'Albert qui s'avoua l'auteur
de cet écrit ; son aveu lui coûta cher.
Son ouvrage fut saisi, et l'on en
racheta jusqu'au dernier exemplaire ;
on la peignit sous des couleurs odieuses et on la mit à la Bastille, d'où le
crédit de Mlle de Rohan la fit sortir
au bout de quelques mois. Elle se
retira dans un couvent de Moulins,
obtint, par la même protection, une
pension de 800 livres sur les Etats de
Languedoc et vint se fixer à Paris, au
couvent du Petit-Saint-Chaumont,
où elle composa ses « Confidences
d'une jolie femme. »

Ce dernier ouvrage contient des
allusions à des personnages bien
difficiles à dévoiler maintenant. Mais
son premier roman serait sans doute
bien plus curieux encore à déchiffrer.
Malheureusement on n'en a même
plus le titre, et aucun bibliographe
n'en a fait mention. Quelle belle trou-
vaille à faire d'abord, puis quelle
belle clef à rechercher !

CONFUTATIO STULTISSIMÆ BURDONUM FABULÆ, auctore J.-R. Batavo, juris studioso. Lugduni Batavorum, 1608, in-12.

Le savant *Joseph-Juste Scaliger* est
l'auteur de cette violente satire qu'il
publia, sous le nom de l'un de ses
élèves, *J. Rutgersius*, dans les circonstances suivantes : J.-J. Scaliger,
dont on connaît la déplorable vanité,
avait composé et adressé à M. Douza,
une lettre ridicule intitulée : « Epis-
tola de vetustate et splendore gentis scaligeranæ, etc., etc. (Leyde, 1594, in-4),
dans laquelle il établissait, avec aussi
peu de fondement que de modestie, la
prétendue illustration de sa famille.
Gaspard Scioppius, jadis son ami, devenu son ennemi à la suite de quel-

ques critiques que lui avait infligées
Scaliger, profita de l'occasion pour
rabattre l'orgueil de ce dernier dans
un ouvrage ayant pour titre : « Scaliger Hypobolimœus, hoc est Elenchus
epistolæ *Joan. Burdonis*, pseudo-Sca-
ligeri, de vetustate et splendore gentis
Scaligeranæ. » (Amstelodami, 1607,
in-4 de 429 ff.), ouvrage destiné à établir que le vrai nom de Scaliger était
Bordoni; et, dans lequel, suivant
Baillet, il outrepassa les bornes « d'un
correcteur de collége et d'un exécuteur
des hautes œuvres. » C'est sous l'influence de la fureur que lui inspira cet
écrit, que J.-J. Scaliger écrivit sa «Con-
futatio Burdonum fabulæ », dans
laquelle il entassa contre son antago-
niste et sa famille les assertions les
plus outrageantes et les plus odieuses
Il y a là un bien joli chapitre à faire
pour l'Histoire des querelles littéraires.

CONGRÈS (LE) DES BÊTES, sous la médiation du *Bouc*, pour négocier la paix entre le *Renard*, l'*Ane* couvert de la peau d'un *Lion*, le *Cheval*, la *Tigresse* et autres *quadrupèdes* qui sont en guerre. La Farce est en deux actes. Elle se joue sur un grand théâtre en Allemagne.

Cette pièce a été écrite originaire-
ment en allemand par le baron
Huffumbourghausen, suivant la
quatrième édition de la traduction
anglaise faite par J.-J.-H.-D.-G.-R.,
écuyer, impr. à Londres. 3e édition,
exactement corrigée. Londres, William Thomson, 1748. In-8 de 66 p.,
non compris le titre. — Figure.

J'ai sous les yeux un exemplaire
dont le sous-titre est ainsi modifié :

« Cinquième édition, dans laquelle
on a eu un soin particulier d'éviter le

grand nombre de fautes qui se trouvent dans les éditions précédentes, imprimées en *françois*, dans les *Païs-Bas*, non seulement contre l'orthographe, mais encore contre le sens véritable de l'original *anglois*. » *Veluti in speculo.* A Londres, chez William Thomson, 1748. — Prix : 18 sols. — Pet. in-8° de 67 pages, plus le titre, l'index des personnages et l'avertissement annonçant un autre écrit satirique. (Il est à noter que, malgré l'avis du titre, cette édition fourmille de fautes.)

Cette quasi-comédie satirique en prose, dont l'auteur est inconnu, fut composée à l'occasion du fameux congrès d'Aix-la-Chapelle. Elle dut être alors fort répandue, soit imprimée, soit manuscrite. Le catalogue de Soleinne, sous le n° 3,794, contient la description d'un exemplaire manuscrit de cette pièce, dont le titre diffère très peu de ceux que je viens de citer. Il n'en est pas de même du texte même de la comédie, « car, dit le savant rédacteur du catalogue, cette copie est bien différente de la pièce imprimée sous le même titre ; elle est surtout plus hardie. » Voici la clef des personnages jointe à ce curieux manuscrit :

Un bouc, — le roi de Portugal ;
Un âne couvert de la peau d'un lion, — le roi d'Angleterre ;
Un cheval, — Hanover (sic) ;
Une tigresse avec une seule oreille et la moitié de la queue, — la reine de Hongrie ;
Un loup, — le roi de Sardaigne ;
Une loutre sans oreilles, — la Hollande ;
Un ours emmuselé, — la Czarine ;
Un renard, — la France ;
Un léopard, — l'Espagne ;
Un blaireau avec une seule oreille, — Gênes ;
Un sanglier boîteux, — le duc de Modène ;
Un singe, — le roi de Prusse.

CONINGSBY, OR THE NEW GENERATION.
Voir : Romans Politiques de D'Israëli.

CONJURATION (LA) COMIQUE, tragédie en un acte. Paris, chez les marchands de nouveautés. An XI (1803), in-8 de 32 p., peu commun.

Cette pièce en vers, véritable recueil de centons tragiques, est attribuée à *Hoffmann.* C'est une satire très mordante contre les comédiens des différents théâtres de Paris qui s'étaient ligués contre le « Journal des Débats », pour se venger des feuilletons de Geoffroy et qui avaient retiré les entrées aux journalistes. — Voici la clef des noms anagrammatisés, donnée par le Catalogue de Soleinne, (n° 3,813) :

Venovah, — Vanhove ;
Feruly, — Fleury ;
Troucadzin, — Dazincourt ;
Nercolef, — Florence ;
Solvina, — Volnais ;
Carmina, — Camerani ;
Drapic, — Picard ;
Berrar, — Barré.

CONQUÊTE (LA) D'ALGER.
Voir : Ali le Renard.

CONQUÊTE (LA) DU PAYS DE COCAGNE ÉCHOUÉE, comédie en trois actes. Valenciennes, Gabriel-François Henry, 1711, in-8 de 80 p. Très rare.

C'est le programme très détaillé d'une pièce qui était peut-être écrite en flamand, puisque les vers qu'on y chante sont dans cette langue aussi bien qu'en français. De même que « La Peau de bœuf » (voir ce titre), cette comédie est une satire contre des personnages qui devaient être peints d'après nature. (Catalogue Soleinne, n° 1649).

CONQUESTES (LES) AMOUREUSES DU GRAND ALCANDRE DANS LES PAYS-BAS, avec les intrigues de sa cour. Cologne, P. Bernard, 1684 et 1685, in-12. (Hollande).

Cet ouvrage de *Gatien Sandras de Courtilz* a été souvent réimprimé, notamment dans la collection connue sous le titre d'« Histoire amoureuse des Gaules. »

Le *Grand Alcandre*, c'est ici Louis XIV et non Henri IV, à qui ce nom avait été précédemment donné; quant aux *Pays-Bas*, il ne s'agit nullement de la Hollande; comme M. Leber le fait judicieusement observer, cette expression doit être prise absolument au figuré; il n'est question, en effet, dans cet écrit satirique, que des intrigues galantes de Versailles et de Saint-Germain.

On retrouve le même surnom donné à Louis XIV, dans le « *Divorce Royal* » (voir ce titre), et dans « *Les Dames dans leur naturel*, ou la galanterie sans façon sous le règne du Grand Alcandre » (par *Gatien Sandras de Courtilz*). Cologne, P. Marteau (Hollande), 1686 et 1696, in-12. C'est, dit la « Bibliographie Gay », le même ouvrage que celui qui figure sous le titre : « *Les Vieilles amoureuses* » (Mme de Lionne, Mme de Cœuvres, etc.), parmi les libelles joints à l'« Histoire Amoureuse des Gaules » (T. III, pp. 205-278, édition elzévirienne de 1856-1859).

CONSEILS A UNE AMIE et LES CARACTÈRES, par *madame de Pui*

sieux. A Londres, MDCCLV, 3 part. in-12 de VIII. — 86, 120 et 122 p. — Plusieurs fois réimprimé et traduit en anglais.

Cet ouvrage qui, bien qu'assez médiocre, n'est cependant pas le plus mauvais de ceux qu'a produits Mme de Puisieux, rentre dans la catégorie des livres à clef. On y trouve de nombreux initialismes : la marquise *de R***, M. *de* ***, Mme *de La...*, Monsieur *B****, le marquis *de L..*, Mademoiselle *de S****, Madame *d'Or****, le *docteur K..., D..., V..., Du..., R..., C...*, que tout le monde convient être des gens d'esprit, etc., etc. Il s'agit là manifestement de personnages réels dont on ne saurait aujourdhui reconnaître les originaux. C'est donc encore un de ces livres si nombreux dont on ne pourrait avoir la clef que grâce à la découverte d'un exemplaire annoté par un contemporain de l'auteur.

CONSIDÉRATIONS PHILOSOPHIQUES. Voir : Histoire d'Ema.

CONSPIRATEURS (LES), ou L'ATTAQUE DU CAMP DE GRENELLE, comédie en 2 actes et en vers, par *Maurice*, acteur, (*Séguier?*), — représentée en 1796, sur le grand Théâtre de Lyon.

Pièce anti-jacobine, où les vrais noms des personnages sont à peine déguisés : ainsi, *Javogare* n'est autre que l'ex-représentant Javogues; — *Pion*, c'est l'ex-général Fyon; — les deux membres d'un comité révolutionnaire, *Scévola*, perruquier gascon, et *Duguenillon*, marchand de guenilles, devaient représenter quelques jacobins bien connus alors.

Cette comédie est bâtie sur le même thème que « *La Soirée de Vaugi rard,* » pièce anecdotique en un acte et en vers, par *Armand Charlemagne.* — Paris, an V (1797), in-8, représentée le 30 septembre 1796 (9 vendémiaire an IV), sur le Théâtre Molière.

Les deux pièces ci-dessus décrites ont trait à la tentative de soulèvement pratiquée près des hommes du 21° régiment de dragons, campés à Grenelle, au bout du quartier de Vaugirard. Cette tentative criminelle menée par Fyon, Lay, Saulnier (homme de lettres), et par trois montagnards, Huguet, Cusset et Javogues, put être heureusement découverte à temps et fut réprimée avec sévérité. — Voir : E. Jauffret, Théâtre Révolutionnaire, pp. 380-382).

CONSPIRATION (LA) MANQUÉE. Voir : Paris sauvé.

CONSTANT (THE) COUPLE, or A TRIP TO THE JUBILEE. A Comedy, by *George Farquhar*, Acted at Drury, Lane, 1700. London in-4. Souvent réimprimé.

Dans cette pièce en cinq actes, Farquhar a peint les caractères de divers personnages de son temps. Il s'est, dit-on, mis lui-même en scène sous le nom de *Sir Harry Wildair,* homme plein de gaîté, d'humour, d'esprit et d'honneur. L'année suivante, il donna une autre pièce ayant pour titre le nom de ce même personnage, dans laquelle reparaissent la plupart des noms du « Couple constant. » Baker, qui ne conteste pas d'ailleurs l'identité des caractères de Farquhar et de « Sir Harry Wildair », pense que c'est le public, bien plus que l'auteur, qui a songé à faire ce rapprochement. Cependant, il ne semble pas douteux que Farquhar ait voulu peindre son propre caractère, qu'il devait mettre en scène encore sous le nom de

« *Captain Plume,* » dans le « Recruiting Officer. » Il aimait du reste à faire des personnalités, et, dans les lettres si tendres qu'on a de lui, on n'a pu s'empêcher de reconnaître la célèbre Mme Oldfield, sous le nom souvent répété de « *his dear Penelope.* » — (Voir : « Biographia Dramatica, » 1782, T. II, pp. 66 et 300).

CONSTANTINE, s. l. n. d. Paris, (1791 ?), in-8 de 8 p. — Très rare.

Ce curieux opuscule, que je n'ai vu citer qu'une fois, n'est autre chose qu'un pamphlet très original contre la *Constitution,* qui y est personnifiée sous le nom de *Constantine.*

CONSTITUTION (LA) DE NICOLAS. Voir : La Vie de Nicolas.

CONTE (LE) DUTONNEAU, contenant tout ce que les arts et les sciences ont de plus sublime et de plus mystérieux, avec plusieurs autres pièces très curieuses, par le fameux Dr *Swift.* Traduit de l'anglais (par *Juste Van Effen*). — Amsterdam, Henri Scheurleer. 1721, 2 vol. pet. in-8.

Autre édition : La Haye, 1732, 2 vol. in-12.

Autre édition : 1733, 3 vol., dont le dernier contient la traduction de divers autres ouvrages de Swift.

L'édition originale anglaise est intitulée :

TALE OF A TUB; with an account of a Battle between the Ancient and Modern Books in St Jame's Library, London, 1704 in-8.

La troisième édition (1720) contient plusieurs additions. Cet ouvrage a été maintes fois réimprimé et le sera sans doute encore.

Les allégories politico-religieuses, sous lesquelles se déguisent fort peu les tendances de cette satire amère et sceptique, sont faciles à dévoiler : Un *père* (Jésus-Christ) lègue en mourant à ses trois fils ses *habits* (la religion chrétienne), et un *Testament* (l'Evangile), contenant des préceptes sur la manière de les porter. Les trois fils se nomment *Pierre* (le Catholicisme), *Martin* (le Luthéranisme) et *Jean* (le Calvinisme). Tout le livre roule sur cette donnée; on y rencontre de nombreuses allusions à des personnages connus par leurs doctrines religieuses: *Une dame amoureuse de Pierre,* c'est Marie Tudor; — *Une autre dame plus modérée*, c'est la reine Elisabeth; — *Le Seigneur d'un petit village*, dans le Nord, c'est Jacques Ier; — *Un grand ami de Pierre*, c'est Jacques II » (Quérard). — (Voir aussi l'article : « Les Trois Justaucorps. »)

CONTEMPORAINES (LES), ou Avantures des plus jolies femmes de l'age présent : recueillies par N******, et publiées par *Timothée Joly*, de Lyon, dépositaire de ses manuscrits. « Il s'essaie par ses historiettes; bientôt il prendra un vol plus hardi. » Imprimé à Leipsick, par Büschel, marchand-libraire; et se trouve à Paris, chés Belin, rue Saint-Jacques, près celle du Platre et chés l'éditeur, rue de Bièvre. — 1780, 1782, 17 vol. in-12. fig.

Les Contemporaines du commun, ou Avantures des belles Marchandes, Ouvrières, etc., de l'âge présent. Recueillies par *N.-E. R** D**

L* B***, Leipsick, etc., etc. 1782, 1783, 13 vol. in-12, fig.

Les Contemporaines par gradation, ou Avantures des Jolies femmes de l'âge actuel, suivant la gradation des principaux États de la Société, recueillies, etc. 1783, 12 vol. in-12, fig.

Les trois séries de cet ouvrage de *Restif de la Bretonne*, forment en tout 21 parties en 42 volumes. Une deuxième édition a été donnée, à Paris, en 1781 et années suivantes, en 42 volumes. — Enfin *M. J. Asséҳat* a publié un « choix, » fort bien fait, « des plus caractéristiques de ces nouvelles pour l'étude des mœurs à la fin du XVIIIe siècle. » (Paris. Lemerre-Picard, 3 vol. in-18 1875-1876.)

Comme la plupart des livres de Restif, cet ouvrage a besoin d'une clef. Malheureusement, elle ne paraît pas avoir jamais été faite; ce serait un travail considérable pour lequel les autres clefs de Restif déjà données par M. P. Lacroix et reproduites dans cette étude seraient assurément d'un grand secours. L'auteur, dans son introduction pleine de particularités curieuses, déclare « s'être fait une loi de ne publier que des faits arrivés; il cite certains personnages en toutes lettres, ces héros de ses nouvelles l'ayant autorisé à mettre leurs vrais noms. » — Quant aux autres, ce sont les plus nombreux, il ne les a désignés que par des anagrammes, des initialismes ou des pseudonymes. Quelques-uns sont faciles à reconnaître : ainsi, *D. T D. L. B.*, c'est Dutertre de La Bourdonnais, ami peu connu de Restif; — *L. D. M. E.*, c'est La Dixmerie, qu'il appelle ailleurs *Eiremxidal*; — *Mme Lev***, c'est

Mme Lévêque, à laquelle est dédié
« Le Pied de Fanchette; » — La *marquise de M—gni*, Mme de Marigny; —
L'abbé T***, Terrasson; — *Mme de B***,
Mme de Beauharnais, pour laquelle
l'auteur professait autant de sympathie que d'admiration; — La *céleste
Colette*, c'est Mme *Parangon*, femme
de l'imprimeur, dont Restif n'a jamais voulu dévoiler le nom; ce nom
est cependant connu aujourd'hui, mais
des membres de cette famille existant
encore à Auxerre, les biographes de
Restif se sont toujours abstenus, et
avec raison, de le faire connaître; —
Au — rois, ce sont les Auxerrois que
Restif n'aimait guère; — *L'ex—c—u*,
conte en vers, fait allusion à un mari
qui sut rejeter sur son ...suppléant,
la honte de cette disgrâce que personne
ne plaint; — *Caracc****, le marquis-
auteur Carraccioli; — *M. D. r. n. d.*,
Baculard d'Arnaud; — *La femme de
Laboureur*, c'est la mère de Restif,
Barbe Ferlet; il faut remplacer, dans
cette nouvelle, le nom de *Rameau* par
celui de Restif.

Il est peu probable qu'on tente jamais de faire la clef complète des
volumineux ouvrages de Restif de la
Bretonne : ce travail a cependant été
essayé par un patient chercheur, M.
Sylvain Puy chevrier, qui, dans une
lettre adressée au « Bulletin du Bouquiniste » (n° 186, 15 septembre 1864,
pp. 491-493), annonçait avoir trouvé,
à force de recherches, la clef de la
plupart des noms et des faits divul-
gués et cités par Restif; mais ces révélations, ajoutait-il, qui n'auraient
d'intérêt que pour les endroits où les
personnages ont vécu, pourraient être
fort compromettantes pour les familles représentées encore aujour-
d'hui par des personnes vivantes.— Il
résulte de ceci que la clef *complète* des
livres de Restif ne saurait être publiée *in extenso*; il y a d'ailleurs un
certain nombre d'ouvrages dans le
même cas.

Pour la description et l'étude des

trois séries des « Contemporains », on
ne peut que renvoyer le lecteur à la
« Bibliographie de Restif de la Bretonne » (pp. 162-198), de M. *Paul Lacroix*.

CONTES ET NOUVELLES DE MAR-
GUERITE DE VALOIS....

Voir : L'Heptameron des Nouvelles...

CONTINUATION DES GRANS IOURS
INTERROMPUS D'ANTITUS...

Voir : Conférence d'Antitus.

CONTRETEMS (THE), or RIVAL
QUEENS. A small farce, as it was
lately acted with great applause at
H — d — r's private Th—re, near
the H — y M — t. 1727 (London)
in-4.

(LES CONTRETEMPS, OU LES REINES
RIVALES, petite farce jouée récemment avec grand succès sur le
théâtre particulier de M. Heidegger,
près de Hay-Market.)

Cette pièce anonyme, qui ne fut jamais destinée à être jouée publiquement, fut composée pour ridiculiser
le désordre qui régnait alors au
Théâtre-Royal d'Hay-Market, par suite
des prétentions à une supériorité ab-
solue des deux célèbres cantatrices
italiennes, la signora Faustina et la
signora Cuzzoni; ces deux artistes qui
s'étaient partagé la faveur du public
affichaient tour à tour la plus inso-
lente importance, selon que le public
leur avait fait plus ou moins d'ac-
cueil. Dans cette pièce, tous les personnages appartiennent au théâtre
d'Hay-Market et sont mis en scène sous
des noms de convention; ainsi, le
directeur Heidegger s'appelle « Le

Grand-Prêtre de la Discorde »; « *le Professeur d'Harmonie* », c'est le célèbre Haëndel; etc. (Voir : « Biographia Dramatica », T. II, p. 68).

CONVERSATIONS LITTÉRAIRES ET VARIÉES.

Voir : Le Mérite vengé.

CORRESPONDANCE DE BALZAC.

Voir : Œuvres de Balzac.

CORRESPONDANCE DE SAINTE-BEUVE...

Voir : Sainte-Beuve et ses inconnues.

CORRESPONDANCE PHILOSO-PHIQUE DE CAILLOT-DUVAL,

rédigée d'après les pièces originales, et publiée par une société de littérateurs lorrains (*MM. Fortia de Piles et de Boisgelin*). Nancy (et Paris), 1795, in-8.

Réimprimé, mais avec des retranchements regrettables, dans la « Bibliothèque originale », sous le titre de « *Les mystifications de Caillot-Duval*, avec un choix de ses lettres les plus étonnantes, suivies des réponses de ses victimes. Introduction et éclaircissements par *Lorédan-Larchey* ». Paris, René Pincebourde, 1864. Eau-forte de Faustin Besson. Pet. in-18 carré de XXIV-124 pages.

Cette dernière édition contient une double clef : 1° celle des noms cités dans la réimpression elle-même ; 2° celle des noms cités dans l'édition complète de 1795. C'est pour les possesseurs de l'édition complète que l'on reproduit ici la plus grande clef,

telle que l'a donnée M. Paul Lacroix, d'après des notes manuscrites trouvées dans l'exemplaire qui appartenait au marquis de Fortia d'Urban, cousin de l'un des auteurs de l'ouvrage, Fortia de Piles :

L'abbé Aub..., — l'abbé Aubert.

M. B...., secrétaire de l'académie d'Amiens, — M. Baron.

Beau, à Marseille, — Beaujard, journaliste.

Berthel. à Paris, — Berthelemot, confiseur.

*M*lle *Ber..., à Paris,* — Mlle Bertin, marchande de modes..

B......, à Nancy, — Beverley.

M. Bl.. de Sain...., — Blin de Sainmore.

Car.., facteur de cors, — Caron.

Chaum.., perruquier, — Chaumont.

Cher...., à Paris, — Chervain.

M. de Lau..., à Paris, — Delaunay.

Dors......, de la Comédie-Italienne, — Dorsonville.

*M*me *du Ga..., de la Comédie-Italienne,* — Mme Dugazon.

Duv.., au Grand-Monarque, — Duval, confiseur.

Le P. Herv..., aux Augustins, — Hervier.

L.. r, maître de musique, — Lair.

L..., à Paris, — Laïs.

*M*lle *L....., de la Comédie-Française,* Mlle Laurent.

*Le C** à Abbeville,* — Le Cat, procureur.

L'Heur..., de Chan....., — L'Heureux de Chanteloup.

M.....y, libraire à Caen, — Manoury.

Mesm.., — Mesmer.

M..y, imprimeur à Marseille, — Mossy.

Nic....., à Paris, — Nicolet.

De P..s, à Paris, — de Piis.

Poi..t, huissier-priseur, — Poiret.

Roc..., maître d'écriture, — Rochon.

*M*lle *S......., de l'Opéra,* — Mlle Saulnier.

Saut....., de M:..y, — Sautereau de Marsy.

Sou.., rue Dauphine. —Soudé, bottier.

Taco.., *bourrelier*, — Taconet.

Ther..., *à Nancy*, — Thérain, journaliste.

Ur..., *lieutenant de police*, — Urlon.

La Fit.., — Lafitte.

On peut d'ailleurs consulter sur cet amusant recueil l'article de M. P. Lacroix inséré dans ses « Découvertes bibliographiques », pages 329-331.

COSMOPOLITE (LE), ou LE CITOYEN DU MONDE, par *M. de Monbron*. « Patria est ubicunque est benè. » Cic. 5. Tuscul. 27. A Londres, MDCCLIII, pet. in-8 de 165 p.

Livre satirique et amusant de *Fougeret de Monbron*, originaire de Péronne, en Picardie, et auteur bien connu de la « Henriade Travestie. » Le premier feuillet du « Cosmopolite » contient, sous le titre de *Remarques*, des notes constituant une véritable *clef* de ce livre ; les voici :

Pages lignes

6　3 — *Un géomètre à la mode*, — M. de Maupertuis, grand mathématicien et petit auteur. Il a ressuscité à Berlin une « Vénus physique » qu'il enfanta jadis et qui mourut dès sa naissance.

45　21 — *L'Abbé de B. M.*, — l'abbé de Bois-Morant, ex-jésuite, joueur de profession, honnête homme d'ailleurs, et très bon écrivain.

120　11 — *M. de Va....*, — M. le marquis de Valori, Envoyé de France.

121　4 — *Un Juif-Errant, soi-disant littérateur*, — M. d'Argens, aussi plat et dégoûtant barbouilleur de papier que hardi plagiaire. Il a plus écrit lui seul que douze bons auteurs.

128　20 — *M. de N....*, — Le maréchal de Noailles.

Pages lignes

130　21 — *Le C. de M.....* — Le chevalier de Mouhi très connu dans la république des lettres par quantité de pitoyables ouvrages dont il a enrichi le public.

152　20 — M. de Charigny, le plus profond génie négociateur de la France, peut-être même de l'Europe.

158　10 — *Un misérable auteur couvert du petit uniforme de prêtre*, — l'abbé d'Alinval. Il s'est acquis quelque réputation dans le monde par quatre ou cinq petites pièces de théâtre au-dessous du sifflet.

158　16 — *L'Inquisiteur de Police*, — Nicolas ou Blaise Berryer, qui s'est établi un renom immortel par le fameux prostibule de Mme Pàris, dont il se déclara le souteneur et le protecteur pour le soulagement des étrangers.

160　11 — *Le même Commissaire*, — le Commissaire Rochebrune, l'un des plus adroits coquins de sa robe pour nuire aux honnêtes gens.

91　12 — *Romanie*, — lisez Romagne.

COTTERIE (LA) DES ANTI-FACONNIERS, ÉTABLIE DANS L. C. J. D. B. L. S. Première relation, où l'on traite de l'établissement de cette cotterie. Amsterdam, (Paris). 1716 in-12. — 2ᵉ édition, même lieu, même date. — 3ᵉ édition : Bruxelles, Nicolas Stehimberk, 1719, pet. in-12.

Il est parlé longuement de ce livre dans les « Sociétés Badines » d'*Ar-*

thur Dinaux (T. I, pp. 36-39). L'auteur, le fécond abbé *Laurent Bordelon*, traite d'une *coterie* formée à l'instar de ces sociétés anglaises dont parle Addisson dans son « Spectator » : les *Anti-Façonniers* étaient au nombre de vingt personnes absolument ennemies des cérémonies et des *façons*, qui, étant ensemble, ne se contraignaient en rien, disant et faisant tout ce que bon leur semblait, sans pourtant contrevenir aux règles de la bienséance, ni blesser les lois de la décence. Ces personnages se composaient de dix-sept hommes et de trois dames, une demoiselle, une femme mariée et une veuve prude qui, en entrant dans la coterie, substituèrent à leurs véritables noms ceux de *Flamette, Polimine* et *Grimiane*. Voici ceux des dix-sept autres sociétaires ainsi que leurs qualités : *Dodunet*, abbé prédicateur ; — *Martéole*, religieux ; — *Sapion*, homme de robe ; *Ripatrope*, médecin-chirurgien-apothicaire ; — *Ponderobe*, marchand ; — *Fureton*, musicien ; — *Paristan*, comédien ; — *Fracastin*, homme de guerre ; — *Nofaine*, homme de cour ; — *Pipatou*, homme de lettres ; *Grobisot*, financier ; — *Viantor*, voyageur ; — *Didorbec*, libraire ; *Cardebatte*, joueur ; — *Scandide*, poète ; — *Pianlair*, danseur, et *Lupinade*, grand rieur et grand polisson.

On a pensé, et je suis volontiers de cet avis, que tout cela était imaginaire et que cette coterie n'avait jamais existé. Il est vraisemblable que le bon abbé Bordelon a imaginé ce cadre pour avoir l'occasion d'écrire les portraits satiriques de personnages, pris dans toutes les conditions, et qu'il avait sous les yeux au commencement du XVIIIᵉ siècle.

COUNTESSE (THE) OF PEMBROKE'S ARCADIA, written by *Sir Philippe Sidnei*. — London. Printed for W. Ponsonbie, 1590 in-4.

Telle est l'édition originale d'un roman pastoral très célèbre en Angleterre et dont on connaît plus de vingt éditions. L'*Arcadie* a été traduite dans plusieurs langues européennes, notamment en français, par *J. Bauduin* (Paris, 1624-1625, 5 vol. in-8.) On en trouve une excellente analyse dans un ouvrage fort bien fait et trop peu connu en France, « The History of Fiction, » par *J. Dunlop*. Cette Pastorale, que Sidney n'eut pas le temps de finir, est appelée *L'Arcadie de la comtesse de Pembroke*, parce que l'auteur la dédia à sa sœur Marie, femme du fameux comte Henry Pembroke. Il ne semble pas douteux que Sidney ait mis en scène des personnages contemporains sous les noms de ses bergers et bergères : *Dametas, Musidorus, Pamela, Pyrocles* avaient vraisemblablement leur modèle dans la belle compagnie du temps ; on sait notamment que sous le nom de *Philoclea*, il a voulu désigner une dame qu'il aimait, nommée Rich, et en l'honneur de laquelle il composa son joli poëme « *Astrophel and Stella*, wherein the excellence of sweete poesie is concluded » (London, 1591, in-4.) Il serait intéressant de former la clef de l'*Arcadia*, comme on a fait pour un roman pastoral plus célèbre encore, l'*Astrée*. J'ignore si ce travail a déjà été fait ; s'il ne l'est point, il faut convenir que la tâche n'est pas à la portée de tout le monde.

COUPECU (LE) DE LA MÉLANCOLIE....

Voir : Le Moyen de parvenir.

COUPLETS SATIRIQUES, SUR L'AIR DE L'OPÉRA D'«HÉSIONE» (*De Danchet*). « Que l'amant qui devient heureux, etc. » — Attribués à *Jean-Baptiste Rousseau*, ces couplets, suivant ce dernier, auraient pour véritable auteur *Joseph Saurin.*

Composés en 1709, ces tristes vers n'ont pas été admis dans toutes les éditions des œuvres de J.-B. Rousseau ; ils se trouvent dans un supplément de l'édition de Bruxelles (1732), puis dans celle de Londres (1734) ; dans celle de Londres (Paris, 1747), ils sont gravés à l'imitation de l'écriture, avec la musique ; on les voit encore dans divers volumes du XVIII° siècle, notamment à la fin de l' « Histoire satyrique de la vie et des ouvrages de M. Rousseau », par Gacon, et dans la belle édition de Lefebvre. (Paris, 1820, T. II, p. 411, 423).

Personne n'ignore combien de disgrâces, ces couplets attirèrent au malheureux Rousseau ; ils se composent, comme on sait, de trois séries ; Rousseau est peut-être bien l'auteur de la première, mais, malgré l'arrêt du Parlement de Paris, en date du 7 avril 1712, il est permis de douter très fort qu'il ait composé les deux autres. C'est du reste une des questions d'histoire littéraire les plus intéressantes du XVIIIe siècle ; la lumière n'a point encore été faite sur ce sujet qui mérite une étude toute spéciale.

Quoi qu'il en soit, les *Couplets* rentrent bien dans la catégorie des Livres à clef ; les personnages visés par le libelliste figurent tantôt sous des noms anagrammatisés, tantôt sous de véritables pseudonymes. Voici d'ailleurs la clef des trois séries de couplets, relevée sur un exemplaire annoté par un amateur du XVIIIe siècle :

Niodis, c'est Dionis ;
Malotte, — Lamotte, trappiste défroqué ;
Dinboin, — Boindin ;
Rausin, — Saurin ;
La Gangre, — Lagrange ;
Marigret, — de Grimarest ;
Chandet, — Danchet ;
Chorebrune, — Rochebrune ;
Roitelet, — Leroy, conseiller au Châtelet ;
Bécrillon, — Crébillon ;
Memonet, — l'abbé Mommenet ou Maumenet ;
Guarenet, — l'abbé Raguenet ;
Liviers, — de Villiers ;
Frissane, — de Francine ;
Édouard, — Houdart de la Motte ;
Hantereau, — Autreau ;
Bellesogne, — l'abbé Bragelogne ;
Mileris, — Lemeris, médecin ;
Repinet, — Perinet, fameux partisan ;
Zepé ou *Xepé,* — de Pezé ;
Lerbise, — Berlisse, conseiller à Metz ;
Vassaint, — Saint-Vast.

Tout cela n'est pas difficile à dévoiler ; voici qui l'est davantage : « *Le réchappé des prisons, qui toujours réforme et critique* », c'est le sieur Rousseau, huissier de la Chambre qui avait été mis à la Bastille ; — « *L'édenté petit vieillard, quart de savant, grand babillard* », c'est le sieur Pâris, alors âgé de 70 ans » ; — *L'insensé qui de poison ose accuser sa belle-mère* », c'est encore Boindin ; — « *Le Fantôme hideux, à cheveux plats, à longue face* », c'est l'algébriste Geoffroy ; — « *Le petit avocat Ragotin, plaidant comme prêchait Cotin* », c'est Pursyet ; — « *Le jeune adroit escroc* », c'est La Faye, *qui cherche à duper mainte grue,* la comtesse de Verrue.

Ces indications sont recueillies sur un exemplaire annoté et complété par une main de l'époque. Le même annotateur a rempli les mots et les vers laissés en blanc dans le texte ; mais il s'y trouve des choses si ordurières et de telles infamies qu'il ne saurait être question de transcrire ici les couplets ainsi complétés.

Cet exemplaire serait fort utile pour

un travail spécial sur le procès de J.-B. Rousseau et sur un certain groupe littéraire d'alors.

COUPS (LES) DE BEC ET LES COUPS DE PATTE...
Voir : Manuscrit tombé de la Lune...

COURONNEMENT (LE) D'UN ROI, essai allégorique, en un acte (en prose), suivi d'un vaudeville, par *un Avocat au Parlement de Bretagne.* Imprimé au Temple de Mémoire. (Rennes), 1775. in-8 de 17 p. fig. Très rare.

Le faux titre porte : LA COMÉDIE DE BRETAGNE, représentée sur le théâtre de Rennes, le samedy 28 janvier 1775. — Réimprimé sous la Restauration. Paris, U. Canel. A. Dupont. In-8, 1 fr.

Cette allégorie en quatre scènes est de l'avocat *Louis-Jérôme Gohier.* Elle est consacrée à la louange du *roi couronné,* c'est-à-dire Louis XVI, dont on exalte les vertus aux dépens de la mémoire de Louis XV ; on y vante aussi les grâces et les mérites *d'une princesse qui embellit la cour,* la princesse de Lamballe, qui assistait à la représentation; parmi les personnages allégoriques qui entourent le jeune roi, on reconnut le trop fameux duc d'Aiguillon, sous les traits du *Despotisme* et le duc de Richelieu sous ceux du *Vieil esclave couronné de Myrtes,* qui conduit la *Volupté,* ou Mᵐᵉ Du Barry. Enfin les *deux magistrats* représentent M. de Miromesnil et le malheureux procureur-général Caradeuc de la Chalotais. Les intentions de l'auteur étaient assurément excellentes; malheureusement, il ne sut pas, dans l'exécution, garder la

mesure convenable, et ses allusions trop adulatrices pour Louis XVI, très inconvenantes pour le feu roi et pour ses ministres, déterminèrent le duc de Penthièvre, nouveau gouverneur de Bretagne, à faire supprimer cette pièce.

COURONNEMENT (LE) DE GUILLEMOT ET DE GUILLEMETTE, avec le sermon du grand docteur Burnet. Jouxte la copie à Londres, chez Jean Benn (Rouen). 1689, in-12.

Cette pièce satirique, publiée en France et dont l'auteur est inconnu, est dirigée contre Guillaume-Henri de Nassau, qui venait de monter sur le trône d'Angleterre sous le nom de Guillaume III.

COURT INTRIGUES, IN A COLLECTION OF ORIGINAL LETTERS...
Voir : L'Atalantis de madame Manley.

COURT (THE) LADY, or THE COQUET'S SURRENDER. A Comedy, 1730, London, in-8.

Cette pièce anonyme semble avoir trait à quelque intrigue de cour alors bien connue. Elle est dédiée à « une grande dame de la cour », qui sans doute servit de type au principal personnage. — Le titre courant » The humorous punster » est motivé par le caractère d'un autre personnage de la comédie qui ne parle que par pointes et ne vise qu'à faire de l'esprit. La pièce est médiocre et ne paraît pas avoir eu grand succès. (« Biographia Dramatica » T. II, p. 74.)

COURT TALES, or A HISTORY

OF THE AMOURS OF THE PRESENT NOBILITY. London 1717, in-8. Reprinted, with a Compleat Key. London, 1732, in-12. Très rare. Un exemplaire de la deuxième édition est inscrit dans la « Bibliotheca Grenvilliana » (T. II, p. 136.) (Les Contes de la Cour, ou Histoire des amours de la noblesse de ce temps). Anonyme.

Cet ouvrage satirique et scandaleux n'est cité dans aucune des biographies spéciales de M. « Pisanus Fraxi » ; – il rentrerait bien cependant dans cette catégorie de livres, si l'on en croit cette unique appréciation de Lowndes : « An infamous publication. » (T. I, p. 536.) — Je ne l'ai jamais vu.

COURTISANNE (LA) DE SMYRNE.
Voir : Psaphion, et Impostures innocentes.

CRI (LE) DE L'INDIGNATION, suivi de la REQUÊTE DE JANOT. Londres, 1783, in-8.

Ce libelle anonyme, très piquant et très rare, n'aurait été tiré, suivant les mémoires du temps, qu'à 10 ou 12 exemplaires. Il tend, dit le catalogue Leber (n° 4,779), à ridiculiser M. Hue de Miroménil, garde des Sceaux, dont le talent singulier pour les rôles de Crispin et de Janot, s'était exercé chez M. de Maurepas, et avait, disait-on, contribué à son élévation. (Voir la « correspondance secrète, politique et littéraire », 21 mai 1783).

CRIME (LE) D'UN PRINCE DU SANG, actualité chinoise en un acte et un revolver, par Otter Cordatès et A***. Joué pour la pre-mière fois à Bruxelles, à Liège et à Genève, le 11 février 1870. Bruxelles, P.-J.-D. de Somer, 1870, in-18 de 44 p. — couverture rouge.

Pamphlet sans aucune valeur littéraire, publié à l'occasion du meurtre de Victor Noir, journaliste, par le prince Pierre Bonaparte. Il ne faut pas faire un grand effort pour reconnaître les véritables personnages de cette pièce, le prince *Pim-Pam, Chien-Chien*, journaliste officieux, *Tapefort*, écrivain indépendant de la Chine, *de Fou-Fou*, ami de Tapefort. Il suffit d'ailleurs de se reporter au procès de M. Pierre Bonaparte, porté devant la haute cour de justice, présidée par M. Zangiacomi, cette même année 1870.

CRITIQUE (LA) DE L'ÉCOLE DES FEMMES.
Voir : Œuvres de Molière.

CRITIQUE HISTORIQUE, POLITIQUE, MORALE, ÉCONOMIQUE ET COMIQUE SUR LES LOTERIES ANCIENNES ET MODERNES, SPIRITUELLES ET TEMPORELLES DES ÉTATS ET DES ÉGLISES. Traduit de l'italien de *M. Grégorio Leti*, avec des considérations sur l'ouvrage et sur l'auteur, par le traducteur (*Ricotier*). Amsterdam, chez l'ami de l'auteur, 1697, 2 vol. in-12. Peu commun.

Cet ouvrage a d'abord paru en italien ; mais la traduction française est plus recherchée que l'original. Leti, en traitant un sujet qui paraît être purement spéculatif, a trouvé le moyen de distribuer des injures à un grand nombre de personnes et d'accroître encore celui de ses ennemis. Ricotier publia une réfutation de cet ouvrage sous le titre de : « Considérations sur la critique des loteries, etc. », réimprimée à la suite de l'ouvrage ci-dessus décrit ; on y ajouta un portrait de Léti, habillé en moine, plaisanterie qui l'affligea beaucoup. — Une clef des noms est indispensable aujourd'hui pour bien comprendre les malicieuses allusions contenues dans la «Critique des loteries » ; malheureusement celle qui a été imprimée n'est pas jointe à tous les exemplaires. — Le « Bulletin du Bibliophile » offrait, en 1866, un bel exemplaire de cet ouvrage, avec la clef au prix de 12 fr.

CURIOSITÉ ET INDISCRÉTION, par *M. Fournier Verneuil.*

« Publier sa pensée lorsqu'elle peut intéresser le bien commun, n'est pas seulement un droit, c'est un devoir. » A Paris, chez tous les marchands de nouveautés. Impr. A. Boucher, 1824, in-8 de VI-328 p. et VII p. pour la table.

Ce volume, devenu peu commun renferme de bien curieuses anecdotes de la fin du XVIIIe siècle et du commencement du XIXe. — Dans les vingt-quatre chapitres qu'il contient, l'auteur préludait aux méchancetés qu'il jeta à pleines mains dans son autre ouvrage « Paris, tableau moral et philosophique », publié en 1826, et dont il est parlé plus loin. La plupart des personnages visés par Fournier-Verneuil, sont nommés en toutes lettres dans « Curiosité et Indiscrétion»; un certain nombre cependant ne sont désignés que par des initiales et, comme on pense bien, ce ne sont pas les moins maltraités. Il doit exister des exemplaires où les noms sont remplis à la main ; la clef d'ailleurs ne serait pas difficile à faire et sans doute celle de

« Paris » reproduite *in extenso* dans cette étude, aiderait beaucoup à sa rédaction.

CYMBALUM MUNDI, en françoys, contenant quatre dialogues poétiques, fort antiques, joyeux et facétieux. « Probitas laudatur et alget. » MDXXXVII. (Paris, Jehan Morin), pet. in-8 de 32 f. de 27 lignes, lettres rondes. Extrêmement rare.

On compte plus de dix réimpressions ou éditions de cet ouvrage ; une des meilleures est celle publiée en 1858, par M. Paul Lacroix, (Paris, Delahays, in-12).

On n'a point à faire ici l'histoire ou la critique de cet écrit célèbre que tout le monde connaît et que tant de gens ont appelé «un livre détestable, un livre impie, un livre qui mériterait d'être jeté au feu avec son auteur ». Ce qu'il convient de dire, c'est que le « Cymbalum » a donné lieu à bien des recherches et des remarques de divers commentateurs ; les travaux les plus importants, faits à son sujet, sont ceux de Prosper Marchand, de Bernard de la Monnoye, de Ch. Nodier, de M. Louis Lacour, du bibliophile Jacob et surtout de M. Eloi Johanneau qui, le premier, a découvert le secret de cette énigme philosophico-religieuse. C'est en effet cet érudit chercheur qui a révélé la véritable signification de ces quatre dialogues, en dévoilant les anagrammes des noms placés en tête de l'épître dédicatoire, laquelle est ainsi conçue : « Thomas du Clevier à son ami Pierre Tryocan, S. » En un mot, le « Cymbalum Mundi » n'est autre chose qu'une allégorie satirique contre la religion chrétienne. Il y aurait beaucoup à dire pour établir, discuter ou rejeter l'exactitude des interprétations proposées pour les divers noms qui se rencontrent dans ce petit livre ; mais ce travail serait beaucoup trop long et exigerait trop de développements. On se contentera donc de reproduire ces indications, en laissant aux véritables érudits le soin d'en discuter et d'en apprécier la valeur. Voici, telle qu'elle résulte principalement des notes de l'excellente édition donnée par M. P. Lacroix, la clef sommaire du *Cymbalum Mundi* :

Thomas du Clevier (pour *Clenier*), — Thomas Incrédule.
Pierre Tryocan, — Pierre Croyant.
Mercure, — Sans doute Jésus-Christ.
Byrphanes, — Claude Rousselet, de Lyon (?).
Curtalius, — Benoît Court, jurisconsulte Lyonnais (?).
L'Hostesse, — Marthe, que l'Eglise appelle L'Hôtesse de Jésus-Christ.
Rhetulus, — (Lutherus), Martin Luther, chef de la Réforme.
Cubercus, — (Buccerus), Martin Bucer, réformateur.
Drarig, — Girard, fameux alchimiste, traducteur de Roger Bacon.
Trigabus, — Celui qui *gabe* les trois autres(?) Peut-être Mathias Garbitus, suivant La Monnoye, et plus vraisemblablement Erasme, suivant M. Lacroix.
Cupido, — Peut-être Clément Marot.
Celia, — Peut-être la *Délie* de Maurice Scève.
Phlegon, — Personnification du bas clergé et des moines.
Statius, — ?
Ardelio, — Sans doute François Ier.
Hylactor, — Etienne Dolet ?
Pamphagus, — serait B. Des Periers, lui-même.
Actéon, — autre personnification de Jésus-Christ.
La langue d'Actéon, — les Evangiles.
Le Mensonge, — le Catholicisme.
La Vérité, — La Réforme.
Juno, — peut-être la Vierge-Marie.

Melanchetès, — Melanchton, réformateur.
Théridamas, — Zwingle, réformateur.
Oresitrophus, — Osiander, id.
Le Guet, — l'Inquisition.
La déesse de la chasse, — Diane de Poitiers (?).
Madame Minerve, — Marguerite d'Angoulème, reine de Navarre.
Gargilius, — peut-être Louis de Brezé, mari de Diane.
Actéon, — pourrait représenter encore le dauphin (Henri II).
Diane, — pourrait signifier l'Eglise.
Erus, — (pour Esus), Jésus-Christ.
Les Vestales, — Les religieuses.
Les Druides, — Les prêtres catholiques.
Les Vertus de la Pierre, — Les Miracles.
Le Livre des Destinées, — La Bible.

Tout cela, comme on voit, est plus ou moins douteux. Il serait à désirer qu'un chercheur consciencieux voulût bien refaire une étude complète sur la véritable clef de cet écrit célèbre, qui a motivé, dans son temps, les rigueurs de la Justice. (Voir G. Peignot, « Dictionnaire des ouvrages condamnés au feu », t. I, p. 101-102.)

CYTHÉRÉE (LA). Par *Marin-Leroy, sieur de Gomberville*. Paris, 1621, 1644, 1640, 1642, 1654 et 1667, 4 vol. in-8.

Cet ouvrage, comme la « Caritée » du même auteur (voir plus haut), contient, sous des noms supposés, des anecdotes relatives à des personnages du temps. Suivant Lenglet du Fresnoy, « La Cythérée », qui n'a que quatre volumes dans les premières éditions, en aurait eu jusqu'à neuf dans les suivantes : cette assertion est peu acceptable, parce que la fiction paraît bien terminée au quatrième volume. Quoiqu'il en soit, cet ouvrage n'offre aucun intérêt maintenant, il ne serait utile à lire que si l'on en retrouvait la clef.

DAMES (LES) DANS LEUR NATUREL. Voir : Les Conquestes amoureuses du Grand Alcandre.

DANSE (LA) DES ÉCUS, folie-vaudeville en un acte, par *Mrs Marc Fournier et de Kock*. Paris, Lévy, 1849, in-12, 50 cent.

Cette petite pièce, jouée sur le théâtre des Variétés, au mois de septembre 1849, était remplie d'allusions malicieuses contre le gouvernement républicain ; c'était en réalité une pièce de réaction; aussi fut-elle suspendue pour modifications, dès la seconde représentation. Les deux principaux personnages nommés *Banque-du-Peuple*, (Proudhon) et *Phalanstère* (Victor Considérant), devinrent *Erostrate* et *Songe-Creux* : mais on conserva à ce dernier sa fameuse queue avec un œil au bout (Voir : Th. Muret; Histoire par le Théâtre, t. III, p. 370.)

DE REGNO VULVARUM, SATIRA.

Cet ouvrage, inconnu à la plupart des bibliographes, fait l'objet de l'article suivant de la « Bibliographie Gay » (t. II, p. 426) :
« Violente satire écrite vers 1561, à une époque où diverses femmes exerçaient un grand pouvoir politique dans quelques Etats de l'Europe. D'Aubigné (« Confession de Sancy », livre I, ch.) l'attribue à François Hotman. On ne retrouve pas d'exemplaires de cet écrit, dont divers auteurs, notamment C.-F. Flœgel (« Histoire de la littérature comique, en allemand, t. II, p. 494), ont cité quel-

ques vers. Il suffira de transcrire les quatre premiers :

Vulva regit Scotos (1) *; hæres tenet illa Britannos* (2) *;*
Flandros et Batavos nunc notha vulva regit (3)*;*
Vulva regit populos, quos signat Gallia portu (4)*;*
Et fortes Gallos Itala vulva regit (5)*.*

1, Marie Stuart; 2, Elisabeth, reine d'Angleterre; 3, Marguerite, fille naturelle de l'empereur Charles-Quint, duchesse de Parme; 4, Catherine d'Autriche, sœur de Charles-Quint, veuve de Jean III, roi de Portugal, et régente pendant la minorité de son fils Sébastien; 5, Catherine de Médicis. »

Ajoutons que Niceron ne cite point cette satire dans la liste qu'il donne des ouvrages du célèbre jurisconsulte. (t. XI, p. 109-134.)

DEBAUCHEES (THE), or THE JESUIT CAUGHT. Comedy, by *Henry Fielding*. Acted at Drury, Lane, 1733, (London), in-8.

C'est l'histoire du père Girard et de La Cadière, qui faisait alors tant de bruit et qui déjà, en France, avait été mise au théâtre.

DÉCOUVERTE (LA) AUSTRALE, par *un homme volant*, ou le DÉDALE FRANÇAIS, nouvelle très philosophique, suivie de la *Lettre d'un singe*, etc. « *Dœdalus intereà Creten...* » Imprimé à Leipsick, et se trouve à Paris, s. d. (1781), 4 vol. in-12 de 422 p. en tout, orné de 23 gravures.

Cet ouvrage est l'un des plus bizarres de *Nic. Ed. Restif de la Bretonne*, qui semble avoir emprunté de ses idées fantastiques au « Voyage dans la Lune » de *Cyrano de Bergerac*. L'ouvrage est suivi de diatribes extrêmement satiriques contre divers personnages du temps et qui, pour ce motif, furent arrêtées et cartonnées par la censure. Notons en passant l'*Iatromachie*, vive polémique en faveur du docteur Guillebert de Préval, ami de Restif, contre la faculté de médecine de Paris ; la *Raptomachie*, sorte de parade dialoguée, manifestement dirigée contre les nouvelles ordonnances, contre les corporations de métiers et contre leurs auteurs ; la *Loterie*, allusion plaisante à l'ouvrage de Condorcet sur les « Eléments du calcul des probabilités » ; enfin et surtout la *Séance chez une Amatrice* : dans ce curieux opuscule, on doit reconnaître sous les traits de l'*Amatrice*, Mlle Panckoucke, qui avait épousé Suard et qui réunissait chez elle une espèce d'académie littéraire, entre autres : l'*Encyclopédiste* (Suard lui-même), *le petit Chafoin* (Gazon Dourxigné), *Du Thé* (l'abbé Arnoud), le *groshomme* (Condorcet), l'*Avocat-Arlequin* (Coqueley de Chaussepierre) ; *Le Philosophe* ne peut être que Restif lui-même. Il faut consulter, pour plus de détails, sur la *Découverte Australe*, la « Bibliographie de Restif» (p. 198-207) de M. P. Lacroix.

· DÉMÉTRIUS SOTER, ou LE RÉTABLISSEMENT DE LA FAMILLE ROYALE SUR LE TRÔNE DE SYRIE, s. l. (Paris?) 1745, in-12.

· « C'est une allégorie en faveur du Prétendant à la Couronne d'Angleterre ; elle est, au moins en partie, de *Cl. Gros de Boze*, secrétaire de l'Académie des Inscriptions et Belles-Lettres » (Note manuscrite de l'abbé Goujet, reproduite par le « Dictionnaire des Anonymes » t. I, col. 875.) Cette attribution est confirmée par Quérard, dans sa « France Littéraire. »

DENDROLOGIA, DODONA'S GROVE, or THE VOCALL FOREST, by *James Howell*. London, 1640, in-folio, front. grav. Autres éditions : Londres, 1644, in-4 avec la clef; Londres, 1645 ; Cambridge. 1645, in-12; et augmenté d'une deuxième partie en 1650, etc.

Traduit en français, par *Baudouin*, la première partie en 1641 (Paris in-4); la seconde, en 1652 (Paris in-4), sous les titres de « *La Forêt de Dodone* », ou « *Les Arbres Parlants*. » « Jacques Howel, né en Ecosse, en 1594, mourut en 1666 ; il avait été persécuté par suite de son attachement à la cause royale; Charles II le récompensa en créant pour lui la place d'Historiographe royal d'Angleterre. La *Dendrologia* est le seul de ses écrits qui ne soit pas aujourd'hui absolument oublié. C'est une allégorie étrange, où l'analogie entre l'histoire réelle et la fiction n'est pas maintenue. Il y retrace l'histoire de l'Europe, de 1603 à 1640 ; les diverses nations sont représentées par des arbres animés (on retrouve la même imagination dans le « Voyage de Nicolas Klimius dans le monde souterrain »). L'idée est absurde, l'imagination maladroite, l'invention pauvre et obscure; l'histoire y est presque dénaturée. Howel manquait d'esprit et il voulut y suppléer par des plaisanteries lourdes et fatigantes. Après tout, dit Hallam, c'était un homme instruit et observateur. Il y a des exemplaires de la traduction française avec la clef, d'ailleurs incomplète, que Baudouin a eu la singulière idée de mettre en vers latins ; en voici les principaux articles :

Le Cèdre, — l'empereur Ferdinand III.
La Vigne, — Louis XIII.
L'Olive, — Anne d'Autriche.
L'Olivier, — Le roi d'Espagne.
Le Chêne, — Charles Ier d'Angleterre.

Le Platane, — L'Electeur de Saxe.

Le Frêne, — Gustave-Adolphe.

Le Sapin, — Christian IV, roi de Danemark.

Le Sycomore, — le duc de Toscane.

Le Chardon, — le Sultan.

Le Cyprès, — le duc de Savoie.

Le Liège, — le roi de Pologne.

Le Lierre, — le Pape.

Le Myrthe, — la République de Venise.

Le Pin, — l'Electeur Palatin.

Le Sureau, — le duc de Bavière.

Adriane, — Venise.

Ampelone, — la France.

Blanche-Forest, — Albion, l'Angleterre.

Bombycène, — l'Italie.

Cardénie, — le Danemark.

Colombine, — l'Amérique.

Dodone, — l'Europe.

Elayane, — l'Espagne.

Léoncie, — Les Provinces-Unies.

Laraner, — l'Irlande.

Monticol, — l'Ecosse.

Pétropole, — Rome.

Tamisone, — Londres.

Ramandas, — le cardinal de Richelieu.

Rocalin, — le prince de Galles.

Seralvio, — le duc d'Olivarès.

Ne quittons point Jacques Howel, sans dire un mot de deux autres ouvrages allégoriques qu'il a composés et qui ne sont pas plus récréatifs que le précédent.

Ce sont :

1° INSTRUCTIONS FOR FORREINE TRAVELL. — By *James Howell.* London 1642 in-12 orné d'un front. grav., par Hollar et d'un portrait du prince Charles, par Glover.

INSTRUCTIONS POUR VOYAGER A L'ÉTRANGER. — Traduit en français. Paris, 1648 et 1652, in-4. « C'est, dit la « Biographie Michaud », un ouvrage allégorique sur l'histoire du commencement du XVIIᵉ siècle, où l'on démontre par quelle voie et en combien de temps on peut prendre un tableau exact des royaumes et états de la chrétienté et parvenir à la connaissance pratique des langues. »

2° THE PARLEY OF THE BEASTS, OR MORPHANDRA QUEEN OF THE ENCHANTED ISLAND. — London, 1650, in-folio, front. grav. par Gaywood, avec un portrait de l'auteur.

LA CONFÉRENCE DES ANIMAUX, ou MORPHANDRE, REINE DE L'ILE ENCHANTÉE. — Je n'ai trouvé aucuns détails sur cette dernière fiction allégorique et peut-être politique. Le meilleur essai sur Jacques Howell et sur ses ouvrages se trouve dans l'« Athenæ Oxonienses » d'Anthony Wood.

DERNIER (LE) CRI DU MONSTRE, VIEUX CONTE INDIEN, s. l., Juillet 1789, 15 p.

Pamphlet politique dont l'auteur est, suivant le « Dictionnaire des Anonymes », N.-M.-F. Bodard de Tézay. Tous les noms y sont anagrammatisés; ainsi, il faut traduire *Nœlac* par Calonne, *Eliomen* par Loménie, *Kernec* par Necker, *Cangilop* par Polignac, *Salénor* par Orléans, etc., etc.

Ce libelle fait vraisemblablement suite à une autre pièce du même genre citée aux catalogues Leber (t. II, n° 5,017) et de T.. cy (1864, Paris, n° 743, *avec la clef*) et intitulée : *Le Monstre déchiré. Vision prophétique d'un Persan qui ne dort pas toujours.* Ispahan et Paris, 1789, in-8, 30 p. Très probablement aussi ce factum est du même auteur que le « Dernier cri », et la même clef lui doit être applicable; elle occupe, dans les exemplaires qui en sont pourvus, les pages 24 à 29.

DERNIÈRE (LA) GUERRE DES BÊTES. FABLE POUR SERVIR A L'HISTOIRE DU XVIIIᵉ siècle. *Par l'auteur d'Abassaï.*

« .... Quid rides? Mutato nomine, de te Fabula narratur. »

Horat. Serm. Lib. I. Ecl. I. A Londres, chez C. G. Seyffert, libraire, MDCCLVIII, — Deux parties en un volume in-12, de 218 p.

Cet ouvrage est de Mlle *Fauque*, qui se fit appeler aussi Mme *Fauque de Vaucluse*, sans doute parce qu'elle était originaire du comtat d'Avignon. On trouve, dans la Biographie Universelle de Michaud (t. XIV, p. 197) et dans la France Littéraire (t. III, p. 71) d'intéressants renseignements sur la vie et sur les écrits de cette femme auteur, dont l'existence fut passablement agitée. *La Dernière Guerre des bêtes* est une allégorie continuelle relative aux événements politiques qui se produisirent alors en Europe. Les faits y sont parfois singulièrement présentés ; certaines allusions ne manquent pas de finesse, mais la lecture de cet ouvrage est aujourd'hui assez fastidieuse et n'offre que peu d'intérêt ; il serait d'ailleurs à peu près inintelligible maintenant, si l'auteur n'avait eu la sage précaution de faire imprimer, en tête de son livre, une clef de plus de trois pages. La Biographie Universelle insinue que le véritable lieu d'impression de *la Dernière Guerre des bêtes* serait Bruxelles : cela paraît bien invraisemblable. D'abord, le papier et les caractères typographiques employés pour la publication du volume sont manifestement de fabrication anglaise ; en outre, à chaque page de nombreux mots ou lambeaux de phrases sont imprimés en italiques ; or, cette disposition, encore fort usitée de nos jours en Angleterre, était surtout employée au XVIIIe siècle, dans les imprimeries de ce pays ; enfin, dans la clef, plusieurs mots et noms, qu'on eût pu imprimer alors impunément, tout au long, à Bruxelles, ne sont indiqués que par des initiales ou par leurs lettres essentielles. Sans doute, malgré la liberté d'écrire dont jouirent toujours les

Anglais, l'éditeur de Londres craignit d'éveiller des susceptibilités qui eussent eu pour lui des résultats fâcheux.

Voici la clef de la dernière guerre des Bêtes, telle qu'on la trouve ordinairement dans les exemplaires de ce livre :

Pages
1 — *La Montagne*, — le Ciel.
1 — *Le Sage*, — Dieu.
2 — *Les Animaux, les Bêtes*, — les hommes.
2 — *La Forêt*, — le monde.
4 — *Le Commentaire*, — l'Évangile.
10 — *Le Fleuve*, — la mer.
10 — *L'herbe*, — Matières de commerce, marchandises.
11 — *Le Lion*, — le François.
11 — *Le Léopard*, — l'A..gl..s. (l'anglais).
11 — *Le Chameau*, — le Hollandois.
11 — *L'Éléphant*, — le Russe.
12 — *L'Ours*, — l'Allemand.
12 — *Le Loup*, — le Polonois, Danois, Suédois.
12 — *Le Cheval*, — l'Espagnol, Portugais.
12 — *Le Chien*, — le Suisse.
12 — *Le Renard*, — l'Italien.
12 — *Les Castors*, — les Génois.
14 — *Le Dromadaire*, — l'Autrichien.
14 — *Le Tigre*, — le Pr..ss..n (prussien).
15 — *Les Singes*, — les auteurs ou personnes distinguées par leur esprit ou leur mérite.
17 — *Radeaux*, — Vaisseaux.
18 — *Vers-luisans*, — Or, argent.
25 — *Interprètes*, — P..l..m..t (parlement).
30 — *N'entendre que d'une oreille et se boucher l'autre*, — Changement de religion sous Henri VIII.
31 — *Le Roi qu'ils étranglèrent*, — Charles Ier.
31 — *Le Roi qui fit couper les oreilles*, — Louis XIV qui chassa les protestants de France.

32 — *Le Roi des lions qui veut changer son fils en cheval*, — la guerre pour mettre Philippe sur le trône d'Espagne.

38 — *Les Bêtes s'assemblèrent après la guerre des chevaux*, — la paix et le traité d'Utrecht.

39 — *Une autre forêt; la seconde ou la nouvelle forêt*, — l'Amérique.

40 — *Première forêt*, — le premier monde connu.

42 — *Matière combustible*, — poudre à canon.

50 — *Ils demandèrent au Grand Renard d'envahir la nouvelle forêt*, — Charles V demande au pape une bulle qui lui donne la souveraineté de l'Amérique.

56 — *Prairie de douze cents pas*, — Nouvelle Écosse.

56 — *Prairie de mille et deux cents pas*, — Acadie.

56 — *L'Isle Gris-de-Lin*, — Saint-Christophle.

57 — *Cabane verte*, — Port-Royal, ou Annapolis royale.

57 — *Pour y manger et boire*, — la pêche.

57 — *Colline tirant à gauche*, — Cap de Sable.

59 — *Second traité*, — traité d'Aix-la-Chapelle.

60 — *Cabanes*, — Villes et Forts.

64 — *Arpenteurs*, — Commissaires pour régler les limites.

64 — *Arpentage de lièvre*, — ce que les A..gl..s (Anglais) demandent.

64 — *Arpentage de tortue*, — ce que les Français disent avoir accordé.

68 — *L'Isle Bleue*, — Cap Breton.

68 — *Isles vers la source de la large rivière*, — Iles à l'embouchure du golfe Saint-Laurent.

69 — *Isle Jaune*, — Terre-Neuve.

72 — *Conférences*, — Mémoires des commissaires.

74 — *Un Renard*, — Séb. Cabot.

75 — *Un de nos Rois*, — Jacques Ier.

76 — *Un de nos ambassadeurs*, — Le comte d'Estrées.

76 — *Un de nos léopards*, — Monsieur William Temple.

80 — *La langue des anciens renards*, — la langue latine.

83 — *Lions vagabonds*, — Prêtres et moines.

92 — *Champ fleuri*, — Cap de bona Vista.

124 — *Lettre trouvée dans l'oreille de leur chef*, — Lettre trouvée à B..dd..k ?

127 — *La plus belle de mes prairies*, — la Sibérie.

130 — *S'arracha quelques lambeaux*, — Ostende et Nieuport.

136 — *Isle-Rouge*, — Minorque.

137 — *Le Léopard qui commande les radeaux*, — B...g (J. Byng).

139 — *Léopard-singe*, — P.... (Pitt).

146 — *Sauteurs*, — Jansénistes.

147 — *Lionne favorite*, — Madame de P..p..d..r (Pompadour).

153 — *Deux de ses principales cabanes*, — Nieuport.

156 — *Roi des ours blancs*, — Electeur de Saxe.

163 — *Il s'était abaissé jusqu'à se quereller avec un singe*, — Frédéric II et Voltaire.

164 — *Je sacrifiai tour à tour le ressentiment et l'amitié*, — La défection du roi de P. (Prusse) lorsqu'il quitta les Français; sa réconciliation avec la reine de Hongrie.

165 — *Leurrer par elle*, — Par Ostende et Nieuport.

172 — *Loups jaunes*, — Polonais.

181 — *Ours gris*, — H...v...ns (Hanovriens).

194 — *Défenseur de la bonne façon d'entendre*, — Défenseur de la religion protestante.

194 — *Loups gris*, — les Suédois.

194 — *Une autre espèce de loups*, — les Danois.

195 — *Lion sage, expérimenté,* — le comte d'Estrées.

196 — *Lion qui avait pris l'Isle Rouge,* — Duc de Richelieu.

203 — *Lion singe, ministre d'Etat accusé de négligence,* — M. de Maurepas.

208 — *Léopard qui avait une confusion dans la tête,* — M...d...t?

208 — *Arpent de terre,* — Ile d'Aix.

212 — *Le Rhinocéros,* — le Turc.

215 — *Fablé.,* — Fable d'Ésope, traduite par La Fontaine.

N.-B. — Presque toujours, lorsque l'auteur se sert du mot de BÊTES, *c'est pour désigner quelque sottise ou reprendre de quelque folie ; autrement, il se sert de celui d'*ANIMAL.

La simple lecture de cette clef fait, mieux que toute analyse, connaître la nature de l'ouvrage de Mlle Fauque; elle a pour but de reproduire, sous le voile d'une fable assez ingénieuse, les diverses phases des démêlés de la France et de l'Angleterre, ainsi que les intrigues du roi de Prusse (le roi des Tigres !) Assurément un tel livre, qui est plus favorable à la France qu'aux autres États de l'Europe, semble aujourd'hui bien anodin ; il faut savoir gré, cependant, à Mlle Fauque de n'avoir pas craint de le publier, à une époque et dans un pays où la haine contre notre nation était si profonde et si générale.

DERNIÈRE (LA) RESSOURCE DE Mme P***.

Voir : La Messaline française.

DESCRIPTION DE L'ISLE DE POURTRAITURE ET DE LA VILLE DES POURTRAITS. (Par *Charles Sorel*). Paris, 1659 in-12. — Réimprimé dans la collection des « Voyages imaginaires. » (T. XXIV, p. 339-400).

Ce livre est plutôt un ouvrage allé-

gorique qu'un écrit à clef. « C'est, dit M. V. Fournel, une satire de la mode des Portraits, qui s'était répandue, depuis quelque temps dans les lettres. Sorel y étudie tour à tour, d'une manière assez mordante, les peintres héroïques, les peintres comiques et burlesques, les peintres satiriques, les peintres amoureux, etc. ; il raille leurs défauts ou leurs ridicules et n'épargne pas davantage les prétentions de ceux qui se font peindre. L'intrigue est fort légère, mais le récit ne manque ni d'intérêt ni de vivacité. Ce qu'il y a de plus remarquable, c'est que l'auteur place dans la bouche de son guide un grand éloge des portraits que les Scudéry frère et sœur ont semés dans leurs romans, en particulier dans *Cyrus* et *Clélie* qu'il a si vertement attaqués ailleurs. »

Il ne doit pas être impossible de dresser une sorte de clef des auteurs ou des ouvrages que Sorel a nécessairement visés dans cette allégorie satirique.

DESCRIPTION DE L'ISLE DES HERMA-PHRODITES...

Voir : Les Hermaphrodites....

DESCRIPTION DE LA MÉNAGERIE ROYALE DES ANIMAUX VIVANTS ÉTABLIE AUX THUILERIES, s. l. (Paris). De l'imprimerie du Pape, 1792. in-8.

Le catalogue de Pixérécourt (p. 386) attribue à *F. Dantalle* ce petit écrit, qui n'est autre chose qu'un violent et odieux pamphlet contre Louis XVI, sa famille et ses serviteurs, récemment revenus de Versailles à Paris. C'est toujours le même procédé allégorique ; les noms vrais sont déguisés sous des noms d'animaux.

DESCRIPTION DU PAYS DE LA JANSÉNIE.

Voir : Relation du Pays de Jan-
SÉNIE.

DESCRIPTION ET VENTE CU-
RIEUSE DES ANIMAUX FÉROCES
MALES ET FEMELLES DE LA
MÉNAGERIE DU CABINET D'HIS-
TOIRE NATURELLE DES CI-
DEVANT JACOBINS, LES CRIS
ET HURLEMENTS DE CHAQUE
BÊTE, et leur utilité. Nota : La
vente aura lieu huit jours après la
présente publication. Le présent
catalogue se distribue à Paris, chez
Grapignac, huissier-priseur, rue
Honoré, et Dévorant, secrétaire de
la Société mère, rue des Jacobins.
De l'imprimerie de Gaulemeriti, s.
d. (de la fin de 1794 ou du com-
mencement de 1795), in-8, 16 p.

D'après le « Dictionnaire des Anonymes » (t. I, col. 904), cette pièce révolutionnaire serait signée : *Martin*.
C'est une facétie rarissime, c'est surtout une œuvre satirique, presque de
réaction, destinée à ridiculiser les ter-
roristes, qui y sont désignés sous des
qualifications grotesques ou déshon-
norantes ; ainsi, le *Tigre*, c'est Car-
rier ; l'*Orang-Outang*, c'est Collot
d'Herbois ; le *Loup-Cervier*, c'est
Duhem ; etc., etc. Ce petit écrit est des
plus curieux.

DESCRIPTION TOPOGRAPHI-
QUE, HISTORIQUE, CRITIQUE
ET NOUVELLE DU PAYS ET DES
ENVIRONS DE LA FORÊT-NOIRE,
SITUÉE DANS LA PROVINCE DU
MERRYLAND. Traduction très libre
de l'anglais, avec cette épigraphe :
« A bon entendeur, salut ! — A
Boutentation, chez les veuves Sula-

mites, aux petits appartements
de Salomon. L'an du monde
100,700,700,000 (1770 ?). Pet. in-8
de 83 p. fig.—Réimprimé à Bruxelles
en 1866. Trois fois condamné (Voir
le « Catalogue des ouvrages condamnés, » p. 119-120).
L'original anglais est intitulé :
« A NEW DESCRIPTION OF MERRY-
LAND, » ETC., 7ᵉ édition, Bath-
J. Leake, 1741, in-8, nombreuses
réimpressions et imitations.

Ce livre est d'un bout à l'autre une
allégorie obscène. Le *Merryland*
(Joyeux-Pays) est une certaine partie
du corps de la femme. Le frontispice
représente la carte du Pays. On trouvera dans la « Bibliographie Gay »
(t. III, p. 13-14) des détails très complets sur cet ouvrage plus que scabreux, qu'on ne peut cependant se
dispenser de citer dans une étude sur
les livres allégoriques.

DEUX (LES) AMOURS, par
Emile Bigillion (de Grenoble). — Paris, de Potter, 1844, 2 vol. in-8,
prix : 15 fr.

Ce roman est le seul ouvrage publié
par feu M. E. Bigillion. Certaines
personnes de Grenoble crurent se reconnaître dans les portraits et les situations de cet écrit, et menacèrent
l'auteur de le poursuivre judiciaire-
ment. M. Bigillion, pour avoir la paix
et peut-être reconnaissant le bien
fondé des plaintes qu'on lui adressait,
prit le parti d'envoyer au pilon l'édition entière de son ouvrage. Après sa
mort, ses héritiers brûlèrent les exemplaires qu'il avait conservés : il n'é-
chappa à cette destruction que les
quelques exemplaires, en très petit
nombre, offerts par l'auteur à des
amis, aussitôt après l'impression du

volume. Les renseignements qui précèdent ont été donnés par M. A. Claudiu, dans le catalogue de sa librairie (1873, n° 3754). M. Claudin était plus à même que quiconque d'être bien renseigné sur ce livre à clef; c'est lui qui a fait, en 1872 et 1878, les deux ventes de la bibliothèque de feu M. Bigillion.

DEUX (LES) DUCHESSES, par *Alexis Bouvier*, roman publié en feuilletons dans le journal « la Lanterne » (Paris). Le premier feuilleton est daté du samedi 6 mai 1882.

Cet ouvrage n'est autre chose que la reproduction, sous une forme romanesque, des incidents qui ont motivé un célèbre procès pendant à la même époque devant le Tribunal civil de la Seine (mai 1882). Il s'agit d'une demande à fin d'homologation d'une délibération du conseil de famille destituant la mère de la tutelle de ses enfants, présentée au nom de Mᵐᵉ la duchesse de Chevreuse, contre Mᵐᵉ la duchesse de Chaulnes, sa bru. Assurément le romancier a introduit dans son récit des faits et des personnages imaginaires, mais le fond du livre est basé tout entier sur les faits du procès dont tous les journaux, et particulièrement la « Gazette des Tribunaux », ont longuement rendu compte.

Les personnages sont donc très faciles à reconnaître : la duchesse *de Saisy*, c'est Mᵐᵉ de Chevreuse ; — le duc et la duchesse *de Theuil*, M. et Mᵐᵉ de Chaulnes ; — la princesse *Danileff*, Mᵐᵉ la princesse Galitzin, mère de la jeune duchesse ; — *Antoine de Suppy*, c'est sans doute M. de D., dont le nom ne fut pas prononcé au procès, mais que tout le monde a nommé tout bas ; — *L'Abbaye de Solente*, c'est l'Abbaye de Solesmes ;

— *Dom Coliste* représente le bénédictin Dom Piolin, auquel on a fait jouer un singulier rôle en cette affaire. Les autres personnages paraissent être de fantaisie et n'avoir été créés que pour les besoins du romancier.

DEUX (LES) JUMEAUX VOYAGEURS, de l'engin artificiel et usage voluptueux d'une redingote à l'anglaise ; histoire véritable, un peu plus que galante, ornée de treize gravures en taille douce. Au Palais-Royal, chez Mᵐᵉ Gosset, fabriquante de redingotes, etc., 1791, S-L. (Paris) in-8 de 48 p. Les figures sont très libres.

A en juger par la simple lecture du titre, cet opuscule est une production extrêmement obscène : ce qu'on ne peut deviner, c'est que c'est aussi un pamphlet politique; suivant la « Bibliographie Gay » (t. 3, p. 32), ce livret, en prose et en vers, est une violente satire dirigée contre Marie-Antoinette et contre les principaux personnages des règnes de Louis XV et de Louis XVI ; cet infâme écrit doit être bien rare; il n'est cité, ni dans le catalogue Leber, ni dans celui de G. de Pixérécourt, ni même dans la Bibliothèque révolutionnaire de M. de la Bédoyère.

DEUX (LES) SIÈCLES, Dialogue en vers, par M. *de Tansumir*, étudiant en seconde au collège de Beaufort, sous l'abbé Gilbert. — Seconde édition, à Ferney, pays de Gex. De l'imprimerie de la Sybille, 1776 (suivi de couplets en potpourri). La première édition est de 1770. Une troisième édition, singulièrement augmentée (elle comprend

1,035 vers), a été publiée en 1798. Une quatrième en 1799, avec ce titre « Galerie des Portraits ou les Deux Siècles. »

Cette satire est de *Mérard de Saint-Just*. Comme presque tous les ouvrages de cet auteur bizarre, elle contient des vers inachevés ; d'autres sont marqués par des lignes de points ; des mots ne sont indiqués que par une initiale, etc. J'ai sous les yeux la 3ᵉ et la 4ᵉ éditions des « Deux siècles. » Dans mon exemplaire de la 3ᵉ édition, qui provient de la vente Béhague, on a rempli, comme suit, à la main, les mots initialisés ou ponctués :

Pages
5 — du M.... un tel, — Maréchal.
6 — L.., — L'Angleterre.
6 — Au..., — Auguste.
6 — S..., — Saint-Germain.
7 — *entre*, — entre deux draps.
8 — *Sa*..., — Saurin.
8 — *Ne*..., Necker.
8 — *Su*..., — Suard.
8 — *P*..., — Parlement Maupeou.
8 — *Ling*..., — Linguet.
8 — *L*..., — Le bon Turgot.
9 — *D*... le *Grand D*..., — Dupont, le grand Dupont.
9 — *B*... *fils du P*.., — Beaumarchais, fils du petit Caron.
13 — *un M*..., — Ministre.
12 — *un*..., — un évêque.
13 — *C*..., — Choiseul.
13 — *Versailles est des*.., — des prélats.
14 — *les P*... *de D*..., — les prêtres de Dieu.
14 — *Sur la R*..., — la religion.
14. — *H*.., — La Harpe.
14 — *B*..., — Barthe.
17 — *d'Al*.., —'d'Alembert.
21 — *Nous avons* .., — Marmontel.
22, 23, 24 — *L*... *M*..., — La Harpe et Marmontel.

Cette clef s'applique aussi à la 4ᵉ édition, qui contient d'ailleurs beaucoup de noms nouveaux en toutes lettres.

DEUX (LES) VEUVES INFORTUNÉES. Voir : L'Amitié désunie par l'Amour.

DEVINERESSE (LA), ou LES FAUX ENCHANTEMENS, comédie, suivant la copie imprimée à Paris, C. Blageart (Hollande-Elzévir), 1680, in-12 de 190 p. en tout. Plusieurs fois réimprimés.

Cette pièce, en 5 actes et en prose, est de *Thomas Corneille* et de *Jean Donneau*, sieur *de Visé*. « Le succès immense de cette comédie, représentée au moment même où la Voisin était brûlée en place de grève, fut déterminé surtout par les allusions qu'on y trouva et qui allaient droit aux personnes les plus considérables de la cour, compromises dans les procès de la Chambre ardente. Les deux auteurs toutefois protestèrent dans leur « Avis au lecteur » contre ces allusions : « Tant de gens de toutes conditions « ont esté chercher les devineresses, « qu'on ne doit point s'étonner si on a « trouvé lieu de faire quelques appli- « cations. Il est pourtant vray (et on « se croit obligé de le protester) qu'on « n'a eu aucune veue particulière en « faisant la pièce... — On n'a eu d'au- « tre but que de faire voir que tous « ceux et celles qui se meslent de de- « viner, abusent de la facilité que les « faibles ont à les croire. » — On peut voir dans les lettres de Mᵐᵉ de Sévigné quelles étaient les personnes qui durent se reconnaître dans cette comédie, où les pratiques des devineresses sont traduites en scènes d'après les interrogatoires des accusés mis sur la sellette à l'arsenal » (Catalogue Soleinne. — Nᵒ 1413).

La Voisin est manifestement mise

en scène dans la « Devineresse » sous le nom de *Madame Jobin* ; cette dernière diffère cependant de son modèle en ce qu'elle ne se conduit pas, dans la comédie, de manière à mériter le bûcher.

Le catalogue des livres de feu M. de T. cy (Tracy, Paris, 1864) décrit, sous le n₀ 386, un bel exemplaire de l'édition originale de « La Devineresse », *orné de huit curieuses gravures* qui manquent à la plupart des exemplaires.

DIABLE (LE) BOITEUX (par *A.- R. Le Sage*). — Paris, Barbin, 1707, in-12.

Ce roman célèbre a eu un trop grand nombre de réimpressions pour qu'on puisse les énumérer ici. La meilleure et la plus complète des éditions modernes est celle donnée par M. *Pierre Jannet*, en 1876 (Paris, A. Lemerre, 2 vol. in-18.) Tout le monde sait que le « Diable boîteux » est une imitation plutôt qu'une traduction de l'ouvrage de *Guevara*, « El Diablo cojuelo », qui parut pour la première fois à Madrid, en 1641. Le Sage emprunta son plan et un certain nombre d'anecdotes à l'auteur espagnol ; il avoua hautement ces emprunts et c'est bien à tort qu'on l'a souvent accusé de plagiat, car, sauf ces emprunts, son livre offre une assez grande originalité et est bien personnel à l'auteur. « Le Sage, dit M. P. Jannet dans sa préface, n'avait pas besoin de mettre trop à contribution Guevara; Lope de Vega ou Calderon ; il est une autre source où il ne se faisait pas faute de puiser : il racontait volontiers, sous un voile transparent, les anecdotes parisiennes et c'était un moyen de succès de plus. *Ce garçon de famille*, qui devait trente pistoles à sa blanchisseuse et qui aime mieux l'épouser que la payer, c'est Dufresny ; *La veuve allemande,* qui se fait des papillotes avec la promesse de mariage de son amant, c'est Ninon ; *Le Comédien métamorphosé en figure de décoration*, c'est Baron ; *Le grand juge de police* dont il est parlé avec tant de vénération, c'est le lieutenant de police d'Argenson, etc., etc. » Les contemporains reconnaissaient bon nombre d'autres masques, et il est vraisemblable qu'un chercheur, bien au courant des historiettes et des bruits de l'époque, composerait une clef beaucoup plus complète du « Diable boîteux. »

DIABLE (LE) DANS UN BÉNITIER ET LA MÉTAMORPHOSE DU GAZETIER CUIRASSÉ EN MOUCHE, ou TENTATIVE DU SIEUR RECEVEUR, INSPECTEUR DE LA POLICE DE PARIS, CHEVALIER DE SAINT-LOUIS, POUR ÉTABLIR A LONDRES UNE POLICE A L'INSTAR DE CELLE DE PARIS. Dédié à Monseigneur le marquis de Castries, ministre et secrétaire d'État au département de la marine, etc., etc. Revu, corrigé et augmenté par M. l'abbé Aubert, censeur royal, par *Pierre Le Roux*, ingénieur des grands chemins. — A Paris, de l'imprimerie royale. Avec approbation et privilège du Roi (1784), in-8 de 159 p.; orné d'une gravure frontispice satirique (Londres).

Autre édition in-12 (1784).

Réimprimé encore sous le titre de : « Le Diable dans les affaires du gouvernement de France ». — Londres, 1787, in-12.

Cet écrit, attribué généralement à *Anne-Gédéon La Fitte, marquis de Pellepore*, est un violent pamphlet en partie relatif au trop fameux Théveneau de Morande, auteur du « Gazetier Cuirassé » et dirigé contre la police française. Le « Dictionnaire de Quérard (Supercheries Littéraires) » fait figurer cet ouvrage parmi ceux de Théveneau.

En voici la clef, relevée sur un exemplaire où les noms sont complétés par une main de l'époque :

Pages

12 — *Le comte de M....r,* — Le comte de Moutier.

12 — *R....r,* — Receveur.

12 — *M....s,* — Thévenot de Morandes.

12 — *Le comte de V....s,* — le comte de Vergennes.

12 — *Le Mis de C....s,* — Le Marquis de Castries.

13 — *M. de S....,* — M. de Sartines, lieutenant de police.

13 — *Le Cte d'A....,* — Le comte d'Artois.

13 — *Le duc de C....,* — le duc de Chartres.

21 — *M^r Le N....,* — Lenoir; lieutenant de police.

21 — *A....,* — Aubert.

22 — *M, Sh....n,* — Sheridan.

25 — *A....,* — M. Amelot.

31 — *La V....,* — M. de La Vrillière.

36 — *Le Gazetier Cuirassé,* — Thévenot de Morandes, et non Beaumarchais, comme on l'a prétendu.

44 — *Le Cte de G...,* — Le comte de Grasse.

44 — *M. de G....n,* — De Guichen.

48 — *O....r,* — Olivier.

56 — *Duc de la V....ñ,* — duc de la Vauguyon.

86 — *Mme de B....n,* — Mme de Bouillon.

87 — *Le Chevalier de Ch...y,* — de Chiverny.

Enfin, page 18, le libraire *B....re,* c'est le libraire Boissière, et p. 19, *M. de la F....,* ne peut être que M. de La Fare.

DIABOLIQUES (LES), par *J. Barbey d'Aurevilly*. — Paris, Dentu, 1874, in-12 de VIII-354 p.

On sait quel succès obtinrent ces six nouvelles, succès qui eût été bien plus grand encore sans les susceptibilités du Parquet (voir le « Catalogue des ouvrages poursuivis ou condamnés»). Ce livre est devenu rare et c'est fâcheux, car c'est assurément une des plus remarquables productions de l'auteur. Il paraîtrait que M. Barbey d'Aurevilly n'a pas introduit dans ses récits que des personnages imaginaires. Indépendamment des héros de ses nouvelles, il présente comme comparses, auditeurs ou narrateurs, des personnalités bien réelles, déguisées sous des noms d'emprunts ou désignés seulement par des périphrases allusives. « L'Intermédiaire » a déjà cherché à soulever un coin du voile, en nous faisant connaître (10 avril 1875) que la *femme charmante à la barre historique,* dont il est question dans ce livre, n'est autre que la célèbre Mme Juliette Récamier. Cette indication est bien peu de chose. Quelle bonne fortune pour les curieux et les raffinés, si M. Barbey d'Aurevilly voulait bien donner un jour la clef de son remarquable ouvrage.

DIALOGUE ENTRE DEUX BRIGANDS, l'un général de tous les *Courtauts-de-Boutiques* de la Compagnie des Indes anglaises, l'autre à la tête de tous les *Rats-de-Caves* de la France. — Paris, Mme Lesclapart. S.-D. (1788 ?) in-8 de 48 p.

Pamphlet politico-financier; les *Deux Brigands* dont il s'agit ici sont lord Hasting et M. de Calonne.

DIALOGUE SURNOMMÉ LA FRIGARELLE, aussi vilain que les

autres, traictant des amours d'une grande dame avec une fille, divulgué en mesme temps à la Cour où il estoit commun, et n'en faisait l'on que rire,.. etc., etc. Paris, 1581.

Cette pièce, d'une extrême rareté, est citée par P. de l'Estoile dans son « journal » ; en marge de son exemplaire, l'Estoile avait écrit : *vilain ;* ce ne doit pas être beau, en effet, car les nouveaux éditeurs du « journal » n'ont pas cru devoir reproduire cette pièce de vers, dont les *entreparleurs* se nomment *Marie* et *Jeanne.* Le dialogue commence ainsi ; c'est Marie qui parle :

« Jeanne, l'on dit de toi chose estrange et nouvelle,
« Comment tu te conjoins avec la *Frigarelle,*
« Ceste riche et grand'dame.... »

On juge par ce début sur quoi roule l'entretien. — Qui pouvaient être *Jeanne,* et surtout la *Frigarelle* ?

DIALOGUE TRÈS ÉLÉGANT INTITULÉ LE PÉRÉGRIN...

Voir : Il Peregrino...

DIALOGUES DES GÉNIES DIFFÉRENTS QUI RENVERSENT LE MONDE.

Voir : Le monde renversé.

DIALOGUES DRAMATIQUES ET ALBUM DE JEAN-BAPTISTE FORT-MEU. — Hâvre, imprimerie de Cercelet, rue de Paris, 37, 1834, in-8 de XII-323 p. et un feuillet pour la table, orné de cinq lithographies. Tirage à petit nombre pour les amis de l'auteur,

Les « Dialogues dramatiques » au nombre de 22, occupent les pages 3 à 221. L' « Album » composé de

contes, élégies, épigrammes, cantates et chansonnettes, comprend le reste du volume. D'après une note du catalogue Soleinne (n° 3,822), la plupart des dialogues « le Libéralisme au bureau », « l'Académie au petit pied », « les Titres de noblesse », « le Patriotisme au Salon», etc., etc., sont de petites pièces satiriques, *d'après nature,* qui firent, dit-on, scandale au Hâvre. Il est d'autant plus vraisemblable que ces pièces visent des personnages réels que l'auteur, dans sa préface, se défend vivement d'avoir voulu faire aucune allusion malicieuse : mais qui pourra découvrir les noms véritables du préfet *d'Egmont,* du sous-préfet *Mainville,* de *Duroc,* de *Pillevoisin,* de *Favreau,* de *Taffar,* de *Patole,* de Mᵐᵉ *Leroi,* etc., etc.

DIALOGUES FAITS A L'IMITATION DES ANCIENS. Voir : Hexaméron rustique.

DIANEA (LA), Libri quattro, ò sia : Le novelle amorose et gli amori infelici, da *Giovanni Francesco Loredano,* Torino. 1637, in-12; Venezia, 1649, 1651 et 1654, in-24.

Traduit en latin, par Michel Benuccio, et en français, sous le titre de *La Dianée* (Paris-Sommaville, 1642, in-8), par *Jean Lavernhe,* suivant la « Biographie Michaud », ou par le maréchal de *Schomberg,* suivant l'abbé Lenglet-Dufresnoy, qui ajoute que le maréchal aurait mieux fait d'écrire sur l'art militaire.

Ce recueil de nouvelles galantes serait, d'après Chr. Gryphius, un ouvrage rempli d'allusions politiques; voici comment il s'exprime à ce sujet

« *Johanes* certè *franciscus Lauredanus*, senator venetus magni nominis, in venutissimâ fabulâ, cui *Dianeæ* nomen imposuit, insidias Wallensteinio à Ferdinando II structas, operosè delineavit. Ubi *rex Dianferdus* est Ferdinandus (Ferdinand II, cinquième grand-duc de Toscane) ; *rex Vesatorum*, Gustavus; *dux Lovastinus* Walleinstein ; *Zenilt*, Litzen ; *rex Gallorum*, rex Hispaniarum ; *dux de Riafe*, Feria ; *principes catanosœ*, magnæ Hetruriæ ducis fratres ; *Monarcha Belgarum*, *Aquitanorum et Celtarum*, rex Galliæ ; *Comes Lagassus*, Galassus ; *Bœotia*, Bohemia ». (Voir : Ch. Gryphii « Apparatus de Scriptoribus Historiam sœculi XVII illustrantibus », p. 166.)

Laissons à Gryphius l'honneur et la responsabilité de ces interprétations et ajoutons seulement que Lorédan avait annoncé une suite à sa *Dianée*, sous le titre de *Erisandra* ; mais on ignore si cette pièce a été publiée.

DICTIONNAIRE DES PRÉCIEUSES...

Voir : Le grand Dictionnaire des Précieuses...

DICTIONNAIRE NÉOLOGIQUE A L'USAGE DES BEAUX ESPRITS DU SIÈCLE, avec l'ÉLOGE HISTORIQUE DE PANTALON-PHŒBUS, par un *Avocat de province.*—Paris, Lottin, 1726, in-12. Plusieurs fois réimprimé. La 7ᵉ édition est datée de Paris, 1756, in-12.

Le « Dictionnaire néologique » est de l'abbé *Desfontaines* ; l'Éloge de Pantalon-Phœbus est de l'avocat *Bel.* Ces deux ouvrages sont des satires contre les écrivains du temps dont on a relevé les tournures de phrases ou expressions ridicules, avec force commentaires critiques. C'est principalement de La Motte qui, sous le nom de *Pantalon-Phœbus*, est en butte aux traits malins de Bel et de Desfontaines. L'« Éloge historique » se termine par une petite bibliothèque imaginaire dont voici la clef :

Septième tragédie d'Œdipe..., — De La Motte.

Heures en vers à l'usage des poètes..., — De La Motte.

Éloges funèbres d'un style enjoué..., — Fontenelle.

Nouvelle traduction de Salluste..., — L'abbé de Vayrac.

Système nouveau sur toutes choses..., — De La Motte.

L'art d'écrire en français..., — De La Motte.

Le secret de parler vers en prose..., — De La Motte.

Recueil d'énigmes, rébus, logogriphes..., — le P. Le Jay, jésuite.

Arlequin Métaphysicien, comédie..., — Carlet de Marivaux.

Parallèle du théologien brillant et de l'historien précieux..., — l'abbé Houtteville, le P. Catrou, jésuite.

Système incompréhensible d'un philosophe gascon..., — le P. Castel, jésuite.

Le héros des traducteurs..., — le P. de Courbeville, jésuite.

Traité du « Je ne sais quoi »..., — le P. de Courbeville, jésuite.

La femme sage ou universelle..., — le P. de Courbeville, jésuite.

DIDYMI CLERICI, PROPHETÆ MINIMI, HYPERCALYPSEOS LIBER SINGULARIS. Pisis, in ædibus sapientiæ. MDCCCXV. In-12 de XLVIII 52 pages. Portrait gravé au trait. On lit sur le premier feuillet : « Hujus libelli duplex facta est editio quarum una exemplis XII, altera XCII. »

Ce singulier ouvrage est d'*Ugo Foscolo*, qui avait déjà pris le même pseudonyme de « Didimo chierico », pour publier, en 1813, à Florence, une traduction du « Voyage sentimental » de Sterne. L'*Hypercalypsis*, dit la « Biographie Michaud (t. 64, p. 289), est une satire violente contre les littérateurs italiens, thuriféraires de la domination française. » Cet opuscule, tiré à 104 exemplaires seulement, est aujourd'hui fort rare ; voici les renseignements que donne à son sujet Melzi (Dictionnaire des anonymes et pseudonymes italiens, t. I, p. 297) : « L'indication de *Pise* est fausse, car ce petit livre fut imprimé à Zurich, où Foscolo était réfugié en 1815. Douze exemplaires portent le vrai nom de l'auteur ; ils sont en outre munis d'une *clef* dévoilant les noms des personnages satirisés, personnages qui tous étaient à Milan les hôtes assidus des réceptions du comte Jean Paradisi, alors président du Sénat et de l'Institut du royaume d'Italie. Les 92 autres exemplaires sont sans clef ainsi que ceux d'une nouvelle édition publiée à Lugano. On peut affirmer d'ailleurs que cette satire. ne contribua nullement à accroître la gloire de son célèbre auteur. »

Par malheur, l'exemplaire que j'ai sous les yeux est un des 92 qui n'ont pas la clef ; j'ai, mais vainement, cherché à me la procurer ; cependant elle est indispensable pour trouver quelque plaisir à la lecture de l'*Hypercalypsis* qui, faute de ce secours, m'a paru (je l'avoue en toute humilité) aussi obscure que fastidieuse.

DINAH SAMUEL, par *Félicien Champsaur*. — Paris, Paul Ollendorff, 1882, in-12 de II-539 p., 3 fr. 50.

Cet étrange roman roule en grande partie sur les origines, la vie, les habitudes et les aventures de la célèbre actrice, Mᵐᵉ Sarah Bernhardt, déguisée sous le nom de *Dinah Samuel* ; il faut reconnaître que le portrait est rarement flatteur, et, malgré les justes éloges accordés à la grande artiste, cet ouvrage ressemble bien souvent à un pamphlet. Mais là n'est pas, du moins au point de vue de notre étude, [le grand intérêt de « Dinah Samuel » : ce qui doit fixer l'attention, ce sont les nombreux détails que contient ce volume sur la jeune génération littéraire de notre époque. L'auteur nous promène, de Montmartre au quartier-Latin, dans les cafés, brasseries, bals populaires, etc., et autres lieux de rendez-vous constituant en quelque sortes les cénacles où se rassemblent tous ces jeunes écrivains, artistes, poètes, prosateurs, naturalistes, Hydropathes ?, et autres *fumistes* (sic), que l'on peut regarder comme les héritiers [directs des derniers « Bohêmes », illustrés par Murger. Parmi les écrivains mis en scène par M. Félicien Champsaur, le plus grand nombre sont destinés à tomber promptement dans un profond oubli ; quelques-uns ayant plus de valeur, ou peut-être plus de chance, arriveront ou sont arrivés déjà à se faire un nom ; ces derniers ne seront point oubliés plus tard par les rédacteurs de biographies, mais les autres, les plus nombreux, ne seront sans doute plus cités nulle part ailleurs que dans le livre de M. F. Champsaur. A ce titre donc, « Dinah Samuel », ouvrage d'une conception bizarre et qui parfois gagnerait à être mieux écrit, méritera d'être conservé par les curieux pour être consulté au besoin par la suite. Par malheur, et c'est une singularité de plus dans ce roman déjà fort étrange, les noms réels sont mélangés aux noms déguisés ou supposés, sans que rien puisse guider le lecteur dans cet assemblage de fictions et de vérités. M. Champsaur seul serait à même de donner une clef exacte des cent ou cent cinquante noms de fantaisie sous lesquels il a voilé des personnages réels ; en attendant qu'il juge à propos de la publier, on en peut toujours citer ici quelques-uns d'ailleurs assez faciles à découvrir ; exemples :

L'acteur Zimzim, — Daubray.

Albert Max, — André Gille, le célèbre caricaturiste.

François Carvey, — Francisque Sarcey.

Louise Réphaja, — Mlle L. Abbéma, artiste peintre.

Pothiron, — Thiron, acteur de la Comédie-Française.

Henri Béchefort, — Henri Rochefort.

Louis Pauvrepin, — Jean Richepin.

Paul Courget, — Bourget.

Maurice Baylor, — M. Bouchor.

Emile Cardac, — E. Goudeau. (?)

Eugène Raillet, — E. Gaillet, du « Corsaire ».

Mouroude, — Touroude.

Lorel, comédien, — Porel, de l'Odéon.

Braucoval, — Duquesnel, directeur de l'Odéon.

Jean Delthil, auteur du « *Mendiant* ». — François Coppée, auteur du « Passant ».

Jules Dony, — Jules Jouy.

Alphonse Bébé, — Alphonse Daudet.

Catulle Tendrès, — Catulle Mendès.

Carolus Zeph, — Victor Zay. (?)

Tony Barillon, — Tony-Révillon.

Guillaume Echternac, — William Busnach.

Emile de Tabarin, — Emile de Girardin.

Ruy de Beaumasseur, — Guy de Maupassant.

Jacques Lamentable, — Jules Vallès.

Savabien, — Savary.

Philippe Fantoche, — Philippe Gille.

Prunat, — De La Rounat.

Numa Faridondaine, — Numa Baragnon.

Les frères Genicourt, — MM. de Goncourt.

Juliette Ève, — Mme Juliette Lamber, veuve de M. Edmond Adam.

Nana Lilic, — Mme Anna Judic.

Morlow,, — M. G. Guizot. (?)

Arthur de Gascon, — Alfred de Caston.

Le journal « Le Diderot », — « Le Voltaire ».

Bardot, — Nadar (?)

De Rosondo, banquier, — De Camondo (?)

Jules Potard, — M. Jules Ferry.

Dodieau, — M. Clémenceau.

Le journal « Le Vengeur », — L'Intransigeant.

F. Crósy, — Fernand Crésy.

Octave Câpre, auteur du *Lynx,* — Octave Feuillet, auteur du « Sphinx », etc., etc.

Cette clef est bien incomplète ; il y a peut-être cent autres noms encore à dévoiler ; tels sont ceux du général *Oust,* du scuplteur *Kaugel,* amants de *Dinah Samuel,* de *Gabriel Savoureux,* prosateur exquis, de l'actrice *Berte Lévy,* de *Tigrec,* de *Juret,* rédacteur du « *Vengeur* », des frères *Paul et Alphonse Basil,* de *Charles Maubert,* du peintre *Lindor,* etc., etc. Enfin, on peut se demander si sous le nom de *Patrice Montclar,* le héros du livre, l'auteur n'aurait pas retracé quelques épisodes de sa propre histoire.

DISCOURS DE JACOPHILE DU JAPON. Voir : Les Hermaphrodites...

DIVINE (LA) COMÉDIE DE DANTE ALIGHIERI, ENFER, PURGATOIRE, PARADIS. Traduite en vers selon la lettre et commentée selon l'esprit ; suivie de la clef du langage symbolique des fidèles d'Amour. Par *E. Aroux.* Paris, librairie des héritiers de Jules Renouard, 1856, 2 vol. in-8.

On ne citera ici que cette traduction du poème du glorieux Florentin : la liste des éditions, traductions, commentaires, etc., de la « Divine Comédie » composerait à elle seule un gros volume ; c'est une véritable bibliographie spéciale qui déjà a été faite en partie. Si l'on a choisi cette traduction parmi beaucoup d'autres, c'est que son auteur, E. Aroux, s'est livré sur l'œuvre de Dante à des recherches qui rentrent absolument dans le cadre de notre étude ; il a composé une véritable clef de ce poème immortel, clef dans laquelle, il faut bien l'avouer, certaines attributions, certaines conjectures semblent parfois assez risquées. Ce travail, publié à part et tiré à nombre restreint, forme une brochure in-8 de 39 pages, devenue fort rare aujourd'hui. Il serait impossible de transcrire tout cet opuscule ; mais peut-être les lecteurs et admirateurs de Dante ne seront-ils pas fâchés de trouver ci-après un extrait de cette clef, « destinée, dit « M. E. Aroux, à ceux qui, possédant « assez la langue italienne pour lire « la Comédie dans l'original, voudront « se procurer le plaisir d'y recher- « cher eux-mêmes la pensée du poète « et de la dégager des bandelettes mystérieuses dont il l'a enveloppée. » Voici donc cette clef réduite à ses plus indispensables éléments :

Achille. — Frédéric II, fils de l'empereur Henri VI.

Adrien V. — Personnifiant l'avarice.

Agneaux. — Les membres de l'Eglise dissidente, innocents et purs, ou Cathares, en opposition aux boucs et loups orthodoxes.

Alcméon. — Frédéric II, faisant payer chèrement à l'Eglise albigeoise, sa mère, en tirant forcément le fer contre elle, la couronne impériale que lui avait conservée Innocent III.

Alexandre. — Le pape Alexandre III, en lutte avec Frédéric Barberousse, dans la querelle des investitures.

Alexandre le Grand. — Henri VII, faisant fouler aux pieds par ses soldats le sol embrasé de la Lombardie, révoltée à l'exemple de Brescia.

Alichino. — Le prieur florentin Medico Aliotti.

Altri. — Mot combiné pour offrir aux initiés les initiales de Arrigo Lucemburg, Templaro, Romano Imperatore.

Aman. — Le pape, ministre infidèle, usurpant la puissance d'Assuérus, le monarque universel, roi des rois.

Amate. — L'Italie, patria amata.

Amphiaraüs. — Léopold d'Autriche.

Amphion. — Henri VII au siège de Brescia.

Anges. — Les dignitaires de l'Eglise dissidente.

Anges rebelles. — Les hauts dignitaires de l'Eglise catholique romaine: les cardinaux.

Anthée. — Le municipe de Bologne.

Arachné. — Rome tissant les vêtements pontificaux.

Arbres (vifs). — Les sectaires.

Arbres (morts). — Les catholiques.

Arche VIᵉ (Arco). — Contractation du nom de Arrico, Henri de Luxembourg.

Argenti (Philippe). — Personnification de l'esprit florentin, des hommes d'argent de son temps.

Argo (Le navire). — Contraction d'Arrigo, Henri VII.

Argus. — Figure de l'Inquisition.

Ariane. — L'Eglise catholique, sœur de Pasiphaé, figure de la cour de Rome, engendrant le Minotaure, moitié homme, moitié brute.

Aruns (l'augure). — L'un des membres de la famille Malaspina.

Asdent. — Masque déguisant en savetier, diseur de bonne aventure, Ghibert de Correggio, seigneur de Parme.

Athamas. — Personnification des fureurs de Brescia, révoltée contre Henri VII.

Aveugles. — Ceux qui suivent la loi de l'Eglise.

Babylone. — Rome, réceptacle de toutes les corruptions.

Barattieri. — Les fonctionnaires prévaricateurs et, plus particulièrement, les noirs florentins.

Barbariccia. — Le gonfalonnier de justice, Jacopo Ricci.

Belʒébuth. — Le pontife romain.

Bice. — Nom mystérieux qui paraît être une syncope de Béatrice, mais qui, en réalité, donnant les initiales de Béatrice, de Jesu Cristo et d'Enrico, ou B. I. C. E., résume la foi politique et religieuse de Dante.

Blancs. — Faction de juste-milieu dans Florence.

Boucs. — Les Noirs florentins.

Briarée. — Philippe le Bel.

Brutes. — Les catholiques.

Brutus. — Le parti des Noirs florentins.

Cacus. — Le prince Jean de Naples.

Caïphe. — Clément V, désigné sous ce nom comme ayant trempé dans la mort du Juste, en se rendant complice de l'empoisonnement de Henri VII.

Calchas et Euripyle. — Les deux frères, Antoine et Bassano Fisilaga.

Calisto. — L'Eglise romaine.

Capanée. — Tebaldo Brissato, créé prince par Henri VII.

Cassius. — Philippe le Bel, comme complice de l'empoisonnement du César Henri VII.

Chiron. — Le pape Innocent III.

Circé. — L'Eglise romaine changeant les hommes en brutes.

Cléopâtre. — La cour de Rome, toute sensuelle.

Colchos. — Rome, dont le souverain possédait la Toison-d'Or.

Deidamie. — La secte albigeoise, veuve de Frédéric II, son Achille.

Diane. — Délie, la lune, la triple Hécate. Figure de la Papauté à la triple couronne.

Didon. — Type de l'Eglise, infidèle au Christ.

Dité. — Florence habitée par les Furies et dominée par les Noirs.

Draghinaʒʒo. — Betto Brunelleschi, l'un des syndics des Noirs florentins.

Dragon (de l'Apocalypse). — L'ambition insatiable des pontifes faisant du Saint-Siège le tonneau des Danaïdes.

Eaque. — Frédéric Barberousse.

Ephialte (Le géant). — Robert II, roi de Naples, allié de Clément V et de Philippe le Bel, Briarée.

Epicuriens. — Nom philosophique sous lequel étaient désignés les Guelfes affiliés à la secte albigeoise.

Esther. — L'Eglise sectaire, épouse du Monarque universel, Roi des rois.

Ève. — L'Eglise sectaire, dans Florence.

Francesca de Rimini et son amant. — Figure géminée, symbolisant l'hermaphrodisme mystique des fidèles d'amour, forcés de se laisser entraîner, sous la conduite de la prostituée de Babylone, à la bourrasque infernale déchaînée par ce Lucifer qui fait son séjour dans Caïne, comme meurtrier de ses frères. Malheureux réduits à apostasier leur foi, par faiblesse de cœur et en vue d'intérêts matériels, pécheurs charnels, dès lors *peccatori carnali.*

Froid. — L'influence stupéfiante, mortelle du Catholicisme.

Gaia. — La gaie science.

Gale. — *Rogna*, lèpre, la foi orthodoxe.

Ghisola (La belle). — Personnification de Bologne, livrée à l'influence d'Azzo d'Este, marquis de Ferrare.

Gibelins. — Partisans de l'Empire, appartenant plus généralement à l'aristocratie.

Gomorrhe. — La cour de Rome.

Gorgone. — L'Eglise romaine.

Grecs. — Les transfuges, ayant un pied chez les Gibelins, et l'autre chez les Guelfes, comme les Grecs en Europe et en Asie.

Guelfes. — Partisans du Saint-Siège, défenseurs des libertés municipales, et en conséquence hostiles à l'Empire.

Harpies. — Les ordres monastiques.

Hélice ou Calisto changée en ourse. — Figure de la papauté se prostituant au paganisme.

Hérode. — Le pontife romain.

Homme riche. — Le pape enrichi par la donation de Constantin, qui fit *il primo ricco padre.*

Jason. — Masque sous lequel Dante se représente rompant avec l'Eglise.

Jason (frère d'Onias). — Figure de Clément V.

Jupiter. — Tantôt figure du monarque universel, tantôt du pape lançant les foudres de l'excommunication.

Lavinie. — Personnification de Rome, sous le rapport temporel.

Lemnos. — Bologne.

Lion. — Figure de la puissance française, orgueilleuse et cruelle.

Lombard (Le grand). — Barthélemy de la Scala.

Louve. — Figure de l'avidité, de l'ambition sanguinaire des pontifes, de leurs appétits charnels, dont la nourrice de Romulus devenait le symbole.

Malacoda. — Corso Donati.

Manto. — L'Eglise albigeoise, réduite à s'expatrier après la mort de Raymond Bérenger.

Mardochée. — Dante poussant Henri VII (Assuérus) à arracher le pouvoir à l'Aman romain.

Médée. — Figure de l'Eglise catholique, magicienne perverse, mère dénaturée.

Michol (femme de David). — L'Eglise de Rome, épouse du pontife.

Midas. — Philippe le Bel.

Minotaure. — Philippe de Savoie, seigneur de Turin.

Mort. — L'Eglise catholique.

Mosquées. — Les églises de Florence-Dité, peuplées de païens et de mécréants.

Myrrha. — Florence.

Nemrod. — Guido de la Torre, ou Gui de la Tour, très influent alors à Milan.

Ninus. — Le Christ, époux de l'Eglise, cette prostituée de Babylone.

Niobé. — L'Eglise romaine, châtiée dans son orgueil, mère de *pierre.*

Pain des Anges. — La doctrine sectaire.

Panthère. — Florence, mobile, cruelle, offrant dans ses murs l'aspect d'une mosaïque ou d'un pelage moucheté, à raison du mélange des Blancs et des Noirs.

Pasiphaé. — La Cour de Rome se prostituant, comme la louve.

Pélée. — Henri VI, père de Frédéric II.

Peste. — Le Catholicisme.

Phaéton. — La papauté.

Phalaris. — Boniface VIII.

Pharisiens. — Les docteurs de l'Eglise orthodoxe.

Phèdre. — L'Eglise romaine, épouse infidèle.

Phlégias. — Charles de Valois.

Pierre. — L'Eglise de Rome, édifiée sur Pierre.

Pierres. — Les membres de l'Eglise orthodoxe.

Pluton (Plutus). — Le grand pape Grégoire VII.

Polymnestor. — Philippe le Bel égorgeant les Templiers.

Polyxène. — L'Eglise albigeoise, épouse de Frédéric II.

Proserpine. — La grande comtesse Mathilde, flétrie sous ce nom comme la concubine dévote du pape Grégoire VII.

Prostituée (Grande). — L'Eglise de Rome.

Putiphar. — La cour de Rome calomniant Dante.

Pygmalion. — Figure du tyran Philippe le Bel.

Rei. — Les Guelfes orthodoxes, fils de la perverse Rhéa.

Rhéa. — L'Eglise romaine.

Rien, Niente, Nulla. — Le pape.

Roboam. — Le pape Clément V.

Romieux. — Nom affecté aux sectaires qui faisaient le pèlerinage de Rome sous prétexte d'aller y gagner les indulgences, mais en réalité pour conférer avec leurs frères d'Italie.

Rose. — L'Eglise albigeoise et sa doctrine.

Satan (Aleppe). — Le chef de l'Eglise romaine devenu prince souverain de Rome et des États pontificaux.

Saul. — Figure de la papauté réduite à se percer de ce glaive usurpé qu'elle a osé tourner contre le David impérial.

Scorpion. — Figure de la papauté.

Sémiramis. — La grande prostituée de Babylone.

Sennachérib. — Figure du pape, qui doit s'attendre à être tué comme lui dans le temple, par ceux qu'il appelle ses fils.

Sodome. — Rome, digne pour l'impureté et la corruption d'être livrée au feu du ciel.

Sodomites. — Les partisans exaltés du Saint-Siège.

Templarisme. — Les Templiers.

Thaïs. — Masque de comédie, sous lequel Clément V est flagellé.

Thèbes. — Brescia, la première à se révolter contre l'empereur Henri VII.

Tirésias. — Raymond Bérenger, dit le Vieux.

Tout, Tutto. — L'empereur, monarque universel.

Ulysse. — Masque sous lequel Dante se représente comme l'inséparable du Diomède Henri VII.

Vénus (céleste). — En opposition à la Vénus terrestre, la prostituée de Babylone, Vénus *Proniké ou Pandémos*.

Vie. — La foi albigeoise.

Virgile. — La philosophie rationnelle des anciens mystères poétisant l'idée monarchique, n'est autre que le Bolonais de Virgilio, l'ami de Dante, avec qui il fut en correspondance jusqu'à sa mort. Suscité, évoqué parmi les *morts* de Bologne par la foi sectaire, Erychthone *cruda*, il fut l'initiateur du poète florentin au Templarisme ; aussi l'appelle-t-il son maître, son père, et ce fut son âme que le Bolonais eut mission d'arracher aux Noirs de Dité et à la cour de Rome, ce dernier cercle de Judas.

Vivants. — Les membres de l'Eglise albigeoise.

DIVORCE (LE) ROYAL, ou GUERRE CIVILE DANS LA FAMILLE DU GRAND ALEXANDRE. S. l. n. d., in-4 de 8 f. 2e édition : Cologne. P. Marteau, 1692, pet. in-12 de 40 p.

C'est encore un de ces innombrables pamphlets publiés en Hollande contre Louis XIV (*Le grand Alexandre*). Il s'agit ici plus spécialement des démêlés de Mme de Montespan avec la future marquise de Maintenon.

DOCTEUR (LE) FAGOTIN, comédie. Voir : L'emblesme de la Calomnie.

DOM QUICHOTTE DE LA MANCHE, CHEVALIER ERRANT, ESPAGNOL RÉVOLTÉ, tragi-comédie, par *C. D.*, dédiée à Mme la marquise de Vassé. — Strasbourg, Josie Stœdel, 1703, in-12 de 4 f. et 102 p.

Cette pièce, en 5 actes et en vers, est très rare; comme l'indique son titre, elle fait certainement allusion à la résistance des Espagnols dans la guerre de succession, et *Dom Quichotte* est en quelque sorte la personnification de l'Espagne. Ces vers seuls, dans sa bouche, suffiraient pour mettre sur la voie de l'allégorie:

... Je prétends chasser *ce jeune roy* (Philippe V),
Et l'envoyer ailleurs donner, s'il peut, la loy...
Quel droit a-t-il icy de domination ?

(Catalogue Soleinne, no 1601).

DON (IL) PILONE, ovveroIL BAC-CHETTONE FALSO, commedia, tratta nuovamenta dal franzese da *Girolamo Gigli*. Lucca, Marescandoli, 1711, in-8 de 5 f. et 124 p. Plusieurs réimpressions.

Cette comédie en 3 actes et en prose, est, comme le titre l'indique, une imitation du « Tartuffe » de Molière. Girolamo Gigli, dont le vrai nom était *Jérôme Nenci*, la joua lui-même, sur le grand théâtre de Sienne ; il se chargea du rôle principal et, sous le nom de *Don Pilone*, reproduisit fidèlement les gestes et l'allure d'un cafard bien connu dans cette ville; il engagea en outre neuf de ses amis à jouer les autres rôles, chacun avec les conformités physiques qu'il pouvait avoir avec les diverses personnes de Sienne qui s'étaient le plus ouvertement déclarées pour ou contre cet hypocrite. Le succès de la pièce fut immense; malheureusement l'Inquisition intervint pour arrêter cette audacieuse satire qui fut, en partie, l'origine de tous les malheurs de l'auteur. Gigli, dans ses écrits, dont beaucoup ne sont point parvenus jusqu'à nous, s'est livré à de nombreuses allusions et à de malicieuses personnalités. Nous le retrouverons à l'article « La Sorellina di don Pilone ». (Voir, pour plus de détails, la « Biographie Michaud », t. XVII, p. 340 à 350.)

DORTOIRS DE LACÉDÉMONE.
Voir : Soupers de Daphné.

DOUBLE (LE) RÈGNE.
Voir : Le Brasseur roi.

DOUCES (LES) AFFECTIONS DE LYDAMANT ET DE CALYANTE.
Voir : Histoire tragi-comique de nostre temps, par d'Audiguier.

DUEL (LE) TITHAMANTE, HISTOIRE GASCONNE, par *Jean d'Intras*, de Bazas. Paris, Robert Fouet, 1609, in-12 de 197 p., rare.

Cet ouvrage, dit M. P. Lacroix, (« Bulletin du bibliophile », juin 1857, p. 338, nº 158), semble être une histoire véritable ornée de tout le clinquant du plus mauvais goût, et surtout chargé des images les plus emphatiques, autrement dit les plus gasconnes. Ce petit livre est dédié « à la désolée des désolées, Madame de Lerm, Anne de Calonges », qui avait perdu son *Thithamante*, son mari, dans un duel, et que l'auteur semble avoir eu fort à cœur de consoler de son mieux.

Jean d'Intras, dont ne parlent point les biographies, a publié trois autres romans que n'a même pas cités Lenglet du Fresnoy. Il en est deux qui pourraient bien être aussi des histoires véritables sous des noms déguisés ; ils sont intitulés :

1º *Le Lict d'honneur de Chariclée*, où sont introduites les infortunées et tragiques amours du *comte de Melisse*, par *Jean d'Intras*. — Paris, Robert Fouet, 1609, in-12 de 11 f. et 100 p. avec une vignette sur le titre.

2º *Le Martyre de la Fidélité*, par *Jean d'Intras*, de Bazas. Paris, Robert Fouet, 1609, in-12 de 85 p., joli frontispice de Thomas de Leu.

Il en est vraisemblablement de même pour un autre ouvrage du même auteur, intitulé :

« *Le Portraict de la vraye amante, contenant les estranges avantures de Calaris et la parfaite constance de Lysbie*, par *Jean d'Intras*, de Bazas. » Paris, Robert Fouet 1609, in-12, front.-gravé.

DUNCIAD (THE), au HEROIC POEM TO Dʳ JONATHAN SWIFT ; with notes variorum and the prolegomena of Scriblerus ;. written in the year 1727 ; by *Alexander Pope*. — London, printed for Lawton Gilliver and J. Clarke, 1736, in-12 front.

Telle est une des plus belles éditions de ce poème satirique, si souvent réimprimé et qui attira tant d'inimitiés à son auteur. Il est à noter que « La Dunciade » avait paru, jusqu'à la huitième réimpression (Dublin, Faulkner, 1728, petit in-8), avec les noms simplement initialisés ; depuis cette époque, dans toutes les autres éditions, les noms furent imprimés en toutes lettres. Les traductions françaises de ce poème contiennent également les noms en entier.

Le même procédé fut suivi pour un autre ouvrage satirique de Pope : « MEMOIRS OF THE EXTRAORDINARY LIFE, WORKS AND DISCOVERIES OF MARTINUS SCRIBLERUS. » Dublin, Geo, Faulkner, 1741, in-12. Comme dans la Dunciade, plusieurs personnages contemporains sont mis en scène dans ce petit ouvrage et cruellement tournés en ridicule.

DUNCIADE (LA), POÈME EN DIX CHANTS. « Qui veut peindre pour l'immortalité doit peindre des sots. » Fontenelle, Dialogue des Morts. A Londres, MDCCLXXI, 2 vol. in-8, contenant, outre le poème et les pièces y relatives, Les Mémoires pour servir à l'histoire de notre littérature, depuis François Ier jusqu'à nos jours. Le tout par *Charles Palissot de Montenoy*. La première édition, en trois chants seulement, remonte à 1764 ; cet ouvrage a été souvent réimprimé.

Ce poème, dit Quérard, est dirigé contre les philosophes du XVIIIe siècle,

et particulièrement contre les encyclopédistes : il joint au défaut d'être trop long, celui bien plus grand encore d'être ennuyeux. Voltaire disait à ce sujet : « Ce n'est pas tout d'être méchant, il faut être gai. » Dans les éditions données depuis la Révolution, Palissot allongea encore son ouvrage en y intercalant de nouvelles satires contre ses ennemis anciens et nouveaux. Dans le délire de sa fureur, il associa, sans raison et sans goût, les noms de Marat, Couthon, Saint-Just, à ceux de Marmontel, Diderot, Fréron, Lemierre, etc. On sait combien Palissot fut toujours agressif et combien il motiva de ripostes à ses attaques. Cerfvol et Marchand publièrent contre sa Dunciade une assez mordante réplique intitulée : « L'Homme content de lui-même, ou l'Egoïsme de la Dunciade. »

Voici la clef des premières éditions de ce poème; elle est d'ailleurs bien facile, l'auteur ayant à peine déguisé les noms de ses victimes sous des initialismes transparents :

Fré*** ou *Jean Fré****, — Fréron.
L'abbé C..., — l'abbé Coyer.
L'abbé Trub..., — l'abbé Trublet.
Did..., — Diderot.
Bacul..., — Baculard d'Arnaud.
Rayn..., — Raynal.
Le M..., — Lemierre.
La Morl..., — La Morlière.
Beaum..., — Caron de Beaumarchais.
Rob..., — Robbé de Beauveset.
Marm..., — Marmontel.
Saur..., — Saurin.
Col..., — Colardeau.
Gr..., — Grimm.
Sed..., — Sedaine.
R..., — Roy.
Bl..., — Blin de Sainmore.
Duc..., — Duclos.
Charp..., — Charpentier.
Chaum..., — Chaumeix.
Sauv..., — Sauvigny.
D'Arn..., — D'Arnaud Baculard.
Lég..., — Légier.
Bast..., — Bastide.

Le R..., — Le Roy.
Su .., — Suard.
Berg..., — Bergier.
Math..., — les deux Mathon.
Roch..., — Rochon de Chabannes.
Portel..., — Portelance.
Jouv..., — Jouval.
Mouch..., — Mouchy.
D'Ac..., — D'Açarq ou d'Assarcq.
Le Bl..., — L'abbé Le Blanc.
M..., — Marmontel.
Bac..., — Encore Baculard d'Arnaud.
S..., — Saurin.
De Ros..., — Durosoy.
R......ni, — Mme Riccoboni.
Puy***, — Mme de Puysieux.
M..rlaix, — L'abbé Morellet.
Wasp., — Fréron.

Cette satire est, on le voit, fort peu voilée.

EAUX (LES) D'EAUPLET, comédie en un acte et en prose. — Rouen, Pierre Cailloué, s. d., in-12 de 50 p.

LA CRITIQUE DES EAUX D'EAUPLET, en un acte et en prose. — Rouen, François Vaultier, 1717, in-12 de 44 p.

« Cette pièce et la précédente, qui sont rares, doivent être du même auteur. La première, *où l'on crut reconnaître quelques portraits normands,* souleva de terribles colères dans la société de Rouen ; aussi, l'auteur ne se nomma pas. Cet auteur pourrait bien être *Le Sage,* car dans la « Critique » *Crispin,* valet-poète de l'auteur des « Eaux d'Eauplet », semble faire allusion à la comédie de Crispin, rival de son maître ». (Catalogue Soleinne, n° 1677-1678.)

EAUX (LES) THERMALES EN CHINE, par le Dr *T. D. B.* (docteur *Tibulle-Desbarreaux-Bernard*), seconde édition, Toulouse, Chauvin, 1870, in-8, 7 p.

Le « Dictionnaire des Anonymes » (t. II, col. 1) fait remarquer que le spirituel médecin a dû vouloir se moquer de quelque confrère dans cet opuscule. En effet les noms qu'il emploie : *Chong-Ly* (Luchon ?) et *Lofol-hi* (Filhol ?) donnent lieu de penser qu'il s'agit ici d'eaux thermales qui ne sont pas précisément en Chine.

EBURONADE (L') EN VERS BURLESQUES, ou GUERRES DES LIÉGEOIS. « Ridendo castigo mores ». — A Visé, de l'imprimerie des vrais citoyens, 1791, in-8 de 2 f. Limin. 106 p. et 1 f. d'errata.

Ce poème en sept chants, dirigé contre les patriotes liégeois, est attribué à l'abbé *Hansotte.* Il y a deux tirages distincts. M. Ulysse Capitaine a donné la clef des noms qui figurent dans ce pamphlet, dans ses « Recherches sur l'introduction de l'imprimerie dans la principauté de Liège » (Bruxelles, 1867, in-8, p. 111, note 1). L'auteur avait lui-même formé une espèce de clef en indiquant, au bas de chaque page, les initiales des vrais noms de ses personnages désignés, dans ses vers, par des pseudonymes et des sobriquets : ainsi *Le vieux paresseux,* lisez : Lh. notaire ; *le sobre Navettes,* lisez : Bouq. Est. ; *Le petit Colibri,* lisez : Fa., etc., etc. Comme on voit, c'est un livre à double clef.

ÉCHANGE CRIMINEL D'UNE DEMOISELLE DU PLUS HAUT RANG.

Voir : Maria Stella.

ÉCOLE (L') DE L'HOMME, ou PARALLÈLE DES PORTRAITS DU SIÈCLE

ET DES TABLEAUX DE L'ÉCRITURE SAINTE.
Ouvrage moral, critique et anecdotique, édition correcte. A Amsterdam, MDCCLII, 2 vol. pet. in-8,
de XX-207 et 246 pages, plus 10 et
7 p. pour les clefs (imprimé à
Noyon, chez Rocher).

Cet ouvrage, dont il est dit quelques
mots dans les « Livres à clef » de Quérard (p. 193), est minutieusement décrit dans la nouvelle édition du Dictionnaire des Anonymes » de Barbier
(t. II, col 13 et 14); « L'Epître adressée
à la vertueuse et aimable Mⁱˡᵉ F. L. D.
(Françoise Le Duc, suivant une note
manuscrite) est signée de Gran, anagramme du nom de Génard ; chacun
des volumes est accompagné d'une
« clef naturelle des portraits »; de
plus, dans certaines éditions, on trouve « une clef anecdotique », c'est-à-dire
avec les noms véritables, de 7 pages.
Bien que ces portraits dans le genre de
ceux de La Bruyère, avec le talent de
moins, soient aujourd'hui parfaitement oubliés, ils ne sont pas sans intérêt pour les amateurs du XVIIIᵉ siècle, et l'on ne sera pas fâché sans
doute d'en trouver ici la clef complète
que nous transcrivons textuellement
en rectifiant toutefois quelques erreurs
d'indications relatives à la pagination
du premier tome; telle que nous la
donnons, cette clef s'applique exactement à l'édition de 1752, ci-dessus
décrite :

TOME PREMIER

Pages
30 — *Alcide*, — M. le prince de Condé.
46 — *Pallade*, — Monseigneur le Dauphin.
46 — *Callidesme*, — Boyer, évêque de Mirepoix.
65 — *Corylas*, — Bertin, intendant du Roussillon.
67 — *Eutiphron*, — M. le duc d'Ayen.

Pages
69 — *Theomis*, — Boulogne, inten-dant des finances.
71 — *Damis*, — le duc de Villars.
72 — *Pamphile*, — Crébillon.
86 — *Clitandre*, — le duc de Riche-lieu.
86 — *Ménippe*, — le marquis de Livry.
109 — *Dorimon*, — le marquis de Tréan.
109 — *Arsène*, — Bertin, père, maî-tre des requêtes.
110 — *La belle*, etc., — la « Gazette de France ».
110 — *N'était-ce pas*, etc., — la cha-pelle de Versailles.
116 — *Auguste*, — le roi de France.
116 — *Tartus*, — Stuard.
117 — *G. F. F.*, — George-François-Frédéric.
118 — *Théodesme*, — M. l'archevê-que de Paris.
121 — *Teroua*, — Arouet de Vol-taire.
121 — *Tiphon*, — M. le duc de Gram-mont.
122 — *Alphitas*, — Boulogne, fils, conseiller au Parlement.
124 — *De Gregi*, — Gergy, archevê-que de Sens.
124 — *Livre ridicule*, etc., — Marie-Alacoque.
125 — *Cimon*, — le procureur gé-néral des requêtes de l'hôtel.
126 — *Sylla*, — le prince de Conty.
126 — *Marius*, — le maréchal de Saxe.
127 — *Pirrhus*, — le comte de Coigny.
127 — *Achilles*, — M. Fitz-James.
128 — *Pasquin*, — les agents de change.
129 — *Crésus*, — De la Bourdonnaye.
129 — *Corimon*, — M. de Valacoste.
130 — *Tomela*, — M. Amelot.
130 — *Florus*, — le cardinal de Fleury.
137 — *Adraste*, — le comte de Saint-Florentin.
138 — *Silvandre*, — le comte de Cha-rollais.

ÉCOLE (L') DE LA SOCIÉTÉ,

ou LA RÉVOLUTION FRANÇAISE DE LA FIN DU XVIIIe SIÈCLE, tragi-comédie historique, en prose, en cinq actes, avec intermèdes, par *V. F. S. Rey.* — Paris, an IV (1795), in-8 de 257 p., non compris le faux titre.

Cette pièce, de la période révolutionnaire, fait allusion aux événements du 9 thermidor. C'est une œuvre de réaction : Robespierre y est désigné sous le nom de *Tigredin*; ses principaux partisans se nomment *Scoquini, Tricaput, Sottinot*, etc., etc. — Ce doit être une clef facile à faire. (Catalogue Soleinne, n° 2,882.)

ÉCOLE (L') DES BICHES, ou

MŒURS DES PETITES DAMES DE CE TEMPS. - Erzeroum, chez Qizmich-Aga, libraire-éditeur (Bruxelles, Gay et Doucé, 1880), in-12, prix : 15 fr. Première édition, même titre. Paris (Bruxelles), in-12 de 274 p., 1763 (1868). Tiré à 64 ex. numérotés, imprimé par souscription et non mis dans le commerce.

Les auteurs de cette production extrêmement licencieuse sont MM. D..., H... et B...; ils se sont cachés jadis sous les pseudonymes de : *Chapuys, Bokel* et d'*Enghien*, qui contiennent ensemble toutes les lettres des noms véritables. (Voir : Pisanus Fraxi, « Index Librorum Prohibitorum », p. 194 à 197.) Les sept personnages qui figurent dans les seize entretiens de ce livre ultra-libertin ne sont point imaginaires ; c'est du moins ce qu'affirment les auteurs dans leur préface, la « Bibliographie Gay » (t. II, p. 136), et le « Bibliophile fantaisiste » (1869, p. 141), qui regrette de ne pouvoir donner des noms. — Les personnages mis en scène dans l' « Ecole des Biches » sont :

Le comte *Henri de Sarsalle*, 45 ans ;
Le peintre *Adrien Lebel*, 25 ans,
Le rentier *Martin Duvernet*, 38 ans ;
La cantatrice *Caroline Deschamps*, 22 ans ;
Sa cousine, *Marie Auber*, 16 ans ;
Son amie, *Louisa*, 17 ans ;
Sa soubrette, *Antonia*, 20 ans.

C'est à peu près tout ce qu'on peut dire de ce livre dont la clef, étant donné que les personnages ont réellement existé, serait bien curieuse : mais déjà deux des trois auteurs, MM. D... et H... sont morts, et l'unique survivant, M. B., ne dévoilera probablement jamais le mystère de cet étrange ouvrage.

ÉCOLE (L') DES MANDRINS A NEW-YORK.

Voir ci-dessous :

ÉCOLE (L') DU JOURNALISME...
EN AMÉRIQUE, comédie en trois
actes et en vers, par *F. Tapon Fougas.* — Bruxelles, 1857, in-18 de
XI, 44 p. Prix : 50 cent.

M. Francisque Tapon Fougas, littérateur belge, s'est ruiné à publier ses
nombreux et étranges ouvrages et a
fini par avoir la cervelle dérangée ;
un article inséré dans la revue « Le
Livre », en 1880, le classait formellement parmi les fous littéraires. Son
« Ecole du journalisme » est un des
« Cinq drames réformateurs » qu'il a
composés ; voici les titres des quatre
autres : 1º *Un Palmer au testament,*
comédie en 5 actes et en vers, avec un
prologue; 2º *Lady Pandore, ou l'Ecole
des Grecs,* comédie en 5 actes et en
vers; 3º *Une succession à l'américaine,*
comédie en 3 actes et en vers ; 4º
l'*Ecole des Mandrins à New-York,*
ou le *Sens moral en Amérique,* comédie en 3 actes, en vers.

Toutes ces pièces *réformatrices* (?),
bien que l'action se passe en Amérique, visent toujours des personnages
du monde littéraire de Paris ou de Bruxelles. Il va sans dire que ce théâtre *réformateur* n'a jamais été représenté.
L'auteur, fort excellent homme d'ailleurs et rempli des plus honnêtes
intentions, était absolument dépourvu
de talent et, voulant atteindre le
sublime, est presque toujours tombé
dans le grotesque ; il frappe lourde-
ment quand il croit effleurer seulement les ridicules ou les vices ; ses
allusions sont peu saisissables, ses
traits d'esprit bien peu piquants.

Dans l' « Ecole du journalisme »
M. Tapon-Fougas vise, sous le nom du
« *Progrès de New-York* », un journal parisien récemment converti du
républicanisme au cléricalisme. Plusieurs des personnages sont reconnaissables; ainsi M. *Arthur de Gros-Bou-
logne* doit représenter M. Bragelonne ;
Léon de Pomarin, M. A. de Pontmartin ; M. *Barbet de Laurillard* ne peut
signifier que M. J. Barbey d'Aurevilly;
Cascarille est peut-être M. Louis
Veuillot; mais qui dévoilera les vrais
noms de *Tarare,* de MM. *de Loupvin,
Charles de Larigo, Bénin* ? — C'est
d'ailleurs de peu d'importance. Disons
encore que M. Tapon-Fougas semble
s'être mis en scène sous les traits de
l'intéressant publiciste *Eloy,* le seul
honnête homme de la pièce.

ÉCOLIER (L') DE*** A Madame
de***, *Vision,* composé à Paris, en
1757.

Ce petit écrit en douze chapitres
ne paraît pas avoir été imprimé séparément; on le trouve dans la dernière
édition de la « Correspondance de
Grimm » (octobre 1757), qui s'exprime
ainsi à son sujet : « La fortune que fit,
il y a quatre ans, le « *Petit Prophète
de Bœhmischbroda* » (voir ce titre),
donna lieu à plusieurs imitations.
« *L'Ecolier de* *** » est une des
plus jolies. M. le chevalier de l'Aigle,
habillé en petit prophète, vint au bal
de l'opéra et distribua, par ce moyen,
des éloges à toutes les jolies femmes
de Paris. Cette *vision,* qui n'a jamais
été imprimée, passe pour être de M. le
baron *de Raix,* frère de M. le chevalier de L'Aigle. »

Les derniers éditeurs de Grimm ont
donné comme suit la clef de cette
petite pièce, qui ne forme pas plus
d'une vingtaine de pages in-12 :

CHAPITRE VI

Je vis une femme qui était belle..., —
Mme Caze;

J'aperçus une bergère..., — Mme de Pouligné ;

Je vis sa sœur..., — Mme d'Alençon ;

Je remarquai une femme..., — Mme de Courtille ;

Je vis une femme masquée..., — Mme de Saint-Félix;

Une femme qui sourit et que j'aimai..., — La marquise de Coaslin ;

CHAPITRE VII.

Une femme qui jouait de la guitare..., — Mme de Prémenville;

Une femme qui parlait..., — Mme de la Marck ;

Je dis : « C'est Appollon »..., — Le chevalier de la Messelière ;

Une femme qui chantait le plaisir..., — Mme de Revel;

Une voix douce frappa mon oreille..., — Mme de Marcheval;

CHAPITRE VIII.

J'abordai une divinité..., — Mme de Ségur ;

CHAPITRE IX.

Je vis une beauté..., — Mme la duchesse d'Orléans ;

Une femme vêtue de blanc..., — Mme de Foncemagne ;

Une femme dont l'air était modeste..., — Mme de la Guiche;

La compagne de la bravoure..., — Mme de Biron;

Je fus abordé par une femme..., — Mme de Villegagnon.

CHAPITRE X

Une jeune beauté qui a le talent de plaire..., — Mme de Valentinois;

Je remarquai une nymphe..., — Mme de Ménidot ;

Une jeune personne..., — Mme de Clermont d'Amboise ;

Je vis une grâce..., — Mme de Salm ;

CHAPITRE XI

Une femme conduite par la main..., — Mme de Beuvron;

Une danseuse masquée..., — Mme de Voyer ;

Une autre me parut si belle..., — Mme de Préodaux ;

Une femme qui m'attacha...., — Mme de Roissy;

CHAPITRE XII

Un prince assis à ma gauche..., — le duc d'Orléans ;

Une femme qui garde sa liberté..., — Mme de Mazade ;

L'abrégé de toutes les perfections..., — Mme de Melliaud;

Une femme qui ne cessera jamais de plaire..., — Mme de Paulmy;

J'ai fait celle-ci petite..., — Mme de Bacquencourt ;

Cette femme fera les désirs de tous..., — Mme Blondel ;

Un homme que j'aime..., — M. Delaleu, notaire;

Un prince assis à ma droite..., — M. le comte de Clermont.

Il a paru bon de reproduire *in extenso* la clef de cette spirituelle petite production ; c'est en quelque sorte le catalogue de toutes les jolies dames de Paris à cette époque.

ÉCORCHEURS (LES), OU L'USURPATION ET LA PESTE.

Voir : Le Brasseur roi.

ÉCUEIL (L') DE L'INEXPÉRIENCE.

Voir : Illyrine.

ECUMOIRE (L'), ou TANZAÏ ET NÉARDANÉ, HISTOIRE JAPONAISE, par *Crébillon fils*, à Pékin. — Paris, 1734, 2 vol. in-12.

Voir : Tanzaï et Néardané.

EGLAI, ou AMOUR ET PLAISIR, par l'auteur de « l'Infidèle par circonstance. » — Paris, Chaumerot,

1806, 1807, 2 vol. in-12, 3 fr. Autre édition : Paris, chez les principaux libraires, 1820, 4 vol. in-12 : 10 fr.

L'auteur de ce petit roman, mis à l'index par mesure de police en 1825, est *Louis Pierre Prudent Legay*, né en 1774, mort en 1826, qui écrivit à la fois des ouvrages pour la jeunesse et des romans dans le genre de ceux de Pigault-Lebrun. Ses livres, au nombre de cinquante environ, signés tantôt de son nom, tantôt de celui de sa femme, née Louise-Pauline *Langlois*, sont aujourd'hui parfaitement et très justement oubliés. Un seul, le roman d'*Eglai*, mérite encore d'être recherché : l'auteur s'est mis en scène en anagrammatisant légèrement son nom, et il a raconté les aventures plus ou moins véritables de son orageuse jeunesse. Il est très vraisemblable que les autres personnages qui figurent dans ce récit ont été peints aussi d'après nature ; mais on ne saurait être fixé à ce sujet que par la découverte d'un exemplaire annoté par une main de cette époque.

ÉLÉPHANT (L') ROI, pièce satirique insérée dans le « Journal de Paris » vers la fin de 1783. Reproduite dans la « Correspondance littéraire » de Grimm et Diderot (janvier 1784).

Cet écrit est dirigé contre La Harpe, désigné sous le nom de *Chien de basse-cour* ; l'*Éléphant roi*, c'est Louis XVI ; — le *cheval*, c'est Ducis ; — le *bœuf*, Marmontel, et le *chat-huant*, Lemierre.

ÉLÉPHANTS (LES) DÉTRONÉS ET RÉTABLIS, apologue historique indien, par M. *A. L. Le D****.

— Paris, L.-G. Michaud, 1814, in-8.

Cet ouvrage allégorique, « dédié à son Altesse Royale Monsieur, frère du Roi, lieutenant-général du Royaume», est de M. *Auguste-Louis Ledrect*, de Paris.

Les *Eléphants* personnifient la famille des Bourbons ; cet ouvrage est une continuelle allusion aux événements de la Révolution et du premier empire, et enfin au rétablissement de la dynastie légitime. Il est à noter que M. Ledrect n'est pas le seul auteur qui ait choisi les éléphants, ces animaux bons, puissants et sages, comme emblèmes de la famille des Bourbons. On pourrait citer maints apologues, divers écrits, publiés vers les premiers temps de la Restauration, et dans lesquels ces imposants pachydermes servent à personnifier les princes du sang. L'intention des auteurs était assurément excellente ; mais vraiment le *puissant* roi Louis XVIII, devait bien rire en voyant ces adulateurs le comparer à un éléphant.

ELISA, poème véritable, par *A. de Bellecombe*. — Paris, Taride, 1855, in-8 de 42 f. : 4 fr. 50.

Dans sa préface, M. André de Bellecombe, auteur de plusieurs autres ouvrages, donne cette histoire en vers comme une biographie absolument authentique.

ELISABETH, ou LES EXILÉS DE SIBÉRIE, suivi DE LA PRISE DE JÉRICHO, par *Mme Cottin*. — Paris, Michaud, 1806, 2 vol. in-12. Plusieurs réimpressions. Traduit en italien.

Cette jolie et émouvante nouvelle repose sur un fait historique qui eut quelque retentissement au commencement de ce siècle. *Elisabeth* n'est autre que Prascovie Lopouloff qui, vers la fin du règne de Paul Ier, partit du fond de la Sibérie, seule, à pied, presque sans argent, pour venir demander à l'empereur, dans Saint-Pétersbourg, la grâce de son père exilé depuis quatorze ans. « La véritable héroïne, dit Mme Cottin, est bien au-dessus de la mienne, elle a souffert bien davantage. » En effet, dans le roman de Mme Cottin, *Elisabeth*, après avoir sauvé son père, épouse le jeune Smoloff, qui l'a secondée dans ses périlleuses tentatives. En réalité, Prascovie, qui ne connut d'autre sentiment que la tendresse filiale, mourut dans un couvent, en 1809, des suites de ses longues souffrances. Son histoire véritable a été racontée par le comte *Xavier de Maistre*, sous le titre de « la Jeune Sibérienne », à la suite des « Prisonniers du Caucase » (Paris, 1815, in-18).

ELLE ET LUI, par *George Sand.* — Paris, Hachette, 1859, in-12, 3 fr. 50.

LUI ET ELLE, par *Paul de Musset.* — Paris, Charpentier, 1870, in-12, 3 fr. 50.

LUI, roman contemporain, par Mme *Louise Colet* (née *Revoil*). — Paris, Librairie Nouvelle, 1859, in-12, 3 fr.

Ces trois ouvrages, difficiles à réunir aujourd'hui, ont eu plusieurs éditions. Ces écrits, œuvres de vengeances personnelles, causèrent, à cette époque, un véritable scandale dans le monde des Lettres, chacun des auteurs faisant à la fois preuve de cynisme et de brutale méchanceté à l'égard de ses adversaires. Bornons-nous à rappeler qu'ils furent publiés dans l'ordre suivant : Mme George Sand ayant inséré, en 1859, dans la « Revue des Deux-Mondes », sous le titre d'*Elle et Lui*, le récit de ses amours avec M. Alfred de Musset, qu'elle ne présentait pas sous un aspect flatteur, M. Paul de Musset prit la défense de son frère et riposta par le second ouvrage : *Lui et Elle*, publié, la même année, dans le « Magasin de Librairie » ; fort peu de temps après, également en 1859, Mme Louise Colet intervint dans le débat et fit paraître le troisième récit, *Lui*, dans le « Messager de Paris ».

L'émotion fut vive dans le public et les critiques ne ménagèrent pas aux trois auteurs l'expression des sentiments que leur inspirèrent ces scandaleuses autobiographies. On peut s'en convaincre en relisant les articles publiés à ce sujet par M. *Cuvillier-Fleury*, dans le « Journal des Débats » (27 novembre 1859), par M. *H. Babou*, dans la « Revue contemporaine » (15 août 1859), dans la « Correspondance littéraire », de M. *Ludovic Lalaune* (t. III, p. 197-222, et t. IV, p. 121), surtout enfin en consultant le petit livre intitulé « EUX ET ELLES », *Histoire d'un scandale* » (Paris, Poulet-Malassis, 1860, in-12, 1 fr.), dans lequel M. *A. de Lescure* a rétabli la vérité des faits et résumé l'histoire de cet étrange procès.

Ces trois volumes, déjà très recherchés et qui le seront bien plus encore par la suite, ne contiennent pas les noms propres des personnages mis en scène ; les noms fictifs des mêmes personnes diffèrent dans les trois ouvrages ; en voici la clef composée à l'aide de notes recueillies de part et d'autre, notamment dans la « Revue anecdotique et dans le « Bibliophile fantaisiste » :

1° ELLE ET LUI :

Laurent de Fauvel, — Alfred de Musset ;

Thérèse Jacques, — Mme Georges Sand.

2° LUI ET ELLE :

Edouard de Falconey, — Alfred de Musset ;

Olympe de B***, — Mᵐᵉ George Sand;

Le Seigneur Diogène, — Gustave. Planche ;

Jean Caʒeau, — Jules Sandeau.

3₀ Lui :

Stéphanie de Rostan, — Mᵐᵉ Louise Colet;

Le maître de la maison, — Charles Nodier ;

Albert de Lincel, —Alfred de Musset;

Une jeune femme brune, — Marie Nodier;

René Delmart, — Emile Deschamps ;

Frémont, l'autocrate de la librairie, l'homme à la lourde cervelle, — Buloz (?) ou Charpentier;

Ce vieux pédant de Duchemin, — Villemain ;

Le vieux Duverger, — Béranger ;

Albert de Germiny, — Alfred de Vigny ;

Le grand Lyrique exilé, — Victor Hugo ;

Albert Nattier, — Alfred Tastet ;

Lord Melbourne, — Lord Seymour ;

Ce Léonce que j'aimais tant, — Gustave Flaubert ;

La princesse X, beauté trop maigre, — la princesse Belgiojoso ;

La comtesse de Vernoult, — la comtesse d'Agoult (*Daniel Stern*) ;

Hess, héros de clavier, — Listz ;

Antonia Back, — George Sand ;

Un de ces virtuoses sans cerveau, — Chopin ;

Un fort bel italien, — Marliani;

Le gros philosophe Ledoux, — Pierre Leroux;

Le jeune Horace, assez beau cavalier, — Mallefille ;

Un avocat à l'éloquence bornée, — Ledru-Rollin ;

Dormois, peintre moderne, — Eugène Delacroix ;

La belle comtesse aimée de Byron, — Comtesse Guiccioli ;

Deux ineptes poètes ouvriers, — Reboul et Jasmin; .

Sainte-Rêve, — Sainte-Beuve;

Labaumée, profond archéologue, — Prosper Mérimée ;

Le prince et la princesse de N***, — Belgiojoso ;

Quelques amis dont l'un était quelque peu son amant, — Gustave Planche ;

Sansonnet, — Viennet;

Daunis, —Empis ;

Amelot, —Ancelot;

L'ancien beau de l'empire, — le capitaine d'Arpentigny ;

Le Dʳ Tiberio Piacentini, — Pietro Pazello.

Bien qu'assez longue déjà, cette clef n'est cependant pas encore complète.

ELLE ET MOI, OU FOLIE ET SAGESSE.

—Paris, Laurens, jeune, 1800, 2 vol. in-12, 3 fr. Réimprimé, notamment à Troyes, 2 vol. in-18, gravures.

C'est un « roman couleur de rose », dit l'auteur *A. A. Beaufort d'Auberval*. Metz est en grande partie le théâtre des galanteries faciles racontées dans la première partie de cet ouvrage. Suivant une note insérée dans la « Petite Revue » (23 avril 1864), il y est fait allusion à plus d'une aventure vraie.

ELLIVAL ET CAROLINE,

par M. le *comte de L.* (*Bernard-Germain-Etienne de La Ville-sur-Illon, comte de Lacépède*). — Paris, Panckouke, 1816, 2 vol. in-12, 5 fr. Il y a des exemplaires avec de nouveaux titres qui portent pour nom de libraire : Rapet, et la date de 1817.

M. Girault de Saint-Fargeau (Revue des Romans, t. II, p. 2) rapporte que des personnes qui assuraient être bien informées, ont prétendu que l'auteur était jusqu'à un certain point le héros de son livre. On n'a pas de raison pour affirmer ni contester l'exactitude de cette assertion. On se borne à la constater, en renvoyant à l'ouvrage précité pour l'analyse de ce singulier roman qui a eu une suite intitulée : « Charles d'Ellival et Alphonsine de Florentino, suite d'Ellival et Caroline. — 3 vol. in-12, Paris, 1817. — On voit figurer, dans ce deuxième ouvrage, la plupart des personnages de la première production.

ELOMIRE HYPOCONDRE, ou LES MÉDECINS VENGEZ, par *Le Boulanger de Chalussay.* — Paris, Charles de Sercy, 1670, in-12 de 4 f. et 112 p., fig. gravée par L. Weyen. Plusieurs fois réimprimé ; en dernier lieu, à Paris, J. Liseux, 1878, in-18 de LXXXVIII-127 p.

Cruelle satire en cinq actes et en vers dirigée contre Molière, dont *Elomire* est l'anagramme et contre sa femme, Armande Béjard, sous le nom d'*Isabelle.* Plusieurs personnages de la pièce représentent aussi des personnes véritables sous des noms supposés : *Florimont* ne peut être que Montfleury, non moins ennemi de Molière que le médecin L. B. de Chalussay qui paraît s'être mis en scène sous le nom d'*Oronte.* Voir, pour plus amples détails, le catalogue Soleinne, nᵒˢ 1438 et 1439, la « Bibliographie moliéresque » de M. P. Lacroix, p. 247-248, la préface d'« Elomire », édition Liseux, etc., etc.

EMBLESME (L') DE LA CALOMNIE, comédie en trois actes (en prose), avec des intermèdes, par M. *Delile,* premier médecin de S. A. évêque et prince de Liège. Liège, Guillaume-Ignace Broncart, 1734, in-8 de IV-103 p.

« Cette pièce très rare, dit le catalogue Soleinne (nᵒ 3,784), contient des attaques contre le médecin Procope et contre tous ceux qui avaient pris sa défense dans ses querelles avec Delile. L'auteur s'est mis en scène sous le nom de *M. l'Intègre* et a représenté ses ennemis sous ceux de MM. *Lantivray, Ignare, du Soupçon, du Pont-Neuf,* etc. « La médisance et la calomnie, dit-il, ont toujours passé pour des espèces d'assassinats. » Il ne se fait pas faute cependant de calomnier et de médire. — Deux ans auparavant le même Delile avait déjà publié contre le même Procope, une pièce satirique qui intitulée :

« *Le docteur Fagotin* », comédie en trois actes (et en prose), par M. *Delile,* premier médecin du corps de S. A. Evêque et Prince de Liège. — Pour servir d'apologie au livre intitulé : « Réflexions sur l'eau... » — Liège. Guillaume-Ignace Broncart, 1732, in-8 de III-51 p. (Cat. Soleinne, nᵒ 3,783).

Une bonne clef permettrait de lire encore aujourd'hui, ces deux pièces avec intérêt.

EMPIRE DES SOLIPSES. Atlas.
Voir : la Monarchie des Solipses.

EMPIRE (L') DES ZAZIRIS.
Voir : Amilec.

EN ORIENT, DRAMES ET PAYSAGES, par Mᵐᵉ *Lydie Paschkoff.* — Paris, Fischbacher, 1879, in-18.

« C'est une série de petites nouvelles dans lesquelles l'auteur retrace les choses et peint les hommes de l'Orient ; ces derniers sont à peine déguisés sous des noms d'emprunt » (Note de M. G. Brunet).

ENDYMION, by the author of Lothair.

Voir : Romans politiques de D'Israëli.

ENDYMION (L') DE GOMBAULD. —
Paris, Nicolas Buon, 1624, in-8,
orné de belles figures de Crispin de
Pas et de Léonard Gaultier ; nouvelle édition en 1626, rare.

On lit dans Tallemand des Réaux
que Marie de Médicis avait eu quelque affection pour *Jean Ogier de Gombauld*. « Il fit l'Endymion durant qu'il
estoit le mieux. Ce livre fit un
furieux bruit! On disoit que la
Lune, c'estoit la Reyne-mère, et, en
effet, dans les tailles-douces, c'est la
reyne-mère avec un croissant sur la
tête. On disait que cette *Iris* qui appa-
roist à *Endymion* (Gombault), c'estoit
mademoiselle Catherine » (femme de
chambre de la Reine). (Tallemant.
Historiettes, éd. de 1862, in-12, t. II,
p. 455.)

ÉNÉE ET TURNUS, ou L'ÉTABLIS-
SEMENT DES TROYENS EN ITALIE,
tragédie. — Paris, 1790.

Cette pièce révolutionnaire est, suivant l'auteur lui-même, « un tableau
assez naturel du siècle du despotisme
et de celui de la liberté. » *Latinus*, roi
de *Latium*, prince faible mais bon, c'est
Louis XVI ; *Amate*, son épouse,
femme vindicative, inhumaine, ennemie de la vertu et vicieuse par caractère, c'est Marie-Antoinette. Le reste
est à l'avenant. (Voir : E. Jauffret, « le
Théâtre Révolutionnaire », p. 95.)

ENÉIDE DE VIRGILE. Clef.
Voir : Turnus and Drancès, *in
fine.*

ENFANT (L') DU CARNAVAL,
histoire remarquable et surtout véritable, pour servir de supplément
aux rapsodies du jour. — Rome, de
l'imprimerie du Saint-Père, 1796,
2 part. en 1 vol. in-8, très rare.

« Telle est la première édition d'un
roman plus de trente fois réimprimé
et qui restera comme le chef-d'œuvre
du genre de son auteur *Pigault-Lebrun*. Il ne faut pas confondre ce
livre avec « l'Enfant du mardi-gras »,
de Baillot, mauvaise imitation publiée
en 1806. On assure que Pigault-
Lebrun a introduit dans son roman
beaucoup de particularités véritables,
relatives à son enfance, à ses aventures personnelles et à ses compatriotes
les habitants de Calais. Cette première édition contient une dédicace
aux citoyens de Calais, qui a été supprimée dans les éditions suivantes et
qui confirme cette allégation. « Si je
« me suis un peu égayé, leur dit-il,
« sur des ridicules qui sont l'unique
« patrimoine des auteurs, je n'en res-
« pecte pas moins la mémoire de cer-
« tains hommes que j'ai connus dans
« mon enfance. On peut avoir été de
« la confrérie du Saint-Sacrement et
« de celle des Frères-Gigot, et conser-
« ver les droits les plus vrais à la
« considération publique. Le ridicule
« s'oublie ; nos bonnes qualités nous
« survivent. » (« Bulletin du Bibliophile », art. de M. Paul Lacroix,
inséré à la page 517, du mois de
juillet 1859.)

ENFANTS (LES) D'ÉDOUARD,
tragédie en trois actes et en vers,
par *Casimir Delavigne*, représentée
sur le Théâtre-Français, par MM.
les comédiens ordinaires du roi, le
18 mai 1833. — Paris, Ladvocat,
1833, in-8, de 192 p. Réimprimée
trois fois la même année. Deux autres éditions en 1834 et 1840. Plu-

sieurs réimpressions depuis cette dernière date.

« Bien que l'auteur fût très ami de la Monarchie de juillet, il ne laissa pas échapper un si beau sujet dramatique, dont l'idée lui avait été inspirée par le célèbre tableau de Paul Delaroche, tableau que les opinions du faubourg Saint-Germain avaient mis en grande vogue. Sans doute le poète n'y mit aucune malice, mais à peine sa pièce eut-elle vu le jour que les ennemis du roi y trouvèrent les allusions les plus frappantes : chacun voulut reconnaître dans *Edouard IV*, le duc de Berry ; — dans *Édouard V*, le duc de Bordeaux, proclamé roi à Rambouillet, sous le nom d'Henri V ; — enfin l'usurpateur *Glocester* devint pour tout le monde le sosie de Louis-Philippe Ier. Ce ne fut cependant que grâce à l'intervention personnelle de ce monarque que la pièce de Casimir Delavigne put être représentée. » (Th. Muret., Histoire par le théâtre, t. III, p. 219.)

ENLÈVEMENT (L') IMAGINAIRE PAR L'AMOUR EXTRAVAGANT.

Voir : Le feu d'artifice.

ENTRETIENS CURIEUX TOUCHANT LES PLUS SECRÈTES AFFAIRES...

Voir : Entretiens familiers des animaux parlans...

ENTRETIENS (LES) DES BARQUES D'HOLLANDE...

Voir : Histoire amoureuse et badine du congrès d'Utrecht.

ENTRETIENS (LES) DES CAFÉS DE PARIS, ET LES DIFFÉRENTS QUI Y SURVIENNENT, par le C.

de M*** (*le chevalier de Mailly*). — Trévoux, Etienne Ganeau, 1702, in-12 de V.-442 p. figures.

« Cet ouvrage, dit M. P. Lacroix (Bulletin du Bibliophile, 1857, p. 172), est curieux, semé d'anecdotes et de détails de mœurs ; on y trouve des caractères et des portraits. Les premiers cafés avaient été établis à Paris, vers 1675 ; ils ne ressemblaient guère à ceux d'aujourd'hui. La figure qui est en tête du volume, et la vignette sur bois qui sert de frontispice à chaque entretien, nous donnent une idée de la physionomie d'un café à cette époque. *Il faut avoir la clef de l'ouvrage du chevalier de Mailly*, qui était un pilier de café et qui devait bien connaître son monde. » Quel est le chercheur érudit et patient qui satisfera au désir de l'éminent Bibliophile ?

ENTRETIENS (LES) FAMILIERS DES ANIMAUX PARLANS, où sont découverts les plus importants secrets de l'Europe dans la conjoncture de ce temps, avec une clef qui donne l'intelligence de tout. — A Amsterdam, chez Herman de Wit, 1672, petit in-16, de 248 p., plus un f. pour la clef.

Ces entretiens, au nombre de six, ont, comme on pense, perdu beaucoup de leur intérêt ; ils seraient à peu près inintelligibles aujourd'hui, sans la clef que voici :
Le Roy de l'Aigle, — l'empereur ;
Le Roy des Renards, — l'Espagne ;
Le Roy des Licornes, — le Portugal ;
Le Roy des Coqs, — la France ;
Le Roy des Léopards, — l'Angleterre ;
Le Roy des Ours, — la Suède ;
Le Roy des Eléphants, — le Danemarck ;
Le Roy des Chevaux, — la Pologne ;

Le Roy des Pourceaux, — le Turc ;
Le Roy des Sangliers, — le Tartare ;
Le Roy des Asnes, — la Moscovie;
Le Roy des Loups, — Rome ;
Le Roy des Lions, — Venise ;
Le Pays des Chattes,—les Allemands;
Le Pays des Singes d'Italie, — les
　Néapolitains;
Les Escarbots, — les Toscans ;
Les Paons, — Savoie;
Les Cignes, — Este;
Les Milans, — Mantoue ;
Les Faucons, — Parme ;
Les Baboüins, — les Hollandais ;
Les Cerfs, — les Flamans ;
Les Perroquets, — les Génois;
Les Escurieux, — les Maltois.

Ajoutons que ces entretiens satiriques, dont l'auteur est demeuré inconnu, ont été plusieurs fois réimprimés, notamment sous les titres suivants :

ENTRETIENS CURIEUX touchant les plus secrètes affaires de plusieurs cours de l'Europe, avec une clef des personnes qui parler là dedans (sic). Cologne, 1674, pet. in-12.

C'est l'édition ci-dessus, de 1672, dont on n'a fait que changer le titre.

LES RISÉES DE PASQUIN, ou l'Histoire de ce qui s'est passé à Rome entre le Pape et la France dans l'ambassade de M. de Créqui, et autres ENTRETIENS CURIEUX sur les plus secrètes affaires des cours de l'Europe. Cologne, 1674, 2 part. en un vol. pet. in-12.

La première partie a trait à l'affaire de l'insulte des Corses; la seconde n'est autre chose que les « Entretiens familiers des animaux parlans, avec une clef, sous un nouveau titre.

EPIGRAMMES DE PONCE-DENIS ECOUCHARD LEBRUN, connu sous le surnom de LEBRUN-PINDARE.

Ces épigrammes, au nombre de six cent trente-six, divisées en six livres, sont comprises dans le troisième volume des œuvres de ce célèbre poète lyrique, publiées par Ginguené en quatre volumes in-8 (Paris, 1811, 24 fr.). — Voici ce que dit à leur sujet M. G. Brunet, dans son essai sur les livres à clef :

« L'éditeur a cru devoir aux circonstances et à diverses considérations de ne pas admettre dans ce recueil certaines pièces dont on pourrait former un volume assez piquant; il a notamment retranché quelques pièces libres et supprimé quelques traits lancés contre lui-même. Il serait intéressant d'avoir les noms véritables des personnages que Lebrun perçait de ses rimes acérées. Parfois il désignait nettement ses victimes (La Harpe, Marmontel, Dorat, etc.) ; il lui arrive aussi de les indiquer sous des noms de fantaisie. Ginguené a prudemment mis des astérisques à des noms que le poète avait tracés tout au long et qu'il n'est pas toujours facile de découvrir aujourd'hui. (Voir p. 6, 8, 11, 14, 74, 101, 136, 152, 157, 186, 212, 235, 264, 290, 291, 305.) »

« *Le portrait de M*^me *de B**** (t. III, ép. 6), en quatre vers, avait été d'abord un distique que nous croyons inédit :

« Sachant tout, jugeant tout, Merteuil a vraiment
　　　　　　　　　　　　　　　　[tout,
Hors la beauté, l'esprit, le bon sens et le goût. »

Un beau prince, escroc sérénissime (L. I. ep. 42) est le prince de Guéméné (voir aussi L. III, ép. 20). *Les huit vers* (L. I, ép. 48), indiqués comme « tirés du grec d'Athénée », visent Beaumarchais et reproduisent une calomnie atroce; D'Arnaud de Baculard est désigné sous le nom de *bâtard de Jérémie,* ou sous celui du *froid rimeur qui barbouilla Fayel* (L. III, ép. 94); il est aussi nommé sans réticence (L. II, ép. 67). *Wasp* (Fréron) est l'objet de l'épigramme 380 du L. II; il se transforme en *Bardus* (L. II, ép. 90); en *Frélon* (L. IV, ép. 57); un de ces noms a été substitué à celui de *Renfor* (p. 16); *D*** de S**** (L. II, ép. 20), c'est Dionis du Séjour; le texte imprimé de l'épigramme 56 du livre II :

« *Arlequin* prêche; on fait prêcher Thalie », était d'abord : «Diderot prêche »; puis le vers fut refait ainsi :

« On prêche même au couvent de Thalie. »

On sait que « l'auteur de la tragédie de Jocaste» (L. III, ép. 43) est le comte de Lauraguais; l'épigramme 71 du L. III offre encore des noms supposés :

« Laure écrit bien, Iris sait plaire ;
La sage et tendre Zélia... »

Il y avait d'abord :

« Polignac a tout l'art de plaire ;
Bien écrire est l'art de Genlis... »

L'auteur d'une fade pastorale (L. III, ép. 99), c'est Florian; *Damon* (L. III, ép. 47), qui a fait un beau vers, un seul, c'est Lemierre, parfois désigné sans nul détour. Enfin, d'après une note autographe, *M**** (L, VI, ép. 14 et 93), est Marmontel ; *Du R**** (L. VI, ép. 36) a été mis pour Du Rosoi. » Cette clef est loin d'être complète et il y a, dans ces épigrammes, beaucoup d'autres initialismes à remplir et de nombreux pseudonymes à dévoiler.

EPISTOLÆ OBSCURORUM VIRORUM... On connaît plus de vingt-cinq éditions de ces fameuses lettres satiriques dont la première partie parut à Haguenau ou à Mayence, vers 1516. Une des dernières et des meilleures est celle qui a pour titre :

EPISTOLARUM OBSCURORUM VIRORUM AD DN. M. ORTUINUM GRATIUM VOLUMINA DUO, ad finem editionis Londinensis (1710) restituta ; editio secunda, cum novâ præfatione, necnon illustratione historicâ circà originem earum, atque notitiâ de vitâ et scriptis virorum in epistolis occurentium, aucta ab *H.-G. Rotermundo.* — Hannovriæ, Helwing, 1830, in-8.

La dernière édition et la plus ample de toutes, comme aussi la plus intéressante par les commentaires qui l'accompagnent, est celle revue par *Boecking.* — Leipzig, 1864, in-8.

LES LETTRES DES HOMMES OBCURS ont été en partie traduites en français par M. *Victor Develay.* —Paris, librairie des Bibliophiles (impr. Jouaust), 1870, trois séries ; in-32, de 134-133 et 125 p.

Attribuées successivement ou collectivement à Erasme, à Reuchlin, à Hutten et même à l'imprimeur Wolfgang Augst, elles sont généralement considérées aujourd'hui comme étant dues à la collaboration de *Ulrich de Hutten* et de *J. Crotus Rubianus.*

« Lettres écrites par des hommes obscurs: tel est, dit M. de Reiffenberg (« Dictionnaire de la conversation », t. III, p. 689-690), tel est le titre d'une célèbre collection de lettres satiriques écrites au commencement du xvIᵉ siècle en latin barbare, autrement dit *latin de cuisine*, sous le nom de professeurs et d'ecclésiastiques alors en grand renom dans les contrées rhénanes et surtout à Cologne, et dans lesquelles était flagellé sans pitié, le parti obscurantiste qui dominait encore dans les écoles et chez les moines, dont on tournait en ridicule les doctrines, les écrits, les mœurs, la façon de parler, la manière de vivre, la bêtise et la dépravation ; ouvrage qui ne contribua pas peu à préparer les voies à la Réformation. Il paraît que ce qui en inspira la première idée, ce furent les discussions que Reuchlin eut à soutenir avec un juif converti appelé *Pfefferkorn*, au sujet de la véritable ponctuation hébraïque; il se peut même que les « Epistolæ clarorum virorum ad Reuchlinum Phorcensem (1514) », aient donné la première idée du titre. Toutes ces lettres sont adressées à *Ortuin Gratius* (ou Graës), à Deventer, homme qui était loin d'être aussi ignorant qu'on pourrait le supposer, mais qui fut choisi pour plastron à cause de son style prétentieux et plein d'obscurités, en même temps que comme l'un des adversaires les plus décidés du progrès. » Dès les premières éditions, le succès de ce livre fut immense et une circonstance qui ne contribua pas peu à lui assurer une large et rapide circulation en Europe, c'est que, dès 1517, il fut mis à l'index par une bulle spéciale du Pape. « Parmi toutes les satires qui parurent au commencement du seizième siècle, il n'en est point où la superstition, l'esprit de controverse, la soif de dominer, l'intolérance, la débauche, la turpitude, l'ignorance et la latinité barbare des moines mendiants et des scolastiques soient ridiculisés avec plus de finesse que dans ces lettres. Bien que les hommes obscurs y paraissent sous l'aspect de véritables caricatures, on y remarque cependant une foule de détails dont il est impossible de méconnaître les originaux dans le type général du siècle et qu'on reconnaîtrait encore mieux si l'on pouvait ressusciter tant de noms oubliés, saisir toutes les allusions, comprendre le sel de toutes les plaisanteries. Les *hommes obscurs* qui écrivent ces lettres étaient des individualités alors connues et qui se trouvaient percées des traits les plus acérés du ridicule ; mais qui pourrait nommer aujourd'hui les personnages réels affublés de ces noms bizarres : *Thomas Langschneiderius*, Bacculaurius Theologiæ formatus, quamvis indignus; Magister *Joannus Pellifex;*

Bernhardus Plumilegius; Joannes Cantrifusor; Nicolaus Caprimulgius; Cornelius Fenestrificus; Hiltebrandus Mammacens ; Matthæus Mellilambius ; Joannes Lucibularius; Magister Gingœfusling; Lyra Bunstchuchmacherius; Wendelinus Pannitonsor; Joannes de Altá Plateá; Joannes Pileator ; Bartholomœus Kuckuck; Henricus Cribelinioniatius; Simon Procoporius; Joannes Cochleariligneus ; Rupertus Cuculus; etc., etc. ?

Tous ces noms satiriques et allusifs visaient des individus qu'Erasme dut assurément reconnaître, lui qui riait à se tordre et à faire crever un abcès en lisant ces fameuses lettres, dans lesquelles la plus large part de ridicule était faite au dominicain et inquisiteur Jacques Hoogstraet (ou Kochstraet).

Ces lettres, aujourd'hui bien oubliées, en France surtout, mériteraient de faire l'objet d'une étude spéciale ; le courageux auteur qui l'entreprendrait pourrait utilement consulter l' « Analecta Biblion » de Du Roure . (t. I, p. 287), l' « Edinburgh Review » (mars 1831), le « Retrospective Review » (t. V, p. 56-70), Floëgel, « Geschichte der Komische Litteratur » (t. II, p. 158-160) et Graësse, « Lehrbuch einer allgem. Litt. » (t. II, p. 3 et 363).

EPISTOLÆ SELECTIORES PHILIPPI MELANCHTONIS. Editæ a *Caspare-Peucero.* Witebergœ, 1565. Ce volume ne contient que la première partie. Les cinq autres ont été publiées en 1570, 1590, 1640, 1646 et 1647. Toutes ont été réimprimées dans les œuvres complètes du célèbre réformé.

On trouve une clef, d'ailleurs fort incomplète, de cette correspondance si curieuse pour l'histoire de la Réforme dans un ouvrage fort oublié de *Chré-*

tien *Thomasius* : « Historia sapientiæ et stultitiæ » (Halæ-Magdeburgicæ, 1693, 3 part. in-12). Cette clef, qui occupe les p. 1 à 22 de la première partie, est intitulée : « Clavis in Epistolas Philippi Melanchtonis » ; en voici les principaux articles :

Ἀχιλλέως Γερμανίκου ἀπόγονος, — Albert, marquis de Brandebourg;

Ἀιαίδης, — le même personnage ;

Agricola, — le duc George de Saxe ;

Ὁ Ἀλεκτρύων, — Nicolaus Gallus;

Ἀρκεσίλας, — Luther;

Ὁ Ἀρτόχειρ, — George, prince d'Anhalt;

Ἀυτοκρατωρ, — l'empereur des Romains;

Βλάχνος, — Mathias Flaccius Illyricus;

Cleon, — André Osiander;

Ὁ Δημηγόρος, — le même;

Ὁ Διδάσκαλος, — Luther;

Ὁ Δυσοσδμος, — Franciscus Stancarus;

Laterensis, — Bernard Ziegler;

Leocrates, — Nicolas Amsdorff;

Lithuanus hospes, — Pierre Conyza;

Lycaon, — Henri, duc de Brunswick;

Macedo, — Philippe, landgrave de Hesse;

Ὁ Μαργίτις, — le marquis de Brandebourg ;

Mezentius, — Henri, duc de Brunswick ;

Mezentii Pædagogus, — Georges, duc de Saxe;

Mica, — Michel Rolingus;

Mustela, — Wicelius, ou Wiesel ;

Νικόλεως, —Wenceslas Lincus;

Οἰνοχόος, — Jacobus Schenck ;

Parthenope, — Magdebourg;

Pericles, — Luther;

Pericles Prutenicus, — André Osiander;

Ποιμήν, — Jean, électeur de Saxe;

Ὁι Πολυφήμου ὕιοι, — M. Flaccius Illyricus et Nicolas Gallus;

Portumnus, — Joannes Francus ;

Πορφύρος, — Ulrich de Hutten ;

Pothinus, — Zwingle;

Ὁραπτής, — Erasmus Sarcerius ;

Ὁρήσος, — Maurice, prince de Saxe;

Ὁρείδου επιβασις, — Henri, duc de Brunswick;

Ὁ Σεβαστὸς, — Auguste de Saxe;

Simon, — Simon Grynæus;

Σπινδήρ, — Joannes Funccius;

Ταυροχερίος, — Zwingle;

Θαῦμας, — Carlostadt;

Thersites, — Nicolaus Gallus;

Θρασύδουλος, — Basilius Momnerus;

EPITAPHIUM JOCOSUM BAJULI PARASITI. Impressum Bononiæ apud hæredes Joannis Rossi, 1601, in-4.

Dans son dictionnaire d'anonymes et pseudonymes italiens, *G. Melzi* a donné quelques renseignements sur ce petit écrit qui n'est autre chose qu'une satire de *Jean Zarattino Castellino*, romain, contre le pauvre Murtola désigné sous le nom du parasite *Bajulo*.

EPOUX (L') PAR SUPERCHERIE, comédie, en un acte et en vers, par *de Boissy*. — Paris, Prault fils, 1744 et 1759, in-8.

Une histoire du temps a fourni le sujet de cette pièce : il s'agit d'une femme qui se marie à un homme en croyant en épouser un autre ; le mariage est consommé sans qu'elle ait reconnu son erreur. Dans les mémoires de l'époque, on retrouverait probablement les vrais noms des héros de cette aventure, qui fit grand bruit alors et qui n'eut peut-être pas un dénoûment aussi paisible que celui de la comédie.

EQUIVOQUE (L'), comédie nou
velle en trois actes, en prose, mise
au théâtre par le sieur *Dubruit de
Charville*. — Toulouse, Pierre Robert. 1729, in-12.

Cette pièce, dédiée au président de
Castanier, est *fondée sur une aventure
arrivée à Bayonne*, que l'auteur se
vante d'avoir brodée d'après nature.
(Catalogue Soleinne, n° 1751).

EROMENA (L') di *Giov.-Franc-
Biondi*. — Venetia. 1624, in-4.
Réimprimé une dizaine de fois à
Rome, Viterbe, Venise et Bologne,
in-4, in-8 et in-12.

L'EROMÈNE a été traduite en français par le sieur *d'Audiguier*, Paris,
Courbé, 1633, 2 part. in-4, fig. Elle
a été aussi mise au théâtre par *Pierre
de Marcassus*. « L'Eromène », pastorale en cinq actes et en vers. —
Paris, P. Rocolet, 1633, in-8.

Suivant Chr. Gryphius, ce roman
qui se rapproche beaucoup de l'*Argenis* de J Barclay, n'est point une fiction purement imaginaire. Sous les
noms d'*Armillo* et d'*Eromena*, Jean
François Biondi aurait retracé les
malheurs de Frédéric et d'Elisabeth,
sa femme (?). Par malheur, Gryphius
oublie complètement de nous dire
de quels princes il s'agit. (Voir : «Apparatus de Scriptoribus historiam
sœculi XVII illustrantibus » p. 166.)

ESPION (L') ANGLAIS, ou COR-
RESPONDANCE SECRÈTE ENTRE MILORD
ALL'EYE ET MILORD ALL'EAR. « Sin-
gula quæque notando.» Hor.—(par
Pidansat de Mairobert et autres). —

Londres, Adamson, 1777, 1785,
10 vol., in-12 avec des tableaux
qni manquent assez souvent.

« Les quatre premiers volumes de
ce recueil ont paru en 1777-1778,
sous le titre de l'*Observateur anglois*.
— Les six derniers ont été publiés
après la mort du rédacteur principal,
Pidansat de Mairobert, censeur royal,
qui s'ouvrit les veines dans un bain,
le 17 mars 1779, parce qu'il se voyait
accusé d'être en relations avec la presse
clandestine de Londres. « L'Espion
anglois » a eu une réimpression
dont les dix volumes sont datés de
1784 à 1786, et un « supplément »
attribué à *Joseph de Lanjuinais*, mais
qui n'a pas été donné par ses éditeurs, car ils le désavouent dans la
préface du tome V de ses œuvres :
« *Supplément à l'Espion anglois*, ou
lettres intéressantes sur la retraite de
M. Necker ; sur le sort de la France
et de l'Angleterre ; et sur la détention
de M. Linguet à la Bastille. Adressées
à Milord All'eye , par l'auteur de
« l'Espion anglois ». (Londres, John-
Adamson, 1781, in-12, de 222 pp.)
(Barbier, t. II, col. 175-176).

Cet ouvrage, bien que long, n'est
jamais ennuyeux ; il est toujours
substantiel et agréablement varié.
Longtemps dédaigné, il est rentré en
faveur près des bibliophiles qui le
recherchent aujourd'hui. On y trouve
maints renseignements curieux qui le
rendent fort utile aux littérateurs et
même aux historiens. Déjà cet ouvrage nous a servi à dresser la clef
de divers écrits mentionnés à leur
place dans cette étude ; il convient
d'ajouter que ce recueil tout entier
doit figurer parmi les livres à clef.
En effet, il n'est point de volume, ou
pour mieux dire de chapitre, qui ne
présente des allusions à découvrir ou
des pseudonymes à dévoiler ; citons-
en seulement quelques exemples :

Tome III, Lettre XXVIII, p. 85 : —

Un auteur illustre, c'est Voltaire; — *un jeune magistrat*, c'est d'Eprémenil; — *un grand prince*, c'est le prince de Conti; — page 142 : *un imprimeur*, c'est le libraire Duchesne; — *un nouvel entrepreneur*, le sieur Lambert; — *l'auteur...*, Fréron; etc.; — tome VI, lettre X, p. 232 : — *l'ancien...*, le Docteur de La Rivière; — *un docteur*, Desessarts; — *un second docteur*, du Petit; — *le doyen*, le docteur de Lépine, etc., etc. — Tome X. *Nouvelle;* pp. 15-27 ; c'est le récit d'une aventure véritable dont le héros fut l'acteur Dugazon, qui se conduisit fort bien et qui, bien que trompé par sa femme, sut mettre les rieurs de son côté et rejeter le déshonneur sur l'amant de Mᵐᵉ Dugazon. Les noms sont anagrammatisés : *Zéac*, c'est Caze, l'amant maltraité; — *Mˡˡᵉ de Luchât*, c'est Mᵐᵉ de Chalut, femme du fermier général; — *une demoiselle charmante*, c'est Mᵐᵉ Morellet, nièce de l'abbé-littérateur bien connu; — le poète *Martelmòn*, c'est Marmontel; etc.

Il serait facile de mutiplier ces exemples; mais la clef complète de *l'Espion Anglois* remplirait plusieurs colonnes; d'ailleurs, un grand nombre de noms sont éclaircis dans les notes au bas des pages; pour les autres, les lecteurs un peu au courant des hommes et des choses de la fin du XVIIIᵉ siècle peuvent aisément les découvrir.

Ajoutons que, dans la réimpression de 1784, les six premières lettres du premier volume (pp. 1 à 314), portent le titre de « L'OBSERVATEUR HOLLANDOIS A PARIS ».

ESPION (L') CHINOIS EN EUROPE. — A Pékin, chez Ochaloulou, libraire de l'empereur Choanty, dans la rue des Tygres, 1745, 2 t. en 1 vol. pet. in-8.

Il faut bien se garder de confondre cet ouvrage avec l'Espion Chinois, ou l'envoyé secret de la cour de Pékin pour examiner l'état présent de l'Europe, traduit du chinois », (par Ange Goudar). — Cologne, 1765-1768-1764, 6 vol. in-12, ni avec aucun autre de ces « Espions Turcs, des princes Chrétiens, etc., » pamphlets politiques, sous forme de lettres, qui eurent tant de vogue pendant tout le dix-huitième siècle.

L'Espion Chinois en Europe est un livre d'une extrême rareté et qui paraît avoir échappé à tous les bibliographes jusqu'à M. E. Hatin, qui en parle avec détail dans son excellente « Bibliographie de la presse » (pp. 59-61). « Je ne connais, dit-il, de ce libelle, qu'un exemplaire probablement unique, à la Bibliothèque de l'Arsenal. Il se compose de deux petits tomes contenant ensemble vingt-cinq lettres, d'étendue fort inégale, — 8, — 4 et même quelques-unes, 2 pages seulement, et réunis en un volume qui a toutes les apparences d'une réimpression. Le premier porte le titre inscrit en tête de cet article, le second celui de *Le Mandarin Chinois en Europe...* — Le premier tome est terminé par une *Clef historique;* il est dédié à S.A.S. le duc de Virtemberg ». — Le second tome l'est « à Sa Majesté Impériale le Bon Sens », à qui l'auteur promet de « faire pleu-« voir sur les Calyphes et les visirs « qui s'affranchiraient de ses lois, la « dragée amère de la satire et de mêler « d'une main respectueuse de l'absinthe « dans le nectar de la flatterie qui les « enivre sans cesse ».

« Une courte citation suffira pour « donner une idée de ce pamphlet : « Il y a une *Agrippine* en Europe. « Son époux *Claudius* ne règne point, « il ne sait qu'obéir; il adopte, il « approuve, il applaudit : voilà ses « occupations. Agrippine commande « avec un empire absolu; ses avis do-« minent dans les conseils; elle pu-

« nit, elle récompense, elle condamne « et elle absout; son pouvoir est sans « bornes. Si le jeune *Néron* n'est « point encore à la place de *Britan-* « *nicus*, c'est que *Claudius* est encore « en vie. D'ailleurs, toutes les mesu- « res sont prises. Grand Dieu! Quelles « ressources ne trouve-t-on pas dans « les secrets de la chimie! La ten- « dresse d'une mère est bien ingé- « nieuse! » (T. I, p. 85). — Si l'on veut bien se rappeler quels rapports existaient à ce moment entre les cours de Paris et de Madrid, on comprendra la sensation que dut produire une attaque aussi odieuse ».

Aussi la police ne manqua-t-elle pas de se mettre en campagne, et bientôt elle découvrit et arrêta l'auteur de ce terrible libelle. Il se faisait appeler *Anne Dubourg*, du nom de sa mère, mais son vrai nom était *Victor de la Castagne*, né à Espalion, dans le Rouergue, en 1715. Menacé de la *question*, Dubourg avoua tout et fut envoyé au Mont-Saint-Michel, dans une horrible prison, où il mourut, au bout d'un an et quatre jours, dans un accès de folie furieuse. — L'article de M. Hatin, qu'on a dû abréger ici, est extrêmement curieux et mérite d'être lu d'un bout à l'autre.

ESPION (L') DES PRINCIPAUX THÉATRES DE LA CAPITALE. Voir : Le Vol plus haut.

ESPION (L') DÉVALISÉ. Londres, 1782 et 1783, in-8.

Par *Beaudoin de Guémadeuc*, ancien maître des requêtes. « On attribue ordinairement cet ouvrage au comte de *Mirabeau*; mais M. *Baudouin* m'a avoué qu'il en était le seul auteur. Voy. pour les détails sur cet ouvrage l'*Analecta Biblion* de M. du Roure (T. II, pp. 464 à 470). Mira-

beau y est désigné comme auteur. » (Dictionnaire des Anonymes, t. II, col. 178). Baudouin de Guémadeuc, mort en 1817, à l'âge de 83 ans, est bien certainement l'auteur de ce livre satirique; c'est l'opinion que partagent la plupart des Biographes et Bibliographes. M. du Roure ne donne aucune indication sur la clef de ce volume, qui est rempli d'initialismes d'ailleurs assez transparents. Ainsi : *Boul....*, c'est M. de Boulogne, intendant des finances; — *de Sil....*, le ministre Silhouette; — *Stain....*, *duc de Ch....*, Stainville, plus tard duc de Choiseul; — *Mme de Gour ...*, la Gourdan, célèbre proxénète; — *le Chevalier Tur....*, de Turgot, chevalier de Malte, frère du ministre; — *d'Am...*, d'Ambrun; — *Marquis d'A....*, d'Angivilliers; — *M. Forcal....*, de Forcalquier; — *l'abbé de Ra....*, Radonvillers; — *A....*, d'Argenson; — *cardinal de B....*, Bernis; — *Did....*, Diderot; — etc , etc. Cette clef a besoin d'être complétée.

ESPRIT (L') DE DIVORCE, comédie en un acte et en prose, par *Pierre de Morand*, représentée, le 17 février 1738, au théâtre italien. (Voir : « Théâtre et œuvres diverses de Morand », Paris, 1751, 3 vol. in-12).

Pierre de Morand, avocat et littérateur, né à Arles en 1701, d'une famille noble, mort à Paris, le 6 août 1757, a peint, dans cette pièce, ses propres aventures et ses propres sentiments : il eut surtout en vue de livrer au ridicule sa belle-mère qui avait jeté le trouble dans son ménage. C'est ainsi que *Dorante* représente l'auteur lui-même; l'aimable *Lucinde*, c'est Mme de Morand; *M. et Mme Orgon* ne sont autres que le beau-père et la belle-mère de l'auteur. Il y eut beau tapage le jour de la première représentation : il faut lire, à ce sujet, une intéressante notice publiée par M. *B. Jullien* dans l' « Investigateur » du mois d'avril 1846 (n° 140) ; l'affaire se termina par un procès, en diffamation, que la belle-mère satirisée intenta à son gendre. Le pauvre Morand succomba, mais on peut dire qu'il avait eu du plaisir pour son argent.

Morand n'est point le seul auteur qui se soit mis ainsi sur la scène ; Baron, dans son « Homme à bonnes fortunes », Piron, dans sa « Métromanie » et bien d'autres, n'ont pas craint d'employer cet expédient.

ESPRIT (L') DES MŒURS AU XVIIIᵉ SIÈCLE, ou LA PETITE MAISON, proverbe en trois actes et en prose, traduit du Congo, par M. d'*Unsi Terma* (Mérard de Saint-Just), Lampsaque, Paris, 1790, in-8 de XL-120 p.

Pièce libre et rare, dit la « Bibliographie Gay » (t. 3, p. 218). Le titre courant est la « Folle journée. » Elle avait paru d'abord, mais en deux actes seulement, dans « les Œuvres de la marquise de Palamarèze », par Mérard de Saint-Just (3 tomes in-18, 1789), puis dans les « Espiègleries, joyeusetés, bons mots, etc., » du même auteur. Elle fut représentée, si l'on en croit ce dernier, à la cour de *Congo* (de France), en 1759, et devait l'être, en 1776, le premier jeudi du carême, sur le théâtre de Mˡˡᵉ Guimard. Il y est fait allusion à divers personnages contemporains. Il serait bien curieux de pouvoir connaître les vrais noms des acteurs : « *La marquise de Palamarèze* ; *le marquis*, son mari, ancien ambassadeur à Vienne ; le baron *Illacaré*, colonel suisse ; Mˡˡᵉ *de Lesbosie* ; le chevalier *de Vervilli* ; le président *de Guibraville* ; le vicomte *de Sarsanne* ; l'abbé *de Ver-*

ʒac ; l'abbé *de Guérindal* ; Mˡˡᵉˢ *Necelle, Eglante* et *Adeline*, actrices de l'Opéra-Comique, etc., etc... » Mais qui soulèvera jamais tous ces voiles ?

M. Paul Lacroix (Cat. de Soleinne, n° 3865) a de la peine à attribuer une pièce aussi libertine à un bon homme comme Mérard de Saint-Just, et il suppose qu'elle est du marquis de Sade, surtout la réimpression de 1790, en 3 actes, où se trouvent des scènes ajoutées qui ne sont pas les moins licencieuses. Je suis très porté à partager cette manière de voir.

Ajoutons que « *La Petite Maison*, proverbe, imité du *Soupé*, ouvrage moral, a été encore imprimée dans le livre intitulé : « AUTANT EN EMPORTE LE VENT, ou recueil de pièces un peu... un peu... on le verra bien. » — Gaillardopolis et se trouve chez... chez ceux qui l'achèteront. Paris, Cazin, 1787, 2 part. en 1 vol. in-18.

Dans cette édition les personnages se nomment : *Thémidor*, conseiller au Parlement ; — *Hermione*, son ancienne maîtresse ; — le Président *de Saint-Waast*, son tuteur ; — la duchesse *de Clainville*, sa grand'tante ; — et *Bellerose*, son valet de chambre. — Reste à savoir s'il y a identité entre ces deux pièces.

ESQUISSES ET PORTRAITS, par *Sosthènes de Larochefoucauld, duc de Doudeauville*. — Paris, Léautey, 1844, 3 vol. in-8. Deux éditions la même année. Un supplément a été publié en 1845, Paris, Comon, in-8, 25 fr. en tout.

« Il doit exister une clef des « Esquisses et Portraits » publiés, il y a quelque 40 ans, par M. de Larochefoucauld, sur les personnalités de la Restauration et du règne de Louis-Philippe. — Parfois l'auteur nomme ses modèles : Rachel, Abd-el-Kader,

G. Sand, V. Hugo. — Mais qui dira les véritables noms de ces *América*, *Aglaé*, *Adèle*, marquises ou comtesses que pourctraiture le noble écrivain ? » (« Intermédiaire », 25 mars 1882, p. 162).

ESTAMPE ALLÉGORIQUE, composée et gravée par *Sébastien Leclerc*, d'après les indications de M. *de L'Echelle*, gentilhomme de la Manche; très-rare.

On y voit un petit berger debout, la houlette à la main et autour de lui des animaux de différentes espèces, le lion, le tigre, l'ours, l'agneau, la génisse, vivant en paix dans le même troupeau. — A droite, un enfant couché à terre près d'un ruisseau, caresse un serpent; un autre, dans les bras de sa nourrice, se joue avec un aspic : il n'y a plus sur la terre d'animaux malfaisants, l'homme compris.

Le *berger*, c'est le duc de Bourgogne que l'on croyait destiné à succéder à Louis XIV, son grand-père, et avec qui devait régner, suivant le langage mystique des quiétistes, le « pur amour », c'est-à-dire la concorde et la sympathie universelles; — l'*enfant au serpent* était le duc d'Anjou, frère du duc de Bourgogne; — l'*autre à l'aspic*, le duc de Berri; — la *nourrice gracieuse*, assise sous un ombrage, est la mystique elle-même, la célèbre Mme Bouvier de la Mothe-Guyon; — le *temple* au fond du paysage, c'est Saint-Pierre de Rome; — la *Maison au milieu des arbres*, c'est Saint-Cyr, d'où les œuvres de Mme Guyon furent expulsées, après y avoir été lues avec ferveur.

Il y aurait tout un livre à faire sur l'interprétation des estampes, dessins, compositions allégoriques ; on a cru pouvoir, par exception et à titre de simple spécimen, parler ici de

cette gravure qui se rattache à l'histoire d'une doctrine religieuse, le *Quiétisme*, qui fit grand bruit en son temps. L'estampe de Sébastien Leclerc est d'une extrême rareté : on en conserve avec soin trois états différents au séminaire de Saint-Sulpice; elle a été reproduite dans le « Magasin pittoresque » (mai 1882, p. 165).

ESTHER, tragédie.
Voir : Théâtre de Jean Racine.

ETHIC EPISTLES, SATIRES, ETC. WITH THE AUTHOR'S NOTES. Written by *M. Pope*. — London, printed for the Company, 1735, in-8.

Autre édition, en 1743, non citée par Lowndes.

On sait qu'Alexandre Pope ne s'est pas fait faute de critiquer, souvent sous des noms supposés, certains personnages de son temps. Dans une de ses satires notamment, il attaqua violemment la duchesse de Marlborough, sous le nom d'*Atossa*. S'il faut en croire l' « Athenæum » (17 décembre 1881, p. 815), l'édition de 1743 fut entièrement supprimée: un exemplaire échappé à la destruction et regardé absolument comme *unique*, a été acquis par le Musée britannique, à la vente de la bibliothèque du colonel Grant.

ETIENNE MORET, par *Francisque Sarcey*. — Paris, 1876, in-12.

« C'est, sous la forme d'un roman, l'histoire d'un pauvre professeur qui n'a trouvé dans la vie que des déceptions et qui finit par se jeter dans la Seine, pour ne pas mourir de faim. Un illustre philosophe, facile à reconnaître sous le pseudonyme transparent de *Sincou*, joue, dans ce livre, un assez vilain rôle. Ceux qui l'ont connu assurent qu'il a réellement eu pour secrétaire le professeur destitué, désigné sous le nom d'*Etienne Moret*, et qu'il le laissa dans le plus profond dénûment, tout en lui dictant ses éloquentes périodes sur « le Vrai, le Beau, le Bien ». — (Communication de M. G. Brunet).

ETOURDI (L'), roman, à Lampsaque, 1784, 2 part. in-12 de 115 et 111 p., avec une post-face de 3 p., très rare, réimprimé comme suit :

« L'Etourdi, roman galant. »

« Sous de noires couleurs, tel qui peint le plaisir, « Ne le blâmerait pas s'il pouvait en jouir »

Bruxelles, Gay et Doucé, 1882, 2 tomes en 1 vol. in-12 de X-138 et 104 p., 2 front. gravés, par Chauvet, prix : 10 fr.

Cet ouvrage érotique contient des récits libres, mais les termes ne sont point obscènes ; on y retrouve les vieillottes métaphores habituelles de ce genre d'écrits : autel, sacrifices, etc. Il y a des morceaux qui semblent pris dans le « Soupé des Petits-Maîtres » et dans la « Confession de Wilfort ». — M. P. Lacroix a consacré à ce livre une bonne notice dans le « Bulletin du Bibliophile ». (1853, p. 153). — Il n'hésite point à dire qu'il est convaincu que cet ouvrage est encore le plus honnête de ceux du marquis de Sade, qui était alors à la Bastille. « Ce roman, ajoute-t-il, où les noms des personnages offrent quelquefois des anagrammes à deviner, côtoie en quelque sorte, les aventures du marquis de Sade lui-même. Le chapitre intitulé : « La Comédie » n'est autre qu'un souvenir du théâtre de société que l'odieux marquis avait

inauguré dans son château de Lacoste, où les médecins l'envoyèrent se refaire de ses fatigues de débauche, et où il amena Mlle Beauvoisin, actrice du Théâtre-Français, qu'il faisait passer alors pour sa femme légitime ».

Ainsi, le Chevalier *de Neuville-Montador*, fils de M. *de Falton*, serait M. de Sade lui-même. Qui découvrira les noms véritables de *Serfet*, *Fatime*, *Clotilde*, *Didone*, l'abbé *Saint-Ildeberge*, Mme *Berle*, *de Roviri*, *Cécile*, Mme *de Becni*, Mlle *d'Herbeville*, *Despras* etc., etc ?

ÉTRENNES AUX AMIS DU 18, OU ALMANACH POUR L'AN DE GRACE 1798, par l'abbé *Aimé Guillon.* — Paris, de l'imprimerie des théophilanthropes, à l'enseigne de Polichinelle, an VII de la République, 1799, in-8, un frontispice et une gravure représentant Polichinelle en costume de Directeur.

Cet ouvrage satirique dirigé contre la ridicule secte des Théophilanthropes et particulièrement contre un de ses chefs les plus influents, le directeur *La Réveillère-Lepeaux*, faillit coûter bien cher à son auteur. Mis en jugement, l'abbé Guillon n'échappa au supplice que parce que sept jurés refusèrent de se dire convaincus qu'il fût l'auteur de cet écrit contre-révolutionnaire. Furieux, le directeur La Réveillère-Lepeaux (désigné dans l'almanach sous les noms de *Polichinelle* et de *Mahomet*) voulut faire déporter le pauvre Guillon à Sinnamary, comme ecclésiastique. (Voir : « Dictionnaire des anonymes », t. II, col. 307).

ÉTRENNES AUX ÉMIGRÉS, ou LES ÉMIGRANTS EN ROUTE, dialogues, contes et poésies. — Paris, imprimerie bibliographique de la rue des Ménestriers, 1793, in-12 de 76 p.

Ce petit écrit, attribué à *Jacquemart*, est un recueil de contes assez libres encadrés dans un dialogue insignifiant. Les contes et poésies dont il se compose se retrouvent dans l'ouvrage intitulé « Contes et poésies du citoyen Collier » (Saverne, 1792, 2 vol. in-16, réimprimés à Bruxelles, Gay et Doucé, 1881, in-12). Il y a des allusions satiriques aux ci-devant nobles dans le dialogue dont les interlocuteurs sont *la duchesse de P.* et *l'abbé de V.*, autrement dit Mᵐᵉ de Polignac et l'abbé de Vernon. (Voir le « Bulletin du Bibliophile », octobre 1876, p. 451).

ÉTRENNES DES POÈTES, ou

RECUEIL DE PIÈCES DE VERS, EXTRAIT DE PLUS DE DEUX CENTS MANUSCRITS DU DIX-SEPTIÈME SIÈCLE: A Parme, et se trouve à Paris, chez Demonville, 1776-1777, 2 vol. in-18, de 264 et 156 p.

Contrairement à ce qu'annonce le titre, ce recueil n'a nullement été extrait de manuscrits du XVIIᵉ siècle; il est bel et bien sorti tout entier de la plume de *Mérard de Saint-Just*, ce qui ne lui donne pas d'ailleurs plus de valeur littéraire. Comme pour les « Deux Siècles » et pour les « Poésies » du même auteur, dont il est parlé dans cette étude, il faudrait une clef bien exacte pour rendre intéressante et un peu utile, cette collection d'anecdotes et d'épigrammes en vers sur des personnages plus ou moins connus de cette époque. Mon exemplaire, qui vient de la bibliothèque de Béhague, a été annoté avec beaucoup de soin, mais bien des mots et des vers, représentés seulement par des points, n'ont pas été remplis à la main. — D'Alembert, Fréron, Durozoi,

Boissi, etc., sont le plus souvent cités dans ces poésies; mais aucun de ces auteurs n'est autant épigrammatisé que La Harpe que l'on retrouve presque à chaque page sous les pseudonymes ou anagrammes de *Cithare, Rhacita, (cithara), Herpal,* et *La H...*

Pour donner une idée du peu d'intérêt de ces poésies, quand elles ne sont point accompagnées de notes explicatives, je citerai seulement les six vers suivants:

> Avec *** et le Héros ***,
> Se promenait la jeune ***
> Un fin railleur, Monsieur de S***,
> La regardait, et dit avec malice :
> Très bien trouvé ! ma foi, rien n'est plus beau !
> Voilà... l'épée et le fourreau.

Cette épigramme, on l'avouera, est plus qu'obscure; la voici maintenant *traduite* par l'annotateur consciencieux qui a eu la patience de remplir tout l'ouvrage :

> Avec *Louis* et le héros *Maurice*,
> Se promenait la jeune *Pompadour*.
> Un fin railleur, Monsieur de *Soyecourt*,
> La regardait, et dit avec malice :
> Très bien trouvé ! ma foi, rien n'est plus beau !
> Voilà *du roi* l'épée et le fourreau.

ÉTRENNES LOGOGRIPHES DU THÉÂTRE ET DU PARNASSE,

avec un calendrier pour l'année mil sept cens trente-quatre. — Paris, Prault, 1734, pet. in-24, de 49 p., y compris le titre. Très rare.

Ces étrennes ont été publiées pendant plusieurs années : Barbier cite notamment une édition sous ce titre : « Etrennes logographes du Théâtre et du Parnasse », avec la clef pour en faciliter l'intelligence. — A Sipra, (Paris). S. n., 1741, in-12 de XXVIII pp. — Quérard, dans la « France littéraire », indique une autre édition de 1744.

L'auteur est le fécond *Charles-François Pannard*, qui dans 105 quatrains, aussi spirituels que bienveillants, a passé en revue les écrivains de théâtre les plus renommés à cette époque, et les acteurs et actrices de l'Opéra, de la Comédie italienne et de la Comédie française — Il s'est mis lui-même en logogriphe dans ce huitain, qui fait suite aux 105 quatrains :

« Sur les noms propres des gens d'Art,
Voici tout ce qu'on a pu faire.
Veut-on sçavoir d'où cela part ?
Dans l'instant je vais satisfaire.
Le nom de l'autèur des couplets
Paraîtra lorsqu'en écriture
Vous mettrez le Dieu des forêts
Et le rival de la nature »,
    C'est-à-dire : *Pan*, *Art*.

Ces petits livres, qui n'étaient pas destinés à survivre à l'existence de l'almanach qui leur servait de prétexte et de titre, sont devenus extrêmement rares.

ÉTRENNÉS (LES) VENGÉS, ou

CAMPAGNE DE TROIS HEURES (en prose, avec prologue en vers), représentée le mercredi des Cendres, l'an 1806, à Cracovie, s. l. n. d. ; in-8 de 62 p.

« Cette pièce, fort rare, imprimée en cachette à Saint-Quentin, paraît dirigée par l'auteur des « Etrennes Camberlottes » (?), contre des personnes qui, se trouvant insultées dans ce petit livre, avaient fait des démarches pour en découvrir l'auteur afin de le faire punir. Ces personnes sont nommées, dans cette satire sanglante : *Beteh*, marchand d'étoffes ; *Betem*, fabricant de tabac ; *Cadet-Roussel*, mendiant et fabricant en découpures ; *Culsiffle*, apothicaire ; *Datlourd*, son fils ; *Tomchi*, confident de Betem ; *Bonicul*, procureur ; *Lahure* et *Remi*, imprimeurs, etc. — Malgré le long temps écoulé depuis la composition de cette pièce, on réussirait

peut-être, à Saint-Quentin, à retrouver les noms véritables des personnages satirisés ». (Catalogue de Soleinne, n° 3,814).

EUPHORMIONIS LUSININI, sive

J. BARCLAII SATYRICON, partes quinque, cum clavi. Accessit CONSPIRATIO ANGLICANA. Lugduni Batavorum, ex officinâ Elzevirianâ. 1637, pet. in-12.

« Quoique cette édition de l'*Euphormion*, dit le « Manuel de Brunet », et les réimpressions qui en ont été faites contiennent cinq parties, l'ouvrage n'en a véritablement que deux. La première parut d'abord séparément à Londres, en 1603, et la seconde, à Paris, en 1605, in-12 ; ce qui forme la troisième se compose de l'APOLOGIA EUPHORMIONIS », imprimée pour la première fois à Londres en 1610 ; la quatrième, de l' « ICON ANIMORUM », également imprimée à Londres, en 1614, in-12 ; — la cinquième partie, sous le titre : « Alitophili veritatis lacrymæ » (voir ce titre), est de *Cl. Bart. Morisot*, de Dijon ». — L'EUPHORMION de Barclay a été bien souvent réimprimé, isolément ou en quatre, cinq ou six parties. Ses éditions diverses sont au moins aussi nombreuses que celles de l'ARGENIS ; il a été traduit en plusieurs langues et notamment en français, par l'abbé *J. B. Drouet de Maupertuy*, sous les titres de « LES AVENTURES D'EUPHORMION, histoire satirique ». — Anvers, 1711, Amsterdam, 1712, 3 vol. in-12), ou de : « VIE ET AVENTURES D'EUPHORMION, etc. ». (Amsterdam, 1733, 3 vol. in-12).

Cet ouvrage de l'auteur de l'*Argénis* est dans le même genre, c'est une allégorie politico-satirique qui eut beaucoup de succès, un peu moins peut-être que le premier roman de

Barclay. La malignité des lecteurs cherchait à découvrir quels étaient les personnages mis en jeu ; voici le jugement qu'à porté sur cet écrit M. *Victor Fournel* dans son curieux livre « La littérature indépendante et les écrivains-oubliés » :

« A travers une succession de péripéties, le merveilleux apparaît sans cesse ; Apulée, que Barclay avait relu bien des fois, a prêté un reflet de son réalisme fantastique. L'allégorie, trop souvent obscure, domine surtout dans la seconde partie, où l'on voit percer les allusions contemporaines à travers le voile d'une mythologie d'emprunt ».

Quelques noms de l'*Euphormion* sont anagrammatisés, mais la plupart sont de fantaisie ; voici une clef, assurément incomplète, mais qui contient les noms des principaux personnages et qui permet de lire avec plus d'intérêt ce curieux roman satirique :

Acignes, ou *Acigniens,* — les Jésuites ;

Albagon, — le duc d'Albe ;

Aquilius, — l'empereur Rodolphe ;

Argyrostrate, — Ambroise Spinola ;

Boethie (La), — l'Allemagne ;

Callion, — le duc de Lorraine ;

Charidotus, — Richardot, président du Conseil de Belgique ;

Clessandrinus, — le roi d'Angleterre ;

Cleostrata, — la marquise de Verneuil, maîtresse d'Henri IV ;

Deshotikyricus, — le duc de Lerme ;

Eleutheria, — La France ;

Geragathas, — de Villeroy ;

Hippophilus, — Philippe II, d'Espagne ;

Janicularius, — le président Jeannin ;

Junon, — la reine de France ;

Lubenus, — l'archiduc Albert d'Autriche ;

Leucus, — le P. Cotton, jésuite, confesseur du roi ;

Liphippus, — Philippe III, d'Espagne ;

Lisippus ou *Neopalœus,* — Juste Lipse ;

Longin, — Nicolas Brulart, chancelier de France ;

Marcie, — Venise ;

Mélandrie, — l'Espagne ;

Nearius, — Maurice de Nassau ;

Pedra, — l'infante Isabelle, femme de l'archiduc Albert ;

Percas, — d'Arguien, gouverneur de Metz ;

Philosophes (Les), — les Moines ;

Protaron, — Henri IV ;

Scholimoéthodie, — la Grande-Bretagne ;

Sibronius, — le président Brisson ;

Tessaramaque, — le roi Jacques d'Angleterre ;

Thébains (Les), — les Allemands ;

Théophrate, — le cardinal du Perron ;

Trifarcitus, — le landgrave Georges ;

Vanarra, — la Navarre.

Un travail excellent, dont j'ai parlé dans *Le Livre,* a été publié sur l'*Euphormion,* c'est l' « *Etude historique et littéraire sur le Satyricon de Jean Barclay,* » par *Jules Dukas.* — Paris, 1880, in-8 de 95 p. (Extrait du « Bulletin du Bibliophile »). — On y trouve sur la bibliographie et sur l'œuvre même de Barclay, des renseignements qui seraient bien précieux pour le courageux éditeur d'une nouvelle traduction de l'*Argénis* et de l'*Euphormion.*

EUROPE, comédie héroïque et allégorique (en cinq actes et en vers), avec un avis au lecteur, une clef des personnages et un prologue de la Paix descendant du ciel. Paris, 1643, chez Henry Le Gras, in-4, fig. — Autre édition in-12, la même année. — Autre édition, Paris, Ch. de Sercy, 1661, pet. in-12. Suivant Barbier, cette dernière édition, qui aurait été imprimée à Bruxelles

(Foppens), doit être placée dans la collection des Elsevier.

Bien que cette pièce soit attribuée par plusieurs biographes au *cardinal de Richelieu*, il n'est pas douteux que l'auteur véritable est *Jean Desmarets de Saint-Sorlin;* Richelieu n'y aurait pris part que pour l'arrangement des scènes et pour le plan des allégories. Cette pièce fut sévèrement jugée par les académiciens et très froidement accueillie par le public de l'hôtel de Bourgogne. Ce n'est en effet qu'une longue allégorie politique, très obscure alors, et presque inintelligible aujourd'hui ; elle semble avoir pour but de « représenter l'ambition des Espagnols pour se rendre maîtres de l'Europe et la protection que lui donne le Roy (Louis XIII), avec ses alliés, pour la garantir de la servitude ». — La « Bibliothèque du Théâtre-Français » n'a pas donné l'analyse de cette étrange pièce; elle en a seulement reproduit (t. II, pp. 583-584), la clef complète que l'on transcrit textuellement ci-après :

La Reine Europe représente l'Europe ;
Françion, — le François ;
Ibère, — l'Espagnol ;
Germanique, — l'Allemand ;
Ausonie, — l'Italie ;
Parthenope, — Naples ;
Mélanie, — Milan ;
Austrasie, — la Lorraine;
Lilian, — Suivant de Françion ;
Hispale, — Suivant d'Ibère;
Albione, — l'Angleterre ;
Alpine, — Mme de Savoye;
La Roche Rebelle, — La Rochelle ;
Un prince mort chez Ausonie, — le vieux duc de Mantoue;
Un seul Prisonnier, — François Ier;
Un prince auguste, voisin d'Austrasie, — l'Electeur de Trèves;
Un prince germain du sang d'Albione, — le roi de Bohême;
Un prince qui s'établit en un droit légitime, — le duc de Nevers, duc de Mantoue ;
Trois nœuds des cheveux d'Austrasie, — Clermont, Stenay et Jamets;
La boîte de diamans d'Austrasie, — Nancy;
Les destructeurs d'autels, — Luthériens et Calvinistes;
Ceux qu'il a fait venir du bout de l'univers ou de la mer glaciale, — les Suédois;
Ce grand roy, ce puissant conquérant, — le Roy de Suède;
Ces grands chefs de sa cendre enfantés, — les Suédois;
Ce Saxon, — le duc de Weymar ;
Un prince qui d'un peuple affranchi commande les armées, — le prince d'Orange ;
Le bien des prêtres mitrés, — les évêchés que le roi de Hongrie a donnés aux Luthériens;
Des peuples affranchis qui cherchent mon secours, — les Catalans ;
J'assiste un roy, — le roy de Portugal ;
Trois puissances royales, — les rois d'Espagne, de Hongrie et d'Angleterre;
Trois couronnes ducales, — Savoye, Mantoue, Lorraine;
Le port de la mer Ligustique, — Monaco;
La clef de l'Etat d'Ibère, — Perpignan ;
De Mélanie ont escorné l'Etat, — prise de Tortone ;
La place est en mes mains, — Sedan »

On comprend, par ce qui précède, que l'ouvrage ne pourrait absolument pas être compris, si l'auteur n'avait fait imprimer cette clef à la fin de sa pièce.

EUSÈBE, ou les Beaux profits de la vertu dans le siècle ou nous sommes. « Virtus post nummos. » — Amsterdam, chez les héritiers de Marc-Michel Rey, 1785, in-12 de 144 p., orné d'un frontispice allégorique gravé sur cuivre.

Roman allégorico-philosophique dont l'auteur est le célèbre lexicographe et grammairien *J.-Ch. Thiébault-Laveaux* (né à Troyes, le 17 novembre 1749, mort à Paris le..... 1827). L'auteur, admirateur passionné du grand Frédéric, de Voltaire, de Raynal et de d'Alembert, eut une carrière fort agitée. Son livre est à la fois une piètre production et une mauvaise action ; il y critique sans cesse, avec une assez grande violence, l'esprit de religion, le respect des lois et l'ordre dans la société et il arrive à cette conclusion désolante qu'il faut être coquin, pour être heureux sur terre. C'est ainsi que son « Eusèbe », malheureux et persécuté tant qu'il est vertueux, parvient aux richesses et aux honneurs en devenant fripon. Ce roman, écrit en 1785, devait convenir à ce Laveaux, ex-pasteur protestant, qui, pendant la Révolution, fut un jacobin acharné et l'un des rédacteurs assidus de « La Montagne ». En un mot, cette satire allégorique, sans grâce, lourde, pénible, haineuse même, dut préparer bien des esprits à la révolte, si elle put pénétrer en France. Les allusions sont pour la plupart très transparentes ; ainsi, *Le Royaume de Babimanie*, c'est la France ; — *Frivolipolis*, Paris ; — *Le pain des Anges*, l'hostie consacrée ; — *Un grand Philosophe*, Voltaire ; — *Le marquis de Rustigraphe*, sans doute un membre du club des Économistes ; — *Le plus grand philosophe de Babimanie*, J.-J. Rousseau ; — *Les Hiboumanes*, sans doute la Suisse, peut-être la Hollande ; — *Le pays des Allobroges*, la Savoie ; — *Le Royaume des Philosophes*, la Prusse ; — *Le Philosophe ami des hommes*, le marquis de Mirabeau ; etc., etc. — Il est à noter qu'en promenant son héros « Eusèbe » dans les pays des Huns, des Ostrogoths, des Visigoths, etc., etc., l'auteur semble tenir peu de compte de la géographie de l'Europe.

EUX ET ELLES, HISTOIRE D'UN SCANDALE.

Voir : Elle et Lui, par George Sand.

ÉVANGILE (L') DU JOUR, ou IN ILLO TEMPORE.... — Imprimé par ordre de la noblesse et du clergé ; s. l. (Paris), 1789, in-8 de 23 p.

L'auteur de ce pamphlet des débuts de la Révolution n'est pas connu. Cette satire est une allégorie un peu longue et dont le secret est facile à trouver : Les *Pharisiens* représentent la noblesse ; les *Princes des Prêtres*, le clergé ; Louis XVI est personnifié par Jésus-Christ. — Cette pièce est assez rare.

EXERCICES (LES) DE DÉVOTION DE MONSIEUR HENRI ROCH AVEC MADAME LA DUCHESSE DE CONDOR, par feu *l'abbé de Voisenon*, de joyeuse mémoire, et de son vivant membre de l'Académie française.—S. l. n. d. (Paris, vers 1780), in-12. On connaît quatre autres éditions de cet ouvrage publié par *Querlon*, qui y a joint LA ROCAMBOLE OU NOTES ÉDIFIANTES ET RÉCRÉATIONS. Une dernière édition, très jolie, vient d'être publiée par Gay et Doucé : Bruxelles, 1882, in-12 de VIII-93 p., curieux front. gaillard.

On ne pensait guère rencontrer dans cette étude ce spirituel récit, dans lequel un béat et une bigote mêlent si scandaleusement le libertinage à la dévotion ; ces dignes descendants de Tartufe furent assez communs au XVIII siècle, surtout parmi les quiétistes auxquels on reprocha avec raison de nombreux désordres. Ces béats s'étaient fait un langage spécial, en changeant notamment le nom de chaque partie du corps, sous prétexte de s'habituer à devenir insensibles aux idées que ces noms représentent, mais en réalité pour pouvoir dire et faire mille indécences sous les apparences de la réserve et de la retenue. Ainsi, ils appelaient le ventre, *le tablier* ; il faut voir ce que M. Henri Roch et la duchesse nomment leur *cœur*. Voisenon qui, comme on sait, ne manquait pas d'esprit satirique, trouva le moyen dans ce petit ouvrage de décocher quelques traits contre des littérateurs de son temps, notamment (p. 44 de la dernière édition) quand il parle de « mauvais garnements, tels que de « nos jours peuvent être les *Tel-Ment*, « les *You-Rouk*, les *Ron-Fer*, les « *Seri-Rog*, les *Vise-Sud*, les *Ro-Té-So*, « les *Sei-Batar*, ainsi que tous ceux « qui vivent de méchanceté et de « feuilles de chardon ». Il n'est pas difficile de reconnaître sous ces noms quasi-anagrammatisés, MM. Clément, Royou, Fréron, Grosier, Sautereau et Sabatier.

EXPÉDITION DES PORTUGAIS CONTRE TRIPOLI.

Voir : Carmen heroïcum de re bus à Lusitanis.

EXPÉDITION (THE) OF HUMPHRY CLINKER, by *Tobias Smollett*. — London, 1771, 3 vol. in-12. Plus de dix fois réimprimé. Traduit en français sous ce titre :

« VOYAGE DE HUMPHRY CLINKER »,

par l'auteur de « Roderic Random ». Traduit de l'anglais par M***. Paris, Pillet aîné, 1826, 4 vol. in-12, 8 fr.

« Cette dernière composition de Smollet est peut-être la plus agréable de toutes. Dans ce charmant ouvrage, il a eu l'idée ingénieuse de décrire les différentes impressions produites sur les différents membres d'une même famille, par les mêmes objets. Comme plusieurs de ses romans, cet ouvrage est rempli de portraits pris sur le vif. Il a d'abord peint son propre caractère sous les traits de *Mathew Bramble* ; il se met encore en scène sous le nom de M. *Serle*, et plus hardiment ensuite sous son propre nom. D'autres personnages : Mistress *Tabitha Bramble, Winifred Denkins, Humphry Clinker*, et même le capitaine *Lismago*, ont certainement été peints d'après nature. — En décrivant sa manière de vivre, Smollett critique impitoyablement les faiseurs de livres de l'époque, qui avaient profité de sa bonté sans lui témoigner la moindre reconnaissance. » (Girault de Saint-Fargeau. — « Revue des Romans », t. II, p. 307.)

EXPÉDITION (L') SECRETTE, comédie en deux actes (en prose), comme elle a été représentée sur le théâtre politique de l'Europe, avec de très grands applaudissements ; traduit de l'anglais, par *J.-B.* — Londres, J. Scott, 1758, in-8 de 35 p. en tout. Rare.

« Cette pièce, non citée dans la « Bibliothèque du Théâtre - Français », est une satire de la conduite de l'amirauté anglaise, en 1758, lorsqu'une flotte menaça les côtes de France et ne fit une descente que dans la petite île d'Aix. — Les personnages

Coucou, Nouveau, Noble, Prudence, etc., sont les amiraux et les capitaines qui, réunis en cour martiale, condamnèrent, à mort l'amiral Byng (*Buse,* dit la pièce), pour le punir de la malheureuse issue de son expédition. Les initiales *J.-B.* sur le titre de la comédie, représentent le nom de ce pauvre amiral John Byng, fusillé le 15 mars 1757. » (Catalogue de Soleinne, nᵒ 3,801).

EXPLICATIONS DES ALLÉGORIES SATIRIQUES....

Voir : Miscellanées.....

FACHEUX (LES), COMÉDIE.
Voir : Œuvres de Molière.

FACTUM POUR LA NOMBREUSE FAMILLE DE RAPTERRE.
Voir : Natilica.

FACULTÉ (LA) VENGÉE, comédie en trois actes (en prose). Par M*** Docteur Régent de la Faculté de Paris.

« ..... Manet altà mente repostum
Judicium Paridis spretæque injuria formæ. »
Virg. Æneid. L. I.

A Paris, chez Quillau, libraire et imprimeur de la Faculté, rue Galande, près la place Maubert. MDCCXLVII, in-8 de 182 p., plus un f. pour la clef. Vignette sur le titre.

Cette pièce satirique du médecin philosophe *Julien Offray De La Mettrie,* a été réimprimée sous ce titre :

LES CHARLATANS DÉMASQUÉS, OU PLUTON VENGEUR DE LA SOCIÉTÉ DE MÉDECINE, comédie ironique en trois actes, en prose, par *M. de La Métrie,* Docteur-Régent de la Faculté de Paris. Paris et Genève. Aux dépens de la Compagnie, 1762, in-8 de XIII-182 p., plus un f. pour la clef.

Cette pièce extrêmement méchante et injuste fut composée par l'auteur, à Amsterdam, alors que dénoncé comme athée par quelques-uns de ses confrères qui se vengeaient de lui et de ses sarcasmes, il jugea prudent de ne point attendre un procès en forme et sortit de France. La « Bibliothèque du Théâtre-Français » donne une analyse succincte de cette comédie. Voici les véritables noms des personnages, d'ailleurs fort ressemblants, mis en scène et ridiculisés par La Mettrie :

Somnanbule, — Molin ;
La Tulippe, — Falconet;
Jaunisse, — Marcot;
Dom Quichotte, — Dionis;
Sot en cour, — Bouillac;
Gresillon, — Helvétius;
Vardaux, — Pouce ;
Savantasse, — Astruc;
Bavaroise, — Procope;
Chat-Huant, — La Mettrie lui-même;
Muscadin, — Sidobre ;
Maqui, — Boyer;
Boudinau, — Bourdelin ;
Pluton, — autre *Maqui.*

La scène est aux Écoles de médecine de Paris, rue des Bucheries.

Nous retrouverons La Mettrie aux articles : « Ouvrage de Pénélope » et « Politique du médecin de Machiavel ».

FAMILLE (LA) RIDICULE, comédie messine (en 5 actes et en vers) ; revue, corrigée et augmentée ; achevée d'imprimer pour la première fois en 1720. Berlin, Jean

Toller, s. d. in-8. Il y a deux éditions de cette pièce qui ne présentent aucune différence dans le titre; mais l'une a 76 p. et l'autre 77 p. Cette comédie, en patois messin, est attribuée, malgré l'avis contraire de Ch. Nodier, à *J. Le Duchat*, le célèbre annotateur, qui, né à Metz, est mort à Berlin où il était réfugié.

De nos jours, la « Famille ridicule » a été réimprimée sous le titre de : « FLIPPE MITONNO, ou la Famille ridicule, comédie Messine, en vers patois. — Metz, 1848, in-8. Cette édition augmentée de variantes, de chansons inédites et d'une notice bibliographique, est fort élégante et n'a été tirée qu'à 50 exemplaires: aussi est-elle rare aujourd'hui. Le feuilleton commercial de Techener (1865), in-4) en offrait un bel exemplaire au prix de 9 fr. — Le fond de cette comédie satirique est emprunté à une anecdote véritable; tous les personnages qui figurent dans la pièce étaient des habitants de Metz.

FARCE (LA) DES COURTISANS DE PLUTON, ET LEUR PÈLERINAGE EN SON ROYAUME. (Par *le sieur de la Valise*, sept scènes en vers), s. l., 1649, in-4, 28 p.

Cette Mazarinade fort rare est attribuée, par M. P. Lacroix (Catalogue de Soleinne, n° 3,739), au fameux pamphlétaire *Du Bosc Montandré*, tandis que M. Moreau (Bibliographie des Mazarinades, n° 1372) ne précise rien à ce sujet. Les deux éminents bibliographes s'accordent d'ailleurs à reconnaître que ce libelle est aussi spirituel qu'ordurier. Il paraît vraisemblable que le sieur de la Valise pourrait bien avoir confondu *Pluton*

avec *Plutus*; quant au système qu'il a employé pour déguiser ses victimes, il est des plus primitifs; il consiste à renverser simplement leurs noms; c'est d'ailleurs un procédé que nous verrons plusieurs fois employé au cours de cette étude.

Voici la clef de cette *farce* qui roule entièrement sur le pillage des deniers publics par les agents de Mazarin :

Nirazam, — Mazarin ;
Yremed', — d'Emery ;
Dracip, — Picard ;
Teruobat, — Tabouret ;
Telbuod, — Doublet ;
Naletac, — Caletan ;
Siobsed, espion, — Desbois.

FAUSSE (LA) VESTALE, ou L'INGRATE CHANOINESSE, nouvelle galante. Cologne, chez Adrien Enclume (Hollande), pet. in-12, fig.

Ce petit roman, dit M. G. Brunet, dans son essai sur les « Imprimeurs imaginaires », n'est pas entièrement composé d'aventures fictives. On y trouve l'histoire du généalogiste Haudicquer de Blancourt, qui fut condamné aux galères pour avoir fabriqué de fausses généalogies. (Voir « Biographie Michaud », t. LXVI, p. 471). — Il est, dans cet ouvrage, désigné sous le nom *d'Audidier*; sa femme, la *Fausse Vestale*, était fille de François Duchesne, historiographe du roi.

FAUSTIN (LA), par *Edmond de Goncourt*. Paris, Dentu, 1882, in-12.

Voici encore un très curieux roman, qui a fait beaucoup de bruit lors de son apparition et qui a excité le zèle des chercheurs de clefs. Comme il arrive presque toujours, pour les romans de notre époque, les clefs produites ont été assez diverses et l'on a attribué le même nom à plusieurs personnages. Bornons-nous à dire que *La Faustin*, c'est la grande tragédienne Rachel, plutôt que Mᵐᵉ Sarah Bernardht qui n'a fourni que quelques traits à ce personnage, et empruntons au journal « *le Clairon* » (nᵒ du 21 janvier 1882), les indications suivantes sur la scène capitale du livre, le fameux souper chez Magny (pages 153 et suivantes) :

Un poète chevelu, — Théophile Gautier ;

Un homme d'État, — le duc de Morny ;

Un journaliste alsacien, — Neffzer, fondateur du « *Temps* » ;

Un artiste en peinture, — Eug. Fromentin ;

Un jeune général, — le général Bataille ;

L'homme d'imagination de la science, — le chimiste Berthelot ;

Le voisin de ce savant, — M. Ernest Renan ;

Un convive penché sur son voisin, — M. Charles Robin ;

Un écrivain étranger, — Ivan Tourgueneff ;

Un physiologiste, — Claude Bernard.

Ajoutons que l'une *de nos plus vaillantes actrices* (Ch. II), c'est Mᵐᵉ Fargueil.

LES FAUX ENCHANTEMENS.
Voir : La Devineresse.

FÉLICIA ou MES FREDAINES, par l'auteur du « Diable au Corps », (*Andréa de Nerciat*). Londres, (Cazin), 1775, 4 vol. pet. in-18. Très nombreuses réimpressions jusqu'en 1834. Voir : Bibliographie Gay ; Bibliographie de Nerciat ; Catalogue des ouvrages condamnés, etc.

Cet ouvrage est beaucoup moins obscène que les « Aphrodites » et le « Diable au corps ». *Félicia* n'est point un personnage imaginaire ; c'était une des maîtresses de Nerciat, une bien honnête fille d'ailleurs, qui mérita d'être élue à la principale dignité de la Société des Aphrodites ! Il y a dans cet écrit d'autres noms à découvrir.

FÉLIX, OU LES AVENTURES D'UN JEUNE OFFICIER.
Voir : Les Sonnettes.

FEMIA (IL) SENTENZIATO, favola di Messer *Stucco* a Messer Cattabrighe. Cagliari (Milano), Francesco Anselmo, 1724, in-8. Édition originale extrêmement rare. Réimprimé dans la « Raccolta di Tragedie, etc., etc., di secolo XVIII » (Milano, 1825, in-8).

Ce petit ouvrage est de *Pietro-Jacopo Martello*. C'est une assez violente satire contre le célèbre marquis Scipion Maffei, mis en scène, sous le nom anagrammatisé de *Femia*. L'auteur, dit-on, aurait fait par la suite rechercher tous les exemplaires de sa satire pour les détruire ; mais Gamba assure en avoir trouvé de nombreux exemplaires dans la bibliothèque de M. Reina. (Voir pour plus amples détails : Melzi, « Dizionario di opere anonime e pseudonime », t. III, p. 114-115.)

FEMME (LA) INFIDELLE. A la Haye, et se trouve à Paris, chez Maradan, libraire, rue des Noyers, nᵒ 33, 1748, quatre parties en quatre vol. in-12, de 979 p. en tout, pagination continue.

Cet ouvrage, dont quelques exemplaires ont paru en 1785 avec le nom.

de *Maribert-Courtenay*, est bien réellement de *Nic.-Ed. Restif de la Bretonne.* C'est l'histoire vraiment éffrayante des désordres réels ou prétendus, mais à coup sûr exagérés d'Agnès·Lebel, femme de Restif ; au commencement de l'édition de 1785 (Neufchâtel), l'auteur annonce qu'il a longtemps hésité entre ces trois titres : la «.Femme infidèle », la « Femme lettrée » ou la « Femme monstre».Comme pour les autres productions de Restif, citées dans cette étude,. nous empruntons au beau travail de M. *P. Lacroix*, les indications suivantes sur la clef de cette histoire-roman :

« Cet ouvrage est si précieux pour l'histoire intime de Restif, que nous croyons devoir réimprimer ici. malgré son étendue, une clé de ce document autobiographique, telle qu'on la trouve sous le titre d'errata, dans. le tome XXIII de la seconde édition des Contemporaines, où personne probablement n'irait la chercher. Ce fut la publication de cette clé, en 1787, qui autorisa la plainte d'Augé contre son beau-père, qu'il accusait avec raison de l'avoir diffamé dans deux ouvrages anonymes que Restif refusait d'avouer: la « Femme infidèle » et « Ingénue Saxancour. »

Le roman ou plutôt l'histoire de la Femme infidèle est souvent.inintelligible, à cause des noms propres déguisés que Restif y fait figurer, et surtout à cause des points et des étoiles qui remplacent non-seulement des dates et des noms et des mots, mais encore des phrases entières. Nous avions donc essayé de faire une clé, qui ne pouvait être que très insuffisante, lorsque nous découvrîmes celle que Restif avait faite lui-même, en y laissant subsister toutefois quelques anagrammes et quelques initiales inexpliquées. Nous avons donc pensé que cette clé, tout à fait inconnue et qui se trouve dans une édition très rare, méritait de prendre place textuellement dans notre livre. Nous y ajoutons aussi, et sans

rien changer à l'orthographe de l'auteur, le petit factum qui lui fait suite dans la seconde édition des Contemporaines et qui forme une espèce de supplément à la Femme infidèle. Les seules additions que nous jugeons utile d'introduire dans la clé, très véridique et très complète, composée par Restif,' ce sont quelques noms, qu'il avait omis à dessein et que nous avons placés entre parenthèses. Le meilleur commentaire de la Femme infidèle se trouve, éparpillé çà et là, dans Monsieur Nicolas, tomes IX, X et XI.

ERRATA DE LA FEMME INFIDÈLE

PREMIÈRE PARTIE

Pages

13 — *V...*, lisez Valois;

14 — *Laconche, Baron, Blonde,Bourdignon, Rhecaché*, lisez *Chacherë ;* les noms sont mis ici par ordre;

15 — *Prutin*, lisez Turpin;

25 — *Rennedave*, lisez de Varenne ;

28 — ***, comte de Tavannes ;

29 — *Soniz*, lisez Nizon ;

41 — *Riole*, lisez Leroi ;

42 — *Seditanges*, lisez Destianges ;

47 — *Jeandevert, nom déguisé d'un Hom. connu.* (Restif) ;

91 — *Ornefuri*, lisez Fournier ;

111 — *Timbre de S.-M.*, lisez Imbert de S. Maurice ;

119 — *A**, lisez à Sens ;

135 — *Caraqua*, lisez Chéréau-de-Villefranche ;

157 — *Nolat*, lisez Talon ;

160 — *Désirée*, lisez Didier; *C...*,lisez Cocu ;

164 — *Cardin*, lisez Necard ; *De Romei*, lisez de Ronci ;

178 — *Ugnebet*, lisez Beugnet ;

184 — *A l***g. d. L.*, lisez à l'imprimerie royale, galerie du Louvre.

DEUXIÈME PARTIE

280 — Voyez la suite de ces vers, à la p. 512 de la 3ᵉ partie, et ci-devant après la p. 280;

Pages

292 — *La grande fille*, lisez Clermont, nouvelle convertie génevoise ;

295 — *Nivelle*, c'est le *n'ég'ret* du Paysan perverti, et le regret des contemporaines ;

302 — *Moudimer*, lisez Krammer ;

321 — *L'********, lisez l'imprimerie ;

323 — *Linesmud*, lisez Dumesnil ;

337 — *P...*, lisez Prudhomme ;

346 — A cette page, en restituant les vers de l'errata, mettez : *vérole* au lieu d'hiperbole ;

359 — La pièce de vers supprimée est à présent dans les Françaises, 1 vol., p. 179 ;

369 — *Regains*, lisez Sagnier ;

397 — *Volmin*, lisez Moulin ;

404 — *Protane*, lisez Edme Rapenot ;

632 — *Elise*, lisez Elisabeth-Tulout ;

440 — *Cletou*, lisez Coulet ;

464 — *Nilasse*, lisez Asselin ;

478 — A K**, l'*., nom défiguré ainsi que le suivant : à l'abbé (Mercier) de Saintleger.

TROISIÈME PARTIE

485 — A de M... ; ces initiales sont justes ;

518 — *Siparad*, lisez Paradis ;

528 — *Admirable*, lisez l'horloger Admirault ;

571 — *A****, lisez à Aucerre ; à **, lisez à Fleuri ; *Rirenfou*, lisez Fournier ; *Lauquil*, lisez Q** (Quillau) ;

577 — *Tolliet*, lisez à Joigni ;

583 — *Commédienne d'****, lisez d'Aucerre ; *Villede*, lisez De Ville ;

602 — *Rue de***, lisez de Bièvre ;

603 — *Rue du***, lisez du Fouarre ;

605 — *Fille à*** lisez à Joigni ;

607 — *A****, lisez à Aucerre ;

610 — *A*** qu'on désignera par des ** à Joigni ;

614 — *Le...* (*au lieu d'étoiles*), lisez le Vicomte ;

622 — *A*** (*deux étoiles*), lisez à Joigni ;

628 — *Naireson*, ou Dictionnaireson et Scaturin, noms supposés

Pages

(Bertjon, Tanefons), — c'est-à-dire Joubert et Fontanes ;

634 — *Ratminou*, lisez Martin, clerc de procureur ;

640 — *Mme Gonbil*, lisez Blogny ;

654 — *Milpourmil*, lisez Milbran (Marlin) ;

659 — *La****-***, lisez la Découverte-Australe ;

662 — *Le***, lisez le Hibou ; *comme****, lisez comme ouvrage ; *certains****, lisez certains ouvrages ; *le****-****, lisez le Compère-Nicolas ;

664 — *17..*, lisez 1785 ;

665 — *Bonentout*, lisez Charmot ;

670 — ****, lisez ouvrages ;

671 — *La*-*-*-***, lisez la Vie-de-mon-Père ; *...-...*, lisez Ménage-Parisien ; *cette ...*, lisez cette Produccion ; *une...*, lisez une satire ; *fécond...*, lisez fécond écrivain ; *de vos...nombreux*, lisez de vos ennemis nombreux ; *tous nos...*, lisez tous nos littérateurs ; *que vous...*, lisez que vous renversez ; *de vos..*, lisez de vos lecteurs ; *la D...*, lisez la Dunciade ; *que M....*, lisez que M. Palissot ;

672 — *Sagesse...*, lisez sagesse écrite ; *les****, lisez les Contemporaines ;

673 — *Dans la...-...*, lisez dans la Découverte-australe ;

679 — *Sentiment à***, lisez à Restif ;

682 — *De Lelisée*, lisez De-la-Reynière ;

683 — *C-N.*, lisez compère Nicolas ; *M. de B.*, lisez M. de Beaumarchais ;

688 — *Analise de.....*, lisez Analise de la vie de mon père ;

689 — *Excellent..*, lisez excellent livre ;

690 — *Mauvais...*, lisez mauvais ouvrage ; *le..*, lisez le hibou ; *comme...*, lisez comme ouvrage ;

Pages

691 — *D'autres...*, lisez d'autres ouvrages; *C.-N.*, lisez compère
Nicolas ; *cet...* lisez cet ouvrage ;

692 — *M. R.C.* est M. De Lelisée (Gri-
mod de la Reynière fils) ;

693 — *Micromegas*, lisez Legrand ;

694 — *A la...*, lisez à la postérité ;

695 — *Stigmatin*, lisez Lamarque ;

696 — *Olaüs Magnus*, lisez magistrat
respectable, dont le nom est
ainsi déguisé (Le Pelletier de
Morfontaine ?)

710 — *Les odieuses*, lisez les Nouvelles odieuses ; *dans ma...*, lisez
colleccion ;

711 — *Que vos..*, lisez que vos cri-
tiqs ;

713 — *Contre.....*, lisez contre les Contemporaines ;

714 — *J'...*, lisez j'imprimais ; *pas...*,
lisez pas imprimable; *qu'au-
cun.*, lisez qu'aucun censeur;

716 — *C'est un...*, lisez c'est un écrivain ; *je ne le*, lisez je ne le
lis ; *défauts en..*, lisez défauts en lisant; *dans les...* lisez dans les contemporaines;
que cet..., lisez que cet ouvrage; *le cours des....* lisez le
cours des Contemporaines;
de ses..., lisez de ses ouvrages ;

718 — *De tous vos...*, lisez de tous vos
livres ;

716 — *Fait le....*, etc., lisez fait le
pornographe ; qui faites le
hibou, qui faites les préjugés
justifiés ; si vous ne voulez
pas que vos lecteurs, etc. ;
de la...-..., lisez de la Découverte-australe ; *C. de M.*, lisez César de Malaca ; *votre..*,
lisez votre livre, je trouve
que c'est salocin-emde-fister
(Nicolas-Edme Restif) ;

720 — Lisez, m'aviez accoutumé aux
renversements ;

721 — Lisez, c'est que les écrivains ;

722 — Lisez, comme les auteurs ;

Pages

724 — Lisez ses lecteurs ;... ni auteur ;

QUATRIÈME PARTIE.

730 — *Aux deux*, lisez son amant à
Joigni ;

736 — Lisez rue de Corneille ;

738 — Lisez: Pour obliger les Martin,
les Naireson, les Scaturin ;

739 — *La petite Simiane*, lisez la petite Jeanne Laforêt (pe-
tite malheureuse qui sert
Mme Jeandevert, en instruisant
Augé) ;

740 — *Vilmontre*, lisez Montreuil ;

746 — *D'Œilbœuf*, lisez Dumont ;

752 — *D'Oiseaumont*, lisez de Montli-
not ;

755 — Au curé de Saint-Nicolas-du-
Chardonnet ;

756 — A son beau-frère, curé de Courgis ;

761 — A Saci, chés; un an à Aucerre ;

762 — J'ai été à Paris, avec moi à
Joigni ;

763 — *Unigenit. Megas*, lisez Bulle-
tit Legrand ;

767 — *De Selharnisat*, lisez de Saint-
Charles ;

774 — *Commandon, Refavi, Ellefard*,
lisez Lamarque, Favier, Far-
delle ;

775 — *Quitté Joigni...*, été à Joigni ;

776 — *Nottip. Niavel*, lisez Pitton,
Levain ;

782 — *Z. A.*, lisez Zefire, Agnès ;

787 — *Ingénue*, lisez Agnès ;

788 — Du plus vrai de ses ouvrages;
c'est à la fin de la malédiction
paternelle; *Cercell*, lisez Leclerc; *Lagenisse*, lisez Des-
Tores ;

789 — *L'Echiné*, partout lisez Augé ;
Oussidec, lisez Decoussi ;
Rocdard, lisez Brocard ;

790 — Premier commis à la direccion
des Vingtièmes;

792 — *Betzi*, partout lisez Bizet ;

765 — *M. Decourmontagne*, au lieu de
Petitecolline ;

800 — *Appelée R.*, lisez Bertoche ;

Pages

801 — *178·*, lisez 1783 ;

803 — Se retirer à Melun ;

806 — En 1784, commis aux Poudres-et-Salpêtres ; café Desbrosses ; le sieur Bléri ; alors commis du sieur Delaistre ;

807 — Avec un autre rondin que celui qui t'a fait tant de plaisir;

810 — Causa, en me prenant avec brutalité, me fit, etc.

811 — Café Desbrosses; 1784-5; Lepinaie, contrôleur des Bois-à-brûler;

812 — Lepinais; Lepinaie;

816 — *Lalumette,* lisez Langlumé ;

817 — Voyage à Melun ;

818 — Viennent à ses brutalités infâmes ;

819 et 820 — Nommée la Friv.; les Bois-à-brûler ;

822 — Chés M. le Prévôt-des-Marchands;

823 — Cuisinière de M. Poincloux ;

874 — (1785) comme, etc.;

827 — L'hôtel de M. le Prévôt-des-Marchands ; Magistrat chef de la ville ;

831 — Promenade à Chantilli ;

832 — Gentilly ; les points.... à la même page, expriment une horrible calomnie d'inceste, qu'on n'ose exprimer clairement ;

837 — Mme De***, lisez Mme Decoussi ;

837 — Après la lettre, mettez en note : « On a su depuis, qu'Augé, effrayé de ses torts, n'avait pas couché chés lui, de peur d'être arrêté pendant la nuit. »

841 — La I lettre doit être la 2 ;

842 — Porte de M. Vieillot ;

843 — Chés M. Vieillot ;

844 — Dans l'Arsenal; de l'Arsenal ;

845 — Qu'il était à Bleri ;

846 — Votre maq. et votre amoureux; Mme Martin ;

847 — Le Monsieur de l'Arsenal ;

850 — Les épitaphes de l'Arsenal ;

853 — Au Groscaillou : nota ; où ce malheureux père loge, depuis

que son indigne fils a voulu le forcer, pendant la nuit, à lui donner son argent;

858 — Le résultat du père de cet infâme, et le mien, ce fut que les deux époux devaient démeurer séparés ;

859 — Tante et cousine Beaucousin; chés M. Poincloux ;

869 — S..., lisez Agnès-Jeandevert ;

862 — M. Legrand, consent qu'Agnès ;

865 — Mme Martin ;

867 — Votre sœur Marianne; ma sœur Beauvoisin;

868 — Informer M. Legrand ; chés Bleri, à l'Arsenal; M. Legrand et moi ;

869 — Mlle Marianne; plaisir à Bleri; M. et Mme Berthet. — Ajoutez en note: « Et il a dit, lors de la scène terrible du 25 mai 1786, au Jardin-du-Roi, publiquement, devant 1500 personnes, que j'avais mis ma fille dans un bordel, en la tirant de chés lui! Il l'a répété depuis, hôtel des Trésoriers, rue des Massons ! »

873 — M. Berthet peut vous dire;

874 — Chés M. Legrand ;

876 — De Mme Desbrosses;

878 — A M. votre père et à M. Legrand ;

883 — Lisez Mme Martin ; Mlle Marianne; Mme Martin ;

885 — A Mme Martin; près de M. Vieillot; et de M. Lefort; votre tante et votre cousine Beaucousin; votre tante Tillien;

887 — Mme Beaucousin et Christine aussi ;

890 et 891 — Faussetés que tout cela ? L'on n'a jamais eu l'intention de l'avancer;

892 — Mémoire à la Police;M. Henri;

893 — Fausseté que cette lettre ait été écrite sous les ieus de M. Legrand ;

894 — Veuve Martin;

LES LIVRES A CLEF

Pages

900 — La jeune infortunée Marie-Françoise Quenet ;

901 — La même ;

902 — Chés M. Dechestret, receveur des tailles ; M. Dechestret s'informe ;

903 — La Dame Decoussi ; Decourmontagne, receveur de la capitation, quartier Saint-Paul ;

904 — Marquise, nommée M^{mo} de Bullion ; petits emplois dans les Bois-à-brûler, au service de M^{mo} Delaistre ; un Fayancier de la rue de la Raquette ;

905 — Ce Fayancier ; nommé Dol ; le Fayancier, sous la foi ; chés le Fayancier Delaistre, directeur des fermes pour les Bois-à-brûler ; au Fayancier ; Delaistre ;

906 — M. Delaistre ; marquise de Bullion, à laquelle le premier ;

907 — Pour lui donner la vérole ;

908 — Au café Desbrosses ; au café Lesage ; 5 décembre 1785 ;

909 — A M. Legrand ;

911 — Devant M. Legrand ;

915 — Lettre écrite à Bleri ;

917 — Lettre du 5 décembre 1785 ; un est un M. Defaye, avec qui tu as dîné à Gentilli ;

918 — M. Berger ;

919 — M. Legrand ;

921 — MM. Legrand et Berger ;

926 — S. J. f. L., lisez Agnès Restif, femme Augé ;

927 — Legrand ; de présent à Morfontaine ;

928 — M. Legrand a vu ma lettre à Augé ;

929 — Un tour à l'île Saint-Louis ; chés M. le commissaire Dularris ; chés le lieutenant-civil ;

930 — S. Jeandevert, lisez Agnès Restif ;

940 — Traite d'auteur sans mœurs, de gredin, de coquin, d'homme sans aveu !

949 — Cousin Coulis ;

Pages

952 — Professeur Lingua ; au collège de Presle ;

(« Bibliographie de Restif de la Bretonne », p. 307-312.)

FEMMES (LES) COMME ELLES SONT. Voir : Misogug.

FEMMES (LES), roman dialogué, de *N. Carmontelle;* publié, avec un avant-propos, par *Picard.* — Paris, Baudoin frères, 1825. 3 vol. in-12, 10 fr.

Cet ouvrage posthume du fécond auteur des « Proverbes Dramatiques » est une galerie de portraits de femmes du monde, vraisemblablement tracés d'après nature. Ce livre a certainement eu une clef ; malheureusement elle est perdue ; ce ne sera donc qu'un heureux hasard qui pourra nous faire connaître les vrais noms de *Mmes* de *Cressor,* de *Dinemant,* de *Nérancourt,* de *Gersigny,* d'*Hervelles,* de *Jachères,* de *Léonval* (amante du duc de *Clerson),* de *Nompart,* etc., etc. Tous ces noms, plus ou moins déguisés, semblent pouvoir être dévoilés, en lisant attentivement les mémoires de cette époque.

FEMMES (LES) SANS DIEU, par *Alfred des Essarts.* — Paris, Palmé, 1875, in-12 de 324 p.

« Il y a, dans ce roman, des portraits pris sur le vif et dont les originaux, lors des événements de 1871, ont joué un rôle plus ou moins bruyant. On peut citer notamment le prophète *Noël Jouguet,* qui a tout l'air d'être J. Alix, ex-membre de la Commune. » (Communication de M. G. Brunet.)

FEMMES (LES) SAUCIALISTES, farce, par *Varin* et *Roger de Beauvoir*, représentée en 1849 (ou 1850), sur le théâtre Montansier.

Les auteurs de cette petite pièce, qui obtint un vif succès, avaient fait une amusante caricature des héroïnes d'alors ; on reconnaissait facilement Mme George Sand, sous le nom, de *Mme Consuelo*, et Mme Eugénie Niboyet, sous celui de *Mme Giboyet*. Ces rôles étaient tenus par MM. Hyacinthe et Grassot. (Voir Th. Muret : — Histoire par le Théâtre, t. III, p. 392.)

FÊTE (LA) DE SOT-FROID, divertissement en prose et en vaudevilles. Se trouve dans « L'Almanach poétique de Bruxelles » pour l'an 1805. Bruxelles, Adolphe Stapleaux, 1806, in-18.

Cette petite pièce assez spirituelle est une satire dirigée contre Geoffroy (*Sot-froid.*)

FEU (LE) D'ARTIFICE, ou LE NOUVEAU PARIS, comédie très nouvelle, en trois actes (prose), représentée à Calais et à Dunkerque, vers la fin du mois de février, et au commencement du mois de mars de la présente année 1744, par la troupe ambulante des comédiens français de ces deux villes. Cologne, chez les héritiers de Pierre Marteau (Hollande), 1744, in-8 de 79 p. Réimprimé la même année à La Haye. Laurent Berkoske, in-8 de 100 p.

Réimprimé deux ans après sous ce titre :

LA FOLLIE ÉCOSSOISE, ou L'ENLÈVEMENT IMAGINAIRE PAR L'AMOUR EXTRAVAGANT, comédie allégorique et toute nouvelle, en trois actes (prose), ornée du portrait de P. Charles Edouard, fils aîné du Prétendent (sic) ; Whitehall, imprimerie du Cokpit (Hollande), 1746, in-8 de 100 p., portrait.

Cette étrange comédie politique a été analysée dans la « Bibliothèque du Théâtre françois » (t. III, p. p. 331 à 333). Le rédacteur de l'article qui donne une idée très suffisante de cette pièce ennuyeuse et sans esprit, ajoute : « Cet ouvrage est assez médiocre ; le but de l'auteur a été de peindre, sous le voile de l'allégorie la plus plate, la descente du prince Edouard en Angleterre et le peu de succès de son entreprise..... Quant à la « Follie Ecossoise », cette pièce étant exactement le même ouvrage que le précédent, je n'en donnerai point d'extrait ; une seule chose que je ferai remarquer, c'est que, jusqu'à la page 16, ce volume porte le titre de « La Follie Ecossoise », et qu'à la page 17 jusqu'à la fin, il reprend celui du « feu d'artifice ou le nouveau Paris. »

Ajoutons qu'à la page 52 de la première édition on trouve la clef des personnages et des allusions, clef qui manque absolument dans les deux réimpressions de cette pièce, dont on n'a point à regretter de ne pas connaître l'auteur.

FEU ET FLAMME, par *Philothée O'Neddy*. — Paris, librairie orientale de Dondey-Dupré, imprimerie de Prosper Dondey-Duprey, 1833, in-8. Tiré à 300 exemplaires et orné d'un frontispice de Célestin Nanteuil.

Ce volume se compose de dix *nuits* et de six *fragments* en vers, le tout précédé d'une préface en prose. L'auteur, Philothée O'Neddy (anagramme de Théophile Dondey) fait intervenir, dans son œuvre, sous des noms supposés, la plupart de ses amis, les *Bousingots*, qui tous, après la victoire du romantisme, ont acquis plus ou moins de célébrité. La première pièce du recueil, intitulée *Pandœmonium*, nous fait assister à une réunion de ces jeunes et ardents romantiques, chez l'un d'eux *Jehan le statuaire* (Duseigneur), qui reçoit ses amis, le poète *Reblo* (Petrus Borel), *Don José*, le duelliste (Joseph Bouchardy), l'architecte *Noel* (Léon Clopet), *Augustus Mac-Keat* (Auguste Maquet); *un visage moresque au regard de maudit*, c'est l'auteur lui-même, Philothie O'Neddy. — Une bonne clef bien complète de ce livre très rare serait bien utile aujourd'hui pour étudier l'histoire de l'école romantique. (Voir: La « Bibliographie Romantique de Charles Asselineau, 1874, p. p. 199-216.)

FIDELLES (LES) ET CONSTANTES AMOURS DE LISDAMUS ET DE CLÉONYMPHE.

Voir : L'Olympe d'amour.

· FILS (LE) DE BABOUC A PERSÉPOLIS, ou LE MONDE NOUVEAU, s. l. n. d. (Paris 1789), in-8.

Ce petit roman politico-allégorique a besoin d'une clef pour être lu avec intérêt: on y voit figurer, sous des noms empruntés, Louis XVI, Marie-Antoinette, Mirabeau, etc., etc. La plupart des exemplaires de ce livret, qui est assez rare d'ailleurs, sont dépourvus de la clef, imprimée séparément sur un feuillet in-12, ajouté à l'exemplaire in-8 (Catalogue Leber, t. II, p. 448, n° 5, 017).

La même clef doit sans doute être applicable à une autre fiction politique, citée dans le même catalogue et intitulée : LE RETOUR DE BABOUC, ou la SUITE DU MONDE COMME IL VA. Concordopolis (Paris), 1789, in-8.

Ces deux écrits, très peu communs, ne sont pas mentionnés dans le « Dictionnaire des Anonymes », et l'auteur est demeuré inconnu.

FINANCIERS (LES). Comédie nouvelle en 3 actes, avec leurs caractères, ceux des Robins et des Plumets, 1744. Manuscrit in-4 de 119 p., écriture du temps. (Inédite).

Cette comédie en prose, copiée par un habile calligraphe, figure sous le numéro 1,862 du catalogue de Soleinne. On lit à la fin une clef des personnages, savoir :

Clitandre, — M. Boutin, Toinard, Le Masson ;

Alcipe, — M. d'Arnoncourt, fermier général ;

Philinte, — M. de Moirand ;

Jacquin, — M. Pàris de Montmartel ;

Jacquin fils, — le fils du précédent;

Glarice, — Mme Desjardins ;.

Damis, jeune officier, — M. le chevalier de Tressan.

« La présence du chevalier de Tressan, ajoute le savant rédacteur du susdit catalogue, nous avait fait penser qu'il était l'auteur de la pièce ; en effet, en tête de la seule scène où il paraît et emprunte vingt louis à un financier, lesquels lui sont nécessaires pour échapper aux conséquences d'un duel, nous avons trouvé cette note : « L'incident de cette scène est arrivé « dans toutes ses circonstances à l'auteur de la pièce. » Cette comédie est inédite malheureusement, car elle ne peut manquer de contenir des indiscrétions piquantes sur les personnages précités ; ces révélations seraient assurément fort précieuses aujourd'hui surtout où les recherches sur la société du XVIII° siècle sont si fort en faveur. »

FLIPPE MITONNO.
Voir : La Famille ridicule.

FLORIANE, SON AMOUR, SA PÉNITENCE ET SA MORT, par F.-F.-D.-R. — Paris, Mathieu Guillemot, 1601, pet. in-12 de XIII-83 f., extrêmement rare.

Ce roman mystique et philosophique doit être de *François Fouet*, de Rouen, qui, sous les mêmes initiales, a publié « Les Amours de Philinde ». Paris, M. Guillemot, 1601, pet. in-18. La dédicace, en style amphigourique et rempli d'exaltation religieuse, est adressée à Madame L. D. A., dont le nom est déguisé sous l'anagramme : « Belle aym' en Dieu l'âme. » « Reçois, dit l'auteur, ceste « Floriane, de laquelle j'ay appris la « vie en Italie, d'un sainct homme, et « laquelle j'ay lue depuis en trois « mots dans un livre d'un religieux « florentin. » Or, cette *Floriane* n'est autre qu'une sainte sous la figure d'une courtisane. Les douze derniers feuillets du volume portent pour titre : « L'âme de ce corps, ou le sens moral de cette histoire. » Ce n'est pas une clef des noms de tous les personnages de ce roman allégorique ; c'est plutôt une espèce de petit roman cabalistique dans lequel *Doris* représente l'âme que se disputent deux rivaux : *Amphysé*, le corps, et *Aristes*, le monde ; il y a, en outre, un géant, *Briarin*, emblème des délices de la chair et un autre géant, *Animal*, qui constitue le monde élémentaire. Tout cela n'est ni clair, ni divertissant. Ces détails sont empruntés à une intéressante notice de M. P. Lacroix, insérée dans le « Bulletin du Bibliophile. » (1861, décembre, pp. 730-731, n° 262).

FLORIDOR ET DORISE.
Voir : La Céfalie.

FLORIGÉNIE, ou l'ILLUSTRE VICTORIEUSE, dédiée à M°° Marguerite, duchesse de Rohan, par le sieur *Lamothe du Broquart*. — Paris, 1647, in-8, rare. (Vendu 33 fr., Cat. du baron Ernouf de Verghien, n° 548-1861).

M. V. Cousin, dans la « Revue des Deux-Mondes », a signalé ce roman comme étant incontestablement, sous des noms supposés, l'histoire allégorique du mariage du chevalier de Chabot et de Marguerite de Rohan (*Florigénie*), fille du grand-duc Henri de Rohan. C'est une clef à rechercher.

FOLIE ET SAGESSE.
Voir : Elle et moi.

FOLLIE (LA) ÉCOSSOISE.
Voir : Le feu d'artifice.

FORÊT (LA) DE DODONE...,
Voir : Dendrologia, by J. Howell.

FORTUNES (LES) DIVERSES DE CHRYSOMIRE ET DE KALINDE, par *Humbert*.
Voir : Cléodonte et Hermelinde.

FOU (LE) RETROUVÉ.
Voir : Ordonnance de police.

FOURBES (LES) PUNIS.
Voir : Les Originaux par Cailleau.

FRAGMENT DE XÉNOPHON, nouvellement trouvé dans les ruines de Palmyre par un Anglais, et déposé au Muséum Britannicum à Londres; traduit du grec par un Français, et lu à l'assemblée publique du Musée de Paris, le jeudi 6 mars 1783. — Paris, de l'imprimerie Ph. D. Pierres, 1783, pet. in-18 de 52 p.

Cet ouvrage est une allégorie sous une forme historique, relative à la guerre d'Amérique. Il a été composé par l'abbé *Gabriel Brizard*, jurisconsulte et auteur de différents ouvrages historiques et politiques, né vers 1730, mort à Paris, le 23 janvier 1793. Voici la clef du prétendu « Fragment de Xénophon », telle que la donnent la « France Littéraire » et le « Dictionnaire des Anonymes. » Les noms pour la plupart sont anagrammatisés :

Philippe de Macédoine, — Louis XVI ;
Olympias, — la reine Marie-Antoinette ;
Thalès, — Franklin ;
Erugènes, — de Vergennes;
Tangidès, — d'Estaing ;
Tusingonas, — Washington ;
Fylaatéte, — La Fayette ;
Olybule, — Bouillé ;
Cherambos, — Rochambeau ;
Ucocide, — du Couédic ;
Usanas, — le prince de Nassau ;
Chéroïclète, — La Clocheterie ;
Frusen, — Suffren ;
Ubatomen, — le vicomte de Beaumont.

FRANCE (LA) EN VEDETTE.
Voir : Rougyff.

FRANÇOIS (LE) A L'ÉLECTION, comédie en un acte, en prose. — Francfort, 1744, in-8 de 48 p., rare.

Pièce anonyme relative à l'election de l'empereur. Le maréchal de Belle-Isle, qui fut envoyé pour représenter la France à la diète germanique, est mis en scène sous le nom de *M. de La Raison ;* le nouvel empereur est appelé *Klugman.* Le maréchal est accompagné de plusieurs seigneurs et dames de France ; le caractère des deux nations se manifeste bientôt : les Allemands tournent en ridicule nos grands airs et nos prétentions ; nous leur rendons la pareille et nous nous moquons de leur grossièreté et de leur ivrognerie. A la fin, les deux nations se réunissent, et l'amour est le mobile de cette fusion. Cette comédie médiocre, quoique passablement écrite, se termine par une « Parodie des comédies », rapprochement très piquant de différents titres de pièces de théâtre, avec les caractères de certains personnages du temps ; ainsi :

Le Légataire universel, — le curé de Saint-Sulpice, Languet de Gergy ;
Le Médecin malgré lui, — l'abbé Pâris ;
L'Amour précepteur, — le Père Girard, etc., etc.

La brochure se termine par une parodie de la dernière scène de « Mithridate », de Racine, entre le Régent mourant, le duc de Bourbon et Law. (Voir sur cette curieuse pièce allégorico-satirique le « Catalogue de Soleinne, n° 3,788, et la Bibliothèque du Théâtre françois », t. III. p.p. 329-330).

FROMONT JEUNE ET RISLER AINÉ. Mœurs parisiennes, par *Alphonse Daudet.* — Paris. Charpentier, 1874, in-12. Très souvent réimprimé et mis au théâtre, il y a trois ou quatre ans. Ouvrage couronné par l'Académie française,

Au mois de janvier 1882, M. A. Daudet a commencé, dans la « Nouvelle

Revue », un essai sur l' « Histoire de ses Livres. » Voici ce qu'il dit de cet ouvrage : « Tous les personnages de *Fromont* ont vécu ou vivent encore. Avec le vieux *Gardinois*, j'ai fait de la peine à quelqu'un que j'aime de cœur, mais je n'ai pu supprimer ce type de vieillard égoïste et terrible, de parvenu implacable... — Le caissier *Plumus* s'appelait Schérer ; je l'ai connu dans une maison de banque de la rue de Londres... — *Sidonie* existe, elle aussi, et l'intérieur médiocre de ses parents, et la petite boîte à diamants de la mère *Chèbe*, seulement la vraie *Sidonie* n'était pas si noire que je l'ai faite... — *Delobelle* a vécu près de moi. Parfois il m'a répété : « Je n'ai pas le droit de renoncer au théâtre. » En lui, pour le compléter jusqu'au type, j'ai résumé tout ce que je savais sur les comédiens, leurs manies, leur difficulté à reprendre pied dans l'existence, en sortant de scène, à garder une individualité sous tant de changeantes défroques. »

FUNUS PARASITICUM, par *N. Rigault*.

Voir : Histoire de Pierre de Montmaur.

GÆOMEMPHIONIS CANTALIENSIS SATYRICON. Anno Christi MDCXXVIII, pet. in-8 de 440 p. sans lieu d'impression ni nom d'imprimeur.

M. *Philarète Chasles* a publié, dans le « Bulletin du Bibliophile » (1854, pp. 1032 à 1038), un article fort intéressant sur ce volume qu'il avait découvert dans un recoin de bibliothèque publique ; il le considérait comme si rare qu'il croyait pouvoir donner comme *unique* l'exemplaire qu'il avait si heureusement retrouvé.

Voici en substance ce que contient le curieux article de M. Ph. Chasles :

« Le « Gæomemphionis cantaliensis Satyricon » (titre qu'on peut traduire par : « Roman satirique sur les mœurs du temps, par le *Mépriseur de la Terre*, né dans le Cantal ») a été imprimé, en 1628, probablement à Clermont-Ferrand, ou Aurillac ; son auteur l'a fait précéder d'une dédicace aussi emphatique que flatteuse au roi Louis XIII. Cet auteur, un pédant versé dans ce que la phraséologie latine a de plus élégamment obscur et de plus magnifiquement subtil, y raconte ses aventures personnelles sans ménager qui que ce soit. Pauvre précepteur, né dans le Cantal, vers les dernières années du XVIe siècle, il va chercher fortune en Languedoc, puis à Paris, où règne Henri IV. Aussi mal appris que pédant, il s'attire maintes disgrâces tant par ses intempérances de langue que par ses mauvaises façons d'être et d'agir. Furieux alors contre tous et versant à grands flots sur l'espèce humaine un mépris qu'elle lui a rendu, il passe en revue quelques-uns des plus célèbres personnages du temps, les traite comme un domestique mécontent traiterait le maître qui l'a chassé, décrit *de visu* leurs physionomies et leurs actes, sème à pleines mains les anecdotes scandaleuses et soulage autant qu'il est en lui la fureur qui le dévore. Ce n'est pas sans peine que l'on parvient à comprendre le sens et la suite des faits singuliers énoncés par Gæomemphio. Dans son livre, tout s'enveloppe d'ambages et se présente sous forme de logogriphe pédantesque. Les noms de lieux et d'hommes s'y déguisent sous des travestissements grecs : il faut deviner que *Liriogœa* signifie Paris ; *Astycrium*, Bordeaux ; *Philoscorodia*, la Provence et le Languedoc ; *Hilario*, le duc de Joyeuse ; *Ganicius* (pour *Ignacius*), l'Institut des jésuites ; *Ganicia familia*, la même compagnie, qu'il ne paraît guère aimer; il faut comprendre encore que la très grande dame, par laquelle le fat se croit distingué et qu'il désigne sous les initiales assez transparentes *M..D. V.*, c'est Marguerite de Valois. Enfin, conclut M. Ph. Chasles, « ce *Satyricon* est une production aujourd'hui encore pleine d'intérêt et de curieuses indications. » — Il serait dès lors fort désirable qu'une réimpression pût être faite sur l'exemplaire unique, avec une bonne *clef* et même une traduction, ce qui ne gâterait rien à la chose. — Ajoutons que, suivant le « Manuel du Libraire », le *Gæomemphionis Satyricon* serait l'œuvre de *C. B. Morisot*, de Dijon, auteur du *Peruviana* et d'ouvrages analogues, dont il sera parlé plus loin. Cette attribution est plausible, mais elle n'est pas formellement sûre.

GALANTERIES (LES) DE LA COUR.
Voir : La Céfalie.

GALANTES (LES) VERTUEUSES. Histoire véritable et arrivée de ce temps pendant le siège de Thurin. Tragi-comédie, dédiée à M. d'Imbert. — Avignon, J. Piot, 1642, pet. in-12 de 2 f. et 96 p. Très rare.

Cette pièce, en cinq actes et en vers, est attribuée à *Desfontaines.* L'auteur dit que sa comédie est une histoire si véritable et si récente, « qu'il a été contraint de changer les noms de la scène et des acteurs pour épargner la modestie des uns et la honte des autres. M. le marquis de La Force allant au-devant du duc de Feria, la plus belle noblesse de France qui l'accompagnoit séjourna quelque temps à Remiremont, en Lorraine, où cette histoire se passa, et quelque temps après, *ses cavaliers, qui en avoient formé les incidents,* passèrent

en Italie, pour réparer auprès de Mars le temps qu'ils avoient perdu près de l'Amour. » (Catalogue Soleinne, n° 1164).

GALATÉE (LA) ET LES ADVENTURES DU PRINCE ASTIAGÈS, histoire de notre temps, où, *sous noms feints*, sont représentez les amours du roy et de la reyne d'Angleterre, avec tous les voyages qu'il a faits tant en France qu'en Espagne. Par le sieur *A. Hemy.* — Paris, 1625, in-8, et Paris, Rocolet, 1626, in-12.

Cet ouvrage est cité par la « Bibliographie Gay » (t. II, p. 397). Les autres bibliographies n'en parlent pas, et l'auteur, *A. Henry*, est inconnu aux biographes.

GALERIE DES ARISTOCRATES, s. l. (Paris), 179. (?) in-8.

Sous ce titre, le « Bulletin du Bouquiniste » a annoncé (au prix de 3 fr.) une brochure contenant la clef imprimée de 32 biographies de personnages. » — Ce factum révolutionnaire doit être bien rare; on ne le trouve cité dans aucune bibliographie. Peut-être s'agit-il de la « Galerie des Aristocrates militaires » (1790, in-8) attribuée à Dumouriez ?

GALERIE (LA) DES DAMES FRANÇAISES.

Voir ci-après :

GALERIE (LA) DES ÉTATS-GÉNÉRAUX. S. l., 1789, 2 part. in-8 de 204 et 138 p.

« Cet ouvrage, dit Barbier (T. II, Col. 518), a été distingué de la foule des brochures qui ont paru en 1789 et en 1790; les portraits qu'il contient sont en général tracés avec autant de talent que d'impartialité. » Il est dû à la collaboration du marquis *J.-P.-L. de Luchet*, du comte *A. de Rivarol*, du comte *de Mirabeau*, de *P.-A.-F. Choderlos de Laclos*, et peut-être aussi (suivant Grimm) de *Senac de Meilhan*.

La « Bibliographie Gay » (t. III, p. 398) décrit une autre édition du même ouvrage « La Galerie des Etats généraux et des Dames Françaises, et clef de la Galerie des Dames Françaises » etc., 1789-90, Londres (Paris), 3 part in-8° et y ajoute, d'après le catalogue Luzarche (n° 4,280), un prétendu supplément, en 50 pages, qui est l'œuvre de *Dubois de Crancé* et qui commence par un factum très injurieux contre *Iramba* (Mirabeau).

On m'a communiqué un fort bon exemplaire, sans doute d'une réimpression, de ce curieux ouvrage ; en voici l'exacte description :

« La Galerie des Etats généraux et des Dames Françaises. » Nullo discrimine habebo. — Tros, Rutulusve fuat.» Virg., 1790. Trois parties in-8 de VII — 132, XX — 106, et XVI — 120 pages.

La 3ᵉ partie a pour titre : « La Galerie des Dames Françaises, pour servir de suite à la Galerie des Etats généraux, par le même auteur. » Chaque volume commence par une introduction précédée d'une clef. Voici *in extenso*, dans leur ordre, ces trois clefs indispensables :

GALERIE (LA) DES PEINTU-
RES, ou RECUEIL DES PORTRAITS EN
VERS ET EN PROSE. Paris, Cl. Bar-

bin, 1659, in-8 front. gravé, 325 p.,
(par Mlle *de Montpensier* et autres).
(Avec la clef).

Réimprimé en 1663, 2 vol. in-12.
— Paris, Ch. de Sercy.

Même ouvrage que le « Recueil
de portraits et éloges en vers et en
prose ». —Paris, Barbin, 1659, in-8.

Réimpression moderne sous ce
titre : « La Galerie des portraits de
Mlle de Montpensier. Recueil des
portraits et éloges en vers et en
prose des seigneurs et dames les
plus illustres de France, la plupart
composés par eux-mêmes, dédiés à
S. A. R. Mademoiselle. » Nouvelle
édition, avec des notes, par *Edouard
de Barthélemy*, in-8. Paris, Didier et
Cie, 1860, 7 fr. 50.

« Dix-sept des portraits contenus
dans ce recueil, dit la « Biographie
Michaud » (t. XXX, p. 36), ont été faits
par mademoiselle; ils ont les défauts
naturels de ce genre de composition,
qui n'était, dans ce temps, qu'un amusement de société; ce sont des flatteries
à commencer par le portrait de la
princesse, écrit par elle-même. »

L'excellente édition donnée par
M. E. de Barthélemy ne contient pas
une clef en forme de ce livre si curieux
pour l'étude de la société polie du
XVIIe siècle; mais, grâce aux notes et
aux indications données par le savant
éditeur, il est facile de composer la
clef suivante pour la « Galerie des
Portraits » :

Tircis, — Louis XIV.
Le roi d'Angleterre, — Charles II.
La reine de Suède, — Christine.
Sylvie, — Mlle de Nemours.
Iris, — Mlle d'Aumale.
M. D. V., — M. de Verderonne (?)
Emilie, — Mme de Comminges.
L'abbesse de Caen, — Eléonore de
Rohan.

Climène, — Mme la Maréchale de
La Ferté Sennetère.
Amaryllis, — Mme la comtesse de
Fiesque.
Un inconnu, — la comtesse de La
Fayette.
Diane, — la comtesse d'Esche.
Iris, — Mme de Chavigny.
Caliste, — la maréchale d'Humières.
Amarillys, — la maréchale de Gues-
briant.
Amarante, — Mme Deshoulières.
Iris, — Mlle de Beauvais.
M. P., — M. Perrault.
Bérénice, — Mme de Nouveau.
L'abbé D. F., — l'abbé de Franche-
ville (?).
La jeune Iris. — Mlle Saumaise.
Vénus, — Mme Paget.
L'amour, — le fils de la précédente.
Une démoiselle de grande qualité, —
Marie de Mancini (?).
La charmante exilée, — Mme de Choisy.
Amaryllis, — Mme Deshoulières.
Le comte de G., — le comte de Gra-
mont.
*Une dame de condition de la ville de
Caen,* — Mme de Choisy (?).
La belle Iris, — Mme de Visse.
Amarante, — Mlle Françoise Le Clerc.
Mlle de Frans, — de Fransuré (?).
Caliste, — la comtesse de ***.
Alciniade, — une princesse.
Célimène, — Mlle la marquise de L. R.
M. R. D., — l'abbé Régnier Desma-
rais (?).
Caliste, — la marquise de Richelieu (?).
L'abbé D. F., — l'abbé de Franche-
ville.
Iris, — la duchesse de ***.
Olympe, — la marquise de Gouville.
La reine Marguerite, — Mlle Cor-
nuel.
Mme D., — Mme Deshoulières.
Néophie, —
*Portrait de M. ***,* — Racan (?).
Aminte, — la comtesse D. M. G.
Olympe, — Mlle Hubert.
Cléandre, — M. Saint-Yon.
Zéphine, — Mme de ***.
Philis, — Mme de Choisy.

Sylvanire, — Mme la duchesse d'Eper-
non.
M. le Prince, — le prince de Condé.
Madame D. C., — Mme de Choisy.
Doris, — Mme Lecocq.
La marquise de S. A., — Mme de Saint-
Ange.

On a compris dans cette clef, non-
seulement les noms des personnes
dont les « portraits » sont faits sous
des noms supposés, mais aussi ceux
des écrivains qui s'étaient cachés sous
des initialismes.

GALLIE, opéra, ornée d'entrées
de ballet de machines et de chan-
gemens de théâtre. — Amsterdam,
Jean Maximilian Lucas, 1691,
pet. in-12 de 48 p. Très rare.

Cette pièce en trois actes, avec prologue en vers, est une satire allégorique contre la guerre du Palatinat et
contre les massacres et les incendies
qui l'ont rendue tristement célèbre.
(Voir Cat. Soleinne, n° 3,751.)
Gallie, c'est la France contre laquelle
est surtout dirigé cet « Opéra », qui
contient maintes allusions mordantes,
malheureusement peu intelligibles
aujourd'hui, faute de clef.

GARÇON (LE) SANS SOUCI,
par *G.-C.-A. Pigault-Lebrun*. — Paris, Barba, 1817 et 1818, 2 vol.
in-12, 5 fr. Traduit en espagnol en
1823.

Ce roman fort gai, comme presque
tous ceux de l'auteur, contient des
personnages peints d'après nature.
Ainsi l'éditeur Barba, s'étant reconnu
sous les traits du héros du livre, se
plaignit à Pigault-Lebrun qui répondit
« qu'il prenait ses originaux où il les
trouvait. » Cette raison suffit sans
doute à Barba, car l'auteur et l'éditeur

n'en demeurèrent pas moins bons
amis par la suite.

GARGANTUA A LA DIÈTE, ou
LA MARMITE RENVERSÉE. S. l. n. d.
(Paris, 1814), impr. de Setier,
8 p. in-8.

L'un des nombreux pamphlets politiques publiés après la chute de Napoléon Ier. On veut ridiculiser ici certaines personnes de son entourage, désignées sous les pseudonymes de M.
Gargantua, fameux descendant de l'ancienne famille d'*Avalons* et de M. *Boniface Régalant*, personnage *Tablophile*,
« associé d'un *riche marchand d'escla-
ves* qui faisait ce beau trafic dans les
quatre parties du monde. »

GARGILII MACRONIS PARASITOSO-
PHISTÆ METAMORPHOSIS.
Voir : Histoire de Pierre de Mont-
maur.

GASCONADO THE GREAT. A
tragi-comi-political-whimsical opera, 1759, (London), in-4.

Pièce burlesque du peintre *Jacques
Worsdale*. C'est une satire des affaires
de France pendant la guerre de Sept-
ans. Louis XV et madame de Pompadour sont mis en scène sous les noms
de *Gasconado* et de *Pampelin*. Il y a
de l'esprit dans cette farce, surtout
dans certains couplets; cependant
aucun directeur ne voulut la faire
représenter. (Voir « Biographia Dramatica » 1782, t. II, p. 133.)

GAZETIER (LE) CUIRASSÉ,
ou ANECDOTES SCANDALEUSES DE LA
COUR DE FRANCE.

« . . . . . Nous autres satiriques,
Propres à relever les sottises du temps,
Nous sommes un peu nés pour être mécontens. »
BOILEAU.

Imprimé à cent lieues de la Bastille. A l'enseigne de la Liberté, MDCCLXXI, in-8 de XII-154 p. avec frontispice satirique assez bien gravé. (Londres.)

Cet ouvrage est un pamphlet très mordant, injurieux et souvent calomnieux, dirigé contre les principaux personnages de la Cour de France, notamment contre Mᵐᵉ Du Barry, le comte de Saint-Florentin et le chancelier Maupeou, désignés, en tête du frontispice, par les trois chiffres *D. B.*, *S. F. et D. M.* L'auteur de ce libelle atroce est le fameux *Ch. Théveneau de Morandes*, dont il est parlé en divers articles de cette étude.

A la page 123 commence la « *Clef* des anecdotes et nouvelles » ; mais il ne faut pas prendre cette indication au pied de la lettre; cette clef n'est qu'un assemblage de méchancetés nouvelles ou expliquant les traits satiriques insérés dans le corps de l'ouvrage.

Voici, tant d'après ces notes, que d'après les annotations manuscrites relevées sur un bel exemplaire de ce livre, la clef véritable du Gazetier cuirassé, pour la plupart des noms initialisés :

Pages, lignes

14, 12, — *le Chancel.*, — le chancelier Maupeou.
20, 9, — *Rich...*, — le maréchal de Richelieu.
» 10, — *Duc d'Aigu*, — le duc d'Aiguillon.
27, 2, — *Mᵐᵉ Adél...*, — madame Adélaïde.
28, 16, — *Frons.....*, — le duc de Fronsac.
33, 3, — *Vril.*, — le duc de la Vrillière.
35, 2, — *Maup...*, — le chancelier Maupeou.
37, 6, — *Vaugu...*, — le duc de la Vauguyon.

Pages, lignes

37, 6, — *d'Aum...*, — d'Aumale.
» 7, — *Ville...*, — le duc de Villeroy.
» » — *Tresm...*, — de la Tremoïlle (?).
» 13, — *du Bar...*, — madame du Barry.
» 14, — *de Lang...*, — la marquise de Langeac.
38, 7, — *Ximen...*, — le marquis de Ximénès.
» » — *Vill...*, — le marquis de Villette.
» 12, — *Thibou...*, — le marquis de Thibouville.
39, 11, — *A.....nus..*, — des *Agnus Dei.*
» 24, — *Noai...*, — le comte de Noailles.
40, 11, — *Harc...*, — duc d'Harcourt.
» 1, — *de Bouil...*, — Mᵐᵉ de Bouillon.
41, 1, — *Fitzj...*, — le duc de Fitzjames.
45, 6, — *Le R...*, — le roi Louis XV.
» 11, — *Prasl...*, — le duc de Praslin.
46, 1, — *Montey.....*, — M. de Monteynard.
49, 10, — *Brogl...*, — le duc de Broglie.
51, 6, — *B....*, — les b.....ls.
52, 3, — *Sar...*, — M. de Sartines.
60, 13, — *Viller...*, — le duc de Villeroy.
61, 17, — *Bouff...*, — Mᵐᵉ de Boufflers.
70, 6, — *Bour...*, — le duc de Bourbon.
» 13, — *M. le D...*, — le Dauphin, depuis Louis XVI.
76, 15, — *le comte de P...*, — le comte de Provence (Louis XVIII).
78, 9, — *Bign...*, — M. Bignon.
80, 9, — *Princesse d'Anh.*, — la princesse d'Anhalt.

Pages, lignes

81, 9, — *Montz...,* — Montazet.

81, 18, — *Gevr...,* — le duc de Gesvres.

82, 1, — *Luy..,* — le duc de Luynes.

» 3, — *Chev...,* — le duc de Chevreuse.

» 7, — *Egmo...,* — le comte d'Egmont.

» » — *Espina,* — M. de l'Espinasse.

» 9, — *Louis,* — le prince Louis de Rohan.

» 16, — *R...,* — l'archevêque de Rouen.

90, 7, — *Marig...,* — M. de Marigny.

90, » — *St-Florent...,* — M. de Saint-Florentin.

» 9, — *Ter...,* — l'abbé Terrai.

» » — *Alig...,* — le chancelier d'Aligre.

» 10, — *Phelipe...,* — Phelipeaux, archevêque de Reims.

93, 13, — *Comtesse de Prov...,* — Comtesse de Provence.

95, 5, — *Clerm...,* — le prince de Clermont.

» 10, — *Keis...,* — Keyser, chirurgien.

98, 11, — *Louis de R...,* — le cardinal de Rohan.

100, 2, — *Mon..tel,* — de Montmartel.

» 9, — *Mire...,* — la maréchale de Mirepoix.

101, 5, — *Gour...,* — La Gourdan, entremetteuse.

» 9, — *M⁰ de Roch....,* — de Rochechouart.

102, 1, — *Fleur..,* — duc de Fleury.

105, 11, — *Chois...,* — M. de Choiseul.

» 14, — *Gont...,* — M. de Gontaut.

» 15, — *Bret...,* — baron de Breteuil.

» 16, — *Bez..,* — baron de Besenval.

107, 3, — *Soubi...,* — prince de Soubise.

Pages, lignes

107, 3, — *Ber...,* — Bertin.

108, 11, — *Maille...,* — marquis de Maillebois.

113, 11, — *Valdah...,* — M. de Valdahon, mousquetaire.

114, 15, — *Est...,* — le comte d'Estaing.

116, 4, — *Mona...,* — le prince de Monaco.

120, 7, — *Laroche...,* — M. de La Roche-Aymon.

P. 18. — « La marine ne sera pas mieux menée par un *roulier* que par un *cheval borgne* qu'on y a attelé. » — Allusion à MM. Rouiller et de Boynes.

Il y a encore dans ce livre un certain nombre de noms à dévoiler ; c'est un travail qu'on laisse à faire à des chercheurs plus patients et plus habiles.

On peut rapprocher du « Gazetier Cuirassé », les articles : « le Diable dans un bénitier », « le Philosophe cynique », et « Mélanges confus sur des matières fort claires. » Les clefs de ces divers ouvrages se complètent l'une par l'autre.

GAZETTE (LA) DE TENDRE

(avec la carte de Tendre), publiée à la suite de la « JOURNÉE DES MADRIGAUX », avec introduction et notes, par *Emile Colombey*. Paris, Aubry, MDCCCLVI, pet. in-8. (Forme les pages 57 à 87 de ce volume, qui fait partie de la collection dite : « Trésor des pièces rares ou inédites ».)

L'auteur de ce charmant badinage, qui eut tant de succès à l'une des soirées de l'hôtel de Rambouillet, est demeuré inconnu. La pièce même n'avait jamais été imprimée ; elle serait certainement bien oubliée encore sans M. Emile Colombey qui l'a extraite, comme la « Journée des Madrigaux », des manuscrits de Valentin Conrart, cette mine de curiosités trop peu explorée jusqu'à présent. « La Gazette de Tendre, dit M. E. Colombey, est une page curieuse à joindre à la fameuse description du « païs de Tendre », introduite dans le roman de Clélie. » La « Vierge du Marais », comme dit Furetière, s'était contentée de créer un monde en laissant à d'autres le soin de le peupler. Cette lacune est comblée par la « Gazette de Tendre », qui, divisée en presque autant de gazettes qu'il y a de relais dans le pays, anime chacun d'eux et sème les routes d'illustres voyageurs plus ou moins pressés d'atteindre le but. » — Or les noms de ces « illustres voyageurs » seraient à peu près inintelligibles aujourd'hui, si l'érudit éditeur de la « Gazette » n'avait pris soin de dresser la clef suivante, tant à l'aide du « Dictionnaire des précieuses » qu'au moyen des notes de Conrart lui-même :

Deux dames de haute qualité, — Mᴸˡᵉ d'Arpajon ; la comtesse de Rieux ;

Un chevalier, — le chevalier de Méré;

Un jeune Héros, — le jeune Tracy ;

Acante, — Pélisson ;

Un Estranger, — Ysarn, autrement Trasile;

Philoxène, aymable estrangère, — Mᵐᵉ d'Aligre ;

Doralise, aymable estrangère, — Mᴸˡᵉ Robineau ;

Télamire, aymable estrangère, — Mᵐᵉ d'Aligre;

Un jeune Estranger, — M. Moreau, du Grand Conseil ;

Agathyrse, — de Raincy ;

Théodamas, — Conrart;

Le grand Aristée, — Chapelain ;

La charmante Cléonisté, — Mᵐᵉ des Pennes, de Marseille;

L'aymable Cléodore, — Mᴸˡᵉ Le Gendre ;

La généreuse Doralise, — Mᴸˡᵉ Robineau, citée plus haut;

Le vaillant prince de Phocée, — Baumes;

L'agréable Hamilcar, — Sarasin;

La merveilleuse Elise, — Mᴸˡᵉ Paulet ;

Le généreux Bomilcar, — Du Plessis;

L'aymable Arpasie, — Mᵐᵉ de Martigny, de Rouen ;

La sage Agélaste, — Mᵐᵉ Boquet ;

Un homme d'un grand mérite, — Caradas, chanoine à Rouen ;

Une dame de fort haute qualité, — la duchesse de Saint-Simon ;

Une jeune et charmante personne, — Mᴸˡᵉ d'Arpajon ;

La Dame de l'Isle flottante, — la duchesse de Saint-Simon ;

Le mage de Tendre, — Godeau, évêque de Vence ;

Le mage de Sidon, — Godeau, évêque de Vence ;

Le mage de Montagne, — Godeau, évêque de Vence ;

Arténice, — la marquise de Rambouillet ;

Sapho, — Mᴸˡᵉ de Scudéry ;

Cette Princesse, — la comtesse de Rieux ;

Le fameux Méliante, — Doneville, conseiller à Toulouse ;

Un agréable Estranger, — Moreau ;

Mégabase, — le marquis de Montausier;

La princesse nouvelle-venue, — la comtesse de Rieux;

Celle qui a basty notre ville, — Mᴸˡᵉ de Scudéry;

Un aymable inconnu, — l'abbé de Chandeville ;

Le mage de Tendre, — l'évêque du Mans ;

Artimas, — le marquis de Montausier ;

Une ville assiégée, — Portolongone, ville de l'île d'Elbe.

Cette clef, un peu longue il est vrai, a cependant l'avantage de nous faire connaître des personnages qui ne figurent pas dans le beau travail de M. Livet.

GAZETTE (LA) NOIRE, par ᴜɴ ʜᴏᴍᴍᴇ ǫᴜɪ ɴ'ᴇsᴛ ᴘᴀs ʙʟᴀɴᴄ, ᴏᴜ Œᴜᴠʀᴇs ᴘᴏsᴛʜᴜᴍᴇs ᴅᴜ Gᴀᴢᴇᴛɪᴇʀ

CUIRASSÉ. Imprimée à cent lieues de la Bastille, à trois cents lieues des Présides, à cinq cents lieues des Cordons, à mille lieues de la Sibérie. (Londres), 1784, in-8 de IV-292 p.

Ce pamphlet de *Charles Theveneau de Morande*, contient des extraits des « Mémoires secrets » de Bachaumont, un coup d'œil historique sur la généalogie des principaux pairs modernes de France ; des notices curieuses sur quelques-uns des plus renommés financiers de l'époque, morts ou vivants ; des notes sur les cafés et les théâtres de Paris, des histoires de tripots, de filles, etc., etc.

L'auteur a nommé en toutes lettres la plupart des personnages qu'il diffame ou satirise ; les plus grands personnages, des souverains même, sont visés dans ce libelle; des notes servent à faire reconnaître quelques personnes qui ne sont pas assez clairement désignées : ainsi, *le sieur B****, c'est l'accusateur du chevalier de La Barre ;

Guérault Bastet, anobli par l'évêque de Valence en 1304.., c'est le véritable nom des ducs d'*Uzès ;*

Luines, Brantes et Cadenet, — les trois frères *Albert,* dont le père *Honoré Albert* était avocat d'une petite ville du Comtat; — *Charles Albert* devint duc de *Luines* et connétable ; — *Brantes* fut duc de *Luxembourg ;* — *Cadenet* fut créé duc de *Chaulnes;*

René Vignerot, — vrai nom des ducs de *Richelieu ;*

Charles de la Porte, — c'est le vrai nom des ducs de *Mazarin ;*

Pardaillans, — nom propre des ducs d'*Epernon;*

La douairière d'un duc et pair, — *La Quinault* mariée au feu duc de *Nevers;*

Un officier général visant au ministère, c'est le comte d'*Hérouville* qui a épousé *Lolotte,* maîtresse du comte d'*Albemarle,* mort à Paris;

On voit un *brave militaire* demandant l'agrément de son corps pour s'unir à une élève de *la Paris,* c'est le marquis *de Clément,* ci-devant marquis *de Montiers,* descendant du premier maréchal de France ;

On voit *un autre gentilhomme d'une noblesse antique* consentant à donner son nom à la concubine et aux bâtards d'un ministre, — c'est le marquis de *Langeac;* qui a épousé la *Sabbatin,* maîtresse du feu duc *de la Vrillière,* à condition qu'il n'y toucherait pas et qu'elle resterait toujours consacrée aux plaisirs de Monseigneur.

Il y aurait encore beaucoup à dire pour faire la clef complète de ce pamphlet.

GENEALOGIE ET LA FIN DES HUGUENAUX, ET DESCOUUERTE DU CALVINISME, OU EST SOMMAIREMENT DECRITE L'HISTOIRE DES TROUBLES EXCITEZ EN FRANCE PAR LESDICTS HUGUENAUX JUSQU'A PRESENT. —Lyon, Benoît Rigaud, 1572, in-8. Trois figures allégoriques très singulières.

Ce livre fort rare est de *Gabriel de Saconay,* fougueux adversaire des Calvinistes, auquel M. Ap. Briquet a consacré deux articles dans le « Bulletin du Bibliophile » (année 1860, pages 1062 et 1153). Cette satire contre les Réformés est une sinistre facétie, datée de 1572, et publiée peu de temps après la Saint-Barthélemy, dont G. de Saconay fut un des principaux inspirateurs; il ne dissimule pas d'ailleurs, dans sa dédicace à Charles IX, qu'il a engagé le roi dans cette voie sanglante.

L'auteur de la « Genealogie » suppose que les Calvinistes sont des hommes transformés en singes et en guenons qu'il nomme *Guenaux*, d'où vient le mot *Huguenaux* (!). Il décrit ensuite les mœurs des huguenaux. Cette allégorie est prolongée jusqu'à la fin de son ouvrage, dans lequel il trouve plaisant de travestir comme suit les noms des personnages auxquels il fait allusion : *La Renardie* (La Renaudie); *Castelguenau* (Castelnau) ; *Poltron* (Poltrot); *un feseur de sauts* (Le Seigneur de Saulx) etc., etc. Quant au *Lion Royal*, c'est Charles IX, qui doit exterminer les *guenaux sataniens*.

GÉNÉRAL (LE) MOTTIÉ VENDU PAR SES MOUCHARDS, ou LA GLORIEUSE EXPÉDITION DES VAINQUEURS DE LA BASTILLE, in-8. (Supplément extraordinaire à l' « Ami du Peuple », de Marat, sans date précise, mais placé à la suite du nº 320, 25 décembre 1790).

Le général Mottié n'est autre que La Fayette ; Marat lui donne souvent ce nom dans ses écrits. (Voir Hatin, « Bibliographie de la Presse », p. 102.) Il existe un autre pamphlet intitulé : « Le général Mottié jugé par ses propres actions. » S. l. (Paris) n. d. (1791), in-8 de 16 p.

GENERAL (THE) POST BAG; or News! FOREIGN AND DOMESTIC. To which is added *La Bagatelle*. By *Humphrey Hedgehog*, esq. London, J. Johnston, 1814, in-8 de 123 p.

Curieux et rare petit recueil de poésies politiques dirigées contre Napoléon Ier. La plupart des noms cités dans ces prétendues lettres dérobées sont indiqués seulement par des initialismes suivis de traits et de quelques consonnes, suivant l'usage anglais en pareille matière. Ces noms sont faciles à compléter ou à rétablir ; ainsi pour *The P-of Or-to-the P-Ch-*, il faut lire : The prince of Orange to the princess Charlotte ; — *Lord C-gh to the Earl of L-l*, il faut lire : Connaugh et Liverpool ; *Louis XVIII to the P-R-*, c'est Louis XVIII au Prince royal ; *The Q- of Wirt-m-g to Her M-y*, c'est The Queen of Wirtemberg to Her Majesty; — *H-D-y*, lisez : Sir Humphrey Davy ; — *Col. M'M-n*, colonel Mac-Mahon ; *Earl of St-n-pe*, Stanhope, etc., etc. Dans le courant du volume, non-seulement des noms, mais des mots mêmes sont déguisés par le même procédé.

GÉNÉREUSE (LA) ALLEMANDE, ou LE TRIOMPHE DE L'AMOUR, tragi-comédie en deux journées (chaque journée en cinq actes, en vers), où sous des noms empruntez et parmi d'agréables et diverses feintes, est représentée l'histoire de feu *Louis du Châtelet, Baron de Cirey*, et de sa femme *Ursule Rudes de Collemberg*. Par le sieur *Mareschal*, avocat en Parlement. — Paris, Pierre Rocolet, 1631, fig. Chaque partie a un titre spécial ; la première journée est dédiée à M. de Puy-Laurens, la deuxième à M. de Launay.

La « Bibliothèque du Théàtre françois » (T. II, p. 64-77) a consacré un assez long article aux neuf pièces de l'avocat Mareschal, qui mourut en 1645. « La Généreuse Allemande » y est complètement analysée ; mais cette analyse ne donne pas envie de lire les « agréables et diverses feintes » qui représentent l'histoire des amours de Louis du Châtelet et d'Ursule de Collemberg, autrement dit le *Seigneur Aristandre* et *Camille*, non plus que de connaître les vrais noms de *Clo-*

riandre, de *Coriléon*, de *Roseline*, de *Vachles*, etc., etc. Mareschal était un pauvre auteur ; il a fait encore un roman « La Chrysolite », dont il est parlé plus haut.

GÉNÉREUSES (LES) AMOURS DES COURTISANS DE LA COUR.

Voir : La Céfalie.

GENEVRA, OU LA PRISE DE VOILE MANQUÉE. Tragi-comédie en 3 actes. Genève, 1872, in-16.

« Dans cette pièce sont introduites des notabilités contemporaines dont on devine aisément les noms cachés sous de transparents pseudonymes. Il en est rendu compte dans la « Bibliothèque universelle de Genève », avril 1873, p. 764. » (Communication de M. G. Brunet.)

GÉNIE (LE) OMBRE et LA SALA-GNO-SILPH-ONDINE CHIMBORAÇO. A Chimerie. (Paris), 1746, in-12 de IV-110 p., rare.

Ce conte bizarre est une satire dirigée contre Voltaire (*le Génie ombre*). Suivant une note de l'abbé Goujet, l'auteur était un jeune homme nommé de *La Rougère*. Le mot composé *Sala-gno-Silph-oudine* signifie une intelligence habitant le feu, la terre, l'air et l'eau, allusion à l'universalité scientifique et littéraire de l'esprit de Voltaire. — *Chimboraço* veut dire attraction, parce que sur le sommet de ces monts le fil à plomb des quarts de cercle s'écarte de la verticale. Tout cela a l'air bien pédantesque et bien peu divertissant.

GENS (LES) DE LETTRES, ou LE POÈTE PROVINCIAL A PARIS, comédie en cinq actes et en vers, par M. *Ph.-Fr.-Nazaire Fabre d'Eglantine*. Pièce imprimée, pour la première fois, dans « L'Echo du Parnasse », ou choix des œuvres inédites des auteurs contemporains. Paris, 1823, in-12.

Cette comédie satirique, donnée le vendredi 21 septembre 1787, sur le Théâtre Italien, a été critiquée et analysée avec soin, dès le mois d'octobre suivant, dans la « Correspondance de Grimm ». Meister, qui n'est pas tendre pour l'auteur, en donne la clef comme suit :

« Malgré l'ennui qu'on éprouve, quelque mauvais que soient les portraits tracés dans la pièce, on devine que dans le personnage de *Quotidien*, l'auteur a prétendu peindre MM. de Charnois et Sautreau, le premier rédacteur de l'article des spectacles dans le « Mercure », l'autre un des principaux journaliers du « Journal de Paris » ; dans celui de *Lacrimant*, M. Mercier ; dans celui de *Fastidor*, M. Dorat et son école ; dans celui de *Chloé*, Mme la comtesse de Beauharnais ; dans celui du *Libraire*, le sieur Panckoucke. »

GEORGE DANDIN, comédie. Voir : Œuvres de Molière.

GIPHANTIE. La Haye, 1760, in-12. Voir : Amilec.

GIROUETTE (LA), ou SANS-FREIN. Voir : Amilec.

GLENARVON, traduit de l'anglais, par Mme P***, née L***. Paris, G. Dufour et d'Ocagne, 1819 et 1824, 3 vol. in-12, 7 fr. 50.

La première édition anglaise de cet ouvrage est de 1816. Tout le monde sait que l'auteur n'est autre que la célèbre lady *Caroline Lamb*, née *Ponsonby*. *Glenarvon*, c'est Lord Byron, représenté comme un personnage bizarre, fantasque, ultra-romantique, petit-maître dont toutes les femmes raffolent et qu'il séduit sans prendre la peine de les tromper ; un être odieux, en un mot, qui rit du tourment de ses victimes et dont la triste gaieté a quelque chose d'infernal. L'héroïne du livre, c'est Caroline Lamb elle-même, d'abord maîtresse adorée de Byron, puis victime délaissée, malheureuse et sacrifiée à l'orgueil de son amant. Ce roman eut beaucoup de succès en Angleterre ; la haute société de Londres le recherche avec empressement, parce qu'on crut reconnaître la plupart des personnages qui y figurent. Il faut lire, sur ce livre et sur son auteur, l'excellent article de la « Biographie Michaud » (T. LXX, p. 44-51).

GRAND (LE) DÉNOUEMENT DE LA CONSTITUTION, parodie politi-tragi-comique, jouée à Bruxelles le 1er janvier 1791. Bruxelles, in-8 de 45 p., fig., rare.

Cette pièce, faite par l'auteur de la « Guinguette patriotique » (?), est une allusion continuelle aux événements politiques de France, lorsque la Convention remplaça l'Assemblée Constituante ; on voit en scène : *M. Gros-Louis* (Louis XVI), maître d'auberge à l'enseigne de la « Nation », ci-devant « Au Grand-Monarque » ; *M. Le Rude*, soldat retiré ; — *M. Miralaid* (Mirabeau), son ancien camarade, l'un des balayeurs et gens sûrs du club des Jacobins ; — *M. Touvin*, écrivain, musicien, commissionnaire, mais surtout ivrogne et ancien clubiste ; — *Le Père Gibou*, le fermier qui personnifie

le peuple, type dont le nom s'était seul conservé proverbialement. Cette curieuse production est analysée dans l'ouvrage de M. E. Jauffret, « Le Théâtre révolutionnaire » (p. 111-114). Voir aussi le catalogue Soleinne, n° 2411.

GRAND (LE) DICTIONNAIRE DES PRETIEUSES, historique, poétique, géographique, cosmographique, cronologique et armoirique, où l'on verra leur antiquité, coustumes, devises, éloges, études, guerres, hérésies, jeux, lois, langage, mœurs, mariages, morale, noblesse ; avec leur politique, prédictions, questions, richesses, réduits et victoires ; comme aussi les noms de ceux et de celles qui ont jusques icy inventé des mots prétieux. Dédié à Monseigneur le Duc de Guise, par le sieur *de Somaize*, secrétaire de Madame la Conestable Colonna. — A Paris, chez Jean Ribou, sur le quay des Augustins, à l'Image Saint-Louis, MDCLXI. Avec privilège du Roy, 2 vol. pet. in-8.

« Edition devenue assez rare, dit le « Manuel du Libraire », et encore assez recherchée, surtout quand la *Clef*, opuscule de 46 pp., y compris le titre, également daté de 1661, s'y trouve jointe. » Bien que de beaux exemplaires de cet ouvrage satirique aient atteint jusqu'à 85 et 215 francs, les travailleurs préfèrent de beaucoup à l'édition de 1661 l'excellente réimpression donnée dans la « Bibliothèque Elzévirienne », et intitulée : « Le Dictionnaire des Précieuses, par le sieur de Somaize », nouvelle édition, augmentée de divers opuscules du même auteur, relatifs aux précieuses, et d'une clef historique et anecdotique, par M. *Ch. Livet.* — Paris, P. Jannet, MDCCCLVI, 2 vol. in-16 de LXIV, — 296 et 408 pp., 10 fr.

Le travail de M. Livet est un véritable chef-d'œuvre de patience et d'érudition. D'ailleurs, de son propre aveu, il n'a pas étudié pendant moins de cinq années la curieuse question des « Précieux et Précieuses », et, plus que quiconque, il a pu recueillir des notes précises sur les personnages du « Grand Dictionnaire », seul ouvrage d'*Antoine Baudeau, sieur de Somaize*, que les érudits recherchent encore aujourd'hui. La « Clef historique et anecdotique », formée par M. Ch. Livet, est un document d'une grande valeur et d'une étendue considérable ; elle occupe, en effet, les pages 123 à 403 du second volume.

Malgré ce beau travail, et bien que M. Livet ait pris soin, dans la réimpression du « Grand Dictionnaire », de mettre, au bas de chaque page, la traduction des noms supposés, je ne puis me dispenser de remanier en entier ici la *clef* du Dictionnaire de Somaize. En effet, dans la clef de 1661 (qui manque à la plupart des exemplaires), les noms sont relevés à mesure qu'ils se présentent dans le texte, sans aucune préoccupation de l'ordre alphabétique, ce qui rend les recherches fort incommodes, et, dans la « Clef historique et anecdotique » de M. Ch. Livet, ce sont les *noms réels* des personnages qui sont rangés par ordre alphabétique, ce qui ne rend pas les vérifications beaucoup plus aisées. J'ai donc dressé une autre clef dans l'ordre inverse, présentant, comme dans presque tous les articles de cette étude, les *pseudonymes* d'abord, puis les *noms véritables.* Si l'on s'étonne que j'aie cru devoir placer ici une liste aussi longue, c'est que je considère que la « Clef du Dictionnaire des Précieuses » présente une importance

toute spéciale. Les noms fictifs employés par Somaize se retrouvent dans un certain nombre d'écrits de la même époque, ce qui, d'une part, offre matière à des rapprochements curieux, et, de l'autre, permet de regarder la clef qui va suivre comme le *passe-partout* d'un grand nombre d'ouvrages du dix-septième siècle. Je ne citerai, à l'appui de cette opinion, que deux exemples : « La Joürnée des Madrigaux » et la « Gazette de Tendre », dont il sera parlé plus loin.

On remarquera qu'un certain nombre de pseudonymes sont appliqués à des personnages différents, mais cela est relativement fort rare ; en cas de doute, on n'aura qu'à se reporter à l'excellent travail de M. Livet. En dressant cette clef méthodique, je me suis entièrement conformé à l'orthographe adoptée par le savant annotateur, bien que certains noms soient de nos jours écrits avec une orthographe un peu différente.

Clef du dictionnaire des Précieuses :

Alexandre (*le Grand....*), — le roi Louis XIV.

Almazie, — Mme la Présidente Aubry.

Alpice, — M. d'Almeras.

Amalthée et sa sœur, — Mlles Atalante.

Amaltide, — Mlle Amaury.

Anaxandre, — M. Amat de Montalquier.

Aramante, — Henriette de la Guiche, veuve de Jacques de Matignon, devenue par la suite duchesse d'Angoulême.

Argénice, — Claudine de Signier, devenue Mme André.

Aristénie, — Mlle Hautefeuille.

Artémise, — Marie Legendre, devenue Mme Arragonnais.

Bactrianus, — le marquis de Bellefonds.

Bagoras, — M. de la Barouillère.

Balandane, — Mme de Balan.

Baradonte, — Mme de Barbentane.

Barcidiane, — Mlle de Beaulieu.

Barcine, — Mlle de Beaumesnil.

Bardesanne, — M. George de Brébeuf.

Bariménide, — Mme de Bernon.

Baristide, — Mme de Blérancourt.

Barsamon, —.l'abbé de Bois-Robert.

Barsane, — Mlle Brice.

Barsilée, — Mlle Baudoin.

Barsilée, — Mme de Bouchavannes.

Barsinde, — Mme de Boismoran.

Barsinian, — l'abbé du Buisson..

Bartane, — Mme des Brosses.

Bartanide, — Mlle Bardou.

Barthénoïde, — la marquise de Boudarnault.

Basian, — M. de Bercy.

Basilide, — la marquise de Boisdauphin.

Basinaris, — Mlle de la Bazinière.

Bavius, — Claude Boyer.

Bazare, — M. Basset.

Béatrix, — Mlle Besnier.

Beaumérine, 1er, 2°, 3° et 4° du nom, — Mlles de Beaumont.

Beaumérinus, — M. de Beaumont.

Belagius, — M. Bonnard.

Belarmis, — la comtesse de Brégis.

Bélinde, — la comtesse de Brancas.

Bélisaire, — M. de Barras.

Bélisandre, — M. de Balzac.

Bélise et sa sœur, — Mlles Bocquet.

Bellophon, — M. Bové (ou Boüe?).

Bérénice, — Mlle de Bombon.

Bérélise, — Mlle de Brienne.

Bérénice, — Mlle Bailly.

Bérilisce, — Mlle Bobus.

Bernise, — Mme de Beauregard.

Berodate, — M. de Benserade.

Béroé, — Mlle Bourlon.

Bérolas, — M. René Bary.

Bertaminde, — Mme Burin.

Bertenie, — Mlle Babinet.

Bitrane, — M. Bernard.

Bléninde, — la comtesse de Blain.

Blomestris, — Mme Blauf.

Bogislas, — M. Bouthillier.

Bosilandre et sa sœur, — Mlles Dubois.

Bonne (La) Déesse, — la Reyne-Mère.

Bosilinde, — la comtesse de Barlemont.

Bracamon, — Boileau.

Bradamante, — Mlle de Beaulieu.

Bradamire, — M. Dubaye, ou d'Ubaye.

Bradamise, — la marquise de Belleval.

Bragaminte, — Mlle de Barjamon.

Bragistane, — M. de Beauvieu.

Criséis, — Mlle de Barnesme.

Critanie, — Mlle de la Barthe.

Critomare, (et aussi *Bristennius*), — M. Baurin.

Critonide, — la princesse Marie de Barbançon.

Crundesiane, — Mlle le Brun.

Crundesius, — l'abbé de Belesbat.

Cudinus, — M. Boucher.

Curcinus, — M. de Bussy-Rabutin.

Cuséus, — M. Bouchardeau.

Cusinian, — le comte de la Baume.

Caïus, — M. le Coigneux.

Calistenès, — M. Croppel.

Calpurnie, — Mme de la Calprenède.

Calpurnius, — M. de la Calprenède.

Camestris, — Mme de Camot.

Camma, — la duchesse de Chastillon.

Candace, — la duchesse de Chevreuse.

Canérine, — Mme du Canet.

Carimante, — M. Cheziers.

Carinte, 1re du nom, — la marquise de Couras.

Carinte, 2e du nom, — Mlle Chanut.

Cassandace, — Mme de Challais.

Cassandane, (la princesse...), — Mlle de Montpensier.

Cassander, — le comte de Clerc.

Cassandre, et ses deux filles, — la comtesse de Clermont et ses filles.

Cassandride, — la princesse de Conti.

Cassiope, — Mme de Cavoye.

Caton, — le cardinal Mazarin.

Caziodore, — M. de Cailly (bien connu sous le nom de chevalier d'Aceilly).

Céléane, — Mlle de Cazaux.

Célie, — Mme de Choisy.

Césonie, — Mme de Comminges.

Chevalier (un) de la garde d'Alexandre, — un mousquetaire du roi.

Circé, — Mlle de Chataignères.

Circoïs, — Mlle Cabry.

Claristée, — Mme Chesnelon.

Claristène, — M. Leclerc.

Cléobis, — M. de Chastillon.

Cléobulie, — Mme Cornuel.

Cléobuline, — Mlle de la Croix.
Cléodamire, — Mlle Charron.
Cléodarie, — Mlle Canu.
Cléonyme, — M. Charleval.
Cléophé, — Mlle Colletet.
Cléophile et ses filles, — Mme Cornuel et ses deux filles.
Cléophon, — le marquis de Chambonnard ;
Cléophus, — Colletet, le père.
Cléorite, l'aîné, — Pierre Corneille.
Cléorite, le jeune, — Thomas Corneille.
Cléoxène, — Valentin Conrart.
Clidaris, — la duchesse de Chaulnes.
Clitemnestre, — Mme Colongue.
Clitiphon, — l'abbé Cottin.
Clomire, — Mlle de Clisson.
Clorante, — la comtesse de Clerc.
Cloreste, — Mlle Deschamps.
Cloridan, — M. de Contenson.
Clorinde, reyne des Scythes, — Christine, reine de Suède.
Clorinie et sa fille, — Mme et Mlle de Congis.
Clytie et sa sœur, — Mlles de la Chesnaie.
Corbulon, — M. de Corbinelli.
Coriane, — Mme Coutton.
Coriolane, — Mme Chartier.
Créon, — M. Cousin.
Crisante, — M. Chapelain.
Crisolis, — Mme de Chavigny.
Daglante, — M. de Valiac.
Dalmotie, — Mme d'Oradour.
Damasthée, — Mme Danty.
Damestriane, — la comtesse de Langalerie.
Damestus, — Paul d'Escoubleau de Sourdis, marquis d'Alluye.
Damophile, — Mme du Buisson.
Damoxède, — Madeleine Vignerot, duchesse d'Aiguillon.
Daphné, — Mme d'Asnières.
Darmianus, — le vicomte d'Arboust.
Décébale, — M. d'Anglure.
Deidamas, — le cadet d'Arlatan.
Déjotare, — René II de Voyer de Paulmy, comte d'Argenson.
Delfinius, — M. de la Haye.
Delphiniane, — Mme de Montglas.

Démocare, — M. de Bonneval.
Démocrate, — le président d'Oppède.
Démophon, — M. Dumas.
Demophonte, — la marquise d'Humières.
Dicastie, — M. de la Villardière.
Didacerie, — Mme Estrade.
Didamie, — Mlle de la Durandière.
Didon, — Mlle d'Orgemont.
Didonius, — M. de Pierre Clos.
Dinamise, — Mlle Desjardins, qui devint Mme de Villedieu.
Dinamon, — l'abbé Dupille, ou du Pile.
Dinocris, — l'abbesse d'Epagne.
Dioclée, — Mme Deshoulières.
Dioclès, — M. d'Aubigny.
Diomédie, — Mlle de la Vrillière.
Diophanise, 1re et 2e du nom, — Mlles Dupré.
Diophante, — Mlle du Fargis.
Diophante de Cléonidas, — M. d'Oraison, marquis de Cadenet.
Diorante, — M. de Monlceau.
Diothime, — Mlle de Souvré.
Dircé, — Mme Descluzel.
Disimante, — M. de Belair.
Disimène, — Mme de Calages.
Disimène, — Mlle des Loges.
Domitia, — Mme d'Uxelles.
Doralise, jadis femme de Sestianès, — la comtesse de la Suze, devenue Mme d'Adington.
Doranide, — Mlle de Haucourt.
Dorante de Montenor, — M. Dicar de Montmorency.
Dordonius, — M. du Faisan.
Dorénice, — Catherine-Henriette d'Harcourt, duchesse d'Arpajon.
Doride, — Françoise-Julie de Rochefort, femme du marquis Charles d'Angenus.
Dorimène, — Mlle Dumont.
Doriménide, — Mme d'Olonne.
Dorinde, — Mme d'Aumelas.
Dorinice, — Mlle d'Aumale.
Doristée, — Mlle de Grille.
Doristénie, — Mlle Desmarets.
Doristénius, — M. de Grille.
Doristhène et sa sœur, — Mlles de Château-Vilain d'Astri.

Doroaste, — M. Dudon.

Dorothée, — Mlle d'Auceresses.

Emilie, — Mlle Espagny.

Erimante, — Jacques Esprit.

Féliciane, — Mme de la Fayette.

Félicie, — la comtesse de Fiesque.

Félix, — M. Foucault.

Félixane, — la marquise du Fresnoy.

Félixérie, — Mlle Ferrand.

Férodace, — Mme Féry.

Festine, — Mlle Forcade.

Filante, — Furetière.

Filicrite, — Mme du Félan.

Florelinde, — Mme de Fourilles.

Florestie, — Mlle de Filers.

Florice, — Mlle du Flos.

Florimon, — M. de Fantanille.

Florinie — Mme Dufour.

Fulcian, — M. de la Flasche.

Fulcinian, — M. Lefebvre.

Fulcinius, — M. de Fabien.

Gabalide, — Mlle de Saint-Gabriel.

Gabine, — la marquise de la Grenouillère.

Gabinius, — le comte de Guiche.

Gadarie, — Mlle de Gournay.

Galacerie, — Mme Galois.

Galathée, — comtesse de Saint-Géran.

Galaxée, et sa fille, — la baronne de la Garde et sa fille.

Galaxée, — Mme de Saint-Movieux.

Galaxie, autrefois Policrite, — Mme la chevalière Garnier, autrefois Mlle de la Porte.

Galérice, — Mme de Guedreville.

Galérius, — le maréchal de Grammont.

Galérius (le chevalier...), — le chevalier de Grammont.

Galiléide, — Mlle Gradafilée.

Galiliane, — Mme Gouille.

Gallidian, — M. Girault.

Gallidiane, — Mme Girault.

Gallus, — M. Gilbert.

Garamantide, — Mme Guidy.

Gariman, — le marquis de Grignan.

Garsilée, — la marquise de Gesvres.

Gélinte, — la princesse de Guéménée.

Gériane, — Mlle de Gensac.

Gésippe, — Mme Gaillonnet.

Giridate, — M. de Grille.

Gisimaque, — M. Gueston.

Glicérie, — Mme Le Gendre.

Gobrias, — M. de Gomberville.

Grimaltide, — Mlle de Grimault.

Guenemonde, — Mme de Gouvernet ou Gonvernet.

Hilarine, — Mlle Hebrais.

Hiphidamante, — M. Herre.

Hermione, — Mme d'Hautefort.

Hésionide, — Mlle Hardy.

Horace, — l'abbé François Hédelin d'Aubignac.

Icarie ou Iscarie, à présent Ménandrine, — Mlle de Jeuzet, à présent Mme de Mun.

Iris, première du nom, à présent Ménopée, — Mlle Josse, à présent Mme Melson.

Iris, deuxième du nom, — Mlle Josse.

Isménie, ou Istrine, — Mlle Juvigny.

Isménius, — M. Izarn.

Istérie, — Mlle Isigny.

Kunigonde, — Mlle de Kercy.

Lampasie, — Mlle Lirot.

Lénodaride, — Mlle Lavergne.

Léodamire (la princesse...) ou Ligdamire, — Mme la duchesse de Longueville.

Léonce, — M. de Linières.

Léondice, — la présidente Larcher.

Léonice, — Mlle Lartigue.

Léonidas, — le duc de Longueville.

Léonide, — Mme de Lucques.

Léonidus, — M. de Lucques.

Léonte, premier du nom, — Michel Lambert, le musicien.

Léonte, deuxième du nom, — le poète Lambert.

Léontine, — Mlle Le Hou.

Léostène, — Mlle Lanquais.

Lépante, — M. Loutier.

Lérine, — Mlle La Martinière.

Liburnius, — M. Loret.

Licaspis, — Mlle de Lestre.

Licidas, — le comte de Lude.

Licine, — Mme de Lorme.

Licofron, — M. de Lascaris, ou Lacary.

Licurgus, — M. Le Lièvre.

Lidaspasie (ou Licellie) et sa sœur, — Mlles Lesseville.

Ligdamon, — M. de Launoy.

Ligdaride, — Mme de Launay-Gravé.

Lise, — Mlle de La Haye.

Liside, — Mlle de la Chapelle.

Lisimène, — la maréchale de l'Hospital.

Lisippe, — M. de Lesclache.

Lucellie, —.Mlle de La Flotte.

Lucilius, — M. de la Rivière.

Lucippe, — Mlle de Langeais.

Lycandre, — M. de la Salle.

Madare, — M. de Malherbe.

Madate, — M. de la Mesnardière.

Madonte, — la comtesse de More.

Mandaris, — la marquise de Maulny.

Marcelle, — son Altesse de Guise.

Marcius, — le comte de Mépeau.

Mariane, — Mlle Magnon.

Martane, — Mme de Monrozat.

Martianus, — le président Maynard.

Maxime, — M. Morin.

Maximiliane, — Mlle de Mancini, devenue la connétable Colonna.

Mécène, — Fouquet.

Médace, — Mme de Moulo.

Mégaclès, — l'abbé de Moissy.

Mégaste, — le P. Lemoine.

Mégistane, — Mlle Métay.

Mégiste, — la comtesse de Moret.

Mélandre, — M. l'abbé de Mareuil.

Mélanire, — Mme de Monbas.

Mélasie, — Mme Morin.

Méléagre et *Méléagiste*, — MM. de Machault.

Méléazie, — Mme Mandat.

Mélianus, — M. Maulis.

Mélinde, — Mlle de Montbazon.

Mélinte, — Mme et Mlle Masson.

Mélisandre, — M. de La Mothe Le Vayer.

Mélise, — Mlle de Montbel.

Méliste, — Mme de Motteville,

Mélite, — Mme Mareschal.

Memnon, — M. Maubousquet.

Menalidus, — le marquis de Montausier.

Ménalippe, — Mlle de Milac.

Ménandre, — M. Ménage.

Ménandrinus, — M. de Mun.

Ménéclidé, — Mlle Morel.

Ménocrate, — M. de Marigny.

Ménodaphile, à présent princesse de

Guide, — la princesse Marguerite de Savoye, devenue, princesse de Parme.

Ménodore, — M. de Mayenville.

Ménopée et sa sœur, — Mlles Melson.

Mereus-Siris, — M. de la Motte-Seler. le fils.

Meris, — M. de La Motte.

Mérogaste, — M. Mayolas.

Méronte, — Mme Moron.

Métane, — M. Montiramon.

Métrobarzane, — M. de Mortemart.

Métrobate, — M. de Montplaisir.

Mézence, — M. Margat.

Mitrâne, — l'abbé de Montreuil.

Mitridate, — le duc de Mercœur.

Moléon, — M. du May.

Monlonet, — (Mme de...), —... ?

Montenor (le Grand.....), — le duc de Montmorency.

Myrice, — Mme de Moncontour.

Néophise, — Mme de Nouveau.

Nérésiel, — Mlle Nervèze.

Nérine, — Mlle de Neufville.

Nidalie, autrement *Ligdamise*, — Ninon, autrement Mlle de Lenclos.

Nitocris, — la duchesse de Nemours.

Nizander, — le marquis de Nérestany.

Noromante, — Mlle Neuilly.

Noziane, — la comtesse de Noailles.

Olympe, — la reine de France.

Oxarate, — M. Oduille.

Oxaris et sa sœur, — Mlles Ogier.

Palamedonte, — Mme de Pont-Saint-Pierre.

Paliante, — M. Perrin.

Palimène, — Mlle Paschal.

Pamphilie,—Mme la princesse Palatine.

Pamphilus, — M. le prince Palatin.

Panthée, — Mlle Petit.

Parthemione, — Mlle Perrin.

Parthénie, — Mlle Paulet.

Pausanias, — M. Pin.

Persandre, — le marquis de Persan.

Pharnace, — M. de la Porte.

Phédime, — Mlle de la Parisière.

Philémon, — M. Dupin.

Philidian, — premier et deuxième du nom, MM. Palerme.

Philinte, — M. de Pinchesne.

Philoclée, — Mlle Dupin.

Philodamie, — Mme de Pommereuil.

Philodice, — Mlle du Plessis.

Pisandre, — M. du Pinet.

Pisidore, — M. Prost.

Pisistrate, — M. Pons.

Polémonie, — Mlle Pillois.

Polénie, — Mme Paget.

Polidate, — M. de Poinville.

Polidor, — premier et deuxième du nom, — M. M. Perrot.

Poligène, — M. Pontac.

Polixénide,— M. Pajot.

Priscus, — M. Priézac.

Procas, — M. Le Page.

Procule, — M. de Péquigny.

Prospère, — l'abbé de Pure.

Quirinus, — M. Quinaut.

Quisidore, — Mme de Quergray.

Ranulphe, — les deux frères de Ravocet.

Rodamire, — Mme Roger.

Rodiane, — Mlle de Batilly.

Rodolphe, —M. Robinet.

Rozanide, — la marquise de Rambure.

Rozelinde, — la marquise de Rambouillet.

Rozenire et ses sœurs, — Mlles de Ricardy.

Rozénius, — M. de Ricardy.

Roxalie, — Mme Le Roy.

Roxane, — Mlle Robineau.

Salmaziane, — Mlle Simon.

Salmis, — Mlle de Sully.

Saloïme, — Mlle Seigneuret, la cadette.

Sapurnius, — M. de Saint-Amand.

Sarraïde, — Mme de Scudéry.

Sarraïdès, — M. de Scudéry.

Sarsanne, — le marquis de Sourdis.

Scibaris et ses trois filles, — Mme et Mlles La Sonnière.

Scipions (*les deux...*), — le prince de Condé et le duc d'Enghien.

Sénèque, — le cardinal de Richelieu.

Sésostris, — Sarrasin.

Sestianès, — le comte de la Suze.

Sidnon, — Mlle Sciroeste.

Sidroaste, — M. Sauval.

Sigismond, — M. de Saint-Movieux.

Silénie, — Mme de Saint-Loup.

Silénie, — Mlle de Saint-Maurice.

Silennius, — M. Sardy.

Sinaïde, — la marquise de Saint-Chaumont.

Sinesandre, — M. de Saint-André.

Sinésis, — la duchesse de Saint-Simon.

Siranide, —Mlle de Saint-Mégrin.

Siridamie, — Mme de Saint-Amant.

Siridate, — le baron de Saint-Lary.

Siris, — M. de Seler, le père.

Siris (*Mereus*), — M. de la Motte-Seler, le fils.

Sitalie, — Mme de Saint-Clément.

Solinus, — Monseigneur***.

Solon, — M. Séguier.

Sophie, — Mlle de Scudéry.

Sophronie, —la marquise de Sévigné.

Sosiane, — Mme Sallo.

Spagaris de Britonide, — Mme de Saint-Germain-Beaupré.

Spartanide (*la grande...*), — la grande Sultane.

Sporus-Britonidus, — M. de Saint-Germain-Beaupré.

Spurine, — Mme de Saint-Ange.

Statenoïde, — Mme de Saintot.

Statira, — Mlle de Schurmann.

Sténobée, — Mme de Rancurel de Saint-Martin.

Sténobée, deuxième du nom, — Mlle de Saint-Martin.

Stéphanie, — la marquise de Sablé.

Straton, — M. Scarron.

Stratonice, — Mme Scarron, devenue Mme de Maintenon.

Stratonice, deuxième du nom, — Mlle Scarron, sœur de P. Scarron.

Suzarion, — M. de Somaize.

Taxilée, — Mme de Templery.

Téliodante, — M. le Tellis.

Théagène, — M. Denys Talon.

Théodamie, — Mme du Tillet.

Théodème, — le marquis de Termes.

Théophraste, — M. Théophile.

Thiamise, — Mlle Thomassin.

Timarète, — la présidente de Thore.

Timoclée, — Mme Tarteron.

Tircis, — Mme de Villedieu.

Tiridate, — M. Testu, chevalier du Guet.

Tiridate II de Memnon, — l'abbé Testu-Monroy, frère cadet du précédent.

Tiridate, 3ᵉ du nom, — l'abbé Testu, autre frère du chevalier du Guet.

Tisimène, — Mᵐᵉ de Thianges.

Toxaris, — Mᵐᵉ Tallemant.

Tuberine, — Mᵐᵉ de Tigery.

Une de celles qui jouent aux jeux du cirque, au quartier du Marais, — Mˡˡᵉ des Œillets, actrice de l'Hôtel de Bourgogne.

Urimédonte, — Mˡˡᵉ Vaugeron.

Urione (*Aliàs Olinde*), — Mˡˡᵉ le Vieux.

Uristane, — Mˡˡᵉ de Villebois.

Uristène et sa sœur, — Mˡˡᵉˢ de Villebois.

Uristénius, — M. de Villebois.

Vaisger, — le P. Gervais, augustin déchaussé.

Valante, — le comte de Paillac.

Valère, — M. de Voiture.

Valérie, — Mˡˡᵉ du Vigean.

Valérius (*le grand...*), — le cardinal de la Valette.

Varsamène, — Mᵐᵉ de Vlogny.

Varsamon, — Mˡˡᵉ de Vlogny.

Varsamon, — M. de Vaumorière.

Vaxence, — M. le Vert.

Victorianus, — M. le Vasseur.

Vilianus, — le comte de Villeneuve.

Virginie, — la marquise de Villaine.

Virginius, — le marquis de Villaine.

Volagès, — M. de Vauvenargues.

Volusius, — le chevalier de Villegaignon.

Bien que dans cette énorme nomenclature de près de 470 personnages, il se trouve des noms aujourd'hui bien oubliés, je n'ai pas cru devoir en omettre un seul ; le plus obscur, le plus inconnu de tous sera peut-être précisément, à un moment donné, celui qui offrira le plus d'intérêt et jettera le plus de lumière sur quelques vieux livre, roman ou mémoires de la plus brillante moitié du dix-septième siècle.

J'ajouterai que sous ce titre : *Sapho, le mage de Sidon* (Paris, Didier, 1880, in-12 de III-226 p.), M. Edouard Barthélemy a publié, d'après des lettres inédites, une fort intéressante étude sur la Société des Précieuses.

GRANDES (LES) ET INCOMPARABLES AVENTURES DE MILORD STITT ET DE HERR RODOMONT MIC-MACK ; de quelques autres preux chevaliers ; de leurs dames, de leurs écuyers ; ensemble des rois pour lesquels ils se sont battus ou fait battre. Histoire admirable traduite de l'anglais et du napolitain. Paris, Desenne, ventôse an VII (1798), 2 vol. in-12.

Ouvrage allégorique composé par le baron *J. Guillaume Locré de Roissy*, jurisconsulte éminent, ancien secrétaire général du conseil d'Etat, né à Leipzig, d'une famille française, né le 25 mars 1758, mort à Mantes, le 8 décembre 1840. — « Un jurisconsulte dont les ouvrages font autorité encore au Palais, a composé ce *roman politico-satirique*, qui prouve une fois de plus qu'à un esprit d'analyse remarquable peut s'allier l'imagination la plus fantastique. — Devenu un grand personnage, Locré n'a pas voulu reconnaître cet enfant premier-né de sa plume et l'a fait mettre si soigneusement au pilon que l'édition a été presque entièrement détruite. » (Note d'un catalogue de A. Aubry, qui en offrait un bon exemplaire au prix de 10 fr.) — Je n'ai jamais vu cet ouvrage qui doit être fort curieux et dont une bonne clef rendrait assurément la lecture très piquante.

GRANDES (LES) PROUESSES ET ADVENTURES, etc.

Voir : Théâtre d'histoires.

GRANDEUR ET DÉCADENCE DE JÉ-
RÔME PATUROT.

Voir : Jérôme Paturot à la recherche d'une position sociale.

GRANDS (LES) HOMMES DU
JOUR. « Laudantur ubi non sunt ».
S. l. (Paris), 1790-1791, in-8, 3 par-
ties, la dernière est fort rare.

Ouvrage satirique dans lequel plusieurs membres de l'Assemblée nationale sont fort maltraités. — C'est réellement la suite de la « Galerie des
Etats-Généraux. » M. P. Lacroix qui,
dans le « Bulletin du Bibliophile »
(juin 1857, p. 336), a consacré une
notice à cet écrit, tend à l'attribuer, du
moins pour les deux premières parties,
à *Senac de Meilhan.*

Voici la clef de la première partie
(139 pp.) que m'a bien voulu communiquer M. G. Brunet :

B.....e, — Barnave ;
Ro.....r, — Rœderer ;
C...s, — Camus ;
F.....u, — Fréteau ;
E...r, — d'Eymar ;
E...y, — d'Emery ;
D'A.......n, — d'Aiguillon ;
L............t, — de Larochefoucault ;
D....t, — Dupont ;
R........e, — Robespierre ;
D....s, — Dubois-Crancé ;
Ch. L....t, — Ch. de Lameth ;
A. L....t, — Alex. de Lameth ;
G...t, — Garat ;
B...y, — de Bonnay ;
G.....s, — Gouttes ;
A...n, — Anson ;
B.....d, — de Barmond.

GRANS (LES) IOURS D'ANTITUS...
Voir : Conférence d'Antitus.

GRIVOISE (LA) DU TEMPS, ou
LA CHAROLOISE ; histoire secrette, nouvelle et véritable, faite
en 1746, et mise au jour en 1747.
Manuscrit in-4.

La « Bibliographie Gay » (t. III,
p. 450) contient quelques indications
sur cet ouvrage : « C'est, sous des
noms arrangés, l'histoire de Louise-
Anne de Bourbon-Condé, mademoiselle de Charolois, présentée sous
forme de mémoires racontés par elle-
même. Elle entre dans des détails
tellement circonstanciés, qu'on aurait
lieu de croire que l'héroïne elle-même
est l'auteur du récit. La singularité
et la nature des aventures sont faites
pour exciter la plus vive curiosité ;
elles n'ont jamais été imprimées. On
ignore ce qu'est devenu ce manuscrit
cité au catalogue Bourdillon (n° 254). »

GUERRE DE TRIPOLI.
Voir : Carmen heroïcum de rebus
à Lusitanis.

GUISIADE, tragédie nouvelle,
en laquelle au vray et sans passion
est représenté le massacre du duc de
Guise. — Lyon, 1589, in-8.

Deux autres éditions ; la troisième
sous ce titre :

La *Guisiade,* tragédie nouvelle,
en laquelle au vray et sans passion,
est représenté le massacre du duc
de Guise, revue, augmentée et dédiée
au très catholique et généreux prince
Charles de Lorraine, protecteur et
lieutenant-général de la couronne,
pour le roi très chrétien Charles X,
par la grâce de Dieu, roi de France,
par *Pierre Matthieu,* docteur ès droits
et avocat à Lyon. — Lyon, Jacques
Roussin, 1589, in-8.

Réimprimée encore dans le troisième volume du « Journal de Henri III » (Paris, 1744, 5 vol. in-8). Le « Manuel du Libraire » donne de complètes indications sur les différentes éditions de cette pièce très curieuse.

Cette tragédie, en vers, avec chœurs, sans distinction de scènes, a été analysée dans la « Bibliothèque du Théâtre Français » (t. I, p. 271-276). Dans l'argument, l'auteur fait un grand éloge du duc de Guise et des vastes desseins qu'il avait formés pour rétablir la royauté. — Beauchamps donne de cette pièce étrange une petite clef qui ne me paraît guère se rapporter à l'analyse contenue dans la « Bibliothèque du Théâtre Français. — La voici cependant : *Giesu*, roi imaginaire, Guise ; — *Numiade*, vice-roi, du Maine ; — *Jiuosi*, Joyeuse ; *Montsenpier*, catholique, Montpensier ; — *Valardin*, capitaine, Lavardin ; — *Vistric*, harangueur séditieux ??

GYGES GALLUS, *Petro Firmiano* auctore, Parisiis, Thierry, 1658, in-4 ; — 1659, in-12 ; — 1667, in-4. — Mediolani, 1694, in-12. — Cum notis *P. Gabr. Labuzit.* — Ratisbonne, 1736, in-8, etc.

Le Gygès Gallus, du *P. Firmian*, traduit en françois par le *P. Antoine de Paris*, capucin. — Paris, Thierry, 1663, in-12.

Diverses éditions de cet ouvrage sont suivies de : Somnia sapientis, et de Sæculi genius, du même auteur.

Petrus Firmianus est le masque du Père *Zacharie*, de Lisieux, capucin, prédicateur renommé de son temps et auteur de divers ouvrages singuliers, notamment de la « *Relation du pays*

de Jansénie ». dont il est parlé plus loin. L'auteur suppose que, devenu possesseur du fameux anneau de Gygès et, par suite, doué de la faculté de se rendre invisible, il pénètre dans les maisons et voit tout ce qui s'y passe. Les travers du temps, l'esprit d'indépendance et de libre examen, sont passés en revue et sévèrement critiqués dans cet ouvrage où l'on trouve maintes allusions aux personnages de l'époque ; on y démêle même, par endroits, une satyre de la tyrannie du cardinal de Richelieu. L'abbé Coupé, dans la « Bibliothèque des Romans » (décembre 1779, février 1780), a donné une analyse du « Gyges Gallus » qu'il déclare supérieur au « Diable Boiteux », opinion que nul lecteur ne partagera d'ailleurs. A ce sujet, les bibliographes avancent que le P. Zacharie a pu s'inspirer du « Diablo Cojuelo » de Luis Velez de Guevara, qui parut, pour la première fois, à Madrid, en 1648. Les deux opuscules qui suivirent le « Gygès Gallus », *Somnia sapientis* et *Sæculi Genius*, contiennent aussi des allusions, peu transparentes aujourd'hui, aux mœurs et aux personnages du temps. On consultera avec fruit sur la traduction du « Gyges Gallus » le « Bulletin du Bibliophile » (1855, p. 125-126).

HARPULA, ou la Toupie d'Allemagne. S. l. n. d., in-8 de 8 p.

Suivant Barbier, cet opuscule que ne citent ni Quérard, ni la « Biographie Michaud », est de *François-Félix Nogaret*. Comme son titre l'indique suffisamment, c'est une satire, assez malicieuse d'ailleurs, contre La Harpe.

HATTIGÉ, ou les Amours du Roy de Tamaran, nouvelle. — Cologne (Hollande), chez Simon l'Africain, 1676, in-12 de III — 96 p. et 1 f. pour la clef qui manque le plus souvent. Le frontispice est « à la Sphère portée par une main », cependant l'édition n'est pas elzévirienne ; on en connaît une autre avec la même date, sous le titre de « LA BELLE TURQUE. »

Cette historiette écrite avec assez de gaîté est encore réimprimée au tome second des « Histoires tragiques et galantes » (1710 et 1715, 3 vol. in-12). Elle a pour auteur *Gabriel de Brémond*, qui y a retracé l'histoire secrète des amours de Charles II, roi d'Angleterre, avec la duchesse de Cleveland. Voici la clef de cette petite production, telle que l'a donnée Ch. Nodier, dans ses « Mélanges » tirés d'une petite bibliothèque (p. 95-96), mais avec les noms corrigés :

Le Roy de Tamaran, — le roi d'Angleterre, Charles II ;

Hattigé, — la duchesse de *Geflande* (Cléveland) ;

Rajep, — M. de Chasuelles, amant de la duchesse ;

Zara, — confidente de la duchesse ;

Osman, — le duc de *Bouquaincan* (Buckingham) ;

Moharen, — mylord Candish ;

Roukia, — lady Candish, sa femme.

Ajoutons que ce livre ne peut être considéré comme anonyme, car l'auteur a signé la dédicace.

HEPTAMÉRON (L') DES NOUVELLES de très illustre et très excellente princesse *Marguerite de Valois*, royne de Navarre, remis en son vray ordre, etc... Dédié à Jeanne de Foix, royne de Navarre, par *Claude Gruget*. Paris, Benoist Prévost (ou Caveillier, ou V. Sertenas ?) 1559, in-4 de 212 ff., plus 2 ff. non chiffrés.

Telle est la seconde édition de ces célèbres nouvelles ; la première avait paru sous le titre suivant :

HISTOIRE DES AMANS FORTUNEZ, dédiée à l'illustre princesse Madame Marguerite de Bourbon, duchesse de Nivernois, par *Pierre Boaistuau dit Launay*. —Paris, G. Gilles, 1558, in-4 de XIX et 184 ff.

On compte plus de trente éditions de cet ouvrage ; quelques-unes sont intitulées CONTES ET NOUVELLES DE MARGUERITE DE VALOIS, REINE DE NAVARRE, etc. La meilleure peut-être est celle donnée par *M. P. Lacroix*, en 1858 (Paris, A. Delahays, in-12 de XXXVIII —436 pp.).

Entre autres choses intéressantes, le savant bibliophile Jacob, dans son excellente introduction, nous apprend que les interlocuteurs qui racontent, chacun à leur tour, une ou plusieurs des soixante-douze nouvelles du recueil, ne sont point des personnages imaginaires. Ainsi, s'aidant d'ailleurs des précédentes recherches de M. Leroux de Lincy, M. P. Lacroix n'hésite point à faire connaître que Dame *Oisille* (ou *Osyle*, anagramme de *Loyse*), c'est la mère de Marguerite, la régente Louise de Savoie ; *Parlamente*, c'est la reine Marguerite elle-même ; *Hircan* (*Hircanus*, *Hircus*), c'est son mari Henri d'Albret, roi de Navarre, représenté comme un homme brutal, sensuel et grossier. *Ennasuitte* (ou *Emarsuite*, suivant certaines copies), doit être Anne de Vivonne, veuve du baron de Bourdeille et mère de Brantôme ; *Dagoucin* serait un certain comte d'Agoust ; et *Nomerfide* représenterait Françoise de Foix, si connue sous le nom de la belle comtesse de Châteaubriand. Quant à *Saffredent, Simontaut, Geburon, Longarine*, M. P. Lacroix ne désespère pas de retrouver leurs noms véritables, lorsque l'on possédera les états de la Maison de Marguerite, qu'on n'a pas fait sortir encore des Archives de Béarn. Ces conjectures paraissent très acceptables. Ajoutons que dans les *Nouvelles* même, on rencontre à chaque instant des noms qui donnent lieu à interprétations ou commentaires et dont il serait curieux et utile de dresser la clef complète. Pour ne citer que la première histoire de la première journée, on y trouve : le *dernier duc d'Alençon*, autrement dit Charles IV, premier mari de Marguerite d'Angoulême ; l'*Evesque de Sées*, c'est-à-dire Jacques de Silly ; le fils du *Lieutenant général*, Gilles du Mesnil ; le *Chancelier*, c'est Antoine du Prat; *Sainct-Blancard*, c'est Bernard d'Ormezan, général des galères ; etc., etc. On juge quel intérêt offrirait une clef bien faite de ces nouvelles fameuses.

HERMAPHRODITES (LES). S. l. (Paris), 1605, pet. in-12. — Réimprimé sous le titre de :

DESCRIPTION DE L'ISLE DES HERMAPHRODITES NOUVELLEMENT DÉCOUVERTE. Cologne (Bruxelles, Foppens), 1724, in-8, et même lieu, 1726.

Réimprimé encore à la suite du « Journal de Henri III (éd. de 1744). Curieux frontispice représentant un homme avec une coiffure de femme.

Cet ouvrage, qu'on a quelquefois attribué au cardinal Du Perron, est, comme on sait, de *Artus Thomas*, sieur d'Embry. Voici ce que dit P. de l'Estoile, dans son « journal » (avril 1605), au sujet de cette piquante satire :

« Le livre des *Hermaphrodites* fust imprimé et publié en mesme temps (que d'autres libelles), et se voioit à Paris en ce mesme mois, où on fist passer l'envie du commencement aux curieux, auxquels on le vendit jusques à deux escus, ne devant valoir plus de dix sols ; et en sçai un qui en paya autant à un libraire du palais. Ce petit libelle (qui estoit assez bien fait), sous le nom de cette isle imaginaire, descouvroit les mœurs et façons de faire impies et vicieuses de la Cour, faisant voir clairement que la France est maintenant le repaire et l'azille de tout vice, volupté et impudence ; au lieu que jadis elle estoit une académie honorable et séminaire de vertu. Le Roy le voulut voir, et se le fist lire, et, encores qu'il le trouvast un peu libre et trop hardi, il se contenta néantmoins d'en apprendre le nom de l'auteur, qui estoit Arthus Thomas, lequel il ne voulust qu'on recherchast, faisant conscience, disoit-il, de fascher un homme pour avoir dit la vérité. »

Artus Thomas donna à cette satire allégorique, dont la clef complète serait bien utile, une suite intitulée : *Discours de Jacophile du Japon*, envoyé à Limne de Ximen, sur le voyage qu'il a fait à Aretipolis. Tiré du cabinet de M. de Sauvignac, en sa maison d'Oradour ; corrigé et augmenté de nouveau avec son commentaire. S. l. 1609, in-8.

Ce deuxième ouvrage allégorique, plus rare que les *Hermaphrodites*, est semé de citations sans choix et sans mesure ; c'est un vrai chef-d'œuvre de pédantisme, d'ailleurs peu récréatif et encore moins intéressant.

HÉROS (LES) DE LA LIGUE ou la PROCESSION MONACALE, CONDUITE PAR LOUIS XIV POUR LA CONVERSION DES PROTESTANS DE SON ROYAUME. A Paris, chez Père Peters (Hollande), à l'enseigne de Louis-le-Grand. CID. D. C. LXXXXI, pet. in-4.

Ce petit ouvrage, un des mille pamphlets dirigés contre Louis XIV, par les réformés réfugiés en Hollande, rentre dans la catégorie des allégories politiques. On y trouve 24 figures en charge, gravées à la manière noire, représentant les bustes des personnages accusés de la révocation de l'Édit de Nantes. Il n'y a point d'autre texte que les quatrains placés au bas de chaque figure et un sonnet final où les réfugiés menacent Louis XIV du sort de Jacques II.

M. Du Roure « Analecta-Biblion », (t. II, p. 370-371) a donné les noms des personnages, figurés en moines ridicules ou atroces. Ainsi le *Soleil*, une torche à la main, c'est Louis XIV; *Jacques Déloge*, c'est Jacques II; l'*Asne Mitré*, c'est Le Tellier, archevêque de Reims; etc., etc. Ce recueil satirique offre une grande analogie avec un autre recueil d'estampes : LE RENVERSEMENT DE LA MORALE CHRÉTIENNE », dont il est parlé plus loin.

HÉROS (LE) TRÈS CHRESTIEN, dédié à Son Altesse de Turenne, par le sieur *Olry de Loriande*, ingénieur du Roy. — Paris, Pierre Bienfait, 1669, in-12 de 2 ff. et 74 pp., très rare.

Tragédie en 5 actes et en vers qui, suivant le catalogue Soleinne (n° 1433), semble avoir été composée en l'honneur de l'abjuration de Turenne, qui eut lieu le 23 octobre 1668. Le *Héros très chrestien*, ou Turenne, tue un *dragon* envoyé par les faux dieux; ce dragon est l'image du protestantisme. On ne parle que de cette vilaine *bête* pendant les cinq mortels actes de cette insipide allégorie.

HEUREUSES (LES) INFORTUNES DE CÉLIANTE ET MARILINDE VEFVES PUCELLES, par D. F. — Paris, V° Trabouillet, 1662, in-8; autre édition en 1666.

« La première édition de ce roman, dit le « Manuel du Libraire » (t. II;

col. 623), est de Paris, chez Trabouillet, 1636, in-8. Ce qui a fait le succès du livre, c'est que l'auteur y a introduit, sous des noms supposés, plusieurs personnages du temps. L'auteur de cette production passe généralement pour être *Desfontaines*, sous le nom duquel l'abbé *Cerisiers* a publié « l'Illustre Amalazonthe » (voir ce titre) ; il se pourrait que le même abbé fût également l'auteur des « Heureuses Infortunes. » Contrairement à cette opinion, la « Biographie Michaud » n'hésite point à attribuer ce roman à *Desfontaines*, auteur dramatique contemporain de Corneille qui n'a pas publié moins de treize pièces de théâtre, entre autres « les Galantes vertueuses » dont il est parlé plus haut. Quoi qu'il en soit, l'auteur des « Heureuses Infortunes » avance, dans sa préface, qu'il s'agit d'événements réels et récents; s'il a changé l'ordre des temps et les noms des personnages, « c'est afin d'épargner la modestie des uns et la honte des autres »; il a, en effet, transporté ses héroïnes à *Babylone* (Paris). Ce récit fort prolixe, où les métaphores sont accumulées, où les concetti abondent, est aujourd'hui bien oublié; il offre cependant encore de l'intérêt, grâce à une clef qui l'accompagne et qui nous donne les vrais noms des personnages mis en scène; voici les principaux d'entre eux:

Angélie, — la présidente Désembray;
Bélnides, — De Lingendes ;
Bérénice, — Mme Prestalois;
Cambyse, — Louis XIII;
Célanithe, — Mme de Charny (ou Charigny ?) ;
Ericène, — Mlle d'Oignon;
Ericlée, — Mme de Chalais;
Filanire, — Mme Sévin ;
Marilinde, — Mme de Marigny;
Palinice, — Mme Boisset;
Nicopolis, — Dijon; etc., etc.

La « Bibliothèque des Romans » (juin 1787, p. 130-219) contient une longue analyse de ce roman.

HEUREUX (L') CHANOÏNE DE ROME, nouvelle galante, ou la *Résurrection prédestinée.* — Paris, 1707, pet. in-8, — et s. l., 1708, pet. in-12 de XVI ff. et 194 pp.

La dédicace de ce petit ouvrage, adressée à la duchesse de Lorraine, est signée: C. M. D. R., avocat en la cour. Le nom du héros de cette histoire est *Bertinetti,* premier secrétaire du ministre Fouquet. C'est un recueil de diverses aventures, intrigues amoureuses et facétieuses, arrivées du temps de Fouquet et dans lesquelles ce personnage se trouve mêlé. Le dernier feuillet de la préface de la première édition a été supprimé, probablement en raison de quelques personnalités trop transparentes. Il y a là une clef curieuse à rechercher. (Voir : «Bibliographie Gay, » t. IV, p. 21.)

HEUREUX (L') ESCLAVE, nouvelle, par *G. de Bremond).* — Cologne, Pierre Marteau (Hollande, à la Sphère), 1692, 3 part. en un pet. vol. in-12 de 163, 104 et 122 pp.

Voici ce que dit M. P. Lacroix de ce curieux petit livre: « Cette édition rare est ornée de figures curieuses. L'auteur s'étoit fait de mauvaises affaires avec son roman d'*Hattigé,* où il avoit mis en scène les amours du roi d'Angleterre, Charles II, sous le nom du *roi de Tamaran.* Aussi, se défendil, dans la préface de son *Heureux Esclave,* d'avoir voulu cacher un sens allégorique sous le sens littéral de ses historiettes, qu'il qualifie de *bagatelles.* La première partie a été publiée seule, avant les deux autres, qui devoient être intitulées *Laura* et la *Sultane.* L'ouvrage est dédié au comte d'Ossory, baron de Moor-Parck, conseiller du roi d'Angleterre. Ce seigneur avoit sans doute accordé sa pro-

tection à Bremond, réfugié françois en Hollande, qui fut obligé de se retirer à Londres après avoir été emprisonné. « J'ai bien fait des fautes en ma vie ! », dit-il dans sa préface. Lenglet Du Fresnoy assure que cet *Heureux Esclave,* qui faillit épouser une sultane, n'étoit autre qu'Olivier de Varennes, libraire à Paris, lequel avoit été, en effet, esclave dans les États barbaresques. Mais une réimpression, faite à la Haye, en 1708, avec le nom de l'auteur, qui vivoit encore, ajoute au titre de l'*Heureux Esclave:* « Les aventures du sieur de La Martinière.» Comment Olivier de Varenne est-il devenu le sieur de La Martinière ? Dans l'édition de 1672, le héros se nomme le comte Alexandre, jeune seigneur romain. Il faut remarquer que la dédicace est signée S. Bremond et non pas G. de Bremond. »

(Voir: « Bulletin du Bibliophile », avril, 1857, p. 221-222, nº 98).

HEXAMÉRON RUSTIQUE, ou LES SIX JOURNÉES PASSÉES A LA CAMPAGNE ENTRE DES PERSONNES STUDIEUSES, par *F. de la Mothe Le Vayer.* — Paris, 1670, in-12.

Nombreuses éditions; plusieurs portent le titre de « *Dialogues* (4 ou 5) *faits à l'imitation des Anciens* », par *Orasius Tubero.* L'édition la plus estimée est celle «d'Amsterdam, Jacques le Jeune (Daniel Elzevier), 1671, in-12 de 176 pages. » La plus récente est celle donnée par J. Liseux, en 1875. On trouve sur la bibliographie de ce curieux ouvrage, qui ne figure pas dans les « Œuvres complètes » de La Mothe Le Vayer, des renseignements complets dans les « Supercheries » (t. III, col. 861), le « Dictionnaire des anonymes » (t. II, col. 626) et surtout dans l' « Analecta-Biblion » du Roure, (t. II, p. 312-315). Voici la clef de l'Hexaméron qui manque à la plupart des éditions : *Egysthe*, c'est Urbain Chevreau ; *Marulle*, l'abbé de Marolles ; *Racemius*, Bautru ; *Ménalque*, Ménage ; *Simonide*, l'abbé Le Camus ; enfin, *Tubertus Ocella*, c'est La Mothe Le Vayer lui-même.

HILAIRE, par *Un Métaphysicien*. — Amsterdam (Paris,) 1767, in-12 de 240 pp.

Ce petit ouvrage, de l'avocat *Marchand*, est une parodie du « Bélisaire », de Marmontel. « Cet avocat Marchand, qui passe pour un aigle et pour un fort bel esprit dans certaines maisons du Marais, est le plus mauvais plaisant de tous les mauvais plaisants de Paris. Il est lourd et bête à faire plaisir. *Hilaire* est un vieux sergent réformé et accusé d'avoir fait la contrebande. Voilà le travestissement de Bélisaire ; tous les autres personnages du roman sont à peu près aussi heureusement et aussi spirituellement déguisés. Il n'y a pas d'ailleurs le mot pour rire et toute la parodie est d'une insipidité et d'une platitude magnifiques. » (« Correspondance de Grimm », juin 1767.)

HIND (THE) AND PANTHER, a Poem (by *John Dryden*), Holy-Rood-House, 1687, in-4.

« LA BICHE ET LA PANTHÈRE » est une espèce de profession de foi catholique de l'ex-protestant Jean Dryden, qui venait de se convertir à la religion de son souverain Jacques II ; conversion qui devait lui devenir préjudiciable d'ailleurs, un peu plus tard, après l'avènement du roi Guillaume.

La *Biche* pure et sans tache, c'est l'Eglise Romaine ; la *Panthère*, fière, magnifique et tachetée, c'est l'Eglise Anglicane ; les indépendants, quakers, anabaptistes, calvinistes,

sont représentés par les *ours*, les *lièvres*, les *sangliers*, les *loups*. Cette allégorie, dont la forme bizarre fut spirituellement ridiculisée, par *Montagu* et *Prior*, dans une parodie intitulée « le Rat de ville et le Rat des champs, » est cependant le plus noble poème de Dryden : « L'esprit, dit Hallam, y est perçant, prompt et plaisant ; le raisonnement y est admirablement serré et ferme ; c'est l'énergie de Bossuet en vers. » Or, étant encore protestant, Dryden avait publié un poème non moins remarquable, *Religio laïci*, contre les adversaires de l'Eglise Anglicane !

HIPPARCHIA, histoire galante, traduite du grec, divisée en trois parties, avec une préface très intéressante et ornée de figures. A Lampsaque (Paris), l'an de ce monde 1748, pet. in-12 de XII — 160 pp. ; 4 figures dont 3 libres. Imprimé aussi sous ce titre :

AIHCRAPPIH, (anagramme d'« Hipparchia »), histoire grecque, S. I. — Paris, 1748, pet. in-12 sans figures.

La plupart des bibliographes ont attribué cet ouvrage, sans trop de certitude, à *P.-F. Godard de Beauchamps* ; mais, sur le témoignage de l'abbé Papillon, le « Dictionnaire des Anonymes » n'hésite point à dire que ce roman satirique est de l'abbé *Jérôme Richard*. Voici ce que dit l' « Essai de Quérard » :

« La préface raconte une anecdote de la *C. de P.* (cour de Versailles), et une clef, placée sur le feuillet qui suit le titre, dévoile tout le mystère : *Le M. de B.* (duc de Richelieu), amant de *la C. de R.* (duchesse de Villeroy), offre ses hommages à *la D. de S.* (marquise d'Alincourt), mais celle-ci, quoique jeune et belle, aimait son mari; le duc, irrité de se voir dédaigné, propose une partie dans les bosquets d'*Ispahan* et veut faire violence à *la D. de S.*; *la C. de R.* le seconde et s'empare d'une des mains de la victime, dont les cris attirent le *C. de V.* (cardinal de Bissy), qui se promenait.— Grand scandale à la cour ; *La C. de R.*, aussi intrépide que jadis le fut la courtisane *Hipparchia*, « essuya d'un visage assuré les aigres remontrances du vieillard, et entendit sans sourciller l'ordre qui lui fut donné de se retirer à *D.* »

« Le roi *Demetrius*, le général *Panachrillas*, ses successeurs *Dardinales* et *Curnonnuas* ; *Dunovillas*, le favori du roi ; *Numestupas*, le grand-prêtre de Cérès; *Martosagunes*, « qui ne doit son élévation qu'à son génie et qui est le plus aimable de tous les courtisans » ; *Lysimachus*, le plus puissant des princes qui viennent grossir la cour de *Demetrius* ; l'athée *Théodore* (de Prades ?) « cet homme fameux par l'accusation d'impiété qu'il a essuyée »; *Netoménia*, femme ambitieuse qui s'était rendue utile aux plaisirs du roi; *Triphile*, « favorite du roi, bonne et simple, dont la douceur égalait la bonté ; tous ces noms supposés ne seraient pas difficiles à démasquer si la chose en valait la peine. »

L'anecdote où figurent le duc de Richelieu, fort jeune alors, et quelques dames, est racontée dans la lettre que la duchesse d'Orléans, mère du Régent, écrivait, le 6 août 1722, à sa sœur la *Raugraefin* Louise. Suivant Barbier, le duc de Brancas serait un des personnages mis en scène dans ce roman satirique.

HISTOIRE ALLÉGORIQUE DE CE QUI S'EST PASSÉ DE PLUS REMARQUABLE A BESANÇON.

Voir : Langrognet aux Enfers.

HISTOIRE AMOUREUSE DES GAULES par le comte de Bussy-Rabutin. — Liège, s. d. s. n., avec une croix de Saint-André sur le frontispice, in-18.

Telle paraît être la première édition de ce célèbre ouvrage, si souvent réimprimé, avec des modifications de titre et des adjonctions de pièces. La première édition qui soit munie d'une clef est celle de 1565. (Liège, 260 p., pet. in-12.) Parmi les éditions modernes, une des meilleures est celle donnée par M. *Paul Lacroix* (Paris, Delahays, 1857, 2 vol. in-12, et par M. *Paul Boiteau*, dans la « Bibliothèque élzévirienne ». (Paris, 1856, 4 vol. in-16.)

Empruntons à M. P. Lacroix la *clef* très complète qu'il a recueillie et qui s'applique à toutes les éditions de ce roman satirique, que tout le monde a lu et sur lequel il n'y a pas lieu de s'étendre plus amplement ici. Disons seulement que les meilleures études publiées sur ce livre sont celles de MM. *P. Maurel* (« Revue du Progrès, t. VI et IX), *Sainte-Beuve* (« Causeries du lundi », t. III), et *A. Bazin* (« Revue des Deux-Mondes », n° du 15 juillet 1842). Voici la clef :

Aigremont (le chevalier d'), — le chevalier de Grammont;

Amarante, — Mᵐᵉ de Précy;

Amédée, — le duc de Nemours;

Angélie, — la duchesse de Châtillon;

Ardélise, — Mᵐᵉ d'Olonne ;

Armand, — le marquis de Richelieu;

Armide, — la marquise de Ganges;

Auvergne (le maréchal d'), — M. de Turenne;

Baurin, — le prêtre Cambiac;

Bélise, — Mᵐᵉ de Montglas;

Bellamire, — Mᵐᵉ de Chevreuse;

Bernard d'Angleterre, — le duc d'Epernon;

Candole, — le duc de Candale;

Castillante, — Jeannin de Castille ;

Chamuy, — le maréchal d'Hocquin-
court ;

Cheneville, — le marquis de Sévigné ;

Cheneville (Mme de), — Mme de Sévigné ;

Coffalas (le duc de), — le duc de La
Rochefoucauld ;

Crispin, — M. Paget ;

Demura, — la comtesse de Maure ;

Druide (le grand), — le cardinal Mazarin ;

Edmond (le chevalier), — le chevalier
de Saint-Evremond ;

Erlachie, — Mme de Pons ;

Espanutes, (Mme d'), — Mme de Puisieux ;

Estebar, — de Quilain (Puyguilhem) ;

Ferrar (le seigneur), — milord Graf ;

Fésique, — Mme de Fiesque ;

Feuilles (des), — La Feuillade ;

Fouqueville, — l'abbé Fouquet ;

Gaspar, — M. de Châtillon ;

Géraste, — d'Arcy ;

Giber (Mme de), — Mme de Bregy ;

Ginolic, — Coligny (M. de Châtillon) ;

Giton, — Manicamp ;

Gornand de Gaules, — Gaston d'Orléans ;

Hière (le seigneur d'), — Guitaud ;

Irite, — le duc de Richelieu ;

Jérémie, — le comte de Lude ;

Lanicour, — M. de Liancourt ;

Larisse, — Mme de Villars ;

Lénix, — M. d'Olonne ;

Léonor, — Mademoiselle ;

Lycidas, — le duc d'Anjou ;

Marcel (le comte), — Vivonne ;

Mirelle, — Mérille ;

Nobelle, — Mme de Bonnelle ;

Oroondate, — le marquis de Beuvron ;

Polaquette, — Mlle de Beauvais ;

Princesse douairière, — la mère de
M. le prince ;

Prince des Normands, — M. le duc
de Longueville ;

Princesse de Normandie, — Mme de
Longueville ;

Prince de Toncy, — M. le prince de
Conty ;

Properce, — Benserade ;

Resilly, — le marquis de Sillery ;

Samilcar, — le prince de Marsillac ;

Sibylle (la), — Mme de Cornwal (Cornuel ;

Sienge, — Jarzé ;

Sous-Pontife (le), — M. le coadjuteur ;

Tancrède, — M. de Thury ;

Théodose, — le roi ;

Trimalet, — le comte de Guiche ;

Turpin, — l'abbé Villarceaux ;

Tyridate, — M. le prince de Condé ;

Uranie, — Mme de l'Isle ;

Vélitobulie (le seigneur de), — M. de
Bouteville ;

Victoire (la duchesse), — la duchesse
de Mercœur ;

Vineville, — M. de Vineuil ;

Vorel (le comte de), — le comte de
Rouville ;

Zérige, — Géry (Jarzé) ;

Château-Tithery, — Château-Thierry ;

Confins d'Espagne (les), — la Catalogne ;

Gergoviens (les), — les Auvergnats ;

Stancy, — Stenay.

Ajoutons que les notes pleines de
véritable érudition et les commentaires très piquants dont M. P. Boiteau
a orné son édition, constituent un travail d'une grande valeur et que rien
ne saurait remplacer.

**HISTOIRE AMOUREUSE ET BA-
DINE DU CONGRÈS ET DE LA
VILLE D'UTRECHT**, en plusieurs
lettres écrites par le domestique d'un
des plénipotentiaires à un de ses
amis. — A Liège, chez Jacob Le
Doux, marchand-libraire. S. d., pet.
in-12 de 3 f. et 292 p., orné d'une
fig. La clef, qui a 11 p., est datée de
Cologne (Hollande?), P. Marteau,
1714, in-12 ; elle ne se trouve pas
dans tous les exemplaires.

La plupart des bibliographes, et notamment Barbier, attribuent ce livre
satirique à Casimir Freschot, protes-

tant, sorti de France après la révocation de l'Édit de Nantes. Mais M. P.
Lacroix pencherait plutôt à croire que
ce roman est l'œuvre de l'ex-jésuite
de La Mothe, qui écrivait alors sous
le pseudonyme de La Hode. (Voir catalogue de Pixérécourt, n° 1321.) Quoi
qu'il en soit, ce qui n'est pas douteux,
c'est que cet écrit satirique, provoqué
par le congrès qui termina la guerre
de la Succession et qui attirait alors
l'attention de l'Europe entière, fit
beaucoup de bruit; ou pour mieux
dire, il fit scandale et fut recherché
avec fureur, non-seulement en Hollande, mais encore en France, où les
colporteurs se chargeaient de le faire
passer. On y trouve une foule d'anecdotes libres; racontées avec un prodigieux abus de figures de rhétorique.
Si l'on en juge par la lettre VII, dans
laquelle il est question « des belles à
p...ge refendu », ce Casimir Freschot,
devait être un effronté libertin.

Les beaux exemplaires bien complets
de l'« Histoire amoureuse » sont
rares; heureux les amateurs qui peuvent y joindre les trois opuscules suivants :

Les Entretiens des barques d'Hollande, pour servir de réfutation et de
clef à l'Histoire amoureuse et badine
du Congrès d'Utrecht. S. l. n. d. (1714 ?),
in-12.

· Le Moine défroqué, lettre première
pour servir de clef et de supplément
à l'Histoire amoureuse et badine du
Congrès d'Utrecht. S. l. n. d. (1714 ?),
in-12.

· Lettre écrite à un Gascon par un
Religieux de ses amis en France, pour
servir de véritable clef et de critique à
l'Histoire amoureuse et badine du
Congrès d'Utrecht. — Brunswic (Hollande), chez Henry le Sincère, à l'enseigne du Masque levé, 1714, petit in-12.

On peut encore consulter utilement
sur ce livre très curieux la nouvelle
édition du « Chef-d'œuvre d'un inconnu. » — Paris, Doublet, 1807,
pet. in-8 (t. II, p: 469).

HISTOIRE AMUSANTE DU PREMIER-
MINISTRE FAVORI DU ROI DE KABOUL.
Voir : Le Visir.

HISTOIRE COMIQUE DE FRANCION.
Voir : La vraye histoire comique
de Francion.

HISTOIRE D'ARTHÉMISE.
Voir : Histoire de la vie et de la
mort d'Arthémise.

HISTOIRE D'ÉCHO, 1744, in-12.

Voici ce que dit Quérard (Essai sur
les Livres à clef, p. 80) de cet ouvrage
que je n'ai vu citer dans aucune bibliographie, du moins sous ce titre :
« Petit volume insignifiant, dont l'auteur est resté inconnu ; c'est une allégorie mythologique dont la clef est à
chercher. Il s'agit de la princesse Lavinie, du bourg d'Hédossé, de Daulis,
fille du dieu Céphise; mais cela vaut-
il la peine qu'on s'en occupe ? »

HISTOIRE D'EMA, première partie : « Quid dubitas, quin omne sit
hoc rationis egestas—Omnis in tene-
bris præsertim vita laboret ? » Lucrèce. — M. DCC. LII, in-12, 241 p.

CONSIDÉRATIONS PHILOSOPHIQUES
SUR L'HISTOIRE D'EMA, seconde partie.

Ιδμεν ψευδεα Πολλα λεγειν ετυμοισιν
ομοια Ιδμεν δ'ευτ εθελωμεν αινθεα
μυθησασθαι. Hésiode, Théogonie. —
M. DCC. LII ; in-12 de XXX ;
154 p. (Paris), par Claude de
Thyard, marquis de Bissy. J.-P.
Moet a été l'éditeur de cet ouvrage ; on attribue à Julien Busson
les « considérations philosophi-

ques » qui composent la deuxième partie. Suivant Formey, l'auteur de cette histoire allégorique serait *Diderot*. (Voir : « Dictionnaire des Anonymes », t. II, col. 656).

Ce roman allégorico-philosophique est aujourd'hui fort oublié; en voici le thème en même temps que la clef: *Ema* (l'âme), élevée par une gouvernante d'un certain âge, *Norasi* (la Raison), a cinq compagnes : *Aphé* (le toucher), *Opsis* (la vue), *Zeusis* (le goût), *Ophrantise* (l'odorat) et *Akoé* (l'ouïe). Elle se laisse toujours guider par ses compagnes (les sens), au lieu de se réserver pour un être parfait et divin qui lui est destiné, le *bonheur*. Elle croit le reconnaître dans *Nadir* (le plaisir) et se donne à ce dernier; puis, pour se venger de son abandon, elle se livre à *Zarès* (l'ambition), et enfin à *Arsane* (la vengeance et la volupté grossière) qu'elle enlève à sa rivale *Némi* (la nature). La dernière passion d'*Ema*, c'est *Mools* (l'amour), qui la rend si malheureuse par ses fantaisies de toutes sortes et son refus de l'épouser, qu'abandonnée encore, *Ema* finit par le suicide. *Norasi* arrive, comme toujours, trop tard, après cette dernière sottise. C'est, du reste, ce que l'auteur semble avoir voulu prouver, en montrant sans cesse la Raison impuissante à réprimer ou à prévenir les entraînements des passions. Tout cela est bien obscur et bien peu attrayant. Les « Considérations philosophiques » de la seconde partie sont encore moins réjouissantes.

HISTOIRE D'UN CRIME, par Victor Hugo. Paris, 1878, in-8 et in-12, 2 vol.

Cet ouvrage que tout le monde a lu et compris, rentre dans la catégorie des livres à clef, en raison des nombreux noms en blanc ou initialisés qui se rencontrent presque à chaque page. On reconnaît Custine dans le *marquis de* *** ; — Cucheval-Clarigny, dans *Cuch...* ; — Quentin-Bauchard, dans *Q.-B.* etc. Il serait fort délicat, du moins quant à présent, de compléter les noms de : *l'abbé M...*, *plus tard évêque de Nancy ; de X... cet ancien militaire jugé nécessaire ; de Mme K..., une russe mêlée à la diplomatie obscure, un peu espionne, absolument charmante et terrible*, etc. C'est encore une clef à faire plus tard.

HISTOIRE DE DON RANUCIO D'ALÉTÈS, histoire véritable. — A Venise (Rouen), chez Antonio Pasquinetti, M.DCC.LII, 4 parties en 2 vol. in-12, de 12 p. non chiffrées et de 208-186 p., figures.

La première édition est datée de 1736 ; on en connaît deux autres de 1738 et 1758. Les titres et les gravures offrent quelques différences peu importantes.

Ce roman allégorique devenu rare, a été longtemps attribué, même par l'abbé Goujet, au fameux *P. Quesnel*, auteur de « l'Almanach du Diable » (Voir ce titre). Mais il est bien reconnu aujourd'hui que c'est l'œuvre de l'abbé *Porée*, bibliothécaire de Fénelon et frère du célèbre jésuite qui fut un des maîtres de Voltaire.

L'*Histoire de Don Ranucio* est un ouvrage fort curieux : c'est une critique vive et piquante de la société au commencement du XVIIIe siècle et surtout une satire des moines, du clergé, des jésuites, qui venaient de tant faire parler d'eux pendant toutes les affaires du Jansénisme. De nombreuses allusions aux événements contemporains y sont mêlées à des épisodes de pure invention; mais avec une connaissance un peu exacte des hommes et des choses du temps, il est facile de dissiper ces obscurités.

Barbier dit qu'il existe des exemplaires munis d'une clef imprimée; c'est sans doute de clefs *manuscrites* que le savant bibliographe a voulu parler. En effet, deux exemplaires pourvus de ces annotations, ont permis de dresser la clef qu'on trouvera ci-après. Disons de suite que sur l'auteur et sur le roman lui-même, on peut consulter avec profit : 1° l'intéressante « Étude sur les deux Porée », par *M. Alleaume* (Caen, 1854, in-8); 2° une curieuse notice anonyme publiée par le « Bulletin du Bibliophile » (1865, p. 340-347); 3° une autre notice très bien faite, de *M. Alleaume*, insérée dans le même recueil (mars 1869, p. 101-106); ce dernier travail ne laisse aucun doute sur le véritable auteur de « Don Ranucio ». Voici la clef :

Le prince Albanius, — c'est Clément XI, précédemment appelé Albani ;

Son fils, — c'est la fameuse constitution *Unigenitus* ;

L'Ile de Simianie, — c'est la France, alors toute moliniste;

Les Tricerots, — sont les jésuites;

Les Castors, — les jansénistes ;

Bellegnus, — le cardinal Fleury ;

Le Petit Auguste, — le Régent ;

La petite Meule, — le cardinal de Bissy ;

Les Singes, — les Molinistes ;

Les Paulistes, — encore les Jésuites;

La Faculté de théologie d'Evora, — la Sorbonne ;

Hude de Cenomanès, — de Bray-Purpeine, ex-capucin ;

Beaumuseau, — Mme de Maintenon ;

Belle-Queue, — c'est encore le cardinal de Bissy;

Le grand Cochevillier, — le cardinal de Noailles, ou de Rohan (?);

L'évêque de Leiria, Simoniaque, — l'archevêque d'Embrun ;

Castelmoro, — Languet, curé de Saint-Sulpice;

Le comte, ami de Grapina, — le duc d'Orléans ;

Mathieu Grapina, — le marquis de la Mosson, jadis marchand bonnetier et financier ;

Le licencié Don Antonio, — le curé de la Madeleine, dans la Cité ;

Le patriarche de Lisbonne, — M. de Clermont - Tonnerre, évêque de Noyon;

Les écorces que les Singes jettent aux *Castors*, — les lettres de cachet;

L'île de Bibli-Pateric, — c'est la Hollande, où les *Castors* (les Jansénistes) se sont retirés pour étudier la Bible, et miner l'île des *Singes*.

Enfin l'histoire du *Patriarche et des religieuses* qui ne voulaient pas recevoir un nouveau catéchisme du prélat et dont ce dernier avait fait ébaucher la conversion par des troupes, est une allusion bien claire aux persécutions de Port-Royal, pour la signature du Formulaire et aux expéditions des évêques de Sens et d'Orléans dans les monastères de leurs diocèses.

Il y a sans doute encore beaucoup d'allusions à relever dans ce roman, véritable *Satyricon* antimonastique, sur lequel Née de La Rochelle avait rassemblé des recherches dans les « Récréations Bibliographiques » qu'il a laissées en manuscrit.

Ajoutons que l' « Histoire de Don Ranucio d'Alétès » a été l'objet d'un véritable plagiat. En 1820, époque où il était grandement question des jésuites et des missions, *Du Mersan* exhuma ce roman janséniste et le communiqua à *Rougemont*. Ce dernier, sans hésiter, le fit réimprimer en changeant les noms des personnages et en supprimant quelques détails qui n'étaient plus de circonstance. « L'Histoire véritable » de l'abbé *Porée* est devenue alors: *Raphaël d'Aquilar*, ou les *Moines portugais*. Paris, Grandin, 1820, 2 vol. in-12. Du Mersan a noté tout au long l'histoire de ce plagiat sur la garde de l'exemplaire de la Bibliothèque royale qui contenait en outre une clef manuscrite. (*Alleaume*).

HISTOIRE DE EURALIUS ET LUCRESSE.
Voir : *Æneæ Sylvii, poetæ senentis, De duobus amantibus...*

HISTOIRE DE FRÉDÉGONDE, PRINCESSE DE CHÉRUSQUE, par le *baron de Patococht*, avec une clef, 1685, in-4, veau fauve, tr. dor. *Manuscrit*.

« Manuscrit original de l'histoire secrète de la duchesse d'Hanovre, sous des noms supposés. Il paraît que, malgré ce déguisement, l'auteur n'osa pas livrer son manuscrit à l'impression immédiatement après la mort de la princesse, qui eut lieu en 1727, et que suivit bientôt celle de Georges Ier. son époux, roi de la Grande-Bretagne. Ce ne fut que cinq ans plus tard que ce livre parut sous son véritable titre avec les noms en toutes lettres et conséquemment sans clef. Ce manuscrit est de 1727 : la date de 1685 n'est qu'un masque. » (Note du Catalogue Lebert, n° 2294).

Voici le titre exact du livre imprimé :

« *Histoire secrète de la duchesse d'Hanover*, épouse de Georges Ier, roi de la Grande-Bretagne ; les malheurs de cette infortunée princesse ; sa prison au château d'Ahlen, où elle a fini ses jours ; ses intelligences secrètes avec le comte de Kœnigsmarck, assassiné à ce sujet. » — Londres, Compagnie des libraires associés, 1732, pet. in-12.

Il est à noter que l'auteur ne jugea pas encore à propos de se nommer : on sait aujourd'hui que le baron de *Patococht* n'était autre que le baron C.-L. de Poelnitz. De nos jours, M. Blaze de Bury a publié une étude sur ces tragiques événements : « Episode de l'Histoire de Hanovre ; les Kœnigsmarck. » Paris, 1856, in-8.

HISTOIRE DE GIL-BLAS DE SENTILLANE, histoire espagnole, par *Alain René Le Sage*. — Paris, 1715-1735, 4 vol. in-12. Innombrables éditions et réimpressions, dont plusieurs ont pour titre : *Aventures de Gil-Blas*, etc.

On ne peut dire ici que quelques mots sur cet incomparable roman qui mériterait de faire à lui seul l'objet d'une étude spéciale. En vain, on a voulu diminuer la gloire de l'auteur en prétendant qu'il avait emprunté son plan aux auteurs espagnols et même qu'il n'avait fait que traduire « La vie de l'écuyer Obregon », par *Vincent Espinel* ; ces imputations, dont le temps et une étude plus approfondie ont démontré l'inanité, n'ont pu ternir sa renommée. Le Sage a pu dans Gil-Blas, comme dans plusieurs autres de ses romans, faire des emprunts à des littératures étrangères, mais il a si bien mis en œuvre les quelques points qu'il a pu choisir qu'on est forcé de convenir que c'est créer, qu'imiter ainsi. Le roman de Gil-Blas rentre essentiellement dans la catégorie des livres à clef : les poètes, les comédiens, les comédiennes, les hommes et les femmes célèbres de la cour et de la ville, en un mot tout ce qui marquait alors dans la société française d'alors, s'y trouvent peints avec le costume espagnol, et plus d'une anecdote française y est racontée sous des noms castillans. Les lecteurs du temps y rencontrèrent une galerie de portraits au bas desquels ils étaient enchantés de mettre les noms : tout Paris savait que le docteur *Sangrado* n'était autre chose qu'Helvétius, et il ne fallait pas une grande perspicacité pour reconnaître dans *« cette grande dame qui tenait un bureau d'esprit »*, la duchesse de Bouillon, qui, par son impertinente hauteur, s'attira un jour une si fière et si digne réponse du pauvre Le

Sage. — Il faudrait une grande étude et beaucoup de sagacité et de patience pour dresser la clef complète de *Gil-Blas*; cette clef existe cependant : *François de Neufchâteau* qui publia un curieux mémoire intitulé : « Examen de la question de savoir si Le Sage est auteur de Gil-Blas, ou s'il l'a pris de l'Espagnol », François de Neufchâteau, dis-je, avait noté en marge et au bas des pages d'un exemplaire de ce roman, plusieurs allusions qu'il avait recueillies dans ses entretiens avec le comte de Tressan, son compatriote, qui les tenait de la bouche même de Le Sage. — « Ces notes, dit la « Biographie Michaud » (t. XXIV, p. 263), extrêmement curieuses, pourraient servir de commentaire et de *clef* pour expliquer diverses anecdotes de cet excellent roman, et pour en faire connaître quelques personnages sous leurs véritables noms. Tous ceux qui ont connaissance de ce travail en désirent vivement la publication. » J'ignore si le vœu exprimé par M. H. Audiffret, rédacteur de l'article Le Sage, a été réalisé par un des derniers éditeurs de *Gil-Blas*; s'il ne l'est point encore, puissent ces lignes tomber sous les yeux de l'heureux possesseur de ce précieux exemplaire et l'engager à faire profiter le public de cette haute curiosité.

HISTOIRE DE LA PRINCESSE DE PAPHLAGONIE.

Voir : Relation de l'Isle imaginaire.

HISTOIRE DE LA VIE ET DE LA MORT D'ARTHÉMISE, par *Jean de Lannel*, sieur du *Chaintreau* et de *Chambord*. — Paris, 1621, in-12.

Deuxième édition sous ce titre : *Histoire d'Arthémise*, avec un discours de consolation sur sa mort, par *Jean de Lannel*. — Paris, Abr. Pacard, 1622, in-8, titre gravé.

Suivant une note manuscrite trouvée sur un exemplaire de cette espèce de roman, *Arthémise* serait Céleste de Maillé, femme de P. Forget, seigneur de la Picardière, secrétaire de la chambre du roi, etc. Si cette indication est fondée, il est vraisemblable que les autres personnages de ce récit ne sont point imaginaires.

HISTOIRE DE MADAME CIRUELA, ou LA VICTIME, avec ces deux épigraphes :

« Infandum, Regina, jubes renovare dolorem. »

« Il est malheureux d'avoir et de ne pas avoir de la fortune. » — A Paris, chez les marchands de nouveautés (Impr. de J.-L. Chanson), 1822, gr. in-18 de 2 f., 218 p. et 1 f. d'errata ; rare.

Ce roman, dont l'action se passe dans un milieu bourgeois, a été très complètement analysé par M. W. O., dans le « Bulletin du Bibliophile » (1874, août-septembre, p. 414 à 420. Article intitulé : *Vindiciæ bibliographicæ*). Mme *Ciruela*, l'héroïne du livre, raconte sa propre histoire et les malheurs que lui a fait éprouver un mariage contracté contre son gré. Tous les faits et les personnages sont véritables, mais désignés sous des pseudonymes allégoriques. Mme *Ciruela* se nommait Aurélie Amable H..., femme P...; M. W. O. n'a pas voulu donner en toutes lettres ce nom qui est peut-être encore honorablement porté aujourd'hui. Mme Ciruela désigne ainsi les personnages de son livre : *Tartufe* (sic), c'est son mari dont elle avait fort à se plaindre ; *Le Paon*, c'est son beau-frère, un sot vaniteux ; *La grande Sèche*, c'est une tante de son mari, femme envieuse et acariâtre; par une singulière bizarrerie, plusieurs mots sont écrits en abrégé: *com*, pour commerce; *mag...*, pour magasin; *bois de Boul...*, pour le bois de Boulogne, etc., etc.

HISTOIRE DE Mᶫᶫᵉ CRONEL, DITE FRÉTILLON, actrice de la comédie de Rouen, écrite par elle-même. — La Haye (Rouen), 1739-1740, 2 par. in-12, fig.

Plus de huit réimpressions avec de fortes augmentations et des changements dans le titre: MÉMOIRES DE Mᶫᶫᵉ FRÉTILLON.

Il s'agit ici, comme on sait, de la fameuse Clairon (*Cronel*, anagramme de Cléron ou Clairon); cette prétendue autobiographie, attribuée parfois au comte de Caylus, est, suivant Barbier, de l'acteur *Gaillard de la Bataille* qui, furieux des infidélités de Mᶫᶫᵉ Clairon, sa maîtresse, voulut se venger d'elle en la diffamant cruellement. Il faut convenir que, bien que Mᶫᶫᵉ Clairon n'eût alors que 19 ans, ses mœurs étaient assez légères pour faire croire qu'il y a beaucoup de vrai dans le pamphlet de Gaillard. On a avancé que les personnages mis en jeu dans ces récits: *Ridhilles, Begerria, M. N...*, vieux magistrat, le jeune *lord Lope*, le chevalier de *Foliande, Versin*, avocat exilé du palais et « qu'une conscience trop triviale a fait rayer du tableau », etc., étaient des personnages très réels, ayant joué un rôle dans la vie de la jeune Clairon; cela est très vraisemblable, mais comment soulever tous ces masques aujourd'hui? Il est bien certain que le *comte de V...*, qui avait fait des propositions de mariage à Clairon, n'est autre que le comte de Valbelle. Parfois l'auteur repousse tout mystère et nomme franchement les gens; tel est, par exemple, ce pauvre M. Bioche, riche négociant

de la rue Saint-Denis. Le livre de Gaillard est assurément une méchante action; on ne peut disconvenir cependant qu'il est utile pour la connaissance de certaine société à cette époque.

HISTOIRE DE NICOLAS I, ROY DU PARAGUAY ET EMPEREUR DES MAMELUS, Saint-Paul, 1756, pet. in-8; rare.

Ce petit livre, sur lequel les bibliographies ne donnent point de renseignements, n'est autre chose qu'une violente satire dirigée contre Louis XV, désigné sous le nom de *Nicolas Iᵉʳ*. — *Saint-Paul* est une ville du Brésil; mais cette indication est purement fictive et tout porte à croire que ce livret a été imprimé en Hollande, sinon en France même.

HISTOIRE DE PIERRE DE MONTMAUR, professeur en langue grecque dans l'Université de Paris, par *M. de Sallengre*. « Dum nihil habemus majus, calamo ludimus. » — A La Haye, chez Chr. van Lom, P. Gosse et R. Alberts. M.DCC.XV, 2 vols in-8 de CXXXII, 316 et 312 p., avec double frontispice et 8 gravures satiriques dessinées et gravées par E. Bleyswyk. Peu commun, surtout en grand papier.

« Pierre de Montmaur, né dans le Limousin vers 1564, entra chez les jésuites et enseigna le latin à Rome et le grec à Paris. Son humeur satirique qui n'avait point de bornes lui fit de nombreux ennemis; son avarice, son goût pour la table d'autrui, son érudition pédantesque leur fournirent des armes puissantes. Ménage prêcha une croisade contre lui; Balzac, Sarazin, La Mothe Le Vayer, Adrien de

Valois, Vion Dalibray et beaucoup d'autres répondirent à cet appel : on le métamorphosa en épervier, en perroquet, en marmite, en porc, etc. De toutes parts, on attaqua le jésuite parasite : on le signala comme bâtard, plagiaire, libertin, faussaire, meurtrier, etc. Certes, la vie de Montmaur était loin d'être irréprochable, mais en outrant les attaques, on manqua le but : il fit bonne contenance, et, bravant les insultes, sut mettre souvent les rieurs de son côté. Il mourut à Paris le 7 septembre 1648. (P. Lacroix, « Bulletin du Bibliophile », septembre 1864, p. 947, 948, n° 197.)

Sallengre a réuni, dans les deux volumes ci-dessus décrits, les satires les plus piquantes composées contre Montmaur ; elles sont au nombre de dix-sept ; elles avaient été, pour la plupart, imprimées séparément, du vivant même de la victime de ce concours épigrammatique. La préface de Sallengre donne l'analyse de tous ces petits ouvrages, dans lesquels le docte parasite n'est désigné que sous des pseudonymes ou à l'aide d'allusions plus ou moins transparentes ; on se bornera à citer ici les titres de ceux de ces écrits qui rentrent dans le cadre de cette étude. Dans le tome premier :

1° « Macrini Parasitogrammatici HMEPA » (La journée de Montmaur), petit poème latin de 36 pages, par *Charles Feramus*, avocat au Parlement de Paris. — *Macrinus* ou *Macrin*, c'est Montmaur ;

2° Vita Gargilii Mamurræ parasitopædadogi, Scriptore *Marco Licinio* (p. 38 à 109), composée vers 1636. — *G. Mamurra*, Montmaur ; *Marcus, Licinius*, Ménage ;

3° Gargilii Macronis parasitosophistæ Metamorphosis, *Auctore Ægidio Menagio* (p. 110 à 133). Métamorphose de Montmaur en perroquet, petit poème en vers latins ;

4° Attici secundi G. Orbilius Musca, sive bellum parasiticum, Satira (p. 187 à 226) ; — *Gargilius Orbilius Musca*, Montmaur ; *Atticus secundus*, J.-Fr. Sarrasin ;

5° Julii Pomponii Dolabellæ in Pamphagum Dipnosophistam (p. 274-284). Recueil d'épigrammes latines ; *Julius Pomponius Dolabella*, Jean Sirmond ; *Pamphagus*, Montmaur, désigné encore sous les noms de *Brutidius, Cupienno, Porcius Latro, Mamurra* ;

6° Funus parasiticum, sive L. Biberii Curculionis parasiti Mortualia, ad ritum prisci funeris (p. 285-316). L'enterrement parasitique, par *Nicolas Rigault*, composé vers 1596.

Dans le tome second, qui contient les pièces françaises :

7° Le testament de Goulu, par J.-Fr. Sarrasin (p. 1 à 6) ;

8° L'Anti-Gomor (p. 17-66). Recueil de nombreuses épigrammes latines et françaises, extraites, pour la plupart, des œuvres de *Vion-Dalibray*. Ce nom de *Gomor*, donné à Montmaur, par assonance sans doute, pourrait bien être aussi une très méchante allusion aux mœurs du parasite ;

9° Métamorphose de Gomor en marmite (p. 67-80), par le même *Vion Dalibray* (en vers) ;

10° Le Barbon, par Balzac (en prose) (p. 82-171). Cette pièce en prose se termine par quelques poésies latines satiriques ; outre le nom de *Barbon*, Montmaur y est encore désigné sous celui de *Théon*, ex-jésuite, et sous celui d'*Orbilius* ;

11° Le parasite Mormon, histoire comique (p. 175-312), par l'abbé *de la Mothe Le Vayer*, fils du célèbre auteur de ce nom. Ce dernier ouvrage qui fut très bien accueilli lors de sa publication en 1650, est assurément le plus intéressant de tout le recueil : il contient sur certains hommes de lettres de ce temps des particularités curieuses ; il serait bien utile d'en avoir la clef exacte et de connaître les vrais noms de *Dipnomède*, de *Louvot*, de *Desjardins*, de *la Hérissonnière* ou le *Pointu*, de *Marlot*, du *petit poète rabougri*, qui jouent un rôle plus ou moins important dans cette histoire et qui tous sont assurément des portraits tracés d'après nature.

Disons encore en terminant que le recueil de Sallengre, aujourd'hui trop oublié, mériterait de faire l'objet d'une étude spéciale; on y trouve maints renseignements sur les mœurs littéraires au milieu du dix-septième siècle.

HISTOIRE DE QUELQUES COURTISANES GRECQUES.

Voir : Les Impostures innocentes.

HISTOIRE DE SUTHAUGUSE, ou le POUVOIR DE L'IMAGINATION, nouvelle historique, précédée d'un mot sur les Réflexions politiques de M. de Châteaubriand, et suivie de couplets sur l'héroïsme de M. Guelon Marc, par *Auguste Hus*. — Paris, 1815, in-8.

Ce livre n'est autre chose qu'une espèce d'autobiographie de l'auteur, qui a renfermé son nom et son prénom dans l'anagramme *Suthauguse*. Né à Turin, en 1769, mort à Paris en 1829, M. Auguste Hus fut premier sous-bibliothécaire à Turin, sous le consulat français. Auteur aussi oublié que fécond (il a publié plus de 80 ouvrages, brochures, pièces de circonstance, etc.), il n'a rien laissé qui mérite d'être tiré de l'oubli. Son « Histoire de Suthauguse » est peut-être son ouvrage le plus original et le plus intéressant aujourd'hui; il s'y trouve des noms initialisés à compléter, notamment celui de la marquise *de C...*, qui eut une certaine influence sur la jeunesse de l'auteur. « Le Nain jaune » (t. II, p. 29-33) contient une curieuse et mordante critique de *Suthauguse*.

HISTOIRE DES AMANS FORTUNEZ...

Voir : L'Heptaméron des nouvelles...

HISTOIRE DES AMANS VOLAGES DE CE TEMPS, où sous des noms empruntez, sont contenus les amours de plusieurs princes, seigneurs et gentilshommes qui ont trompé leurs maîtresses ou qui ont été trompez d'elles, par Fr. de Rosset. — Paris, 1617, 1619, 1623, 1633, in-8, et Rouen, J. de la Marre, 1633, in-8.

François de Rosset, poète et romancier, né vers 1570, en Provence, mort vers 1630, eut quelque célébrité dans son temps; son « Histoire des amans volages » fut celui de ses ouvrages qui fut le plus goûté, comme en font foi ses diverses réimpressions; il serait bien curieux d'avoir la clef de ces « noms empruntez » qui masquent ses personnages. On doit encore à de Rosset, le « Roman des Chevaliers de la gloire »; peut-être est-il l'auteur des « Portraits des plus belles Dames de Montpellier ». (Voir ces titres.)

HISTOIRE DES AMOURS DE CLÉANTE ET DE BÉLISE.

Voir : Histoire des amours de la jeune Bélise...

HISTOIRE DES AMOURS DE HENRI IV.

Voir : Les amours du Grand Alcandre...

HISTOIRE DES AMOURS DE LYSANDRE ET DE CALISTE, par d'Audiguier.

Voir : Histoire tragi-comique de nostre temps, par le même.

HISTOIRE DES AMOURS DE MADAME LA DUCHESSE DE LONGUEVILLE avec M. le marquis de Coligny.

Voici la clef que m'a communiquée M. G. Brunet, d'après une note manuscrite de Gabriel Peignot :

Agésilas, — le marquis de Coligny ;
Alcandre, — le duc d'Orléans ;
Amalasonte, — Anne d'Autriche, régente ;
Antenor, — M. le Prince ;
Chrysante, — M. de Brivien ;
Florisel, — le duc de Guise ;
Franconie, — la France ;
Ismérie, — la duchesse de Longueville ;
Marcomir, — le duc d'Enghien ;
Mariane, — Mme d'Estrades ;
Mirebel, — Chantilly ;
La Place aux Nymphes, — la place Royale ;
Roxane, — la duchesse de Montbazon ;
Simiane, — Mme la Princesse ;
Théodate, — M. d'Estradès ;
Thuringe, — la Lorraine.

HISTOIRE DES AMOURS DU GRAND ALCANDRE.

Voir : Les amours du Grand Alcandre.

HISTOIRE DES AVENTURES... DU CHEVALIER THEWRDANNCKH.

Voir : Thewrdannckh.

HISTOIRE DES BÊTES PARLANTES (depuis 89 jusqu'à 124) ; par *Un Chien de berger*, recueillies par *Etienne Gosse*, membre de la Société Philotechnique. — Paris, Levavasseur, 1829, in-8 de VIII-VIII-IV et 384 p., impr. de David. Sur le titre, une vignette représentant un chien.

Comme le titre le fait aisément deviner, cet ouvrage est le récit, en vers de dix syllabes, des principaux événements politiques qui se sont produits de 1789 à 1824. Le secret de cette allégorie politique est fort simple, chaque personnage est représenté sous l'aspect d'un animal approprié à son caractère ; la plupart du temps même, le nom véritable est accolé au nom symbolique. Ainsi : *Danton-le-Léopard*, *le Vieux Castor-Bailly*, *le Bouc-Chéron*, *la Giraffe-Maillard*, *le Paon-Larive*, *l'Etalon-Molé*, *le Singe-Dugazon*, *le Chien-Lakanal*, *le Corbeau-Sieyes*, *le Cygne-Delille*, etc., etc. D'autres fois, les noms d'animaux seuls sont imprimés, mais les allusions ne sont pas moins claires et il ne faut pas se donner grand' peine pour comprendre que l'*Eléphant* représente le roi Louis XVI ; l'*Aigle*, Napoléon Ier ; les *Cinq Bêtes*, le Directoire, etc., etc. Une feuille d'impression suffirait à peine pour contenir la clef complète de ce poème satirique, aujourd'hui bien oublié, mais très goûté du public à la fin de la Restauration. J'ignore si l'auteur, qui s'est manifestement inspiré des « Animaux parlants » de *Casti*, a terminé son ouvrage qui s'arrête à la page 384.

HISTOIRE DES COMPAGNES DE MARIA, ou ÉPISODES DE LA VIE D'UNE JOLIE FEMME, ouvrage posthume de *Restif de la Bretonne*. — A Paris, chez Guillaume, 1811, 3 vol. in-12 de XLV-200, 304 et 313 p. ; rare.

« Cet ouvrage, qui diffère sans doute des autres écrits de Restif, par le ton et par le style, comme par les idées et les sujets, ne peut cependant pas lui être contesté, d'après la déclaration de sa fille Marion et de son gendre Claude-Victor Vignon, appuyée de celle de Cubières-Palmézeaux. C'est bien lui qui a recueilli les matériaux du livre, dans les entretiens de la comtesse de Beauharnais ; c'est lui qui a rédigé, du moins en partie, les histoires qu'il avait entendu raconter chez elle; car ces histoires vraies sont celles des compagnes que la comtesse, née Marie-Anne-Françoise Monchard, avait eues au couvent où elle fut élevée. *Maria* n'est donc autre que la comtesse de Beauharnais, belle-tante de l'empereur Napoléon, et bien connue sous le nom de *Fanny*. » (*P. Lacroix* « Bibliographie de Restif », p. 433-436.) Il serait curieux d'avoir une clef de cet ouvrage et de connaître les vrais noms de *Madon, Septimanie, Agathe, Perle, Marianne, Lise, la Grogneuse, la jolie Méchante, Aimée*, etc., etc.

HISTOIRE DES GALLIGÈNES, ou MÉMOIRES DE DUNCAN. — Amsterdam (Paris). M.DCC,LXV. Deux parties en un vol. in-12.

Cet ouvrage, de *Tiphaigne de la Roche*, rentre plutôt dans la catégorie des allégories politiques que dans celle des romans à clef. « C'est, dit la « Correspondance de Grimm » (juillet 1765), une satire des Français, et très assoupissante. » J'ai eu la patience de parcourir ce livre et je partage complètement cet avis. Il s'y trouve des allusions et même des portraits qui devaient être alors faciles à deviner et à reconnaître. (Voir aussi l'article : *Amilec*.)

HISTOIRE DES INTRIGUES AMOUREUSES D'UNE GRANDE PRINCESSE.

Voir : Les amours d'Eumène et de Flora.

HISTOIRE DES SÉVARAMBES, première partie. — Paris, Barbin, 1677. Seconde partie.— Paris, l'auteur, 1678 et 1679, 2 vol. in-12.

Nouvelle édition : Amsterdam, Etienne Royer, 1716, 2 vol. in-12. Réimprimé encore dans la collection des « Voyages imaginaires ». Amsterdam et Paris, 1787, tome V, 1 vol. in-8 de 518 p. orné de 2 jolies fig. de Marillier.

Ouvrage allégorique composé par *Denis Vairasse*, d'Alais en Languedoc. Prosper Marchand (« Dictionnaire historique », t. I, p. 11 à 20), a consacré un article des plus complets et des plus intéressants à « cette fiction si fameuse et si justement appréciée. C'est une prétendue relation d'une découverte de la terre australe ; elle ressemble beaucoup plus au « Voïage de la terre Australe » de Jacques Sadeur, qui s'est servi de cet artifice pour déguiser ses sentiments particuliers, qu'à la « Terra Australis » de Joseph Hall, évêque d'Exeter, puis de Norwich, surnommé le Sénèque anglais, dont le but n'a été que de dépeindre les vices et les mauvaises mœurs de diverses nations, sous des noms empruntés aux Australiens.

P. Marchand énumère les nombreuses éditions et traductions de ce livre jusqu'à son temps, ainsi que les différentes attributions d'auteur, toutes erronées, dont il a fait l'objet. Les noms des deux principaux personnages de ce roman ne sont autre chose que les noms anagrammatisés de l'auteur lui-même : *Siden*, Denis; *Sévarias*, Vairasse.

Cet ouvrage a été taxé d'athéisme ou du moins de déisme, par bien des gens qui ont voulu que, sous des noms imaginaires et notamment sous ceux d'*Omigas* et de *Stroukaras*, l'auteur ait formé le dessin de réduire à néant les miracles de Moïse, d'Elie, de Jésus-Christ et de ses apôtres, et qu'il ait cherché à saper les fondements du gouvernement monarchique; d'autres, Chrétien Thomasius particulièrement, trouvant ces jugements trop sévères et mal fondés, ont dit que « quiconque lirait sans prévention cet ouvrage, trouverait que l'auteur n'a eu d'autre but que d'y représenter, sous la personne de *Sévarias* un roi sage et équitable; sous celle de *Stroukaras*, un tyran et un trompeur; sous celle des *Prestarambes*, une nation simple ayant encore quelques lueurs des lois divines et morales; sous celle des *Stroukarambes*, un peuple absolument dénué de lumières et de liberté; qu'en outre il a voulu montrer qu'avec l'aide des seules lumières naturelles, on pourrait établir une république exempte des défauts et des vices dont les gouvernements monarchiques sont tous infestés, et, par là, faire honte aux chrétiens qui, avec l'avantage inestimable de la Révélation, ne savent ou ne veulent pourtant pas faire un bon usage de leur raison; enfin, que ce livre est très propre à donner les principes les plus utiles et les plus nécessaires d'une bonne et saine philosophie. »

Tout ceci, on le voit, n'est guère récréatif et ne donne pas envie de lire ce livre pour juger si les appréciations de Thomasius sont justes et bien fondées.

HISTOIRE DU GRAND SOPHI,

par le sieur *de Préchac*. — Paris, J. Morel, 1692, pet. in-12.

Livre à clef, dit M. G. Brunet : le *Grand Sophi* n'est autre que Louis XIV, dont l'auteur exalte la gloire avec un enthousiasme sans borne. Il est curieux que *Préchac*, auteur d'une bonne douzaine de romans au moins, ne soit cité par aucune biographie.

HISTOIRE DU PALAIS DE LA FÉLICITÉ.

Voir : Le roman des Chevaliers de la Gloire.

HISTOIRE DU POÈTE SIBUS,

satire en prose insérée dans le « Recueil de pièces en prose les plus agréables de ce temps, par divers autheurs. » — A Paris, chez Charles de Sercy, M.DC.LXI, in-12. Deuxième partie. — Réimprimée dans la «Bibliothèque elzévirienne», Variétés historiques et littéraires (t. VII, p. 89-136).

Cette pièce, si intéressante pour l'histoire des mœurs littéraires au XVIIᵉ siècle, est dirigée contre un pauvre diable d'auteur désigné sous le nom de *Sibus* : est-ce Maillet le *Mytophilacte* du « Roman bourgeois », le « *Poète crotté* » de Saint-Amant? Peut-être est-ce plutôt un sieur Civart, dont le nom se rapproche le plus de *Sibus* et qui, suivant M. Ed. Fournier, est tourné en dérision dans une mazarinade. Notons que divers personnages du temps sont visés dans cet écrit satirique, particulièrement Pierre de Montmaur, désigné à plusieurs reprises sous le nom de *Mamurin*.

HISTOIRE DU PRINCE APPRIUS EXTRAITE DES FASTES DU MONDE, DEPUIS SA CRÉATION,

manuscrit persan trouvé dans la bibliothèque d'un roi de Perse; traduction française par *Messire Esprit*, gentilhomme provençal servant dans les troupes de Perse. Imprimé à Constantinople, l'année présente (Lyon? 1728), in-12. — Autre édition: La Haye, Jacques van den Kieboom, pet. in-8. — Autres éditions: 1748-1764, in-12 de 96 p. — On signale une traduction anglaise: London, 1728.

Cette composition allégorique est

attribuée à *R. Fr. Godard de Beau-champs*, qui s'est toujours défendu d'en être l'auteur, mais, sans doute, il avait de bien bonnes raison pour cela, l'imprimeur de la première édition ayant été condamné au bannissement et à une forte amende.

Malgré l'opinion de Ch. Nodier, la plupart des bibliographes les plus autorisés considèrent cet écrit comme une satire dirigée contre le Régent, Philippe d'Orléans, déjà violemment attaqué dans d'autres libelles: *Histoire du chevalier Pomponius, Histoire du prince Papyrius*, etc. Cette allégorie libre et méchante contient un grand nombre de mots simplement anagrammatisés; la clef est donc bien facile à faire; en voici un échantillon d'après la « Bibliographie Gay », t. IV, p. 59 :

Apprius, — Priapus;
Althone, — la honte;
Cadhubée, — débauche;
Caçonosi, — occasion;
Carnalite, — la crainte;
Cornidetis, — discrétion;
Dotigs, — doigts;
Edomiste, — modestie;
Galibernite, — libertinage;
Galimonnilia, — l'imagination;
Hazardel, — le hasard;
Imars, — maris;
Lacertoniades, — déclarations;
Lugane, — langue;
Livaguver, — la vigueur;
Lusicoteria, — la curiosité;
Mina, — main;
Momelis, — sommeil;
Olloctin, — cotillon;
Osirar, — rasoir;
Pultevola, — la volupté;
Valmor, — l'amour;
Siders, — désirs;
Réfers, — frères;
Turnée, — ventre;
Tergres, — regrets;
Prenitres, — repentirs;
Prestil, — l'esprit;
Neris, — reins;
Xeuy, — yeux;

Nullea, — la lune;
Perlopetra, — la propreté;
Ulnine, — l'ennui;
Laliétaré, — la réalité;
Sirlapis, — plaisir;
Volitir, — vitriol;
Nectalnosca, — la constance;
Etc. etc.

C'est presque tout un dictionnaire retourné qu'il faudrait pour la traduction de ces anagrammes multiples.

Il existe, dit Quérard, une Suite a Apprius, continuation de son histoire, qui ne vaut pas la première. C'est une fantaisie du prince *Charles de Ligne*, qui se trouve dans la troisième partie excessivement rare d'un « Recueil d'opuscules » et de poésies dudit prince; on ne connaît que douze exemplaires de ce livret, imprimé à son château, à Beloeil, vers 1788; mais il en a été fait à Bruxelles, en 1867, une réimpression tirée à 70 exemplaires seulement. Enfin, un *manuscrit* indiqué comme n'ayant aucun rapport avec le texte imprimé, figure au catalogue Auguis, sous le no 1123.

HISTOIRE DU PRINCE PAPY-RIUS, SURNOMMÉ PILLE-AR-GENT, GOUVERNEUR DES FRANCS-SOTS, avec la clef, suivie de plusieurs épigrammes. *Manuscrit* in-12, s. d. (Vers 1721.)

Cet écrit satirique dirigé contre le Régent, au sujet des billets de banque et du système de Law, est annoncé dans la « Bibliothèque historique de France » (t. II, no 24,565). Il est dans le style de Rabelais et est fort plaisant, quoiqu'il ne renferme que les titres des dix-sept chapitres qui forment toute l'histoire. Il pouvait être très mordant autrefois, mais maintenant ce n'est plus qu'une plaisanterie amusante par sa tournure et qui a besoin d'une clef pour être bien comprise. *Gabriel Peignot* a inséré in *ex-*

tenso ce court opuscule dans son « Précis historique de la maison d'Orléans » (p. 52-58) ; il l'a transcrit d'après une copie qu'il avait sous les yeux et il exprime l'avis que cette satire n'a jamais été imprimée. C'est à tort que la « Bibliographie Gay » dit que l'*Histoire du prince Papyrius* n'est qu'une réimpression du *Prince Priapus*; les catalogues Leber et Pixérécourt qu'elle cite, ne sont point du tout tombés dans cette erreur.

Voici la clef de l'*Histoire de Papyrius* :

Papyrius, — le duc d'Orléans, régent ;

Les Druides, — les membres du Parlement;

Les Isles des Francs-Sots, — les villes de France;

Les Harpies, — les partisans et les agioteurs ;

Le cheval écossois, — Law;

Le petit Ascagne, — Louis XV encore enfant ;

Le Soudan d'Ibérie, — Philippe V, roi d'Espagne ;

Pille-Avoine, — c'est encore Law ;

Le pays où croissoit l'or, — la Louisiane ou Mississipi ;

Le grand Nègre, — le garde des sceaux d'Argenson ;

La robe de satin cramoisi, — la dignité de garde des sceaux ;

Les francs-sots avec galons sur poches et manches, — les gardes du corps ;

Les francs-sots avec croix devant et derrière, — les mousquetaires;

Les pierres de taille d'assaut, — les hôtels des membres du Parlement ;

Les Druides coursirent la prétentaine, — exil du Parlement à Pontoise ;

Carcellarius, — le chancelier d'Aguesseau ;

Les Cicérons, — les avocats en Parlement.

HISTOIRE DU ROI DE CAMPANIE ET DE LA PRINCESSE PARFAITE. — Amsterdam, J. Wetstein

et G. Smith, 1736, pet. in-12 de 230 p., non compris le titre ; assez rare. — Une autre édition, sous la même date, porte la rubrique de Paris, Delatour.

« Ce petit ouvrage est de J.-B. de *Boyer*, plus connu sous le nom de marquis d'*Argens* ; c'est un de ces petits romans philosophiques qui préludaient au chef-d'œuvre du genre, au « Candide » de Voltaire ; il abonde en allusions satiriques aux événements et aux personnages du temps. »

HISTOIRE DU ROYAUME DES LANTERNES, mise en lumière par un bec de gaz et racontée par *Naïf*, arrière petit-cousin de Candide. Troisième édition : Paris, Paulier (1842), in-32 de 128 p. avec vignettes.

Ce petit ouvrage est de *Georges-Marie-Mathieu Dairnwell*, pamphlétaire assez obscur du temps de Louis-Philippe, connu surtout par deux libelles : l'un, *Abracadabra*, qui fut saisi ; l'autre, *Je casse les vitres*, qui valut à son auteur une condamnation à un mois d'emprisonnement et 500 fr. d'amende.

L'*Histoire du royaume des Lanternes* écrite dans le genre, mais non dans le style voltairien, est une satire allégorique violente, contre la monarchie de juillet. La clef de ce petit pamphlet est bien facile à faire : *Lanternia* et le *Royaume des Lanternes*, c'est Paris et la France ; l'*Homme rouge*, lampion du roi *Simple XIII*, c'est le cardinal de Richelieu, ministre de Louis XIII; il ne faut pas un grand effort d'imagination pour comprendre que *Soleil XIV*, *Simple XV*, le *duc de Lâcheté*, *Simple XVI*, son *cousin Lâcheté*, désignent Louis XIV, Louis XV, le Régent, duc d'Orléans, Louis XVI et

Philippe-Égalité ; qui ne comprendrait aussi que le *royaume de Brittannis-kan*, c'est l'Angleterre ; le *duc de Vilainton*, Wellington ; *Simple-Finot XVIII*, Louis XVIII ; l'*Ogre-Usurpateur*, Napoléon Ier ; la *Pancarte*, la Charte ; la *Chambre des Vieux-Magots*, ou *Ossuaire*, la Chambre des Pairs ; le *Prince de Paravent*, M. de Talleyrand, prince de Bénévent ; *Cizot*, M. Guizot ; le *duc des Bazes*, M. Decaze ; le *Vieux Nemrod*, Charles X ; le *Mystificateur des Deux-Mondes*, La Fayette et *les Hobereaux*, la vieille noblesse ? Enfin, dans le *roi Escobard Ier* et ses *lampions Cuirbouilli*, *Cizot*, *Nain-Bédaine*, *Main-Sale*, *Ours*, *Tisté* et 1/3, on ne peut manquer de reconnaître le roi Louis-Philippe Ier et ses ministres Soult, Guizot, Cunin-Gridaine, Villemain, Martin (du Nord), Teste et Thiers.

HISTOIRE DU SIÈGE DE CYTHÈRE. — A Lampsaque (Paris?), 1748, pet. in-8 ; très rare.

Comme *Nocrion*, comme *Cléon*, comme *Les mille et une faveurs*, cet ouvrage libertin roule sur un sujet plus que galant et partant fort scabreux ; beaucoup de mots y sont anagrammatisés, mais on ne saurait les traduire ici. C'est, en un mot, dit la « Bibliographie Gay », une allégorie tout à fait dans le goût de l'*Histoire des Ebugors* ! L'auteur a pris l'idée de son livre et même une partie de ses anagrammes dans l'*Histoire du prince Apprius*, mais il est plus plaisant que son modèle, plus riant, plus léger, plus ingénieux ; le dénoûment particulièrement paraît heureux. Ce petit ouvrage est introuvable aujourd'hui : Clément en a parlé dans ses « Cinq Années littéraires » (t. II, p. 134).

HISTOIRE DU TEMPS, 1717, pamphlet réimprimé dans les « Mé-

langes historiques de Boisjourdain (p. 289), t. I, 1807, in-8.

Ce très court libelle consiste en une « table des Chapitres » d'un livre qui n'a point été imprimé. En voici la clef : *Deodatus*, c'est Louis XIV ; *Louison*, le jeune Louis XV ; *Philippus*, le Régent ; le *Chef helvétique*, le colonel général des Suisses ; le *comte d'Estaphage*, le comte de Toulouse, grand amiral de France ; la *princesse des Bithuringiens*, la duchesse de Berry, soupçonnée d'être la maîtresse de son père, le Régent ; l'*archevêque Turpin*, le cardinal de Noailles ; le *prince Gobo*, le prince de Conti ; la *ville Morivalienne*, la maison de la Montrival, fameuse proxénète ; les *Ignaciens*, les jésuites.

HISTOIRE DU TEMPS ou JOURNAL GALANT, par Ch. V. (*Charles Vanel*), suivant la copie (Hollande, à la Sphère), 1685, 2 tomes in-12.

L'auteur de ce piquant ouvrage était magistrat à la Cour des comptes de Montpellier ; il s'est fait connaître d'ailleurs par des travaux beaucoup plus sérieux. Dans son « Histoire du temps » il met en scène divers personnages contemporains, la plupart (mais pas tous !) déguisés sous des pseudonymes. Les *galanteries* qu'il raconte sont aussi curieuses que celles dont Bussy-Rabutin s'est fait le narrateur. Le conseiller Vanel faillit, paraît-il, se trouver fort mal de ses indiscrétions ; aussi se dépêcha-t-il de publier des ouvrages moins scabreux, notamment sa traduction de l' « Histoire des Conclaves ». Son « Journal galant » mériterait d'être réimprimé ; avec une bonne clef il serait encore d'un grand intérêt. (Voir : « Bibliographie Gay », t. IV, p. 61, et la « Biographie Michaud », supplément, t. LXXXV, p. 57.)

HISTOIRE DU TEMPS, ou Re-LATION DU ROYAUME DE COQUETTERIE; ENSEMBLE LE SIÈGE DE LA BEAUTÉ ET LA BLANQUE DES ILLUSTRES FILOUX, par l'abbé *Hédelin d'Aubignac*. Paris, 1654, in-12, avec la carte. Réimprimé sous les titres suivants : Nou-VELLE HISTOIRE DU TEMPS, OU RELA-TION VÉRITABLE, etc. — Paris, 1655, in-12. — VOYAGE AU ROYAUME DE CO-QUETTERIE. — Paris, 1793, in-12.

Ce curieux petit ouvrage, malgré les portraits et les allusions qu'il contient, rentre plutôt dans la catégorie des écrits allégoriques, que dans celle des livres à clef. « Le début de ce livret, dit M. Victor Fournel, évidente imitation du « Voyage de Tendre », fourmille de personnifications abstraites et nous rencontrons, dès les premiers pas, les châteaux d'oisiveté et de libertinage, la place de cajolerie, la plaine des agréments, le gué de l'occasion, etc. Mais cette géographie métaphysique fait bientôt place à quelque chose de plus vif et de plus piquant ; la galanterie raffinée du jour est criblée d'épigrammes ; les diverses catégories de coquettes qui peuplent l'empire de la mode, admirables, précieuses, ravissantes, mignonnes, évaporées, etc., défilent sous nos yeux, et les petits soins, les petits manèges, et les caprices de cette bizarre et changeante république sont étudiés avec une verve parfois ingénieuse. »

HISTOIRE GALANTE ET ENJOUÉE IN-TERROMPUE PAR DES ENTRETIENS.

Voir : Aristandre.

HISTOIRE MORALE ; CIVILE, POLITIQUE ET LITTÉRAIRE DU CHARIVARI, depuis son origine, vers le IVᵉ siècle, par le docteur *Calybariat*, de Saint-Flour ; suivie du complément de l'histoire des Charivaris, jusqu'à l'an de grâce 1833, par Eloi-Christophe *Bassinet*, sous-maître à l'école primaire de Saint-Flour, et aide-chantre à la cathédrale. — Paris, Delaunay, 1833, imprimé chez Crapelet, in-8 de VIII-326 p.

(Il y a une faute de pagination ; le compositeur a sauté de la page 160 à la page 181.)

Cet ouvrage est de *Gabriel Peignot*, qui ne s'était pas soucié sans doute de se faire immédiatement connaître comme l'auteur du « Complément » dont il sera parlé tout à l'heure. L' « Histoire du Charivari », dit M. J. Simonnet, est l'un des opuscules les plus originaux et les plus complets de G. Peignot ». J'ajouterai qu'il est devenu fort rare ; on n'en trouve que difficilement des exemplaires en bon état et toujours à des prix assez élevés. Il est bien probable que plusieurs des personnages *charivarisés* auront fait acheter et détruire le plus possible ce livre qui ne pouvait que leur rappeler des souvenirs peu agréables.

Dans les six premiers chapitres, Peignot recherche l'origine du charivari, l'étymologie du mot, la définition de la chose, les mesures répressives ou prohibitives provoquées par cet usage grotesque, et raconte sommairement les charivaris les plus remarquables donnés depuis le XIVᵉ siècle jusqu'en 1830. Le chapitre VII est consacré aux charivaris depuis la révolution de juillet ; or, soit prudence, soit raffinement de malice, l'auteur se borne à y donner (p. 159, 160, 181 et 182) les initiales des hommes politiques qui avaient reçu ces aubades ridicules ; mais, dans la seconde partie de son livre, « Tableau des charivaris modernes », où se trouve la nomenclature de plus de quarante charivaris, presque tous les noms sont rapportés en toutes lettres, de sorte qu'un lecteur un peu attentif peut aisément trouver la clef du chapitre VII.

Les personnages dont les disgrâces charivariques ont été cataloguées par le bon Peignot étant tous morts, il ne saurait y avoir d'inconvénients à donner aujourd'hui la clef de cette fameuse liste, telle que je l'ai composée, tant au moyen du « Complément d'Eloi-Christophe Bassinet » qu'à l'aide des annuaires de 1830 à 1833.

Les noms de villes désignent les localités où ont eu lieu les charivaris :

MM. R.....n de la R....e, à Rennes,—
  Roumain de Rallaye ;
le baron de T........d, préfet, à
  Arras, — M. de Talleyrand ;
R..l, député, à Bordeaux, —
  M. Roul ;
A.....u, député, à Toulouse, —
  M. Amilhau ;
T....s, député, à Aix,—M. Thiers ;
A...é, député, à Colmar, —
  M. André ;
J..s, député, à Lyon, — M. Jars ;
A.......n G:....d, député, à Angers,
  — M. Augustin Giraud ;
le général S....r, à Clermont-
  Ferrand, — M. Simmer ;
T.....d de L.......e, à Issoudun,
  — M. Thabaud-Linetière ;
D....t M.....t, à Poitiers, —
  M. Dupont-Minoret ;
M...e, procureur général, à Grenoble, — M. Moyne ;
C.......t, payeur, à Vannes, —
  M. Coquebert ;
B.....d, président, au Blanc, —
  M. Bernard ;
G...n, procureur du roi, au
  Blanc, — M. Godin ;
P.......t-A.......r, député, à Limoges, — M. Philibert-Aventurier ;
de S...t-C...q, à Orthez, — M. de
  Saint-Cricq ;

MM. M...l, député, à Carcassonne,—
  M. Mahul ;
le général B.....d, à Périgueux,
  — M. Bugeaud ;
le Sous-Préfet, à Castelnaudary,
  — M. Poulaille (?) ;
P....t, député, à Metz et à Bourges, — M. Parant ;
D....x, député, à Bourges, —
  M. Devaux ;
le général H.....e, à Bayonne, —
  M. Harispe ;
le C.....l de R...n, à Besançon,—
  M. le cardinal de Rohan ;
le vicomte D....n, à Carcassonne,
  — M. Dejean ;
l'évêque de L......., à Guéret,—
  Mgr de Tournefort, évêque de
  Limoges ;
J......d, à Altkirk, — M. Joussaud ;
le Préfet, à Poitiers,—M. Boullé ;
le sieur B.....r, à Poligny, —
  M. Barbier ;
G.......t, député, à Angoulème,
  — M Gellibert ;
F... d'E.......e, à Rochefort, —
  M. Fabre d'Eglantine ;
C...e, sous-Préfet, à Aix, —
  M. Chave ;
S...n L....e, commandant à
  N....s, — M. Simon-Lorière,
  à Dijon, — commandant à
  Nantes ;
L........e, sous-préfet, à Montpellier, — M. Latourette ;
G.....n, sous-préfet, à Fécamp,
  —M. Germain ;
L..n S.....n, préfet, à Chalon-
  sur-Saône, — M. Léon Saladin ;
le baron de S.....n, député, à
  Marseille, — M. de Schonen ;
T....t, préfet du Calvados, à Lisieux, — M. Target ;
le procureur du roi, à Marseille,
  — M. Lieutaud (?) ;
le général L....t, à Gap, —
  M. Leydet ;
E....d B...., à Limoges, — M. Edmond Blanc ;

M. R....x L....; imprimeur, à Lille,
— M. Reboux-le-Roy.

Il convient d'ajouter que le plus grand nombre des charivaris que G. Peignot a racontés étaient parfaitement immérités.

HISTOIRE NATURELLE DROLATIQUE ET PHILOSOPHIQUE DES PROFESSEURS DU JARDIN DES PLANTES, DES AIDES-NATURALISTES, PRÉPARATEURS, etc., attachés à cet établissement, accompagnée d'épisodes scientifiques et pittoresques, par *Isid. S. de Gosse*, avec des annotations de M. *Frédéric Gérard*. — Paris, Gustave Sandré, 1847, in-12 de 296 p.

L'auteur de ce petit ouvrage satirique n'est autre que M. *Isidore Salles*, journaliste à Paris, puis chef de la division de la presse au Ministère de l'Intérieur, en dernier lieu, préfet de l'Aube, à la fin du second empire. Employant le même procédé que de Born, pour sa « Monachologia », M. Salles eut l'idée de désigner par des mots gréco-latins de forme scientifique les personnages qu'il se proposait de critiquer. Les noms ainsi composés rendent assez heureusement les qualités ou les défauts, les aptitudes morales ou les habitudes physiques des malheureux savants mis en cause ; tout cela forme une clef un peu longue, mais curieuse et intéressante ; la voici :

Anatomicus Erinaceus, — M. de Blainville ;

Philosophus Clarissimus, — M. Lamarck ;

Entomologissimus, — M. Latreille ;

Bibliocleptes Thoracicus, — M. Andonin ;

Transcendentalus honestus, — M. Geoffroy Saint-Hilaire ;

Anatomicus Philosophus, — M. Desmoulins ;

Analyticus Diplomaticus, — M. Georges Cuvier ;

Hippodamas innocentissimus, — M. Frédéric Cuvier ;

Ichthyologus affabilis, — M. Lacépède;

Botanicus caudatus, — M. Desfontaines ;

Acolytus nihilianus, — M. Deleuze;

Horticultor optimus, — M. André Thouin ;

Mineralogus Abbaticus, — M. Haüy;

Chimicus philosophus, — M. Fourcroy ;

Chimicus modestus, — M. Vauquelin;

Galvanicciolinus Saltatriculus, — M. Becquerel;

Platycephalus, — M. Edouard Becquerel ;

Integerrimus, — M. Gay-Lussac;

Tardeloquens, — M. Chevreul ;

Lepidopterus Cheuvreulophobus, — M. Calvert;

Thuriferarius Dumassianus, — M. Cahours;

Porcelainianus imperiosus, — M. Brongniart;

Scepticus, — M. Dufresnoy ;

Fossianus Timidissimus, — M. Delafosse;

Pretentiosus pretentiosissimus, — M. Dumas ;

Diplomaticus, — M. Cordier;

Lexicographus Corderianus, — M. d'Orbigny ;

Dolichotricus Grypheus, — M. Raulin;

Polytechnicus geodesiacus, — M. Pissis;

Phytologus Patrophobus, — M. Brongniart, fils;

Cryptogamus, — M. Tulasne ;

Ankylosus Capnophilus, — M. Guillemin ;

Capnophagus Pipaeculottans, — M. A. de Jussieu ;

Micropsis macrorhinus, — M. A de Jussieu;

Frigidus Frigidulus, — M. Decaisne;

Phytophysiologus, — M. de Mirbel ;

Coptophytus semper dividans, — M. Spach;

Physiologicus botanicus, — M. Gaudichaud ;

Corpulentus crassiventris,. — M. Neu-
mann ;

Horticolus affabilis, — M. Houlet;

Phytophilus Brongniardinianus, —
M. Pépin ;

Macilentulus sociabilis, — M. Camuzet;

Dendrocoptus probissimus, — M. d'Albert ;

Gratioletus graciosus, — M. Gratiolet;

Timidus Timidissimus, — M. Desmarets ;

Garancianus Academicus, — M. Flou-
rens ;

Erpetilius garancianus, ou *probus,* —
M. Duméril ;

Anatomicus philosophus, — M. Serres;.

Microphagus, — M. Jacquart ;

Girardinus Blandus, — M. Doyères;.

Teratologus,. — M. Isidore-Geoffroy
Saint-Hilaire;

Microsoma, — M. Florent Prévost;

Erpetilioninus, — M. Bibron ;

Arithmostereoarchilepixeus, — M. Gui-
chenot ;

Gasteropodus Quatrefagianus, —
M. Milne Edwards ;

Cricetus Elatus, — M. Blanchard ;.

Methodicus lenteloquens, — M. H.
Lucas ;

Echynophorus ostraciosus, — M. Valenciennes ;

Thuriferarius Valenciennii, —
M. Louis Rousseau ;

Cuvierotimus fossiliographissimus, —
M. Laurillard ;

Honorivorus choleraticus, — M. Rousseau ;

Timidiolinus crassirostris, — M. Des-
noyers ;

Macroscelis-Bibliophagus, — M. Lemercier.

Ce curieux ouvrage est en résumé une critique souvent très amère
de l'administration et des professeurs
du muséum à cette époque ; cette satire est-elle toujours fondée ? il est
bien difficile de le décider aujourd'-
hui. On trouve une bonne notice sur
le livre de M. Salles dans le « Bibliophile Fantaisiste » publié à Turin
par J. Gay. (1869, petit-18, p. 266).

HISTOIRE NOUVELLE DES
AMOURS DE LA JEUNE BÉLISE
ET DE CLÉANTE, par *M. D...* —
Paris (Rouen), 1689, in-12. Réim-
primé sous ce titre :

HISTOIRE DES AMOURS DE CLÉANTE
ET DE BÉLISE, avec le recueil de ses
lettres. — Leyde, 1691, in-12.

Publié encore sous ce titre : LET-
TRES GALANTES DE CLÉANTE ET DE
BÉLISE. — La Haye, 1716, in-12.

On compte une dizaine d'éditions
ou réimpressions de ce curieux petit
roman en lettres. La meilleure et la
plus intéressante de toutes est celle-
ci :

LETTRES DE LA PRÉSIDENTE FER-
RAND AU BARON DE BRETEUIL, suivies
de l'HISTOIRE DES AMOURS DE CLÉANTE
ET DE BÉLISE et des POÉSIES D'AN-
TOINE FERRAND, revues sur les éditions originales, augmentées de
variantes, de nombreuses notes, d'un
index et précédées d'une notice bio-
graphique, par *Eugène Asse.* — Paris,
G. Charpentier, 1880, in-18 de
356 p. — 3 fr. 50.

Le titre seul de cette dernière édition suffit pour donner la clef de ce
roman d'amour, le plus réel et le
plus sincère peut-être que possède
notre littérature: *Cléante,* c'est le baron de Breteuil ; *Bélise,* c'est la fille
d'un partisan italien venu en France
comme tant d'autres pour chercher
fortune. Elle se nommait Anne de
Bellinzani et épousa Michel Ferrand,
lieutenant particulier au Châtelet, devenu par la suite président de la
Chambre des requêtes en 1683. —
« Anne de Bellinzani avait dès l'âge
de quatorze ans, distingué le beau
baron de Breteuil, âgé de huit ou dix
ans de plus qu'elle ; mais Breteuil

était occupé ailleurs : il aimait une des plus jolies femmes de ce temps, Mlle de Caumartin de Mormant, et ne fit aucune attention à l'infortunée qui soupirait pour lui, Anne, après avoir voulu passer, de désespoir, le reste de sa vie dans un couvent, finit par se résigner à la volonté paternelle et épousa Michel Ferrand, bien décidée d'ailleurs à se rattraper après le mariage. Elle n'y manqua pas. La belle Mlle de Caumartin mourut et la présidente Ferrand la remplaça dans le cœur du beau baron devenu aussi ardent pour elle qu'il s'était montré de glace tout d'abord ». — Ce petit roman est un chef-d'œuvre de sentiment et de style ; les notes et la préface de M. E. Asse, ne laissent rien à désirer au point de vue des éclaircissements.

Notons que des copies manuscrites, mais avec les noms chiffrés, circulèrent dans les sociétés parisiennes, sans doute avant la publication de la première édition.

Ainsi, dans son intéressant recueil intitulé : « Les Archives du Bibliophile » (1858, nº 1584 du catalogue), l'érudit éditeur, M. A. Claudin, annonçait, au prix de 16 fr., un exemplaire manuscrit des « Lettres », intitulé comme suit :

« LETTRES AMOUREUSES DE Mlle DE B 2663 z 183, FEMME DE M. LE PRÉSIDENT LE F 29948, A M. LE MARQUIS DE B 92 T 253662 ». S. l. n. d. (vers 1688). — Le déchiffrement donne à quelques modifications près les noms de Bellinzani, Breteuil et Ferrand ; les inexactitudes étaient sans doute le fait d'un copiste maladroit. — Ce manuscrit ne contenait que les « Lettres » et était incomplet du roman. — Anne Bellinzani était la mère d'Antoine Ferrand, dont M. E. Asse a publié les poésies.

HISTOIRE OU POLICE DU ROYAUME DE GALA, traduite de l'italien en anglois, et de l'anglois

en françois. — Londres (Paris), 1754, in-12.

C'est une traduction supposée ; cet écrit a été composé par l'abbé A.-F. de Brancas-Villeneuve ; c'est une espèce d'allégorie morale ou politique sur le gouvernement de la France (Gala, Gallia) et ses principes. « Le commerce, la police, tout y entre, à l'exception du sens commun. » (« Correspondance de Grimm », novembre 1754.)

HISTOIRE PERSANNE, extraite d'un manuscrit arabe trouvé dans les ruines de Palmyre. — (Paris), 1789, in-8.

L'auteur de cet ouvrage est le savant Jean-Pierre Gallais, ancien bénédictin, historien et journaliste, né à Doué, en 1756, mort à Paris en 1820. Il eut le courage, pendant la Terreur, de publier divers écrits qui l'eussent infailliblement fait condamner à mort, s'il en eût été reconnu l'auteur. On peut en juger par le fait suivant : le libraire Webel, qui vendait « l'Appel à la postérité sur le jugement du Roi » (1793, in-8), fut arrêté et guillotiné pour n'avoir point voulu nommer l'auteur, J.-P. Gallais. Après une vie passablement agitée, l'ex-bénédictin finit ses jours dans une retraite assez paisible. Il ne manquait pas, quoi qu'en ait dit Chénier, de talent et de malice : l' « Histoire Persanne » en fait foi. C'est une satire assez mordante contre plusieurs membres du clergé réunis au Mans, à l'occasion des élections aux Etats généraux. Elle serait aujourd'hui à peu près incompréhensible, si M. Desportes n'avait eu soin de transcrire dans sa « Bibliographie du Maine » (p. 305), une clef manuscrite qui lui était passée sous les yeux ; cette clef contient 34 noms, la voici :

Al Malech al Daher iman de Rhanec,
  — le curé d'Ernée (Grandin) ;

Altabek-Abdenaki, — l'abbé de Montesquiou ;

Archi-Mage, — l'évêque du Mans (de Gonssans) ;

Bahali, iman de Tahrat, — le curé de Teillé (Bertereau) ;

Bei Caramani, — Dom Barbier ;

Beidhavi, iman d'Obbadiah, — le curé d'Evron (Le Go) ;

Bramines, — les Bénédictins ;

Cadilesker, — le Sénéchal ;

Dertham, — le Garde des Sceaux ;

Derviches (les), — les moines ;

Divan (le) des Bassis, — la chambre ecclésiastique ;

Dolab, — Domfront ;

Ebn Jetab, — l'abbé de Sagey ;

Ignicoles (les), — les abbés commendataires ;

Iman de Durʒy, — le curé de Nonans (Besnard) ;

Iman de Schargiani, — le curé de Gourdaine (Turpin du Cormier) ;

Imans, — les curés ;

Imol, — le Mans ;

Madaïn, — Versailles ;

Mages (les), — Chanoines ;

Marhadha Reneck, — Necker ;

Moussul. Iman de Dolab, ou Iman Tambourg, — le prieur de Domfront (Le Pelletier Feumusson) ;

Naires (les), — la Noblesse ;

Nourschirwan, — Louis XVI ;

Les Parsis, — les Français ;

Les Poulias, — les Paysans ;

Pyrées (les), — les Cures ;

Rhanec, — Ernée ;

Sacca-Troubed, iman de Lahor, — Bourdet (curé du Bouère) ;

Sih-Dheirs (les), — les chapitres ou monastères ;

La Sogdiane, — le Maine ;

Ulug-Ennerib, — de Brienne ;

Vieux Bramine, — Dom Jehors ;

Vieux ignicole, — l'abbé de la Pelisse.

HISTOIRE PLAISANTE ET SINGULIÈRE D'UN ARRIÈRE-PETIT-FILS. D'OUI-DIRE, SURNOMMÉ IMBROGLIO. A Paris, aux archives du Parlement et du Châtelet, sous l'année 1779, in-4, rare.

Ce n'est qu'en raison de son titre que cet ouvrage doit être classé parmi les livres à clef. C'est tout simplement un recueil factice des plaidoyers et mémoires relatifs au procès en diffamation intenté contre l'abbé Georgel, par le comte de Broglie. Le comte prétendait que l'abbé «était l'auteur et le colporteur d'une intrigue dont l'objet était d'enlever au comte de Broglie la place de maréchal général des logis de l'armée.» On y trouve les dépositions de personnages éminents de l'époque, des enquêtes, des lettres, des réflexions critiques et l'arrêt de la cour du Parlement, Grand'Chambre et Tournelles assemblées, en date du 13 août 1779, qui décharge l'abbé Georgel de l'*accusation* intentée contre lui par le comte de Broglie (*ouï-dire,* surnommé *Imbroglio*). Le « Bulletin du Bibliophile », qui donne les détails précédents (1847, p. 95), offrait un bel exemplaire de cet ouvrage, augmenté de pièces manuscrites, au prix de 60 fr.

HISTOIRE POLITIQUE, AMOUREUSE ET HÉROÏQUE.

Voir : Staats-liebes und Heldengeschichte.

HISTOIRE RAPIDE ET LÉGÈRE DU PEUPLE ORNITHIEN.

Voir : Manuscrit tombé de la lune.

HISTOIRE SECRÈTE DE LA DUCHESSE D'HANOVER.

Voir : Histoire de Frédégonde, princesse de Cherusque.

HISTOIRE SECRÈTE DE LA REINE ZARAH ET DES ZARAZIENS, pour servir de mirror dans le royaume d'Albigion ; exactement traduit de l'original italien qui se trouve aujourd'hui dans le Vatican de Rome. — Seconde édition corrigée et imprimée dans le royaume d'Albigion, en l'an 1708, 2 parties, in-12 de XXII-123 p. et IV-136 p. frontisp.

Autre édition : HISTOIRE SECRÈTE DE LA REINE ZARAH ET DES ZARAZIENS, OU LA DUCHESSE DE MARLBOROUGH DÉMASQUÉE, avec la clef pour l'intelligence de cette histoire. — A Oxford, chez Alexandre le Vertueux, à la Pierre de Touche (Hollande, à la Sphère), 1711, avec approbation de la nation Britannique, 2 part. in-12 de XII-161 p., et III-69 p. front. et 3 p. *pour la clef.* On y joint une suite de III-72 p., Oxfort, 1712.

Trois autres éditions de cette histoire satirique sont décrites avec soin dans un excellent article publié, l'année dernière, par une revue mensuelle anglaise « The Bibliographer. » Cet ouvrage a été analysé dans la « Bibliothèque des Romans » (1776 et avril 1783). Il a été attribué au fameux docteur anglican *H. Sachewerel* et aussi à Mme *de La Rivière-Manley* qui a composé *L'Atalantis,* autre roman satirique, dont il a été parlé plus haut ; mais on n'est pas exactement fixé sur le véritable auteur de l' « Histoire Secrète ». C'est, en résumé, un violent pamphlet sur la reine Anne et sur la fameuse duchesse de Marlborough. On aura l'idée des imputations qu'il contient en se rappelant que M. Michelet, dans son « Histoire de France », insiste à plu-

sieurs reprises sur le genre d'attachement qu'il y avait entre ces deux dames. La troisième partie relative à la disgrâce de la duchesse de Marlborough, causée par la dissolution du Parlement et le changement du ministère de 1710, n'est pas la moins curieuse de l'ouvrage.

HISTOIRE TRAGI-COMIQUE DE NOSTRE TEMPS, SOUBS LES NOMS DE LYSANDRE ET DE CALISTE. — Paris, 1615, in-8 ; autre édition, Lyon, 1634, in-12. Plusieurs fois réimprimé dans le courant du XVIIe siècle, notamment sous ce titre : *Histoire des Amours de Lysandre et de Caliste.* — Leyde (Hollande), 1650, pet. in-12 de 499 p. en tout.

L'auteur de ce roman est *Henry,* ou plutôt *Vital d'Audiguier,* « qui a composé plusieurs livres qu'on lisait beaucoup au temps de leur nouveauté et qui florissait au commencement du règne de Louis XIII. » — Il est bien difficile de découvrir aujourd'hui les personnages mis en scène sous les noms de *Lysandre* et de *Caliste.* D'Audiguier, dans plusieurs de ses ouvrages, a retracé des aventures de son temps, en déguisant les noms de lieux et de personnes ; ce procédé fut employé par la plupart des romanciers de cette époque. Parmi les œuvres de cet auteur, contenant des allusions à des faits et à des personnages réels, on peut citer encore :

LES AMOURS D'ARISTANDRE ET DE CLÉONICE, par le sieur *d'Audiguier.* — Paris, 1615, pet. in-8. (Ne serait-ce pas le même ouvrage que celui ci-dessus décrit ?) et :

LES DOUCES AFFECTIONS DE LYDAMANT ET DE CALYANTE, par le sieur *d'Audiguier.* — Paris, 1607, in-12.

Ce romancier sur lequel il n'a point

été fait de travail d'ensemble, mérite-rait cependant les honneurs d'une étude spéciale. On peut consulter uti-lement à son sujet le Dictionnaire de Moreri, t. I, p. 556, la « Biographie Michaud », t. III, p. 25, et la « Bio-graphie Gay », *passim*.

HISTOIRE TRAGI-COMIQUE DE NOSTRE TEMPS, SOUBS LES NOMS DE SPLENDOR ET DE LU-CINDE, par G. D. C. — Paris, 1524, in-8.

Ce roman fort rare est, suivant Quérard et Barbier, de *G. de Coste*, auteur parfaitement inconnu de tous les biographes. On ne saura probable-ment jamais les noms véritables de ce *Splendor* et de cette *Lucinde*, dont G. de Coste nous a livré les superbes aventures.

HISTOIRE VÉRITABLE DE GIN-GIGOLO, ROI DE MANO-EMUGI. S. l. n. d., in-8 (sans doute Paris, vers 1789), 23 p.

Pamphlet allégorique fort rare diri-gé contre Louis XVI et ses minis-tres. On reconnaît facilement Necker, dans ce « ministre, né dans la répu-blique des dadas, qui avait acquis une fortune assez brillante chez un ban-quier ; aussi la nation, qui croit qu'un royaume se conduit comme un comp-toir, était persuadée que le trésor pu-blic serait rempli comme la bourse de cet étranger. »

HISTOIRE VÉRITABLE DE TCHEN-TCHEOULI, mandarin let-tré, premier ministre et favori de l'empereur Tien-Ki, écrite par lui-même et traduite du Chinois, par *Alex. P. Barginet.* — Paris, Nadau,

1822, impr. chez Gœtschy, in-8, 2 fr.

Ce petit ouvrage qui offrait, sous des noms chinois, l'histoire du mi-nistre favori de Louis XVIII et celle des personnages qui avaient pris le plus de part à son administration, fut condamné à la destruction par arrêt de la Cour royale de Paris, en date du 19 août 1822 ; des peines sé-vères furent en même temps prononcées contre l'auteur et l'imprimeur. (Voir : Catalogue des écrits condam-nés, 1877, p. 198.)

Les allusions, à ce moment surtout, étaient faciles à saisir ; tout le monde reconnaissait M. Decazes, sous les traits de *Tcheu-Tcheouli* et Louis XVIII sous ceux de l'empereur *Tien-Ki*. En raison de la destruction ordonnée par la justice, les exemplaires de ce pam-phlet sont devenus très rares.

HISTOIRE VÉRITABLE PRÉSEN-TÉE SOUS LE TITRE : LE MA-RIAGE ROMPU ET L'AMOUR MALHEUREUX, suivi D'UNE BATAR-DISE INJUSTE. Tragi-comédie en prose, divisée en cinq actes. *Soubance* (Besançon), 1764, in-8 de VI-182 p.

Le *Dictionnaire des ouvrages ano-nymes* (t. II, col. 841) et le savant ré-dacteur du *Catalogue de Soleinne* (nº 2,050 et Supplément, p. 73), s'ac-cordent à attribuer à PIERRE MARION de Salins, cette pièce fort rare, non citée dans la *Bibliothèque du Théâtre-Français* et dans le *Catalogue de Pont-de-Vesle.*

D'après une note autographe de Charles Nodier, tous les personnages qui figurent dans cette pièce sont his-toriques, mais leurs noms sont re-tournés ; ainsi :

Ormian de Saint-Récy, — c'est Marion de Saint-Cyr ;

Miennamie Secto, — Jeanne-Marie Coste ;

Rhecolta Secto, — Recollette Coste ;

Irrepin Ormian. — Pierrin Marion, fils naturel d'Ormian et de Miennamie ;

M. *Casmol,* — .....

Étentine Versuleas, suivante,— Étienne Levasseur ;

Nanjet, fausse gouvernante,—Jantet ;

Ropet, valet d'*Ormian,* — Pérot.

On ne possède pas de renseignements précis sur l'auteur de cette étrange comédie ; mais M. Paul Lacroix semble disposé à penser que c'est le même que *Marion,* cité sans prénom, dans la *France littéraire,* de M. Quérard, comme auteur de diverses pièces de théâtre.

HISTORY AND ADVENTURES OF AN ATOM (by *Tobias Smollet*).

— London, 1749, in-12 (malgré cette date, cette première édition est réellement de 1769). — 2ᵉ édition : London, 1769, 2 vol. in-12 ; dixième édition : London, 1778.

2 vol. in-12. Fréquemment réimprimé depuis, même de nos jours.

Sous des noms supposés, l'auteur expose la conduite et les dissensions de certains partis politiques, de 1754 à 1768. Il passe en revue, en les affublant de noms prétendus japonais, les hommes d'Etat qui avaient dirigé ou contrarié la marche du gouvernement anglais. Ce roman politico-satirique est une œuvre de ressentiment personnel ; Smollett avait sur le cœur l'oubli d'un ministère qu'il avait jadis si vainement soutenu et encensé dans ses écrits ; aussi ne craignit-il pas de rétracter les jugements favorables qu'il avait portés dans son histoire sur plusieurs ministres, particulièrement sur Lord Bute et sur Lord Chatham. Cette vengeance contribua du reste à le décréditer lui-même dans l'esprit de ses concitoyens. — On trouve une clef complète de ce livre, toujours lu et recherché en Angleterre, dans l'ouvrage de *William Davis,* imprimé en 1825, et intitulé : « A second Journey round the Library of a Bibliomaniac. »

HISTORY (THE) OF JOHN BULL.
Voir : Le Procès sans fin.

HISTORY (A) OF NEW-YORK, from the beginning of the World to the end of the dutch dynasty by *Diedrick Knickerbocker.* — New-York, 1809. — Réimprimé, à Paris, chez Galignani, 2 vol. in-12, et traduit sous le titre de : « HISTOIRE DE NEW-YORK (ou NEW-AMSTERDAM), depuis le commencement du monde jusqu'à la fin de la domination hollandaise », par Diedrick Knickerbocker (*Washington Irving*). — Paris, Sautelet, 1827, 2 vol. in-8.

Cet ouvrage qui contribua tant à fonder la réputation du célèbre romancier américain et qui lui valut la connaissance et l'amitié de Walter Scott, est une satire politique des plus fines, pleine de gaîté, d'esprit et d'*humour.* Les allusions y abondent et plus d'un président des États-Unis est merveilleusement raillé dans ce tableau « des « innombrables hésitations de *Walter* « *l'Indécis,* des plans désastreux de « *William le Bourru* et des exploits « chevaleresques de *Pierre Forte-Tête,* « les trois gouverneurs de New-Amsterdam, seule histoire de ces temps « qui ait jamais été, ou puisse être « publiée. »

Le livre eut un succès prodigieux, non moins en Angleterre qu'en Amérique. Les revues de Londres et notamment « The London Quarterly Review » (mars 1825, t. XXXI, p. 475) en firent le compte rendu en termes des plus élogieux, « regrettant seulement de ne pouvoir comprendre toutes les allusions contenues dans cet ouvrage, qui tient du « Conte du Tonneau » de Swift et est rempli d'une vivacité toute française ».

Sans aucun doute, la clef de ce livre a dû être faite en Amérique, dès les premiers moments de sa publication.

HOMME (L') A BONNE FORTUNE...
Voir : Le Taureau banal de Paris.

HOMME (L') A BONNES FORTUNES, comédie (en cinq actes et en prose), par M. Baron. — Paris, 1686, pet. in-12, plusieurs fois réimprimé.

Cette pièce, qui fut très goûtée, a été tour à tour attribuée à d'Alègre et à de Subligny, plutôt qu'à Baron, dont cependant elle porte le nom. On sait que Michel Boyron, dit Baron, fameux acteur, eut de grands succès dans un certain monde ; il était fort bel homme et eut de nombreuses aventures galantes ; ces diverses circonstances l'ont toujours fait regarder comme l'auteur, l'acteur et le héros de l'« Homme à bonnes fortunes ».

HOMME (L') A CORNES, tragicomédie. — Paris, chez les principaux libraires, 1787, in-8, assez rare.

Cette pièce burlesque, en vers, n'est autre chose qu'une satire relative au procès de Beaumarchais et du banquier Kornmann.

HOMME (L') DE COUR, comédie en cinq actes en vers, par M. Chauveau. — Londres et Paris, Barbou, 1767, in-8.

Quoique l'auteur « proteste contre toute application personnelle, directe et indirecte », il y a lieu de croire qu'il a eu en vue le maréchal de Richelieu, dans le personnage de Vassigny, duc de Floricour. On comprend dès lors qu'il ait attendu pendant quinze mois une lecture à la Comédie-Française qui était, à cette époque, sous l'autocratie du maréchal (Catalogue Soleinne, n° 2108).

HOMME (L') DU SIÈCLE.
Voir : La Morale des Sens.

HOMMES (LES) DE PROMÉTHÉE.
Voir : Les Impostures innocentes.

HOMMES (LES) DU SECOND EMPIRE, SILHOUETTES CONTEMPORAINES, par E.-C. Grenville-Murray. — Traduit de l'anglais avec l'autorisation de l'auteur, par Auguste Dapples. — Paris, Sandoz et Fischbacher, 1873, in-12, 3 fr. 50.

L'édition originale anglaise de ce livre est datée de Londres, 1869. L'auteur, homme de lettres et diplomate anglais, y a condensé ses observations personnelles sur les personnages politiques de la cour de Napoléon III : il ne nomme pas les gens et se contente de les désigner par des allusions faciles à saisir ; ainsi, le sénateur impérial n'est autre que M. Rouher ; le ministre qui parle, c'est M. de Forcade La Roquette, etc., il y pleut des masques. M. Grenville-Murray s'est d'ailleurs particulièrement occupé de notre société politique et a publié divers ouvrages dans lesquels, sous des noms d'emprunt, il trace des portraits de personnages français contemporains. Citons notamment :

LE DUC DE HAUTBOURG, histoire d'un député sous le second Empire. — Traduit par J. Butler. Paris, Le Chevalier, 1875, 2 vol. in-12.

LE DÉPUTÉ DE PARIS, épisodes du second Empire, traduit par le même. Paris, A. Ghio, 1875, in-12, 3 fr.

LES HOMMES DE LA TROISIÈME RÉPUBLIQUE, traduit par Henri Testard. Paris, Sandoz et Fischbacher, 1873, in-12, 3 fr. 50.

HUDIBRAS, A POEM ; by *Samuel Butler ;* with *Dr Grey's* annotations. — A new Edition, corrected and enlarged. — London, Baldwin, 1819, 3 vol. in-8, ornés d'un portrait, de gravures et de nombreuses vignettes sur bois. On y joint quelquefois une série de soixante portraits spécialement publiés par Baldwin pour illustrer cet ouvrage.

Telle est l'une des plus belles et assurément la meilleure de toutes les éditions de ce célèbre poème burlesque, divisé en trois parties qui parurent successivement, à Londres, pour la première fois, en 1663, 1664 et 1678. Les éditions anglaises sont innombrables, mais il n'existe qu'une traduction française du poème complet; à peine deux ou trois littérateurs, et notamment Voltaire, ont-ils traduit des fragments du premier chant. Voici le titre de la traduction complète, due à l'anglais *John Towneley*, officier au service de la France :

« HUDIBRAS, » POÈME ÉCRIT DANS LE TEMPS DES TROUBLES D'ANGLETERRE, traduit en vers français (par *Towneley*, et publié par l'abbé *Tuberville-Néedam*), avec des remarques (par *Larcher*). Londres (Paris), 1757, 3 vol. in-12, ornés de figures assez fines, composées d'après les dessins d'*Hogarth.*

Cette traduction, excellente pour le sens, sinon pour la versification, correspond presque vers par vers au texte anglais imprimé en regard. Elle a été réimprimée : Paris, Jombert et Didot, 1819-1820, 3 vol. in-12, avec 15 fig. d'après Hogarth (15 fr. et 30 fr. sur grand papier). Ni l'une ni l'autre de ces traductions ne se rencontre facilement aujourd'hui. La dernière édition, qui a fait baisser le prix de celle de 1757, qui n'avait été tirée qu'à 200 exemplaires, est augmentée d'une clef générale d' « Hudibras, » composée par *Lottin jeune* et d'une notice sur *Towneley.*

Tout le monde sait que *Butler*, dans ce poème qui procède de « Don Quichotte » et de la « Satyre Ménippée, » a eu pour but de tourner en ridicule le fanatisme et l'extravagance féroce des sectes religieuses et des partis politiques qui ont bouleversé l'Angleterre dans les dernières années du règne de Charles Ier et sous le Protectorat de Cromwell ; — royaliste fervent, il ne s'est pas privé de lancer des traits fort acerbes et souvent mérités contre les Indépendants et les Républicains. Sous la Restauration de Charles II, l'horreur générale que l'on conservait pour les crimes et les folies qui étaient l'objet de cette satire, y donnaient un intérêt plus vif, et les conversations fournissaient à chaque instant l'occasion d'en citer quelques fragments et d'en tirer des allusions très piquantes. En s'éloignant de cette époque, l'effet de l'ouvrage s'est nécessairement affaibli : beaucoup de plaisanteries et d'allusions sont devenues presque inintelligibles, même pour les Anglais, à plus forte raison pour nous, et l'on a été obligé de commenter Butler, comme, chez nous, on a commenté Rabelais. Encore faut-il remarquer que les commentateurs ne sont pas toujours d'accord. On convient cependant en général que le personnage d'*Hudibras* représente Sir Samuel Luke, ardent puritain, que Butler avait bien connu ; — *Ralpho*, son écuyer, personnifie la secte des Indépendants ; — l'ivrogne *Crowdero*, serait le portrait d'un tailleur nommé Jackson ; *Trulla*, une fière gaillarde, ne serait autre que la fille du républicain James Spencer ; — *Sidrophel*, le sorcier, représenterait le fameux astrologue Guillaume Lilly ; — son disciple *Whachum*, était une espèce de clerc de procureur nommé Thomas Jones ; — enfin, le nom de *Smectymnus* est un mot factice formé des lettres initiales des noms et prénoms de cinq prédicateurs parlementaires alors fameux : Stephen Marshall, Edmond Calamy, Thomas Young, Mathieu Newcomen, William Sparstow.

Outre la clef donnée par *Lottin jeune*, les curieux consulteront avec fruit : A KEY TO HUDIBRAS, by Sir *Robert l'Estrange*, insérée dans les « Posthumous Works of Samuel Butler. » London, 1720, 3 vol. in-12, gravures.

HUSBAND (THE) HIS OWN CUCKOLD. — A comedy, by *John Dryden*, junior. — Acted at Lincoln's-Inn-fields. — 1696, London, in-4. (Le mari qui se c...fie lui-même.)

Le titre de cette pièce indique suffisamment la nature du sujet qui n'est pas des plus réservés. L'intrigue est fondée sur un fait absolument véritable qui s'était récemment passé à Rome ; l'auteur crut devoir transporter la scène en Angleterre et donner des noms anglais à ses personnages. (Voir « Biographia Dramatica » — 1782, T. II, p. 159.)

HYMNE SUR LA NAISSANCE DE MADAME DE FRANCE, FILLE DU ROY TRÈS CHRÉTIEN CHARLES IX ; par *J. S. P.* — Paris, Mathurin Martin (1571 ou 1572), pet. in-8 de 8 f., contenant 325 vers.

On ne cite ici ce très rare opuscule d'un élève de Ronsard que pour démontrer une fois de plus l'utilité des clefs pour l'intelligence de beaucoup de vieux auteurs ; qui pourrait en effet bien comprendre les allusions contenues dans les vers suivants, où *J. S. P.* désigne divers poètes qui ont chanté comme lui la naissance de Madame de France (Marie-Elisabeth)?

.... « Eh quoy vous, doctes Cignes,
Poëtes Sainctz qui suivez les enseignes
Du perruquier, que n'enflez-vous vos pas
Pour du natal hault sonner les esbats ?
Certes i'ay tort : voicy ce grand Terpandre,
Qui de sa bouche un grand torrent espandre
Faict des chansons, ce iour solennisant ;
Voicy l'amant de Meline épuisant
La Source belle au cheval de Persie,
Qui d'un doux chant faict sa lire dorée
Hault résonner ; voicy Belleau encore
Et l'autre aussi qui prend son nom de l'or..... »

J'avouerai humblement que sans une note du « Bulletin du Bibliophile » (1857, p. 404), j'aurais eu bien de la peine à trouver que « *les enseignes du perruquier* » signifient la Bannière d'Apollon ; que « *ce grand Terpandre* » veut dire Ronsard et que celui *qui prend son nom de l'or*, c'est Dorat (en latin *Auratus*). Les écrits les plus obscurs, je le répète, même les plus insignifiants en apparence, peuvent encore nous donner quelques indications utiles ou intéressantes, quand ils sont bien déchiffrés.

HYPERCALYPSEOS LIBER SINGULARIS.
Voir : Didymi clerici, prophetæ minimi.

HYPNEROTOMACHIE, ou DISCOURS DU SONGE DE POLIPHILE...
Voir : Poliphili Hypnerotomachia...

I. K. L. ESSAI DRAMATIQUE, OUVRAGE POSTHUME DE LÉONARD GOBE-

MOUCHE, publié par Marc-Roch-Luc-Pic-Loup, citoyen de Nanterre, des académies de Chaillot, Passy, Vanves, Auteuil, Vaugirard, Suresne, etc. Dernière édition *(Fari quæ sentiam)*. A Montmartre, et se trouve à Paris, chez Louis Cellot, imprimeur-libraire, rue Dauphine. M.DCC.LXXVI. In-8 de 72 pages.

I. K. L., infante de Congo, est une facétie quasi-dramatique, dont tout le dialogue se compose des lettres de l'alphabet, non assemblées entre elles et disposées dans leur ordre alphabétique. On comprend combien cette espèce de rébus serait fastidieuse si elle se prolongeait au delà des 25 lettres de l'alphabet. Ce soi-disant drame n'est d'ailleurs qu'un prétexte à moqueries. L'auteur de cet opuscule, WILLEMAIN D'ABANCOURT, ne cesse, dans son épître dédicatoire à son cordonnier, dans son discours préliminaire, dans son éloge de Léonard Gobemouche, enfin dans les nombreuses notes qui servent de commentaire à *I. K. L.* de railler impitoyablement la plupart des petits auteurs de son temps ; toutefois, il sait rendre justice au vrai talent. Or, comme tous les écrivains auxquels il fait allusion ne sont désignés que par des initiales ou par des périphrases aujourd'hui peu transparentes, il s'en suit que cet opuscule doit être rangé dans la catégorie des livres à clef. Faire toutes les recherches nécessaires pour dresser la clef bien complète de ce mince écrit, serait un bien grand labeur pour un très petit résultat ; aussi me bornerai-je à dévoiler ici les noms les plus importants :

C'est ainsi que, page 10, *D...* signifie Durosoi, et, page 16,

Les feuilles soporatives du grand F..., désignent Fréron ;

Les erreurs du savant N..., — l'abbé Nonotte ;

Les tragédies barbares de Chapelain second, — Le Mierre ;

Les comédies pitoyables du larmoyant F..., — Falbaire de Quingey ;

Les drames héroï-bourgeois de l'intrépide M..., — Mercier ;

Le XVIII*ᵉ siècle du judicieux G...*, — Gilbert ;

Les grandes notices du petit S..., — Sautreau de Marsy ;

Les rimes usuraires de la muse limonadière, — Mᵐᵉ Bourette ;

Les siècles éloquents de l'éloquent S..., — l'abbé Sabatier ;

La Psyché récrépie de catharreux A..., — l'abbé Aubert ;

Les rapsodies familières de l'égoïste D..., — le chevalier Ducoudray ;

Les lettres sublimes de l'impartial C..., — J.-M.-B. Clément.

ICARIA.

Voir : Joannis Bisselii è societate Jesu, etc.

IDÉE D'UN RÈGNE DOUX ET HEUREUX, ou RELATION DU VOYAGE DU PRINCE DE MONTBÉRAND DANS L'ISLE DE NAUDELY. Premier *(sic)* partie. Cazères (Paris), 1703. In-12, fig. Plusieurs fois réimprimé avec des changements dans le titre et sous la rubrique soit de Messine, soit de Mérinde, en 1705 et en 1706.

Cette médiocre production est de PIERRE DE LESCONVEL, écrivain sans valeur qui avait la manie de se cacher sous des pseudonymes ou de fausses qualités. Une des éditions de l'*Idée d'un règne doux et heureux* porte : « par l'auteur des *Aventures de Télémaque ;* » mais le public ne se méprit pas longtemps à cette supercherie, et l'auteur ne publia jamais la seconde partie de son roman allégorique. C'est, dit la Biographie Michaud

(t. XXIV, p. 284), une espèce de satire plate et ennuyeuse contre les mœurs de la fin du règne de Louis XIV et plus particulièrement contre le faste des prélats. M. G. Brunet dit qu'on a infructueusement cherché à déchiffrer les anagrammes de cet ouvrage. La clef est donc encore à faire.

ILE (L') DES APHONES, ou Histoire d'un peuple affligé d'une extinction de voix. Par *Louis Reybaud*. Inséré dans Les « Mœurs et Portraits du temps. » Paris, Michel Lévy, 1853, 2 vol. in-12 (forme les pages 291 à 432 du t. I et 1 à 83 du t. II).

Ingénieuse allégorie politique. Il s'agit d'un peuple inconnu qui perd l'usage de la parole dès qu'on l'interroge sur les actes ou sur la forme de son gouvernement; les journaux mêmes qui contiennent des informations politiques deviennent illisibles; la page est blanche dès qu'on y jette les yeux. Il s'agit, bien entendu, de la France et des tracasseries de la police politique qui voudrait fermer toutes les bouches et briser toutes les plumes; la Chambre des Pairs, la Chambre des Députés, le Conseil d'Etat et l'armée sont mis en cause et finement raillés. On remarque des allusions à certains personnages et fonctionnaires de l'époque; M. Louis Reybaud excellait, on le sait, dans ce genre de satire; nous le retrouverons aux deux articles : « Jérôme Paturot. »

ILLUSTRE (L') AMALAZONTHE, dédié à Son Altesse Royale, par le sieur *des Fontaines*. — Paris, Antoine Robinot, 1645, 2 parties en 1 volume in-8 de 7 f. préliminaires, 539 et 341 pages.

Bien que les « livres à clefs » aient donné quelques indications sur cet ouvrage (p. 91), il nous semble intéressant de reproduire ici, outre la clef même du roman, un extrait d'une excellente notice donnée sur ce livre par M. *Paul Lacroix* dans le « Bulletin du Bibliophile » (année 1862, p. 1253-1254).

« Barbier, dans son « Dictionnaire des anonymes, » dit l'éminent bibliographe, a publié une clef de ce roman d'après une note tirée du catalogue manuscrit de la bibliothèque du président Bouhier. Cette clef était indispensable pour l'interprétation de l'ouvrage, dans lequel l'auteur a fait entrer, sous des noms allégoriques, toute l'histoire du procès criminel de Philippe Giroux, président à mortier au parlement de Dijon, assassin de Pierre Baillet, président en la chambre des comptes de Bourgogne. Au reste, cette clef avait circulé en même temps que le livre, dès l'apparition de l' « Illustre Amalazonthe, » et les auteurs de la « Bibliothèque historique de la France, » édition de Fevret de Fontette, l'ont citée sous le n° 33,083, à la suite des pièces imprimées et manuscrites relatives à ce procès célèbre. L'exemplaire de l' « Illustre Amalazonthe » que nous avons entre nos mains, renferme une clef beaucoup plus détaillée que celle de Barbier. Les cinq pages manuscrites in-4° qui figurent en tête de cet exemplaire, ont été rédigées, au moment où le roman a paru, par une personne bien informée, qui a réuni des particularités curieuses sur les personnages mis en cause. On sait avec certitude que l'auteur du roman est l'abbé *de Ceriziers*, qui avait pris le nom de son ami Desfontaines, auteur de tragi-comédies représentées à l'hôtel de Bourgogne, pour donner plus de vogue au récit romanesque où il avait introduit l'histoire tragique des amours du conseiller Giroux avec la dame Baillet, en la faisant remonter à l'époque de Jules

César. C'était là le genre d'allusions historiques qui charmait la société polie au milieu du XVII° siècle.... »

Il est regrettable que M. P. Lacroix n'ait pas cru devoir compléter la clef donnée par Barbier, à l'aide du curieux exemplaire annoté qu'il avait entre les mains et qu'un heureux amateur a pu, en 1862, acquérir pour la somme de 24 fr.

Nous sommes donc réduits à transcrire la clef plus restreinte qui est insérée dans la dernière édition des « Supercheries littéraires (t. I, col. 912 et 913) :

Anthénor, — Benoît Giroux, président à mortier au parlement de Dijon, père de Philippe ;

Axiane, — Marguerite Brulard, veuve de Jean Legoux, sieur de la Berchère, premier président audit parlement et belle-mère dudit Philippe Giroux ; quelquefois aussi on donne, dans le roman, ce même nom à Jeanne Burgat, mère du président Baillet, quoique le plus souvent on lui donne celui d'*Ericlée;*

Balisthène, — Pierre Baillet, président à la chambre des comptes ;

Bélise, — N. Berbis, veuve du sieur du Vigny ;

Bérénice, — Marie Fyot, femme du président Baillet, fille de M. Fyot de Barain, doyen dudit parlement;

César, — Henri de Bourbon, prince de Condé ;

Elius Cusanus, — Pierre de Saumaise, sieur de Chasans, conseiller audit parlement ;

Ericlée, — Jeanne Burgat, mère du président Baillet;

Eugène, — valet du même président ;

Fétomire, — Jacquot, conseiller audit parlement, l'un des rapporteurs du procès ;

Gergovie, — la ville de Dôle ;

Justinien, — Sayve, conseiller audit parlement ;

Kéralie, — N. Legoux de la Berchère, femme de Philippe Giroux ;

Lisimandre, — Denis Legoux, frère de

ladite dame, depuis premier président au parlement de Grenoble ;

Mégliaris, — Millière, conseiller au parlement de Dijon, l'un des rapporteurs dudit procès ;

Morélie, — Hilaire Moreau, jeune fille de Beaune ;

Protésilas, — Pierre Legoux, sieur de la Berchère, premier président audit parlement ;

Rufinius, — Philippe Giroux, président à mortier audit parlement ;

Toxaris, — N. Rodot, médecin d'Avallon ;

Vercingétorix, — le roi d'Espagne.

ILLUSTRE (L') ESCLAVE.

Voir : Cléodamis et Lelex.

ILLYRINE ou L'ÉCUEIL DE L'INEXPÉRIENCE (par *M*^me *Suzanne Giroux*, dite *de Morency*). — Paris, Pringuet et chez l'auteur, rue Neuve-Saint-Roch, 111, an VII (1799), 3 vol. in-8, portrait de l'auteur. Prix : 9 fr. Réimprimé, s. l. n. d., en 2 vol. in-18.

« Cet ouvrage, dit Quérard, n'est point un roman ; c'est l'histoire un peu scabreuse d'une femme de vingt-huit ans, écrite par l'héroïne même qui en est l'objet. Sa famille n'y est point respectée. La plupart des personnages qu'on y voit figurer sont très connus et ont joué un grand rôle sur le théâtre de la Révolution : tels sont, par exemple, Dumouriez, Saint-Just, Fabre d'Églantine, Hérault de Séchelles, etc. — La multitude des aventures contenues dans ces mémoires prouve que, pendant quinze ans, l'héroïne n'a perdu que peu ou point d'instants. « La connaissance que j'ai des hommes, dit-elle, m'a appris à traiter l'amour cavalièrement : » principe qu'elle a mis en usage tant qu'un reste d'attraits le lui a permis. » — M. Ch. Monselet qui a donné une curieuse notice sur Mme de Morency (Les Oubliés et les Dédaignés, t. II, pp. 115-138), ajoute : « Illyrine est, de tous les ouvrages de cette dame, celui qui a fait le plus de bruit, c'est-à-dire le plus de scandale ; elle s'y est peinte elle-même sous différents pseudonymes. « Illyrine » fut lue par tous ceux qui connaissaient l'auteur et par tous ceux qui désiraient le connaître, si bien que le surnom d'*Illyrine* resta à la Morency. » Bien que beaucoup de noms propres soient écrits en toutes lettres dans cet ouvrage, quelques personnages sont désignés sous des pseudonymes ou par. des initialismes : ainsi dans l'avocat Q.....t, il faut reconnaître le pauvre Quillet, que Suzanne Giroux (rien de la chaste Suzanne !) avait épousé toute jeune à Soissons et dont elle se sépara plus tard en divorçant.

« Illyrine » eut une véritable suite intitulée : *Rosalina* ou *les Méprises de l'amour et de la nature, par M. G***.* auteur d' « Illyrine, » Paris, an IX (1801), 2 vol. in-12, de XI-206 et 217 pp. Portrait. Prix : 3 fr.

Ce roman, non moins singulier qu' « Illyrine, » porte pour épitaphe :

S'il faut, pour être sage, abjurer la tendresse,
Je garde mon délire et proscris la sagesse.

On lit dans l'avant-propos : « Ce nouvel ouvrage de l'auteur d'*Illyrine* porte encore le caractère d'une parfaite originalité et d'une excessive vérité, puisque l'on peut mettre le doigt sur tous ses héros. Cette seconde *folie* est de même divisée par *lettres* et par *chapitres*. » Ainsi ce sont encore des mémoires où les allusions et les personnalités ne sont pas ménagées. Q......e (Quinette) notamment, ancien amant de la Morency, y joue un rôle peu brillant. En résumé, *Illyrine* et *Rosalina* mériteraient à plus d'un titre les honneurs de la réimpression, et une clef bien complète rendrait ces deux ouvrages fort intéressants, même de nos jours.

IMPOSTOR (THE) DETECTED, or The Vintner's triumph over B...e and H...r. — A farce occasioned by a case lately offered to H...e of C...ns, by the said B...ke and H...r. — 1712 (London), in-4.

Cette pièce, dont l'action se passe à Londres dans le palais de Westminster, est absolument politique et ne fut pas composée pour être représentée : B—e et H—r sont deux membres du parlement (H— of c—ns) Brooke et Hellier : on trouverait la clef de cette *farce* en parcourant les actes de la Chambre des communes (House of commons), pour cette année-là. (« Biographia dramatica, » t. II, p. 166.)

IMPOSTURES (LES) INNOCENTES, ou Les Opuscules de M*** (*Meusnier de Querlon*). Magdebourg (Paris), 1761, 2 parties en 1 vol. in-12.

Certains exemplaires ont pour titre :

Histoire de quelques courtisanes Grecques, précédée du point de vue de l'Opéra ; suivies de quelques contes. Par M. de Querlon. — A Magdebourg, et se trouve à Paris chez les marchands de nouveautés. 2 parties en 1 vol. in-12 (ou plutôt in-18) de VIII, 279 p.

Il n'est point douteux que ces deux livres ne soient absolument un seul et même ouvrage ; de plus, je suis très porté à croire qu'il n'y a eu qu'une édition, en 1761. En effet, le titre et le faux-titre de l' « Histoire de quelques courtisanes » sont imprimés sur papier beaucoup plus blanc que le reste de l'ouvrage ; sans doute les « Impostures innocentes » ne se débitèrent pas assez vite au gré du libraire et, comme cela se pratiquait souvent aussi bien au XVIII° siècle que de nos jours, il jugea utile de le remettre en vogue en remplaçant le premier titre par un autre plus alléchant. L'exemplaire de M. A. Dinaux, que possède actuellement M. O. Uzanne qui me l'a communiqué, confirme entièrement cette opinion ; le titre porte : « Histoire de quelques courtisanes, » mais le relieur a bien mis sur le dos : « Impost. innoc. » Les pièces que contient ce recueil sont au nombre de cinq et sont intitulées : « LE POINT DE VUE DE L'OPÉRA ; — PSAPHION, OU LA COURTISANE DE SMYRNE (déjà publié en 1748, in-12) ; — LES HOMMES DE PROMÉTHÉE ; — SERPILLE ET LILLA, OU LE ROMAN D'UN JOUR ; — CINNAME, histoire grecque. »

M. A. Dinaux, dans une assez longue note qu'il avait écrite sur son exemplaire, n'hésite point à dire que l'auteur, dans ses « Impostures innocentes, » a fait certainement allusion, sous des noms grecs, à des femmes galantes de Paris : cela est d'autant plus admissible que Meusnier de Querlon n'en était pas à son coup d'essai en pareille matière ; déjà, en 1740, il avait publié un livre à clef, « Les Soupers de Daphné et les Dortoirs de Lacédémone, » que nous retrouverons plus loin. Malheureusement, si la clef des « Soupers » a été faite, il n'en est pas de même pour les « Impostures innocentes » et ce ne serait point un mince travail de rechercher la signification véritable de tous les noms grecs qui abondent dans « Psaphion, » dans les « Hommes de Prométhée » et dans « Cinname. »

INCONNUE (L'), HISTOIRE VÉRITABLE. S. l., 1785, in-8 de 99 p., plus un feuillet contenant la clef ; rare, surtout avec la clef.

Ce récit, dont l'auteur est demeuré inconnu, repose sur un fait très réel et contient des particularités très curieuses sur la vie et les intrigues d'une aventurière du siècle dernier, la demoiselle *Félix-Julienne de Schonau, dite Freulen,* qui se faisait passer pour la fille naturelle de l'empereur François Ier, mort en 1765. Le « Bulletin du Bibliophile » contient, dans son numéro de mars-avril 1874 (pp. 144 à 149), un fort intéressant article signé : *W. O.,* relatif à cet ouvrage ; on y voit que le duc de Richelieu et le comte de Cobenzel furent assez agréablement dupés par la belle mademoiselle de Schonau. L'article se termine par la clef de l' « Inconnue ; » la voici :

A..b..g, — Aversberg ;
A.ch..e M.r.e, — archiduchesse Marianne ;
B..g..so, — Belgioso ;
Ch..s de L..e, — Charles de Lorraine ;
C...l, — Cobenzel ;
C..r..ny, — Coroniny ;
D...n, — Dietrichstein ;
E.p..r F..s, — Empereur François Ier ;
I..p..ce, — Impératrice ;
J. de W..ff, — Jean de Weissendorff ;
K..tz. — Kaunitz.

Ajoutons que la « Correspondance de Grimm » (février 1763) signale, sous le titre suivant, un ouvrage qui semble avoir beaucoup d'analogie avec celui qui nous occupe ; c'est L'INCONNUE, ROMAN VÉRITABLE, OU LETTRES DE M. L'ABBÉ DE *** ET DE Mlle DE B*** (Paris, 1765).

« Il n'y a point de décrotteur, dit Grimm, qui n'écrivît mieux que le coquin, auteur de cet ouvrage. On ne comprend rien du tout à son impertinente rapsodie. Là, comme je présume, l'héroïne du roman est une certaine Mlle Renaud, ancienne maîtresse du comte de Brulh, grand écuyer et frère du premier ministre ; il faudra s'adresser à elle pour avoir la clef de cet insipide et détestable bavardage. »

Il serait bien curieux de pouvoir comparer les deux ouvrages et de savoir si Mlle Renaud et Mlle de Schonau, dite Freulen, ne sont pas une seule et même personne, comme paraît le croire la « Bibliographie Gay. »

INGÉNUE SAXANCOUR, ou LA FEMME SÉPARÉE : Histoire propre à démontrer combien il est dangereux pour les filles de se marier par entêtement et avec précipitation, malgré leurs parents : écrite par elle-même. — A Liège, et se trouve à Paris, chez Maradan, libraire, rue des Noyers, n° 33, 1786 à 1789. Trois parties en trois volumes in-12 de 248, 240, 260 p.

Ouvrage de *Nic.-Ed. Restif de la Bretonne*. C'est l'histoire d'*Agnès*, fille aînée de Restif, histoire désolante, dit M. Ch. Monselet, et sans doute exagérée à dessein. On a peine à comprendre comment Restif ose ainsi dévoiler les turpitudes de son ménage et de sa famille.

C'est encore à *M. P. Lacroix* que nous emprunterons les intéressants renseignements qui suivent, sur la clef de cette incroyable production : voici comment s'exprime l'éminent bibliographe :

« La clé de la Femme infidèle, rédigée par Restif lui-même, peut servir aussi pour l'interprétation d'une partie d'*Ingénue Saxancourt* (Voir ce titre) ; nous avons jugé utile pourtant d'ajouter à notre ouvrage une clef particulière, dans laquelle on trouvera beaucoup d'explications que Restif n'aurait pas données.

Tomes. Pages.
Ier. 7. *Une grande dame*, — la comtesse de Boufflers.
— *Une jeune femme*, — Agnès Restif, dite Ingénue.
— 9. *Jean de Vert*, —Restif lui-même.

Tomes Pages
— 10. *Une ville de Bourgogne*, — Auxerre. — *Un village de Champagne*, — Sacy. — *Mon ayeul maternel*, — Edme Restif, illustré par la Vie de mon père.
— 11. *Mon ayeule*, — Barbe Ferlet, femme du précédent. — *Mon père*, — Nicolas. — Edme Restif de la Bretonne, dit Saxancour, du nom de Sacy, où il était né.
— 17. *Mulino, marchand de mousselines*, — Moulins. Voy. Monsieur Nicolas, t. X, page 3686.
— 18. *Une grande fille*, — Sara Krammer.
— 19. *M. Leroux*, — Imbert de Saint-Maurice. Ibid., page 2679.
— 21. *Mlle Balbin*, — Agnès Lebègue, femme de Restif.
— 41. *Une commère*, — Mlle Désirée Didier. Ibid., page 2718.
— 48. *Une dame Manigre*,—Germain. Ibid., page 2730.
— 50. *Deux jumeaux.* — Voy. sur ces jumeaux la Femme-infidèle.
— 52. *M. Rapenot*, — c'est Edme Rapenot, le libraire.
— 59. *Un galetas au cinquième*, — au collège de Presle, rue de la Harpe.
— 75. *Une demoiselle fort brune*, — Estherette. Voy. Monsieur Nicolas, tome X, page 2772.
— 78. *Ma sœur*, — Marion, seconde fille de Restif.
— 81. *Caraqua*,— Chéreau de Villefranche. Ibid., tome X, page 2831. — *L'Anglais*, —sir Janson. Ibid., t. X, X, page 2843.
— 89. *Ornefuri*, — Fournier.
— 115. *Un homme singulier*,— c'es

ans. — Restif en parle dans Monsieur Nicolas, tome XI, page 3125, sans la nommer.

— 250. *Une femme de qualité du premier mérite,* — la comtesse de Beauharnais.

— 254. Ingénue ne vécut que quelques heures. — Ceci est du roman et n'a été imaginé que pour donner le change aux chercheurs d'allusions.

— 255. *La comtesse de B***,* — de Beauharnais. Moresquin envoyé aux îles. Ici encore l'histoire cède la place au roman.

— 257. *Marivert,* — Maribert-Courtenay, prête-nom de Restif. Dans Monsieur Nicolas, tome XI, page 3142 et suiv., il raconte qu'il imprime Ingénue Saxancour à la prière d'une dame Laruelle, qui avait marié sa fille à M. Moresquin : « J'ai rapporté, dit-il, une partie de ces horreurs, sous le nom de cet homme, dans Ingénue Saxancour, et ce qu'il y a de singulier, c'est qu'un autre homme innommé (Augé) a montré ce livre partout comme étant son histoire. »

— 259. *Deux magistrats, le vengeur de crimes, et le chef de la police et des mœurs,* — le lieutenant civil et le lieutenant de police. »

(« Bibliographie de Restif de la Bretonne, » pp. 317-319.)

INNOCENS (LES), poème héroïcomique en quatre chants. — A Lisbonne (Paris), 1762, in-8 de 51 p., orné d'une jolie figure, rare.

C'est une des satires qui pleuvaient alors sur les jésuites; l'auteur, *Alexis Maton* avait pris ces mots pour épigraphe de son poème : « *Laudatur ab his, culpatur ab illis.*» « Ce poème, dit-il, est intitulé *Les Innocents,* parce que des animaux domestiques y sont la victime innocente des querelles et de la vengeance de leurs maîtres. J'ai tâché d'y faire entrer des fictions, d'y peindre les caractères et les passions, et d'y jeter çà et là des plaisanteries auxquelles les circonstances du temps semblent donner un libre cours. » La figure non signée mise en tête de cet opuscule est sans doute de *Montalais,* qui a illustré la plupart de ces écrits anti-jésuitiques.

Ce petit poème a été réimprimé sous le titre de « Les Victimes, » Amsterdam (Paris), 1768, in-8.

INSATIATE (THE) COUNTESS. Tragedy by *J. Marston,* 1603 (London), in-4, réimprimé en 1613 et 1631.

Marston avait l'habitude de déguiser les vrais noms de ses personnages sous des noms supposés. S'il faut en croire Langbaine, cette pièce, sous le nom de *Countess of Suevia,* retracerait tout simplement l'histoire de la reine Jeanne de Naples. (« Biographia Dramatica, » t. II, p. 168.)

INSTITUTEUR (L') D'UN PRINCE ROYAL...

Voir : Les Veillées du Marais.

INSTRUCTIONS FOR FOREIGN TRAWELL...

Voir : Dendrologia, by J. Howell.

INTERLAKEN. Par *Charles Lefeuve.* — Paris, Labé, 1850, in-12, 5 francs.

2ᵉ édition, suivie de LÉA, comédie; 2 vol. in-16, avec gravures. — Paris, Rousseau, 1858, 7 fr. 50.

3ᵉ et dernière édition. ROMAN D'INTERLAKE, par *un chroniqueur* (C. Lefeuve). — Paris, Rousseau, 1877, in-12 de 318 p., 4 fr.

Le fond de ce roman reposerait, assure-t-on, sur des faits réels et les personnages ne seraient pas purement imaginaires. «On comprend, dit un critique, que dans « Interlaken » Lefeuve déguise tous les noms des personnages vivants qu'il mécontente en nous racontant leur histoire; méchant roman, dont le succès n'est dû qu'à de telles personnalités! » (*Lambert*, « Paris sous le second Empire, » 1871, p. 50.)

On m'a raconté un bien joli *truc* employé pour faciliter le placement de la 3ᵉ édition; j'aurai sans doute occasion d'en parler plus tard, mais il ne saurait être question de le dévoiler ici.

INTRIGUES (LES) D'UN GRAND SEIGNEUR PENDANT SON EXIL.

Voir : Le Télémaque moderne.

INTRIGUES (LES) DE LA COUR.

Voir : Adventures de Mélindor et d'Amasie.

INTRIGUES (LES) DU CABINET DES RATS, apologue national destiné à l'instruction de la jeunesse et à l'amusement des vieillards, ·ouvrage traduit de l'allemand en français. — Paris, Leroi, 1788, in-8, orné de 22 planches gravées en taille douce.

La plupart des bibliographes ou catalographes classent cet ouvrage parmi les opuscules révolutionnaires. Sans doute l'éditeur a voulu, pour faciliter le débit de son livre, lui donner une apparence d'actualité, en prétendant faire allusion aux tiraillements continuels qui se produisaient au conseil et dans le ministère, à la veille de la réunion des États généraux; mais c'était, au fond, une pure supercherie, car le Manuel constate que ce petit livre n'est qu'une réimpression du livre intitulé : « Le Renard ou le Procès des Bêtes. » Bruxelles et Paris, 1739, in-8, fig. (Voir ce titre.)

INTRIGUES (LES) DU SÉRAIL.

Voir ci-après :

INTRIGUES (LES) HISTORIQUES ET GALANTES DU SÉRAIL, sous le règne de l'empereur Sélim. — La Haye (et Paris, Duchesne), 1762, 2 parties en un vol. in-12.

Le « Dictionnaire des Anonymes » ne donne aucune indication sur cet ouvrage. C'est un tableau allégorique des mœurs galantes du XVIIIᵉ siècle; il n'est pas difficile de comprendre que *l'empereur Sélim* est mis là pour le roi Louis XV. Un lecteur attentif trouverait aisément les autres allusions contenues dans cet écrit satirique. La « Bibliographie Gay » se demande si ce ne serait pas le même ouvrage que « Les Intrigues du Sérail, » histoire turque, par *Malebranche*, — La Haye, 1739, 2 part. in-12; traduites en allemand en 1749. Ce serait un rapprochement curieux à faire en comparant les deux ouvrages. Ce Malebranche ou Mallebranche est surtout connu par une satire, « Le Microscope bibliographique, » dont il sera parlé plus loin.

INTRIGUES SECRÈTES DU MARQUIS DE L***.

Voir : L'Année galante.

IRMA, ou LES MALHEURS D'UNE JEUNE ORPHELINE, histoire indienne, avec des romances ; publiée par la C^e G^d. — Paris, an VIII (1801), 2 vol. in-12 ou 4 vol. in-18, figures (5 fr.).

Cet ouvrage de Mme Guénard, baronne de Méré, romancière aussi médiocre que féconde, obtint, dès son apparition, un brillant succès populaire ; aussi les éditions se succédèrent-elles rapidement. Mme Guénard s'était attachée à retracer, sous des allusions transparentes, les infortunes d'une princesse royale, Mme la duchesse d'Angoulême. Après la Restauration, l'auteur se hâta de publier une conclusion à son ouvrage. (Paris, 1815, veuve Lepetit, 2 vol. in-18, formant les tomes V et VI ; 2 fr. 50 c.)

La citoyenne Guénard n'attendit pas la fin de l'Empire pour mettre son nom tout entier sur son livre ; mais toutes les réimpressions conservèrent les déguisements de la première édition ; le procédé employé par Mme Guénard pour travestir ses personnages est des plus simples ; les noms sont anagrammatisés, ou à peu près. Voici d'ailleurs une clef d'Irma publiée, sous la signature L. D. L. S., dans l'Intermédiaire du 10 décembre 1879 (col. 717) : « Louis XVI est désigné sous le nom de Sbiloüs ; — la reine Marie-Antoinette, sous celui de Rainelord ; — Mme Élisabeth, sous celui de Selabius ; — le duc d'Orléans, sous celui de Sœbralna ; — La Fayette, qu'on avait essayé de ridiculiser par le sobriquet de Blondin ou Blondinet, est devenu Blodinna ; — Cléry, Crilba ; — Maximilien (Robespierre), Vimacelem ; — Malesherbes, Lersalbem ; — duc de Berry, Yrba ; — Santerre, Serretan ; — Necker, Cherina ; — Mme La Motte-Valois, Sivola ; — Mme de Chantereine, Rantchène ; — Mme de Mackau, Maüka ; — Le Régent ou Louis XVIII, Rexalius ; — Damas, Masda ; — Phara-

mónd, Momphara ; — le petit prince Louis-Charles (Louis XVII), Carlhésus ; — Séran, Ransé ; — Marsan, Sanmar ; — Frédéric, Firdérec ; — Victoire, Recitovi ; — Sophie, Phisoë ; — Adélaïde, Déliade, etc. Il y a d'autres anagrammes moins transparentes et plus secondaires. Le nom même de la jeune héroïne Irma est l'inversion évidente de celui de Marie, un des noms de la princesse. »

ISLE (L') TACITURNE ET L'ISLE ENJOUÉE, ou VOYAGE DU GÉNIE ALACIEL DANS CES DEUX ISLES (par Nic. Bricaire de la Dixmerie). — Amsterdam (Paris), 1759, in-12. Réimprimé dans le tome XXVII des « Voyages Imaginaires. » — (Paris, 1788, p. 51 à 138.)

Cette allégorie est fort aisée à comprendre : « Deux nations voisines et rivales sont ingénieusement caractérisées. La critique est fine et telle que ni l'une ni l'autre des deux nations ne peut s'offenser des traits que l'auteur se permet de lancer. C'est un badinage agréable écrit sur le ton, non de la satire, mais sur celui de la bonne comédie. » L'auteur, tout en se moquant des travers des Français et des Anglais, n'a pas ménagé l'encens au roi Louis XV. Voici la clef des principales allusions : L'île Taciturne, l'Angleterre ; — la ville Sombre, Londres ; — un c...... (ch. 2), un castrat ; — un général... (ch. 4), l'amiral Byng ; — un certain noble surnommé le Sage, lord Bolingbroke ; — l'assemblée générale de la nation, le Parlement d'Angleterre ; — un simple bras de mer, la Manche ; — l'isle Enjouée, la France ; — un frivolite, un Français ; — un charlatan barbouilleur de boîtes de carton, sans doute Martin ; — Timon, l'homme marchant à quatre pattes, J.-J. Rousseau ; — un rival de Zeuxis, Vernet ; — le Lycée, l'Académie française; — *le petit homme bohémien d'origine*, Grimm; — *un musicien admiré*, Gluck; — *Frivolipolis*, Paris; — *les bramines*, le clergé; — *un médecin*, l'opérateur Keyser; — *un lieu où l'on débitait de bonnes liqueurs et de mauvais discours*, le café Procope; — *un lieu qui ne ressemble à nul autre*, Versailles et la Cour, etc., etc.

ITINÉRAIRE DE PANTIN AU MONT-CALVAIRE.

Voir : Saint-Géran.

JACK, HISTOIRE CONTEMPORAINE, par *Alphonse Daudet*. — Paris, Dentu, 187., 2 forts vol. in-12.

C'est encore, comme pour « Fromont jeune, » à l' « Histoire de mes Livres, » publiée par M. A. Daudet, dans « la Nouvelle Revue » (premier article, 15 janvier 1882), qu'il faut recourir pour trouver des indications sur cet intéressant et merveilleux ouvrage. L'auteur affirme et démontre que son héros, *Jack*, n'est nullement un personnage imaginaire. Le pauvre enfant se nommait Raoul D...; M. Daudet l'a connu depuis 1868 jusqu'à 1871, époque de sa mort; l'histoire réelle du jeune abandonné n'est ni moins triste, ni moins émouvante que le récit du romancier. Les personnages accessoires du livre ont été peints d'après nature. *Bélisaire* n'est autre qu'un sieur Offehmer, qui servit pendant le siège, dans la même compagnie que M. Daudet; le majestueux et impuissant *Dargenton*, le bohème Labassindre, le pseudo-médecin, l'empirique charlatan *Hirch*, l'excellent docteur *Rivals*, existent bien réellement; il en est de même du mulâtre *Moronval*, qui a collaboré à la « Revue coloniale » et, après 1870, fut quelque temps député; son nom est sur toutes les lèvres. Par un sentiment de délicatesse facile à comprendre, M. A. Daudet s'abstient de nommer ses originaux en toutes lettres; mais, aux détails qu'il donne, maintes personnes peuvent les reconnaître.

Notons encore que, dans cet intéressant article, M. Daudet déclare que, « dans ses autres ouvrages, des figures *vraies* ont posé aussi, mais inconnues, mais perdues dans la foule où personne n'aurait songé à les chercher. »

JACK THE GIANT QUELLER. An operatical Play by, *Henry Brook*, 1748, in-8, réimprimé en 1778 et 1792.

Pièce satirique, ingénieuse et mordante. On y met en scène, avec force critiques, de mauvais gouverneurs, lords-maires, aldermen, qui sont autant de portraits. Cet ouvrage, à Dublin, peu de temps après la répression des troubles, fut interdit par le gouvernement, le soir même de la première représentation, en raison des allusions politiques qu'il contenait. (Biographia Dramatica, t. II, p. 161.)

JAMMABOS (LES) ou LES MOINES. JAPONAIS, tragédie (en 5 actes et en vers, par *Fenouillot Falbaire de Quingey*). Dédiée aux mânes de Henri IV, et suivie de remarques historiques. S. n., 1779, in-8 de III-232 p. et 1 f. d'errata.

« C'est, dit M. P. Lacroix (catalogue de Soleinne, n° 3,806), une satire philosophique contre les jésuites qui, quoique chassés de France, y étaient encore assez puissants pour forcer l'auteur à garder l'anonyme et à publier son livre sous le manteau. Il est vrai que les moines en général sont rudement fustigés sur les épaules des *Jammabos* japonais. »

JANI PANNONII, POETARUM

SUI SECULI FACILE PRINCIPIS, IN HUNGARIA QUINQUE ECCLESIARUM OLIM ANTISTITIS *POEMATA* QUÆ USPIAM REPERIRI POTUERUNT OMNIA; etc., etc. Trajecti ad Rhenum, apud Barthol. Wild, bibliopolam, M.D.CC.LXXXIV. 2 vol. in-8 de XVI-691 et 414 p.

Le nom véritable de cet auteur est, comme on le sait, JEAN DE CISINGE, poète latin du xvᵉ siècle. La plupart de ses poésies sont très licencieuses; quelques-unes donnent même lieu de suspecter sa croyance religieuse, bien qu'il fût évêque. Cet auteur, sur lequel on peut utilement consulter la *Bibliographie universelle* (t. VIII, p. 582) et l'ouvrage manuscrit de l'abbé Mercier de Saint-Léger, sur les poètes latins du moyen âge, ne serait pas cité ici, sans une particularité que l'on remarque dans ses œuvres et qui, croit-on, n'a été mentionnée nulle part : dans les poésies et notamment dans les épigrammes de Janus Pannonius, un certain nombre de mots ont été chiffrés, en raison de leur extrême licence. Je vais en donner un exemple, non sans prier le lecteur de bien se souvenir que « le latin dans les mots brave l'honnêteté. »

Voici donc le texte chiffré de la CXLIᵉ épigramme du livre premier (tome I, page 522) :

De Luciâ.

Cùm sese nobis *gxuxfoebn Mxdkb* prœbet,
Dum fero sublatos *be nfb dpmmb qfeft.*
Terribilem fœdo misit de *qpekdf cpucxn,*
Qualiter æstivâ fulmina nube crepant.
Territus avertor, digitis simul obstruo nasum,
Xfob sfufoub cadit, cogit abire pudor.
Mxdkb, nulla tuo, contingent gaudia, *dxoop,*
Tam malé moratus, si tibi *dxmxt* erit.

La clef de ce chiffre est fort aisée à découvrir; l'alphabet est composé de telle manière que la lettre *a* étant supprimée, chaque lettre prend la valeur de celle qui la précède; ainsi le *b* signifie *a;* le *c* vaut le *b;* l'*e* représente le *d,* et ainsi de suite jusqu'à la fin de l'alphabet; exemple :

$$c\;o\;l\;l\;a$$
$$d\;p\;m\;m\;b.$$

Ceci étant bien compris, rien n'est plus facile que de traduire l'épigramme ci-dessus et l'on obtient le texte suivant :

Cùm sese nobis *futuendam* Lucia prœbet,
Dum fero sublatos, *ad mea colla pedes,*
Terribilem fœdo misit de *podice bombum,*
Qualiter æstivâ fulmina nube crepant.
Territus avertor, digitis simul obstruo nasum,
Vena retenta cadit, cogit abire pudor.
Lucia, nulla tuo, contingent gaudia, *cunno,*
Tam malé moratus si tibi *culus* erit.

La mésaventure à laquelle Jean de Cisinge fait allusion dans cette petite pièce l'avait, sans doute, singulièrement frappé, car il revient à plusieurs reprises sur ce sujet et notamment, page 550 du même tome, il consacre deux épigrammes à adresser le même reproche à sa maîtresse.

Ce spécimen dispense de traduire les autres passages chiffrés des poésies de l'évêque des cinq églises. On remarquera toutefois que les pièces ainsi travesties ne sont pas les plus licencieuses du recueil; on semble avoir eu pour but d'éviter, à l'aide du chiffre, non les allusions ou descriptions obscènes, mais plutôt les mots grossiers. On trouve, en effet, dans ces poésies certaines pièces, imprimées sans le moindre déguisement, bien plus libertines que celle qui vient d'être citée et qui donnent une assez triste idée de la moralité de Janus Pannonius.

Un travail bien curieux, mais presque impossible à effectuer aujourd'hui, consisterait à découvrir la clef des noms des personnages auxquels sont adressées la plupart des pièces érotiques en question; assurément Pindola, Linus, Jules, Paul, Hugo, Charles, Prosper et autres jeunes gens; Julie,

Lucie, Thècle, Cressa, une certaine Ursule et maintes autres filles et honnestes dames, ne durent pas être des personnes purement imaginaires. Peut-être les manuscrits de Jean de Cisinge, conservés encore aujourd'hui à la bibliothèque de Brescia, pourraient-ils fournir à ce sujet quelques piquantes révélations.

JAVOTTE, ou LA JOLIE VIELLEUSE PARVENUE. — Manuscrit trouvé au Bois de Boulogne. Paris, an XIII, chez Lagrange, rue Geofrois-Lasnier, n° 6250; in-12 de 140 pp. Jolie figure gravée par Bovinet, d'après Chaillou. Très-rare, non cité dans les « Bibliographies Romancières » de Marc et de Pigoreau. — Réimprimé à Paris, Tiger, 1820, in-18.

« Nous ignorons quel est l'auteur de ces histoires gaillardes plutôt que galantes. Ce devait être un comédien, car il parle ex professo de la condition des troupes en province. Il y a des scènes très plaisantes, notamment celle qui est retracée avec beaucoup d'esprit dans le frontispice. Le titre de l'ouvrage se rapporte seulement à la première anecdote que raconte une belle aventurière nommée Donamour, laquelle habitait, avec son amant, un délicieux château sur les bords de la Seine. On voit figurer parmi les héros de l'histoire le comte de N***, envoyé de Naples (Nerciat), qui admire un tableau du célèbre peintre B*** (Boucher). L'amant de la Donamour n'est autre que le chevalier de S*** (Sade). Javotte était une petite savoyarde qui se fit connaître à Paris, en jouant de la vielle et en montrant une marmotte en vie, avant de faire fortune..... Il y a d'autres noms à découvrir dans ce petit livre. » (P. Lacroix, « Bulletin du Bibliophile, » 1863, p. 310.)

JE M'Y ATTENDOIS BIEN. HISTOIRE BAVARDE, PAR L'AUTEUR DU COLPORTEUR (Fr. Ant. Chevrier). — Partout, — chez Maculature, imprimeur ambulant des Bavards Sédentaires, — l'an des Méchancetés — s. l. n. d. (Amsterdam — 1762), — pet. in-8. de 64 pp.

Voir : Les Amusements des Dames de B***.

JE SUIS PUCELLE, HISTOIRE VÉRITABLE. — La Haye, — Frédéric Staatman, — 1767, — 2 tomes en un vol. in-12 de 263 pp. — Réimprimé à Paris, — Didot jeune, — an IV.

Ce livre, dont le titre est plus curieux que le reste, est du fameux abbé Henri-Joseph Dulaurens, qui, suivant M. Paul Lacroix, y aurait raconté un épisode de sa propre vie. « Un abbé, en passant le soir dans un quartier de Paris assez mal habité, entend ces mots sortir d'une allée sombre : « Je suis pucelle ! » Il n'en faut pas davantage pour piquer sa curiosité; il découvre que la belle enfant, nommée Esther, est en lutte avec son ogresse de mère qui veut la forcer à trafiquer de ses charmes. L'abbé en devient amoureux, l'enlève, la conduit à Londres et l'épouse, quoiqu'elle ait été défigurée par la petite vérole. » Tout cela est délayé dans une foule de déclamations et de digressions insupportables. Cet ouvrage où se trouvent des portraits et des paradoxes, comme dans la plupart des productions de l'auteur, contient des détails fort malhonnêtes, sans cesser d'être à peu près honnête et moral. Il faut lire d'ailleurs la notice insérée à ce sujet par M. P. Lacroix, dans le « Bulletin du Bibliophile » (1864, p. 1112-1113).

JÉROME PATUROT A LA RE-
CHERCHE D'UNE POSITION SO-
CIALE, — suivi d'une deuxième
partie intitulée : GRANDEUR ET DÉCA-
DENCE DE JÉROME PATUROT, — par
Louis Reybaud. — Paris, — Paulin,
1842, 3 vol. in-8, 30 fr.

Autre édition, magnifiquement
illustrée par *J.-J. Grandville*, Paris,
Dubochet et Cie, 1845-1846, gr. in-8
de 460 pp., 15 fr.

JÉROME PATUROT A LA RECHERCHE
DE LA MEILLEURE DES RÉPUBLIQUES,
par *Louis Reybaud*. — Paris, Michel
Lévy, 1848, 4 vol. in-12, 8 fr.

Autre édition, revue, corrigée et
augmentée, avec 30 dessins de
Tony Johanneau. — Paris, Michel
Lévy, 1848, gr. in-8, 20 fr.

Tout le monde connaît au moins
le premier de ces remarquables romans, si souvent réimprimés et dont
il serait trop long de citer ici les éditions. Le premier restera comme la
plus fine, la plus fidèle étude et la
plus juste satire de nos mœurs et du
mouvement politique pendant la première partie du règne de Louis-Philippe. Les allusions de toutes sortes,
les portraits y abondent; sans pré-
tendre faire la clef de ce livre bien
écrit, dont le plan est à la fois si
simple et si varié, on peut du moins
y relever les indications suivantes :
Jules, ou le *grand feuilletoniste*, c'est
Jules Janin; — *le Génie*, ou le *grand
Victor*, c'est Victor Hugo; — *Eugène*,
c'est Eugène Sue; — *Frédéric*, le fécond romancier, Frédéric Soulié; —
Honoré, H. de Balzac; — *le grand
magnétiseur*, le baron du Potet; —
Félicien, F. David; — *l'autre compositeur fameux par sa bruyante orches-
tration*, Hector Berlioz; — *Corinne*,
Mᵐᵉ Louise Colet; — *le député dithy-*

rambiqne, Lamartine; — *le député
dogmatique*, Guizot; — *le député,
orateur aussi artiste qu'éloquent*, Berryer; — *un autre orateur de premier
ordre*, A. Thiers; — *le général ***, le
maréchal Bugeaud; — « *les Durs-à-
cuire* » font allusion aux « Burgraves »
de V. Hugo, etc., etc.

Le second ouvrage, moins attrayant
sans doute que le premier, est un
livre essentiéllement politique; c'est
un tableau très fidèle de la situation
de la France, de Paris surtout, pendant lés premiers mois de la révolution de 1848; il est au moins aussi
curieux que le premier « Jérome Paturot, » les observations y sont exactes,
les faits pris sur le vif, l'historien y
trouvera plus tard d'utiles renseignements; mais, dans ce second ouvrage,
le gaîté est moins vive, les peintures
sont plus tristes, quelquefois affli-
geantes; l'ironie, toujours fine, y est
plus amère; quiconque a vécu à cette
époque bizarre y reconnaît sans peine
les types photographiés par l'auteur :
le Pontife de l'Icarie, c'est Cabet; — *le
Prophète aux queues*, c'est Victor Considérant; — *le Barras du Luxembourg*,
Louis Blanc; — *le Président du club
au vinaigre*, c'est Blanqui; — *celui du
club au camphre*, c'est Raspail; — *le
communiste ennemi de la propriété*,
c'est Proudhon, etc., etc. Toutes ces
physionomies d'originaux redoutables
ou grotesques sont loin d'avoir disparu; Louis Reybaud a le rare mérite
de n'avoir rien exagéré là où la charge
était si facile; ses types existent encore, modifiés il est vrai; mais il serait
bien facile d'en retrouver les équiva-
lents de nos jours, dans une période
de moins de dix ans.

Ne quittons pas Louis Reybaud sans
indiquer encore un autre de ses écrits,
conçu dans le même ordre d'idées et
rentrant aussi dans la catégorie des
ouvrages à clef, c'est : « ATHANASE RO-
BICHON, CANDIDAT PERPÉTUEL A LA PRÉ-
SIDENCE DE LA RÉPUBLIQUE. » Paris,
Lévy, 1851, in-12, 1 fr.

JÉSUITES (LES) REMIS EN CAUSE, ou Entretiens des vivans et des morts, partisans et adversaires, a la frontière des deux mondes ; drame théologique en cinq journées (en prose), par M. Collin de Plancy. — Paris, Dondey-Dupré, père et fils. 1825, in-8.

Pièce rare, dit le catalogue Soleinne (n° 3820), ce volume ayant été recherché et détruit avec soin. L'auteur, qui, depuis, a fait abjuration de ses doctrines philosophiques et de plusieurs de ses ouvrages, voulut représenter certains personnages vivants, les uns jésuites, les autres jansénistes, amis ou ennemis de la célèbre compagnie, qui sont mis en scène sous les noms de Jean de Vair, Jean le Sec, Clericus, Xavier Pinson, Croquelard, Griffon, Jacques Lahure, Laïcus, Raoul, etc., etc.

JEU (LE) DU PRINCE DES SOTZ ET MÈRE SOTTE. — Cry, sottie, moralité, farce (par Pierre Gringore). — Joué aux Halles de Paris, le Mardy Gras, l'an mil cinq cens et unze. Pet. in-4 gothique de 88 ff. non chiffrés. — Autre édition, pet. in-4 gothique de 16 ff. à 2 col. de 39 lignes ; s. l. n. d. Réimprimé dans le tome 1er des « Œuvres de Gringore » pp. 197-286). — Paris, Jannet, 1858 («Bibliothèque Elzévirienne»).

Comme la « Chasse du Cerf des Cerfs » (voir ce titre), cette pièce dialoguée en vers, en quatre parties, est une satire dirigée contre la cour de Rome. L'auteur avait dû probablement recevoir les inspirations du gouvernement royal, assez mal alors avec la papauté, et qui laissait jouer publi-quement ce jeu en plein Paris. Les allusions politiques y abondent : l'Homme obstiné, c'est le pape ; — les rouges colletz, ce sont les cardinaux ; — le père qui fait la guerre à son fils désigne clairement le pape Jules II et le roi Louis XII, fils aîné de l'Eglise ; — les papillons sont les partisans du pape. Les autres personnages ne sont pas moins allusifs ou allégoriques : le prince de Nates, le seigneur du Plat, l'abbé de Plate-Bourse, Pugnicion, Symonie, les Démérites, etc., etc.

JEUDIS (LES) DE MADAME CHARBONNEAU, par Armand de Pontmartin. — Paris, Michel Lévy frères, 1862, in-12, de XLII — 288 pp., 2e édition. Souvent réimprimé.

« Ce livre, dit M. G. Brunet, excita une grande surprise ; l'auteur le constate lui-même dans son introduction. Plusieurs chapitres avaient déjà paru dans la « Semaine des Familles » et avaient été reproduits dans le « Journal de Bruxelles » et dans d'autres feuilles. Des traits lancés avec adresse et portant le plus souvent très juste arrachèrent de grands cris aux blessés. » Les personnages, déguisés sous des noms de fantaisie, dans le genre de ceux de La Bruyère, sont faciles à reconnaître pour quiconque est versé dans l'histoire littéraire de l'époque. D'ailleurs, dès la seconde édition, M. de Pontmartin avait inséré dans son livre (pp. 263-265), une véritable clef de son malicieux et spirituel ouvrage ; la voici textuellement :

Eutidème, — Jules Sandeau ;
Théodecte, — Louis Veuillot ;
Euphoriste, — Ernest Legouvé ;
Iphicrate, — M. de Falloux ;
Théonas, — Lacretelle ;
Argyre, — Edmont About ;
Colbach, — Louis Ulbach ;
Porus Duclinquant, — Taxile Delord ;
Clistorin, — le docteur Véron ;

Molossard, — J. Barbey d'Aurevilly;

Schaunard, — H. Murger;

Caméléo, — Paulin Limayrac;

Marphise, — Mme E. de Girardin, née Delphine Gay;

Lélia, — Georges Sand;

Caritidès, — Sainte-Beuve;

Polycrate, — Gustave Planche;

Polychrome, — Théophile Gautier;

Bernier de Faux-Bissac, — Granier de Cassagnac, père;

Poisonnier, — Vivier;

Massimo, — Maxime du Camp;

Lorenzo, — Laurent Pichat;

Falconey, — Alfred de Musset;

Olympio, — Victor Hugo;

Julio, — Jules Janin;

Raphaël, — Lamartine;

Bourimald, — Méry;

Hermagoras, — H. de Balzac;

Ajoutons que le héros du livre, *George de Vernay,* n'est autre que M. de Pontmartin lui-même.

JEUNESSE DE FLORIAN, ou MÉMOIRES D'UN JEUNE ESPAGNOL, ouvrage posthume, suivi de pièces fugitives et de lettres à Florian et de réponses de ce dernier. (Publié par J.-B. Pujoulx.) — Paris, 1807, in-18.

Réimprimé, sous le second titre seulement, dans le sixième volume (pages 1 à 117) des « Œuvres Posthumes de Florian. » Nouvelle édition, pet. in-12, donnée par Guilbert de Pixérécourt, ornée de 2 portraits et de 80 gravures d'après Desenne. — Paris, Ladrange et Furne, — M.DCCC.XXIX.

Dans l'avertissement mis par J.-B. Pujoulx en tête de ce petit ouvrage, on trouve d'intéressantes indications sur les personnages dont les noms véritables ont été déguisés par l'auteur. Les « Mémoires d'un jeune Espagnol »

ne sont autre chose que l'histoire des dix-huit premières années de la vie de *J.-P. Claris de Florian;* il y a lieu de croire que c'est tout ce qu'il a écrit de ses Mémoires, avec ce style simple et d'une agréable naïveté qu'on remarque dans la plupart de ses ouvrages. Toujours plein de la littérature espagnole, Florian a donné à des personnages réels des noms et des titres espagnols : quelques-uns, peu importants, sont totalement déguisés; d'autres sont de simples imitations, des anagrammes de noms français et ce léger déguisement prouve qu'il ne tenait pas à ce que ces noms restassent inconnus; ainsi, dans la terre de *Niaflor,* il est plus que facile de reconnaître la terre de Florian, dans les basses Cévennes; *Lope de Vega,* l'illustre auteur, c'est Voltaire; son habitation de *Fernixo* représente Ferney; *Dona Nisa* n'est autre que Mme Denis; l'abbé *Marianno,* c'est l'abbé Mignot; il n'est pas malaisé de voir dans *la petite-fille du grand Caldéron,* la nièce du Grand Corneille, mariée par Voltaire, et dans *les nièces du poète Tegrès,* les nièces de Gresset; *l'aumônier* de Lope de Vega, c'est le père Adam : on ne saurait méconnaître dans l'excellent prince *Don Juan* le duc de Penthièvre, protecteur de Florian; ni dans *la princesse Adélaïde* du couvent de *Monte-Marto,* la duchesse d'Orléans qui résidait à Montmartre. Enfin la scène de tous les événements racontés par le *jeune Espagnol,* ou Florian, étant transportée en Espagne, on sent bien que *Madrid* est là pour Paris et l'*Escurial* pour Versailles; *Durango,* où se tenait l'école d'artillerie, désigne Bapaume. Les autres noms déguisés, dont Pujoulx n'a pas soulevé le voile, ne se rapportent qu'à des personnages secondaires et partant d'un moindre intérêt.

JEUX (LES) EN ACTION.
Voir : Zet-naz-bé.

JOANNIS BISSELII E SOCIE-
TATE JESU, ICARIA. — Recusa
Allopoli, anno 1667, pet. in-32 de
XXIII-343 pp., plus 17 pp. de table
et une carte de l'Icarie, gravée sur
cuivre.

La première édition porte la date
de 1636, Ingolstadt, in-16.

Le P. *Jean Bissel*, jésuite, né en
1601, à Babenhausen, en Souabe, mort
à près de 80 ans, a laissé un certain
nombre d'écrits, tant en prose qu'en
vers; le petit ouvrage ci-dessus men-
tionné est assurément la plus singulière de ses productions. « L'*Icarie*, dit
la Biographie universelle (t. LVIII,
p. 310), est le Haut-Palatinat, et l'auteur désigne également sous des noms
supposés les différents personnages
dont il parle dans cet ouvrage qui contient, avec la description de cette
province, le récit des événements dont
elle avait été le théâtre. On a joint à
la seconde édition une clef, mais
Christian Gryphe promettait d'en donner une plus complète et plus exacte,
si ses travaux lui laissaient le loisir
de s'en occuper. » (Voir : Apparatus de
Scriptoribus illust. sec. XVII, p. 166.)
Je ne sache pas que Gryphe ait
donné suite à cette promesse; quoi
qu'il en soit, voici la clef de l'*Icarie*,
telle qu'on peut la dresser à l'aide des
indications fournies par l'édition de
1667. Ainsi *Lithodia*, c'est la Saxe; —
Tripolis, Prague; — *Laura*, une char-
treuse (?); — *Athenaïs*, Ingolstadt; —
Pelicani-Lyceum, Dillingen; — *Ar-
condus*, Conradus; — *Annibal Aqui-
lonaris*, le roi de Suède, ou peut-être
le duc de Weimar; — *Alaricus*, sans
doute le roi Gustave; — *Leontarchus*,
probablement le roi de Bohême, à
cause de l'emblème du Lion blanc; —
Neachilles, le général Tilly, ou Pap-
penheim, ou Tampier? — *Essæus*, un
moine, un religieux; — *Essæ-Archus*,
un prieur, un abbé; — *Druida*, un

chanoine ou un prêtre séculier. Telle
qu'elle est, cette clef laisse beaucoup
à désirer : que signifient *Versius*, *Po-
laltus*, *Ilibessus*, *Alcorus*, *Therulanus*,
Lucianus, *Histor*, *Pilsia*, *Brigenor-
ma*, etc., etc.? Il ne serait pas sans
intérêt de dévoiler ces noms supposés
qui ôtent beaucoup de piquant à la
lecture de l'*Icarie*.

JOCRISSE (LE) MINISTÉRIEL,
par *F. N. Soyé*. — Paris, chez les
marchands de nouveautés, 1826,
in-12, curieux et rare.

Le héros de cette odyssée comique
est une espèce de précurseur du célèbre « Jérôme Paturot. » On trouve
dans le récit de ses aventures une
critique sociale et politique des dernières années de la Restauration. Il y
a de nombreuses allusions aux personnages alors au pouvoir. La clef
doit être facile à faire.

JOHN BULL IN HIS SENSES.
Voir : Law is a Bottomless Pit.

JOUACHIM, BEY DE TUNIS, ou
LE SAUT PÉRILLEUX, tragédie burlesque en trois actes et en vers (par
Berger de Moydieu, avocat-général
au Parlement de Grenoble). Tunis,
de l'imprimerie du Divan (Grenoble), 1781, in-8 de 30 pp.

Cette pièce, dit le catalogue Soleinne
(no 3.810), distribuée sous le manteau,
causa un grand scandale dans la société grenobloise; elle roule sur des
faits et des particularités relatifs aux
gens du Parlement de cette ville. Voici
la clef des noms, d'après l'exemplaire
de la bibliothèque de Grenoble :
Jouachim, — le marquis Dumesnil;
Nasica, — M. de Bérulle, premier
président;

Mme Bonnet, — Mme de Bérulle, sa femme;

Rusé, — M. de Moydieu, procureur. général;

Tambourin, — M. de Vaulx, président;

Nicollet, — M. de Reynaud, conseiller;

Tout-Doux, — M. de Montal, major de Grenoble;

Rembruni, — M. Cellier, major de l'arsenal;

Jouflu, — crieur public de Grenoble.

JOUJOUX, ou LES LILLIPUTIENS, tragédie en cinq scènes (en vers, par *M. de Martanges*). — Dresde, Ve Hoessel, pet. in-4 de 3 ff. et 12 pp. — Très-rare.

Le nom des acteurs, dit le catalogue Soleinne (n° 3798), indiquera le but de cette pièce satirique qui a trait aux intrigues d'une petite cour allemande:

Zinzolin, empereur de Lilliput, — Charles, comte de Bruhl;

Aurore, princesse de Lilliput, amante de Joujoux, — Jeanne-Marguerite, baronne de Racknitz;

Joujoux, prince de Blefuscu, — Henri, comte de Bruhl;

Gulliver, — le comte de Saint-Cernin;

Poupée, confidente d'Aurore, — Henriette-Wilhelmine-Charlotte d'Einsiedel;

Kussemich, capitaine des gardes, — Joseph-Frédéric, baron de Racknitz.

JOURNAL DE LA COUR ET DE LA VILLE. « Tout faiseur de journal doit tribut au malin. » Lafontaine. — S. l. (Paris), de l'imprimerie du Journal..., rue Neuve-Saint-Marc, n° 7, 1791-1792, in-8.

Ce journal royaliste et résolument anti-révolutionnaire n'est cité ni dans la Bibliographie de Deschiens, ni même dans celle de M. E. Hatin. Il

était quotidien; le premier numéro parut le mardi 1er mars 1791; le dernier de la collection que j'ai sous les yeux porte la date du 27 juin 1792. Ce recueil forme environ sept volumes assez minces; chaque numéro se compose de 8 à 16 pages: un certain nombre ont des suppléments. Le prix de l'abonnement à cette feuille était de trois livres par mois pour Paris, et de trois livres quinze sols pour la province.

Comme les « Actes des Apôtres, » ce journal est rempli de noms désignés seulement par des initialismes, ou du moins par quelques lettres; mais les allusions ainsi formulées sont transparentes; il n'est personne qui ne soit à même de compléter les noms suivants que je prends au hasard : *Dant..*, *Chab..*, *Fauc...*, *Rab.* de *S....* *Et....*, *Kellerma..*, *Lac...*, *Briss.*, *Gors..*, le. duc de *Ch......*, le duc d'*O.....*. Mme de *Sill...*, etc., etc. La clef de cette feuille extrêmement piquante remplirait plus de dix colonnes du présent livre. « Le Journal de la Cour et de la Ville » est une œuvre réactionnaire remplie d'esprit; la prose, très maligne déjà, est remplie de vers épigrammatiques plus satiriques encore.

JOURNAL GALANT. Voir : Histoire du Temps.

JOURNAL OU MÉMOIRES D'UN VOYAGE DE PARIS A ROME, FAIT PAR UN NOMMÉ BOUCHARD, EN 1630. *Manuscrit* original du XVIIe siècle, in-4, vélin.

Ce manuscrit, qui figurait sous le n° 657 du catalogue de la bibliothèque de M. Michel Chasle, de l'Institut, a été adjugé à M. Isidore Liseux, au prix de 500 fr., dans la vacation du mercredi 29 juin 1881. M. Liseux, l'érudit éditeur, dont tout le monde connaît les intéressantes et curieuses publications, s'est empressé de faire imprimer ce journal, jusqu'alors inédit, et qui vient de paraître sous ce titre :

« LES CONFESSIONS DE JEAN-JACQUES BOUCHARD, Parisien, suivies de son Voyage de Paris à Rome, en 1630, publiées pour la première fois sur le manuscrit de l'auteur. » Paris, I. Liseux, in-8 de 300 pages, tiré à très petit nombre sur papier de Hollande, 20 fr.

Jean-Jacques Bouchard, qui, suivant Tallemant des Réaux, mourut en 1640, était fort vilain personnage. La première partie de son journal est une confession de tous les péchés et polissonneries de jeunesse dont il s'est rendu coupable. Il raconte avec un abandon incroyable l'histoire de ses penchants libidineux et détaille les actes obscènes auxquels il se livrait, depuis l'âge de huit ans, avec ses camarades, parmi lesquels figurent de grands noms des familles de France. M. Paulin Paris, qui avait eu occasion d'examiner ce manuscrit, qualifie avec raison l'auteur de « précurseur de l'infâme marquis de Sade. » Bouchard s'est mis en scène sous le nom d'Oreste ; il donne à son père et à sa mère les noms d'Agamemnon et de Clytemnestre ; sa sœur Henriette prend le nom d'Eromène ; Alisbée est une pauvre femme de chambre de sa mère et dont le misérable a singulièrement abusé ; enfin, Bouchard, par prudence ou pour ne pas effaroucher de prime abord la pudeur du lecteur, a pris soin de transcrire en caractères grecs les noms propres qu'il cite et toutes les sales expressions de son livre.

Dans la publication faite par M. Liseux, les mêmes précautions ont été observées. Le manuscrit original, après l'impression de ces mémoires, a fait retour à la Bibliothèque nationale.

JOURNALISTE (LE) ANGLAIS, comédie en trois actes et en prose,

par J.-Fr. Cailhava d'Estandoux. — Paris, 1782, in-8.

Cette pièce, analysée avec beaucoup de soin dans la « Correspondance littéraire » de Grimm et Diderot (voir édition Garnier, t. XIII, pp. 183-186), est une violente critique dirigée contre La Harpe, qui y figure sous le nom du journaliste Discord. Il y est fait de nombreuses allusions à certaines histoires de La Harpe avec ses confrères de Sauvigny, Blin de Sainmore, etc.

JOURNALISTE (LE), comédie en un acte et en prose, meilleure à lire qu'à être représentée, par M. Sincère. — Adressée à ***. « Les sots sont icy-bas pour nos menus plaisirs. » Gresset, à Cinq Etoiles, chez Jean Furet, libraire, sans approbation ny permission et sans en avoir besoin, 1768.

Comédie satirique inédite imprimée dans la brochure intitulée :

« UN LIBELLISTE DU XVIIIᵉ SIÈCLE. — Jean-François de Bastide en Belgique, 1766-1769. » Publication d'une comédie contemporaine inédite, accompagnée d'une notice par M. Frédéric Faber. Buxelles, Olivier, MDCCCLXXX, in-8º de 40 pp. sur papier vergé. Tirage à 180 ex. numérotés. 5 fr.

Les personnages sont :

Griffon de Bastide, journaliste, — J. F de Bastide ;
Mᵐᵉ Demouroux, — ***, souscrivan au journal ;
M. l'abbé Queftes, ami de Griffon, — l'abbé Yvon ;
M. Cabaret, patron d'une estaminée (Sic) ;
M. Le Vresse, commis du journaliste ;
Bergbou, libraire, — de Boubers ;
M. Répertoire, baron d'Harem, directeur du spectacle, — d'Hunnetaire ;

Bournet, perruquier, garçon de Griffon ;

La Pierre, valet du journaliste.

La scène est à Bruxelles, dans le grenier de Griffon.

JOURNÉE (LA) DES DUPES,

pièce tragi-politi-comique, représentée sur le Théâtre National par les grands comédiens de la Patrie, 1790 (Paris), in-8 de 86 pp., rare.

« Ce n'est, dit la « Correspondance littéraire » de Grimm (décembre 1789, t. XV, pp. 567-566 de la dernière édition), ce n'est qu'une caricature, une ébauche au premier trait, mais dont l'idée est comique et l'exécution facile et gaie. Les personnages sont :

Bimeaura. — Mirabeau, conjuré du grand collège ;

Peichelar, — Chapelier, conjuré du grand collège ;

Catepane, — Castellane, conjuré du petit collège ;

Montmicy, — Montmorency, conjuré du petit collège ;

Mola, — Malo de Lameth, conjuré du petit collège ;

Almenandre, — son frère Alexandre ;

Monnier, citoyen vertueux ;

Laibil, — Bailly ; on ne sait pas bien ce que c'est encore ;

Yetafet, — Lafayette ;

La Peyrouse ;

O Paria, indien ;

Mᵐᵉ du Club, maîtresse d'auberge ;

M. Garde-Rue, sergent de la garde bourgeoise ;

Troupe de brigands, soi-disant nation.

« Cette facétie a été faite, dit-on, dans une soirée à Petit-Bourg, chez Mᵐᵉ la duchesse de Bourbon, par MM. *A.-M.-J. Chastenet, marquis de Puységur* et *Bergasse*. »

JOURNÉE (LA) DES MADRIGAUX, suivie de la « GAZETTE DE

TENDRE » (avec la carte de Tendre) et du « CARNAVAL DES PRÉTIEUSES. » Introduction et notes par *Emile Colombey*. Paris, Aubry, MDCCCLVI, pet. in-8 de 104 pages (fait partie de la collection dite : « Le Trésor des pièces rares ou inédites »).

Comme la « Gazette de Tendre, » dont il est question plus haut, la « Journée des Madrigaux » est une pièce inédite, trouvée par M. E. Colombey dans les manuscrits poussiéreux de Conrart. Le récit, ou pour mieux dire le procès-verbal de cette journée fameuse dans les fastes des Ruelles, a été puisé par Conrart dans les « Chroniques du Samedy, » recueil consacré aux séances qui se tenaient chez Mˡˡᵉ de Scudéry, au Marais, et dont Pélisson était le secrétaire. Dans cette journée célèbre (20 décembre 1653), il fut fabriqué tant de madrigaux et de petits vers que la passion rimeuse gagna jusqu'aux antichambres, où les laquais firent des vers burlesques.

« La Journée des Madrigaux » a été accompagnée, par M. Colombey, de notes éclaircissant les noms des personnages qui s'y distinguèrent ; voici cette clef :

Sapho, — Mˡˡᵉ de Scudéry ;

La princesse Philoxène, — Mᵐᵉ Aragonais ;

Le quartier de Léolie, — le Marais ;

Le chroniqueur, — Pélisson, surnommé aussi *l'Apollon du Samedy* et *le berger Acante* ;

Les deux merveilleuses statues de la grande et de la petite Pandore..., — deux poupées de modes, de différente grandeur, sur lesquelles les précieuses exerçaient leurs doigts inventifs ;

Méliante, — M. de Doneville ;

Télamire, — Mᵐᵉ d'Aligre, fille de Mᵐᵉ Aragonais ;

Polyandre, — Sarasin :

Le berger Acante, — Pélisson ;
Trasile, — Ysarn ;
Doralise, — Mlle Robineau ;
Le généreux Théodamas, — Conrart ;
Le prince Agathyrse, — de Raincy, fils de Bordier, intendant des finances ;
Papillon, — Etienne Pavillon, disciple de Voiture ;
Un des plus grands poètes de notre siècle, — de Gombaud ; .
Cléodore, — Mlle Le Gendre ;
La journée de Thybarra, — la bataille de Lens.

JUGEMENT (LE) ET LES HUIT BÉATITUDES DE DEUX CARDI-NAUX CONFRONTÉES A CELLES DE JÉSUS-CHRIST, LEURS PRIÈRES A SON ORAISON DOMINICALE ET LES COMMAN-DEMENTS DE LEUR DIEU AU DÉCALOGUE DE MOYSE ; s. l., 1651, 20 pages.

Mazarinade plus rare que curieuse, attribuée, par M. C. Moreau, à *François Davenne.* Il est superflu de dire que *les deux cardinaux* sont Richelieu et Mazarin.

JULII POMPONII DOLABELLÆ IN PAMPHAGUM DIPNOSOPHISTAM.

Voir : Histoire de Pierre de Montmaur.

KING PEPIN. A farce, etc., c'est-à-dire : LE ROI PÉPIN, pantomime comique à spectacle, représentée sur le Théâtre de Drury-Lane, en 1843, aux fêtes de la Christmas (Noël).

Cette grosse facétie qui, comme toutes les pièces du même genre, ne manqua pas de plaire beaucoup au peuple de Londres, n'était pas fort respectueuse pour le chef du gouvernement français, Louis-Philippe Ier, assez irrévérencieusement travesti sous les traits du roi Pépin ; un autre personnage de la pièce représentait la reine Victoria qui, cette même année, était venue en France et avait passé une partie de l'été à Boulogne. (Th. Muret, Histoire par le théâtre, t. III, p. 266.)

LADY PANDORE, OU L'ECOLE DES GRECS.

Voir : l'Ecole du Journalisme.

LAGUS, ROI D'EGYPTE, tragédie (par M. le marquis *Du Terrail*). Paris, P. G. Le Mercier, 1754, pet. in-12 (non représentée).

M. le marquis du Terrail, un peu illustre inconnu, que deux ou trois ouvrages, dont un roman, n'ont pu tirer de l'oubli, paraît avoir poussé bien loin l'amour de la pseudonymie. Voici ce que Grimm dit de sa pièce : « Un enfant de Mars, qui ne se nomme point, vient de faire imprimer une tragédie intitulée : « *Lagus, roi d'E-gypte,* » qui n'a jamais été jouée et qui, à coup sûr, ne le sera jamais. L'ingratitude des enfants de « Louis le Débonnaire » a fourni le sujet de cette mauvaise tragédie ; mais la délicatesse de l'auteur ne lui a pas permis, à ce qu'il dit, de mettre sur la scène des Enfants de France avec des vices si odieux. Il a mieux aimé chercher un sujet à peu près semblable dans l'histoire d'Égypte et reléguer ainsi ces enfants dénaturés sur les rives du Nil, où ils sont obligés de prendre des noms étrangers. Cependant, comme il n'a pas osé non plus mettre sur la scène un fils de roi chargé d'un parricide, il imagine un récit par lequel le fils n'est qu'un enfant supposé. » (« Correspondance, » janvier 1755.)

LAIDES FIGURES ET JOLIS VI-
SAGES, Révélations Parisiennes,
par le *Comte Fosco;* chez tous les
libraires (Genève, 1872, H. Georg,
de l'imprimerie Vérésoff et Garri-
gues), in-8 de 95 pp. papier vélin.
Prix : 2 fr.

Écrit dans un esprit de réaction, cet
ouvrage se compose d'une série de
petits portraits à la plume dont les
plus étendus ont deux pages; ils sont
généralement fort malicieux, et le livre
fut interdit en France lors de sa publication; un certain nombre d'exemplaires ont même été saisis à la frontière. Chaque nom véritable est accompagné d'un sobriquet ou d'un
pseudonyme; ainsi :

Méphisto, — c'est Jules Favre;
Les deux Ajax, — Glais-Bizoin et
   Crémieux;
Tartuffe 1er, — le général Trochu;
Le bouillant Achille, — Léon Gam-
   betta;
Mirabeau-Mouche, — A. Thiers;
Alison, — Mme la marquise de Gallifet;
Le Lâcheur, — Fourichon;
Athéo, — le Père Marchal;
Asinus, — le maréchal Lebœuf;
Stella, — Mme de Gasparin;
Irène, — l'impératrice Eugénie;
Sphinx III, — Napoléon III;
Le duc Hortensius, — Morny;
Marcello, ou la duchesse Phidias, —
   duchesse Colonna;
Le vicomte de Thuringe, — Montalem-
   bert;
Vipérinus, — Louis Veuillot;
Mouna Belcolor, — Mme de Persigny;
Spaventato, — le prince Napoléon;
Lilium, — M. le comte de Chambord;
Serva, — Mme la baronne B.....;
Hérisson, — M. Buffet;
Porte-Monnaie, — le comte de Cham-
   brun;
Monseigneur Mignon, — l'abbé Bauër;
Atlas, — M. Rouher;

Sa Grâce Annunziata, — Mme la com-
   tesse Waleswka;
Deux Étoiles, — Mme la comtesse Mé-
   lanie de P.....s;
Myrtil, — Mme Rouher;
Les trois sœurs, — ?
Daniel Stern, — Mme d'Agout;
Héliotrope, — M. Caro;
L'Homme de Sedan, — W.....(Wimp-
   fen?);
Minuscule, — M. E. Pinard.
Quelques-uns de ces portraits sont
très flatteurs, mais la plupart sont
fort méchants.

LAIS ET PHRYNÉ, poème en
quatre chants. Londres et Paris,
Panckoucke (Orléans, imp. Couret
de Villeneuve), 1767. Pet in-8 de
96 p.

Aventures assez libres, mais racontées un peu fastidieusement, dit la
« Bibliographie Gay » (t. IV, p. 238).
Dans une note insérée au « Bulletin
du Bibliophile » (1859, p. 774),
M. Paul Lacroix signale ce poème,
dont l'auteur est inconnu, comme
très curieux et très intéressant pour
l'histoire littéraire. C'est vraisemblablement une composition allégorique
sur les amours de la marquise du
Châtelet avec Voltaire et Saint-Lambert : Voltaire se nomme *Philinte,*
dans le poème, et Saint-Lambert, *Mir-
tile;* Mme du Châtelet est *Lais;* quant
à *Phryné,* c'est une rivale que Saint-
Lambert lui avait donnée, et dont elle
se plaint souvent dans de charmantes
lettres qui ont été et sont peut-être
encore en la possession de M. Feuillet
de Conches. Telles sont les indications
données par le savant bibliophile Jacob sur ce livre dont la clef est à
compléter.
L'auteur pourrait bien n'être autre
que le pauvre *Baculard d'Arnaud.*

LAIS (LA) PHILOSOPHE, ou

MÉMOIRES DE Mme D*** ET SES DIS-
COURS A M. DE VOLTAIRE SUR SON
IMPIÉTÉ, SA MAUVAISE CONDUITE ET SA
FOLIE. — Nouvelle édition, considérablement augmentée. — Selon
l'original imprimé à Bouillon, 1761,
chez Pierre Limier, 2 part. en un
vol. in-12, fig. (1re édition : Bouillon, 1760, in-8, avec une suite).

Le « Dictionnaire des Anonymes »
paraît avoir commis une singulière
confusion entre cet ouvrage et une
espèce de rimasserie protestante intitulée « Suite de la Laïs-Philosophe,
ou Sentiments de repentir de Mme D***,
etc., etc., » qui a eu, sous des titres
différents, plusieurs éditions (voir t. II,
col. 1065, et t. IV, col. 463). M. Paul
Lacroix, qui, dans le « Bulletin du
Bibliophile » (décembre 1860, p. 1762,
n° 658), a donné l'analyse de ce petit
ouvrage, dit qu'il a cherché inutile-
ment à en découvrir l'auteur. C'est
un pamphlet contre Voltaire, lequel
fut réimprimé plusieurs fois en France
et à l'étranger, et ne dut son succès
éphémère qu'au titre, qui semblait
faire allusion à la marquise Du Châtelet, quoiqu'il ne fût nullement
question de la belle *Uranie* dans ce
fatras d'injures contre Voltaire. La
« Laïs-Philosophe » est une Proven-
çale sortie du couvent pour courir les
aventures et qui se lie avec Voltaire,
auquel on ne fait pas jouer un rôle
flatteur en maints endroits de ce récit.
M. P. Lacroix se montre porté à croire
que ce pamphlet a été rédigé par un
complaisant de cette *Laïs*, autrement
dit Mlle Dunoyer, qui avait été la
maîtresse du célèbre philosophe à
Bruxelles et qui ne lui pardonna jamais son abandon.

LAMUEL, ou le LIVRE DU SEI-
GNEUR, traduction d'un manuscrit
hébreu, exhumé de la bibliothèque
tour à tour nationale, impériale et
royale. Histoire authentique de
l'empereur Apollyon et du roi Béhé-
moth. — Par le Très-Saint-Esprit.
— Liège, J. Collardin, et Paris, frères Michau. In-12 de 235 p. et LXVI
p. d'introduction (1816).

Cet ouvrage, attribué par Quérard
à *Bory de Saint-Vincent* (voir « France
littéraire, » t. I, p. 422), est un centon
continuel dont chaque phrase se rencontre dans les livres canoniques de
la Bible, et l'auteur a soigneusement
cité l'endroit de l'Ancien Testament
où il a puisé chaque verset et chaque
mot. Le regretté M.-O. Delepierre a
étudié ce livre avec beaucoup de soin
dans son bel ouvrage : « Tableau de
la littérature du centon » (Londres.
1875, t. II, p. 257). Il nous fait connaître que l'épître dédicatoire satirique, adressée à M. de Châteaubriand,
se retrouve mot pour mot dans les
ouvrages de cet écrivain et forme
ainsi un premier centon. Les 23 chapitres de « Lamuel » sont une violente
satire politique dirigée contre la Restauration. Les exemplaires de ce pamphlet, qui a dû être recherché par la
police et soigneusement supprimé,
sont devenus de toute rareté. La clef
en est fort simple : *Abaddon* ou *Ap-
pollyon*, c'est-à-dire l'exterminateur,
c'est Napoléon Ier; *Melchisadech*, roi
de *Salem*, c'est Pie VII; *Béhémot* (la
bête de l'apocalypse), c'est Louis XVIII,
contre lequel Lamuel prophétise à
cœur-joie.
Cette malicieuse production, avant
d'être réunie en volume, avait paru
par fragments dans le fameux « Nain
jaune. »

LANGROGNET AUX ENFERS.
Imprimé à Antiboine, de l'imprime-
rie de Pince Filleux, à la Plume de
Fer; s. l. (Besançon, Charmet), 1760,

in-12, de 20 pp. avec six médiocres gravures sur cuivre. Se trouve aussi dans le recueil intitulé :

HISTOIRE ALLÉGORIQUE DE CE QUI S'EST PASSÉ DE PLUS REMARQUABLE A BESANÇON depuis l'an 1756 ; s. l. n. d. de 117 pp. et 1 f. Le poème de « Langrognet » occupe les pp. 92 à 117 de ce recueil formé par *M. Terrier de Cléron*, président de la Chambre des Comptes de Dôle ; suivant Barbier, l' « Histoire Allégorique » offre cette particularité que le titre manque dans tous les exemplaires connus.

L'auteur du petit poème de « Langrognet (ou Langronet) » est l'abbé *François-Xavier de Talbert*. C'est un pamphlet des plus sanglants contre le président de Boynes, intendant de la Franche-Comté ; contre M. de Randan, gouverneur, et contre leurs partisans, dont les noms sont travestis. « Depuis quelques années, dit M. Weiss dans la « Biographie Michaud, » de fréquents démêlés avaient existé entre le Parlement, jaloux de la conservation des privilèges de la province, et M. de Boynes, qui réunissait la double charge de président du Parlement et d'intendant. Ce magistrat crut les terminer par un coup d'éclat et obtint des lettres d'exil contre tous les conseillers qui montraient le plus d'opposition à ses volontés. L'abbé Talbert comptait des amis et plusieurs parents dans le nombre des exilés ; il n'hésita point à prendre hautement leur défense et jeta le ridicule à pleines mains sur M. de Boynes et ses partisans, dans une foule de pamphlets en prose et en vers, écrits avec beaucoup de malice et de gaîté. L'auteur, quoique protégé par l'anonyme, fut reconnu facilement et une lettre de cachet l'envoya d'abord au séminaire de Viviers, puis au château de Pierre

Encise, où il expia sa faute par une détention de trois années. » Le Parlement de Besançon frappa de proscription le poème de « Langrognet, » et presque tous les exemplaires furent livrés aux flammes, de sorte que ce petit livre est devenu presque introuvable, surtout avec les figures. Un catalogue de M. Claudin en annonçait un bel exemplaire, avec une clef manuscrite, il y a deux ou trois ans. Il fut acheté, je crois, pour la Bibliothèque nationale.

Il serait désirable qu'on fît une réimpression de ce mordant pamphlet, en y joignant de bonnes notes et une clef ; Charles Nodier lui a déjà consacré une curieuse, mais trop courte notice dans ses « Mélanges tirés d'une petite Bibliothèque » (pp. 183 à 186).

LANTERNE MAGIQUE NATIONALE ; s. l. n. d. (Paris, vers la fin de 1789), in-8 de 23 pp.

Ce libelle satirique, publié en quatre fascicules, est du *vicomte de Mirabeau*, dont le nom se trouve sur le quatrième numéro, le seul précisément qu'il n'ait point écrit. Les personnages du jour sont cruellement satirisés dans ce mordant pamphlet rempli d'initialismes faciles à compléter. Ainsi *la maréchale de B......u, cette auguste femme qui gouverne l'Académie*, c'est la maréchale de Beauveau ; *C.......t*, qui est à sa droite, c'est Condorcet ; *Harpula*, qui est à sa gauche, n'est autre que Laharpe. On reconnaît aisément Mme de Staël dans *l'ambassadrice, qui publie des livres qu'on ne lit pas* ; Lafayette dans *le grand L.......e*, et Rabaud dans *le petit ministre R....d. B.....e, qui ne peut donner le jour qu'à un monstre*, c'est Barnave ; on retrouve Ségur dans *S...r, qui a de l'esprit, mais peu de force. Le grand N....r*, c'est Necker ; *l'évêque d'A.... et l'archevêque de B......, qui intriguent et agiotent*, désignent clairement Talleyrand, évêque d'Autun et Champion de Cicé, archevêque de Bordeaux, etc., etc.

M. E. Jauffret, dans son « Théâtre révolutionnaire » (p. 82-85), a donné une bonne analyse de cette « pièce vraiment curieuse. »

LA RAPINIÈRE ou l'Intéressé, comédie, par *M. de Barquebois* (anagramme de *Jacques Robbé*), représentée à la fin de 1682. Imprimé avec les vers retranchez à la représentation. — Paris, Estienne Lucas, 1683, in-12 de 4 ff. et 102 pp.

Quoique l'auteur de cette pièce, en cinq actes et en vers, ait placé à Gênes le lieu de la scène, et bien qu'il se défende, dans sa préface, d'avoir songé à se moquer des fermiers généraux, on voit que les traitants de France ne sont pas ménagés dans cette comédie qui précéda de plus de vingt ans *Turcaret*. Il serait curieux de retrouver les originaux dont il a dû tracer les portraits. (Catalogue Soleinne, n° 1491.)

LARMES (LES) D'ARONTHE SUR L'INFIDÉLITÉ DE CLORIGÈNE, récit pastoral divisé en cinq journées, par *P. Colas*. — Lyon, J. Lautret, 1620, pet. in-12, rare, front. gravé.

C'est l'auteur lui-même, Pierre Colas, qui répand ses larmes dans cette longue et lamentable pastorale, sous le superbe nom d'*Aronthe*; l'*Iris* infidèle, qu'il implore sous celui de *Clorigène*, ne nous est pas connue. (« Bulletin du Bibliophile, » 1857, p. 217, n° 90.)

LAUDATIO FUNERALIS IN OBITUM VIRI EXCELLENTISSIMI, PEREXIMII DOCTISSIMIQUE DO- MINI MAGISTRI GANGOLFT URCKEPUNZ, pœtæ laureati, ludimagistri meritissimi et hypodidascali exceleberrimi, 1779, in-8, rare.

« Cette oraison funèbre, dit l' « Essai sur les Livres à Clef, » visait un vivant, André Gotz, professeur au collège de Saint-Sebald, à Nuremberg, homme instruit, mais fort pédant; elle était l'œuvre du savant et fécond *Chr.-Théophile de Mürr*, qui, dans cette prose mêlée de vers léonins, a imité avec bonheur le style des « Epistolæ obscurorum virorum. » Ce petit pamphlet littéraire ne figure pas dans la liste, bien longue cependant, des ouvrages de Mürr, donnée par la « Biographie Michaud. »

LAURIERS (LES) ECCLÉSIASTIQUES. Voir : Campagnes de l'abbé T***.

LAW IS A BOTTOMLESS PIT, exemplified in the case of Lord Strutt, John Bull, Nicholas Frog, and Lewis Baboon, who spent all they had in a law-suit-Printed from a manuscript found in the cabinet of the famous sir Humphrey Polesworth. — London (march), 1712, in-8 (Part. 1.)

John Bull in his senses; being the second part of « Law is a Bottomless Pit. » London (march), 1712, in-8.

John Bull in his senses; being the third part of « Law is a Bottomless Pit. » — London (march), 1712, in-8.

An Appendix to John Bull still in his senses, etc. — London, 1712.

LEWIS BABOON TURNED. HONEST, AND JOHN BULL POLITICIAN ; being the fourth part of « Law is a Bottomless Pit. » — London (June), 1712, in-8.

Ces quatre parties et l'appendix, dit le « Manuél de Lowndes » (p. 2559), quoique souvent insérés dans les œuvres de *J. Swift*, sont en réalité du docteur *Arbuthnot*.

« La loi est un abîme sans fond, » telle est la traduction littérale de ces écrits politiques allégoriques, relatifs aux événements qui se passaient alors en Europe. Les allusions sont aisées à dévoiler : *John Bull*, c'est le peuple anglais ; — *Nichlas Frog* (les Grenouilles), la Hollande ; — *Lewis Baboon* (Louis Singe), Louis XIV, etc.

LETTERS (THE) OF JUNIUS.

Sous ce titre parut, à partir du 21 janvier 1769, dans le « Public Advertiser » de Londres, une série de lettres politiques qui se continua, avec des interruptions, jusqu'en 1772. L'Angleterre était alors, sous le ministère du duc de Grafton, qui descendait, comme on sait, d'un bâtard de Charles II, en proie à une vive excitation politique, causée par l'extrême division des partis et par le conflit de la métropole avec les colonies d'Amérique. Les premières « Lettres de Junius » furent comme l'explosion de l'indignation générale contre un gouvernement incapable et coupable. Malgré la vive émotion qu'elles causèrent, ni le gouvernement, ni les personnages si violemment attaqués, ne purent en découvrir l'auteur. Aujourd'hui encore, malgré les nombreux ouvrages publiés à ce sujet, le problème est demeuré sans solution et l'on hésite à se prononcer entre les huit auteurs à qui ces lettres semblent devoir être

attribuées avec le plus de vraisemblance ; ce sont : *Hugues Boyd, Burke, J.-L.Delolme, lord Sackville-Germaine, sir Philip-Francis, Glower*, le général *Lee* et le duc de *Portland*. Réunies pour la première fois en 2 vol., en 1772, par l'éditeur même du « Public Advertiser, » ces lettres ont eu depuis un nombre considérable d'éditions. Elles ont été traduites en français par *Varney* (Paris, 1791, 2 part. in-8) et par *J.-T. Parisot* (Paris, 1823, 2 vol. in-8), avec des notes historiques et politiques.

Ces *Lettres* devaient être au moins citées dans cette étude, tous les noms propres compris dans l'ouvrage n'étant désignés, dans les premières éditions, qu'à l'aide de simples initiales. Il n'est pas rare de rencontrer de ces exemplaires anciens, où les noms sont remplis à la main. Les éditions modernes et les traductions contiennent, pour la plupart, les noms propres imprimés en toutes lettres.

LETTRE D'UN GENTILHOMME FRANÇOIS A DAME JACQUETTE CLÉMENT, PRINCESSE BOITEUSE DE LA LIGUE. — De Saint-Denis, en France, le 25 d'aoust 1590, in-8, maroquin bleu, fil. tr. dor.

Cette violente satire dont, jusqu'à présent, on ne connaît pas d'autre exemplaire original que celui ci-dessus décrit, qui figurait au catalogue Leber, sous le n° 4045, est dirigée contre la duchesse de Montpensier, sœur du fameux duc de Mayenne. L'auteur inconnu de ce virulent pamphlet, accuse en propres termes la princesse, « ce monstre de luxure, » de s'être prostituée au frère Jacques Clément, pour l'amener à assassiner Henri III. Si l'on ajoute à cela que la princesse était atteinte d'une légère claudication, on s'expliquera parfaitement qu'elle ait été désignée sous le nom de *damè Jaquette Clément, princesse boiteuse de la Ligue.* Le duc de Mayenne est désigné sous le nom de *duc des Moynes.*

Ajoutons que ce pamphlet a été réimprimé dans « la Bibliothèque Elzévirienne » (1863, Variétés historiques et littéraires, t. X, pp. 55-76.)

LETTRE (LA) DE CACHET.
Voir : Charles et Caroline.

LETTRE DU DIABLE A LA PLUS GRANDE P....N DE PARIS.
— LA RECONNAISSEZ-VOUS ? — Paris (179...), in-8 de 8 pp.

Cette pièce, de la plus grande rareté, est dirigée contre Mme Tallien ; c'est un pamphlet atroce. On peut y joindre la « Réponse de l'ange Michel à la lettre du Diable, etc. » S. l. n. d., in-8. (Voir catalogue Leber, t. IV, p. 222.)

LETTRE ÉCRITE PAR UN GASCON A UN RELIGIEUX.
Voir : Histoire amoureuse et badine du Congrès d'Utrecht.

LETTRES A UNE INCONNUE,
précédées d'une étude sur *Mérimée*, par *H. Taine.* Paris, Lévy frères, 1873, 2 vol. in-8, 15 fr.
LETTRES A UNE AUTRE INCONNUE. Avant-propos par *H. Blaze de Bury.* Paris, Lévy frères, 1875, in-12, 3 fr. 50.
LETTRES A PANIZZI, par *Prosper Mérimée.* Publiées d'abord dans la « Revue des Deux-Mondes, » en 1879 et réunies récemment en deux volumes.

Quelques mots seulement sur ces Lettres : Beaucoup de noms sont en blanc, d'autres ne sont désignés que par des initiales ou par les X traditionnels ; une clef serait donc nécessaire pour la complète intelligence de ces curieuses correspondances. Mais si, pour ne citer que le dernier recueil, on réfléchit qu'il s'y trouve des personnages désignés comme suit : « Le ministre X... mari... malheureux, — la princesse de *** qui scandalise tout le monde, — le comte de R... qui trouve dans la cassette de sa femme des lettres d'homme de quatre mains différentes, etc., etc., » on comprendra que la publication d'une clef complète, beaucoup de personnages déguisés étant encore vivants, présenterait bien des écueils. — Comme pour la « Correspondance de Sainte-Beuve » et pour diverses autres publications contemporaines, la clef des Lettres de Mérimée est à renvoyer à plus tard, quand ce ne serait que par convenance.

LETTRES AMOUREUSES DE Mlle DE B 2663 z 183... Voir : Histoire nouvelle des amours de la jeune Bélise....

LETTRES D'UNE DAME ANGLOISE ET DE SON AMIE A PARIS,
contenant les MÉMOIRES DE MADAME WILLIAMS. Imprimé en Hollande, 1770, 2 part. in-12.

Ce roman, d'ailleurs insipide, contient des allusions à des événements et à des personnages contemporains. On y trouve notamment une scandaleuse anecdote de la jeunesse du marquis de Polignac, qu'on désigne tout simplement par sa lettre initiale et qu'on signale comme un homme connu par son intrigue amoureuse avec une grande princesse. — On y raconte en outre une horrible histoire de son premier amour. (Voir « Correspondance de Grimm » — janvier 1771.)

LETTRES D'UNE FILLE A SON PÈRE. Voir : Adèle de Couv***.

LETTRES DE GRIMM A CATHERINE II.

Publication en 2 vol. in-8, faite, en 1880, par les soins de M. *Jacques Grot*, membre de l'Académie impériale des sciences de Saint-Pétersbourg, pour compléter la volumineuse série des lettres de l'Impératrice au critique-diplomate, mises au jour, par le même J. Grot, en 1878.

Dans un trop court article inséré dans « l'Amateur d'Autographes » (Paris, Charavay, n°ˢ 325, 326, octobre-novembre 1880), *M. Maurice Tourneux*, le savant éditeur de la « Correspondance littéraire de Grimm, » a parfaitement résumé et fait connaître cette importante publication. Empruntons-lui le passage suivant qui rentre essentiellement dans le cadre de cette étude :

« M. Jacques Grot a traduit en russe toutes les lettres qu'il avait entre les mains, et jusqu'aux passages allemands dont elles sont hérissées. Il eût rendu à plus d'un lecteur français un signalé service s'il avait pris pour ceux-là la même peine dans notre langue. La préface du premier volume contient une sorte de clef, aussi complète qu'on l'a pu faire, des abréviations, surnoms et allégories que Catherine employait pour dépister les curieux. Comme cette clef n'a pas été non plus traduite en français, je la reproduis ici, persuadé qu'elle est indispensable pour le lecteur d'un recueil de cette nature :

L'Homme aux deux physionomies (quelquefois *Piccolo Bambino*), — Joseph II;
Maman, — Marie-Thérèse ;

Frère Ge.., — George III, roi d'Angleterre ;
Hérode, — Frédéric II ;
Frère Gu.., — Gustave III, roi de Suède, et plus tard, Frédéric-Guillaume II, roi de Prusse ;
Gegu, — ces deux rois ensemble ;
Antonin Falstaff, — Gustave III ;
Les Secondats, — tantôt Frédéric II et Joseph II, tantôt le czarovitz Paul et sa femme ;
La Glace ou *le Boutonné*. — M. de Herz, ambassadeur de Prusse ;
Collet de Montorgueil, — M. de Hertzberg, ministre des affaires étrangères de Prusse ;
Souffre-douleur, Factotum, Les gens de Grimma, — Grimm lui-même ;
Pyrrhus, roi d'Epire, — Korsakow ;
Le Divin, l'amplissime baron. — le baron de Reiffenstein ;
Le duc de Saint-Nicolas, — Roumiantzoff ;
Les Epiciers, — les Suédois ;
Les Marchands drapiers, — les Anglais ;
Les Marabouts, — les Turcs ;
Arme Leute, — (en allemand, *pauvres gens*), les Français au temps de la Révolution ;
L'Egrillarde, — la Révolution ;
Kœther, — (en allemand, *chien crotté*), les fauteurs de l'anarchie ;
Purée de pois, Soupe aux pois, — la diplomatie et les diplomates ;
Enfin, le nom de *Bobrinski* désigne un fils naturel de l'impératrice, élevé en Allemagne, puis en Angleterre. »

LETTRES DE LA PRÉSIDENTE FERRAND.... Voir : Histoire nouvelle des amours de la jeune Bélise....

LETTRES DE M***.

Manhein et Paris, Bauche, 1760, in-12 de VI-199 pp.

M. Paul Lacroix, dans le « Bulletin du Bibliophile » (novembre-décembre

1860, p. 1764, n° 661), fait connaître que ces lettres sont l'œuvre d'*Eugène-Eléonore de Béthizi*, marquis de *Mézières*, lieutenant général du roi et gouverneur de Longwy. Ce sont des bluettes de philosophie, de morale, de science et de littérature, qui ont dû être publiées seulement pour les amis de l'auteur. On y trouve beaucoup de finesse, d'esprit et d'anecdotes qui peuvent servir à l'histoire des idées et des mœurs au xviiie siècle. La plupart des noms sont voilés par des initialismes faciles à compléter : Ainsi *V****, c'est Voltaire. *M. de M****, Maupertuis, *Mme D****, Mme du Deffant, etc. Le livre est rare et curieux ; une clef complète le rendrait fort intéressant.

LETTRES DE MADEMOISELLE DE JUSSY. Paris, 1762, in-12 ou pet. in-8.

Ce petit roman en lettres est inconnu aux bibliographes. « On y trouve, dit la « Correspondance de Grimm » (octobre 1762), quelques *portraits* faits avec assez de facilité et de naturel ; mais d'ailleurs ce roman est froid et manque d'imagination et d'intérêt. » Qui retrouvera jamais les originaux des portraits en question ?

LETTRES DE MISTRESS FANNY BUTLER A MILORD CHARLES-ALFRED DE CAITOMBRIDGE, par Mme *Riccoboni*. Paris, 1756 et 1757, in-12.

« Les lettres de *Fanny* paraissent être authentiques, et l'on pense qu'elles se rapportent aux premières amours de l'auteur ; seulement le lieu de la scène, les noms des personnages et les circonstances qui auraient pu les faire reconnaître, ont été déguisés. Cet ouvrage a été écrit avec une gaieté et une jeunesse qui ne se trouvent pas dans

les autres œuvres de Mme Riccoboni. M. Boissonnade a révélé une particularité connue de peu de personnes : les lettres de *Fanny Butler*, données sous forme d'un roman, doivent leur origine à une liaison d'amour très réelle et furent adressées à M. de Maillebois, *C.-Alfred de Caitombridge*, dont elle était folle et qui la quitta fort brusquement. » (« Bibliographie Gay, » t. IV, p. 288.)

LETTRES DE MADAME LA COMTESSE DE LA RIVIÈRE A MADAME LA BARONNE DE NEUFPONT, par Mlle *Poulain*, de Nogent-sur-Seine. Paris, Froullé, 1776, 3 vol. in-12.

Ce roman en lettres doit rentrer dans la catégorie des livres à clef, si l'on s'en rapporte à la note suivante extraite du catalogue Bazin : « Roman où l'on a fait entrer quelques noms et quelques faits du règne de Louis XIV, mais sans même se donner la peine d'essayer quelque chose comme un pastiche. Le nom même de l'héroïne, *Mlle de Plonnai*, n'est que celui de l'auteur avec quelques lettres déplacées ; il est probable que celui de *Lavanne* ne vient guère de plus loin. » (Cat. Bazin, 1852, n° 724.)

LETTRES ÉCRITES EN 1786 ET 1787, publiées par M. *Ballanche*. Paris, J. Renouard, 1834, in-12, et 1835, B. Duprat, in-12, avec un fac-simile. Prix, 4 fr. 50.

On lit au verso du faux titre de la seconde édition : « Tel a été l'effet produit par la lecture de ces lettres, qu'il n'y a pas, devant le tribut d'hommages, offert de toutes parts, à faire un mystère du nom de l'auteur, *Mademoiselle de Condé*, plus connue sous le nom de Madame la princesse *Louise-Adélaïde de Bourbon-Condé.* » L' « Intermédiaire » s'est récemment occupé de cette publication et a fait connaître que, dans plusieurs de ces lettres adressées à M. de la Gervaisais, Mademoiselle de Condé, parlant de plusieurs dames qu'elle voyait fréquemment, les a désignées simplement par ces mots: *La Fine, la Dame, la Singulière, l'Enfant,* etc., etc. Quelques-uns de ces masques ont été soulevés; on sait maintenant que *la Dévote* désigne la marquise de Vibraye; — *l'Aimable,* la marquise de La Roche-Lambert; — *la Dame,* une autre personne de ce nom; — on sait encore que *le Bon,* c'est le prince de Condé, et *le Petit,* le duc de Bourbon; — il y a là une clef curieuse à compléter.

LETTRES ET BILLETS GALANTS. Paris, Cl. Barbier, 1668, in-12 de 186 pp.

Dans le « Bulletin du Bibliophile » (1860, p. 1424), M. Paul Lacroix a consacré un intéressant article à ce très rare petit volume. Selon lui « Les Lettres et Billets galants » nous offrent en partie la correspondance d'une précieuse. Mme Arragonnais, avec Izarn, l'auteur du « Louis d'Or. » La première y figure sous le nom d'*Artémise,* le second, sous celui de l'*Illustre Justinien;* une autre précieuse, Mlle Bocquet, se présente sous le nom de *Dorimène;* il y a encore dans le volume d'autres pseudonymes à déchiffrer, car il ne paraît pas que la clef du « Grand Dictionnaire des Précieuses » soit entièrement applicable aux « Lettres et Billets galants. »

LETTRES FACÉTIEUSES DE FONTENELLE. — Voir: Relation de l'Isle de Bornéo.

LETTRES GALANTES DE CLÉANTE ET DE BÉLISE. Voir: Histoire nouvelle des amours de la jeune Bélise....

LETTRES PORTUGAISES traduites en françois. Paris, Claude Barbin, 1669, pet. in-12 de 3 ff. prélim., 182 pp. et 1 p. pour le privilège.

Telle est l'édition originale des cinq premières lettres de la religieuse Portugaise, celles dont l'authenticité est la moins contestée. Ces lettres, longtemps attribuées à l'avocat Subligny, puis à M. de Guilleragues, ont eu de très nombreuses éditions avec de fréquentes variantes dans le titre (« Cinq lettres d'amour d'une religieuse escrites au chevalier de C., officier françois en Portugal; » — « Lettres d'amour d'une religieuse » etc. — « Les Emportements amoureux d'une religieuse étrangère; » etc., etc.) Beaucoup d'éditions contiennent une seconde partie comprenant sept lettres nouvelles; d'autres sont suivies d'imitations en vers par Dorat, etc., etc. On n'a pas à faire ici la bibliographie de cet intéressant petit volume; on peut consulter à ce sujet: Brunet, t. III, col. 1030-1032; — Barbier, t. II, col. 1286; — Bibliographie Gay, t. IV, p. 295-296 et surtout la préface de l'excellente édition donnée par D. J.-M. S. (Don José-Maria de Souza.) Paris, Didot, 1824, in-12, 227 p., réimprimé par Jannet. Paris, 1853, in-16 de 95 p.

La clef des cinq premières lettres se réduit à deux noms: *La Religieuse,* c'est Marianne Alcoforada, religieuse à Beja, entre l'Estramadure et l'Andalousie; *le Chevalier,* son amant, c'est Noël Bouton de Chamilly, dit alors le comte de Saint-Léger. — Les sept dernières lettres, réputés apocryphes, seraient, d'après Barbier, l'œuvre de *Mme de Pédégache.*

LÈTTRES SECRÈTES ET AMOUREUSES DE DEUX PERSONNAGES CÉLÈBRES DE NOS JOURS. Voir : Recueil de lettres de deux amants.

LETTRES SUR L'AMOUR, ADRESSÉES A Mᵐᵉ A. D..., par C. R. — Paris, Maison, 1837, in-8 de 20 feuilles 3/8, 7 fr. — Autre édition : Paris, Delaunay, 1837, in-12.

D'après la « Bibliographie Gay, » Mᵐᵉ A.-D. n'est autre que Mᵐᵉ A.-L.-Aurore Dupin, dame Dudevant, si célèbre sous le nom de George Sand. L'auteur C. R., est M. Narcisse-Honoré Cellier, plus connu sous le nom de Cellier du Fayel.

LEWIS BABOON TURNED HONEST. Voir : Law is a Bottomless Pit.

LIAISONS (LES) DANGEREUSES. LETTRES RECUEILLIES DANS UNE SOCIÉTÉ ET PUBLIÉES POUR L'INSTRUCTION DE QUELQUES AUTRES, par C*** de L***. — Amsterdam et Paris, Durand, 1782, 4 part. in-12.

Telle est l'édition originale de ce roman célèbre de *Choderlos de Laclos* : cet ouvrage, aujourd'hui centenaire, compte plus de vingt éditions ou réimpressions, sans parler des traductions. — Plusieurs éditions sont ornées de séries de gravures ; il en est de remarquables. On a beaucoup écrit sur ce livre et la « Bibliographie Gay » a parfaitement groupé les appréciations dont il a été l'objet ; prenons-la donc pour guide, mais rappelons d'abord que cet ouvrage immoral, sévèrement mis à l'index en 1825, a encore été condamné à la destruction en 1824 et

en 1865 (voir le « Catalogue des ouvrages poursuivis ou condamnés, pp. 229, 230 et 298). — Ajoutons qu'il est de tradition que Laclos a pris ses personnages et placé son action dans une société de Grenoble. — « L'auteur doit tout son succès à sa brutalité ; loin de déguiser le vice, il l'exagère, le peint des plus noires couleurs et ne voit rien autre chose. Ce roman parut en 1782 : Laclos, trop grand admirateur et partisan de Rousseau, voulut faire peur à la France de la légèreté galante et de la facilité de mœurs qui avaient jusqu'alors régné, et il traça cet horrible commentaire des contes voluptueux, gazés ou sentimentaux à la mode jusqu'alors. Ce choc fut un de ceux qui contribuèrent à jeter notre société polie dans l'abîme révolutionnaire. » — Voici l'appréciation sévère de Ch. Nodier : « Peinture de mœurs, si l'on veut, mais de mœurs tellement exceptionnelles qu'on aurait pu se dispenser de les peindre sans laisser une lacune sensible dans l'histoire honteuse de nos travers ; l'ennui, plus puissant que la décence, et le goût devraient dès longtemps avoir fait justice de ce *Satyricon* de garnison. » Voici ce que dit M. E. du Pasquet, dans le « Roman en France, » travail couronné, en 1862, par l'Académie française : « *Les Liaisons dangereuses*, coupable roman, où se trouve un grand talent, mais où la corruption s'étale trop au grand jour pour produire l'effet moral qu'en attendait l'auteur. »

On a prétendu que les portraits de la marquise *de Verteuil* et du marquis *de Valmont* faisaient allusion à Mᵐᵉ de Souza, femme de l'ambassadeur de Portugal à Paris, et au chevalier de Choiseul. Mais, avant de se marier en secondes noces, Mᵐᵉ de Souza avait épousé un militaire, M. de Flahaut ; les dictionnaires biographiques nous apprennent que cette union mal assortie ne fut point heureuse, les époux se séparèrent, mais la jeune femme, née en 1761, avait à peine vingt et un ans, lorsque parut, en 1782, le roman de Laclos, et cet âge semble incompatible avec la rouerie expérimentée de la marquise. — D'ailleurs, les compositions gracieuses sorties de la plume de Mᵐᵉ de Souza, et qui lui ont assigné un rang distingué dans la littérature française, ces peintures fraîches et inspirées par une douce tendresse, offrent le contraste le plus marqué avec les principes de l'héroïne de Laclos. — On a prétendu que celui-ci s'était vanté de s'être dépeint lui-même sous les traits de l'odieux *Valmont;* mais il est permis de voir là-dedans une de ces fanfaronnades de vice, qui font l'orgueil de quelques fats. — D'un autre côté, voici ce que dit M. Allut dans son livre intitulé : « Aloysia Sigea et Nic. Chorier » (Lyon, 1862, p. 61). « Laclos avait donné à son père, officier comme lui dans un régiment en garnison à Grenoble, un exemplaire de son roman, sur les marges duquel il avait écrit le nom de chacun de ceux, hommes ou femmes, qu'il avait mis en scène, et qui tous appartenaient aux plus hautes classes de la société dans cette ville ; les aventures et les orgies étaient connues, l'auteur n'avait eu qu'à les raconter sous des noms d'emprunt. »

En résumé, nous ne sommes pas près d'avoir la clef des *Liaisons dangereuses,* sauf le cas, bien improbable, où l'on découvrirait un exemplaire annoté d'après celui que l'auteur avait offert à son père. Comme le dit fort bien Ch. Nodier, « ce livre a une clef « ou plutôt il en a eu dix ! Je ne crois « pas avoir traversé une ville princi- « pale de nos provinces, où l'on ne « montrât du doigt, dans ma jeunesse, « un des héros impurs et pervers de « ce roman. Il faut laisser au rebut « ces clefs diffamatoires d'un ouvrage « qui diffame la nature humaine. » — Tout le monde ne pensait pas comme Nodier à ce sujet ; il s'est même trouvé des gens qui ont revendiqué la *gloire*

d'avoir servi de types aux héros des Liaisons : Pour n'en citer qu'un exemple, rappelons que le chevalier d'Arblay d'Anceny se vante, dans l' « avertissement » de ses « Opuscules en vers, » d'avoir été l'un des personnages mis en scène dans les *Liaisons dangereuses.*

LIRRO (IL) DI PEREGRINO...
Voir : Il Peregrino...

LICT (LE) D'HONNEUR DE CHARICLÉE.
Voir : Le Duel de Tithamante.

LIFE (THE), ADVENTURES, INTRIGUES, AND AMOURS OF THE CELEBRATED JEMMY TWITCHER.
Exhibiting many striking Proofs to what Baseness the Human Heart is capable of Descending. — The whole Faithfully compiled from Authentic Materials. — ..... London : Printed for Jonathan Brough, at the Bible, near Temple Bar, Strand, vol. in-8° de 92 pp. plus le titre ; publié vers 1770. — Très rare.

Ce livre faible, trivial, mal écrit et qui contient des allégations plus ou moins dignes de foi, prétend retracer la vie et les aventures de toute sorte de *Jean Montagu,* quatrième comte de *Sandwich,* homme d'État anglais, né en 1718, mort le 30 avril 1792. L'auteur inconnu de cette espèce de libelle a désigné lord Sandwich sous le nom de *Jemmy-Twitcher* (quelque chose comme *Jacquot-Pinceur*), sobriquet donné à ce seigneur par le poëte satirique Charles Churchill. — Montagu-Sandwich était un homme de plaisir et sa vie privée n'était pas des plus édifiantes, paraît-il, bien que ce fût d'ailleurs un personnage très distingué qui rendit de grands services à son pays. — Ce pamphlet, qui a pour but de faire voir « à quel excès de bassesse » peut descendre le cœur humain tout en montrant que les plus mauvais instincts ne sont pas incompatibles avec des talents supérieurs, aurait besoin d'une bonne clef pour être lu aujourd'hui avec intérêt. — Il a été analysé par *Pisanus Fraxi*, « Centuria Librorum prohibitorum » (London, 1877, 4°, pp, 210, 301 et 302).

LIFE AND OPINIONS OF TRISTRAM SHANDY.

Voir : Sentimental Journey through France...

LIGUE (LA) DES FANATIQUES ET DES TYRANS, tragédie nationale en trois actes et en vers, par *Ch.-Phil.-H. Ronsin*, ex-capitaine d'honneur de la garde nationale parisienne. — Paris, Guillaume junior, 1791, in-8, et : Lille, Deperne, 1793, in-8.

Cette pièce allusive fut représentée pour la première fois, le 18 juin 1791, sur le théâtre Molière, rue Saint-Martin. La scène se passe sous *Louis XII*, le Père du peuple, qui personnifie Louis XVI, le restaurateur de la liberté; *Bayard*, c'est Lafayette ; *Héroët*, l'intendant des finances poursuivi par le peuple, c'est Foulon; la *Garde Bourgeoise* devient la Garde nationale ; etc., etc.

M. E. Jauffret, dans son « Théâtre Révolutionnaire « (pp. 127-129), donne une analyse complète de cette œuvre pitoyable qui succomba sous les sifflets.

LIGURIE, CONTE TRADUIT DU GREC. Voir : La Chronique scandaleuse.

LISTE DES CURIOSITÉS DE LA FOIRE SAINT-GERMAIN, OU QUI SE-VOIENT A PARIS. — Pièce imprimée en partie dans les « Anecdotes échappées à l'Observateur Anglois » (t. I, p. 266).

Cette plaisanterie méchante qui roule sur les filles les plus connues de l'époque (1775), doit être introuvable aujourd'hui ; elle n'est même pas citée dans la « Bibliographie Gay. » C'est un recueil d'allusions aux mœurs ou aux imperfections des filles du monde, sous forme de ménagerie. Ce procédé devait être souvent imité pendant la période révolutionnaire (voir : « La chasse aux bêtes puantes ; » — « Les chevaux au manège ; » — « La ménagerie nationale ; » etc.). — Ainsi : la *bête très méchante*, qui se jette sur tout le monde et que rien ne peut apprivoiser, désigne Mlle Arnould ; — *La grande louve*, ou *Laye des bois*, Mlle Raucourt ; — *La Civette*, animal puant, Mlle Morancé; — *La jolie guenon des Indes*, Mlle d'Hervieux ; — *Un petit cochon marron*, Mlle Bonnard, — et parmi les « machines : » *Un bel automate très curieux*, Mlle Duthé ; — *Une jolie pagode de Chine*, Mlle Sougnès ; — *une belle statue en plâtre*, peinte en couleurs imitant le naturel, Mlle Beauvoisin. « En voilà assez, dit le rédacteur des « Anecdotes, » et pourtant, je m'arrête au commencement de la liste qui rassemble toutes celles de nos courtisanes qui font le plus de bruit par leurs excès. » Tout cela est rempli d'allusions très libres, pour ne pas dire obscènes.

LIVRE (LE) DU SEIGNEUR. Voir : Lamuel.

LIVRE VII DE LA CHRONIQUE DE DON PHILIPPE D'AURELIA...

Voir : Les Avantures de Pomponius.

LIVRES HERMÉTIQUES.
Voir : L'*Introduction*.

LOGOGRIPHES PAR QUATRINS (sic)...
Voir : Miscellanées...

LOIS (LES) EXISTANTES. — CONTE INDIEN TRADUIT DE L'INDOUSTANI, par *H. Oddoz*. — Paris, Victor Lecoffre. Impr. J. Mersch, M. DCCC. LXXX, in-12 de 50 pages.

Allégorie satirique relative aux décrets du 29 mars 1880 sur les congrégations religieuses non autorisées. Il n'est pas difficile de deviner que le royaume de *Kali raschtra*, c'est la France, et les *Kalicans*, les Français ; les *Brahmes noirs*, ce sont les Jésuites ; *Polétriah* ne peut être que Napoléon III ; *Polébona* est presque l'anagramme de Napoléon Ier ; quant à *Chutrix, Chakili, Dharma* ce sont les membres du ministère qui ont assuré l'exécution des décrets susdits. Tout cela n'est ni très piquant, ni très récréatif.

LOUIS BRONZE ET LE SAINT-SIMONIEN, parodie de Louis XI, en trois actes et en vers burlesques, par *Ferdinand Langlé* et *Emile Vander-Burch*. — Paris, Barba, 1832, in-8, prix : 1 fr. 50.

Cette farce amusante fut jouée, pour la première fois, le 27 février 1832, au théâtre du Palais-Royal. Le Vincent-de-Paul de Casimir Delavigne y est remplacé par un *Père Bonfantin*, nom sous lequel il n'était pas difficile de reconnaître le célèbre M. Enfantin. D'autres personnages désignent le brave Père Bazard, Mlle Cécile Fournel, Mlle Aglaé de Saint-Hilaire, etc., etc. (Th. Muret. — « L'histoire par le théâtre, » t. III, p. 190).

LOUIS (LE) D'OR POLITIQUE ET GALANT. — Cologne, Pierre Marteau (Hollande, à la Sphère), 1695, pet. in-12, très rare.

Il ne faut point confondre cet écrit avec le fameux petit roman d'Isarn : « Le louis d'or, à Mademoiselle de Scudéry, » qui parut, pour la première fois, en 1660, sous le titre de « La Pistole parlante. » — *Le Louis d'or* dont il s'agit ici, c'est Louis XIV ; l'auteur inconnu de ce libelle allégorique, y critique sévèrement les actes politiques et les mœurs privées du grand roi.

LOVE OF FAME, THE UNIVERSAL PASSION ; IN SEVEN CHARACTERISTICAL SATIRES (by *Edw. Young*). — « ...Fulgente trahit constrictos gloria curru non minus ignotos generosis, » Horat. — Glasgow, printed by Robert Urie. MDCCLV, in-8, 96 pages.

Il existe diverses traductions de ces satires du célèbre auteur des « Nuits ; » outre la traduction de *Letourneur*, insérée dans les œuvres complètes de Young (Paris, 1796), on peut encore citer les versions suivantes : 1o « SATIRES D'YOUNG, OU L'AMOUR DE LA RENOMMÉE, PASSION UNIVERSELLE, » traduction libre de l'anglais par *Th. P. Bertin*, Londres et Paris, 1787, in-8 (nouvelle édition en l'an VI, in-18) ; — « SATIRES SUR L'AMOUR DE LA RE-

NOMMÉE; » traduction libre en vers français, par *J. Lablée*. Paris, 1802, in-12 (2ᵉ édition, 1818, in-18).

Ces sept satires, qui firent un certain bruit à Londres, lors de leur publication, furent maintes fois réimprimées; l'édition ci-dessus décrite, de plusieurs années postérieure à l'édition originale, contient une clef de quatre pages, encore bien incomplète sans doute, l'auteur ou l'éditeur n'ayant peut-être pas osé dévoiler alors les noms de personnages encore vivants.

Voici cette clef :

I — 8. *B — e*, — Sir Richard Blackmore ;
59. *S — e*, — Sir Richard Steele ;
— 60. *P — y*, — William Pulteney ;
— 81. *T*, — Dᵣ Trapp ;
— 165. *C — dos*, — Duc de Chandos ;
— 166. *B — l — ton*, — Comte de Burlington ;
— 177. *F — t — n*, — Sir Andrew Fountain ;
— 178. *P — b — ke*, — Comte de Pembroke ;
— 237. *Lady B.*, — Comtesse de Bristol ;
— 287. *S — pe*, — M. Scroope ;
II — 65. *T — n*, — Jacob Tonson ;
— 92. *O*, — Charles, comte d'Orrery ;
— 95. *D*, — Comte de Dorset ;
— 171. *Miss D*, — Miss Duncomb ;
— 181. *The Stagyrite*, — Aristote ;
— 201. *D*, — Doddington ;
— 230. *St — pe*, — Stanhope, comte de Chesterfield ;
— 230. *D — l — ne*, — Lord Deloraine ;
III — 95. *H — y*, — Lady Hervey ;
— 227. *H — r*, Heiddegger, directeur de comédiens ;

IV — 59-61 *C*, — Anthony Collins, fondateur de la Secte des Libres-penseurs ;
— 97. *Arbt — t*, — Dᵣ Arbuthnot ;
— 97. *F*, — Daniel de Foe ;
— 98. *S — ey*, — Sir Charles Sedley ;
— 100. *S — x*, — Sussex ;
— 104. *Q — y*, — Duchesse de Queensberry ;
— 114. *S*, — Sir Hans Sloane ;
— 128. *J — y*, — Lady Jersey ;
— 167. *B — le*, — Ch. Boyle, comte d'Orrery,
— 167. *M — t*, — Ch. Mordaunt, comte de Peterborough ;
— 168. *P — l — m*, — Pelham, duc de Newcastle ;
— 168. *J*, — John Dennis ;
— 205. *H — t*, — Harcourt, Lord chancelier ;
— 207. *A — le*, — Duc d'Argyle ;
— 208. *D — t*, — Duc de Dorset ;
— 209. *P — Ke*, — Thomas, comte de Pembroke ;
— 210. *Henrietta*, — Lady Henrietta Cavendish Holles Harley ;
— 260. *Augustus*, — Le roi George II ;
V — 191. *Sir H — s*, Dᵣ Hans Sloane ;
— 488. *Lady D.*, — Lady Dashwood, ou Dysart ;
VI — 223. *H — y*, Lord Hervey ;
— 224. *R — d*, — Duc de Richmond ;
— 330. *G — n*, Lady Betty Germain ;
— 355. *H*, — Lady Hervey ;
— — *P*, — Lady Pearce ;
— — *B*, — Lady Blount ;
— 410. *C — ns*, — Anthony Collins ;
— 449. *T — l — n*, — L'archevêque Tillotson ;
— 473. *K — p*, — Mᵐᵉ Kemp ;
— 577. *Carolina*, — La reine Caroline d'Anspach, femme de George II ;

— 595. *M — t*, — Mist, imprimeur ;

— 595. *W — ns*, — Wilkins, imprimeur ;

— 605. *Thou of France*, — Boileau ;

La clef ne s'étend pas à la septième satire, qui ne contient guère d'ailleurs que des noms écrits en toutes lettres.

Les satires 5 et 6, sur les femmes, contiennent un grand nombre de caractères féminins, *Mira, Mélanie, Célie, Isabelle, Lavinie, Tullie*, etc., etc., qui, fort probablement, sont des portraits ; il faudrait être extrêmement versé dans la connaissance des mœurs et de la société anglaises, sous George II, pour désigner les dames qui ont servi de modèle au poète ; nous ignorons si quelque érudit anglais a tenté d'exécuter ce travail curieux et attrayant.

LOVERS (THE), OR THE MEMOIRS OF LADY SARAH B... AND THE COUNTESS P..., published by Treyssat de Vergy, counsellor in the Parliament of Paris. — London, 1769, 2 vol. in-8, fig.

Cet ouvrage a bien l'air de n'être qu'une traduction supposée : *Treyssac de Vergy* n'a publié, sous ses initiales seulement, que deux ouvrages cités par Quérard et qui n'ont aucun rapport avec les « Amants, » ou Mémoires de Lady Sarah B.... et de la *comtesse P....* (Percy). — C'est un roman épistolaire, genre alors à la mode, dédié à la comtesse d'*H — rr — on* (Harrington) ; les lettres de lady B.... sont datées d'*H — H —* (Holland House) ; les correspondants de ces dames sont : Lord *William G....*, le capitaine *F....* ; sir *C. B....* qui écrit au duc de *R.....* (Rutland) ; *miss A....*, *miss S...., lady Mary H—y* (Harry ?), *miss B...., lord C...., le comte de P....* (Percy), *le général Sc....*, et *Edward D....* — Quelques noms sont complétés

à la main, ainsi qu'on l'indique ; malheureusement, les autres ne le sont pas. Il semblerait qu'il s'agit de lettres réelles, retouchées sans doute par l'éditeur (Quérard, Essai sur les livres à clef, p. 213).

LOYAL (THE) LOVERS. A Tragi-Comedy, by *Cosmo Manuche*, 1652, s. l., in-4.

Manuche ou plutôt *Manucci*, d'origine italienne, écrivit cette pièce pour critiquer sévèrement les hommes de l'ancien Comité révolutionnaire, sous les noms de *Gripemah* et de *Sodom*. Suivant Langbaine, l'auteur, sous les noms de *Phanaticus* et de *Flybow*, a retracé une aventure scandaleuse du fameux Hugh Peters avec la femme d'un boucher (« Biographia dramatica, » t. II, p. 206).

LUCII CORNELII EUROPÆI MONARCHIA SOLIPSORUM.

Voir : La Monarchie des Solipses.

LUCII VIGILII JESURBII ÆGLOGA HAGNON, utilis simul et jucunda, in-8, 4 pp.

Ce petit poème doit dater des premiers temps de la Réforme. Il est, au dire de Baumgarten (Analecta Lipsiensia, 1750, p. 484), de la plus insigne rareté ; aussi Freytag, pour en empêcher la perte définitive, a-t-il cru devoir le réimprimer *in extenso* dans son « Apparatus Litterarius » (t. III, pp. 14 à 17). — Dans cette églogue politico-religieuse, deux interlocuteurs, *Petasillus* et *Vanniolus*, s'entretiennent de la grande lutte ouverte entre la Réforme et la Papauté. Les personnes mises en cause sont déguisées sous des noms supposés, dont Freytag a donné la clef que voici :

Hagnon, — Marthin Luther;
Pan, — Jésus-Christ;
Salmoneus, — le Pape;
Damon, — l'Empereur;
Mopsus, — l'Electeur Frédéric de Saxe;
Corydon, — Calvin, ou peut-être J. Camerarius;
Amyntas, — Philippe Mélanchton;
Sichœus, — Sidonius (?);
Melibœus, — Amsdorfius (?);

Lui et Lui et Elle.

Voir : Elle et Lui, par George Sand.

LUPANIE. — HISTOIRE AMOU- REUSE DE CE TEMPS. — A la sphère (Hollande-Elzevier), 1688, pet. in-12, 94 pp.

Roman satirique attribué à tort à *P. Corneille Blessebois*, maintes fois réimprimé, tant sous ce titre que sous les suivants :

Saint-Germain, ou les Amours de M. D. M. T. P., avec quelques autres galanteries. S. l. n. d. (Hollande-Elzevier), pet. in-12 de 130 pp.

Alosie, ou les Amours de Madame de M. T. P. (en tête du recueil intitulé : « Amours des Dames illustres de notre siècle. » — Cologne, Jean Le Blanc, 1680, pet. in-12).

(Voir pour les diverses éditions de ce libelle : E. Cleder, « Notice sur Blessebois » et la « Bibliographie Gay. »)

Plusieurs auteurs, abusés par les initiales *M. D. M. T. P.*, qui n'étaient qu'une supercherie de libraire, ont cru ou voulu voir dans ce livre un pam- phlet contre madame de Montespan. Rien de plus inexact. Le roman repose en effet sur un fond de vérité; le titre de *Lupanie* (*Lupa*, la louve), qui est la forme la plus ancienne de l'ouvrage, démontre clairement dans quelle intention il a été composé; mais ce n'est point de la favorite du grand roi qu'il s'agit : « C'est un pur et simple récit des scandales obscurs d'un ménage bourgeois; le mari était médecin; l'amant (auteur de Lupanie) paraît avoir été une sorte de cuistre qui eut l'idée de se venger ainsi des infidélités des sa maîtresse; » ceci expliquerait assez qu'on ait songé à attribuer ce libelle au peu délicat Corneille Blessebois. Sous plusieurs rapports, il ne serait pas sans intérêt de découvrir la clef véritable de Lupanie.

Lutrigot, poëme héroï-comique.

Voir ci-après :

LUTRIN (LE), poëme héroï- comique, par *Nicolas Boileau Des- préaux*. — Les quatre premiers chants seulement ont été publiés dans les « Œuvres diverses du sieur Despréaux. » — Paris, Thierry, 1672, in-4, fig. — Les six chants complets ont paru pour la première fois dans les « Œuvres diverses du sieur D. » — Paris, Thierry, 1683, in-12. — Innombrables réimpres- sions.

Je ne saurais mieux faire que de transcrire ici une note entièrement écrite de la main de *Gabriel Peignot*, que m'a bien voulu communiquer M. Gustave Brunet. — On sait, comme je l'ai rappelé dans l'Introduction de cette étude, que Peignot avait réuni un certain nombre de notes en vue d'une « Bibliographie des livres à clef. » —

Sans doute on ne sera pas fâché d'avoir un spécimen du travail de ce patient et consciencieux bibliographe :

« Ce poème, l'un des plus agréables et des mieux faits qui existent dans la langue française, a dû le jour à une espèce de défi que M. le Président de Lamoignon porta à Boileau; il était question d'un démêlé du Trésorier et du Chantre de la Sainte-Chapelle au sujet d'un lutrin. — Voici quelques détails à cet égard : Le trésorier remplissait la première dignité du chapitre de la Sainte-Chapelle et officiait avec toutes les marques de l'épiscopat; le chantre occupait la seconde dignité. Il existait autrefois dans le chœur, devant la place du chantre, un énorme pupitre qui le couvrait presque tout entier; il le fit ôter; le trésorier voulut le faire remettre; de là arriva une dispute. On s'en rapporta à M. de Lamoignon pour juger cette contestation. Ce sage magistrat fit comprendre au trésorier (M. Claude Auvri, évêque de Coutances) que ce pupitre n'ayant été érigé anciennement devant la place du chantre que pour la commodité de ses prédécesseurs, il n'était pas juste qu'on obligeât le chantre actuel (M. Jacques Barrin) à le souffrir s'il lui était incommode. Néanmoins pour accorder quelque chose à la satisfaction du trésorier, M. le Premier Président fit consentir le chantre à remettre le pupitre devant son siège où il demeurerait un jour, et le trésorier à le faire enlever le lendemain, ce qui fut exécuté de part et d'autre. Cette petite contestation parut si plaisante à M. de Lamoignon qu'il dit à Boileau qu'il devrait faire un poème que l'on pourrait intituler la Conquête du Lutrin, ou le Lutrin enlevé. Boileau répondit qu'il ne fallait jamais défier un fou et qu'il l'était assez non seulement pour entreprendre ce poème, mais encore pour le dédier à M. le Président lui-même. Celui-ci ne fit qu'en rire : le poëme se commença, l'essai en plut beaucoup, l'auteur continua. Les quatre premiers chants parurent en 1672, et les deux derniers y furent ajoutés en 1683. — Toutes les richesses de l'épopée se trouvent réunies dans ce charmant poëme qui n'a pour ses six chants que 1268 vers. On le relit toujours avec un nouveau plaisir. Il faut avouer cependant que le sixième chant n'est point en harmonie avec les cinq premiers; il est trop sérieux et il a beaucoup moins de coloris et d'élégance que ce qui précède. D'ailleurs, l'action du poème finit par ces vers très secs adressés à M. de Lamoignon :

« Seul, tu peux révéler par quel art tout puissant
Tu rendis tout à coup le chantre obéissant.
Tu sais par quel conseil, rassemblant le chapitre,
Lui-même, de sa main, reporta le pupitre;
Et comment ce prélat, de ses respects content,
Le fit du banc fatal enlever à l'instant. »

« Quelle froide narration! qu'est donc devenue l'imagination du poëte? Il pouvait cependant tirer grand parti de la manière singulière et risible dont s'est terminée cette querelle.

« Quoique Boileau dise dans l'Avis au lecteur de la première édition du Lutrin : « Je déclare franchement que tout le poème n'est qu'une pure fiction et que tout y est inventé, jusqu'au nom même du lieu où l'action se passe, » il est très certain que le sujet de son poème existait bien réellement, ainsi qu'on l'a pu voir par ce que nous avons exposé ci-dessus. Bien plus, c'est que, par la suite, il n'a pas même pris la peine de déguiser quelques noms de personnes attachées à la Sainte-Chapelle, mais il y en a plusieurs qu'il a changés; c'est ce qui m'a engagé à en donner ici la clef, que j'ai puisée dans des notes de diverses éditions de notre poëte:

Alain, — Auberi, chanoine de Saint-Jacques, puis du Saint-Sépulcre et enfin de la Sainte-Chapelle;

Aleth (ces vertus dans), — Boileau a ici en vue Nicolas Pavillon, alors évêque d'Aleth, prélat très pieux;

Anne (la perruquière), — Anne Dubuisson, seconde femme de Didier l'Amour, perruquier;

Boirude, — François Sirude, sacristain, puis vicaire de la Sainte-Chapelle;

Brontin, — le sieur Frontin, sous-marguillier de la Sainte-Chapelle;

Le chantre, — Jacques Barrin, fils de M. de La Galissonnière, maître des requêtes;

Dodillon, — C'est le nom d'un chantre de la Sainte-Chapelle;

Une illustre église, — La Sainte-Chapelle, fondée par saint Louis et consacrée en 1248. Dans la première édition, Boileau avait mis Bourges, puis du *B*. il avait fait un *P*., ce qui faisait Pourges, petite chapelle qui était autrefois proche de Montlhéry;

Le chanoine Evrard, — Louis Roger Danse, mort en 1699; il passait pour le plus gourmand des chanoines de la Sainte-Chapelle, et pour celui qui aimait le plus la propreté;

Fabri, — M. Lefebvre, conseiller-clerc, homme très violent;

Gaillerbois, — Pierre Tardieu, sieur de Gaillerbois, chanoine de la Sainte-Chapelle, mort en 1656;

Garnier, — Fournier, chapelain de la Sainte-Chapelle;

Le prudent Gilotin, — Gueronet, qui depuis fut curé de la Sainte-Chapelle;

Girard, — le sonneur de la Sainte-Chapelle, qui se noya dans la Seine, ayant gagé qu'il la passerait neuf fois à la nage. Il eut un jour la témérité de monter sur les rebords du toit de la Sainte-Chapelle, ayant une bouteille à la main; là, en présence d'une infinité de gens qui le regardaient depuis la rue avec frayeur, il vida cette bouteille d'un seul trait et s'en retourna. Boileau, qui était alors écolier, fut un des spectateurs;

Girot, — Brunot, valet de chambre, remplissait aussi la fonction de bedeau ou d'huissier. Il gardait la porte du chœur. On dit qu'il était fâché que Boileau ne l'eût pas nommé par son véritable nom;

Haynaut, — Hesnault, mauvais poëte, Dans l'édition de 1674, il y avait *Bursost*; dans celle de 1683, *Boursaut*; et dans celle de 1694, *Perrault*; *Haynaut* est resté depuis 1701;

Héros fameux, — M. de Lamoignon, Premier Président du Parlement de Paris; né en 1617, il est mort en 1677;

Marineau, — c'est le nom d'un chantre de la Sainte-Chapelle;

Le perruquier l'Amour, — Didier l'Amour, perruquier établi dans la cour du Palais, sous l'escalier de la Sainte-Chapelle. Quand il arrivait quelque tumulte dans cette cour, il y mettait ordre sur le champ, avec un grand fouet qui lui servait à expulser les enfants et les chiens du quartier lorsqu'ils faisaient du bruit; il avait même un bâton à deux bouts pour écarter les filous et les bretteurs que le grand abord du monde attirait au Palais et qui causaient du désordre:

Prélat terrible, — Claude Auvri, évêque de Coutances, trésorier de la Sainte-Chapelle;

Sidrac, — C'est ainsi que se nommait un vieux chapelain-clerc dont le caractère est formé sur celui de Nestor. »

Telle est, fidèlement transcrite, la note de Gabriel Peignot. Sans doute on la trouvera un peu longue, mais elle donne l'idée de la manière que l'érudit écrivain pensait employer pour sa Bibliographie des livres à clef. Si l'on eût suivi le même procédé dans cette étude, plusieurs volumes eussent été nécessaires pour son exécution.

Ne quittons point Boileau sans rappeler que ses *Satires* et ses *Épîtres* présentent un grand nombre d'allusions : leur explication nous entraînerait bien loin et d'ailleurs presque toutes ont été éclaircies; citons-en cependant quelques-unes des moins connues :

Damon, ce grand auteur, dont la muse fertile...
Sat. I. v. 1.

Boileau avait en vue Cassandre, traducteur de la Rhétorique d'Aristote; ce serait Tristan-l'Ermite, suivant les commentateurs;

Que *George* vive ici, puisque George y sait vivre...
Sat. I, v. 34.

Il s'agit du financier Gorge, aïeul de Mᵐᵉ de Phalaris;

D'un *pédant*, quand il veut, sait faire un duc et pair.
Sat. I, v. 64.

Ce serait Louis Barbier, abbé de la Rivière, depuis évêque de Langres, titre qui conférait la duché-pairie;

Un *esprit qui...*
Attend pour croire en Dieu que la fièvre le presse...
Sat. I, v. 154.

On croit que ce vers désigne Desbarreaux;

Et qui s'est dit profès dans l'*ordre des Coteaux*...
Sat. III, v. 107.

Les trois grands seigneurs qui composaient cet ordre étaient le commandeur de Souvré, le duc de Mortemart et le marquis de Sillery;

Alidor à ses frais bâtit un monastère...
Sat. IX, v. 160.

On applique ce vers à Pinette, qui a bâti à ses frais l'institution de l'Oratoire, rue d'Enfer;

Et tous *ces vieux recueils* de satires naïves...
Sat. IX, v. 69.

Boileau dit avoir eu en vue « Les Contes de la Reine de Navarre; »

Comme ce magistrat de honteuse mémoire...
Sat. IX, v. 253.

Le lieutenant criminel Tardieu;

Il faut y joindre encor la revêche bizarre...
Sat. IX, v. 350.

La belle-sœur du poète, femme de Jérôme Boileau;

Rien n'échappe aux regards de notre *curieuse*...
Sat. IX, v. 437.

Madame de la Sablière;

J'en sais *une* chérie et du monde et de Dieu...
Sat. IX, v. 516.

Madame de Maintenon;

Bientôt son procureur, pour *elle* usant sa plume...
Sat. IX, v. 717.

Le portrait de la plaideuse est fait sur la comtesse de Crissé;

Veux-je d'un *pape illustre*, armé contre tes crimes...
Sat. XII, v. 309.

Benoît Odelcaschi, pape sous le nom d'Innocent XI, qui tint tête à Louis XIV et qui n'aima point les Jésuites.

Il y aurait bien d'autres choses sans doute à ajouter, s'il ne convenait de terminer enfin cet article un peu long. — Rappelons cependant, avant d'en finir avec Boileau, que le satirique a fait lui-même tous les frais d'un petit poème assez malicieux, une des moins médiocres productions de *Bonnecorse;* il est intitulé : LUTRIGOT, POÈME HÉROÏCOMIQUE PAR M. DE BONNECORSE. — Marseille, 1686, in-12 (en dix chants). C'est une espèce de parodie satirique du *Lutrin* et une amère critique de Boileau, sous le nom de *Lutrigot.*

MAC FLOCKNOE, a satire.
Voir : Absalom and Achitophel.

MACARISE, ou la REINE DES ILES FORTUNÉES, HISTOIRE ALLÉGORIQUE, CONTENANT LA PHILOSOPHIE MORALE DES STOÏQUES, SOUS LE VOILE DE PLUSIEURS AVENTURES EN FORME DE ROMAN, par l'abbé *François-Hédelin d'Aubignac.* — Paris, 1664, 2 vol. in-8.

« Ce livre, d'une lecture impossible, est précédé de pièces à la louange de l'auteur, d'un abrégé de la philosophie des stoïques et d'un « Discours contenant le caractère de ceux qui peuvent juger favorablement de cette histoire et tirer quelque advantage des vérités qu'elle enseigne. » — Dans la marge du texte est la clef des allégories : *Alcarinte,* c'est « la crainte, » du mot français, par anagramme; *Edone* c'est « le plaisir, » du grec ηδονη; *Oxartes,* c'est « Socrates, » par anagramme, en conjoignant le *c* et l's en *x*; etc. »

Tout cela est baroque, confus et surtout ennuyeux et explique bien que Richelet qui avait d'abord loué « Macarise » et qui ensuite se brouilla avec d'Aubignac, ait pu faire ces quatre vers qu'il lui envoya :

Hédelin, c'est à tort que tu te plains de moi,
    N'ai-je pas loué ton ouvrage ?
    Pouvais-je faire plus pour toi
    Que de rendre un faux témoignage ?

M A C R i N I PARASITOGRAMMATICI HMEPA.

Voir : Histoire de Pierre de Montmaur.

MADAME PUTIPHAR, par *Petrus Borel, le Lycanthrope.* — Paris, Olivier, 1839, 2 vol. in-8, 15 fr., couverture bleue, orné de 2 vignettes sur bois.

Cet étrange roman a été analysé avec soin dans l'intéressante étude de M. *Jules Claretie* « Pétrus Borel le Lycantrophe. » Paris, René Pincebourde, 1865, de la Bibliothèque originale. — *Patrick,* le héros du Livre, est amené, par les péripéties du roman, à se trouver en présence de Mme de Pompadour (*Madame Putiphar*), qui joue à son égard le même rôle que la fameuse égyptienne à l'égard du chaste Joseph; Louis XV figure aussi sous le nom de *Pharaon.* Rien ne peut mieux faire connaître cette singulière production que l'étude de M. J. Claretie.

Des exemplaires de « Madame Puti-

phar » ont été condamnés à la destruction en 1869 (Voir le « Catalogue des Ouvrages condamnés, » p. 238); cependant, l'administration supérieure a laissé faire, en 1877, une réimpression de ce roman bizarre qui n'est pas au fond systématiquement immoral.

MÆVIAD (THE), by W. GIFFORD.

Voir : The Baviad.

MAGICIENNE (LA) ESTRANGÈRE, tragédie. En laquelle on voit les tirannicques comportemens, origine, entreprises, desseins, sortilèges, arrest, mort et supplice, tant du *marquis d'Ancre* que de *Léonor Gallygay,* sa femme, avec l'aduantureuse rencontre de leurs funestes ombres. Par *Un bon Français nepueu de Rotomagus.* — Rouen, David, Geuffroy et Jacques Besongne, 1617, in-8 de 32 pages.

Réimpression textuelle sous ce titre : TRAGÉDIE DE LA MARQUISE D'ANCRE, ou la magicienne estrangère ; etc. etc. Paris, Jouxte la coppie imprimée à Rouen, » s. d., 32 pages.

« Cette tragédie très rare est de l'historiographe Pierre Matthieu, qui avait une vocation prononcée pour les pièces de ce genre. On trouve dans celle-ci des vers nobles, simples et touchants; le caractère de Léonora Galigaï est bien tracé, et la scène de l'exécution a dû produire beaucoup d'effet si elle a été représentée. Voici la clef des personnages qui figurent déjà pour la plupart dans « La Victoire du Phébus François » (Voir cet article) :

Le grand Pan françois, — Louis XIII;
Aymelis de L., — de Luynes ;

Léontide de V., — de Villeroy ;
Almidor de N., — de Nemours ;
Argente du M., — du Maine :
Lucidor de L., — de Longueville ;
Le Solon françois, — le Président
Deslandes.

Outre Léonora Galigaï, on voit encore, parmi les interlocuteurs, *son
ombre* et celle de *Conchine,* son mari.
(Catalogue de Soleinne, n°ˢ 3730 et
3731.)

Ajoutons que Quérard, dans la
« France littéraire » (t. XI, pp. 304-
306), a donné des renseignements très
complets et très intéressants sur cette
pièce et sur son auteur. — Cette tragédie est à rapprocher d'une pièce
analogue : « La Victoire du Phébus
françois, » dont il sera parlé plus
loin.

MAHMOUD LE GASNEVIDE,

Histoire orientale ; fragment traduit de l'arabe, avec des notes.
(Composé par *J.-F. Melon.*) Rotterdam, Jean Hofhondt, 1730, in-8,
et in-12. On en cite une édition
portant la date de 1729, in-8.

Voici ce que dit, au sujet de cet ouvrage, le Catalogue Leber (n° 4702) :
« Une note inscrite par un contemporain, sur le titre de notre exemplaire,
porte : *Histoire allégorique de la Régence de feu M. le duc d'Orléans.* Le
Régent aurait donc été représenté sous
le caractère d'un prince dont les écrivains orientaux ont dit : « La justice
« de ce prince a fait que le loup et
« l'agneau venaient s'abreuver ensem-
« ble dans ses États, et les enfants
« n'avaient pas plutôt sucé le lait de
« leurs mères qu'ils prononçaient le
« nom de *Mahmoud.* » Mais ce n'est
point là ce qu'il fallait à la malignité
publique : elle a pu ne voir dans
l'éloge de toutes les vertus que la satire de tous les vices ; et telle fut vrai-

semblablement l'intention de l'auteur. » Cette opinion paraît devoir
être accueillie, car *Melon,* qui n'était
point sans valeur comme économiste,
ne pouvait guère faire sérieusement
l'éloge d'une époque de gaspillage et
de relâchement général. Je ne sache
point qu'on ait fait une clef exacte de
ce livre satirique. Suivant Quérard,
les noms d'*Amrou,* de *Giafar,* de
Dolka désignent de hauts personnages vivant dans la familiarité du
Régent *Mahmoud ;* on doit aussi reconnaître l'Angleterre dans le *Royaume
de Redoc,* « si bien cultivé, et où le
commerce fournit abondamment ce
que le terroir refuse. » L'ouvrage
d'ailleurs ne mériterait pas beaucoup
d'attention.

MAIRE (LE) DU PALAIS. — S.
l. n. d. (Paris, 1771), — in-8, de
228 pp.

Pamphlet politique dirigé contre le
chancelier Maupeou que l'auteur compare à *Ebroïn,* maire du Palais, qui
abusa de son pouvoir « en chassant
tous les serviteurs et magistrats fidèles
à la Patrie. » Cet auteur, *A.-A. Clément de Boissi,* jurisconsulte très
pieux et assez janséniste, avait pris
fait et cause pour les parlements exilés par le nouveau maire du Palais.
M. Paul Lacroix a donné une bonne
notice sur cet ouvrage, dans le « Bulletin du Bibliophile » (1861, p. 233,
n° 168).

MAITRESSES CÉLÉBRÉES PAR LES POÈTES.

Voir l'Introduction.

Maladie de la Duchesse de P***.
Voir : La Messaline française.

MALHEURS (LES) D'UNE JEUNE OR-
PHELINE.

Voir : Irma,

MALMANTILE (IL) RACQUIS-
TATO, poema di *Perlone Zipoli
(Lorenzo Lippi)*, — In Finaro, nella
Stamperia di Gio. Tommaso Rossi,
1676, con lic. de'Sup., in-12, 8 ff.
— Cet ouvrage comprend une
lettre de l'auteur à l'archiduchesse
d'Inspruck, la vie de Lippi, et un
avertissement de *Cinelli* au lecteur
avec les variantes de trois octaves;
308 pp. pour le poème et 16 ff.
pour la post-face de Cinelli.

Telle est la description de cet ouvrage que nous a laissée Ch. Nodier
dans ses « Mélanges tirés d'une petite
Bibliothèque » (p. 57 à 63). L'illustre
écrivain, après avoir fait connaître les
diverses destinées de la post-face satirique de Cinelli, donne, d'après la
clef de Magliabecchi, un échantillon
des honnêtetés littéraires du fougueux
philologue, auteur de ladite post-face:
ainsi, ce que Cinelli appelle « *un vil
mulet de charbonnier*, c'est le Père Coc-
capani; » *le géomètre illettré, âne qui
ne sait que son Euclide et dont la face
effilée, le teint livide, le front chauve,
le regard effaré, donnent une si juste
idée de la malice et de l'envie*, c'est le
savant Viviani; — *la vieille figure
rance et ridée...*, c'est l'immortel Redi;
— *l'effronté plagiaire à l'œil louche et
hagard...*, c'est le docteur Maggi; —
*le maure intempérant et grossier dont
la mie ne vaut pas mieux que la croûte,
ou le caractère que l'extérieur, ce
glouton aux sentiments abominables*,
c'est *Paolo Minucci*; le pauvre auteur
désigné par la locution méprisante :
Panciato Costui, c'est *Segni*; — *Franco
Vincerosa* cache Francesco Rovaï et
sous le nom de *Selva Rosata*, il faut

reconnaître le fameux Salvator Rosa.
— Cette clef a grandement besoin
d'être complétée. Il convient d'ajouter
que la mordante post-face de Cinelli
a été supprimée par ordre des magistrats et n'a pas été réimprimée; aussi
les exemplaires du « Malmantile Rac-
quistato » qui en sont munis sont-ils
très rares et fort recherchés.

MAN (THE) OF MODE, or SIR
FOPLING FLUTTER. — Comedy, by
sir George Etherege. — Acted at
the Duke's theatre, 1676, in-4.

Pièce excellente, la meilleure peut-
être que l'auteur ait produite. On y
trouve de nombreux traits satiriques
contre les petits-maîtres ridicules si
communs à cette époque. Le seul personnage vraiment distingué de la comédie, *Dorimant*, aurait été peint
d'après le fameux comte de Rochester,
ami d'Etherege, qui aurait saisi l'occasion de le mettre en scène sous l'aspect le plus flatteur. (« Biographia
Dramatica, » t. II, p. 218.)

MANIE (LA) DES TRONES, ou
LES ROIS ET LES REINES DE CONTRE-
BANDE, parade tragi-mélodramati-
comique et malheureusement historique, en deux actes et en prose
mêlée de chants, danses, combats,
évolutions; ornée de toute la pom-
pe et de tout le spectacle d'une
cour de fabrique qui cherche à
éblouir. — Par J.-V. (du midi).
S. d. (Paris). — Adrien Egron,
avril 1816, in-8.

Cette pièce ultra-royaliste est dirigée contre Napoléon Ier, et contre sa
famille et ses créatures. La scène se
passe à *Sirpa* (Paris), dans le pays des
Engourdis, sous le règne du roi légi-

time *Toujours bon* (Louis XVIII), qui vient de chasser la famille usurpatrice des *Broutapane*. Le catalogue de Soleinne (n° 3815) donne, comme suit, la clef de tous les noms, anagrammatisés pour la plupart :

Socalin Broutapane, — Napoléon Bonaparte ;

Sophie Broutapane, — Joseph Bonaparte ;

Alœtiti, — Mᵐᵉ Lœtitia ;

Salie Broutapane, — Elisa Bonaparte;

Hentorse, — La reine Hortense ;

Grantétu, — Regnault de Saint-Jean d'Angély ;

Ravasi, — Savari ;

Omdenfer, — de Fermon ;

Ulsot, — Soult;

Malta, — Talma ;

Axatienne, — Etienne « Conaxa »;

Minler, — Merlin ;

Ceuvil, — Lucien ;

Solui, — Louis;

Olicrane, — Caroline ;

Pulaine, — Pauline ;

Mascacerbe, — Cambacérès ;

Hécufo, — Fouché ;

Trame, — Maret ;

Lourcaucain, — Caulaincour;

Cinterme, — Meternich ;

Mˡˡᵉ Gorgée, — Mˡˡᵉ Georges ;

Contra, — Carnot;

M. de Vorouit, — ......?

MANNEQUINS (LES), Conte ou Histoire, comme l'on voudra. — Londres, 1777, in-8 de 36 pages.

Ce pamphlet, dirigé contre l'administration du contrôleur général des Finances *Turgot*, qui avait quitté le ministère l'année précédente, est attribué au *comte de Provence*, depuis Louis XVIII. « Les Mannequins » furent certainement réimprimés plusieurs fois ; on en connaît des exemplaires qui ont tantôt 32, tantôt 37 pages d'impression. Cette satire dut être fort lue à cette époque ; Turgot

et ses amis les économistes n'y sont pas ménagés et l'on sent bien, en parcourant ce libelle, que *Monsieur*, chef véritable du parti de la Cour, a dû inspirer l'écrivain, s'il n'a pas été lui-même l'auteur principal de ce factum. Cet écrit a d'ailleurs perdu beaucoup d'intérêt aujourd'hui ; les curieux cependant ne seront peut-être pas fâchés de trouver ici la clef de cet opuscule, clef composée à l'aide de notes manuscrites du temps, mises sur les marges d'un exemplaire récemment passé aux enchères.

Alibeg, — M. de Maurepas ;

Un sous-référendaire aux reins souples et maniérés, — M. Hue de Miroménil ;

Le génie d'une nation voisine, — L'Angleterre ;

La Perse, — La France ;

Ispahan, — Paris ;

Le grand Trésorier du dernier règne, — L'abbé Terray ;

Le Sophi, — Le Roi ;

Chaabas, — Louis XVI ;

Togur, — Turgot,

Zerbelames, — Lamoignon de Malesherbes ;

Coriani, — Quesnay, chef des Economistes ;

Solmid, — Dupont de Nemours ;

Veribas, — L'abbé Roubeau, économiste ;

Baraudi, — L'abbé Baudeau, économiste ;

Timboni, — L'abbé Morellet;

La Presse légale, — Le Lit de justice tenu par Louis XVI en 1776;

MANUSCRIT EN CARACTÈRES INCONNUS, composé par m. H. Legrand, de Beauvais, architecte, mort vers 1879.

Citons à titre de curiosité cette étrange production, qui dépasse tout ce qu'on a pu inventer en matière de cryptographie bizarre. C'est, pour employer une expression trop en vogue aujourd'hui, ce qu'on pourrait appeler « le comble du livre à clef. » — Quant à l'auteur de cet ouvrage extraordinaire, on conviendra qu'il ne serait pas déplacé dans la galerie des fous littéraires de M. Gustave Brunet. Qu'on en juge par les détails suivants, empruntés à l'« Intermédiaire » du 10 septembre 1879 (n₀ 172, col. 544) :

« CURIEUX MANUSCRIT, en 45 vol. in-12   5oo fr.

Orné de nombreux dessins à la plume admirablement exécutés ; il est très difficile de donner une nomenclature exacte de cette originalité. M. Charles Monselet nous a gracieusement donné dans l'*Evénement* l'article suivant :

« Je viens de voir, chez un libraire du quai Voltaire, un des monuments les plus étranges de la manie humaine.

« C'est un ensemble de quarante-cinq volumes manuscrits, modernes, écrits en caractères absolument inconnus. Les savants, convoqués, ont déclaré n'y rien comprendre. Cela ressemble de loin à la calligraphie orientale. Beaucoup de pages ont des encadrements à la plume d'une finesse prodigieuse : fleurs, animaux, blasons, anges, paysages, ruines, coraux, etc. Les dessinateurs de missels ne faisaient pas mieux.

« Maintenant, qu'est-ce que contiennent ces quarante-cinq volumes ? Des Mémoires, tout le fait supposer ; des Mémoires, pour la transcription desquels l'auteur, jaloux à l'excès, se sera créé une écriture à son usage exclusif. Cet auteur est connu, mais il est mort il y a peu de temps. C'était un architecte très expert en son art et très consulté, M. H. Legrand, à qui l'on doit d'importants ouvrages, non manuscrits ceux-là, et qui indiquent un homme parfaitement sérieux.

« Comment expliquer alors ces nombreux volumes manuscrits où il a déposé les secrets d'une pensée destinée à mourir avec lui ? Et d'abord, où a-t-il trouvé le temps de les écrire ? Je n'exagère rien en disant que cette collection, par sa perfection calligraphique, représente un travail de plus de dix années.

« Si c'est une mystification, il faut avouer qu'elle a été conduite avec une rare patience.

« Mais non, j'aime mieux croire à une manie candide, à une douce et heureuse manie. Je suis persuadé que M. H. Legrand a dû les meilleurs instants de sa vie à cette occupation solitaire, à cette tâche mystérieuse.

« Maintenant, ce qu'il y aurait de plus surprenant, ce serait de voir acheter ces quarante-cinq volumes par quelqu'un désireux d'en pénétrer l'énigme.

« Le libraire ne désespère pas de rencontrer cet acheteur.

« J'ajoute à cela que cet architecte était de Beauvais, qu'il paraît avoir eu plusieurs alphabets, qu'il a fait faire des fers spéciaux pour les titres au dos, et que cela ressemble beaucoup, à première vue, à du *syriaque stranghélique* ou à du *tamoul*. Quant au texte, il paraîtrait plutôt que ce sont des romans copiés, car il y a, dans un des volumes, une table, en français, avec des indications pareilles. Quoi qu'il en soit, c'est bien curieux ! et admirablement calligraphié.   Doct. By. »

MANUSCRIT TOMBÉ DE LA LUNE, ou Histoire rapide et légère du peuple ornithien. — Paris, Béchet aîné, 1829 ; impr. Le Normant, fils. 2 vol. in-12 de 11-191 et 175 p. — Publié d'abord sous le titre de : Les coups de bec et les coups de patte, Histoire abrégée, rapide, etc. etc., — Paris, Béchet aîné, 1825 ; 2 vol. in-12.

M. *Jean-Marie-Emm. Legraverend*, jurisconsulte et magistrat, est l'auteur de cette satire politique. Comme il le dit dans sa courte préface, il a eu l'idée « d'appliquer l'ornithologie à l'histoire et de faire, sous des formes *légères*, une histoire critique fort exacte et pleine de sens de notre révolution de 1789 et des divers gouvernements qui lui ont succédé, jusqu'au ministère déplorable inclusivement. » — La clef, d'après cet énoncé, est facile à trouver ; on comprend bien que le pays d'*Ornithie*, c'est la France ; le *grand coq huppé*, le roi de France légitime ; *le grand aigle*, Napoléon Ier ; les *paons* les *cygnes* et les *faisans*, la noblesse ; les *corbeaux en fourrures*, le clergé ; les *pies*, les avocats, etc., etc. Je n'ai pas eu la patience de lire en entier cet écrit satirique, d'ailleurs long et peu récréatif, pour trouver les significations des autres oiseaux mis en scène, les butors, friquets, tyrans, gobe-mouches, demi-fins, grisettes, traîne-buissons, hobereaux, pie-grièches, etc, etc.

Il est parlé plus haut d'un ouvrage analogue. (Voir : Annales d'une révolution d'oiseaux.)

MARIA-STELLA, ou ECHANGE CRIMINEL D'UNE DEMOISELLE DU PLUS HAUT RANG CONTRE UN GARÇON DE LA CONDITION LA PLUS VILE. — De l'imprimerie de Pihan Delaforest Morinval, à Paris. — Se vend au profit des pauvres, à Paris et dans tous les départements, chez les principaux libraires. — 1830, in-8, avec un portrait, IVe édition. — Paris, imp. Guiraudet, 1839, in-8.

Maria-Stella, c'est Lady Maria-Stella Newborough, baronne de Sternberg, d'après elle, née princesse du sang ; *le garçon de la condition la plus vile*, c'est Louis-Philippe Ier, roi des Français.

Les « Supercheries » (t. II, col. 1054)

contiennent un excellent article sur « cet insipide roman auquel les passions politiques ont pu seules donner quelque intérêt : on veut y prouver cette absurdité que Louis-Philippe était le fils d'un nommé Chiappini, geôlier de la petite ville de Toscane, et qu'il fut substitué à une fille légitime du duc et de la duchesse de Chartres. Il est difficile d'arriver d'une manière plus plate à un résultat plus ridicule. » Le parti légitimiste et tous les ennemis du gouvernement de juillet recherchaient beaucoup la lecture de ce roman et le propageaient le plus possible. De leur côté, les amis du pouvoir et la police supprimaient tous les exemplaires qu'ils pouvaient se procurer de cette fameuse Maria-Stella qui sera peut-être un jour une rareté bibliographique.

MARIAGE (LE) DE LA REINE DE MONOMOTAPA, comédie dédiée à M. Ruys, conseiller et échevin de la ville de Leyde. Leyde, Félix Lopès, 1682, in-12 de 2 ff. et 42 pp. — Très rare.

Cette pièce, en un acte et en vers, est de *Belisle*. Il y a lieu de croire que cette comédie, où l'on mystifie le bonhomme *Acante* en lui amenant un prétendu ambassadeur du « grand sultan Aly Bassa Tabalipa, suprême souverain de Monomotapa, » a été composée en dérision des ambassades du roi de Siam que les ennemis de Louis XIV affectaient de prendre pour des mystifications faites au grand roi. (Catalogue Soleinne, n° 1492.)

MARIAGE (LE) FORCÉ, comédie.

Voir : Œuvres de Molière.

MARIAGE (LE) PRÉCIPITÉ, co-

médie en trois actes (en prose) mise au théâtre par M*** et représentée pour la première fois par les comédiens italiens et françois, le 20 mars 1713. — Utrecht, aux dépens de l'auteur, 1713. — Pet. in-8, de 86 pp. très rare.

La « Bibliothèque du Théâtre français » (t. III, pp. 311-312) donne l'analyse suivante de cette pièce : « *Kurkila*, mère d'*Etétnip*, s'est érigée en auteur et déchire dans ses écrits la réputation des personnes les plus respectables, quoique cette femme mène une vie déréglée et que sa fille n'ait pas une meilleure conduite; *Mitronet* cependant avait promis d'épouser Etétnip, avec laquelle il avait eu déjà de très grandes privautés; il change bientôt d'avis et se marie secrètement avec une autre. Pour éviter les violences de madame Kurkila, il imagine ce moyen de la tromper : il fait habiller magnifiquement un marchand de brandevin et l'introduit chez Kurkila sous le nom d'un comte d'Allemagne. Ce prétendu comte paraît fort épris des charmes d'Etétnip; il la demande en mariage et l'obtient; on soupe et puis il va se coucher avec sa nouvelle épouse; mais le lendemain tout se découvre, Kurkila veut faire rompre le mariage; Etétnip, qui pendant la nuit qu'elle a passée avec son mari, a été fort contente de lui, s'y oppose et déclare même qu'elle compte déjà être grosse; sa mère est furieuse contre elle, et ce qui achève de la mettre au désespoir, c'est que cinq ou six personnes qu'elle a injuriées dans ses derniers écrits, se réunissent pour la rouer de coups et la laisser en chemise sur le théâtre. »

Cette pièce absurde et mal écrite qui, contrairement aux indications du titre, n'a jamais été représentée, est une atroce satire contre madame du Noyer et ses deux filles *Pimpete* et *Fifille*, qu'elle avait mariées, la première au comte de Wintersfelt, la seconde à un nommé Constantin. On a mis en scène Pimpete sous le nom d'*Etétnip* et sa mère sous celui de Mme *Kurkila, Arlequin*. On peut supposer, à l'animosité qui éclate dans cette pièce, que l'auteur était un amant trompé ou éconduit qui s'est mis en scène sous le nom de *Mitronet*. — La même méchanceté se retrouve dans une pièce qui fait suite à la comédie : « APOLOGIE DE MADAME DU NOIER, où l'on réfute les calomnies dont on l'a voulu noircir. » — 2ᵉ édition, Petipolis, Jean Bavon, 1713, petit in-8. — Pour bien comprendre toutes les allusions et épigrammes de la comédie et de ce factum, il faut lire les « Mémoires » de madame Dunoyer, publiés par elle-même. (Catalogue de Soleinne, nº 3,766.)

MARIAGE (LE) ROMPU ET L'AMOUR MALHEUREUX.

Voir : Histoire véritable présentée sous ce titre.....

MARIAGE (LE) SANS MARIAGE,

comédie (en 5 actes et en vers), par le sieur *Marcel*, comédien, représentée sur le théâtre du Marais. — Paris, Pierre Le Monnier, 1672, in-12 de 5 ff. et 81 pp.

Il y a une contrefaçon hollandaise, « suivant la copie imprimée à Paris, » 1672, in-12. — Réimprimé à Turin, J. Gay, 1869, pet. in-12 de XII-108 pp.

C'est une note inédite de Beffara qui a fait connaître que cette comédie était une satire contre Molière, qu'on y met en scène, sous le nom d'*Anselme*, comme un mari impuissant. (« Bibliographie Moliéresques de M. P. Lacroix, p. 248.)

MARIAGES (LES) DE LA CRÉ-
OLE, par Mme *Urbain Rattazzi* (née
Bonaparte-Wyse). — Paris, 1864.

Ce livre, imprimé à Paris, fut saisi
par mesure de police dès son apparition. Peu de temps après, MM. Lacroix, Verboeckhoven et Cie le réim-
primèrent en Belgique, mais l'autorisation de l'introduire en France leur
fut formellement refusée. Ce ne fut
qu'en 1870, que ces éditeurs se déci-
dèrent à le faire paraître sous le titre
de « La Chanteuse » (2 vol. in-12).

D'après une note insérée au « Bulletin du Bibliophile » (janvier 1865), les
sévérités de l'autorité administrative
étaient motivées sur ce fait « que le
« roman de Mme Rattazzi devait, disait-
» on, mettre en scène la vie intérieure
« d'une famille parisienne qui compte
« parmi les plus importantes de la
« finance et de la politique. »

Il semblerait y avoir là une clef à
trouver. Voici, d'ailleurs, comment
s'exprime sur cet ouvrage M. Prosper
Mérimée dans ses « Lettres à une
Inconnue » (t. II, p. 312) : « Livre
abominable (mais où il y a une sorte
de talent) de *Madame* "* (Rattazzi),
contre *M. S.*, qu'elle appelle *M. T.* »
— M. S. signifie Schneider, dernier
président du corps législatif sous le
second empire. — M. T. désigne
M. *Tailleur*, surnom dont Mme Rattazzi
avait affublé M. Schneider; on sait
qu'en allemand ce dernier nom a
exactement la même signification que
le mot français *tailleur*.

MARIE-ANTOINETTE, tragédie
en trois actes et en vers, par *le vicomte D.* — Londres, W. et C.
Spilsburg, 1800, in-8 de 59 pp. et
2 ff. pour les noms des souscrip-
teurs, rare.

C'est une étrange et plate composition : l'auteur, encore inconnu, a
singulièrement appliqué les lieux-
communs de la vieille tragédie clas-
sique dans un pareil sujet : *Osman,
Volsan, Merval*, sont officiers de
garde, c'est-à-dire geôliers de la Tour
du Temple; *Zamor*, c'est Santerre; *La
garde armée*, c'est la garde nationale;
etc., etc. Enfin voici comment l'auteur
exprime en vers classiques le supplice
de la guillotine :

La Reine, au même instant, voit entr'ouvrir sa tombe,
Le fer est détaché, la victime succombe.

(Voir catalogue Soleinne, n° 2,565.)

MARMION TRAVESTIED, a
Tale of modern times, by *Peter
Pry*, esq. — London, Tegg. 1809,
in-8, de XIX-56, 277 pp., 9 sh. et
12 sh. en grand papier (Louwndes,
t. III, p. 2225).

Ce poëme est une espèce d'imitation,
presque une parodie de : « MARMION,
A TALE OF FLODDEN FIELD, » by sir
Walter Scott. — Edinburgh, in-4, 1808;
souvent réimprimé. Le « Marmion
Travestied » contient six chants dont
les introductions, en vers, remplissent les 56 premières pages. Un grand
nombre de personnages contemporains
y sont mis en cause; mais le plus
grand nombre des noms ne sont indiqués que par des initialismes. Voici la
clef de la plupart d'entre eux, relevée
sur un exemplaire rempli à la main,
que j'ai sous les yeux :
Pages.

3 — *The W — office*, — The War
        office;

» — Sir *F — s B — rd — tt*, —
        Francis Burdett;

5 — *W — dle*, — Wardle;

14 — *R — d B — y Sh — n*, —
        Richard Brinsley Sheridan;

24 — *Major H — ng — r*, — major
        Hanger;

33 — *Sir D — v — d D — nd — s,* — David Dundas;

41 — *The right hon. Sp — r P — l,* — Spencer Percival;

42 — *The D —* , Duke of York;

51 — *Lord Ell —, rough,* — lord Ellenborough;

87 — *B — p of O — to,* — Bishop of Oporto;

93 — *Great F — c,* — le grand Frédéric;

206 — *General C — v' r — g,* — Clavering;

207 — *Col' nel Sh —* , colonel Shawe;

» — *P — of W —* , — The prince of Wales;

» *The Ch — nc — ll — r,* — Chancellor;

» — *3 — th — ts,* — Lord Bathurts;

206 — *Colonel M.' M — n,* — Mac-Mahon;

216 — *G — ll — n LL d,* — Gwyllim LLoyd;

217 — *M^r Wr — ght,* — Wright;

218 — *Major D — d,* — Doad;

219 — *Mis C —* , — Mme Clarke:

221 — *M^r P — t,* — Pitt;

224 — *P — t,* — Parliament;

231 — *D — of Y — ',* — duc d'York;

» — *Miss T — r,* — Taylor;

233 — *Sir R — d Ph — ps,* — Richard Phillips;

234 — *His H — ss,* — son altesse le Prince de Galles;

» — *M^r G — ll — t,* — Gullet;

» — *P — F — c,* — le prince Frédéric;

Un grand nombre de ces noms sont souvent répétés dans ce poëme politico-satirique; plusieurs sont en toutes lettres, et beaucoup d'initialismes seraient faciles à compléter même aujourd'hui, car dans la plupart des cas on s'est contenté de supprimer les voyelles en laissant entre les consonnes un intervalle convenable.

MARMITE (LA) RENVERSÉE.
Voir : Gargantua à la diète.

MARRIED (THE) LIBERTINE.
Comedy by *Charles Mackliu.*

Cette pièce, qui ne paraît pas avoir été imprimée, parut au théâtre, en 1761; elle n'était point sans défauts et souleva bien des censures; ce qui contribua peut-être aussi à son peu de succès, c'est qu'on prétendait que sous le nom de *Lord Belville,* l'auteur avait voulu peindre un personnage de qualité alors fort connu. Cette assertion, au dire de Baker, aurait besoin d'être vérifiée. (« Biographia Dramatica, » t. II, p. 221.)

MARTHE LE HAYER, ou MADEMOISELLE DE SÇAY, petite comédie
en trois actes (et en vers). — Imprimée pour l'auteur (*Pierre Corneille de Blessebois*), en 1676 (Hollande-Elzevier), pet. in-12 de 24 pp. (Voir pour les différentes éditions et réimpressions de ce petit ouvrage la « notice sur Corneille Blessebois, » par M. E. Cléder, Paris, 1862.)

Réimprimé, en 1758, sous le titre de « Le Bretteur, » comédie nouvelle et galante. — Un exemplaire manuscrit portait encore le titre de « Les souteneurs et les soutenues » (vers 1738). Publié, en dernier lieu, dans les « Œuvres satyriques de P. Corneille de Blessebois. » Leyde (Bruxelles, Poulet-Malassis). 1866-67, t. II, pp. 91 à 126.

Cette pièce dirigée par l'auteur contre son ancienne maîtresse, est « diffamatoire et obscène autant que puissent le souhaiter les curieux de ce genre de production. » — Corneille Blessebois a mis un de ses rivaux en

scène sous le nom de *Clérimont*,
bretteur; Marthe Le Hayer, demoiselle de Scay, figure dans la pièce sous
le nom de *Clarice*. La haine que
portait Blessebois à Mlle de Scay ne fait
guère honneur à ce triste écrivain : il
la regrettait en effet bien moins pour
elle-même que pour les profits qu'il
en tirait alors qu'il était son amant
en titre ; de là sa fureur contre les
Clarice et les *Clérimont*.

MARTYRE (LE) DE LA FIDÉLITÉ.
Voir : Le duel de Tithamante.

MASSACRE (LE) DES INNOCENTS.
Voir : Ordonnance de Police...

MASTIGOPHORE (LE), ou PRE-
CURSEUR DU ZODIAQUE : auquel par
manière apologétique sont brisées
les brides à veaux de maistre *Juvain Solanic*, pénitent repenti, Seigneur du Morddrect et d'Ampla-
démus, en partie, du costé de la
Moüe ; traduit du latin en Fran-
çoys, par maistre *Victor Grévé*,
géographe microcosmique (avec
cette épigraphe : « Vi nævi come-
dis solem, pinguesce luce »). S. l.
(1609, Paris?), in-8 de 33 pp. et
3 ff. préliminaires.

Ce bizarre ouvrage est une invective
continuelle de Victor Grévé contre
Juvain Solanic. *Victor Grévé* dont le
vrai nom est *Antoine Fusy* (ou *Fusi*),
jésuite, curé de Saint-Barthélemy et de
Saint-Leu, était un ancien ligueur,
aussi fou que violent et débauché ; il
fut l'objet de plusieurs procès crimi-
nels, provoqués par les justes observations d'un de ses marguilliers,
Nicolas Vivian, maître des comptes,
qu'il attaqua avec une extrême rigueur.

dans le libelle ci-dessus décrit, sous
le nom anagrammatisé de *Juvain Solanic*. Fusy se réfugia quelque temps
après à Genève ; pour éviter de nouvelles poursuites, il finit par embrasser
le calvinisme et se maria deux fois.
Son *Mastigophore*, ouvrage d'une
étrange érudition, a été fort bien analysé
par M. du Roure. (« Analecta-Biblion,
t. II, pp. 128-132.)

MAUVAIS (LES) CRITIQUES,
Satyre à M. D***. « Ignavum fuci
pecus. » — Virgile, Géorg. — A
Londres. MDCCLXXVIII, in-8,
12 pp.

Sous peine d'être taxé d'ignorance,
j'avoue n'avoir pu découvrir l'auteur
de cet écrit que ne mentionne aucune
bibliographie. Sans doute, cette satire
a dû être réimprimée dans les œuvres
de cet auteur inconnu ; mais mes souvenirs ne m'ont fourni aucune indication à ce sujet. Le poète, plein de
respect pour Voltaire et pour nos
grands écrivains, n'est pas tendre
pour les contemporains qu'il satirise
et l'on comprend qu'il ait pris la précaution, d'abord de ne les désigner que
par une initiale, puis de faire imprimer son factum sous la rubrique de
Londres, car sa brochure sort manifestement d'une presse française.

Quoi qu'il en soit, j'ai sous les yeux
un exemplaire des « Mauvais critiques, » dans lequel les noms sont
remplis à la main par un lecteur
du XVIIIe siècle, ce qui m'a permis de
composer la clef suivante :

Pages :	Vers :		
6	13	C**,	— Clément ;
»	18	V**,	— Voltaire ;
»	19	P***,	— Palissot ;
7	17	S***,	— Sautreau ;
8	3	C***,	— Castillon ;
»	11	L***,	— Laharpe ;
»	»	V***,	— Voltaire ;

Pages.	Vers :		
»	20	T****,—	Timoléon (tragédie de Laharpe;
9	5	A**, —	l'abbé Aubert ;
»	11	G**, —	Gilbert;
»	16	F**, —	Fréron;
10	25	L***, —	Laharpe;
»	27	N***, —	Nonotte;
»	»	C**, —	Clément;
»	»	S***, —	Sabatier;
»	»	S**, —	Salon;
»	31	P***, —	Patouillet;
»	»	C'*, —	Coger ;
»	»	P***, —	Palissot;
»	32	S**, —	Sautreau;
11	14	S***, —	Sabatier;
»	»	L***, —	La Beaumelle;
12	8	C'*, —	Clément.

MAX HAVELAAR. Par *Multatuli* (*E. Douwes-Dekker*). — Traduction de *A.-J. Nieuwenhuis* et *Henri Crisafulli*. — Nouvelle édition, Rotterdam, Van der Hoeven et Buys, éditeurs, 1878, un fort vol. in-12, en 2 parties de IV-217 et IV-227 pages. Prix : 3 fr. 50 c. — Des exemplaires portent une couverture avec la rubrique de « Paris, Dentu. »

Cet ouvrage critique et politique, dont la composition est bien antérieure à 1860, a eu plusieurs éditions en Hollande; la traduction française ci-dessus décrite est la plus récente. Voici l'opinion formulée sur cet utile et intéressant écrit, dès 1866, par M. A.-J. Nieuwenhuys : « Sous le nom de guerre de *Multatuli* (« J'ai beaucoup souffert »), M. *Edouard Douwes-Dekker*, ancien sous-préfet de Lebac, dans les Indes hollandaises, a écrit un roman intitulé : « *Max Havelaar, ou les Ventes de café de la société hollandaise de commerce.* » Dans ce roman, dont l'auteur est le héros, il met en

état d'accusation le Gouvernement des Indes, comme se rendant complice de l'arbitraire et de la rapacité des chefs indigènes envers la population, et comme tolérant ces abus afin de s'assurer leur concours au profit des ventes de café de la société hollandaise de commerce, c'est-à-dire, du trésor hollandais. Cette accusation, *Multatuli* l'a portée avec le sang-froid d'un héros, la véracité d'une victime, la conviction d'un martyr. » — Je dois constater pour ma part que ce livre est extrêmement curieux et contient de graves révélations sur des faits inouïs dont, nous autres français, nous ne pouvons avoir la moindre idée. Ce livre est essentiellement un ouvrage à clef; presque tous les personnages mis en scène ont existé réellement. Voici les éclaircissements que fournissent à ce sujet les notes finales du volume. — Déjà nous savons que *Max Havelaar* n'est autre que *Multatuli* ou M. Edouard Douwes Dekker; grâce aux notes de l'auteur lui-même, nous apprenons que le sous-préfet *Sloterin* se nommait Carolus; — le contrôleur *Dipanon*, Van Hemert; — le commandant *Declari*, Collard; — le « *Petit Napoléon de Padang*, » Michiels; — *Sentot*, Alibassa Prawiro Dirdjo, chef suprême des rebelles de Java; — enfin le *Gouverneur général des Indes hollandaises*, si malmené par Havelaar, se nommait Duymaer Van Twist. Au point de vue de l'*humanité*, Max Havelaar offre une certaine analogie avec la « .Case de l'oncle Tom, » il mérite d'avoir le même succès.

MÉDAILLE (LA) CURIEUSE, où sont gravez les deux principaux écueils de tous les jeunes cœurs, où les vieux capitaines et les plus expérimentez amans trouveront quelque chose de surprenant, par *L. C. D. V.* — Paris, Lemonnier,

1672, pet. in-8, avec une grande figure allégorique.

« Cet ouvrage, dit la Bibliographie Gay, est divisé en deux parties : la première contient, sous des noms supposés, le récit du siège de Candie en 1669 et 1670 ; la seconde est une histoire galante fort alambiquée, qui appartient à l'école des Précieuses ; c'est le pendant de la description du « Pays de Tendre. » — *Iris*, l'héroïne du roman, est comparée à une place défendue par sept grands bastions, cinq demi-lunes, quatrecavaliers... On trouve dans cette place, le château de la Conscience, le Saint-Esprit, les bastions de l'Honneur, de la Réputation, du Devoir, etc ; les forts, qui sont des ouvrages à cornes, ne sont pas moins intéressants ; tout est dans ce goût, jusqu'à la fin. — « M. Paul Lacroix a publié, sur ce petit ouvrage, une courte notice dans le «Bulletin du Bibliophile» (1857, p. 38, n° 7). Il y fait connaître que le personnage désigné dans la première partie sous le nom du *Chevalier de C***,* n'est autre que le chevalier de Chamilly. Une bonne clef rendrait cet ouvrage intéressant, même à présent.

MÉDECIN (LE) MALGRÉ LUI, comédie.

Voir : Œuvres de Molière.

MÉDECINS (LES), comédie satirique, imitée d'Aristophane, ou OMBRES CHINOISES, par M. *Stanislas Haly-O-Hanly.* Paris, chez les marchands de nouveautés. — 1821, in-8, 50.c.

Cette pièce en 5 actes, en prose, avec prologue et intermèdes, est une espèce d'allégorie dirigée contre les ministres d'alors ; elle est, dit le catalogue de Soleinne (n° 3,819), singulière et burlesque à force d'être solennelle d'intention. *Mme Gallia* (la France), livrée à des médecins ignorants ou utopistes qui l'empoisonnent et la mettent à l'agonie, finit par s'en débarrasser et cesse alors d'être malade. Les intermèdes sont en prose mesurée que l'auteur donne pour des vers ; en voici un échantillon :

> O Terre malheureuse ! de quel sort
> Te menace Arimane ! qu'as-tu fait
> De cette robe d'innocence dont
> Je t'avais revêtue aux premiers jours
> De ta création ?...

Voilà qui donne une singulière idée des facultés poétiques de l'auteur qui a publié d'autres poëmes, notamment « un petit poëme *en vers octuples féminins* ?? »

MÉLANGES CONFUS SUR DES MATIÈRES FORT CLAIRES, par l'auteur du « Gazetier cuirassé. » « Né parmi les Romains, je périrai pour eux. » Voltaire. — Imprimé sous le soleil (Londres, 1771), in-8 de VIII-82 pp.

Ce libelle est de *Thévenot*, ou *Théveneau de Morande*, et conçu dans le même esprit que le « Gazetier cuirassé » et le « Philosophe cynique » (Voir ces articles). En voici la clef :

Pages :
1 — *La V — M —*, — La vierge Marie ;
» — *La Ctesse du Bar*, — Mme du Barry ;
2 — *Le Chan... de Ma...,* — le Chancelier Maupeou ;
10 — *D'Aigu....,* — le duc d'Aiguillon ;
» — *Ville....*, — le marquis de Villette ;
13 — *Le même monstre....,* — le despotisme ;

Pages.
14 — *De S^t Br.*, — le comte de Saint-Brice ;

» — *La duchesse de M — ʒ — n,* — Mme de Mazarin ;

» — *Mme de Gram...,* — Mme de Grammont ;

» — *Mme de Roche....,* — M^mo de Rochechouart ;

16 — *D'Effrato....,* — le marquis des Frateaux ;

17 — *Rich....,* — le maréchal de Richelieu ;

» — *Vrill....,* — le duc de la Vrillière ;

18 — *Trémo....,* — le duc de la Trémoïlle ;

» — *Mon—renci,* — le duc de Montmorency ;

» — *Beth — e,* — le marquis de Béthune ;

18 — *Soyeco — ,* — marquis de Soyecourt ;

» — *Feuq....,* — marquis de Feuquières ;

» — *Chal.... s,* — le comte de Chalais ;

22 — *Luxemb. ...,* — le duc de Luxembourg ;

23 — *Niver....,* — le duc de Nivernais ;

» — *Sart....,* — M. de Sartines ;

28 — *Un maréchal fou,* — Richelieu ;

» — *Un duc imbécile,* — d'Aiguillon ;

» — *Un magistrat scélérat,* — Maupeou ;

(Ces trois derniers personnages forment ce que l'auteur appelle le triumvirat des enragés ;)

31 — *Sabr....,* — le comte de Sabran ;

32 — *Luy....,* — le cardinal de Luynes ;

» — *L'historiographe du portier des Chartreux,* — Gervaise, avocat ;

» — *La Cacomonade,* — la V... le ;

33 — *Thibouv...,* — le marquis de Thibouville ;

» — *Le Temple de G...* (Gnide), — l'ancien hôtel de Grammont ;

35 — *Abbé de St-Germ....,* — l'abbé de Saint-Germain ;

» — *Cont....,* — le maréchal de Contade ;

» — *Soub....,* — le prince de Soubise ;

38 — *Cham — et,* — M. de Chamousset ;

41 — *Hautef....,* Mme de Hautefort ;

42 — *Nass.....,*— le prince de Nassau ;

62 — *Rich....,* — le cardinal de Richelieu ;

69 — *Le duc D....,* — le duc d'Aiguillon ;

73 — *Le R....,* — le roi (Louis XV) ;

76 — *Les deux monstres que l'Europe abhorre,* — Maupeou et d'Aiguillon ;

77 — *Maille....,* — le marquis de Maillebois ;

79 — *Phélip....,* — Phélipeaux ;

81 — *Montfer....,* — M. de Montferrand ;

A la page 20, le « *Jour anniversaire des Etouffés,* » est une allusion au mariage du Dauphin, depuis Louis XVI, le 30 mai 1770.

La « Clef des anecdotes et nouvelles littéraires » qui occupe les pages 77 à 82, n'est point une clef proprement dite ; comme dans le « Gazetier cuirassé, » c'est un recueil supplémentaire d'injures et de méchancetés.

MÉLANGES DE DIVERSES POÉSIES, divisés en quatre livres (par le P. Mauduit). — Lyon, 1681, in-12.

Michel Mauduit, oratorien, né à Vire en 1644, mourut à Paris en 1709. Un exemplaire de ses mélanges poétiques est décrit avec soin dans le « Bulletin du Bibliophile » (mai-juin 1856, n° 408). — Le rédacteur de l'article dit notamment :

« Nous signalerons une particularité qui rend notre exemplaire assez curieux. En effet, on y trouve de nom-breuses corrections manuscrites, et *une clef des noms propres* indiqués dans le texte imprimé par des initiales ou des étoiles. Il nous semble que ces corrections et ces annotations n'ont pu être écrites que par l'auteur ; mais nous n'osons rien affirmer, d'autant plus qu'on nous a fait observer que cette écriture ressemblait beaucoup à celle de Jean Racine. »

MEMBRIANEIDE (LA). — Petit poëme de *G. Ant. Conti,* formant les pages 103 à 115 de l'édition d' « Il libro del Perché, » in-12 de 120 pp. vers 1757.

C'est un recueil de sonnets et d'épi-grammes satiriques et obscènes contre le libraire florentin Molini, que Conti désigne sous son anagramme *Limoni,* en y joignant l'épithète *Membriano.* Tout cela est plus que libre. (Voir « Manuel du libraire, » t. IV, p. 488.)

MÉMOIRE SUR LES CACOUACS, inséré dans le « Mercure de France » du mois d'octobre 1757, sous le titre de : « Avis utile. »
Nouveau mémoire pour servir a l'histoire des Cacouacs. — Ams-terdam, 1757, in-12, par *Jacob Nicolas Moreau.* — Réimprimé dans les « Variétés morales et philoso-phiques » du même auteur. — (Paris, 1785, 2 vol. in-12.)
Catéchisme et décisions des cas de conscience à l'usage des Ca-couacs ; avec un discours du pa-triarche des Cacouacs, pour la réception d'un nouveau disciple. « Sapientia prima, stultitiâ ca-ruisse, » Hor. Ep. I, lib. I. — A

Cacopolis. M. DCC. LVIII. pet. in-8 de XLII-108 pp. Par l'abbé *Giry de Saint-Cyr.*
· Nouvelle édition comprenant tous ces écrits : Paris, M.DCC. XXVIII. A la société catholique des Bons Livres, in-12 de v-57 pp. et XXVI-110 pp. Augmentée d'un «PETIT SUPPLÉMENT À L'HISTOIRE DES CACOUACS, » depuis la fin du XVIIIe siècle jusqu'au temps présent, par un membre de la direction de la société catholique des Bons Livres (pp. 79-110).

On a réuni dans le même article ces divers écrits d'auteurs différents, parce qu'ils ont trait au même objet et forment un tout bien homogène. — Le « Mémoire sur les Cacouacs » est l'un des plus singuliers écrits de J.-N. Moreau. Il s'y déclare l'ennemi des philosophes, qui devinrent bien-tôt les siens, parce que cette produc-tion vraiment originale fut recherchée et lue avec avidité. — Les *Cacouacs* (de κάκοι, méchants), sont donc les philosophes ; bien que l'auteur ait dé-claré, dans son introduction, n'en vouloir viser aucun spécialement, il n'est pas difficile de comprendre qu'il attaque tour à tour les productions d'Helvétius, de Diderot, des encyclo-pédistes, de Voltaire (*le patriarche des Cacouacs*), et surtout de Jean-Jacques Rousseau (*le vieillard abrupt et rus-tique*). Les victimes de Moreau ne sont point désignées par des pseudonymes, mais par des allusions, des péri-phrases, des titres de leurs ouvrages. Tout cela est fort intelligible et le lecteur un peu érudit trouve aisément la clef de cette allégorie piquante et vraiment pleine d'intérêt.
Le « Supplément, » dont l'auteur ne m'est pas connu, a pour but de mon-trer que les philosophes peuvent être

plus dangereux que les sauvages eux-mêmes ; on y retrouve les diverses phases de la Révolution française. — Les philosophes de la Convention n'y sont point ménagés et l'on y prodigue les allusions malicieuses aux ennemis du *bon roi* (Louis XVI), Mirabeau, les abbés Sieyès, Maury, Grégoire, etc., etc. C'est une véritable œuvre de *réaction* qui rejette tous les crimes et toutes les fautes de la Révolution sur les philosophes et sur leurs imitateurs.

MÉMOIRES D'UN CONSPIRATEUR. — Par *Lorenzo Benoni*. — Paris, Librairie nouvelle, 1855, in-16 de VII-403 pp., 1 fr. Réimprimé en 1859, Paris, Hetzel, in-12, 3 fr.

L'auteur de cet intéressant ouvrage est le comte *Giovanni Rufini*, écrivain anglais, d'origine italienne, né à Gênes en 1807. — Exilé de sa patrie à la suite du mouvement révolutionnaire de 1833, il vécut de 1836 à 1842 en Angleterre et, à partir de 1842, se fixa à Paris. Après 1848, il fut ambassadeur de Sardaigne.

Dans les « Mémoires d'un conspirateur, » il se met lui-même en scène sous le nom de *Lorenzo Benoni* : les principaux personnages qui figurent dans cette autobiographie, *Sforza*, *Miglio*, *Vittorio*, *Alberto*, *Alfred*, *Lazzarino*, *Fantasio*, etc., etc., ont été facilement reconnus sous les pseudonymes substitués à leurs véritables noms ; car ces personnages et notamment le fameux Mazzini (*Fantasio*), sont tous historiquement associés aux divers mouvements révolutionnaires qui ont agité la péninsule italienne, de 1830 à 1848. — On retrouve plusieurs d'entre eux dans un autre ouvrage de *G. Rufini* : « LE DOCTEUR ANTONIO, » traduit de l'anglais, avec l'approbation expresse de l'auteur, par M. Octave Sachot (Paris, Hetzel, 1858, in-12, 3 fr.), et qui forme une sorte

de suite aux « Mémoires de L. Benoni. »

MÉMOIRES D'UN JEUNE ESPAGNOL. Voir : Jeunesse de Florian.

MÉMOIRES D'UN PROTESTANT CONDAMNÉ AUX GALÈRES POUR CAUSE DE RELIGION, écrits par lui-même. — Rotterdam, Bemann et fils, 1757, in-8.

Nouvelle édition (revue par Daniel de Superville), augmentée d'une *clef* des lettres qui signifient les noms des personnes, villes, etc. La Haye, C. Plaatt, 1778.

Dernière édition : « Mémoires etc..., réimprimés d'après le journal original de *Jean Marteilhe*, de Bergerac, publié à Rotterdam, en 1757. — Paris, Michel-Lévy, 1865, in-12 de XI-561 pp., avec 4 grav. par Morel-Fatio, 3 fr. 50.

Ainsi que l'indique le premier article de la *Clef* (édition de 1778), l'auteur de ces curieux et émouvants mémoires, est un pauvre réformé, Jean Marteilhe, de Bergerac, mort à Cuilembourg, en 1777, à l'âge de 95 ans. La réimpression de 1865 a été faite par les soins de MM. *Henry* et *Albert Paumier*, tous deux pasteurs de l'Église protestante, qui y ont ajouté, l'un une préface, l'autre des pièces justificatives très intéressantes (pp. 537, 561.) — Cette dernière édition n'a pas besoin de la clef qui consistait simplement en initialismes. MM. H. et A. Paumier ont imprimé les noms en toutes lettres : il serait inutile et trop long de reproduire cette clef, pour la seule édition, aujourd'hui assez rare, de 1757.

MÉMOIRES D'UNE FEMME DE CHAMBRE (par Henri de Pène). — Paris, E. Dentu, 1864, in-12 de 11-318 pages — Plusieurs fois réimprimé.

Ces prétendus *Mémoires*, qui firent quelque bruit lors de leur apparition, contiennent beaucoup de petits cancans sur le monde galant de l'époque; les allusions durent être facilement saisies par les gens vivant habituellement dans ce milieu, notamment celles relatives à la vénalité bien connue d'un *certain critique*.

MÉMOIRES D'UNE JEUNE GRECQUE, contre le Duc régnant de Saxe-Cobourg-Sallfed et le prince Léopold son frère ; suivis de la vie politique de ces deux princes, de leurs aventures amoureuses et des principaux événements qui se sont passés depuis 1808, jusqu'au congrès de Vérone. — Paris, chez l'auteur, rue de la Chaussée-d'Antin, 1825, 2 vol. in-12, 2 portr.

Deux prospectus de ces « Mémoires, » rédigés en réalité par *Philarète Chasles*, ont été publiés, l'un en 1824, l'autre en 1825, promettant ces scandaleux mémoires en 4 volumes; mais il n'en a été publié que deux. — Ce sont les aventures d'une jeune et jolie femme, Mme *A.-Pauline-Alexandre Panam*, réduite à la triste nécessité d'en appeler à l'opinion publique contre son ravisseur et en même temps contre son persécuteur. — Il s'y trouve plusieurs noms désignés par de simples initiales. L'ouvrage débute par une lettre à « *Monseigneur le mar. P. de L**** (le maréchal Prince de Ligne), lettre suivie d'une réponse du Maréchal, qui eut le plus grand succès.

« Elle est digne de Voltaire; c'est un coup d'œil rapide sur l'histoire des cours depuis Cyrus et Héliogabale, jusqu'à Louis XV et Mme de Pompadour. » — (Voir : « Correspondance de Stendhal, » t. I, p. 210 ; — « Les Supercheries, » t. III, col. 20 ; — « La Bibliographie Gay, » t. V, p. 26 ; etc.)

MÉMOIRES DE CANLER, ancien chef du service de sûreté. — Paris, Hetzel, 1862, in-12, 446 pp.

Une nouvelle édition, en deux volumes, a été publiée en 1881.

Ce livre dont il est question au « Catalogue des livres condamnés » (page 251), contient le récit de faits très curieux et parfaitement exacts. J'en ai vu, il y a une douzaine d'années, à la préfecture de police, un exemplaire rempli d'annotations formant une véritable clef. Il est probable que cet exemplaire a péri, en 1871, dans l'incendie qui a dévoré les archives de la police, et il est douteux qu'on puisse jamais refaire une clef bien complète de ces curieux mémoires.

MÉMOIRES DE CLAPANDRUS, ÉCRITS PAR LUI-MÊME. — Amsterdam, 1740, in-12 de 2 ff. et 166 pp., rare.

Ni Barbier, ni Quérard ne mentionnent cet ouvrage singulier, dont ne parlent pas davantage les bibliographies spéciales. C'est assurément un livre à clef. L'auteur qui se met en scène sous le nom de *Clapandrus*, était vraisemblablement quelque moine défroqué, tombé dans la débauche et amené à écrire ses mémoires pour tirer quelques écus d'un libraire hollandais. Il se peint courant les filles, à *Nicastre* (?) et prenant pour maîtresses *Gloriane*, *Vertucile* et autres demoiselles dont il trace. des portraits peu séduisants. Il avoue humblement avoir eu la démangeaison de devenir auteur et dédie son coup d'essai à la Fortune, dont il se déclare très humble et très dévoué serviteur. Cette dédicace est datée d'*Ursenville* qui n'existe sans doute sur aucune carte géographique. — M. Paul Lacroix a publié sur cet ouvrage une intéressante notice insérée dans le « Bulletin du Bibliophile » (1864, pp. 1114-1115) et reproduite en partie dans la « Bibliographie Gay, » t. V., p. 4).

MÉMOIRES DE HOLLANDE,

HISTOIRE PARTICULIÈRE EN FORME DE ROMAN, par madame la comtesse de La Fayette. Quatrième édition revue sur l'édition originale par *J.-P.-A. Parison* et publiée avec des notes par *A.-T. Barbier*, ancien secrétaire des Bibliothèques de la couronne. — Paris, J. Techener, MDCCCLVI, in-18 carré de XX-351 pp., orné de 2 portraits, d'un fac-simile et d'une romance en musique de Ménage.

La première édition est intitulée :

MÉMOIRES DE HOLLANDE. Suivant la copie de Paris. — (Hollande-Elzévir), 1678, pet, in-12.

La dernière édition du « Dictionnaire des Anonymes » fait connaître que l'attribution de ce roman à Mme de La Fayette est absolument erronée et adopte l'opinion émise par le rédacteur du Catalogue Leber (n° 2,308) : « Relation des amours d'un cadet de la maison de Lusignan avec une Juive. — Ce roman, peu connu, pourrait bien être de *Gatien Sandras de Courtilz*, quoiqu'il ne soit pas compris dans la liste des ouvrages qu'on lui attribue. » — Dès lors, les ingénieuses explications données par M. Weiss (« Bulletin du Bibliophile, » juin 1856) et par M. A.-T. Barbier, sur la clef de ce charmant petit ouvrage, pourraient bien perdre beaucoup de leur valeur. Ainsi, ces messieurs avaient cru reconnaître dans l'héroïne du livre, la juive *Josébeth*, Mme de La Fayette elle-même ; dans *Berverwert*, Louis de Nassau, fils de Frédéric ; — dans *Spirink*, mot hybride composé de *Pri* et de *King*, le roi et le prince son fils ; dans *la cour de la reine de Bohême et de la princesse royale*, les cours de Louis XIII et de Monsieur ; — dans *un évêque de France*, Toussaint de Forbin-Janson, évêque de Marseille, ambassadeur en Pologne, en 1675 ; — dans *un François nommé Dessons*, sir Samuel Morland ; — dans *le rabbin Manassez ben Israël*, le cardinal de Retz ; — dans *le plus savant gomariste d'Amsterdam nommé Hotton*, le célèbre Claude, ministre protestant ; dans *Jacques de Bonne*, archevêque de Malines, J.-B. Bossuet ; etc., etc. — Toutes ces ingénieuses conjectures doivent-elles donc être considérées comme autant de *fausses clefs* ? — Je croirais volontiers pour ma part que quelques-unes de ces indications au moins sont fort risquées.

MÉMOIRES DE LA DUCHESSE DE MORSHEIM.
Voir : Le vicomte de Barjac.

MÉMOIRES DE MADEMOISELLE FRÉTILLON.
Voir : Histoire de Mlle Cronel, dite Frétillon.

MÉMOIRES DE Mme DE BARNEVELT. — Paris, Gandouin, 1732, 2 vol. in-12.

Ces mémoires, rédigés par *Jean du Castre d'Auvigny*, ont été revus et corrigés par l'abbé *Desfontaines*. — « Née de la Rochelle, dans les « Récréations Bibliographiques » qu'il a laissées en manucrit, avait rassemblé des recherches sur la clef de cet ouvrage. » (Quérard, Essai sur les livres à clef, p. vii.)

MÉMOIRES DE M. LE CHEVALIER DE BAR***.

Voir : La morale des sens.

MÉMOIRES DE PIERRE-FRANÇOIS PRODEZ DE BERAGREM, MARQUIS D'ALMACHEU, contenant ses voyages et tout ce qui lui est arrivé de plus remarquable dans sa vie, le tout fait par luy-même. — Amsterdam, Léonard le jeune (Daniel-Elzevier), 1667, 2 tomes pet. in-12 de 266 et 164 pp., rare. Autre édition : (Rouen), 1678, 3 vol. in-12.

De l'avis de tous les bibliographes, ces étranges « Mémoires » sont l'œuvre d'un sieur *d'Aremberg* ou *d'Arenberg*, marquis de *La Chaume*, qui s'était caché sous les anagrammes de *Beragrem* et *Almacheu*. « Livre mal écrit, *mais piquant*, où la plupart des noms historiques de l'époque sont déguisés sous des anagrammes *très faciles*, » a dit Ch. Nodier, dans une note de son catalogue de 1827 (n° 237). — Plus tard, le même auteur dit encore de ce même ouvrage, dans sa « Notice sur les livres à clef, » publiée en octobre 1834 : « Je me souviens d'avoir perdu trois mois de ma vie, et j'en ai vraiment perdu bien d'autres que je regrette davantage, à la recherche des vrais noms que l'anagramme enveloppe dans les Mémoires de Prodez, sieur de Beragrem. C'était certainement un

seigneur d'Aremberg qui eut la singulière manie d'anagrammatiser sans raison jusqu'au nom des villes désignées dans le fastidieux récit d'insignifiantes aventures qu'il a cru devoir transmettre à la postérité, sous la recommandation des presses de Daniel Elzévier. Le livre entier ne mérite certainement pas trois minutes d'attention. » — On remarquera la contradiction de ces deux notes de Nodier qui trouvait ce livre *piquant*, en 1827, et absolument insignifiant en 1834. Ce dernier jugement n'a pas été adopté sans restrictions par un savant bibliographe, caché sous le pseudonyme de *W. Oldbook* (vieux-livre) et qui a publié, sur les susdits « Mémoires, » un article fort intéressant dans le « Bulletin du Bibliophile » (avril-mai 1867, pp. 181-204). C'est d'après ses indications que l'on a composé la clef suivante, malheureusement encore incomplète :

Etilia, — Italie ;
Panles, — Naples ;
Nive͡ze, — Venise ;
Ciclise, — Sicile ;
Labreca, — Calabre ;
Sairdagne, — Sardaigne ;
Les rois d'Ausoye, — les ducs de Savoie ;
Rûtny, — Turin ;
Pays des Albions, — Angleterre ;
Bas-Scythes, — Polonais ;
Ki͡zamoïs, — Zamoïski ;
Birouaros, — Varsovie ;
Nitualia, — Lithuanie ;
Mohèbe, — Bohême ;
Saquoces, — Cosaques ;
Viacroce, — Cracovie ;
Rattarie, — Tartarie ;
Gronovod. — Novgorod ;
Socoum, — Moscou ;
Socoumie, — Moscovie ;
Arpuge, — Prague ;
Russepiens, — Prussiens ;
Auriamedure, — Marienwerder ?
Dant͡zières, — Dantzick ;
Slevitu, — Vistule ;

Gary, — Riga ;

Semita, — Tamise ;

Banal, — Alban, ou mieux Saint-Alban ;

Duchesse de Canavelle, — Cleveland ;

Jennue, — Vienne ;

Gnesape, — Espagne ;

Germanie, — Allemagne ;

Gaulois, — Les Français ;

Railone, — Lorraine ;

Brombou, — Bourbon ;

Brombouvois, — Bourbonnais ;

Alcogneta, — Catalogne ;

Ebdu, — Bude ;

Rhognie, — Hongrie ;

Marguerite d'Ossub, — de Bossu ;

Le Grand Artamène, — Gaston d'Orléans ;

Jebouttuble, — Boutteville ;

Quertny, — Turquie ;

Duc de Weseg, — de Guise ?

Wisbruck, — Brunswick ;

Linsgraves, — Gravelines ;

Klosom, — Stockolm ;

Lontomieu, — de Montolieu ;

Picte et Pictavie, — Poitiers ;

Mardanne, — Danemark ;

Blasion, — Blois ;

Wesde, — Suède ;

Méodatus, — duc d'Orléans, frère de Louis XIV ;

De Campelde, — Delcamp ;

Palpons, — Lapons ;

Trisameck, — Maëstrich ;

Landref, — Flandre ;

Scithie, — Pologne ;

Dolhenal, — Hollande ;

Renlib, — Berlin ;

Sapho, — Mlle Schurmann ?

Heiala, — La Haye ;

Remeb, — Brême ;

Gevich, — Guiche ;

Boghamer, — Hambourg ;

Azedamter, — Amsterdam ;

Penghaveucop, — Copenhague ;

Langroëde, — Groënland ;

Cadeors, — Les Orcades ;

Weguenordiens, — Norwégiens ;

De Vonvinne, — Vivonne ;

Tromont, — d'Ormont ?

Aracuso, — Caruso ?

Châteaurosque, — forme française de Czartoriski ;

On le voit, la clef est facile à faire pour la partie géographique des noms anagrammatisés ; mais il en est bien d'autres qui attendent encore un traducteur. Qui donnera jamais la signification exacte de ceux-ci : Aromdilbe, — Torreus, — Landredorf, — Tousonle, — Roybourg, — Artamoneim, — Isative, — Berghason ? — Qui nous fera connaître, en outre, ceux-ci : Tenunonera, — la princesse Xonlegondour, — le comte Saint-Mor, — la comtesse Berlamide, — la princesse Appolonia, courant après son infidèle le duc Parménion, — le duc des Harmongides, — la capricieuse Arsine, — etc., etc. !

Disons en terminant que M. W. Oldbook établit dans sa curieuse étude que le Beragrem des « Mémoires » était un d'Aremberg, dont le vrai nom était Duplessis et qui resta onze ans à la Bastille, pour avoir facilité l'évasion du fameux P. Quesnel, détenu à Malines.

MÉMOIRES DE ROSALIE, CONTENANT L'HISTOIRE GALANTE DU DUC DE BYZANCE ET DE SES FAVORIS. — Manuscrit de 133 pp. petit in-4, broché, composé vers 181 ?

Le duc de Byzance n'est autre que le prince Constantin, frère d'Alexandre Ier., empereur de Russie. « Ces Mémoires, dont le fond est historique, mais évidemment chargés de détails romanesques, ont été rédigés d'après les récits de personnes qui ont vécu longtemps à Saint-Pétersbourg et qui étaient en position de bien connaître la vie privée des deux frères. — Ils sont inédits. » — (Note du Catalogue Leber, n° 2,301.)

MÉMOIRES DU COMTE DE

VAXÈRE, ou LE FAUX RABIN, par l'auteur des « LETTRES JUIVES, » Amsterdam, 1737, pet. in-12, rare.

D'après une note manuscrite trouvée dans un exemplaire mis en vente publique, l'auteur de cet ouvrage, *J.-B. de Boyer*, marquis *d'Argens*, a voulu écrire une histoire véritable. Il aurait notamment, sous les traits du *faux Rabin*, tracé le portait d'un usurier bien connu de son temps, Isaac Melo. L'auteur de la note ajoute qu'il a connu les enfants du *comte de Vaxère.* — Si ces assertions sont fondées, il y a là une clef curieuse à découvrir.

MÉMOIRES DU MARQUIS DE MIRMON, ou LE SOLITAIRE PHILO-SOPHE, par *M. L. M. D.* — Amsterdam, J. Wetstein et G. Smith, 1736, pet. in-12 de 3 ff. et 119 pp.

Cet ouvrage est du fécond marquis *d'Argens*, qui l'a dédié à M. de Boyer, chevalier de Malte ; c'est un recueil d'aventures véritables sous des noms supposés. « L'histoire des deux reli-
« gieuses, dit l'auteur, est si publique,
« qu'on n'a point déguisé leurs noms,
« ainsi qu'on l'a fait à l'égard de tous
« les autres, pour qui l'on a eu cette
« attention et surtout pour celui du
« chanoine, qu'on a laissé en blanc
« pour éviter toute maligne interpré-
« tation. »
Le marquis d'Argens, suivant son habitude, a bien pu se mettre en scène dans quelque coin de son livre, qui fit peut-être les délices de la Prusse, mais qui ne trouva que de l'indifférence chez les Français, quoique l'auteur eût la prétention de faire attribuer ses ouvrages anonymes à Voltaire. (Paul Lacroix, « Bulletin du Bibliophile, » 1859, pp. 518-519.)

MÉMOIRES ET CORRESPON-DANCE DE Mme D'EPINAY, renfermant un grand nombre de lettres inédites de Grimm, de Diderot et de J.-J. Rousseau, ainsi que des détails très curieux sur les liaisons de l'auteur avec les personnages les plus célèbres du XVIIIe siècle. — Paris, Brunet, 3 vol. in-8, 1818 (18 fr.). — Deux autres éditions, la même année, avec quelques additions.

D'après une note que me communique M. G. Brunet, de Bordeaux, « Mme d'Epinay avait voulu écrire un long roman autobiographique où elle racontait sa propre histoire et celle de ses amis, sous des noms supposés. Ainsi Mme d'Epinay s'était cachée sous le nom de *Mme de Montbrillant*; Grimm, Rousseau et Diderot étaient déguisés sous les noms de *Vulx* (?), *Rino* et *Garnier.* » — L'acquéreur du manuscrit, qui n'est autre que l'auteur du « Manuel du libraire, » M. *J.-Ch. Brunet*, rétablit les noms véritables et publia avec succès ces curieux Mémoires, « après en avoir élagué tout ce qui lui avait paru purement romanesque, en conservant, sans les altérer, tous les récits qui offraient quelque vraisemblance. » (Voir le « Manuel, » t. II, col. 1018.)

MÉMOIRES POUR SERVIR A L'HISTOIRE DE CE SIÈCLE.
Voir : Le vicomte de Barjac.

MÉMOIRES POUR SERVIR A L'HISTOIRE DE D. DIRRAG ET DE Mlle ERADICE.
Voir : Thérèse Philosophe.

MÉMOIRES POUR SERVIR A L'HISTOIRE DE PERSE. — Amsterdam, aux dépens de la Compagnie, 1745, petit in-8 de 3 pp. non chiffrées, y compris le titre, 4 ff. non chiffrés pour la clef des noms propres, 265 pp. plus la table.

MÉMOIRES SECRETS POUR SERVIR A L'HISTOIRE DE PERSE. — Nouvelle édition, revue, corrigée et augmentée.

« ...Vitiis nemo sine nascitur, optimus Qui minimis urgetur. »   [ille est

A Amsterdam, aux dépens de la Compagnie, M.DCC.XLVI, in-8 de 4 ff. préliminaires, y compris le titre, la clef de VIII pp. non numérotées, 344 pp. et une table des principales matières de 40 pp.

MÉMOIRES SECRETS POUR SERVIR A L'HISTOIRE DE PERSE, avec des éclaircissements et une clef marginale complette et rectifiée par D. S. — A Amsterdam, 1763, petit in-8 de 8 ff. préliminaires et 320 pp.

Telles sont les principales éditions de ce célèbre ouvrage, dont la paternité est encore douteuse, et qu'on a successivement attribué à *Antoine Pecquet*, premier commis des affaires étrangères, au *chevalier de Rességuier*, à *Mme de Vieux-Maisons*, qui serait aussi l'auteur des « Amours de Zéo-Kinizul, » à *Voltaire* et même à *La Beaumelle*. — Il faut lire en entier sur ce sujet l'intéressant article du « Dictionnaire des Anonymes » (t. III, fol. 244-246), article rempli de renseignements excellents, mais qui a le tort de n'aboutir à aucune conclusion. Ce qui est le mieux établi jusqu'à présent, c'est que Pecquet a été mis à la Bastille comme étant l'auteur des « Mémoires pour servir à l'histoire de Perse, » et il faut bien convenir que, sauf meilleur avis, toutes les présomptions de paternité sont en sa faveur.

On sait que dans ces prétendus *Mémoires* on trouve, sous des noms orientaux, un récit satirique de tout ce qui s'est passé en Europe depuis la mort de Louis XIV, pendant la Régence et pendant les premières années du règne de Louis XV. Bien des personnages, aujourd'hui fort obscurs, figurent dans ces « Mémoires » que le gouvernement de la Restauration crut devoir encore faire saisir et mettre à l'index. — La lecture en est assez pénible même avec la clef ; on y trouve cependant des particularités curieuses qui valent la peine qu'on se donne pour les découvrir. Voici la clef de cet ouvrage telle qu'elle est donnée dans l'édition de 1746 (la deuxième décrite en tête de cet article) ; je la crois au moins aussi complète que celle de l'édition de 1763 :

Abdoul, fils de *Fazel*, — M. de Morville ;
Abdulla Kan, Raja de Multan, — l'Electeur de Cologne ;
Akahar, ministre de la guerre, — M. le Blanc ;
Ali-Kouli-Kan, Raja du Brampour,— le prince de Sultzbach, Electeur palatin.
Ali-Homajou, — le duc d'Orléans, Régent ;
Amadabat, — Francfort ;
Anaïs, — la princesse de Modène, mariée au duc de Penthièvre ;
Aracam, — la Toscane ;
* *Ardechir*, — le duc de Nevers ;
Asie, — l'Europe ;
Ast-Kan, — le feu Electeur Palatin ;
* *Astarté*, — Madame de Maintenon ;
* *Astarti*, — la famille d'Aubigni ;
Athemat Doulet, — premier ministre
Attock, — le Brandebourg ;
Ava, — partie du Milanez ;
Azamuth, — le duc de Richelieu ;

Azer, — le maréchal de Maillebois ;

Azouf, — Mons.... Gouverneur du duc de Chartres ;

Bacar, — la Silésie ;

Baker, — le comte de Kevenhuller ;

Balaguate, — la Transylvanie ;

Balck, — le Dannemarc ;

Baubeck-Kan, — l'évêque de Rennes, ambassadeur en Espagne ;

Bedreddin, — le duc de Mortemar ;

Bengale, — le Milanez ;

* *Bibi-Nogon*, — la duchesse du Maine ;

Boulaki, — le duc de Berswick ;

Brampour, — le Palatinat ;

Buckor, — l'Electorat de Trèves ;

Cabul, — Hanovre ;

Cadi, (le Grand), — lieutenant de police ;

Calaat (le Grand), — le bâton de maréchal de France ;

* *Caleb*, — le duc d'Ayen ;

* *Camchi-Kan*, — le duc de la Vallière ;

Ceilan, — les sept Provinces-Unies ;

Cha-Abas I, — Louis le Grand ;

Cha-Askeri, roi de Corée, — le roi de Portugal ;

Cha-Baskan, — l'empereur ou le feu électeur de Bavière ;

Cha-Poledol, — l'empereur Léopold ;

Chanavas-Khan, — George Ier, roi d'Angleterre ;

Cha-Reffine-Frola, — l'empereur Charles VI ;

Cha-Séphi Ier, — le roi de France Louis XV ;

Chékour, — le roi Stanislas ;

* *Cheic-Sehdy*, — Scarron ;

* *Chélébi*, — le comte Marton ;

Chine, — l'Espagne ;

Cochinchine, — le royaume de Naples ;

* *Coja-Sébid*, — Voltaire ;

Corée, — le Portugal ;

Cosrou, — M. Chauvelin ;

Couton-Cha, — M. de Villeneuve, ambassadeur à Constantinople ;

Dabur de Hasseclesse, — Le Landtgrave de Hesse-Cassel ; roi de Suède ;

Daltémo, — de la Motte, Gentilhomme ord. du roi ;

Daracha, — M. d'Argenson, lieutenant de police et garde des Sceaux ;

* *Darejan*, — Mlle de Seri, dame d'Argenton ;

Delly, — L'Autriche ;

Déroga, — procureur-général ;

Divan, — le Conseil ;

Divan-Begbi, — Chancelier ;

Dogdon, — Mme la duchesse de Lauragais, sœur de Mme de Châteauroux ;

Doltabat, — Philisbourg ;

Emni, — le Mein, rivière ;

Eveneg, — le prince Eugène ;

Euxica, — Mme de la Tournelle ;

Faquirs, — moines ou religieux ;

Fatime, — Mme de Nesle ;

Fatmé, — Mlle de Charolois, sœur de M. le duc de Bourbon ;

Fazel, — M. d'Armenonville ;

Feldran, — la Flandre ;

Férizade, — la princesse, épouse du duc de Bourbon ;

Feyde.

Fulnie, — la sœur du prince de Conti, épouse du duc de Chartres ;

Gange (le païs au-delà du), — l'Italie, le Pô ;

Gaures, — les réformés ;

* *Geddé-Kanum*, — la mère du Régent ;

Géhanabas, — Vienne en Autriche ;

Gélaleddin, — Philippe V, roi d'Espagne ;

Gemchid, — le maréchal de Villars ;

* *Gémel*, — Mlle de Sens ;

Gemené, — le Danube ;

Giafer, — le duc de Vermandois, fils naturel de Louis XIV et de la duchesse de la Vallière ;

Gion-Kan, — Frédéric II, roi de Prusse ;

Golconde, — la Hongrie ;

Goulams.

* *Gulbahar*, — l'Epouse du Régent ;

Guzarate, — Mayence ;

Haïder, — le comte de Stairs ;

Hali (la secte de), — Constitutionnaires (jésuites) ;

Haram, — Sérail, quelquefois couvent ;

Hasdi.

Hassem, — M. de Saint-Florentin ;

* *Hava-Bégum,* — Mlle de la Roche-sur-Yon ;

* *Hajar-Gérib,* — le chevalier d'Orléans ;

Horeb, — l'ambassadeur Turc à Paris ;

Hussein, — officier françois, capitaine d'un vaisseau espagnol ;

Jaber, — le duc d'Aremberg ;

Jalékeldar, — Dalécarlie, ou la Suède;

Japon, — la grande Bretagne ;

Japonois, — les Anglois ;

Japonois (un), — M. Law ;

Ibben, — M. de Breteuil, ministre de la guerre;

Ibbi, — le maréchal de Noailles ;

Ibrahim, — le chancelier d'Aguesseau ;

Jénupar (le roi de), — la Bohême ;

Jénupar (la ville de), — la ville de Prague ;

Jésova, — la Savoye ;

Jesseing, — le duc d'Orléans, fils du Régent ;

Ilmen, — le fleuve de la Moselle ;

Iman, — ecclésiastique ;

Iman-Hasdy, — l'abbé*** ;

Indus, — le Rhin ;

Ismaël-Beg, — le cardinal de Fleury ;

Ispahan, — Paris;

Ispahan (forteresse d'), — la Bastille ;

Kalife-Sultan, — le maréchal, comte de Saxe ;

Kalmoucs, — les Suisses ;

Kaluced, — le prince de Waldeck ;

* *Khadigge,* — la sœur du cardinal de Tencin ;

Kasamir, — M. de Balincourt ;

Kasac, — M. de Ségur ;

* *Kétavane,* — la mère du maréchal de Noailles ;

Kigon, — M. de Coigni, le fils ;

Kibelt, — M. du Teil ;

* *Kodabendé,* — le marquis de Lassay ;

Korsula, — le roi de Sardaigne d'aujourd'hui ;

Koturi, — Victor-Amédée, son père ;

Kuffala (la bataille de), — la bataille de Caflan ;

Lahor, — la Saxe ;

Lotupva, — Pultova ;

Mahamet, — M. Dodun ;

Mahamet-Nessir, — l'abbé du mont Saint-Michel, frère du maréchal de Broglio ;

Mahmoud, — Auguste II, roi de Pologne ;

Mamet, général *Dellien,* — le prince George de Hesse ;

* *Maxud,* — le comte de Noailles ;

* *Mehdy,* — le marquis du Bordage ;

Mehter, — premier gentilhomme de la Chambre ;

* *Mir-Ali-Bec,* — le prince Charles de Lorraine, grand écuyer de France ;

* *Mir-Gélal,* — le prince de Dombes ;

* *Mir-Hayez,* — le comte d'Eu ;

Miram, — le comte de Clermont ;

Mirgi-Mola, — le duc de Chartres ;

Mir-Kassein, — le duc de Cumberland ;

Mir-Kassein-Kan, — l'Electeur de Mayence ;

Mir-Tebekar, — M. le duc de Lauragais ;

Mirza, — M. de Châtillon, gouverneur du Dauphin ;

Mirza-Haddi, — le duc de Bourbon ;

Mogol, — l'Allemagne ;

Mohadi, roi de Balck, — le roi de Dannemarc ;

Morat-Bakche, — le prince de Conti ;

Moullah, — ecclésiastique. — N.-B., plutôt abbé ;

Multan (le Raja de), — l'Electeur de Cologne ;

Muzaim, — le cardinal de Tencin ;

Nabal-Akel-Kan, — le feu Electeur de Mayence ;

Nadir, — le marquis d'Antin ;

Nagar, — la reine d'Hongrie et de Bohême ;

Nali-Kan, — l'Electeur de Trèves ;

Nargum, — homme de confiance de Zélide ;

Neamed, — M. d'Argenson, ministre de la guerre ;

Necbal (le royaume de), — la Sardaigne;

Negeddin, — Don Philippe, Infant d'Espagne ;

Negef-Bouli-Beg, — M. Leuwenhaupt, général Suédois ;

Nessir, — M. le maréchal de Broglio ;

* *Nournissa*, — la duchesse d'Antin ;

* *Ogourlou-Bec*, — le duc de Grammont ;

Olahi, — Don Carlos, roi des Deux-Siciles ;

Omar (la secte de), — Jansénistes ;

Onumar, — le comte de Plélo, ambassadeur de France en Dannemarc, tué à Dantzig ;

Orcan, — le comte de Charolois ;

Orixa (combat d'), — la bataille de Parme ;

Osirie, — Mme de Chateauroux, sœur de Mme de Mailly ;

Ofman, — M. d'Angervilliers ;

Perse, — la France ;

Phadeck, — Pierre Ier, empereur de Russie ;

* *Pehry-Roksar*, — Mlle de Clermont ;

Rajas, — les Electeurs ;

Rémana, l'archiduchesse Marianne, fille de Charles VI ;

Rétima, — Mme de Mailly ;

Rezza, — le comte de Thoring ;

Rhédi, — M. Orry, contrôleur-général ;

Rica, — M. le comte de Maurepas ;

Roxane, — la duchesse de Bourbon, la mère ;

Rustan, — le cardinal Dubois ;

Rutor-Cha, — le duc d'Harcourt ;

Saheb, — Mlle de Vermandois, sœur du duc de Bourbon, aujourd'hui abbesse de Beaumont ;

Salcher, — le prince Charles de Lorraine ;

Salcher VI, — Charles IV, empereur ;

Samarcande, — Konigsberg en Prusse ;

Sambal, — la Moravie ;

Sepper-Kan, — l'empereur Ferdinand Ier ;

Scadeck, — Le maréchal de Bel-Isle ;

Scheick-el-Sélom, — Évêque ;

Schérazade, — La duchesse de Modène ;

Schiras, — Soissons ;

Sécandra, — Lintz ;

Ségedin, — M. de Gages ;

Ségestan ;

Seif, — M. le maréchal de Coigny ;

Seipho, — l'empereur Joseph ;

Sélatiheb, — Elisabeth, reine douairière d'Espagne, veuve de Louis Ier ;

Sélim-le-Menter, — le duc de Mortemar ;

Sélim-Kan, — Auguste II, roi de Pologne ;

Semein Ier, — Louis Ier, roi d'Espagne ;

Sémir, — le général Merci ;

Séphir-Mirza, le Dauphin, fils de Louis XIV ;

Sévagi, le père, — le comte de Toulouse ;

Sévagi, le fils, — le duc de Penthièvre ;

Sigoken, — le général Konigsegg ;

Soliman, — le duc du Maine ;

Soulaki, — M. de las Minas ;

Sujah, — M. le maréchal d'Asfeld ;

Sultane reine, fille de *Chékour*, — la reine de France ;

Sydameck, — M. de la Chétardie ;

Tachmène, — M. le chevalier d'Antin,

Tamès, — M. Amelot, secrétaire d'Etat ;

Tatta, — la Lorraine ;

Taxis, — M. d'Argenson, secrétaire d'Etat pour les affaires étrangères ;

Thibet, — la Pologne ;

Tunquin, — Venise ;

Visapour, — la Bavière ;

Usbeck, seigneur Persan, — M. de Mailly ;

Uxisknub, — Brunswic ;

Usbecks du Zagathai, — les Prussiens ;

Xura, — M. de Khevenhuller ;

* *Yabenou*, — M. Van Hoei ;

Yérid, — M. de Glinies ;

Zachi, — Mlle de Vintimille ;

* *Zadime*, — Mme de Noailles, épouse du Pr. Ch. de Lorraine, Gr. écuyer de France ;

Zagathai, — la Prusse ;

* *Zéeb-el-catou*, — la duchesse de la Vallière ;

* *Zeinel*, — Mlle d'Aubigni ;

Zélide, — Mme la comtesse de Toulouse ;

* *Zélis*, — Mme de Rupelmonde ;

Zélim, — M. de Chavigny ;

Zenderom, — la Seine :

Zentha, — le gouverneur de Lauterbourg ;

Zéphis, — la princesse de Conti, douairière : ·

* *Zéphis*, — la mère du prince de Conti ;

Ziéki, — le prince de Lobkowitz ;

Zilamire, — la Le Couvreur, comédienne ;

Zingis, — M. de la Tournelle ; ·

* *Zuléma-Kanum*, — la duchesse douairière de la Vallière ;

Zélima, — Mᵐᵉ de Prie.

Les noms marqués d'une astérisque sont des articles nouveaux qui ne se trouvent pas dans la première édition.

MÉMOIRES POUR SERVIR A L'HISTOIRE DU JACOBINISME. —

Par M. l'*abbé Barruel*. — A. Hambourg, chez P. Fauche, 1803, 5 vol. in-8 de xx-288, 328, xx-304, viii-336, et xx-300 p. — Peu commun.

On trouve dans ce livre, qui valut à son auteur une certaine célébrité, au milieu de beaucoup de verbiage et d'assertions plus ou moins risquées, des faits qui ne sont pas indignes de l'attention d'un historien sérieux. Il y est fort question des « Illuminés » qui surgirent en Allemagne, à l'instigation du fameux Weishaupt, et qui trouvèrent des adhérents, notamment auprès du duc de Brunswick et du roi de Prusse. Cette secte célèbre, dont on n'a pas encore bien fait l'histoire, avait fait déjà l'objet de quelques publications. (Voir, par exemple, « Essai sur la Secte des Illuminés, » par le marquis de Luchet, 1789, in-8 de xxxii-266 pp. ; — autre édition augmentée par Mirabeau, 1792, in-8 ; — « Ecrits originaux de la Secte des Illuminés, » imprimés, lors du procès, en 1785, par les soins de la cour de Bavière, qui en envoya une copie à toutes

les puissances de l'Europe ; — les journaux allemands de l'époque, etc., etc.)

Voici la clef des noms des principaux adeptes qui dans leurs écrits et correspondances, se cachaient sous des dénominations souvent empruntées à l'antiquité grecque et romaine.

Aaron, ou simplement *P.-F.-V.-B*, — Prinz Ferdinand von Braunschweig (Brunsswig) ;

Accacius, — Docteur Koppe, surintendant, d'abord à Gotha, puis à Hanovre ;

Agathocles, — Schmerber, marchand à Francfort-sur-le-Mein ;

Agis, — Krœber, gouverneur des enfants du comte de Stolberg, à Neuwied ;

Agrippa, — Wil, professeur à Ingolstadt ;

Ajax, — Massenhausen, conseiller à Munich ;

Alberoni, — Bleubetren, ex-juif, devenu conseiller à Neuwied ;

Alcibiade, — Hoheneicher, conseiller à Freysingue ;

Alexandre, — Comte Pappenhein, général et gouverneur d'Ingolstadt ;

Alfred, — comte Seinsheim, vice-président à Munich ;

Amélius, — Bode, conseiller intime à Weymar ;

Archélaüs, — De Barres, ci-devant major en France ;

Aristodème, — Compe, bailli à Wienbourg, pays d'Hanovre ;

Arminius, — Krenner, professeur ;

Arrien, — comte de Cobenzel, trésorier à Eichstadt ;

Athènes, — Munich ;

Attila, — Sauer, chancelier à Ratisbonne ;

B*** (*l'abbé*), — Beck, qualifié de jésuite ;

Bayard, — baron de Busche, officier Hanovrien au service de la Hollande ;

Bélisaire, — Peterson, à Worms ;

Brutus, — comte Savioli, conseiller à Munich ;

Campanella, — comte de Stolberg, oncle du prince de Neuwied ;

Caton, — Xavier Zwack, conseiller aulique.;

Celse, — Baader, médecin de l'Electrice douairière de Bavière ;

Chabrias, — baron Waldenfels ;

Chrysippe, — Kolborn, secrétaire du coadjuteur de Mayence ;

Claude, — Simon Zwack, cousin de Xavier Zwack ;

Confucius, — Baïerhammer, juge à Diessen ;

Cortez, — Lemmer, professeur ;

Coriolan, — Troponero, conseiller à Munich ;

Corinthe, — Ratisbonne ;

Crescens, — baron de Dalberg, coadjuteur de Mayence ;

Cyrille, — Schweickard, de Vorms ;

Danaüs, — Xavier Zwack, encore simple candidat de la secte ;

Diomède, — marquis de Constanza, conseiller à Munich ;

Edesse, — Francfort-sur-le-Mein ;

Ephèse, — Ingolstadt ;

Epictète, — Mieg, conseiller à Heidelberg;

Epiménides, — Falck, conseiller et bourgmestre à Hanovre ;

Erzerum, — la ville d'Eichstadt ;

Eschyle, — Charles Auguste, duc de Saxe-Weimar ;

Euclide, — Riedl, conseiller à Munich ;

Gotescalc, — Moldenhauer, professeur de théologie protestante à Kiel ;

Grèce (la), — la Bavière ;

Hannibal, — baron de Bassus, grison ;

Hégésias, — baron de Greifenclau, à Mayence ;

Hermès, — Solcher, curé de Haching ;

Jésuites, — dénomination générale des ennemis de l'Illuminisme ;

Latium, — le duché de Wurtemberg ;

Leveller (niveleur), — Leuchseuring, alsacien, instituteur des princes de Hesse-Darmstadt, chassé de Berlin, réfugié à Paris ;

Livius, — Rudorfer, secrétaire des Etats, à Munich ;

Louis de Bavière, — Lori, exclu de l'ordre ;

Lucien, — Nicolaï, libraire et journaliste à Berlin ;

Mahomet, — baron Schrœckenstein ;

Manéthon, — Schmelzer, conseiller ecclésiastique, à Mayence ;

Marc-Aurèle, — Koppe, prédicateur et conseiller du Consistoire à Hanovre ;

Marc-Aurèle, — désigne aussi Féder, professeur à Gottingue ;

Marius, — Hertel, chanoine exilé de Munich ;

Minas, — baron Dittfurth, conseiller impérial à Wetzlar ;

Mœnius, — Dufresne, commissaire à Munich;

Musée, — baron Monjellay, exilé de Munich, réfugié à Deux-Ponts ;

Nauplis, — la ville de Straubing ; — *Mégare,* — Landsberg ;

Nicomédie, — Augsbourg ; *Ménelaüs,* — de Werner, à Munich ;

Numa, — Sonnensels, censeur et conseiller à Vienne ;

Numénius, — comte de Kollowrath, à Vienne ;

P.-C. de H.-C., — prince de Hesse-Cassel, beau-frère du roi de Danemark ;

Palmyre, — la ville d'Ingolstadt ;

Paphlagonie, — le Palatinat ;

Parmaribo, — la ville de Frankenthal ;

Périclès, — baron Pecker, juge à Amberg ;

Philippe Strozzi, — Xavier Zwack, initié, plus tard *Caton* ;

Philon, — baron Knigge, au service de Brême ;

Philon de Biblos, — le prélat Haslein, évêque *in partibus,* à Munich ;

Pic de la Mirandole, — Brunner, prêtre à Tienfenbach ;

Picinum, — les Electorats de Trèves et de Cologne ;

Pierre Cotton, — Vogler, médecin à Neuwied ;

Ptolémée-Lagus, — baron de Riedesel ;

Pythagore, — Drexl, bibliothécaire à Munich ;

Raymond-Lulle, — Frouhower, conseiller à Munich ;

Rome, — la ville de Vienne ;

Saladin, — Eckart ;

Scipion, — Berger, professeur à Munich ;

Simonides, — Rusling, conseiller à Hanovre ;

Solon, — Micht, ecclésiastique à Freysingue ;

Spartacus, — Weishaupt, fondateur de la secte, professeur de droit à Ingolstadt ;

Sparte, — la ville de Ravensburg ;

Spinosa, — Munter, procureur à Hanovre ;

Surinam, — la ville de Manheim ;

Sylla, — baron Mengenhofen, capitaine au service de la Bavière ;

Tamerlan, — Lang, conseiller à Eischstadt ;

Thalès, — Kapfinger, secrétaire du comte Tattenbach ;

Thèbes, — la ville de Freysingue ;

Théognis, — Fischer, ministre luthérien en Autriche ;

Théognis, — désigne aussi Kœntgen, ministre protestant à Petzum ;

Tibère, — Merz, exilé de Bavière, réfugié à Copenhague ;

Timoléon, — Ernest-Louis, duc de Saxe-Gotha ;

Timon, — Michel, de Freysingue ;

Vespasien, — baron Hornstein, à Munich ;

Walter-Furst, — Auguste de Saxe-Gotha ;

Zoroastre, — premier nom du juge Beïerhamer, depuis *Confucius*.

Cette clef, longue mais curieuse et utile, n'est pas encore complète ; il y avait bien d'autres pseudonymes qui restent à dévoiler : *Odin, Osiris, Le Tasse, Lucullus, Sésostris, Moïse, Alphonse de Vargas, Zénon, Speusippe*, etc., etc. Les noms de ville exigeraient un véritable vocabulaire géographique : *Damiette, Tibur, Damas, Hispalis, Sichem, Sorrente, Olympie*, etc., etc. Les mois et années sont empruntés au calendrier de l'ère per-

sane : *chardat* 1152, — juin 1782 ; — *10 pharavardin* 1149, — 31 mars 1779, etc. La secte dura dix ans, de 1776 à 1786.

MÉMOIRES SECRETS CONCERNANT LES MŒURS ET COUTUMES.

Voir : L'Atalantis de Madame Manley.

MÉMOIRES SECRETS D'UN TAILLEUR POUR DAMES, par une *Femme masquée* (La Marquise *de Mannoury ?*) — Edition illustrée d'un frontispice à l'eau-forte et de vingt-sept figures à mi-pages, — Bruxelles, — Gay et Doucé, 1880, in-12 de IV-162 pages.

Ce petit livre, plus joli par la forme que recommandable par le fond, est un recueil de ces anecdotes qui couraient la ville, à la fin du second empire, anecdotes scandaleuses ; quelques-unes sont plus ou moins vraisemblables et attribuées à de hauts personnages, dont les noms sont plus ou moins déguisés.

J'ai sous les yeux une *clef* imprimée de ce livre, faite, m'assure-t-on, par l'auteur. Je me garderai bien de la publier pour deux motifs : d'abord, il ne m'est nullement prouvé que les anecdotes du « Tailleur pour dames » soient absolument authentiques ; puis, le seraient-elles, que je ne verrais aucune utilité à faire savoir que la baronne du W....., le comte de R...... Mme C....., Mme de G....., la princesse M...., le comte de N...., la duchesse de P...., M. de M....., Mlle B....., etc., etc., ont été, ou ont passé pour être les héros et les héroïnes de ces aventures.... décolletées.

Il n'est personne d'ailleurs qui, ayant été un peu au courant des *cancans* de Paris, il y a une quinzaine d'années, ne reconnaisse bien vite les personnages que la « femme masquée » met en scène, sous des pseudonymes parfois trop transparents. — La clef de ce livre, tirée à très peu d'exemplaires, ne pourra être vulgarisée que dans bien des années et alors que les « Mémoires secrets d'un tailleur pour dames » auront été rejoindre, dans les collections satiriques, « l'Autrichienne en goguette, » La « Custode de la Reyne, » et autres libelles très licencieux, le plus souvent inspirés par des rancunes politiques, ou, ce qui est moins avouable encore, par une spéculation de librairie.

MÉMOIRES SECRETS DU SECOND EMPIRE, — Bruxelles, — Office de Publicité, — Imprimerie de A.-N. Lebègue et Cie, 1871, in-8 de 99 pp., par ..... ?

C'est un des nombreux pamphlets dirigés contre Napoléon III et les principaux personnages de sa cour, à la suite des événements du 4 septembre 1870.— La clef est aisée à faire ; exemple :

Pages

12. *Une cousine,* — la princesse Mathilde ;
» *Un autre cousin,*— le prince Pierre Bonaparte ;
14. *Une des nymphes de bonne volonté,* — Mlle C. M. ;
17. *L'une portant un grand nom,* — Mme Rattazzi ;
27. *L'autre aspirante,* — Mme la duchesse de M.... ;
40. *Une jeune ambassadrice,* — Mme de M........h ;
48. *Ce paltoquet de couturier,* — W...h ;
51. *La cantatrice du sapeur,*—Mlle Thérésa ;
54. *M. de Montespan,* — (il y en eut plus d'un !)

Pages

58. *L'intendant général des plaisirs,*— le comte B......i ;
65. *La Soubise de Napoléon III,* — Mme de C.......... ;
68. *Une magnifique anglaise,* — miss H...... ;
72. *La béate qui avait la v.....,* — Mme N... ;
78. *Une frétillon,* — Marguerite Bellanger.

Beaucoup d'autres personnages sont visés, ridiculisés, diffamés, déshonorés. — Tout cela est heureusement plus ou moins digne de créance. Une clef bien complète de ce libelle est et sera longtemps encore *impubliable.*

MEMOIRS OF ANTONINA, QUEEN OF ABO, displaying her private intrigues and uncommon passions : with family sketches, and curious anecdotes of great persons. — Translated from the French. — London, — E. Bentley, 1791, 2 tom. in-12 en un vol. orné du portrait de la reine.

Ces prétendus mémoires de Marie-Antoinette semblent être restés inconnus à Quérard et à la plupart des bibliographes. Ce n'est, comme on peut croire, qu'un odieux pamphlet, inspiré sans doute par les publications analogues qui se faisaient alors en France. Les personnages mis en scène sont faciles à reconnaître.

MEMOIRS OF LADY SARAH B...

Voir : The Lovers, or the memoirs...

MEMOIRS OF THE COURT OF LILLIPUT. London, 1727, in-8,

orné d'un frontispice et d'une carte du pays, — rare.

Ce petit ouvrage n'est pas de Swift, son titre pourrait le faire croire ; c'est un récit allégorique à l'imitation des « Voyages de Gulliver, » dont la première édition avait paru l'année précédente et qui obtenaient tant de succès. — Les « Mémoires de la cour de Lilliput, » dont l'auteur n'est pas cité par Lowndes, sont dirigés contre la cour d'Angleterre ; les allusions satiriques y abondent ; il faudrait en composer la clef. — Ce livre qui est un ouvrage très distinct du roman de Swift, semble donc avoir été classé à tort parmi les écrits relatifs à Gulliver, par la plupart des bibliographes. (Voir aussi « Voyages de Gulliver. »)

MEMOIRS OF THE EXTRAORDINARY LIFE, WORKS AND DISCOVERIES OF MARTINUS SCRIBLERUS...

Voir : The Dunciad, par A. Pope.

MEMOIRS OF THE LIFE OF MRS MANLEY...

Voir : L'Atalantis de Madame Manley.

MÉNAGE (LE) PARISIEN, ou DÉLIÉE ET SOTENTOUT, —

Γνῶθι σεαυτόν, — Nosce teipsum; — (Reconnais-toi). — Imprimé à La Haie, M.DCC.LXXIII. — Deux parties en 2 vol. in-12 ; le premier de v ff. — 186 pp. et xxxii pp. pour les notes; le second, de 186 pp. avec la suite des notes commençant à la p. xciii jusqu'à cii, plus 4 ff. — Titres et dédicace rouge et noir, fleurons sur les titres.

« C'est un des plus rares ouvrages de Restif de la Bretonne, car il n'a jamais été réimprimé par l'auteur ni contrefait. — La dédicace est adressée « A nos Pairs en sottise. » — A la fin des ff. qui terminent le second volume, on lit cette mention : A Rouen, chez Leboucher, et se trouve à Paris, chez De-Hassey jeune, libraire, rue Saint-Jacques. — Cet ouvrage satirique, qui excita de vives colères parmi les littérateurs de l'époque, fut arrêté pendant plus de quinze jours par la censure. Les notes de ce livre sont très piquantes, surtout celles du second volume ; on y trouve une notice sur la famille de Sotentout et le dénombrement des membres de « l'Académie Sotentoute ; » ce sont les anagrammes des noms de tous les littérateurs vivants, avec des notes très mordantes et très malicieuses. — Il a dû certainement exister une clef des noms cités dans le Ménage parisien et cette clef donnait plus de piquant à un ouvrage comique et burlesque qui visait toute une famille d'individus que Restif voulait tourner en ridicule. — M. Placide, M. Nicaise, Sotentout et Mme Victoire Déliée du Cœur-Volant ne sont pas sans doute des êtres imaginaires. Quant à l'Académie Sotentoute, c'est une critique de la plupart des écrivains du temps. » (P. Lacroix. — « Bibliographie de Restif de la Bretonne, » pp. 116-118.)

Voici, à titre d'échantillon, quelques noms déguisés dans ce roman et d'ailleurs faciles à reconnaître, puisqu'il ne s'agit que de les lire au rebours :

Elloc, — Collé, auteur de : Al Eitrap ed essahc (la Partie de chasse), de : Siupud té Sianorsed (Dupuis et Desronais), et de : L'Eli Etnannos (l'Ile sonnante); Eessuahc Al, la Chaussée; — Trofmahc, Chamfort; — Ellemuab

Al, La Baumelle ; — *Norerf*, Fréron ; — *Tarod*, Dorat ; — *Tesserg*, Gresset, auteur du *Tnahcem* (méchant et du *Trev-Trev* (Vert-Vert) ; — *Tossilap*, Palissot ; — *Norip*, Piron ; — l'abbé *Ed Nonesiov*, de Voisenon. — Tout le reste est à l'avenant.

MÉNAGERIE (LA), A SON AL-TESSE ROYALE MADEMOISELLE,

s. l. n. d. (Paris, 1666), in-12 de 72 pp. — Autre édition en petits caractères et avec des augmentations : s. d., in-18 de 92 pp. — Rare.

Ce livret, que recherchent encore les curieux, est un recueil de vers, contre le célèbre Ménage, par l'abbé *Charles Cotin*. Ménage, qui avait ouvert, avec tant de succès, un concours de satires contre Montmaur (voir plus haut : Histoire de Pierre de Montmaur), fut à son tour victime d'un semblable procédé. Cotin, en effet, eut des imitateurs et les épigrammes de ces derniers furent jointes à l'édition de « La Ménagerie » datée de La Haye, 1666, la plus complète de toutes. Il existe aussi des exemplaires avec la date de 1705, — Amsterdam, — Henry Schelte, petit in-12. — Ajoutons que la première édition porte au bas du frontispice : « Imprimé pour les Antiménagistes, chez le Pédant démonté, à Cosmopolis..» — « *La Ménagerie*, dit M. Viollet-le-Duc (Bibliothèque Poétique, p. 579), est un véritable libelle, le seul des ouvrages de Cotin qui soit encore recherché, peut-être parce qu'on aime le scandale. C'est un recueil d'injures, de traits piquants en prose, d'épigrammes en vers, où Ménage et son pédantisme sont habillés de toutes pièces par un homme qui se connaissait en plagiat, en vanité et en pédanterie. »

MÉNAGERIE (LA) LITTÉRAIRE,

par *Piotre Artamov*. Paris, Lévy frères, 1863, in-12.

Piotre Artamov, paysan russe, est le pseudonyme sous lequel ont été publiés tous les ouvrages du comte *Vladimir de La Fite de Pellepore*, gentilhomme russe et homme de lettres. — « La Ménagerie littéraire » rappelle beaucoup, comme plan et comme composition, les célèbres « Jeudis de Madame Charbonneau ; » il s'y trouve de nombreux portraits, mais ils sont moins faciles à reconnaître que ceux tracés par M. A. de Pontmartin. (Note de M. G. Brunet.)

MÉNAGERIE NATIONALE, avec

l'inventaire et les noms des animaux et bêtes curieuses qu'elle renferme ; dénoncé à l'Assemblée nationale. — De l'imprimerie de la Liberté, 1790, in-8 de 16 pp.

Pamphlet satirique contre les membres de l'Assemblée nationale et autres personnages ; il y a une clef ; ainsi le *Lézard écailleux*, c'est Camille Desmoulins ; — la *Gazelle commune*, c'est la fameuse Théroigne de Méricourt, etc. — Ce libelle est des plus rares. — Un catalogue de la librairie Bachelin-Deflorenne en offrait un au prix de 15 fr.

MÉNIPPE RESSUSCITÉ, ou

L'ASSEMBLÉE TUMULTUEUSE, par *M. de V****. — A Veredicta, chez les frères hardis et sincères. — Au repentir. — 16,000 (Paris, vers 1770). Pet. in-8 de 47 pp. en prose, mêlée de quelques vers.

Cette pièce fort rare, qui n'est nullement de Voltaire, comme le titre semble vouloir l'indiquer, est relative à la grande lutte des Parlements :

c'est le récit d'un songe que fait Ménippe et dans lequel il défend la royauté contre les entreprises des cours souveraines. L'auteur, jusqu'à présent inconnu, qui rappelle la « Satyre Ménippée » dans le titre de cet opuscule, s'amuse à y faire encore allusion, en représentant les Etats-Généraux de la ligue parlementaire. On trouve de vifs éloges du *Bon citoyen* (le duc de Choiseul) et du *grand Chancelier* (Maupeou), mais aussi de vives attaques contre les magistrats et robins. Il y a là des portraits impossibles à reconnaître aujourd'hui ; qui saura jamais dire les vrais noms de M. le conseiller *Platpied*, de M. l'*Effronterie*, de M. l'*Indécis*, etc., etc. ?

MENTOR A TYRINTHE,

narration instructive, critique et morale sur les événements, l'existence naturelle, l'esprit et la politique des Tyrinthiens ; Fragment inédit d'un ancien ouvrage grec, traduit en plusieurs langues à Constantinople, par l'effendi *Cobé-Cekuk-Vuru-Pala-Panc.* Smyrne (Paris, Moutardier), 1802, 2 vol. in-8.

Dans le nom ci-dessus, M. O. Barbier trouve l'anagramme Paul Panckoucke Chevru, qui est le vrai nom de l'auteur. Cet ouvrage est, sous des noms grecs, la critique sévère des hommes et des choses. Le gouvernement le fit rechercher et supprimer avec soin, aussi les exemplaires en sont-ils devenus très rares. Un des catalogues de la librairie A. Aubry en offrait un cependant, au prix modeste de 10 fr.

MENUS PLAISIRS DU PEUPLE FRANÇAIS.

Voir : La chasse aux monstres.

MENUS-PLAISIRS DU ROI DES CNARFS.

Voir : La chasse à la grand'bête.

MÉPRISES (LES) DE L'AMOUR ET DE LA NATURE.

Voir : Rosalina et Illyrine.

MERCURIUS BRITANNICUS : or The English intelligencer.

A Tragic Comedy, acted at Paris with great applause. — Reprinted with sundry addition. — Printed in the yeare 1641 (London), in-4.

Cette pièce, dont l'auteur est *Richard Brathwait*, est entièrement politique et roule presque exclusivement sur l'affaire de la « Taxe des vaisseaux » qui fut une des causes principales des troubles sous Charles Ier. — Les juges du procès Hampden, membres du Parlement, sont sévèrement attaqués sous des noms déguisés : Justice Hutton s'appelle dans la pièce *Hortensius*; Justice Croke, *Corvus Acilius*; Prynne, *Prinner*; etc. — Il n'y a que quatre actes ; mais l'épilogue en annonce un cinquième en ces termes : « Il est décidé par les Ediles, maîtres des Jeux publics, qu'au premier jour (par permission de Jupiter), le cinquième acte sera joué sur le Tibre (je veux dire Tyburne) par une nouvelle Société d'Abalamites. — Vive le Roy. »
(Voir : Biographia Dramatica, t. II, p. 229, et Lowndes's Manual, t. I, p. 259.)

MÉRITE (LE) VENGÉ, ou Conversations littéraires et variées

sur divers écrits modernes; ouvrage critique sur les observations de l'A. D. F. — Par *Charles de Fieux, chevalier de Mouhy.* — Amsterdam, chez Weistein et Smith (Paris, Prault fils), 1736, in-12.

D'après une note de G. Peignot, que m'a communiquée M. G. Brunet, le catalogue L.-Th. Hérissant (Paris, décembre 1811, n° 580) indique un exemplaire de ce petit ouvrage ayant, en manuscrit, les passages retranchés par la censure et la clef des noms des personnages. Il est facile de savoir que les trois lettres *A. D. F.* du titre représentent l'abbé Des Fontaines ; mais il serait assez curieux de connaître les vrais noms des personnages auxquels il est fait allusion dans cet écrit polémique. — C'est une clef à rechercher.

MES ESPIÈGLERIES, OU CAMPAGNES... Voir : Campagnes de l'abbé T***.

MES PREMIÈRES ÉTOURDERIES, ou QUELQUES CHAPITRES DE MA VIE EN ATTENDANT MIEUX. — Paris, Marchand, an VIII (1800), 3 vol. in-12, fig. grav. par Bovinet, d'après Binet. — Très rare.

« Roman égrillard, amusant et spirituel, qui n'est pas connu et qui mérite de l'être. Un compatriote et ami de Ch. Nodier en est l'auteur : c'est *Charles Pertuisier*, né à Besançon en 1779, devenu colonel d'artillerie, mort à Paris, en 1836. Ce condisciple de. Nodier et de Weiss y a narré ses propres aventures et a mis en scène ses premières étourderies. Certes, un pareil roman dut faire du bruit à Besançon lorsqu'il y parut et nous pourrions parier qu'il y circula une clef des noms de tous les personnages, sans omettre ceux de *Sophie* et *Mélanie*, les deux premières maîtresses de l'auteur. Cette clef se trouvait en partie dans les correspon-

dances de Ch. Nodier et de M. Weiss qui ont paru dans le « Bulletin du Bibliophile, » année 1860, pp. 929 et suivantes ; mais l'éditeur a jugé à propos de remplacer les noms par des points, qui seront un voile facile à lever quand le savant M. Weiss nous permettra d'être indiscret. » (P. Lacroix. — « Bulletin du Bibliophile, » 1863, p. 313, n° 46.)

MES SOUVENIRS DE 1814 ET 1815, par *M****. — Paris, A. Aymery, Delaunay, Ponthieu, 1824, in-8.

Cet ouvrage est de M. *Antoine-Joseph Reboul*, suivant Quérard et de *C.-A. de Reboul-Berville*, suivant une note du « Bulletin du Bouquiniste. » Cette dernière attribution paraît mériter quelque crédit ; elle a été relevée sur un exemplaire de dédicace, signé par l'auteur, qui avait rempli à la main tous les noms cités dans son livre et dont les initiales seules sont imprimées. Qu'est devenu cet exemplaire si intéressant à tous les points de vue ?

MESSALINE (LA) FRANÇAISE, ou LES NUITS DE LA DUCHESSE DE POL..., ET AVENTURES MYSTÉRIEUSES DE LA PR... D'HÉN... ET DE LA R... ; par l'abbé compagnon de la fuite de la Duchesse. — S. d . (Paris), 1790, in-18.

Violent pamphlet contre la duchesse de Polignac et la reine Marie-Antoinette.

Peu de personnages ont été aussi violemment attaqués, aux débuts de la Révolution, que la duchesse de Polignac ; l'extrême amitié que lui avait vouée la reine, motiva tous ces libelles haineux, injurieux, calomnieux et surtout obscènes. Bien entendu, en attaquant la duchesse, les pamphlétaires ne se sont pas privés de salir en même temps la reine et de faire intervenir le comte d'Artois, à qui l'on attribue un rôle odieux. Citons en passant quelques-uns de ces pamphlets, où les noms sont généralement désignés par de simples initiales :

CONFESSION ET REPENTIR DE MADAME DE P..., ou la Nouvelle Madeleine convertie. — 1789. — S. l. (Paris), in-8 de 8 pp.

RÉPONSE A LA CONFESSION DE MADAME DE P...; ou les Mille et un mea culpa. — S. l. (Paris), 1789, in-8 de 13 pp.

BOUDOIR DE MADAME LA DUCHESSE DE P***. — S. l. n. d. (Paris, 1790), in-8.

MALADIE DE LA DUCHESSE DE P***, qui a infecté la Cour, Versailles et Paris. — S. l. (Paris), 1789, in-8.

AGONIE DE MADAME DE P..., avec son acte de contrition, et son rétablissement par le moyen du vinaigre des quatre voleurs. — S. l. (Paris), 1789.

LA DERNIÈRE RESSOURCE DE MADAME DE P***, ou dialogue entre cette dame, son confesseur, un médecin anglais et un baron suisse. — S. l. n. d. (Paris, 1790 ?), in-8.

Beaucoup d'autres libelles, où les noms sont imprimés en toutes lettres, sont cités dans les catalogues Leber et Pixérécourt. — Les plus violents sont assurément :

L'AUTRICHIENNE EN GOGUETTE, OU L'ORGIE ROYALE, opéra-proverbe, composé par un garde du corps et mis en musique par la Reine (par F.-Marie Mayeur de Saint-Paul). — S. l. (Paris), 1789, in-8 de 16 pp., fig., et LE B....L ROYAL. — S. l. n. d., in-8 de 16 pp.

Tout cela est incontestablement odieux.

MÉTAMORPHOSE DE GOMOR EN MARMITE.

Voir : Histoire de Pierre de Montmaur.

MÉTAMORPHOSE (LA) INUTILE DES FEMMES EXTRAVAGANTES,

comédie divisée en deux parties : La première représente le changement de la laideur en beauté ; la seconde, le changement de la beauté en laideur ; toutes les deux montrent par divers incidens que, quelque chose qui puisse arriver, le changement du corps n'en apporte aucun dans l'esprit. — Valenciennes, Gabriel-François-Henry, 1709, in-8 de 43 pp.

C'est le programme, scène par scène, de cette pièce allusive et satirique en six actes et en prose. — Mêmes remarques que pour « La Peau de Beuf. » (Voir ce titre.)

METHODIST (THE). — Comedy.

Being a continuation and completion of the plan of Minor written by M. Foote (1761), in-8.

Cette pièce, qui ne fut jamais jouée et qui d'ailleurs n'était point destinée à la scène, semblerait, d'après la disposition typographique du titre, être de Samuel Foote. Il n'en est rien ; elle fut faite par un impudent et détestable écrivassier, Israël Pottinger, qui, séduit par le succès du « Minor, » voulut, par spéculation, donner une suite à cette jolie comédie ; les personnages sont à peu près les mêmes que ceux mis en scène par Foote ; on y retrouve le Dr Squintum (Loucheur) et Mme Cole, mais travestis et représentés sous les dehors d'une odieuse immoralité. — C'est une œuvre des plus misérables. (Voir : « Biographia Dramatica, » T. II, p. 233.)

MICHEL ET MICHAU. Poëme

satirique, en partie inédit, composé vers 1769.

On avait d'abord attribué ce petit ouvrage à Voltaire (Voir : « Correspondance de Grimm, » décembre 1769); mais on a su depuis qu'il était l'œuvre de *A.-R. Jacques Turgot*, baron de *l'Aulne*, ministre de Louis XVI. On n'ignore pas que le célèbre ministre avait eu un certain faible pour la poésie, pour la poésie satirique surtout (voir notamment son injuste et sévère épigramme contre Bernis), mais on sait bien aussi qu'il cachait soigneusement ce petit talent qui eût pu nuire à sa réputation et à sa carrière d'homme d'Etat. Aussi, bien que le poëme de « Michel et Michau » soit cité, à l'actif de Turgot, par Debray, dans ses « Tablettes des écrivains français, » il ne figure pas dans les œuvres complètes de ce ministre fameux.—Cette satire à deux tranchants est dirigée contre *Michel* de Saint-Farjeau et contre *Michau* de Montblin. Certains personnages alors en crédit n'étaient point ménagés dans les copies manuscrites qui circulaient sous le manteau ; des fragments de ce petit poëme ont paru dans la « Correspondance de la Harpe » et dans « l'Almanach des Muses. ».

MICROSCOPE (LE) BIBLIOGRA-PHIQUE ; première, nouvelle et dernière édition revue, corrigée et diminuée par *** (*Malebranche*). Amsterdam (1771), in-12, 12 pp.

C'est une satire contre Pierre Rousseau, de Bouillon, et contre sa femme. L'auteur avait été chassé de Bouillon, par arrêt de la Cour souveraine, ainsi que des Pays-Bas, où il avait risqué d'être pendu. — Les grandes biographies ne parlent pas de ce Malebranche, ou Mallebranche ; l'indication ci-dessus dénote du moins que ce de-

vait être quelque misérable libelliste, payé peut-être pour attaquer le fécond Pierre Rousseau, de Bouillon, plus connu sous le nom de « Rousseau de Toulouse. »

MILLE (LES) ET UNE FAVEURS. Contes de cour tirés de l'ancien gaulois, par la reine de Navarre, et publiés par le chevalier *de Mouhy*, Londres (Paris). Aux dépens de la Compagnie, M.DCC.XL, 8 vol. in-12. Réimprimé, sans nom d'auteur, avec la même rubrique, en MDCCLXXXIII, 5 vol. in-12.

Cet ouvrage de *Charles de Fieux*, plus connu sous le nom de *chevalier de Mouhy*, est une espèce de long roman allégorique, composé d'histoires particulières plus ou moins mal enchaînées l'une à l'autre. Ces récits, extrêmement libres, deviennent à la longue passablement ennuyeux. — Les noms des personnages, d'un aspect fort bizarre, sont pour la plupart anagrammatisés. Suivant la « Bibliographie Gay, » une clef de ces noms énigmatiques se trouve imprimée dans quelques exemplaires ; je ne l'ai jamais vue ; mais, contrairement à l'avis de M. Ch. Monselet (« Oubliés et Dédaignés, » t. I, p. 314), je pense qu'elle est bien facile à faire. On ne saurait, il est vrai, la transcrire ici, le déchiffrement des noms anagrammatisés ne donnant que des mots sales ou libertins. Ainsi dans *Sonett*, on trouve Tétons ; dans *Neglau*, Langue ; dans *Ladeobarli*, B. rd. l Roïal ; dans *Varevemaq*, maquereau, etc.— Ces mots, les seuls qu'on puisse traduire, suffisent pour donner l'idée de ce que serait la clef de ce livre, si on dévoilait les autres anagrammes *Croselivesgol, Loculesi, Tanitbudan, Pitvitoun, Tourifet, Ledrob, Vetubeali, Tomeljult, Tuçoufo*, etc., etc. Tous ces mots ba-

roques, renfermant des énigmes ordurières, ne méritent pas qu'on s'y arrête
davantage. — Les « Mille et une faveurs, »
estimées en librairie beaucoup plus
qu'elles ne valent, sont devenues assez rares ; la destruction en a été
ordonnée par arrêt de la cour royale
de Paris en date du 25 août 1827.(Voir
le « Catalogue des ouvrages condamnés, » p. 258.)

MINA. Article signé : *Marie Colombier*, actrice qui, sous le titre
« Carnet d'une Parisienne, » a publié une série de portraits dans le
journal « le Henri IV. »

Mina a paru dans le numéro du
lundi 26 septembre 1881 ; il est relatif
à un procès pendant au sujet de la
succession de M. de Girardin et offre
un caractère diffamatoire. Les noms
sont aisés à reconnaître : *Le grand
Emile*,c'est M. de Girardin ; *Mina*,c'est
sa seconde femme, fille d'un sellier de
Munich ; *La vieille Esther*, dite *la
Lionne*, est une ancienne maîtresse de
M. de Girardin, bien connue jadis
sous le nom de Mᵐᵉ Esther G...... ;
*Le prince de La Houppe, prince des
Alphonses*, amant de Mina, est également très connu dans le demi-monde,
etc., etc. Il y a beaucoup de masques
à faire tomber dans les silhouettes
publiées par Mᵐᵉ Marie Colombier
(ou plutôt sous son nom) dans le
« Henri IV ; » mais il est trop tôt pour
le faire.

MINISTRES (LES), ou Les Grandes Marionnettes, intrigue-comédie
en 12 actes et en mauvaise prose,
par *Quelqu'un qui va écouter aux
portes*. Paris, Guiraudet, 1821, in-8.

Facétie satirique, dont l'auteur est
demeuré inconnu, et dirigée contre
les ministres de Louis XVIII. Les
personnages véritables sont faciles à
reconnaître sous leurs noms d'emprunt : *Pauvrelieu*, Richelieu ; *Six-
melons*, le comte Siméon ; — *Pasqui-
nier*, Pasquier ; — *Serrehercule*, De
Serre ; *Roitelet*, Roy ; — *Corembière*,
Corbière ; — *l'Amouraubourg*, Latour-
Maubourg ; — *Portail-Virelaille*, Vil-
lèle ; etc. (catalogue de Soleinne,
nᵒ 3,826.)

MINOR (THE). A Comedy of
three acts, by *Samuel Foote*. Acted
at the Little Theatre in the Hay-
Market, 1760, London, in-8.

Samuel Foote, suivant Baker, intro-
duisit dans la plupart de ses pièces des
personnages vivants bien connus, dont
il retraça les caractères avec succès.
Dans la présente comédie, il mit en
scène, avec beaucoup de bonheur et
de convenance, les Méthodistes, dont
certaines extravagances donnaient bonne prise à la critique : tout le monde
reconnut la fameuse « Mère Douglas »
et le crieur Langford, sous les noms
de Mᵐᵉ Cole et de M. Smirk ; l'épilogue de la pièce, récité par *Shift*,
retraçait à ne pouvoir s'y méprendre
les manières, le caractère et la personne même de l'enthousiaste prédi-
cant George Whitefield, chef des Méthodistes. — Cette jolie pièce fut
continuée et copiée sous le titre de
« The Methodist » (Voir cet article). —
(« Biographia Dramatica, » 1782, t. II,
p. 234.)

MIROIR DU BIBLIOPHILE RÉ-
MOIS, présenté aux lecteurs béné-
voles, par EIEMHJBN, Rémophile.
On le vend à Reims, à l'enseigne des
quatre chats grignants, l'an de
l'imprimerie rémoise CCCXV (15
juillet 1865), in-8 de 17 pages, imprimé sur papier vergé et tiré à 100

exemplaires (Imp. H. de Coquet et G. de Stenger, à Laon).

Cette charmante plaquette qui offre quelque analogie, au moins par le titre, avec « Le Mirouer du Bibliophile parisien, » de Bonnardot, est fort gaie. L'auteur y raconte une espièglerie de jeunes gens, à court de pécune, qui s'entendent pour vendre, à bon prix, à un amateur rémois, un livre rare qu'ils savent lui manquer; au cours du récit, il mentionne, sous des noms imaginaires, plusieurs bibliophiles ou bibliopoles bien connus à Reims. Cette cryptonymie retire beaucoup du piquant que doit offrir une publication d'un intérêt tout local; aussi l'aurais-je lue avec beaucoup moins de plaisir si un aimable libraire de Paris, M. Henri M., qui a longtemps habité Reims (et que je soupçonne fort, d'ailleurs, d'être l'auteur de cette brochure), ne m'avait donné la clef suivante, composée d'après ses souvenirs :

Tiennet, — M. Etienne Saubinet, bibliophile, mort en 1869 ;
Durand, — M. Delécluze, bibliophile ;
Thomassin, — M. Soulié, ex-pharmacien ;
Colard, — feu M. Périn, employé à l'administration des Hospices ;
Binau, — M. Aubin de Pons-Ludon, bibliophile, géographe, collaborateur de Malte-Brun, mort en 1866 ;
Baral, — M. Secendez, bouquiniste à Reims ;
Laforest, — M. Forest-Marguet, bibliophile ;
Bazin, — M. Brissart-Binet, libraire, bien connu par la publication d'importantes études sur le libraire Cazin.

MISANTHROPE (LE), comédie.

Voir : Œuvres de Molière.

MISCELLANÉES. Manuscrit de la première moitié du XVIIIe siècle, composé de 319 pages, pet. in-4, demi-reliure en parchemin.

Ce joli recueil, écrit en rouge et noir, composé de pièces satiriques ou légères du temps, la plupart en vers, figurait sous le n° 1428, dans le catalogue de la magnifique bibliothèque de « feu M. le marquis de M'*' (Paris, Schlesinger frères, décembre 1871). Parmi les pièces qu'il renferme et qui presque toutes ont été imprimées depuis, il en est deux qui rentrent essentiellement dans le cadre de cette étude ; ce sont :

I. — « LOGOGRIPHES PAR QUATRINS (au nombre de 105), sur des auteurs de pièces de théâtre et autres, les acteurs, actrices, danseurs et danseuses célèbres du temps, avec la clef. » (Voir aussi : « *Etrennes logogriphes*. »)

Ces Logogriphes, par *C.-F. Pannard*, ont été imprimées en 1742 et 1744 (Paris, s. n., in-12). — Ce petit ouvrage curieux et nullement satirique est rare ; pour ma part, je ne l'ai vu que deux fois.

II. — EXPLICATIONS DES ALLÉGORIES SATIRIQUES répandues dans les pièces de théâtre du temps.

J'ignore si cet écrit a vu le jour : si cela n'est pas, il serait fort à désirer que l'heureux acquéreur de ce précieux manuscrit voulût bien publier ces *Explications*, véritable clef du théâtre satirique de cette époque.

MISOGUG, ou les FEMMES COMME ELLES SONT. Histoire orientale, traduite du Chaldéen (composée), par *de Cubières-Palmezeaux*, Paris, Poinçot, 1787, 1788, 2 part. in-12.

Dans cet ouvrage, dit la « Bibliographie Gay » (t. V, p. 94), « Le genre des romans de Voltaire est imité, mais la différence est grande ; aussi « Candide » et « Memnon » sont-ils encore fort connus, tandis que « Misogug » est oublié. L'ouvrage eut pourtant à l'époque un certain succès de curiosité fondé sur ce qu'on y trouvait de *nombreux portraits dont les originaux étaient reconnaissables.* »

Cette appréciation ne peut que faire désirer une clef fidèle pour cet écrit.

MITAL ou AVANTURES INCROYABLES ET TOUTEFOIS, ET CŒTERA. Cés avantures contiennent quinze relations d'un voyage rempli d'un très grand nombre de différentes sortes de prodiges, de merveilles, d'usages, de coûtumes, d'opinions et de divertissemens (par l'*abbé Bordelon*). A Paris, chez Charles Leclerc, MDCCVIII. Avec approbation et privilège du Roy, in-12 de XIV-438 pp.

SUITE DE MITAL, ou Avantures incroyables et toutefois, et cœtera. Contenant *La Clef*, deux lettres, plusieurs scènes, une table alphabétique des noms de plus de cent quatre-vingts autheurs, citez sur ce qu'il y a de plus incroyable dans ces Avantures. A Paris, chez Charles Le Clerc, MDCCVIII, in-12 de 118 pp. Par le même.

Cet ouvrage n'est autre chose qu'une volumineuse compilation de faits extraordinaires extraits d'ouvrages anciens et modernes, le tout mis en œuvre avec cette lourdeur de style et ce désordre qui caractérisent les nombreux ouvrages de l'infatigable Bordelon. La *clef* n'est point une clef proprement dite, c'est plutôt une justification des faits prodigieux relatés par l'auteur, faits qui avaient motivé les observations de plusieurs incrédules : Bordelon réfuta ces objections en citant article par article et presque ligne par ligne; les auteurs auxquels il avait emprunté ses récits. — Dans ce livre étrange on trouve diverses scènes dialoguées, notamment une suite d'entretiens intitulés le *Clàm* et le *Coràm*, c'est-à-dire qu'on y voit divers personnages tenir un langage tout différent suivant que leur interlocuteur est présent ou absent. L'idée n'est pas mauvaise, mais Dieu sait comme elle est exploitée ! Cependant ces scènes sont curieuses encore par les traits de mœurs et de caractère qu'elles veulent dépeindre.— Bien des faits ont dû être pris sur le vif et c'est surtout pour ces personnages, affublés de noms baroques, qu'une vraie clef serait fort utile.

MIZRIM, ou LE SAGE A LA COUR, HISTOIRE ÉGYPTIENNE. A Neufchâtel, de l'imprimerie de la Société typographique, 1782, in-8.

Réimprimé sous ce titre ; « Le Bon politique, ou le Sage à la Cour. » Londres et Paris, 1789, in-8.

Ce petit ouvrage qu'on a longtemps attribué à Brissot de Warville, est en réalité de *J.-A. Perreau.* C'est la fable du Berger et du Roi délayée en prose ; beaucoup de lieux communs de morale politique, des vues de justice et d'équité assez vagues quant au fond. Cette brochure fut interdite en raison des allusions critiques qu'elle contenait relativement aux ministres et aux institutions d'alors. On voulut voir M. Necker sous les traits de *Mizrim.* — Les allusions sont très faciles à saisir.

MODERN CHARACTERS FOR 1778, by SHAKESPEAR. London, D. Brown, ed. MDCCLXXVIII, price one Shilling, in-12 de 81 pages.

Dans une courte introduction, le compilateur de ce curieux opuscule raconte dans quelles circonstances il a été composé : Dans une noble compagnie de Grosvenor-Square, on se dispute sur une question littéraire, à savoir quel est l'auteur qui a le mieux peint le plus grand nombre de « caractères. » Un vieux pair, le maître de la maison, parie pour Shakespear ; on conteste ; il tient bon, va chercher son auteur et trouve, en le feuilletant, des passages applicables à tous les personnages alors en vogue dont les noms lui sont cités. Ce livre aurait aujourd'hui perdu beaucoup de son intérêt si l'on était privé de tout moyen de connaître les noms des personnes ainsi appréciées souvent d'une manière fort satirique. Par bonheur, l'exemplaire que nous possédons, porte, remplis à la main, par un lecteur de l'époque, les noms de ces personnages qui ne sont désignés que par des initiales. Quoiqu'un peu longue, nous reproduisons ici une clef curieuse des « Modern characters, by Shakespear. »

Pages.

8. *Mrs T — we* — Trewe.
8. *Duke of M — gh* — Malborough.
8. *Lady W — n* — Wynn.
9. *Duke of B — n* — Bolton (Hamy).
9. *Lord T — ns — d* — Townsed.
9. *Lady D — la — r* — Delawar.
9. *Lord M — l — ne* — Melbourne.
10. *Lord M — f — t* — Montfort.
10. *Mrs B — v — ie* — Bowrie.
10. *Gen B — g — ne* — Burgoyne.
10. *Lord B — g — ke* — Bolingbroke.
10. *Dutch of P — tl — d* — Portland.
11. *D. of D — n — re* — Duke de Devonshire.
11. *Lord H — g — n* — Harrington.
11. *Lord C — md — n* — Camden.
11. *Lord Le D — s — r* — Despenser.
12. *Duch. of D — sh — ire* — Devonhire.
12. *Sir W. W. W* — Wynne.
12. *Lady H. St — pe* — Stanhope.
12. *Lord H — rc — t* — Harcourt.
12. *Lady S — ft — n* — Sufton.
12. *Lord M — sf — 'd* — Mansfield.

13. *Hon. Mrs D — r* — Dainer.
13. *The Royal Children.*
13. *Sir Jos M — w — ey* — Mawbey.
14. *Dow. Lady H — we* — Howe.
14. *Sir Ed. W — ms* — Williams.
14. *Marquis of L — y* — Lindsay.
14. *Lord C — v — ry* — Coventry.
15. *Her Maj — y* — Majesty.
15. *Lady A — n P — cy* — Algernon Percy. Lady Lorain, Miss Burrel.
15. *M — rq — s of L — th — n* — Marquis of Lothian.
15. *Lord B — l* — Bristol.
16. *Sir T. F — k — d* — Falkland.
16. *Lady T — ns — nd* — Townsend.
16. *Lord Suff — k* — Suffolk.
16. *Lord Pl — m — th* — Plymouth.
16. *Pr — of W — s* — Prince of Wales.
17. *Lady C. M — k — ʒie* — Makenzie.
17. *Lord Ed — be.*
17. *Lady B. T — che* — Tolmache.
17. *Lord S — d — ch* — Sandwich.
17. *Lord A — r* — Andover.
18. *Lord Moles — th* — Molesworth.
18. *Lord R — ns — th* — Rainsforth.
18. *M'. D — ld* — M' Donald.
18. *Lady Lady Eg — n.*
19. *Lady M — son* — Mason.
19. *Sir L — D.*
19. *Mrs. Jod — l* — Joddrel.
20. *Duke of D — t* — Dorset.
20. *Lord Ed. B — ck* — Beauclerck.
20. *Lady S — y* — Stanley.
20. *Lord Am — st* — Amherst.
21. *Lady Ack — d* — Ackland.
21. *Mad. Schw — g* — Schwellenberg.
21. *Lord T — ple* — Temple.
21. *Duke of B — dg — r* — Bridgewater.
21. *Lord A — n P — y* — Algernon Percy. Lord Lorain.
22. *Mrs M — n* — Mahon.
22. *Lord K — lly* — Kelly.
22. *The K — g* — King.
23. *Miss Bur — l* — Burrel.
23. *Lord H — sf — d* — Hertford.
23. *D — ss of G — r* — Duchess of Grosvenor.

21.

Pages

44. *Sir Watkin Lew — s —* Lewis.
45. *Lord Don — l.*
45. *Lady C — ke —* Clarke.
45. *Lord Egrem — t —* Egremont.
45. *Mr. Stack — le —* Stackpole.
45. *Gov. Strat — n —* Straton.
46. *Lord T. P. Cl — ton —* Clifton.
46. *Lady P. Ber — e — ?*
46. *Gov. John — ne —* Johnstone.
46. *Lady Bulk — y —* Bulkley.
47. *Lord D — by —* Derby.
47. *Duke of Rich — d —* Richmond.
47. *Miss W — st —* West.
47. *Lord Wey — h —* Weymouth.
47. *Lord R — w — n —* Rawdon.
48. *Lady Dow. Towns — d —* Townsend.
48. *Sir. S — d — y M — d — ws —* Sidney Medows.
48. *The Marquis and Marchionefs of Granby* (Sic).
49. *Lord Sand — ch —* Sandwich.
49. *— The Hon. G — r — e D — m — r —* Georges Damer.
49. *J — n — s H — w — y —* Jones Harway.
49. *Mr. Stor — r —* Storer.
50. *Sir G — e S — v — le —* George Savile.
50. *Oldf — d B — les —* Oldfield Bowles.
50. *Miss F — ʒ — y —* Fitzroy.
51. *Hon. Capt. — F — ʒp — k —* Fitzpatrick.
51. *Lord Charles B — n. — ?*
51. *Lady G. F — ʒ — y —* Fitzroy.
51. *Gen. Hon — y — d —* Honeyvood.
51. *Lady D — rh — st — ?*
52. *Lord P — cy —* Percy.
52. *Sir Th — s Cl — s —* Thomas ?
52. *Sir J. L — dd —* John Ladd.
52. *Lady Jane Sc — t —* Scot.
52. *Sir J. St — n — y —* Stanley.
55. *Lady D — h — gh — ?*
55. *Lord D — d — y —* Dodsley.
55. *Hon. Miss M — n — ?*
55. *Sir Sam — n Gid — n —* Samson Giddeon.
56. *Countefs of Egr — t —* Egremont.
56. *Col. H — th — m —* Hotham.

Pages

56. *Miss Ly — d — a Tho — as —* Thomas.
56. *Sir Jos — a Rey — ds —* Joshua Reynolds.
56. *Lady Bar — re — ?*
57. *Lady Ch S — r — ?*
57. *G — r P — n — l — ?*
57. *D — ss of B — gh —* Duchefs of Buccleugh.
57. *J — hn M — n — rs —* John Manners.
57. *D — r Lady L — n —* Dowager.
58. *Lady M — nt — d —* Monntford.
58. *Mr D — nn — g —* Dunning.
58. *Lord Ch — c — ll — r —* Chancellor.
58. *Lady G — f — n —* Griffton.
58. *Mr W — m W — ead —* William Whitehead.
59. *Lady D — h — gh — ?*
59. *Lord D — d — y — ?*
59. *Miss M — n — ?*
59. *Sam — n Gid — n —* Samson Gideon.
61. *Lord Newh — n —* Newhaven.
61. *D — ss of C — mb — d —* Duchefs of Cumberland.
61. *Lord C — g — n —* Cardigan.
61. *Lady Anne C — l —* Campbell.
62. *Lady M L — w — r, and.*
62. *Lady E — sk — e —* Erskine.
62. *Lord Winch — ea —* Winchelsea.
62. *Sir J. Wal — ce —* Wallace.
63. *D — ct — r W — n —* Doctor Warren.
63. *Gen. Rains — d —* Rainsford.
63. *Mr. and Mrs Ch — b — rs —* Chambers.
63. *Alderman Ken — t —* Kennet.
64. *Alderman S — b — e —* Shetbeare.
64. *Dr. J. — n —* Johnston.
64. *Justice Add — n —* Addington.
64. *Lord and Lady A — n —* Arran.
64. *Col. Ph — ll — ps —* Phillips.
65. *House of Commons* (Sic)
65. *Lady M — ll — r —* Miller.
65. *Lord L — l — n — ?*
65. *Lady T — t —* Talbot.
66. *King of France —* Louis XVI.
66. *Queen of France —* Marie-Antoinette.

Pages

66. *General Con — y —* Conway.
66. *John W — s looking after Fr — k —* Wilkes Frédérick.
67. *Lord Str — re — ?*
67. *Miss M — s —* Manners.
67. *Duke of L — ds ÷* Leeds.
67. *Lord D — st —* Deahurst.
68. *Lord N — g — t —* Nugent.
68. *L — d S — dys —* Lord Sandys.
68. *King of D — k —* Denmark.
68. *Sir J — n Sk — ner —* John Skinner.
68. *Capt. R. — r — ?*
69. *Mother Wind — r —* Windsor.
69. *Lady D — y — ?*
69. *Earl of D — th ÷* Darmouth.
69. *Lady S — L — x —* Sarah Lennox.
70. *Duke of D — t —* Dorset.
70. *Lord M — m — ris —* Mountmorris.
70. *Countess of B — t. —* Bristol.
70. *Lady H — n — ?*
71. *Duke of G — t — n —* Grafton.
71. *Mr B — k — r — ?*
71. *Rev. Mr. B — — ?*
72. *Mr. S — dan —* Sheridan.
72. *E — T — b — t —* Earl Talbot.
72. *Mr. Gar — k —* Garrick.
72. *Mr. W — kes —* Wilkes.
73. *Mr. O — ver —* Oliver.
73. *Mrs Jack. C — sh — ?*
73. *Lor Ch — r — ?*
73. *The B — ps —* Bishops.
74. *Earl of W — k —* Warwick.
74. *Lord F — y —* Foley.
74. *Poll. K — y — ?*
74. *Gov — r P — ll —* Governor ?
74. *E — of — M — h —* Earl of March.
75. *Mr. J — k — n —* Jenkinson.
75. *E — of D — n — gh —* Earl of Denbigh.
75. *Mrs B — d — d —* Broadhead.
75. *B — p of P — h —* Bishop of Perth.
76. *E — of S — ne —* Earl of Shelburne.
76. *M. F — x —* Fox.
76. *M. B — ke —* Burke.

Pages

76. *Gen — l F — ₹ — r —* general Frazer.
77. *Mr. S — l — n — ?*
77. *Ch — r d'E — n —* chevalier d'Eon.
77. *Sir A — L — — ?*
77. *E — of M — nsf — d ÷* Earl of Monsfield.
78. *The Com — ss — ers —* Commissionners.
78. *The Cong — ss —* Congress.
78. *Earl T — p — e —* Temple.
78. *F — l — th —* Falmouth.
79. *Mr. Hans S — y —* Stanley.
79. *The new Comm — ss r and his S — ry —* The new Commissionner and his secretary.
79. *Earl of Eff — m —* Effingham.
80. *Sir C — B — y —* Charles Banbury.
80. *Duke of A — r —* Ancaster.
80. *Lady Bridget T — he — ?*
80. *V — n — r — ?*
81. *Att — y G — l —* Attorney General.
81. *Ch — r d'E — n —* Chevalier d'Eon.

Sans doute on trouvera cette clef bien longue pour un si mince écrit ; il a paru bon cependant de la reproduire ici ; comme la clef, énorme aussi, du « Dictionnaire des Précieuses, » elle pourra mettre les chercheurs à même de découvrir, dans des ouvrages anglais de cette époque, les noms véritables d'un grand nombre de personnalités intéressantes, déguisés au moyen des mêmes procédés.

MŒURS (LES). S. l., 1748, pet. in-8 de XVI-474 pp., front. et 4 vignettes grav., quelques exemplaires format in-4. Autres éditions : Amsterdam. Aux dépens de la Compagnie, 1748, pet. in-8 de XL-391 pp. sans grav. S. l., 1748, XVI-528 pp. grav. S. l., 1748, pet. in-8 de

XXXVIII-390 pp.. grav., titre rouge et noir. Amsterdam. Aux dépens de la Compagnie, 1763, pet. in-8 de XXVIII-404 pp. grav.

Cet ouvrage, jadis fameux, est de *François-Vincent Toussaint*, qui signa l'épître dédicatoire à M. A. T***, du nom de *Panage* qui a la même signification en grec. Le succès de ce livre surpassa l'attente de son auteur, jusque là littérateur assez dédaigné. « Cet ouvrage, dit Laharpe, est le premier où l'on se soit proposé un plan de morale naturelle indépendant de toute croyance religieuse et de tout culte extérieur. La nouveauté des idées dut contribuer à la vogue de ce livre ; cependant on doit convenir qu'il est écrit d'une manière agréable et quelquefois piquante. Les magistrats fermèrent longtemps les yeux sur le danger qu'il pouvait y avoir de laisser circuler un pareil ouvrage ; mais l'auteur s'étant avisé de publier sous le titre d' « Éclaircissement sur les Mœurs, par l'auteur des Mœurs » (Amsterdam, Marc-Michel Rey, in-12 de LX-333 pp.), la justification des points de sa doctrine les plus répréhensibles, le livre et son apologie furent condamnés au feu. Malgré l'anonyme que Toussaint avait gardé et qui le mettait à l'abri des poursuites, il jugea à propos de se retirer à Bruxelles. Dans ce livre, actuellement bien oublié, Toussaint a tracé un grand nombre de portraits où l'on voit l'intention d'imiter La Bruyère, mais cette tentative est loin d'avoir réussi. Il paraît que quelques contemporains essayèrent de lever les masques ; mais à moins de trouver un exemplaire annoté, nous ignorerons sans doute toujours qui étaient : *Orgaste*, brusque et féroce, qui ne fait rien, mais qui décide ; *Polydamas*, fait chevalier pour avoir eu la complaisance de commettre un assassinat ; *Corylas*, l'heureux séducteur de *Nérine*, de *Clytie*, de *Léonore* ; *Lysippe*, autrefois officier public, qui a consommé par son luxe l'argent dont il avait la garde ; *Bubalque*, idiot qui ne sait rien, ne sent rien, ne pense à rien ; *Aristide*, absent pour le bien de l'État ; l'inutile *Zozime*, etc., etc.

MŒURS DES PETITES DAMES DE CE TEMPS.
Voir : L'Ecole des Biches.

MŒURS (LES) DU JOUR, ou LA GALANTERIE EXPÉRIMENTALE RÉDUITE EN SYSTÈME, par *J.-F.-Th. Guyot Du Vigneul*, membre de plusieurs Sociétés de femmes aimables. « La Galanterie roule sur deux pivots inébranlables : le désir de plaire inné chez les femmes, et le besoin d'aimer inspiré aux hommes par la nature » (T. I, p. 181). — Paris. Thibaut, 1810, 2 vol. in-12, 1 fig., rare.

« Renseignements sur le Paris dissipé d'alors. Des initiales transparentes désignent Mme Tallien, Mme Récamier, Mme Simon-Candeille, la Bigottini, Mme Bourgoin, Clotilde, etc. » (Voir : Catalogue Monselet, 2e part., n° 83.) — C'est une clef à compléter.

MOINE (LE) DÉFROQUÉ...
Voir : Histoire amoureuse et badine du Congrès d'Utrecht.

MOINES (LES), comédie en musique (en trois actes et en vers libres), composée par les Révérends Pères Jésuites, et représentée en leur maison de récréation à Mont-Louis, devant feu le R. P. D. L. C.

(le Révérend Père de La Chaise), par les jeunes de leur Société. — Berg-op-Zoom, Habacuc Strélitz, 1709, in-12 de 57 pp., rare.

« Les épigrammes de Rabelais contre la gourmandise des moines, dit le catalogue de Soleinne (n° 3,764), semblent avoir inspiré cette pièce en vaudevilles dignes de Panard et de l'abbé de Lattaignant. » Il est difficile que des moines soient toujours ravis en extase, dit l'auteur, ou ensevelis dans la poussière d'une bibliothèque. Les R. R. P. P., tout à fait persuadez de cette vérité, firent autrefois le plan d'un pieux régal, et ils l'exécutèrent si bien qu'ils auroient eu tous les sujets du monde de s'en louer, si un certain poëte bien informé de se (sic) qui s'étoit passé ne se fût avisé de publier cette fête. » — La réception des novices est comparable à celle du Malade imaginaire. Il y a une édition in-8 de 24 pp. sous ce titre : « Les Moines, » comédie nouvelle. La scène est à Monaco, dans les grandes Cazernes. S.-L. 1716. — Mais dans cette réimpression où manquent les intermèdes, la pièce a subi beaucoup de mutilations. » — Suivant Barbier, l'auteur serait Pierre de Villiers, et suivant M. P. Lacroix, le P. Lallemand, jésuite. Cette dernière attribution a été adoptée par le P. de Backer.

Les personnages ont des noms caractéristiques : Le P. Ventru, le P. Vineux, le P. Trinquant, etc., qui désignaient des personnages alors connus qu'on ne saurait indiquer aujourd'hui avec précision. Une jovialité spirituelle règne dans cette composition dont la « Revue de Paris » a donné d'assez longs extraits (1844, T. II, p. 248 et suivantes).

MON SONGE, Satyre, imitée du Grec de Lucien, suivie des sensations d'un homme de lettres ; par M. *Duchosal*, avocat en Parlement.... — Au Monomotapa, et se trouve à Paris, chez l'auteur et chez Cailleau, etc. M.D.CC.LXXXIII, in-8 de 46 pp.

Marie-Emilie-Guillaume Duchosal, né à Paris, en 1763, mort en 1806, a publié divers écrits satiriques en vers, notamment un petit poème, « Les Exilés du Parnasse » (1783), dans lequel il a maltraité plusieurs écrivains de son temps. Plus circonspect, lors de la publication de sa deuxième satire, « Mon Songe, » il a pris soin de ne désigner que par des initiales les auteurs qu'il a critiqués ou ridiculisés. J'ai sous les yeux un exemplaire de « Mon Songe, » où un lecteur du XVIIIᵉ siècle a rempli les noms à la main ; c'est à l'aide de ces annotations et de quelques recherches que j'ai pu composer la clef suivante :

Pages.				
7 —	vers	9 —	*T*....., —	Thomas ;
»	»	11 —	*C* ....., —	Cerutti ;
8	»	2 —	*L*...., —	Laus de Boissy ;
»	»	» —	*Ch*...., —	Levacher Charnois ;
8	»	27 —	*G*....,	Garat ;
»	»	» —	*La*...,	Lacretelle ;
9	»	12 —	*Le*...., —	Lemierre ;
» —	ligne	24 —	*D*......, —	Diderot ;
10 —	vers	10 —	*Pé*...., —	Pécour ;
»	»	» —	*T*...., —	Target ;
»	»	12 —	*A*...., —	Aubert ;
»	»	18 —	*Ch*...., —	Charnois ;
»	»	» —	*D*...., —	Dussieux ;
» —	ligne	29 —	*De R*...., —	De Rosoy ;
11 —	vers	4 —	*M*..., —	Moline ;
»	»	16 —	*M*......., —	Marmontel ;
»	»	18 —	*B*......., —	Beauharnais ;
»	»	19 —	*B*......., —	Beaumarchais ;
» —	ligne	21 —	*Le M*....., —	Le Mierre ;

Cette satire, assez médiocre au point
de vue de la poésie, offre quelqu'intérêt pour l'histoire littéraire du règne
de Louis XVI.

MONARCHIE (LA) DES SOLIP-
SES, par *Jules-Clément Scolti*, jésuite,
sous le nom emprunté de *Melchior
Inchoffer*, traduite de l'original latin
par *P. Restaut*, avocat au Conseil du
roi ; accompagnée de notes, de
remarques et de pièces ; précédée
d'un discours préliminaire ; publiée
par le baron d'*Hénin de Cuvillers*,
maréchal de camp. Paris, — Barrois
l'aîné, Delaunay 1824, in-18 de
536 pp., plusieurs figures.

Telle est la dernière et meilleure
traduction de ce fameux écrit dont
l'original latin parut d'abord sous ce
titre : « Lucii Cornelii Europœi monar-
chia solipsorum. » — Venetiis, 1645,
in-12. Cet ouvrage allégorique a eu de
nombreuses réimpressions latines ;
celle d'Amsterdam, 1648, in-12, est
accompagnée d'une clef ; la traduction
de P. Restaut, Amsterdam, 1721, in-12,
porte également sur les marges les
noms véritables et les éclaircissements
nécessaires. — Contrairement à l'é-
trange opinion d'un auteur anglais qui
a vu dans cette fiction une peinture
des sociétés secrètes, des Templiers,
Rose-Croix, etc., on sait que les
Solipses désignent les Jésuites ; ce nom
(*soli ipsi*) signifie que la célèbre Compagnie ne s'occupait que d'elle-même
et qu'elle ne songeait qu'à ses propres
intérêts. Voici ce que dit « l'Essai sur
les livres à clef » de Quérard sur cette
mordante satire : « L'auteur suppose
qu'étant jeune étudiant en droit à
Rome, il rencontre un jour, sur les
bords du Tibre, un vieillard qui le
plongea dans un profond sommeil au
moyen d'une poudre assoupissante ;
transporté dans le royaume des solipses, il y passa quarante-cinq ans ;
condamné à l'exil, il se retrouva à
Rome, et il écrivit la relation de ce
qu'il avait vu dans cette région, éloignée de l'Italie d'une distance qu'on
franchirait à peine en naviguant pendant trois années consécutives.

La clef serait longue et peu intéressante ; bornons-nous à quelques
exemples : *Abscissie*, la Sicile ; *Alapa-
niens*, les Polonais ; *Centonates*, les
capucins ; *Chornamines*, les moines ;
Cinimonadusiens, les dominicains ;
Morandie, la Romagne ; *Muraldiens*,
les Français ; *Toreneviens*, les Véni-
tiens.

Indiquons les noms supposés qui
cachent des personnages notables dans
l'histoire de la Compagnie : *Agarul-
lius*, Gabriel Vasquez ; *Avidius Cla-
vius*, Claude Aquaviva, général de la
Compagnie de 1581 à 1605 ; *Brotacan*,
saint Ignace ; *Hellinasius*, Léonard

Lessius ; *Homatarius*, Thomas San-chez, devenu célèbre grâce à la témé-rité avec laquelle il aborde des sujets scabreux dans les trois volumes in-folio qu'il a intitulés : *De Matrimonio* ; *Pentasiphorus*, Grégoire de Valentia ; *Phancursius*, François Suarez.

Sumonacleste, c'est le pape Clé-ment VIII ; *Utoxius* est Sixte-Quint ; *Busnaturius* cache Clément VIII.

On reconnaît sous le masque d'*Os-malius* le dominicain Thomas de Lemos, qui joua un rôle important dans les congrégations *de Auxiliis*, réunies à Rome pour discuter les pro-blèmes de la grâce.

La *Monarchie* est d'ailleurs digne d'attention à cause des renseignements très précieux et certainement très exacts qu'elle donne sur l'organisation de la célèbre Compagnie. La toute-puissance du général, l'obligation imposée à chaque provincial de trans-mettre de nombreux et de longs rap-ports sur ce qui se passe dans leurs provinces, les assemblées générales et particulières, la rigueur de la plus passive des obéissances, tout est expliqué avec une netteté qui montre à quel point l'auteur connaissait bien tous les secrets de l'Ordre. Il avance que la correspondance du général est tellement active que le port des lettres qui lui sont adressées à Rome, se monte souvent à 70 ou 100 écus d'or par jour.

Un ouvrage curieux et qu'il est inté-ressant de joindre à la « Monarchie des Solipses, » c'est un petit atlas (in-12 oblong) de 45 feuillets, intitulé : « *Empire des Solipses*, divisé en cinq assistances et subdivisé par provin-ces. » — Paris, Denis, 1764. — Il est dû au sieur *Louis Denis*, qui publia, au dix-huitième siècle, plusieurs re-cueils de cartes. — Cet atlas, dont les exemplaires de l'édition originale sont devenus rares, a été réimprimé sous ce titre : « ATLAS UNIVERSEL INDIQUANT LES ÉTABLISSEMENTS DES JÉSUITES, avec la manière dont ils divisent la terre,

suivi des événements remarquables de leur histoire. » — Paris, Ambr. Du-pont, 1826, in-16, oblong.

MONCK, OU LE SAUVEUR DE L'AN-GLETERRE ; comédie historique en cinq actes. — Par *Gustave de Wailly*. Paris, Marchant, 1850, in-8, 50 c.

Pièce de réaction ; *Monck*, c'est le gé-néral Changarnier, sur lequel les légi-timistes comptaient beaucoup alors pour amener la restauration des Stuarts de 1830. — Cette pièce, jouée au Théâtre du Gymnase, le 28 mars 1850, fut accueillie plus froidement encore qu'une autre pièce du même genre, intitulée : « La Restauration des Stuarts. » — Elle était du reste loin de valoir cette dernière pièce. Les personnages de la comédie visaient aussi certains personnages politiques contemporains.

Il n'est pas inutile de rappeler, en passant, que de nos jours aussi on s'est plu à assimiler à *Monck*, dans une foule de journaux, le second Président de la République, M. le Ma-réchal de Mac-Mahon. (Voir pour *Monck*, Th. Muret, *Histoire par le Théâtre*, t. III, p. 391.)

MONDE (LE) NOUVEAU. Voir : Le fils de Babouc.

MONDE (LE) OU L'ON S'EN-NUIE. Comédie en trois actes et en prose, par M. *Edouard Pailleron*. — Paris, Calmann-Lévy, 1881, in-8 de IV-178 pages.

Cette charmante comédie, qui a obtenu un si vif et si légitime succès au Théâtre-Français, est considérée comme un ouvrage à clef. Cependant l'auteur, dans sa courte introduction, « affirme n'avoir visé que des *types* et

non des *personnalités*; il n'est pas sur-
pris toutefois qu'on ait trouvé des
personnalités dans sa pièce, puisqu'on
a été jusqu'à mettre cinq noms sur
chacun de ses personnages. Il déclare
du reste n'avoir pas voulu faire de
portraits, et il a la confiance de n'avoir
pas dépassé les droits de la comédie
limités par le goût et par ce respect
de soi-même qui fait qu'on respecte les
autres. »

Malgré une affirmation si nette, bien
des gens persisteront à croire que le
professeur *Bellac* n'est autre que
M. Caro, professeur de philosophie et
membre de l'Académie française. —
La « Bibliothèque universelle de Genève » (juillet 1881, p. 151) a même
annoncé que M. Got, l'excellent acteur
chargé du rôle de Bellac, « avait été
à la Sorbonne afin d'étudier et de se
« faire la tête » (comme on dit au
théâtre) de M. Caro, dont il a reproduit la physionomie, les airs et les
gestes. » — Quant aux autres personnages de la pièce, la *comtesse de Céran*,
le professeur *de Saint-Réault*, le
poëte *Des Millets*, le sénateur *de
Briais*, le petit sous-préfet *Paul-Ray-
mond*, etc., etc., ils sont évidemment
composés de plusieurs types et ne
sauraient être appliqnés à une seule
et même individualité.

MONDE (LE) PLEIN DE FOLS,
ou le Théatre des Nains, en françois et en hollandois. — Amsterdam, 1715, in-8 de 53 pl.

Autre édition : Amsterdam, 1716,
gr. in-8.

Autre édition sous ce titre :

Ordre et liste de l'œuvre qui
a pour titre : Le Monde plein de
fols, ou le Théatre des Nains, enrichi d'un discours chêné de leurs
personnages. — Amsterdam, 1720,
gr. in-8, 58 fig. gravées par Fol-
kema et autres, sur les dessins de
G. Koning.

Cet ouvrage peu commun est un
recueil de figures grotesques avec un
quatrain au bas de chaque planche,
en allemand, en français et en hollandais. Les figures représentent des
scènes de mœurs et contiennent
des allusions politiques dont il serait
aussi curieux qu'utile d'avoir la clef.

MONDE (LE) RENVERSÉ, ou
Dialogues des génies différens qui
renversent le monde, par le chevalier... Imprimé à Villefranche —
(Paris?), 1712, in-12 de 3 ff.,
190 pp., rare.

Suivant le catalogue de Soleinne
(n° 3,765), ces quatre dialogues seraient
du fécond abbé *Bordelon.* Les trois
génies sont les *dévotes*, les *précieuses*
et les *coquettes.* — C'est une critique
douce et assez spirituelle de la société
d'alors. — L'auteur, dans sa préface,
dit que tous ses portraits sont *tirés
d'après nature.* Le bon abbé Bordelon
qui a fait une si superbe clef pour son
Mital (Voir ce titre), aurait bien dû
prendre la peine d'en faire autant pour
cet ouvrage ; c'eût été au moins plus
utile.

MONDE (LE) REVENU DANS SON PRE-
MIER AGE.

Voir : Chute de la médecine et
de la chirurgie.

MONDE (LE) TEL QU'IL SERA.
— Paris, Michel Lévy, 1859, in-12
de 316 pp., 1 fr.

Cette fiction repose sur le thème
suivant : Deux jeunes époux, *Maurice*,
et *Marthe*, protégés par le génie de

l'avenir, M. *John Progrès*, s'endorment au xixe siècle pour ne se réveiller qu'en l'an 3000. Naturellement tout est bien changé sur terre, physiquement et politiquement. Tous les États ne forment plus que la vaste « République des Intérêts-Unis, » dont la capitale *Sans-Pair* est à Bornéo. Tout a disparu pour faire place à l'industrialisme à outrance : Poésie, Amour, Foi, Honneur, Patrie, tout est remplacé par l'utilitarisme et le mercantilisme. Sociologiquement parlant toutefois, tout est resté de même, les forts et les riches continuant comme jadis à écraser les faibles et les pauvres. On connaît les tendances démocratiques de M. E. Souvestre, aussi s'est-il donné libre carrière à ce point de vue : à l'aide d'inventions fort amusantes, il passe en revue maints caractères et personnages dont les types appartiennent manifestement à la monarchie de juillet et aux commencements du second empire. Il serait curieux de dresser la clef des personnalités suivantes : M. *Omnivore*, le *barnum* par excellence ; *Atout*, l'auteur le mieux réputé.... qui n'écrit jamais ; *Blaguefort*, commis-voyageur et tripoteur en tous genres ; *Vertèbre*, illustre professeur d'histoire naturelle ; *Milady Ennui*, femme de M. *Atout* ; *Philadelphe Ledoux*, ultra-philanthrope ; *Isaac Banqmann*, richissime fabricant de boutons ; le Dr *Monomane*, médecin aliéniste qui voit des fous partout ; *de l'Empyrée*, astronome qui a découvert la lune ; *Prétorien*, journaliste, directeur du *Grand-Pan*, homme vénal par excellence ; *Illustrandini*, statuaire de l'univers ; *Prestot*, peintre du gouvernement et à vapeur ; *Grelotin*, rapin malheureux ; *Marcellus-le-Piétiste*, faux-dévôt, débauché ; *Mlle Spartacus*, émancipatrice de la femme ; *l'abbé H. Coulant* (Châtel), fondateur de l'Eglise nationale ; le Dr *Minimum*, médecin de l'hôpital d'allaitement artificiel ; *Le roi extra*, heureux monstre ; *le sultan des critiques* (Jules Janin) ; *l'avocat d'assises* (Lachaud) ; *Mlle Facile*, femme galante à la mode, Egérie des ministres ; *M. Mauvais*, le grand critique qui éreinte tout le monde ; le *comte Mortifer*, duelliste acharné ; l'abbé *Gratias* ; *César Robinet*, entrepreneur littéraire (A. Dumas, père) ; *Aimé Mignon*, portraitiste des princes et célébrités ; les députés *Pataquès* (Soult), *Tacitus*, *Format* (Dufaure), *Grave*, Dr *Traverse* ; le *Maringouin*, journal satirique (le Charivari ?) ; *Le fauteuil impeccable*, Président irresponsable de la République ; *La Chambre des Envoyés* (les députés) ; *La Chambre des Valétudinaires* (le Sénat) ; etc., etc. — Détail assez piquant, certaines imaginations fantaisistes d'Emile Souvestre, décrites il y a bientôt 25 ans, sont en partie devenues aujourd'hui des réalités.

MONGROLÉON Ier, ROI DU KAOR-TAY. Par *Simon Boubée*, — Paris, E. Dentu, 1880, in-12 de 303 p.

Ce roman politique est une satire continuelle contre le gouvernement actuel de la France et surtout contre M. Gambetta. Il y a des idées assez heureuses dans cette fiction et certains travers de nos mœurs politiques sont agréablement raillés : mais on ne peut s'empêcher de reprocher à l'auteur certaines brutalités d'expressions et des tableaux trop chargés ; il paraît aussi avoir accueilli trop facilement des racontars de cabarets et de petits journaux qu'il a insérés comme des vérités incontestables dans son roman. C'est d'ailleurs le défaut de toutes les satires personnelles. — Les allusions et les portraits qui abondent dans ce livre sont bien faciles à reconnaître. La principale victime de M. Simon Boubée, *Giacomo Geronimo Leone Cigareschi*, devenu roi du *Kaor-Tay* sous le nom de *Mongroléon Ier*, c'est

M. Léon Gambetta, né, comme on sait, à Cahors et dont le père était d'origine italienne; les ministres *Ram-Erec* et *Yas-Néol*, ne sont autres que MM. de Marcère et Léon Say; Les *Kaor-Tiens* sont les Français; *Huang-garanko*, c'est Paris; Les *Khaiass* sont une espèce de personnification du parti monarchique; le *Boos-Hingo*, c'est le fameux « Spectre rouge, » qui joue un rôle si important dans nos agitations politiques depuis cinquante ans; des mots anagrammatisés et imprimés en italiques, sont faciles à interpréter : *Kob-Rieb*, *Niop*, *Niam-Reg*, autrement dit Bok-bier, Pion, Germain, ont une valeur spéciale suivant la place qu'ils occupent dans ce livre. Cette allégorie politique, déjà oubliée maintenant, sera curieuse à relire dans quelque trentaine d'années.

MONSIEUR LE MINISTRE. Roman parisien, par *Jules Claretie*. — Paris, E. Dentu, 1881, in-12 de VI-483 pp., imp. chez P. Dupont.

Ce roman curieux, que tout le monde a lu et qu'on relira encore avec plaisir dans vingt ans, a, pendant plusieurs semaines occupé tout Paris; les clefs ont circulé de toutes parts avec force variantes; voici celle qu'on peut considérer comme la plus sûre, elle a été composée d'après les confidences de l'auteur lui-même. *Vaudrey, le ministre*, que l'on disait être M. Bardoux, ne serait autre que M. Ricard, aujourd'hui décédé; le *baron Hammam*, M. Haussmann; *Mme Evan*, Mme Edmond Adam; *Mlle Legrand*, Mlle Beaugrand; *Mlle Marie Launay*, Mlle Marie Tremblay; *Ramel*, M. Léon Plée; *Mme d'Harville*, Mme la comtesse d'Haussonville; *M. de Prangins*, M. Emile de Girardin; *Marianne Keyser* est un personnage composé d'après diverses femmes de cette caté-

gorie; pour *Grenoble*, il faut lire Limoges; enfin tout ce qui a trait au *Dauphiné*, se rapporte en réalité au Limousin. (Voir « la Gazette anecdotique » et « l'Evénement » du 12 novembre 1881.)

MONSIEUR LE PLAT, ou C'EST MOI! ENCORE MOI! TOUJOURS MOI! Esquisse dramatique en cinq scènes et en prose, qui se trouve dans la sixième année (1817) de « L'Astrologue parisien, ou le nouveau Mathieu Laensberg, à l'usage des habitants de la France, »par A. B. C. D.-V. (*Jean-Baptiste Pujoulx*), orné de figures. — Paris, veuve Lepetit, 1812-1817, 6 vol. in-16.

Cette esquisse n'est autre chose qu'une satire dirigée contre l'abbé de Pradt, sous le nom de *Le Plat*. (Catalogue Soleinne, n° 3,817.)

MONSIEUR NICOLAS; ou LE CŒUR HUMAIN DÉVOILÉ. Publié par lui-même (par *Nicolas-Edme Restif de la Bretonne*). « Suam quisque pellem portat. » Imprimé à la maison; et se trouve à Paris, chez le libraire indiqué au frontispice de la dernière partie, tome I, 1re partie. Paris, M.DCC.XCIV. L'ouvrage se compose en tout de seize parties en huit tomes et en seize volumes in-12, publiés de 1794 à 1797.

Pour la description exacte et complète de ces volumes, on ne peut que renvoyer le lecteur à l'excellente « Bibliographie de Restif » par M. P. Lacroix (pp. 388-407). *Monsieur Nicolas* est, comme on sait, une espèce d'autobiographie de l'auteur ; c'est, suivant M. Ch. Monselet, le plus extraordinaire de ses ouvrages; on n'hésite pas à le placer, toutes questions morales reservées, au même rang que ces deux productions phénoménalés : « Les Confessions » de J.-J. Rousseau et les « Mémoires de Casanova. » — « Je déclare aux puristes, dit Restif au commencement de son livre, à ces prétendus moraux qui font consister toute la vertu dans l'abstinence de l'amour et des femmes, que je les brave dans cette production. Obligé de dire la vérité et m'immolant moi-même à mon siècle et à la postérité, je n'ai fait que des tableaux fidèles. » — En effet, Restif fait jouer d'assez vilains rôles à lui-même et à sa famille; il y a, dans son livre, des obscénités, des sensibleries, des anecdotes, enfin un mélange de toutes sortes de choses étranges. — Suivant son habitude, l'auteur a mis en scène nombre de personnages réels. — Empruntons à l'éminent bibliophile Jacob, tout ce qu'il a dit au sujet de la clef de *Monsieur Nicolas.*

« Nous avions bien l'intention de donner une clé des noms déguisés et renversés, qui sont en grand nombre dans *Monsieur Nicolas,* mais le temps nous manque pour mettre ce projet à exécution. Il faudrait, pour cela, relire la plume à la main les 16 tomes de cet immense ouvrage, et, malgré la connaissance approfondie que nous avons de l'œuvre de Restif, nous ne parviendrions peut-être pas à lever les masques si divers et si bizarres qui couvrent tant de personnalités absolument inconnues aujourd'hui. Voici seulement, comme spécimen, un relevé rapide de quelques-uns de ces pseudonymes, qui se sont offerts à nous, sans ordre méthodique en parcourant les tomes IX à XII.

Pages.

3029 — *Pecoucna,* l'imprimeur Panckoucke. — *M{ll}e Sanloci,*

Pages

Mlle de Saint-Leu, maîtresse de Buttel-Dumont.

3022 — *Issuad,* Daussi (Legrand d'Aussy ?)—*L'Echiné,* Augé, mari d'Agnès, fille aînée de Restif. — *La demoiselle Todiugar,* Ragu'idot. — *De Blemont,* Butel-Dumont, l'économiste.— *Mme Ellehcor,* Rochelle.

3065 — *Tohciog,* dit Maillard, Goichot, imprimeur.

3077 — *Marquise de Montlmbrt,* Montalembert. — *Mme de Bnnl,* Bonnel. — *Mme Gdt,* Godot.

3189 — *Bellemarche,* Beaumarchais.

3118 — *Noluob,* Boulon. — *Mlle Samud,* Dumas.

3100 — *M. et Mlle Riblé,* Bléry.

3219 — *Mlle Ionserfud,* Dufresnoi.

3107 — *Félicittete Prodiguer,* Mlle Ménager.— *Minette,* Mlle A. de Saint-Léger. — *Tanefoos,* Fontanes. — *Le chevalier de Saint-Sarm,* de Saint-Mars, inspecteur général d'artillerie. — *Milpourmil* ou *Milran,* de Dijon, François Marlin. — *Gronavet,* Nougaret. — *Rimerec de Saint-Léger,* Mercier de Saint-Léger, savant génovefain.

3095 — *Elliverp,* Préville de la Comédie-Française.

3182 — *Un comte suisse,* le comte F.-L. d'Escherny ?

3146 — *Mlle Irenag,* Ganeri.

3155 — *Mme Nilof,* Folin. — *Ourihd,* d'Houri. — *Dillipex,* d'Expilly.

3154 — *Tolliam,* Maillot.

3189 — *Mme Letahc,* Chatel.

3191 — *Aquilin des Escopètes,* Restif lui-même. — *Mme Parangon,* Mme Fournier, femme de l'imprimeur d'Auxerre.

3205 — *Maître Ruemirp,* imprimeur.

Pages

— *Eiremxidal*, La Dixmerie.

3213 — *Mme Drahciug*, Guichard. — *Mlle Drasiob*, Boisard.

3244 — *Guinguenet*, Guinguené. — *Le moine défroqué*, *G. d'Arras*, l'abbé Dulaurens ?

2481 — *Mlle Tohdurp*, Prudhot.

2638 — *Mme Inobóccir*, Riccoboni. — *Progrès*, Nougaret.

2698 — *L'abbé de Sapt*, Taps.

2729 — *Ædel Togirém*, Adèle Mérigot, fille du libraire.

3135 — *Mlle Simár*, Maris.

3159 — *Mlle Ebor*, Robé. — *Mlle Enágram*, Margâne.

3077 — *M. de VLLv*, de Villeneuve. *Mlle Angélique Nimot*, Tomin.

3745 — *Le libraire Drastoc*, Costard.

2744 — *Reinruof*, Fournier, libraire, rue de Hurepoix.

2726 — *Mlle Ribautanis*, Saint-Aubin, célèbre actrice.

2751 — *Mlle Javote Tarref*, Ferrat. — *Toledob*, Bodelot.

2787 — *Mamonet*, Nougaret.

2780 — *Demoiselle Emroled*, Delorme. — *Demoiselle Eryelar*, Valeyre.

2825 — *Mme Tirpse*, Esprit, libraire.

2853 — *Le libraire D. V. L.*, Duval.

2855 — *Le libraire Mourant*, Meurant. — *Ane-Licol-Malin*, Milin.

2988 — *Lexuor*, Rouxel. — *Mlle Lhuilt*, Lhuillier. — *Caraqua*, Chéreau de Villefranche. — *Naireson*, Joubert. — *Snifl*, Flins des Oliviers. — *Scaturin*, Fontanes. — *Etteugaled*, Delaguette.

3007 — *De Vesgou*, de Vouges. — *Ornefuri*, Fournier, fils de l'imprimeur Parangon.

3205 — *Siles*, Selis.

Restif avait compris lui-même qu'une clé générale de « Monsieur Nicolas » était indispensable, car, en imprimant ce grand ouvrage, il songeait à la composer, non pour servir de complément à la première édition, mais pour aider plus tard à l'intelligence d'un livre où presque tous les faits sont vrais et les personnages réels. » (« Bibliographie de Restif de la Bretonne, » pp. 403-405.)

MONSTRE (LE) DÉCHIRÉ.

Voir : Le dernier cri du monstre.

MORALE (LA) DES SENS, ou

L'HOMME DU SIÈCLE, extrait des MÉMOIRES DE M. LE CHEVALIER DE BAR***, rédigés par M. D. M. Londres, 1781, in-12; et 1792, in-12 de 250 pp.

Nouvelle édition augmentée d'une notice bibliographique par M. P. L. (Bibliophile Jacob). Bruxelles, Gay et Doucé, 1882 (septembre 1881), pet. in-8 de XVI-258 pp. Tiré à 500 ex. sur papier vergé ; orné d'un front. à l'eau-forte de Chauvet. Prix : 10 fr.

« Tableau des mœurs faciles des femmes du XVIIIe siècle, divisé en 50 chapitres; quelques détails un peu libres. Ce livre, aussi singulier par la manière dont il est écrit que par les galanteries qu'il contient, rappelle le faire de l'auteur de « Ma Conversion ou le Libertin de qualité.» (« Bibliographie Gay, » t. V, p. 129.)

Contrairement à cette opinion, M. P. Lacroix, dans la trop courte notice qu'il a mise en tête de la réimpression donnée par MM. Gay et Doucé, estime que cet ouvrage est, non pas du célèbre orateur *Mirabeau*, mais bien de son frère le vicomte de Mirabeau, plus connu sous le sobriquet de Mirabeau-Tonneau, et qui, sous le nom de *chevalier de Bar*** (Barville), raconte ainsi une partie de ses aventures. Ce point étant acquis, il devient facile de reconnaître dans *le père du chevalier*, le marquis de Mirabeau, *l'ami des* hommes, dans *son Oncle*, le fameux Bailli de Mirabeau ; *Sophie* ne serait autre que la célèbre Sophie Monnier, maîtresse de Mirabeau l'aîné. Mais il reste beaucoup d'autres pseudonymes à dévoiler. Qui pourra jamais donner les noms véritables d'*Eglé*, de M. *de Belcour*, de *Daphné*, de *Sainville*, de *Florval*, de M. *Tue*, etc., etc. ? — Comme le dit fort justement M. P. Lacroix, il faudrait un long commentaire pour expliquer différents chapitres et dévoiler bien des noms qui restent encore à peu près incompréhensibles.

MOUSSELINE-LA-SÉRIEUSE, roman, par *A.-B.-L. Grimod de la Reynière*, inséré dans une des brochures mêlées de vers et de prose que l'auteur publia sous les titres de : « Peu de chose, » et « Moins que rien, suite de Peu de chose » (Paris, 1788-1793, in-8). Dans ses « Oubliés et Dédaignés » (t. II, p. 243), M. *Ch. Monselet*, parlant de « ce petit roman satirique et ténébreux, » fait connaître que la plupart des noms sont anagrammatisés.

MOYEN (LE) DE PARVENIR, œuvre contenant la raison de ce qui a été, est et sera, avec démonstration certaine selon la rencontre des effets de la Vertu, par *Béroalde de Verville*. Revu, corrigé et mis en meilleur ordre, publié pour la première fois avec un commentaire historique et philologique ; accompagné de notices littéraires par *Paul L. Jacob*, bibliophile. Paris, Charles Gosselin, 1841, in-12 de xxix-506 pp.

Cette belle édition, due aux soins de M. *Paul Lacroix*, est assurément la meilleure de cet étrange ouvrage. On sait que divers écrivains ont contesté à Béroalde de Verville la paternité du « Moyen de parvenir; » Charles Nodier principalement voulait que ce livre fût l'œuvre de Henri Estienne ; mais, M. P. Lacroix a suffisamment établi que cette opinion est tout à fait paradoxale et que nul autre que Verville n'a écrit ces entretiens plus que rabelaisiens.

Les éditions du « Moyen de parvenir, » dont quelques-unes ne portent pas de date, sont nombreuses ; presque toutes appartiennent à la fin du dix-septième siècle et au commencement du dix-huitième. Les suivantes se font remarquer par leurs titres bizarres : « Le Salmigondis, ou Le Manège du genre humain. » Liège, Louis Refort, 1698, in-12 de 347 pp. ; « Le Coupecu de la Mélancolie ou Vénus en belle humeur. » Parme, Jacques Gaillard, 1698, in-12 de 347 pp., même édition que la précédente ; le titre seul est changé.

Les interlocuteurs du « Moyen de parvenir » sont pris dans tous les temps et dans tous les rangs de la société humaine ; la plupart d'entre eux, notamment ceux de l'antiquité, sont nommés en toutes lettres ; mais parmi les modernes, beaucoup de noms durent être déguisés, précaution que la prudence imposait à Béroalde ; quelques-uns de ces noms, dont la signification a échappé à M. P. Lacroix, ne devaient être reconnaissables que dans la ville de Tours.

Voici, très abrégée d'ailleurs, une sorte de clef extraite des intéressantes notices de M. P. Lacroix et qui peut servir à toutes les éditions du « Moyen de parvenir : »

Alain. — C'est Alain Chartier, qui est désigné par son prénom seul.

Alais (Jean), — où plutôt Jean du Pontalais, auteur et acteur de moralités, farces et soties au commencement du seizième siècle.

Aloilol. — Ce nom est sans doute corrompu. Blaise d'*Auriol*, jurisconsulte; ou *Aloise Sigée*, de Tolède; ou bien *A. Loisel*? Nous penchons pour cette dernière opinion.

Apprentif (*L'*). — On dit depuis *apprenti*. Béroalde entend par là l'élève ou l'aide d'un hermétiste.

Arias. — Benoît Arias Montanus, un des plus savants théologiens du seizième siècle.

Autre (*L'*). — On peut supposer que le manuscrit portait l'*auteur* et que l'on a mal lu l'*autre* en imprimant. En effet, presque toujours, on reconnaît l'*auteur* dans la plupart des dialogues où parle l'*autre*.

Avocat (*L'*). — Antoine Loisel, ou bien François de Saleron, ou bien Jean de Ligne, ou bien Louis Godet de Thillon.

Azoare. — Ce nom est altéré évidemment. Il faut reconnaître Aben-Zohar, fameux médecin arabe qui vivait au douzième siècle.

B. — La pensée qui se présente d'abord à la vue de cette initiale, c'est que Béroalde s'est désigné lui-même par la première lettre de son nom; mais on peut croire aussi qu'il a voulu caractériser un de ses contemporains, fougueux calviniste, qui a publié deux satires contre Ronsard, sous le nom supposé *de Montdieu*, avec l'initiale du sien : *B.* La Monnoye croyait que *B.* de Montdieu et *B.* de Montmeia, cité par Du Verdier, étaient un seul et même personnage.

Bardou. — Julien Bardon, d'Angers.

Béroalde. — Ce n'est pas l'auteur lui-même, c'est assurément son père Mathieu Béroalde.

Beoraltus. — Ce serait Jean Béroalde ou *Beroaltus*, né à Palerme, évêque de Sainte-Agathe.

Bernard. — Sans doute, c'est *Bernard* de *Trévisan*, qui est nommé ailleurs le *Trévisan*.

Bonhomme (*Le*). — On hésite entre saint François de Paule, que le peuple nommait le *Bonhomme*; *Jacques Bonhomme*, personnification du petit peuple, depuis la fameuse révolution de la *Jaquerie*; Etienne *Bonnet*, ministre protestant à Saintes. Béroalde a-t-il voulu se représenter lui-même sous cette dénomination qui conviendrait aussi à son père Mathieu?

Buratel. — Sans doute Michel Bureau qui avait latinisé son nom, *Buratellus*.

Casibus (*De*). — Ce doit être Claude Witard, seigneur de Rosoy, conseiller au présidial de Château-Thierry.

Catan. — Christophe Cattaneo, noble génois.

Cettui-ci. — C'est-à-dire celui-ci. Béroalde semble se désigner lui-même ainsi.

Chanouri. — C'est certainement Antoine Chanorrier de Merranges, ministre de la religion réformée.

Charles. — C'est sans doute Lancelot de Carles, né à Bordeaux, évêque de Riez.

Chevalier sans reproche. — Est-ce Pierre du Terrail, dit le chevalier Bayard, ou Louis de la Trémouille? Peut-être Béroalde appelle-t-il *chevalier sans reproche* Antoine Rodolphe Le Chevalier, savant calviniste.

Chose. — Béroalde désigne par cette qualification familière un personnage dont il ne sait pas le nom dans le moment où il parle; peut-être veut-il se cacher lui-même sous ce mot vague et trivial.

Colinet. — Ce doit être Jacques Colin, né à Auxerre, aumônier de François Ier.

Consul (*Le*). — C'était peut-être un des consuls ou juges au tribunal consulaire de Tours.

Conteri. — Ce nom est évidemment altéré. Est-ce Claude Cotereau de

Tours, chanoine de Paris ? Est-ce Gaspard Contarini, célèbre prélat vénitien ? Est-ce l'un des littérateurs italiens qui ont porté le nom de *Conti* ? Est-ce l'infatigable Guillaume Canter, en latin *Canterus* ? Enfin, en supposant une plus grande altération de nom, ce serait Paul Contant, apothicaire de Poitiers, poëte protestant, ami de Béroalde.

Cordus. — C'est sans doute Euricius Cordus, né à Simsthausen en Hesse, poëte, botaniste et médecin.

Curé (Notre). — Béroalde désigne ainsi sans doute Cœlius Secundus Curion, savant piémontais qui embrassa un des premiers la réforme de Luther et de Zwingle.

Disciple (Le). — Béroalde désigne sans doute ainsi quelque adepte de la philosophie hermétique.

Ecolier (L'). — C'est peut-être l'*Ecolier de Valence*, à qui Louis Guyon attribue le V⁰ livre de *Pantagruel*.

Enfant (L'). — Soit Jean Lenfant, un des ligueurs exilés de Paris, soit Nicolas Lenfant, procureur au bailliage et présidial de Meaux.

Escot (L'). — C'est peut-être le fameux architecte Pierre Lescot.

Evêque (L'). — Il est appelé ailleurs l'évêque de *Luçon*. Armand du Plessis, depuis cardinal de Richelieu, qui naquit, pour ainsi dire, évêque de Luçon, puisque cet évêché, qui avait appartenu à son grand'oncle, faisait en quelque sorte partie de son patrimoine.

Fils (Son). — Béroalde appelle ainsi le fils du docte Nicolas de Nancel ; il se nommait Pierre de Nancel.

G. G. — Ces deux lettres désignent-elles le savant Gilbert Genebrard, ou Grégoire Goudri, écrivain calviniste, ou Guillaume Galissard, jacobin, ou Guillaume Grataroli, de Bergame, ou Guillaume Gueroult, ou Guy Gaussart, prieur du couvent de Sainte-Foi, à Coulommiers ?

Galandius. — C'est Pierre Galland,

principal du collège de Boncourt, à Paris.

Gilles (Messire). — Nicole Gilles, né dans le quinzième siècle, notaire et secrétaire de Louis XI ; Pierre Gilles, en latin *Gyllius*, un des premiers qui aient écrit sur l'histoire naturelle en France.

Gorreus. — C'est Jean de Gorris, célèbre médecin du seizième siècle.

Guido. — C'est Guido-Guidi, plus connu sous le nom latinisé de Vidus-Vidius, célèbre médecin de Florence.

Guillaume le Vermeil. — Ne serait autre que le célèbre bouffon maître Guillaume sous le masque duquel on a publié tant de petits pamphlets satiriques et comiques au commencement du dix-septième siècle.

Illyric. — C'est Mathias Flach Francowitz, qui se fit appeler *Flaccus Illyricus*, parce qu'il était d'Albona en Illyrie.

Jeanne. — Ce pourrait bien être Jeanne d'Arc, sinon la prétendue papesse Jeanne.

Jeanne (Sœur). — Est-ce la célèbre mère *Jeanne* que Guillaume Postel rencontra à Venise ?

Jérôme (Maître). — Béroalde a voulu désigner ainsi le fameux médecin Jérôme Cardan.

Madame. — Cette désignation semble se rapporter à la sagesse ou *Sophie* personnifiée. Mais on pourrait croire aussi que Béroalde a entendu mettre son banquet du *Moyen de parvenir* sous les auspices d'une des princesses qui ont protégé la Réformation au seizième siècle, soit Renée de France, duchesse de Ferrare ; soit Marguerite d'Angoulême, reine de Navarre ; soit sa fille, Jeanne d'Albret, reine de Navarre ; soit Catherine de Navarre, sœur de Henri IV. Cette madame est le seul personnage qui ne dise pas d'obscénités, quoiqu'elle se trouve placée là exprès pour en entendre.

Maître Bastien. — On appelait ainsi à la cour de Henri IV le célèbre financier Sébastien Zamet.

Margot. — Béroalde désigne ainsi, par un sobriquet populaire, Marguerite d'Angoulême, reine de Navarre, sœur de François Ier, ou plutôt Marguerite de Valois, première femme de Henri IV.

Moi. — Est-ce l'auteur lui-même qui se désigne par ce pronom personnel ? Cette supposition est très plausible. Cependant on pourrait supposer que le nom du personnage a été lu incomplètement sur le manuscrit qui portait *Moïse,* ou bien *Moibau* (Antoine), ministre protestant de Breslaw.

Moine (*Le*). — C'est véritablement une personnification du *moine* comme celle du *ministre.* Pourtant on trouve beaucoup de personnages nommés *Le Moine,* contemporains de Béroalde.

Monsieur (*Feu*). — Ce pourrait être François de France, duc d'Alençon et ensuite duc d'Anjou, fils de Henri II et de Catherine de Médicis.

Mortel (*Le*). — Devait être le doyen du chapitre de Saint-Gatien de Tours ; lequel, comme le plus vieux des chanoines, semblait destiné à mourir avant les autres.

Moutardier (*Le*). — Bréoalde a inventé sans doute ce sobriquet pour faire allusion au nom de *Tardif* (Guillaume), professeur de rhétorique au collège de Navarre, sur la fin du quinzième siècle, rhéteur si célèbre par sa vanité ridicule que l'on pourrait faire remonter jusqu'à lui la phrase proverbiale : *Fier comme le moutardier du pape.*

Multon. — Il faudrait peut-être le changer en *Meliton,* évêque de Sardes au onzième siècle.

Nic-Nan. — C'est Nicolas de Nancel, savant médecin.

Orlande. — C'est Roland Lassus, le plus célèbre musicien du seizième siècle.

Patolet. — C'est peut-être *Pacolet,* enchanteur qui avait fabriqué un cheval de bois volant à travers les airs et conduit à l'aide d'une cheville.

Pelicer. — Est-ce *José Pellicer* de Salas, qui a composé en espagnol une singulière *Histoire naturelle du Phénix,* ou bien Guillaume Pellicier, en latin Pellicerius, évêque de Montpelliér ?

Pimandre. — Ce nom semble devoir s'appliquer à un contemporain de Béroalde, et sans doute à Jean Sirmond, auteur de la *Lettre de Pimandre* à Théopompe, imprimée en 1627.

Premier-venu (*Le*). — Est-ce une allusion à Laurent *du Premier fait,* ou bien à un contemporain nommé *Bienvenu* ?

Puc. — C'est assurément François Pucci, de Florence, fougueux controversiste et visionnaire.

Quelqu'un. — C'est sans doute Béroalde qui se qualifie de la sorte.

Quidam. — C'est peut-être encore Béroalde qui varie ainsi son pseudonyme de *Quelqu'un.*

Renée. — Ce doit être Renée de France, fille de Louis XII, et d'Anne de Bretagne, duchesse de Ferrare.

Robert. — Peut-être ce personnage est-il le même que Robert Estienne.

Sacerdos. — Peut-être Claude-le-Prêtre, conseiller au Parlement de Paris.

Salivas. — Ce doit être Mathieu de Merle, baron de Salavas.

Sandé. — Est-ce Jean van den *Sande* ? ou bien Nicolas *Sanders* ? ou bien Maximilien *Sandé,* en latin Sandæus, jésuite de Cologne ?

Sparcippus. — Ce nom de *Sparcippus* a quelque analogie lointaine avec Scioppius (Gaspard).

Stat. — C'est évidemment Statius, qui paraît dans la même page.

Toni ou plutôt *Thoni,* — dont le nom est un diminutif d'Antoine, fut un fou de cour sous le règne de Henri II.

Un (*L'*). — Si Béroalde de Verville s'est donné la qualification de l'*Autre*, on a tout lieu de supposer qu'il a représenté son père *Mathieu Béroalde* sous le nom de l'*Un*.

Zancus. — C'est sans doute Zanchi, célèbre théologien protestant.

Z. R. — On suppose que ce sont les initiales du nom véritable d'un fameux alchimiste qui s'appelait *Denis Zachaire*, nom postiche sans doute pour cacher le nom de la famille à laquelle il appartenait.

MUNDUS ALTER ET IDEM :

SIVE TERRA AUSTRALIS ANTEHAC SEMPER INCOGNITA. — Authore *Mercurio Britannico*. — Francofurti, s. d., in-8 de 238 pp., orné d'un front. grav. et de 4 planches. Très rare.

Réimprimé : Francofurti, 1648. Hanoviæ, 1607. Ultrajecti, 1643, in-12. Traduit en allemand : Leipzig, 1613, in-8, fig. et en anglais, par John Healey, sous ce titre : « Discovery of a new world, or a description of South Indies hitherto unknown, by an English Mercury. » — London, E. Blount, s. d., pet. in-8.

Bien que l'avis au lecteur soit signé G. Knight, on sait que le « Mercurius Britannicus » n'est autre que *Joseph Hall*, évêque anglican d'Exeter, puis de Norwich, connu par de nombreux et mordants écrits satiriques. Sous prétexte de décrire des terres australes inconnues, l'auteur, dans cette ingénieuse fiction, représente les vices des nations existantes, prenant en cela l'inverse de l' « Utopie » de Thomas Morus. On trouve des allusions à de grands personnages du temps dans cette savante et satirique composition, qui paraît avoir inspiré à Swift l'idée de ses « Voyages de Gulliver. » (Voir Lowndes, Bibliographer's Manual, t. II, pp. 979-981.)

MUSE (LA) HÉROIQUE ou LE

PORTRAIT DES ACTIONS LES PLUS MÉMORABLES DE SON ÉMINENCE par *l'abbé de Lédignan*. — Paris, Ch. de Sercy, 1659, in-12.

« Il s'agit ici de Mazarin. On trouve dans ce recueil de vers faits à la louange du Cardinal deux pièces assez singulières (p. 27 et 30), dans lesquelles le Cardinal et la Reine Anne d'Autriche sont désignés assez clairement sous les noms de *Tircis* et *Silvie*. — Mazarin y est présenté comme l'époux secret de la reine. »

MUSES (LES) BOURGEOISES ou

Recueil de vers faits à l'occasion du mariage de *M. P.* avec *Mlle Ch.* — De l'imprimerie de l'Hymen (Paris), 1768, in-8.

Ce petit volume, qui n'a pas été mis dans le commerce, est un recueil des couplets chantés aux noces de Philippe-Denis Pierre, premier imprimeur du Roi, et d'Adélaïde Chary, de Rouen. — Ces vers sont de Pierre lui-même et de ses amis. (Communication de M. G. Brunet.)

MY LIFE : THE BEGINNING AND THE END.

Voir ; The Ups and Downs of Life.

Les Livres à Clef

ÉTUDE DE BIBLIOGRAPHIE CRITIQUE ET ANALYTIQUE POUR SERVIR

A L'HISTOIRE LITTÉRAIRE

PAR

FERNAND DRUJON

Deux volumes in-8 de 350 et 368 pages, imprimés à deux colonnes

Malgré les diverses recherches publiées jusqu'à ce jour, on peut dire que la Bibliographie des ouvrages allégoriques ou à Clef était encore à faire. Quelques auteurs, notamment Charles Nodier, Quérard, Gustave Brunet, ont bien inséré, dans des recueils périodiques, les résultats de leurs investigations sur ce sujet, qu'ils ont d'ailleurs à peine effleuré; mais ces indications, trop succinctes, disséminées de tous côtés, sont à peu près introuvables aujourd'hui. L'essai le plus important en ce genre est encore celui que M. G. Brunet, pour résumer tous les autres, fit paraître à Bordeaux, en 1873 (pet. in-8 de 224 pages), d'après les notes laissées par Quérard.

Ce curieux livret, devenu rare, ne contenait que 177 articles. Ces diverses publications ne sont guère que des notices catalographiques. En somme, ces essais, composés sans unité de vue et rédigés sans plan déterminé, laissaient toujours subsister, dans la bibliographie française une très grande lacune que l'auteur a entrepris de combler, ou du moins de diminuer autant que possible.

Ce n'est point aux seuls bibliophiles que s'adresse le nouvel ouvrage que nous offrons au public, mais aussi aux hommes de lettres et même aux historiens, qui y feront des découvertes bien piquantes et auxquels, croyons-nous, il est appelé à rendre de réels services.

Voici, en quelques mots, le plan adopté et suivi par l'auteur : M. F. Drujon qui, depuis longtemps, a dirigé ses recherches sur les ouvrages allégoriques ou à clef, a réuni la matière d'environ mille articles, qu'il a classés dans l'ordre le plus naturel et le plus commode pour le lecteur, c'est-à-dire dans l'ordre rigoureusement alphabétique : de nombreux renvois permettent de retrouver instantanément les ouvrages figurant sous un même numéro ou publiés (ce qui est souvent arrivé) sous des titres différents. Chaque article contient d'abord la description exacte, de visu ou d'après les bibliographes autorisés (l'auteur a soin de toujours citer ses sources), du livre qui en fait l'objet ; il indique minutieusement les différentes éditions, ainsi que les anonymes et pseudonymes.

Une note, sobrement rédigée, fait ensuite connaître le sujet de l'ouvrage et, quand il y a lieu, se termine par la clef, aussi complète que possible, du livre ; les noms allégoriques, supposés, anagrammatisés, sont tous imprimés en lettres *italiques*, pour mieux fixer le regard du lecteur.

La « Bibliographie des Livres à clef » est précédée d'une *Introduction*, résumant tout ce qui a été dit sur ce genre d'écrits, sur leurs origines, leurs causes, leur but, leurs bizarreries, etc., etc. Enfin, et c'est surtout sur ce point que nous appelons l'attention des travailleurs, cet ouvrage se termine par un *double index*, l'un des noms *supposés*, l'autre des noms *véritables*, renvoyant le lecteur à tous les articles où ces noms sont mentionnés.

Ainsi, pour ne citer que deux exemples, un littérateur qui veut savoir combien de fois et dans quels ouvrages a été satirisé La Harpe, n'a qu'à chercher ce nom au second index, et apprendra en quelques instants que cet écrivain a été tour à tour mis en scène sous les noms de *Cithara*, *Harpula*, *Duluth*, etc., etc. — Réciproquement, si, en lisant un livre à clef, l'histoire rencontre les noms de *Lanne*, *Oriben*, *Plendirsème*, *Vixoliis*, — il saura bien vite, au moyen du premier index, qu'il s'agit de Manuel, Brienne, d'Epremesnil et Louis XVI.

Les Livres à clef, imprimés dans le format et sur le modèle de nos grands ouvrages bibliographiques, forment une annexe nécessaire au « Manuel du Libraire », au « Dictionnaire des Anonymes et des Pseudonymes », au « Guide du libraire-antiquaire et du bibliophile », à « la Bibliographie de la Presse », etc. — Il ne sont tirés qu'à un nombre restreint d'exemplaires, mais suffisant, nous l'espérons, pour les besoins des Bibliophiles, des curieux et des hommes d'étude, auxquels cet ouvrage est destiné.

Voir, au verso de la première page de la couverture, le détail du tirage et les prix des exemplaires.

www.ingramcontent.com/pod-product-compliance
Lightning Source LLC
Chambersburg PA
CBHW071634270326
41928CB00010B/1920